中国保理法

原理、问题与实务

CHINESE FACTORING LAW

Principles, Problems and Practices

刘剑峰 著

法律出版社
LAW PRESS · CHINA
北京

图书在版编目（CIP）数据

中国保理法：原理、问题与实务 / 刘剑峰著.
北京：法律出版社，2025. -- ISBN 978 - 7 - 5197 - 9780 - 5

Ⅰ. D922.284

中国国家版本馆 CIP 数据核字第 2025Y97V52 号

中国保理法
——原理、问题与实务
ZHONGGUO BAOLIFA
—YUANLI、WENTI YU SHIWU

刘剑峰　著

策划编辑 周　洁　林　蕊
责任编辑 周　洁　林　蕊
装帧设计 李　瞻

出版发行 法律出版社
编辑统筹 司法实务出版分社
责任校对 王　丰　郭艳萍
责任印制 吕亚莉
经　　销 新华书店

开本 710 毫米×1000 毫米　1/16
印张 31　　**字数** 430 千
版本 2025 年 3 月第 1 版
印次 2025 年 3 月第 1 次印刷
印刷 天津嘉恒印务有限公司

地址：北京市丰台区莲花池西里 7 号(100073)
网址：www. lawpress. com. cn
投稿邮箱：info@ lawpress. com. cn
举报盗版邮箱：jbwq@ lawpress. com. cn

销售电话：010 - 83938349
客服电话：010 - 83938350
咨询电话：010 - 63939796

书号：ISBN 978 - 7 - 5197 - 9780 - 5
定价：128.00 元

凡购买本社图书，如有印装错误，我社负责退换。电话：010 - 83938349

自 序
PREFACE

本书是集理论探索与实践指导于一体的保理专著。笔者立足最新立法成果，结合行业发展趋势，通过对大量实务判例的提炼，结合笔者实务经验，构建了科学而合理的保理知识体系。全书由作者独著独撰，既有对基础理论的精要阐释，也有对业务实操的独到见解。

全书共六章。第一章从保理的功用而非“定义”切入，辨析保理与债权转让、让与担保、质押、代付等法律现象的异同，剖析其核心商业优劣势，澄清常见误解。第二章聚焦保理业务参与方的法律主体问题，重点介绍了有关保理业务的担保人问题。第三章围绕保理合同全生命周期展开，重点讨论了保理合同效力的各种形态以及常见误解，并对保理合同的起草提出了切实可行的建议。第四章全方位解析应收账款的所有法律问题，是全书的核心章节。第五章围绕转让通知展开介绍，凸显了转让通知的独特作用与商业价值。第六章聚焦保理纠纷的实战应对，重点讨论了管辖矛盾、请求组织、执行清算等焦点问题。本书最后还收集了尽可能齐全的地方法院司法规范性文件，供读者参考。

书稿既非穷尽真理之论，亦非一家独断之言，唯愿以萤烛末光映照专业星海，倘能使从业人员得实务之钥，法律工作者获思辨之径，学术研究者启探骊之门，则笔者幸甚至哉。

目　录
CONTENTS

第一章　保理概要

一、如何理解保理

（一）理解的障碍

曾有朋友询问“保理是不是保险理赔”，笔者打趣道，“不是，是保健理疗”。

市面上保理的各种定义，均有“重商务，轻法律”的色彩，进而缺乏与法学概念的准确关联，易产生一些误会。前述“保健理疗”“保险理赔”即为典型。

保理虽已入典，但未褪去“重商务，轻法律”的色彩。《民法典》第761条规定，“保理合同是应收账款债权人将现有的或者将有的应收账款转让给保理人，保理人提供资金融通、应收账款管理或者催收、应收账款债务人付款担保等服务的合同”。但“资金融通与借款有什么区别”“对应收账款债权如何管理”“既然已经是应收账款债权的主人，保理人谈何为应收账款债权人催收、管理”“付款担保与保证担保等典型担保又有何区别”，这些问题常常困扰初次见面的朋友。

业内的朋友可能会对这些“问题”“误解”嗤之以鼻，但回头设想，倘若法官或仲裁员也有这些疑问，对保理人来说可能就不是什么好事了。因为法律虽不禁止商业造词，但对于裁判者来说，如何将商业用语准确定位于民法之中，才是“尊重当事人意思自治”的前提。最高人民法院曾直言，“由于保理业务是从境外引进的业务类型，在国内开展的时间还不长，学说和实务层面对该项业务中所使用的源自英美法背景的相关术语、惯例如何纳入我国固有法律体系中相应的概念、范畴还没有开展充分的讨论”①。所以，一旦产生纠纷，商业习惯必须服从于司法裁判，保理人所做的一切，目的都是让裁判者能够更准确地理解“保理”，从这一点来说，如何用法言法语来形容、定位保理，是今后保理界与法律界需要共同面对的问题。

（二）保理的价值

保理界与法律界的共识并不多，如何用一种合适的方式让保理拥抱《民法典》，是个需要慢慢探索的问题。单纯介绍保理的交易结构，或者反复运用各种概念循环论证“保理”，并不能勾勒出保理的生动形象。

作为商事实践的产物，保理能够延绵百年而不倒，必然有其独特的价值。因此，笔者尝试从保理的商业价值入手，帮助大家初步了解保理。保理人提供什么服务，其实就是保理能带来什么商业上的价值，也就是“保理”这款产品能够满足应收账款债权人的什么需求。

广大中小企业的核心需求是：融资、降本、回款、优化财务报表等。以下将结合这些现实需求举例说明保理实际所起到的作用及运作机理。

1. 融资功能

（1）困境缘起

企业G，白手起家，有地有房有设备，还是某世界500强的供应商，手中拥有可观的应收账款。就融资方面，G已经依托厂房办理了不动产抵押经营贷款，用生产设备办理了售后回租融资租赁，用退税办理了应收账款质押融资。现在，G前有营收压力，后有还款压力，下一步融资迫在眉睫。

G希望银行补充贷款，但无法补充抵押物，未果。G希望融资租赁公司补充融资，但没有合适的新租赁物，未果。G希望股东增资，股东们表示自己负债累累，连股权都出质给他人了，未果。G希望职工能够集资支持企业，

① 参见最高人民法院民事判决书，（2017）最高法民再164号。

职工表示工资不够还房贷、车贷，也没有余资。G 想做对赌、企业债、ABS 等，但因为公司体量有限，亦未果。

就在 G 一筹莫展之际，一家保理公司找上了门。保理人表示想先了解一下应收账款的情况。G 告知：G（应收账款债权人）对某世界 500 强（应收账款债务人）享有的应收账款债权为 100 万元，已经发货且质检合格，依据合同约定在 6 个月后回款。于是，保理公司给出了两个保理融资方案。

（2）融资方案：有追索权保理

交易结构：G 转让 100 万元应收账款债权给保理公司，保理公司支付融资款（“本金”）90 万元，G 应当支付的融资报酬（“利息”）为 5 万元，融资期限 6 个月（与应收账款的账期一致），逾期利息按年利率 24% 计收。G 问，那我该如何还款呢？保理人作出下列解释：

第一种情形：如果 6 个月到期，保理公司从应收账款债务人处足额收取了 100 万元应收账款，那么 G 不必偿还任何款项，保理人还会将 100 万（收到的应收账款回款）－90 万（融资本金）－5 万（融资报酬）=5 万元返还给 G。

第二种情形：如果 6 个月到期，保理公司没有收到任何应收账款回款，那么 G 应当自行偿还 90 万 +5 万 =95 万元，逾期偿还的，保理公司计收逾期利息。“95 万 + 逾期利息”为“回购款”。保理人要求 G 回购的权利，为“追索权”。若 G 按期支付 95 万元，100 万元逾期债权也需要返还给 G，实际返还后，就构成“反转让”应收账款债权。

第三种情形：如果 6 个月到期，保理人仅收取 30 万元应收账款债权的回款，那么 G 应当自行偿还 90 万（融资本金）+5 万（融资报酬）－30 万（实际回款）=65 万元。G 如期支付 65 万元后，100 万－30 万（实际回款）=70 万元逾期债权应当返还给 G。

（3）融资方案：无追索权保理

保理公司又向 G 公司介绍了无追索权保理融资方案。

交易结构：G转让100万元应收账款给保理公司，保理公司支付融资款80万元，G应当支付的融资报酬为5万元，融资期限6个月，逾期利息按年利率24%计收。G问，那我该如何还款呢？

保理公司解释道，无追索权保理更简单一些。

第一种情形：只要应收账款债权本身没有瑕疵，无论保理公司在6个月到期时实际收到多少钱，G都不用还钱。不用还钱意味着不必计收逾期利息。

第二种情形：只要应收账款债权本身出现瑕疵，无论在什么时候发现，保理公司都有权要求G回购应收账款债权，意味着届时G应当偿还80万+5万=85万元，逾期的，还应当支付逾期利息，也就是承担“回购义务”。彼时，在回购款组成、应收账款反转让、逾期债权或现金返还等方面，与有追索权保理一致。

如果求稳，G可以选择“无追索权保理”融资方案，如果对按时回款有把握，可以选择“有追索权保理”融资方案。对于保理人来说，无追索权保理业务模式下要自担的风险更高，所以提供的融资款更少。

（4）附带功能：融资降本

这里的“降本”并不是指直接降低融资成本，因为市场化的保理融资利率一般都高于银行融资利率。

保理的“降本”主要体现在：在应收账款债务人能够如期付款的情形下，保理融资“利息”可以不必由应收账款债权人额外筹钱支付。通过应收账款债务人支付的应收账款（如货款、租金等）就足以覆盖，在结果上好似“应收账款债务人付了利息”。这种牺牲将来收益换取现实收益，是保理这类债权融资产品的核心特征，也印证了“时间就是金钱”的商业逻辑。

2. 担保功能

这是学界特别感兴趣但实践中用得非常少的功能。

（1）二元担保构造

在我国，保理的担保功能发展出两个截然不同的面相。

立法上，《民法典》的相关征求意见稿曾采用过“付款保证”的表述，①后调整为现在的“付款担保”，可见立法者有意区分“保证担保”与保理中的“付款担保”。司法上，最高人民法院已经明确指出“所谓保理人提供的应收账款债务人付款担保服务，系指保理人就应收账款债务人的付款义务向债权人提供担保，它是保理服务的常见内容之一，但这并非保理合同本身的担保功能”“保理合同的担保功能仅仅存在于有追索权的保理，因为无追索权保理仅仅是保理人为赚取应收账款与保理融资款之间的差价而受让应收账款”②。但遗憾的是，无论是立法者还是最高人民法院，都没有进一步阐述两种“担保”的具体区别。

两种担保的关系堪比“大熊猫”（Ailuropoda Melanoleuca）与“小熊猫”（Ailurus Fulgens），声似而形神迥异。保理的第一种担保功能，服务有追索权的保理人，“担保”由应收账款债权人提供，担保的是保理融资债权（追索权），受益人是保理人，笔者称之为“功能担保”，也是我们常说的保理担保功能。保理的第二种担保功能服务应收账款债权人，由保理人向应收账款债权人提供，担保的是应收账款债权，受益人是应收账款债权人，笔者称之为“服务担保”。详述如下：

（2）功能担保

这就是最常听到的保理“担保功能”③。这种担保功能仅存在于有追索权保理中。

这种“担保”的功能体现在，保理人可以将实际收取的应收账款视为收回融资的成本与收益，也就是用“应收账款债权”担保“融资义务”。举例说明：如果“回购债务”有100万元，应收账款债权有120万元，那

---

① 《民法典合同编（草案二次审议稿）》（2018年12月14日稿）第552条之一第1款规定：保理合同是应收账款债权人将应收账款转让给保理人，保理人提供资金融通、应收账款管理或者催收、应收账款债务人付款保证等服务的合同。

② 参见林文学等：《〈关于适用民法典有关担保制度的解释〉的理解和适用》，载《人民司法》2021年第4期。

③ 王晨同志在《关于〈中华人民共和国民法典（草案）〉的说明》中指出，民法典明确融资租赁、保理、所有权保留等非典型担保合同的担保功能。

么应收账款债务人支付80万元后，应收账款债权人应当支付的回购款就变成了100万－80万＝20万元。应收账款债权实际成为保理融资债务的还款担保。

功能担保与其他法律规定结合，会产生一些值得注意的体系性问题。

第一，应收账款债权人破产后，应收账款债权是否属于破产财产？[①] 有观点认为，既然保理合同是具有担保功能的合同，那么应收账款债权的转让是一种担保性的转让，有追索权保理人享有的只是别除权，并无自行处分的权利。甚至还有破产管理人将“未来回购后所得的应收账款债权”作为破产财产拍卖。这一问题，实践中尚未达成共识。

第二，除了再保理外，保理人能否自行处分应收账款债权？在司法实践中，不少保理人在“终结本次执行”后依然有强烈的变卖应收账款债权的需求（例如有潜在买家愿意“抄底”逾期应收账款债权），如若可以自由处分，则可以尽最大可能弥补保理人损失，反之则不能。从目前来看，学界关于该问题的讨论不多，该问题在司法实践中不突出，讨论也不多。依托《最高人民法院关于适用〈中华人民共和国民法典〉有关担保制度的解释》（以下简称《民法典担保部分解释》）第45条第1款[②]的精神，理应予以认可。

第三，保理人是否有权同时主张应收账款债权和保证担保权利？在“功能担保”视角下，应收账款债权是融资人自己提供的物上担保，保证人是否应当类推适用《民法典》第392条，要求保理人先主张应收账款债权？目前未见明确的司法意见，但背后体现的是混合担保共性规则的适用问题，不可不察。

---

① 在破产实践中，一般由会计师管理人盘点表内资产。签订有追索权保理合同后，应收账款债权的“收益”和“风险”没有完全转让给保理人，应收账款债权人无法终止确认应收账款债权，破产管理人往往将应收账款债权列为破产财产。

② 《民法典担保部分解释》第45条第1款规定：当事人约定当债务人不履行到期债务或者发生当事人约定的实现担保物权的情形，担保物权人有权将担保财产自行拍卖、变卖并就所得的价款优先受偿的，该约定有效。因担保人的原因导致担保物权人无法自行对担保财产进行拍卖、变卖，担保物权人请求担保人承担因此增加的费用的，人民法院应予支持。

（3）服务担保

付款担保在《关于加强商业保理企业监督管理的通知》（2021 年）中又被称为“非商业性坏账担保”。理解“付款担保”，需要从应收账款债权人的商业需求切入。

应收账款债权人的核心商业诉求是把应收账款变成现金。注意，不可局限于法律视角的“履约—还款”来理解“变现”。对于应收账款债权人来说，只要“账不要烂在手里”，“有人给钱”就行，并且“这个钱拿了就走”，最好不要“杀回马枪再吐出来”。符合这一诉求的保理产品就是无追索权保理与到期保理，这两种保理具备服务担保功能。

无追索权保理的解决方案是：①受让应收账款债权→②保理人向应收账款债权人支付款项（一般会以应收账款债权为基础打个折扣）→③如果应收账款债务人逾期还款（发生信用风险），那么应收账款债权人不必还钱→④对于应收账款债权人来说，这笔钱就相当于应收账款债务人回款。

到期保理的解决方案是：①受让应收账款债权→②保理人先不用付款→③应收账款债务人到期无法偿付（发生信用风险）→④保理人向应收账款债权人支付“保付款”（一般与应收账款债权等额）→⑤应收账款债权人：这笔钱就相当于应收账款债务人回款。

无追索权保理与到期保理的主要区别在于付钱的时间。无追索权保理在应收账款到期前就支付，到期保理在到期后支付。简要对比如图 1－1 所示：

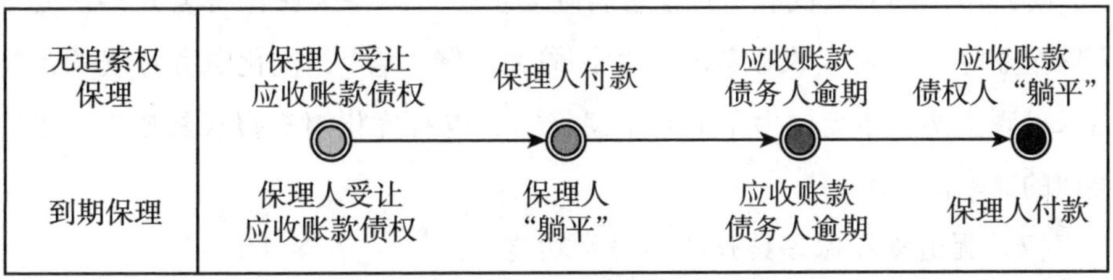

图 1－1　无追索权保理与到期保理解决方案对比

（4）两种担保的区别

结合上文分析，“功能担保”与“服务担保”的区别如表 1－1 所示：

表 1－1　功能担保与服务担保的区别

区别	功能担保	服务担保
受益人	有追索权保理人	应收账款债权人
付款时间	应收账款到期前	无追索权保理在应收账款到期前；到期保理在应收账款到期后
应收账款债权人	出现应收账款债务人信用风险，有回购义务	出现应收账款债务人信用风险，无回购义务

（5）保理人作为普通担保人

此外，保理人作为普通的民事主体，当然也可以为他人提供保证担保。[①]这种担保与保理合同无关，需要遵循公司对外担保的一般规则。

3. 优化报表

这是会计意义上的功能。

（1）“出表”与优化报表

“出表”功能，就是在保理的“作用”下，应收账款债权人合法终止确认应收账款。根据当前的会计准则，企业一旦有应收账款，就必须有一定比例的坏账计提，应收账款越多，坏账计提就越多，净利润就越少，资产负债表就越“难看”。如果要终止确认应收账款，那么就不必计提坏账，财务报表就会得到“优化”。

实践中，国务院国有资产监督管理委员会（以下简称国资委）多次要求下辖企业降低表内应收账款和存货，俗称“降两金”，优化财务报表的市场需求可观。而上市公司为了应对信息披露，也有优化财务报表的压力，也有类似的需求。

（2）无追索权保理具有“出表”功能

能否终止确认应收账款，应当按照金融资产终止确认的判断流程，对权

① 参见最高人民法院民事判决书，（2019）最高法民终 784 号。该案中，保理人就作为连带保证人，为金融借款债务提供担保，最终被判决承担连带保证责任。

利是否转移、风险和报酬是否转移等进行判断，[①] 也就是要满足应收账款的“收益”和“风险”完全转让。

无追索权保理符合这一要求，因为对于应收账款债权人来说，在转让真实完整的应收账款之后，后续应收账款无论是足额回款还是逾期拖欠，都与之无关。无追索权保理因而具有“出表”功能。

其他涉及债权转让的金融工具，如资产证券化、不良资产转让等，符合上述标准的，也具备“出表”功能。

（3）有追索权保理不具有“出表”功能

有追索权保理无法具备这一功能，原因就在于保理人不承担应收账款债务人信用风险，收取的应收账款超过保理融资本息的，还应当返还，这意味着收益与风险均未转让。

如果“无追索权保理合同”约定在特定期限届满后就不承担应收账款债务人的信用风险，相关应收账款也无法“出表”。

（4）“假出表”问题

在实践中，一些保理人“既要又要”——既想挣钱又不想真的承担应收账款债务人的信用风险，于是就想出了“假出表”的操作。

“假出表”的操作至少有两种，一种是在无追索权保理合同外，另行签订一份变更为有追索权保理的《补充协议》（俗称抽屉协议）；[②] 另一种是保理人作为通道方，由“出表”需求方（的关联主体）实际提供资金来源，在形式上做一套无追索权保理。[③]

---

① 参见财政部企业会计准则实施典型案例编委会编写的《企业会计准则实施典型案例集》一书中的“案例6－3　无追索权的保理合同相关应收账款的终止确认”。

② 参见中国证券监督管理委员会贵州监管局下发的黔处罚字〔2023〕4号《行政处罚事先告知书》。某公司上市公司的下属公司通过这种“假出表”的操作，致使“少计提坏账准备2.35亿元，虚增净利润超2亿元，占当期披露金额的124.47%，导致2021年盈亏发生变化”。

③ 参见中国证券监督管理委员会深圳监管局〔2020〕6号《行政处罚决定书》。某上市公司与某保理人签订《无追索权国内保理业务合同》，约定将39笔合计人民币2.32亿元应收账款债权转让给保理人，获得融资款2.013亿元，但保理融资款实际由某上市公司及其关联方提供。监管部门认定，该应收账款对应债权并未发生实质转让，且通过上述虚构保理业务，某上市公司虚增2017年利润总额4319.42万元。

在不良资产业务中也有类似问题。作为受让人的不良资产管理公司在取得相关债权后，还会“授权”/“委托”出让人（银行）继续向债务人及担保人进行诉讼催收，银行往往享受后续回款的“分成”。相关债权在法律上虽然被转让给了不良资产管理公司，但至少收益没有一并转让，不良资产实际上并未“出表”。这种“假出表”/“非洁净出表”为监管部门所禁止。①

4. 舒缓账期

这是服务应收账款债务人的功能。

举例说明：应收账款债务人 Z，对上游供应商 G 有笔 100 万元的应付债务，但账期临近，供应商 G 眼瞅着就要来催款；同时，下游还有不少款没有收上来，Z 的现金流十分紧张。此时，一家保理公司联系应收账款债务人，表示保理公司可以从供应商 G 处受让对 Z 的应收账款，这样今后 Z 只需要向保理公司付款。Z 说，那对我有什么好处呢？保理公司说，受让前，要求 Z 和 G 约定，将应收账款账期延长至 1 年，此后，保理公司愿意向 G 支付 90 万元保理融资款从而受让应收账款债权，收取服务费 5 万元，G 可以选择无追索权保理融资方案。应收账款债务人 Z 一听可以延展账期，就与供应商 G 商量：因目前现金流不足，只要 G 同意变更账期，便可获得 90 万元的“融资款”，剩下的 10 万元在一年后可以拿到 5 万元，G 不用支付 90 万元的融资利息。G 因为急缺现金流，思索再三，表示同意。

在这个交易框架内，往往会在一定程度上牺牲应收账款债权人的利益，在实践中受到监管限制。详见反向保理部分的介绍。

5. 应收账款催收与管理

“应收账款催收”和“应收账款管理”两项服务（功能）都服务于应收

① 例如《关于进一步规范银行业金融机构信贷资产转让业务的通知》第 4 条规定“银行业金融机构转让信贷资产应当遵守真实性原则，禁止资产的非真实转移”。《中国银监会办公厅关于规范金融资产管理公司不良资产收购业务的通知》要求“不得与转让方在转让合同等正式法律文件之外签订或达成影响资产和风险真实完全转移的改变交易结构，风险承担主体及相关权益转移过程等的协议或约定，不得设置任何显性或隐性的回购条款，不得违规进行利益输送，不得为银行业金融机构规避资产质量监管提供通道”。

账款债权人。但总的来说，这些是实务中存在感不强的功能。

应收账款催收，比较容易理解，就是向应收账款债务人要钱。在始终都不会联系债务人的“暗保理”业务中，保理人不会提供这一服务。为防止保理流于单纯的“讨债”，如果保理人仅仅从事催收业务，实务中有观点认为不应认定催收人与债权人之间构成保理合同关系。

应收账款管理，主要是指提供专门的结算账户用于清分相关应收账款，一般由银行保理人提供此服务。

6. 服务的数量

《民法典》没有限制保理人所提供服务的最低数量，但实践中有观点认为，如果仅提供应收账款催收或者应收账款管理，服务提供方与应收账款债权人之间的关系可能不会被认定为保理合同关系。

（三）保理优劣势

所有的法律产品，都是解决客户具体需求的，所以讨论产品优劣时，应当从客户需求出发。市场上有许多法律产品能够产生与保理类似的功能，但保理能够独占一席，必然有其独特的优势。同理，既然保理未能“一统江湖”，也肯定有其不足之处。各种工具孰优孰劣，简要分析如下：

1. 融资功能之比较

客观来说，保理的融资功能优势并不大。而劣势有三：融资成本不低、交易结构复杂、法律（裁判）规则不够清晰。

从“成本”与“结构”的关系观察，市面上的融资产品可分三类：（1）融资成本较低且结构较简单，以银行贷款为代表；（2）融资成本较高且结构较简单，以民间借贷为代表；（3）融资成本较低但结构较复杂，以资产证券化为代表；（4）融资成本较高且结构较复杂，以商业保理为代表。

融资成本是指融资的利率，也就是本金与预期总收益结合融资期限折算出来的利率。交易结构复杂程度高低，要看交易参与人数多不多、除了货币所有权转让外是否还有其他权利（资产）的转让、是否还需要完成其他审批登记手续、法律规则是否足够清晰，等等。

在有选择的情况下，企业一般倾向于选择第一类融资产品。如果鱼和熊掌不可兼得，必须在“利率高低”和“结构简繁”之间作出选择的话，企业一般更倾向选择第三类融资产品。如果企业选择了“利率高又复杂”的融资产品，要么是选择权有限，要么就是有其他考虑。

市场化运作的保理产品，往往属于第三类或第四类。保理的融资利率是否有优势，需要结合具体业务来看。总的来说，信用越好的融资人能得到的保理融资成本就越低。保理的交易结构一定是复杂的，因为其必须“借道债权转让”。实践中，就算一些“包装”出来的保理业务，也至少要“捏出”一个应收账款债权出来，以确保符合形式上的要求。

2. 担保功能之比较

无追索权保理的付款担保功能优势在于：先给钱（因而兼具融资属性），劣势在于给的钱可能不是全额的应收账款债权，而且交易结构复杂（涉及债权转让）。

到期保理面对保证担保没有明显优势，都是到期后给钱，但交易结构更复杂（涉及债权转让）。

3. 其他功能之比较

就出表功能而言，保理的优势大小取决于保理融资成本与其他同类产品的成本孰高孰低。能够实现出表目的的还有资产证券化等融资方式，原始权益人（应收账款债权人）愿意选择保理还是资产证券化，主要取决于实际的融资成本孰高孰低。

在应收账款管理与应收账款催收方面，笔者尚不了解保理的优劣势。

二、常见的保理类型

常见的保理分类包括：（1）融资性与非融资性保理。融资性保理主要包括有追索权保理与无追索权保理。非融资性保理主要包括到期保理与托收保理。（2）正向保理与反向保理。（3）明保理与暗保理。实践中还有其他分类。

（一）融资性保理

1. 概述

融资性保理包括有追索权保理和无追索权保理。提供资金融通服务的保理业务，就是融资性保理。融资性保理也被称为预付型保理（advance factoring），保理融资款也被叫作“预付款”①。

2. 有追索权保理

有追索权保理是一个“多退少补”的融资业务。基本流程举例说明如下：

应收账款债权 100 万元，保理融资本金 80 万元，保理融资报酬 10 万元，融资期限与应收账款债权账期均为 1 年。那么：

若一年后应收账款债务人支付了 100 万元，该金额超过了保理融资成本及收益 90 万（80 万 +10 万）元，则保理人应当向应收账款债权人返还 100 万 -（80 万 + 10 万）= 10 万元。应收账款债权人无须承担任何还款责任。

若一年后应收账款债务人支付了 92 万元，该金额超过了保理融资债务总额 90 万元，则保理人应当向应收账款债权人返还现金 92 万 -（80 万 + 10 万）= 2 万元，以及 100 万 - 92 万 = 8 万元的逾期债权。应收账款债权人无须承担任何还款责任。

若一年后应收账款债务人支付了 80 万元，该金额低于保理融资债务总额 90 万元，则保理人可以行使追索权，要求应收账款债权人回购应收账款债权。应收账款债权人此时应当承担的回购义务是支付（80 万 + 10 万）- 80 万 = 10 万元。与此同时，因为应收账款债权还有 100 万 - 80 万 = 20 万元未付，保理人可以同时要求二人承担各自付款责任，应收账款债务人付款多少，应收账款债权人的回购义务便等额减少。应收账款债权人未履行回购义

① 这里的“预付”，并不是指保理人想替应收账款债务人付钱，因为保理人提供融资款的行为，不会导致应收账款债权减额，在法律上并不会产生代偿问题。如采纳这一表述，有必要对保理合同进行特别解释或索性不采用预付款的表述，避免引发不必要的误解。

务的，不必返还 20 万元逾期债权。

若一年后应收账款债务人一分未付，保理人可以行使追索权，应收账款债权人应当承担的回购义务是支付（80 万 +10 万） -0 =90 万元。应收账款债务人应当承担的责任是继续支付 100 万元的应收账款债务。保理人可以同时要求二人承担各自的付款责任，二人的付款责任的关系同上。

3. 无追索权保理

无追索权保理的基本流程举例说明如下：

应收账款债权 100 万元，保理融资本金 80 万元，保理融资报酬 10 万元，融资期限与应收账款债权账期均为 1 年。在一年后，只要应收账款债权本身没有出现权利瑕疵（比如应收账款债务人提出应收账款债权不存在、应收账款债权“缺斤少两”甚至与应收账款债权人无正当理由变更合同，这些情况在实务中被称为“商业纠纷”），无论应收账款债务人支付了多少钱，保理人都无权要求应收账款债权人回购应收账款债权。否则，当出现商业纠纷的时候，无论是在融资期限届满前还是届满后，保理人均享有追索权，《民法典》第 766 条的清算规则同样应予适用。可见，在无追索权保理合同中，保理人依然可以享有追索权。

无追索权保理人承担着更大的商业风险，在实践中远不及有追索权保理常见。

4. 两种保理的区别

二者的核心区别在于：在仅出现信用风险时，也就是在“应收账款债务人仅因为没钱而付不出钱”的时候，有追索权保理人享有追索权，无追索权保理人不享有。这一关键区别，《民法典》未予呈现。

了解二者区别的意义在于：第一，无追索权保理合同并非没有追索权的约定，而是能行使追索权的情形少于有追索权保理。第二，在区分保理业务类型时，应当以追索权行使情形为核心标准，而非合同标题或名称。第三，保理人只要行使了追索权，就适用有追索权保理的规则。第四，无追索权保理人因为没有法定清算义务，所以其只要没有行使追索权，就不受利率限制。

第五，“多退少补”并非二者的核心区别。如果无追索权保理人愿意主动返还“超过部分”“剩余部分”，系对自身权利的处分，无可厚非，但有追索权保理合同约定不必返还的，违背金融利率管制要求。第六，在无追索权保理合同外另行签约变更为有追索权保理业务的，在合同法层面，属于当事人约定变更合同，于法不悖。①

（二）非融资性保理

没有提供资金融通功能的保理，就是非融资性保理。没有提供资金融通，意味着这类保理交易中并无“融资本金”“融资利率”等条款，自然也就没有回购条款或者追索权条款。非融资性保理人没有追索权。

非融资性保理在实践中主要有到期保理和托收保理。

1. 到期保理

融资性保理人都会在应收账款债权到期前支付保理融资款，所以这种保理又被称为预付型保理（advance factoring）。而有一种保理是在应收账款债权到期后才可能付款，这种保理就是到期保理（maturity factoring）。到期保理主要提供付款担保服务。

举例说明到期保理的基本流程：双方约定保理人受让应收账款债权100万元，保理人提供付款担保服务的额度是90万元。如果应收账款债权到期，应收账款债务人出现信用风险而逾期付款，保理人应当向应收账款债权人支付不超过90万元的保付款。保理人因提供到期保理服务，可收取5万元保理报酬。在依约支付保付款后，保理人不享有追索权，只能想办法从受让的应收账款债权（已逾期）中受偿。在支付保付款前，若应收账款债务人足额付款，保理人应当向应收账款债权人转付该部分款项。

① 参见上海金融法院民事判决书，（2022）沪74民初3425号。该案中，原告经过多手受让保理资产后提起诉讼，要求应收账款债权人履行回购义务。该案的《保理合同》虽载明案涉保理为买断型保理，但根据保理人与应收账款债权人另行签订的《业务协议》，双方同时约定在应收账款债务人出现买方信用风险以及应收账款债权人未按时支付利息等情形下，保理人有权要求应收账款债权人承担不可撤销的回购责任。对此法院认为“于法不悖，本院予以支持”。

到期保理的特征是：保理人在应收账款债权到期前并不支付款项，而在到期后，若应收账款债务人出现信用风险，保理人才需要支付保付款。如果存在商业纠纷（就是应收账款债权并没有保理合同中约定的那么多），在确定应收账款债务人应支付款项之前，保理人有权拒绝支付保付款。保付款金额往往与应收账款金额挂钩，可以全额支付，也可以打折支付。

到期保理的劣势在于：相比于保函、保证保险、信用保险而言，到期保理交易结构更复杂，且需要应收账款债权人（受益人）无偿预先转让应收账款债权，因此在实践中并不多见。但到期保理并非没有市场。2022 年 10 月 27 日，天津市高级人民法院发布的金融审判典型案例之三“某工程公司与某保理公司保理合同纠纷案”，是一个有追索权保理 + 到期保理的“组合型”保理案例。在这个案例中，到期保理人还额外提供了有追索权融资服务，涉诉时，应收账款债权人一方面应当向保理人返还本息 37 万余元，另一方面还有权要求保理人支付到期保付款 40 万余元，两相抵销后，保理人应付到期保付款 3 万余元及逾期利息。

2. 托收保理

托收保理（collection factoring）主要提供应收账款管理和催收服务。

举例说明托收保理的基本流程：双方约定受让应收账款债权 100 万元，保理人受让应收账款债权后，负责统计核算应收账款，并向应收账款债务人催收。催收所得应当如数返还给应收账款债权人。保理人收取保理报酬 10 万元。如果受让多笔应收账款，保理人还需要分门别类进行记账管理。托收保理可以让企业从繁杂的应收账款统计、催收的事务中解脱出来。但在我国商业实践中，真正仅提供应收账款管理和催收保理业务的保理并不多见。

（三）正向/反向保理

1. 基本概念

反向保理合同就是保理人与应收账款债务人签订的“保理合同”，主要目的是要求应收账款债务人向保理人推荐“合格”的应收账款债权人，然后由保理人与这些推荐的应收账款债权人签订保理合同。实务中，为了区分两套“保理合同”，前者叫“反向保理合同”，后者叫“正向保理合同”。完整的反向保理业务包含了签订两套合同。

保理合同需具备“应收账款债权人将现有的或者将有的应收账款转让给保理人”的约定，鉴于应收账款债务人不可能将“应收账款债权人”的债权转让给保理人，“反向保理合同”一般也不会出现债权转让条款，故“反向保理合同”不是《民法典》所称的“保理合同”，“正向保理合同”才是。

2. 缔约动机

为什么保理人会与应收账款债务人签“保理合同”？因为能够满足保理人与应收账款债务人各自的商业需求。

如何又（更）快又（更）多地受让（更多的）优质应收账款债权，进而追求更多的保理报酬，是保理人永恒的追求。如果一家一家地去筛寻应收账款债权人，量小效低；但如果先搞定优质的应收账款债务人，然后让其批量推荐优质应收账款债权人，保理人便可“一网打尽”，提升融资效率。由于后续保理人会定向地跟这些被推荐的应收账款债权人叙作保理业务，反向保理有时也被称为“定向保理”。

那反向保理对于应收账款债务人有什么好处呢？主要有减少被诉风险、延缓账期、收取居间费用。（1）减少被诉风险，是指可以在一定程度上避免应收账款债权人对自己发起有实质威胁的诉讼。例如应收账款是 100 万元，融资款是 80 万元，保理人用 80 万元受让应收账款债权后，应收账款债权人失去了起诉应收账款债务人支付 100 万元的可能。而如果保理人是应收账款债务人推荐的，一般是不可能起诉应收账款债务人的。（2）延缓账期，是指在应收账款债权已经逾期的情况下，应收账款债务人为了将付款期限合法延长，往往以应收账款债权人可以“提前”获得融资为由，要求应收账款债权人同意展期。应收账款债权人作为弱势方，有时不得不“同意”。于是乎，一个已经到期的债务，摇身一变，在法律上变成了未到期。（3）收取居间费用。在个别反向保理业务中，应收账款债务人会要求保理人依据今后开展保理的业务量，向应收账款债务人支付居间费用。但这些“好处”可能会损害应收账款债权人的利益。

3. 交易特征

反向保理合同的特征有六：

（1）本身并不约定转让应收账款债权，因为应收账款债权属于应收账款债权人。

（2）一般会约定应收账款债务人应向保理人推荐应收账款债权人。完整的反向保理业务包括前期签订反向保理合同，后期签订正向保理合同。

（3）一般会约定若保理人据此开展正向保理业务，应收账款债务人应确认相关应收账款债权的真实性。这也意味着一般无须额外的“转让通知”。

（4）有些反向保理合同中会约定正向保理合同的融资额度。融资额度就是应收账款债权人能够获得的保理融资上限。

（5）反向保理合同不是正向保理合同的预约，因为法律事实不同。

（6）实践中，还有保理人、应收账款债权人、应收账款债务人三方签订的保理合同，这个时候如果有正向保理合同的内容，一般就不再作为反向保理合同对待。①

4. 副作用

在实务中，反向保理对于应收账款债权人和保理人也会产生一些“副作用”。

（1）对于应收账款债权人来说，应收账款债务人往往居于强势地位，实务中已经出现应收账款债务人以拒付或拖延付款迫使应收账款债权人接受保理融资业务的实例。举个例子：1000 万元的应付货款，马上就要到期了，结果应收账款债务人对应收账款债权人说，你不做保理我就不付你钱，你如果

① 实践中，保理人先与应收账款债务人签订保理合同，该合同中预先约定了正向保理合同的相关内容，签订后，由应收账款债权人“加入”该保理合同。这种由两方先签约、第三方后参与的“三方协议”，并不影响对正向保理合同法律关系的判断。参见上海金融法院民事判决书，（2022）沪 74 民终 1443 号。该案中，保理人与应收账款债务人签订了《保理合同》，应收账款债权人须向保理人出具《参加协议》，自愿接受涉案《保理合同》的全部条款和条件并作为涉案《保理合同》项下的三方当事人之一，享有和承担涉案《保理合同》项下应收账款债权人的权利和义务。

起诉我以后就别想再合作，如果你与保理人合作了，还只能收到950万元的“融资款”，此外可能还要额外支付10万元的融资使用费。如此条件极大侵害了应收账款债权人的利益。在司法实践中，有案例认为这种交易模式下的保理融资使用费应当由应收账款债务人承担，因为这种保理实质上是应收账款债务人的“付款方式”。①

显然，这样的反向保理业务变了味儿，保理从“缓解中小企业融资压力”的金融工具变为“进一步加重中小企业经营压力”的负担，为金融监管部门所不许。2022年6月21日，原中国银行保险管理委员会（以下简称银保监会）普惠金融部下发了《商业保理公司专项检查工作方案》，明确表明将“重点针对当前大型企业利用自身处于产业链核心地位和市场垄断优势，一边占用上下游企业账款、一边通过所属商业保理公司提供保理融资赚取利息和服务费用等侵害侵占中小企业合法权益问题开展专项检查”，在一定程度上遏制了这类不当做法。

（2）对于保理人来说，如果放松警惕，可能就会陷入虚构应收账款的融资陷阱。此外，如果保理人全程设计了反向保理的方案，极有可能是知晓（或应知而未知）虚假应收账款的情形，届时保理人将不受《民法典》第763条的保护。鉴于此，监管并不提倡反向保理业务，例如《上海市商业保理公司监督管理暂行办法》（2021年）第21条就要求“逐步提高正向保理业务比重，惠及更多供应链上下游中小企业”。

在应收账款质押（贷款）业务中，也存在质权人与应收账款债务人先行签订协议（类似反向保理合同），再与相关应收账款债权人签订质押合同的操作。

---

① 典型案例参见海淀区人民法院民事判决书，（2022）京0108民初31966号，该案中，基础交易合同本来约定“本合同项下的债权不得转让、不得质押、不能用于保理等融资业务”，后为了以保理方式“支付货款”，修改条款为“本合同项下的债权不得转让、不得质押”。一审法院认为，“对于买方以保理方式付款产生的费用31 200元，本院认为，合同中约定付款方式为银行转账或承兑汇票，买方以保理方式付款系为依约完成自身义务而增加新的融资成本，该成本应由其负担，故对于其关于保理费用应由卖方自行负担的相应答辩意见，本院不予认可”。二审北京市第一中级人民法院予以维持。

（四）明/暗保理

以“应收账款债权转让是否对应收账款债务人发生效力”为标准，分为明保理（公开型保理，disclosed factoring）与暗保理（隐蔽型保理，undisclosed factoring）。是否对应收账款债务人发生效力，以是否有效通知应收账款债务人为标准。

应收账款债务人在“接到”[①] 债权转让通知后，债权转让就对其发生效力。因此是否取得应收账款债务人的确认并非“明保理”的认定条件。

（五）其他分类

1. 银行保理与非银保理

依据保理人是否为银行，区分为银行保理与非银保理。银行保理人主要为商业银行，财务公司也可以被纳入银行保理人范畴。非银保理人包括能够从事与主营业务相关保理业务的融资租赁公司和商业保理公司。二者的主要区别在于监管依据不同，主体资格性质不同。关于保理人的主体资格问题，容后详述。

2. 直接保理与间接保理

应收账款债务人直接向保理人付款的，为直接保理。如果应收账款债权转让后，保理人允许应收账款债权人继续收取的，是间接保理。

间接保理与暗保理有一定关联。但明保理也并非排斥间接保理，例如在通知应收账款债务人后，依然要求应收账款债务人向应收账款债权人的其他指定账户付款（往往是监管账户），这也属于间接保理。一些对财务标准要求比较高的应收账款债务人，往往要求收款方与合同、发票当事人保持一致，这是间接保理业务的展业动机。

在间接保理中，有追索权保理人对应收账款债权人可能享有两个权利，

---

① 《最高人民法院关于适用〈中华人民共和国民法典〉合同编通则若干问题的解释》（以下简称《民法典合同编通则解释》）第 48 条第 1 款规定：债务人在接到债权转让通知前已经向让与人履行，受让人请求债务人履行的，人民法院不予支持；债务人接到债权转让通知后仍然向让与人履行，受让人请求债务人履行的，人民法院应予支持。

一个是追索权，一个是“要求返还收取应收账款债权”的权利。两个都是依据合同约定产生的权利，也有“重复受偿”的问题。

在间接保理中，保理人要求应收账款债权人返还所收取的应收账款的权利的性质为何，极具实务价值。如果认为是“对于应收账款债权所转化财产的优先权（认可应收账款债权的物上代位性[①]）”，那么应收账款债权人的收款账户被冻结或应收账款债权人破产的，保理人在执行异议程序、破产程序中会取得巨大优势。如果认为只是普通债权，则保理人会遭受不利。

3. 国际保理与国内保理

出口商（出卖人、卖方）与境外的进口商（买受人、买方）一般不熟（至少没那么熟），为了对抗信用风险、便利结算，国际保理业务应运而生。国际保理有“单保理”与“双保理”模式。

当下国际保理业务以银行保理人为主要参与人。一些银行很早就制定了本行的操作指引。例如交通银行出台过《交通银行进口保理业务授信管理办法》（2002 年）、中国银行出台过《中国银行国际保理业务管理办法》（1999 年）和《中国银行国际保理业务操作规程（试行）》（1999 年）、中国农业银行出台过《中国农业银行出口保理业务操作规程（试行）》（2001 年）等。中国人民银行还出具过《关于出口保理业务范围的认定和法律适用问题的答复》指导早期的国际保理纠纷。

受制于外汇管制等多种因素，非银保理人很难从境外的应收账款债务人处直接收取应收账款，也很难向境外的应收账款债权人直接支付保理融资。我国曾试点允许商业保理公司直接以美元支付保理融资，[②] 也曾允许保理人

① 间接保理、暗质押都会涉及应收账款变现后是否对收取后转变的存款继续享有优先权的问题，背后就是物上代位的法理。《民法典》没有设定统一的物上代位制度，但并不意味着这一制度无足轻重。常见的“物上代位”包括，担保物毁损灭失后抵押权人对替代形成的保险金、赔偿金或者补偿金继续享有担保物权（《民法典》第 390 条）；破产企业占有的他人财产因毁损灭失获得的保险金、赔偿金、代偿物，权利人可以申请取回［《关于适用〈中华人民共和国企业破产法〉若干问题的规定（二）》第 32 条］。对于实务人士而言，虽然不必了解深厚的学理体系，但整理具有共通法理但分散在不同部门法的规则，举一反三，有助于全面预判实务风险，也有助于相关文本的起草。

② 2020 年 3 月，陕西自贸试验区推动全国首家商业保理公司国际保理美元融资业务成功落地，相关保理人可以直接以美元支付保理融资，为从事国际贸易的应收账款债权人提供了巨大便利。

通过指定的交易平台对外转让境内应收账款债权。①

4. 双保理与单保理

仅有一家保理人参与初始保理业务的，就是单保理，也是国内常见的保理模式。

双保理业务一般出现在国际保理中。双保理一般有四方当事人：出口商（境内应收账款债权人）、出口保理人、进口商（境外应收账款债务人）、境外进口保理人。双保理的业务流程是：出口保理人负责投放融资款，受让应收账款债权。应收账款到期后，境外的进口保理人受出口保理人之托向应收账款债务人收取应收账款，再转付给出口保理人。两家保理公司之间还会就应收账款债权转让、结算等问题签约协商。

双保理模式的优势在于，出口商（境内应收账款债权人）可专注于供货，进口商（境外应收账款债务人）向本国的进口保理人汇款即可完成货款支付，免去了跨境异地付款的各种问题，加强了资金流通效率。出口保理人则不必过多了解进口方国家或地区的特殊法律规定，可交由进口保理人负责。两个保理人都会收取服务费用。双保理一般由银行保理人开展，进口保理人往往承担坏账担保服务。

关于双保理与国际保理的新近介绍，可以参考中国服务贸易协会发布的《国际保理业务操作指引》（团体标准 T/CATIS002－2022，2023 年生效）。

5. 完全保理与部分保理

《民法典》第 761 条规定了保理人可以提供的几项服务，如果保理人在一单业务中同意提供全部服务，就是“完全保理”，反之就是“部分保理”。

关于保理人至少应当提供多少服务才构成保理合同关系，存在一定争议。《商业银行保理业务管理暂行办法》（2014 年）第 6 条要求提供至少一项规定

① 2018 年 3 月，亚洲保理携手深圳前海金融资产交易所有限公司跨境部在“跨境债权转让试点”项下完成全国首单商业保理资产境外转让业务。该项目的特点是，国内保理人向境外主体转让应收账款，并以人民币收取保理融资。《关于加强商业保理企业监督管理的通知》（2021 年）已禁止商业保理公司从地方各类交易场所融资。

的服务。《关于加强商业保理企业监督管理的通知》（2021 年）未做要求。在司法实践中，有观点认为仅提供催收服务的，不构成保理；仅提供融资的，也不构成保理。

保理人收取息费的前提是提供对应的服务，所以在合同签订的时候需要注意，保理人应避免承诺提供无法提供的服务，以免应收账款债权人提出减免保理报酬的要求。

6. 单保理和池保理

在单保理中，保理人依据应收账款债权人每次转让的应收账款债权进行单独融资。一般来说，应收账款债权人想获得多次融资，就需要多次转让应收账款债权。但为了提高融资效率，实践中还有一种例外，便是池保理。

在池保理业务中，应收账款债权人会在一定期限内陆续转让多笔应收账款债权以形成“资产池”，应收账款债权人一般需要确保“资产池”中的应收账款债权总量不低于一定数额，然后按这个数额测算所需支付的融资款。在融资期限届满前，“资产池”中的债权可能出现逾期也可能被顺利清偿，但只要“资产池”的应收账款债权总金额保持在一定水平线上，保理人一般不享有追索权。① 池保理业务中，保理融资要素与单笔的应收账款债权可不必一一对应，逐笔保理中的融资期限与应收账款的账期有关联要求。

7. 本保理与再保理

本保理就是保理人从应收账款债权人处受让应收账款债权、发放融资的保理业务，也就是我们普通讨论的保理业务。而再保理则是保理人将应收账款债权再转让给其他保理人以获得融资的一种保理业务，在交易结构上与普通保理无异。在实践中，有《中国银行业协会跨行再保理业务指引（试行）》等行业规范性文件可作为规范参考。

再保理是保理人的一种融资方式。在实践中，保理人的再融资行为不限于再保理，有可能被包装成其他形形色色的合同。这些合同名称上未必含有

① 这类似最高额担保。在最高额担保中，被担保债权确定之前，个别债权出现逾期或者被清偿的，担保权人都无权实现担保权。

"保理"字样，若在合同中约定了各种形式的"保本保息"的条款，则合同实质上属于借款合同。①

再保理的特点有三。其一，再保理的"应收账款债权人"和"保理人"都是保理商。其二，如果本保理与再保理都是有追索权保理，则再保理与"转质"接近。② 其三，一般来说，再保理的融资期限，应当短于本保理的融资期限。其四，再保理人可以受让的权利包括"应收账款债权"和"本保理合同的追索权"。

再保理能否是无追索权保理？无追索权保理合同在应收账款债权的交易命运上与债权买卖合同一致。"再保理"后，应收账款债权可能回不到本保理人手里，那对于本保理的应收账款债权人来说，"我还回购个啥"？这就好比房地产的抵押贷款，在贷款到期前，银行就把房子卖了。

如果再保理是有追索权保理，保理人对再保理人违约的时候，本保理的应收账款债权人可以作为"对履行该债务具有合法利益的第三人"，代保理人清偿再保理债务，进而要求再保理人直接将应收账款债权转让给自己。

如果本保理项下的债务已沦为不良资产并对外转让，一般不再以"再保理"冠名。

三、法律关系辨析

上文主要介绍"保理是什么"，接下来重点介绍"保理不是什么"。

---

① 实践中有各类自然人原告起诉保理公司要求"回购"的案件，案由多为借款合同纠纷，也有债权转让合同纠纷乃至委托理财合同纠纷。典型案例参见吉林省四平市铁西区人民法院民事判决书，(2019) 吉0302民初520号。该案中，2018年9月7日，原告赵某与被告某保理公司签订《保理债权转让合同》一份，合同约定："由赵某受让保理公司持有的标的债权本金200 000元，收益计算期间为2018年9月7日至2019年3月7日，溢价金额为7934.25元，标的债权回购日为2019年3月7日，标的债权回购总价款为207 934.25元"。法院认为，原被告之间本应形成债权转让关系，但根据合同约定，双方并无达成债权转让的合意，合同约定的内容及履行亦不符合债权转让关系的法律特征，其更符合借款关系的法律特征。最终按照借款合同处理。

② 《民法典》第434条规定，质权人在质权存续期间，未经出质人同意转质，造成质押财产毁损、灭失的，应当承担赔偿责任。该条看似仅规定的是责任转质，但从反面推论，也可以推理出"可以经过出质人同意而设立转质质权"的结论。

（一）保理不等于债权转让

“债权转让”包括“债权转让约定”与“应收账款债权的实际转让”。没有转让约定的合同一定不是保理合同。有了转让合同约定但没有实际转让应收账款债权的，可以构成保理合同关系，但也可能不构成。

区分二者，有助于判断“保理合同”的真实合同性质以及后续的权利义务构造，最终目的在于准确适用法律，准确预判风险。

1. 转让义务的产生与履行

大多数的合同交易，总体可以区分为“产生义务”与“履行义务”两个环节。[①] 对应在保理交易中，存在“转让应收账款债权的义务”以及“将应收账款债权实际转让”两个环节。

保理合同产生“转让应收账款债权的义务”，应收账款债权人负责“履行这一义务”。又因为应收账款债权作为一种无体物，并没有房产、车辆、手机那样有形的“交付”“转移占有”，应收账款债权的转让义务十分容易履行（无论采登记转让生效说、转让通知生效说还是转让合同生效说，都很容易实现“无感履行”）。所以，应收账款债权人的义务更重要的是体现在“确保应收账款债权具有可让与性”方面。

如果合同中根本没有关于应收账款债权转让的约定，也就无法产生应收账款债权的转让义务，也就不会有后续的应收账款债权的实际转让问题，这样的“保理合同”不符合《民法典》关于保理合同的定义，不构成保理合同关系。

2. 保理合同：产生义务

债权转让合同，泛指一切产生“转让债权义务”的合同。《民法典》第761条规定，保理合同是约定“应收账款债权人将现有的或者将有的应收账款转让给保理人……”的合同，所以，保理合同一定是一种债权转让合同。

---

① 起初，笔者计划从“债权行为”/“（准）物权行为”或“负担行为”/“处分行为”角度解构债权让与的法理基础。但鉴于司法实践或实务界较为抵触这些抽象概念，改采“义务的产生”与“义务的履行”角度分析。

债权转让合同不限于保理合同。出资合同[①]、担保合同（债权让与担保合同）、赠与合同、买卖合同、新债清偿合同都是债权转让合同，合同的意义在于赋予当事人某种义务，而保理合同的意义在于赋予应收账款债权人转让应收账款债权的义务。

3. 转让债权：履行义务

实际转让债权，就是履行转让债权义务的圆满结果。

债权何时转让？《民法典》未明文规定。考虑到《民法典》没有为债权转让设定额外的生效规则（如备案生效、登记生效），那么债权理应自相应的债权转让合同生效时实际转让。这就导致“债权转让”本身不那么“显眼”，这也是实务界混淆“保理合同”和“债权实际转让”的主要诱因。

债权的实际转让不以通知为生效要件，也不以登记为生效要件，但登记可以决定多个受让人/质权人之间的“优先顺位”。这些内容较为复杂，容后详述。

4. 区分实益

“保理就是债权转让”的说法，没有严格区分“义务的产生”与“义务的履行”两个层面的问题。同理，也不能说“保理以应收账款债权转让为前提”，而可以说“构成保理合同关系以存在应收账款债权转让约定”为前提。

（1）理顺思路

区分债权转让与债权转让合同的首要目的是规范表达，准确达意。一些观点例如“保理是附条件的债权让与”“保理并非纯正的债权转让”“附追索权债权转让”等，混淆了“债权转让合同”与“债权实际转让”。

（2）无效事由

债权转让合同与债权的实际转让，有各自的法定无效事由。

---

① 《公司法》第48条第1款规定：股东可以用货币出资，也可以用实物、知识产权、土地使用权、股权、债权等可以用货币估价并可以依法转让的非货币财产作价出资；但是，法律、行政法规规定不得作为出资的财产除外。《市场主体登记管理条例实施细则》（2022年）第13条第3款规定：依法以境内公司股权或者债权出资的，应当权属清楚、权能完整，依法可以评估、转让，符合公司章程规定。

债权转让合同的生效与无效，适用一般民事法律行为判断规则。

债权转让行为的无效，在适用前述总则编的规则之前，须优先适用《民法典》第 545 条第 1 款的“负面清单”[①] 规则。例如“依照法律规定不得转让”的，债权转让行为无效，由此可知，“行政法规”或其他规范性文件无法否定债权转让的效力。这与《民法典》第 153 条针对一般法律行为的无效事由不同。

（3）有因性

两者还有密切的联系。我国不认可债权转让的无因性，转让债权，须具备合法有效的债权转让合同。

5. 混淆与法律适用

个别司法解释混淆了不同的债权转让合同，易引发法律适用的问题。

一些针对“债权转让合同”的规定，实际上只适用于“债权的买卖合同”。例如《最高人民法院关于审理买卖合同纠纷案件适用法律问题的解释》（2021 年）第 32 条第 1 款规定“法律或者行政法规对债权转让、股权转让等权利转让合同有规定的，依照其规定；没有规定的，人民法院可以根据民法典第四百六十七条[②]和第六百四十六条[③]的规定，参照适用买卖合同的有关规定”。该款所称的“债权转让合同”，其实指的就是债权“买卖合同”，该规定不宜当然适用于其他“债权转让合同”，例如不适用于有追索权保理合同。

（二）保理不是债权让与担保

债权让与担保合同，属于债权转让合同的一种。其他类型的保理合同与

---

① 《民法典》第 545 条规定，债权人可以将债权的全部或者部分转让给第三人，但是有下列情形之一的除外：（1）根据债权性质不得转让；（2）按照当事人约定不得转让；（3）依照法律规定不得转让。当事人约定非金钱债权不得转让的，不得对抗善意第三人。当事人约定金钱债权不得转让的，不得对抗第三人。本条第 1 款的第 1 项、第 3 项均为债权让与行为独特的无效事由，第 2 款的内容与《民法典》第 153 条近似，但第 153 条还包括“违反法律、行政法规的强制性规定”。

② 《民法典》第 467 条规定：本法或者其他法律没有明文规定的合同，适用本编通则的规定，并可以参照适用本编或者其他法律最相类似合同的规定。在中华人民共和国境内履行的中外合资经营企业合同、中外合作经营企业合同、中外合作勘探开发自然资源合同，适用中华人民共和国法律。

③ 《民法典》第 646 条规定：法律对其他有偿合同有规定的，依照其规定；没有规定的，参照适用买卖合同的有关规定。

债权让与担保合同的区别明显，此处主要讨论有追索权保理合同与“借款＋债权让与合同”的区别。

1. 具体区别

（1）在让与担保中，债权让与担保条款可与主合同剥离，舍弃债权让与担保后可换成其他担保。甚至剥离债权让与担保条款后，主合同（借款合同）的性质与效力也不会受到影响。但有追索权保理合同不同，如果没有关于应收账款债权转让的条款，则合同在性质上无法构成保理合同。

（2）在借款合同中，借款期限届满后就应当偿还本息（《民法典》第667条），而有追索权保理合同不一样。融资期限届满后，应收账款债权人并不必然负担还本付息的义务，而是取决于应收账款债务人是否足额回款，也就是需要在“逻辑上一秒”先判断应收账款债务人是否逾期，然后在“下一秒”判断应收账款债权人是否需要“回购”。这在实务中也被称为“应收账款债务人是第一还款来源”。也有判例认为，这一特征是判断构成保理合同关系的标准之一。①

（3）《民法典担保部分解释》并未赋予保理人对应收账款债权的“优先”的权利，而在该解释第68条第1款明确赋予让与担保权人优先受偿权。

（4）司法实践中也有观点认为“让与担保是将标的物转移给他人，当债务不履行时，该他人可就标的物受偿的一种非典型担保，其目的在于担保而非让与”“（保理）转让应收账款是为融资提供对价，而非担保，与让与担保有质的区别”②。

2. 区分意义

区分有追索权保理与“融资＋债权让与担保”，学理意义大于实务意义。

---

① 参见湖南省岳阳市中级人民法院民事判决书，（2022）湘06民终1522号。法院认为，该案保理人的主要义务是向应收账款债权人提供保理融资款，而未提供其他金融服务，应收账款债权人的主要义务是按约定用途使用保理融资款、支付保理业务服务费等合同约定的费用以及在保理期限届满后偿还保理融资款本金等，并未约定将（应收账款）债务人支付的应收账款作为保理融资的第一还款来源。《国内保理业务合同》在内容上并不具有保理合同的典型特征，符合借款合同特征。

② 参见最高人民法院民事判决书，（2020）最高法民终155号。

二者的共性在于，应收账款债权的转让都是为了担保某种融资债权，所担保的融资债权都会受到利率限制，只是目前来看上限可能不一致。[①]

二者的区别在发生争议时已经荡然无存。如果发生纠纷，必然是应收账款债务人和应收账款债权人都没有足额付款，在立案前，前述“逻辑上一秒”已过，在结果上无论是否属于债权让与担保，对于案件的受理几乎没有影响。在具体的应收账款债权行使方式上，对于保理人来说，有没有“优先受偿权”的名头意义不大，因为保理人都能直接收取应收账款（债权让与担保权人也一样），办理登记后都能对抗其他债权人（实质的优先受偿）。

（三）保理不是以物抵债

“以物抵债”的叫法，是商业实践的产物。实践中，还有用“股权”“知识产权”乃至“债权”抵债的，都是“以物抵债”的体现。

《最高人民法院关于适用〈中华人民共和国民法典〉合同编通则若干问题的解释》（以下简称《民法典合同编通则解释》）第27条和第28条规定了以物抵债的基本规则。关于以物抵债协议的效力，“在债务履行期限届满前达成以物抵债协议的”，司法解释仅认可“约定债务人到期没有清偿债务，债权人可以对抵债财产拍卖、变卖、折价以实现债权”的效力，并不认可“债务人到期没有清偿债务，抵债财产归债权人所有的”的效力。[②] 对于在债

① 关于金融借款的利率上限，参考《最高人民法院关于进一步加强金融审判工作的若干意见》（2021年修订）第2条。该条规定，金融借款合同的借款人以贷款人同时主张的利息、复利、罚息、违约金和其他费用过高，显著背离实际损失为由，请求对总计超过年利率24%的部分予以调减的，法院应予支持。关于民间借贷的利率上限，参考《关于审理民间借贷案件适用法律若干问题的规定》（2021年）第25条第1款。该款规定，出借人请求借款人按照合同约定利率支付利息的，人民法院应予支持，但是双方约定的利率超过合同成立时1年期贷款市场报价利率4倍的除外。关于保理融资利率，目前只有“负面清单”，最高人民法院在《关于新民间借贷司法解释适用范围问题的批复》（2021年）中指出保理公司“其因从事相关金融业务引发的纠纷，不适用新民间借贷司法解释”。实践中，部分法院认为保理融资利率应当继续参照金融借款合同利率，而部分仲裁机构依然坚持适用民间借贷利率限制，认为不能高于民间借贷利率。保理融资利率上限问题在本书多处都会提及。

② 《民法典合同编通则解释》第28条第2款规定：当事人约定债务人到期没有清偿债务，债权人可以对抵债财产拍卖、变卖、折价以实现债权的，人民法院应当认定该约定有效。当事人约定债务人到期没有清偿债务，抵债财产归债权人所有的，人民法院应当认定该约定无效，但是不影响其他部分的效力；债权人请求对抵债财产拍卖、变卖、折价以实现债权的，人民法院应予支持。

务履行期限届满后达成的以物抵债协议，一般认可法律效力。①

因此，保理与以物抵债的核心区别在于，其一，保理人约定受让应收账款债权时，应收账款债权人对保理人并不存在负债，没有“抵债”的前提。其二，保理人受让应收账款债权之后，也不会导致某个债务消灭。其三，保理人在融资期限届满前必然取得应收账款债权，该约定当然有效。而以物抵债的此类约定无效。

（四）保理不是抵销

《民法典》第568条规定，当事人互负债务，该债务的标的物种类、品质相同的，任何一方可以将自己的债务与对方的到期债务抵销；但是，根据债务性质、按照当事人约定或者依照法律规定不得抵销的除外。当事人主张抵销的，应当通知对方。通知自到达对方时生效。抵销不得附条件或者附期限。

二人互负债务，为便于“互负”的多笔债务在同等额度内“一笔勾销”，只需一方主张，两个债权债务就终止，这便是抵销。抵销无须经过额外的“履行行为”，在结果上可以优先于其他债权人获得清偿，所以也可以认为是一种担保。

抵销无须转让债权即可实现，所以保理与抵销无关。因为没有权利的让与，抵销也与以物抵债无关。但在司法实践中常出现混淆二者的观点，不仅应收账款债权人会混淆②，个别审裁机构也会混淆。③

---

① “以物抵债”糅合了债务更新、代物清偿、新债清偿、流担保等诸多法律制度，这一“满汉全席”式的新路径是我国长期司法实践的发展，在今后的审判实践中效果如何，值得期待。

② 参见日照经济开发区人民法院民事判决书，（2016）鲁1191民初104号，法院未采信这一观点。

③ 参见武汉市中级人民法院民事判决书，（2016）鄂01民终3660号。该案为基于有追索权保理合同发生的纠纷。一审法院认为“应收账款转让后，应收账款债权人对应收账款债务人的应收账款抵销了其保理合同中的债务，保理人没有要求应收账款债权人回购应收账款，对保理人要求应收账款债权人还本付息的诉讼请求，不予支持”。二审法院予以维持。

（五）保理不是应收账款质押

从学理上说，依托物权法定原则，[①] 二者泾渭分明。但从结果来看，二者的区别并不明显，在实践中也极易引发混淆，甚至有签订保理合同但仅办理质押的操作。[②]

1. 学理上的区别

第一，应收账款质权可由当事人依据质押合同设立，也可依据法律规定直接产生。[③] 而保理合同不可能创设任何物权，也不存在直接依据法律规定而创设的保理合同关系。

第二，质权人就应收账款债权享有优先受偿的权利，而保理人并无此权利。但这种区别无实际意义，因为应收账款质权的实现既可以靠拍卖应收账款本身所得价款受偿（在京东司法拍卖或者阿里司法拍卖页面搜索“应收账款”就可见到目前在售的应收账款债权），也可以靠直接收取（包括向应收账款债务人直接收取，也包括收取应收账款之专户直接划扣）受偿。保理人的收取方式与后一种一致。

第三，应收账款质权为“登记生效”（《民法典》第445条第1款），而保理应收账款转让为“登记对抗”（《民法典》第768条）。但从实务角度来说，保理人办理登记已然成为必备操作，如果“对抗登记”已成常态，区分

---

① 《民法典》第116条规定：物权的种类和内容，由法律规定。也有观点认为，“应收账款质权”纵使被冠以“物权”之名，但本质上依然是债权。

② 参见深圳前海合作区人民法院民事判决书，（2017）粤0391民初2047号。该案原告保理人虽与被告应收账款债权人签订名为《保理业务合同》的合同，但被告并未将涉诉的应收账款转让给原告，而是将涉诉的应收账款质押给原告，法院认为案涉不符合保理合同的特点，该案涉及的法律关系名为“保理”实为民间借贷。

③ 《民法典》第390条规定，担保权人针对担保物因毁损、灭失、征收而转化的保险金、赔偿金、补偿金，继续享有优先受偿的权利。在“三金”实际支付之前，应当认为担保权人对三金债权依法享有无须登记即可生效的法定质权，这样才能构成对担保权人的延伸保护。但在司法实践中，担保权人并非对所有的“三金”均可以享有优先受偿权。例如，在江西省高级人民法院民事判决书，（2019）赣民终647号案件中，因抵押林木性质林变为公益林，担保权人主张就林业部门应发放的补偿款享有优先受偿权，法院以“因双方并未办理公益林补偿收益权质押登记，且该补偿款具有专款专用性质”为由，未支持担保权人的诉求。

“生效”还是“对抗”的实际意义也很有限。

2. 实务上的区别

第一，质权人可能难以提出有效的保全（执行）异议。担保物权人不享有排除强制执行的权利。① 但对于应收账款质权来说，这一规则并不绝对，实践中确实也有应收账款债权质权人提出有效异议的案例。实践中还有一种变通的做法，就是对收取应收账款的账户同时设立保证金账户质押，以期能够有效排除强制执行。② 而保理人作为“应收账款债权受让人”，可以依托《民法典》第768条和《最高人民法院关于人民法院办理执行异议和复议案件若干问题的规定》第25条、第26条申请排除强制执行。

第二，与主债务的匹配要求不同。出质的应收账款债权，不必与所担保的主债务的金额或履行期限有所关联。例如，借款合同的借款期限为3个月，履行期限是4个月或者2个月的应收账款债权都可以设定质押担保。借款金额是100万元的，应收账款债权的金额可以是80万元，也可以是120万元。而在非池保理的有追索权保理业务中，应收账款的期限、金额均需要与保理融资债务具有一定的匹配性，否则可能构成“名为保理实为借贷”。③

第三，应收账款债权作为担保品，在部分银行中属于低可靠度的担保品，在交易动机上，银行可选可不选。而对于保理人来说，开展保理业务就必须

① 《最高人民法院关于人民法院办理执行异议和复议案件若干问题的规定》（2021年）第27条规定：申请执行人对执行标的依法享有对抗案外人的担保物权等优先受偿权，人民法院对案外人提出的排除执行异议不予支持，但法律、司法解释另有规定的除外。

② 《民法典担保部分解释》第70条规定：债务人或者第三人为担保债务的履行，设立专门的保证金账户并由债权人实际控制，或者将其资金存入债权人设立的保证金账户，债权人主张就账户内的款项优先受偿的，人民法院应予支持。当事人以保证金账户内的款项浮动为由，主张实际控制该账户的债权人对账户内的款项不享有优先受偿权的，人民法院不予支持。在银行账户下设立的保证金分户，参照前款规定处理。当事人约定的保证金并非为担保债务的履行设立，或者不符合前两款规定的情形，债权人主张就保证金优先受偿的，人民法院不予支持，但是不影响当事人依照法律的规定或者按照当事人的约定主张权利。

③ 参见最高人民法院民事判决书，（2019）最高法民终1449号，该案中，保理合同或转让通知都未载明应收账款的账期等详细信息，且应收账款债权人实际上是依照固定的融资期限而非依照应收账款的履行期限偿还本息，融资期限与基础债权债务关系的履行期限不具有关联性，亦不符合保理法律关系的基本特征，最高人民法院认为不构成保理合同关系。

选择受让应收账款债权。

二者还有其他意义上的区分，例如质押不能“出表”，无追索权保理可以“出表”。但都不是法律意义上的区别。

3. 一些准“区别”

有的观点认为，“质押贷款业务只收取利息，保理业务收取的是管理费、处理费”。但这只是“文字游戏”，一旦涉诉，一般均适用“利息”规则。

有的观点认为，“可供质押的应收账款范围广”，但目前关于应收账款的界定均适用统一的《动产和权利担保统一登记办法》（2022 年），不存在“广窄之分”。

有的观点认为“应收账款质押一般都要通知债务人，保理可以不必通知”，但不通知应收账款债务人的质押业务与保理业务都非常常见，实务中称为“暗质押”“暗保理”。

（六）保理不是代付垫付

“代付”“垫付”，与“代为清偿”“债务承担”“由第三人付款”三项制度息息相关。这三种制度彼此独立，但鉴于三者在结果上都体现为“替人还钱”，本着结果导向的思路，笔者暂将三项法律制度放在一起讨论。

1. 保理不是代为清偿

（1）代为清偿制度

《民法典》第 524 条[①]新增了代为（代位）清偿制度。代为清偿的主要法律后果是，代偿人无须额外的合同依据，直接依法取得了原债权人对该债务人的债权。[②]

---

① 《民法典》第 524 条规定：债务人不履行债务，第三人对履行该债务具有合法利益的，第三人有权向债权人代为履行；但是，根据债务性质、按照当事人约定或者依照法律规定只能由债务人履行的除外。债权人接受第三人履行后，其对债务人的债权转让给第三人，但是债务人和第三人另有约定的除外。

② 这是一种法定的“债权移转”，区别于基于合同的意定“债权转让”。本书后文将详述债权的法定移转。

（2）保理人并非代为清偿应收账款债务

实务中，有的应收账款债务人认为，保理人其实就是代应收账款债务人偿还债务，未付款项应当由应收账款债务人继续偿付，例如100万元的应收账款，支付90万元融资款，则“剩余10万元”应当继续由应收账款债务人支付。[①] 甚至有的保理人在打款的时候会备注“代付××款”。这些都是误解。

“代偿”和“保理”在取得的权利以及法律后果上有区别。如果是代为清偿应收账款债务，那么代偿多少就取得多少债权。但在保理法律关系中，保理人取得的是全部应收账款债权。例如：100万元的应收账款债权，如果代偿90万元，则代偿人只享有90万元的债权（《民法典》第524条第2款），但在保理中，保理人支付90万元融资款后，取得的是100万元应收账款债权。代偿以后，未代偿的剩余10万元债务由应收账款债务人向应收账款债权人继续偿还。保理人受让的是全部应收账款债权，应收账款债务人需要向保理人偿还整个100万元。

（3）债务人并非代为清偿保理债务

实务中，有观点认为应收账款债务人实际上是替应收账款债权人代偿保理融资债务，因为应收账款债务人付款后，保理债务会减少。但事实上，应收账款债务人的付款义务源自基础交易合同，应收账款债务人的付款动机是清偿自己的债务，其主观上并无偿付保理融资款本息的意愿。但实践中确实有不少保理人直接起诉要求应收账款债务人履行保理融资债务且获得支持的案例，容后详述。

---

① 典型案例参见广州市中级人民法院民事判决书，(2023) 粤01民终17322号。该案中，2021年6月15日，应收账款债权人与保理人签署的《应收账款转让合同》约定保理人所受让的应收账款债权人对应收账款债务人的债权为724 530元，保理人支付671 639.31元融资款，差额为“手续费”52 890.67元。虽应收账款债务人非上述《应收账款转让合同》相对人，但应收账款债务人与应收账款债权人签署的《结算确认书》中明确，应收账款债务人于2021年6月25日通过保理方式向应收账款债权人支付款项671 639.31元予以扣减应收账款债务人应还款项，余额11 046 748.98元（包括“手续费”52 890.67元）为应收账款债务人应向应收账款债权人清偿的债务，即应收账款债务人承诺清偿的债务包括保理“手续费”。

也有些反向保理合同中会约定由应收账款债务人代付正向保理融资的利息与费用。背后的原因在于，实际受益人是应收账款债务人。[①] 此类业务大概率是反向保理业务。

2. 保理不是债务加入

(1) 债务加入制度

债务加入又称为并存的债务承担，新债务人加入债务后成为连带债务人。债务加入后，依据《民法典》第519条第1款[②]，没有约定的，两个债务人内部份额“五五开”，任何一个债务人承担超过自己部分的责任，取得超过法定部分的债权，且可以向其他连带债务人追偿。

(2) 债务加入与代为清偿的区别

债务加入后，“加入人”成为债务人，承担连带债务。并且只有实际承担的责任超越了本应承担的份额，才存在对其他连带债务人的问题。而代为清偿人代偿多少、取得多少债权，没有内部份额问题。

例如，100万元的债务，利害关系人A代为清偿10万元，A就享有对债务人的10万元债权。而债务加入情形中，债务加入人B原则上就自担50万元，此时如B仅支付10万元，则B对其他连带债务人没有任何追偿的权利。

(3) 债务承担（债务移转）与代为清偿的区别

核心区别在于原债务人是否退出债务。债权人、债务人、第三人共同签署《债权债务转让协议》后原债务人退出债权债务关系，第三人与债权人签订新《债务偿还协议》并出具还款计划的，即便原三方协议中有多处“代偿还”之表述，三方协议的性质仍应被认定为债务转移。[③]

① 参见杭州市上城区人民法院民事判决书，(2022) 浙0102民初11473号。该案为建设工程施工合同纠纷，在施工结算过程中有保理人介入。法院查明：2020年11月，发包人（应收账款债务人）与分包人（应收账款债权人）签订关于最终结算确认书之备忘录，确认最终结算确认书中结算金额1 117 793元，包含保理手续费及因保理支付增加的财务成本19 635.66元，该款项委托发包人（应收账款债务人）直接支付给保理公司。

② 《民法典》第519条第1款规定：连带债务人之间的份额难以确定的，视为份额相同。

③ 参见人民法院案例库2023-08-2-084-008号案例“青州市某某化工公司诉某某轮胎公司及第三人某某商贸公司买卖合同纠纷案——债务转移与第三人代为履行的区分界定”。

(4) 保理人不是债务加入人

保理人向应收账款债权人支付融资款，其支付并不会导致应收账款本身被清偿，所以保理人不是应收账款债务的债务加入人。

(5) 债务人不是债务加入人

应收账款债务人支付的款项性质是应收账款（如货款、租金等），导致保理融资债务减额的，并非基于应收账款债务人的意志，所以应收账款债务人不是保理融资债务的债务加入人。

3. 保理不是债务移转

债务移转又称免责的债务承担，是指原债务人经过债权人同意，将债务完全移转给新债务人。① 债务移转的效果是原债务人彻底脱离原债务，因此任何债权人无权向原债务人要钱。

在转让应收账款债权人后，应收账款债权人不能再向原债务人要钱的原因是"债权已经转让"。在债务移转后，应收账款债权人不能再向原债务人要钱的原因是"应收账款债务人已经变了"。因而效果虽同，机理有异。

债务移转与债务加入无法区分的，从有利于债权人的解释立场，按债务加入处理。②

4. 保理不是由第三人履行

(1)《民法典》新规

《民法典》第523条规定，当事人约定由第三人向债权人履行债务，第三人不履行债务或者履行债务不符合约定的，债务人应当向债权人承担违约责任。例如A欠B货款100万元，B欠C租金100万元，B跟C说，过几天我让A来付租金。B对A说，就往C的账户打货款吧。此时，A付款后，对C来说，就是由第三人履行。

---

① 《民法典》第551条第1款规定：债务人将债务的全部或者部分转移给第三人的，应当经债权人同意。

② 参见最高人民法院民事审判第二庭、研究室编著：《最高人民法院民法典合同编通则司法解释理解与适用》，人民法院出版社2023年版，第569页。

（2）“由第三人履行”与“代为清偿”

“由第三人履行”与“代为清偿”不同，区分的关键在于，实际付款人是否明确表明代债务人清偿当下债务。在前例中，对A来说，A付的就是货款，在付款时，不可能备注代偿租金（A甚至不知道BC之间存在未结租金）。如果是代偿，则A作为合同外的第三方，主观上就必须有“代付租金”意思，实践中体现为在付款时备注“代××付款”“代付××的租金”等。

（3）保理不是“由第三人履行”

保理人支付款项，是履行保理合同的债务，与应收账款债务人在法律上无关，除非有明确约定。从债权的命运看，“由第三人履行”产生的效果是债权因清偿而终止，而保理人支付融资款一般产生的效果是债权转让。这也是保理与“由第三人履行”重要的区别。

（4）实践中的误区

在司法实践中，一旦保理人仅提供90%融资（100万元货款，提供90万元融资），不少应收账款债权人会误以为货款没有付完，往往会要求应收账款债务人继续支付那“剩下的”10%货款，而法院未予支持。① 实践中，还有应收账款债权人为了变相收到全款，与应收账款债务人约定“增加”应收账款总额，这样纵使打折融资，客观上也能获得足额融资。②

实践中，也有保理公司接受其他公司委托代付款项的操作，但这些与保理业务无关。③

---

① 参见北京市第四中级人民法院民事判决书，（2022）京04民初334号。该案为买卖合同纠纷，买方（被告）表示，202105期和202106期货款“已经通过保理业务的方式予以偿还”，卖方（原告）认可该两期全额办理了保理业务的事实，但提出保理项下“仅偿还了90%的债务”，目前主张的欠款数额为保理项下未偿还数额。法院认为，现卖方认可已经全额办理了保理业务，因此买卖双方之间就该两期货款已经不再具有债权债务关系，至于保理商是否足额支付保理款项，属于另一法律关系，不属于该案审查范围。

② 参见云南省昆明市中级人民法院民事判决书，（2022）云01民终10208号。该案中，原告要求被告返还多支付的工程款。原告是应收账款债务人，其表示应收账款债权人通过保理仅收到部分工程款，所以应收账款债权人与应收账款债务人协商增加“配合奖励费”以补足差额，但该费用不属于工程款范畴。这一理由未被法院采纳。

③ 参见广东省高级人民法院民事判决书，（2021）粤民终1974号。该案中，一审原告主张的律师费实际由案外人某商业保理公司支付，相关律师事务所向一审原告（而非商业保理公司）开具发票。针对这部分实际支付律师费诉请，法院予以支持。

（七）保理不是保证

在当前商务实践中，无追索权保理、到期保理都可以提供付款担保服务。以下简析两种保理与保证担保的异同之处。

1. 相同点

无论是无追索权保理还是到期保理，保理付款担保的主债权都是“应收账款债权”，因此，与针对应收账款债权的保证担保相比，在结果上二者存在相似之处。从商务角度来说，不管是保证还是保理付款担保，最终目的都是通过增加还款来源，增加应收账款的实际回款概率。但保理与保证担保存在内在机理上的区别。

2. 无追索权保理与保证的区别

（1）付款的时间

无追索权保理人在应收账款债务人逾期之前（也就是应收账款债务到期前）就应当付钱给应收账款债权人。而保证担保人在应收账款债务人逾期以后才需要付款。

举例说明：应收账款债权是买卖合同的货款债权，总额 100 万元，2024 年 9 月 1 日到期，在出现全额逾期的情况下：【保证的处理方式】应收账款债权人最早在 2024 年 9 月 2 日当天才有权要求保证人支付 100 万元的担保款项；【保理的处理方式】而面对无追索权保理人，应收账款债权人最早在 2023 年 9 月 2 日就可以要求保理人付款。

保理的这种“时间优势”意味着应收账款债权人不必考虑今后的“逾期”事实判断和等待成本，节约了大量时间成本。到期保理的付款时间点与保证一致，没有时间优势。

（2）追偿权之有无

保证担保人享有两种追偿权，一种是针对应收账款债务人的追偿权，一种是针对应收账款债权的其他担保人的追偿权。依据《民法典》第

700 条[①]，担保应收账款债权的保证人承担担保责任后，可以向应收账款债务人“追偿”。此外，如果应收账款债权还存在其他担保权，承担担保责任的保证人理论上还可以向其他担保人追偿，但这一规则已经被《民法典》以及《民法典担保部分解释》实质废除。[②]

保理人不享有针对应收账款债务人的“追偿权”，享有的仅为“应收账款债权”。但保理人受让担保应收账款债权的其他担保权后，可以向应收账款债权的其他担保人主张担保权。法律依据是《民法典》第 547 条第 1 款[③]。《民法典担保部分解释》并未限制保理人行使应收账款债权的担保权，但限制了保证人。

举例说明：主债权（应收账款债权）是货款债权，存在 2 个保证人 A 和 B，那么：【保证的处理方式】在全额逾期的情况下，A 承担保证责任后，依据《民法典担保部分解释》第 13 条、第 14 条，如果没有与 B 专门约定追偿权，那么 A 无权向 B 追偿；【保理的处理方式】如果无追索权保理人 C 受让了应收账款债权，支付了融资款，则到期后可以要求 B 承担保证责任。

（3）取得应收账款债权的原因

保证人基于法律直接规定（《民法典》第700 条）取得“应收账款债权”（法定移转），保理人基于保理合同取得“应收账款债权”（意定让与）。

（4）“决议”问题

保理人作为专门从事付款担保的机构，对外提供该服务的，不能以“没

---

① 《民法典》第 700 条规定：保证人承担保证责任后，除当事人另有约定外，有权在其承担保证责任的范围内向债务人追偿，享有债权人对债务人的权利，但是不得损害债权人的利益。

② 《最高人民法院关于适用〈中华人民共和国担保法〉若干问题的解释》（以下简称《担保法解释》，2000 年生效，2021 年废止）第 38 条第 1 款规定，“同一债权既有保证又有第三人提供物的担保的，债权人可以请求保证人或者物的担保人承担担保责任。当事人对保证担保的范围或者物的担保的范围没有约定或者约定不明的，承担了担保责任的担保人，可以向债务人追偿，也可以要求其他担保人清偿其应当分担的份额”。《民法典》未吸收这一追偿规则。《民法典担保部分解释》第 13 条、第 14 条则正面废止了担保人之间的追偿权，仅开了“另有约定”“同时盖章”两个实践中并不常见的例外口子。

③ 《民法典》第 547 条第 1 款规定：债权人转让债权的，受让人取得与债权有关的从权利，但是该从权利专属于债权人自身的除外。

有出具相关决议”为由主张保理合同不成立或无效。[①] 而决议是否影响保证担保的效力，要区分保理人是否为专业担保机构。非专业担保机构提供担保的，一般需要提供决议。

（5）违约责任

保证人不必负担独立的违约责任，[②] 但保理人逾期支付融资款的，可以设定违约责任。只不过保理合同一般由保理人出具，实践中保理人一般不会为自身设立这样的违约条款。

3. 到期保理与保证的区别

在结果上，保理人与保证人都需要在应收账款债权到期以后再判断是否应当付款，所以到期保理与保证的区别基本仅存在于学理上，对于商人来说，没有实质区别。到期保理与保证相比没有明显优势。

4. 市场选择

无追索权保理的付款担保优势主要体现在付款的时间上。但这一优势并没有大到足以淘汰保证担保。原因在于，对于保理人来说，真正的无追索权保理业务意味着要承担应收账款债权人的信用风险，保理人一般难以接受。对于应收账款债权人来说，一方面，保理的交易结构相较于普通保证担保更为复杂，接受度普遍不高；另一方面，保理人所要收取的服务费用并不比其他担保方式便宜，有些偶尔提供担保的企业甚至不收钱。可以说，多元的担保产品是市场活力的体现，也是商业繁荣的选择。

（八）与债权收取授权的关系

债权收取授权是指在不改变既有债权人地位的前提下，通过意定或法定

---

① 《民法典担保部分解释》第8条规定：有下列情形之一，公司以其未依照公司法关于公司对外担保的规定作出决议为由主张不承担担保责任的，人民法院不予支持：……金融机构开立保函或者担保公司提供担保……（严格来说，商业保理公司不是金融机构，也不是“担保公司”，但基于该司法解释的精神，可以类推适用该条）

② 《民法典担保部分解释》第3条第1款规定：当事人对担保责任的承担约定专门的违约责任，或者约定的担保责任范围超出债务人应当承担的责任范围，担保人主张仅在债务人应当承担的责任范围内承担责任的，人民法院应予支持。

事由授权他人取得诉讼当事人地位（原告或执行申请人），进而进行债权催收。收取授权可用于解释不享有债权而成为适格诉讼当事人的诉讼担当问题。

收取授权分为法定的收取授权与意定的收取授权。典型的法定收取授权，就是应收账款质权人基于质押合同的约定而直接向应收账款债务人起诉催收。最高人民法院指导案例 53 号对此有直接体现。典型的意定收取授权，常见于“委托清收式”的不良资产转让业务中。商业银行基于坏账管理要求，需要定期将逾期债权打包转让给不良资产管理公司。但逾期债权并非都是“呆账”“坏账”债权，只是受制于监管要求，必须转让出去。一些逾期债权依托高价值的抵押物（一般为不动产），回收可能性依然很大。因此，实践中作为受让人的不良资产管理公司在受让相关债权后，还会“授权”或“委托”原债权人（银行）继续向债务人及担保人进行诉讼催收，这便是债权收取授权的典型体现。① 在司法实践中，银行是否具有原告主体资格常常会成为一项争议焦点。②③ 实践中还存在通过签订债权转让协议收取额外借款利息的操作。④

---

① 除了收取授权外，实践中不良资产交易模式还有借款模式（“回购式”）和买卖模式（“买断式”）。前者实际上是一种借款关系，后者是不良资产业务的应然模式，也就是对外彻底转让。

② 参见最高人民法院民事裁定书，(2016) 最高法民申 7 号。最高人民法院认为，“涉案债权由 ××银行转移至××资产公司杭州办，但××银行未向债务人发出债权转让通知，故该债权转让对债务人不发生法律效力……原判决认定××银行未将债权转让事实通知债务人，故债务人仍应向××银行继续履行债务，并无不当。债务人关于××银行不具有诉讼主体资格的申请再审理由不能成立”。

③ 参见最高人民法院民事判决书，(2019) 最高法民终 506 号。在该案二审中，原债权人银行提交相关证据，说明其在 2014 年 12 月将案涉债权本金和利息打包转让给××资管公司，2016 年 3 月 14 日××资管公司又将案涉债权转让给××公司，债务人在该案二审中方得以确定地知晓案涉债权转让的事实。该案争议的民事权利义务在二审中发生转移，不影响原债权人银行作为原审原告的诉讼主体资格和诉讼地位。况且，2016 年 3 月 14 日原债权人银行与××公司签署《资产委托处置协议》，××公司委托原债权人银行对案涉债权进行管理和处置清收，作为案涉债权最终受让人的××公司同意原债权人银行作为原告提起该案诉讼，原债权人银行作为该案原告亦不会对其他主体的合法权益造成不利影响。综上，法院认为原债权人银行作为该案原告适格。

④ 参见最高人民法院民事裁定书，(2020) 最高法民申 7094 号。该案系刊登在 2023 年第 1 期《最高人民法院公报》的选登案例“江西腾荣实业有限公司与江西银行股份有限公司南昌高新支行债权转让合同纠纷案”。该案的“裁判摘要”为“借款人与贷款银行在双方签订的借款合同之外，另行签订债权转让及资产委托管理协议，约定借款人受让贷款银行的债权并支付一定金额的债权转让费用，但不获取任何利益的，应认定该债权转让及资产委托管理协议系以变相收取借款利息等为目的。双方签订该债权转让及资产委托管理协议的行为系以虚假的意思表示实施，依法应认定为无效；该行为所隐藏的收取利息的行为的效力，依照有关法律规定处理”。

间接保理属于意定的收取授权。在间接保理业务中，保理人受让应收账款债权以后，暂不通知应收账款债务人，而是委托应收账款债权人继续催收应收账款债权。此时，应收账款债权人在法律上确实已经失去了债权，但基于保理合同的收取授权约定，具有适格的原告或仲裁申请人主体资格，有权继续向应收账款债务人催收。

（九）与债权买卖合同的关系

在债权买卖合同中，出卖人并不对“债权”项下债务人的信用风险承担瑕疵担保责任，债务人仅仅因为缺钱还不上钱（信用风险），买受人不得要求出卖人承担违约责任。但债权本身存在“缺斤少两”甚至债权被他人主张或者冻结的，买受人可以主张解除买卖合同并要求出卖人返还价款并支付违约金。这从结果上看，确实与无追索权保理一致，所以将无追索权保理合同视为一种债权买卖合同，并无不可。①

有追索权保理合同与买卖合同有明显的区别。首先，若应收账款债务人出现信用风险，保理人有权要求应收账款债权人“回购”，买卖合同中并无这类规则。其次，有追索权保理的回购款项包含了“固定收益”，而非“公允价格”。最后，有追索权保理被冠以“具有担保功能的合同”，受让应收账款债权的目的并非永久保有，这与债权买卖合同的交易目的不同。

（十）与发票/票据贴现的关系

在司法实践中，发票贴现的案件基本按保理合同的纠纷处理，② 相关案件的案由在过去一般定为债权转让合同纠纷、金融借款合同纠纷、合同纠

① 但从交易动机上看，二者有差异。无追索权保理的主要功能是融资与付款担保，而不是买卖债权，且买卖合同中不可能有关于融资本金与融资期限的约定。但交易动机对合同的定性及效力影响都非常有限，讨论二者的区别实务意义或许不大。

② 典型案例参见最高人民法院民事判决书，（2018）最高法民再192号，该案中保理人与应收账款债权人签订的《国内商业发票贴现协议》第2条第1项明确约定，国内商业发票贴现指卖方将现在或将来的基于卖方与买方（债务人）订立的销售或服务合同项下产生的应收账款转让给保理商，由保理商为其提供融资、应收账款催收销售分户账管理等服务。其他类似裁判文书还包括最高人民法院民事判决书，（2020）最高法民再168号、（2019）最高法民再13号。

纷等。

票据贴现则是直接买卖票据，商业保理监管不允许保理人直接约定受让票据付款请求权。受从业资质所限，商业保理公司也不能直接从事票据贴现。当事人若想实现类似票据贴现的商业目的，可开展票据保理业务合法进行票据贴现。

（十一）与债权信托的关系

一些保理合同会约定，应收账款债权人收取的金钱属于保理人在应收账款债权人处的信托财产，所有权依然属于保理人。这便是“债权信托”条款。

当事人希望通过“债权信托”条款，将应收账款债权人实际收取应收账款所得款项论证为保理人的财产，进而对抗应收账款债权人的其他债权人（强制执行或破产分配）。经调研，暂未看到在破产或者执行异议程序中运用债权信托条款的案例（可能是案件没有上传到网站，也可能是本身就很少）。此外，“债权信托”条款也可能成为应收账款债务人的抗辩“抓手”。例如，应收账款债务人在收到转让通知后，依然向应收账款债权人付款，应收账款债务人为论证己方已经清偿债务，就会引用债权信托条款进行抗辩，认为依据该约定，付款给应收账款债权人后，基于债权信托关系，相关款项就等于已经归属于保理人，应收账款债务人无须再行付款。① 在司法实践中，也有法院认为“债权信托”就是“让与担保”。②

笔者认为，依据《民法典担保部分解释》第70条就收取专门设定保证金账户担保并办理登记的，将比“债权信托”条款更有法律依据，更能获得对抗效力。

---

① 参见佛山市中级人民法院民事判决书，（2014）佛中法民二终字第805号。该案中，应收账款债务人在2013年6月5日收到转让通知，但在6月5日之后，应收账款债务人依然向应收账款债权人付款。法院认为，6月5日之后的间接付款无效，且信托委托条款仅约束保理人与应收账款债权人，应收账款债务人不得据此抗辩拒付款项。

② 参见泰州市中级人民法院民事判决书，（2015）泰中商初字第00045号、福建省南平市中级人民法院民事判决书，（2015）南民初字第82号。

（十二）保理与融资租赁

融资租赁是围绕“物”展开的融资行为，而保理是聚焦“应收账款债权”运作的融资行为，二者区别显著。从目前融资租赁的商业实践来看，“租赁物”的范畴已经不再局限于“有体物”，针对知识产权的融资租赁，已逐步为监管①及司法实践②所认可。但无论如何“进化”，“债权”都难以成为“租赁物”。③

二者在商务上可以密切配合。企业通过机器设备开展融资租赁（或抵押贷款）融资，又以经营可得的应收账款债权进行保理融资，“租赁物”持续稳定的运行是持续产生“应收账款”的前提，二者相辅相成，相得益彰。实践中也大量存在基于融资租赁租金债权开展的保理业务。

① 政策扶持相关文件有《北京市服务业扩大开放综合试点实施方案》（2015 年）、《上海市促进浦东新区融资租赁发展若干规定》（2023 年）。目前市场上已有以知识产权融资租赁业务为特色的融资租赁公司，例如“北京市文化科技融资租赁股份有限公司”。

② 否定观点参见最高人民法院民法典贯彻实施工作领导小组主编：《中华人民共和国民法典合同编理解与适用》，人民法院出版社 2020 年版，第 1625 页。该书作者认为，“我们认为，以收费权、商标权、专利权为租赁物的‘融资租赁合同’，一般不构成融资租赁合同关系”。肯定观点参见刘贵祥：《当前民商事审判中几个方面的法律适用问题》，载王利明主编：《判解研究》（第 2 辑），人民法院出版社 2022 年版。作者指出“知识产权对一些企业而言，已经成为核心资产，在生产经营、提高核心竞争力方面日益发生重大作用，其使用价值不言而喻。专利权、著作权、商标权等知识产权的使用权均可从权属中分离出来而由承租人使用，其作为融资租赁物应当具适格性，在审判实务中对知识产权作为融资租赁物应持肯定态度”。

③ 实践中也有将“合同”作为租赁物的违规操作，最终被法院认定为“名为融资租赁实为借贷”。参见青海省高级人民法院民事判决书，（2021）青民终 113 号。该案中，租赁物清单中的“租赁物”为承包合同、施工协议、施工合同、工程合同等。案涉租赁物清单中亦含有“路基开挖”“路基平整”“路基土方填筑”“道路扩宽”等无法对应具体的物的工程项目。据此，法院认为，案涉《融资租赁合同》中 3 亿元租金的价款并无与之产生对价关系的实物。最终结合还款方式等其他因素认定“本案属于典型的名为融资租赁合同，实为借款合同关系的纠纷”。

第二章　业务主体

从事保理业务的主体，实践中一般称为“保理商”。《民法典》为了保持有名合同中当事人表述①的统一美感，采用了“保理人”的表述。

一、保理人

（一）从业主体管制

人生而平等，但法人除外。“法人”是法律上一种独立的民事主体，公司是最典型的法人。在实践中，“法人”经常被当作“法定代表人”的简称，但这不是准确的叫法，在交流中需要注意二者的差异，避免产生误会。

在监管实践中，除了商业保理公司和商业银行外，财务公司与融资租赁公司也曾可以开展保理业务，② 现已收紧。③ 部分商业保理公司通过修改名称、修改经营范围退出保理行业，但这不应影响修改前已经签订的保理合同的效力。

需要说明的是，我国并未明确规定保理业务只能由专业保理人开展，也有人民法院认为“开展保理业务并非属于国家限制经营、特许经营以及法

---

① 例如买卖合同中称为“出卖人”“买受人”，租赁合同中称为“出租人”“承租人”，委托合同中称为“委托人”“受托人”。

② 《中国银监会办公厅关于稳步开展企业集团财务公司延伸产业链金融服务试点工作有关事项的通知》（2016 年）允许财务公司开展“交易双方中一方为集团成员单位，另一方为成员单位的集团外直接交易对手”的保理业务。国务院办公厅《关于加快融资租赁业发展的指导意见》（2015 年）明确指出“允许融资租赁公司兼营与主营业务有关的商业保理业务”。

③ 《企业集团财务公司管理办法》（2022 年）调整了财务公司的经营范围，没有出现保理，还删除了原来允许开展的融资租赁业务。据此可以推断，监管趋向于否认财务公司开展任何形式的保理业务。《融资租赁公司监督管理暂行办法》（2020 年）也不再允许融资租赁公司从事“与主营业务相关的保理业务”。

律、行政法规禁止经营的范围”①。实践中，信托公司②、基金管理人③等非专业保理机构，都有开展实质保理业务的先例，人民法院均未否认相关合同效力。实践中，还有冠以“应收账款管理”“应收账款债权管理”名称而从事应收账款转让、回购乃至融资业务的公司。④

总的来说，保理业务的规范经营，是维系金融秩序的重要一环，非专业保理机构开展保理业务的，可能会以破坏金融秩序为由被扣上损害国家利益的帽子，人民法院依然有理由对其予以“取缔”。

（二）交易结构管制

非保理人开展类似保理交易结构的业务，是否也属于管制范围之内？

如前所述，有追索权保理与借款＋债权让与担保无限接近，倘若普通的企业开展借款＋债权（也可以改用“资产”“权利”等表述替换）让与担保（也可以不用让与担保的表述，改用转让＋回购，转让＋再转让乃至签订两份“独立”的债权转让合同），如何处理？实务中就有当事人要求在此类交易纠纷中适用保理合同的规则。⑤

① 参见最高人民法院河南省高级人民法院民事判决书，（2018）豫民初106号。该案二审被最高人民法院民事判决书，（2019）最高法民终1449号维持。

② 参见北京市高级人民法院民事判决书，（2022）京民终404号。该案中，应收账款债权人与某信托公司签订《应收账款转让及回购协议》。信托公司、应收账款债权人和应收账款债务人还专门签订《应收账款债务人确认及承诺函》，法院认为“三方成立保理合同关系，且为有追索权保理”。

③ 参见重庆市高级人民法院民事判决书，（2018）渝民初94号/最高人民法院民事判决书，（2019）最高法民终1132号。这是一个应收账款转让＋回购的案例，法院最终没有认定构成保理业务。该案中，受让人为××股权投资基金管理有限公司，与被告签订《应收账款转让及回购合同》。该案的焦点之一就是是否存在保理合同关系。最高人民法院指出“保理商必须是依照国家规定、经过有关主管部门批准可以开展保理业务的金融机构和商业保理公司。因此，本案法律关系与保理合同关系并不相同，本案系包含了债权转让以及债权回购的无名合同”，并认可了《应收账款转让及回购合同》的效力。

④ 例如，某市应收账款债权管理有限公司的经营范围为“应收账款债权凭证（合同）的登记、查询、评审、回购和交易、融资、质押、保证金管理。（依法须经批准的项目，经相关部门批准后方可开展经营活动）”。

⑤ 参见北京市第三中级人民法院民事判决书，（2023）京03民终5304号。投资人与某机构签订了《阳光臻泽梵悦6号资产交易协议》，并选择要求作为债权出让人的某机构承担回购义务，同时要求底层的应收账款债务人承担付款义务。投资人认为“本案应参照保理合同的法律规定，这有助于理解法律关系的性质并合理确定当事人的权利义务范围”。

如果对同类法律交易进行管制，需要注意可能产生的问题：

第一，“误伤友军”。如果“融资＋债权转让＋债权回购”业务都属于“变相从事保理业务”，那么市面上存在大量“借款/融资＋债权转让＋债权回购”业务，均有被纳入保理监管之虞。

第二，“转移阵地”。如果保理人将“保理资产”转让给其他主体的，新的受让人是否属于变相从事保理业务？是否需要对受让人的资质进行限制？在当下的司法实践中，专业的不良资产管理公司受让银行保理人的保理资产而提起诉讼的情况非常常见，同时，普通企业受让保理资产起诉获得支持的案例亦有迹可循。①

第三，“换汤不换药”。普通民事主体只要借助“合法有效的借款合同”② ＋“债权让与担保”③ 即可构建出与有追索权保理实质相同的交易结

---

① 参见上海金融法院民事判决书，（2022）沪74民初3425号。该案为“保理合同纠纷”，原告为“×××车用能源有限公司”，系通过债权转让受让了相关保理资产并提起了案涉诉讼。

② 《最高人民法院关于审理民间借贷案件适用法律若干问题的规定》（2021年）第13条规定：具有下列情形之一的，人民法院应当认定民间借贷合同无效：（1）套取金融机构贷款转贷的；（2）以向其他营利法人借贷、向本单位职工集资，或者以向公众非法吸收存款等方式取得的资金转贷的；（3）未依法取得放贷资格的出借人，以营利为目的向社会不特定对象提供借款的；（4）出借人事先知道或者应当知道借款人借款用于违法犯罪活动仍然提供借款的；（5）违反法律、行政法规强制性规定的；（6）违背公序良俗的。

③ 《民法典担保部分解释》第68条规定：债务人或者第三人与债权人约定将财产形式上转移至债权人名下，债务人不履行到期债务，债权人有权对财产折价或者以拍卖、变卖该财产所得价款偿还债务的，人民法院应当认定该约定有效。当事人已经完成财产权利变动的公示，债务人不履行到期债务，债权人请求参照民法典关于担保物权的有关规定就该财产优先受偿的，人民法院应予支持。债务人或者第三人与债权人约定将财产形式上转移至债权人名下，债务人不履行到期债务，财产归债权人所有的，人民法院应当认定该约定无效，但是不影响当事人有关提供担保的意思表示的效力。当事人已经完成财产权利变动的公示，债务人不履行到期债务，债权人请求对该财产享有所有权的，人民法院不予支持；债权人请求参照民法典关于担保物权的规定对财产折价或者以拍卖、变卖该财产所得的价款优先受偿的，人民法院应予支持；债务人履行债务后请求返还财产，或者请求对财产折价或者以拍卖、变卖所得的价款清偿债务的，人民法院应予支持。债务人与债权人约定将财产转移至债权人名下，在一定期间后再由债务人或者其指定的第三人以交易本金加上溢价款回购，债务人到期不履行回购义务，财产归债权人所有的，人民法院应当参照第二款规定处理。回购对象自始不存在的，人民法院应当依照《民法典》第146条第2款的规定，按照其实际构成的法律关系处理。

构。[①] 而依据《民法典担保部分解释》第 66 条的规定，“债权让与担保”当然也可以办理转让登记并具备对抗效力。

据此，笔者认为，单纯从交易结构上进行限制，效果可能不太理想。有必要对实务进行进一步观察，继续总结高效可靠的限制思路。

（三）合同内容管制

《民法典》第 762 条第 1 款认为，保理合同需要具备的条款，包括“业务类型、服务范围、服务期限、基础交易合同情况、应收账款信息、保理融资款或者服务报酬及其支付方式等条款”。但第 762 条第 1 款是倡导性条款，违反该规定的，并不必然影响合同效力，但如果缺少对应收账款转让的相关约定，则一定不构成保理合同关系。[②]

关于保理合同条款的起草问题，容后详述。

（四）监管依据区分

我国目前对于银行保理人与非银保理人都采取了强力的监管措施，但监管尺度略有不同。

1. 银行保理人

针对银行保理人，主要的监管依据是原银监会出台的《商业银行保理业务管理暂行办法》（2014 年）。此外，原银监会还下发过《关于加强银行保理融资业务管理的通知》（2013 年），中国银行业协会出台过《中国银行业保理业务自律公约》（2009 年）、《中国银行业保理业务规范》（中英文版，2016 年）、《中国银行业协会跨行再保理业务指引（试行）》（2021 年）。银行保理人开展保理业务还会受到其他统一的规范性文件的规制，例如《商业

① 在《民法典担保部分解释》颁行前，各类“融资 + 权利让与 + 回购”的组合早已行走于资本市场，一般也都不认为是保理业务。

② 参见广东省深圳市南山区人民法院民事判决书，（2018）粤 0305 民初 11539 号，该案中，双方签订了《关税、增值税应收账款保理总体授信协议》，但协议中并无应收账款转让的约定，实为垫付海关税款并收取手续费的借款合同关系，被法院判定为“名为保理，实为借贷”。

银行授信工作尽职指引》(2004年)、《商业银行服务价格管理办法》(2014年)[①] 等。更早些时候，甚至开展保理业务还受《银行开展小企业贷款业务指导意见》(2005年，已废止，被2007年生效的《银行开展小企业授信工作指导意见》取代) 的规制。若干商业银行还出台过自己的保理业务规范准则。

2. 非银保理人

针对非银保理人，原银保监会在2019年发布《关于加强商业保理企业监督管理的通知》(2021年修订)，正式拉开了商业保理统一监管的序幕。[②] 而后福建厦门［2019年《商业保理企业管理工作指引（试行)》］、青海（2020年《青海省商业保理公司监管工作指引》)、上海（2021年《上海市商业保理公司监督管理暂行办法》)、天津（2021年《天津市商业保理公司监督管理暂行办法》)、浙江［2021年《浙江省商业保理公司监督管理工作指引(试行)》］、重庆（2021年《关于加强商业保理行业日常监管工作的通知》)、湖南［2021年《关于湖南省商业保理公司监督管理指引（试行)》］、北京(2023年《北京市商业保理公司监督管理办法》)、吉林（2023年《吉林省商业保理公司监督管理暂行办法》）等地陆续出台本地的监管办法。

此外，作为商业保理自律性组织的中国服务贸易协会商业保理专业委员会也发布过《商业保理术语》(2020年)、《商业保理业务规则》(2020年)、《商业保理合同准则》(2020年)、《商业保理业务会计核算准则》(2021

---

① 2020年7月6日，中国银保监会消费者权益保护局发布“中国银保监会消费者权益保护局关于银行违规涉企收费案例的通报”（银保监消保发〔2020〕6号)，某商业银行因违规收取保理业务手续费而被通报批评。“北京农商银行超公示标准收取手续费。北京农商银行于2015年11月26日向某公司提供保理融资5亿元，到期日为2020年10月25日。该行与借款人签订《应收租赁款保理业务协议（有追索权)》，约定手续费每年按保理融资金额的0.4%计算，分年收取，5年共计收取保理融资金额的2%；如借款人提前还款或银行要求，银行有权一次性收取剩余保理业务手续费。该行于2015年12月2日和2016年1月11日分别向借款人收取200万元和800万元保理业务手续费，合计1000万元。该行服务价目表公示的收费标准为：保理业务手续费一般应按照融资金额的0.3% –1%的标准在融资发放前一次性收取。按公示的服务价格最高标准1%测算，该行超标准多收取500万元费用。”

② 据传原商务部曾在2015年发布过旨在统一监管商业保理公司的《商业保理企业管理办法》之征求意见稿。后因权责移交，该办法没有了下文。

年)、《国际保理业务操作指引》(2023 年)、《建设工程保理业务规则》(2023 年)等具有实践指导价值的文件。

3. 司法待遇差异

身份上的差异带来的实际影响如下:

第一,主体资质不同,享受的“待遇”就不同。依据中国人民银行发布的《金融机构编码规范》(2009 年),商业保理公司不属于金融机构。[①] 依据《非银行金融机构行政许可事项实施办法》(2023 年),商业保理公司不属于“非银行金融机构”。依据《法律、行政法规、国务院决定设定的行政许可事项清单(2023 年版)》,设立商业保理公司也不属于需要行政许可经营的企业。[②] 而银行是典型的金融机构,也是典型“持证上岗”的企业。在我国的司法实践中,金融机构在实务中可以享受各类“便利”。例如,持有《金融许可证》的金融机构在办理不动产或在建设工程抵押担保时几乎没有障碍,非金融机构则容易碰壁。再如,金融机构作为原告的保全申请,人民法院可以不要求提供保全担保。[③] 而金融机构作为被保全人的,因自身资信实力雄厚,申请解除保全的概率较高。还如,司法实践中法院一般拒绝将银行的总行列为被告。[④]

第二,业务范围不同。例如,银行保理人不得基于将有应收账款发放保理融资(2014 年《商业银行保理业务管理暂行办法》第 13 条、2016 年《中国银行业保理业务规范》第 10 条第 2 款第 6 项),而非银保理人无此限制。《民法典》在定义保理合同的时候,就考虑到二者的这一差异,在修订过程

① 但《最高人民法院关于新民间借贷司法解释适用范围问题的批复》(2020 年)认为保理公司属于经金融监管部门批准设立的金融机构。

② 在 2019 年,江西省地方金融监督管理局颁发了江西省内第一张商业保理公司经营许可证,同时是我国第一块商业保理公司经营许可证,由“江西金控商业保理有限公司”获得。

③ 参见《最高人民法院关于人民法院办理财产保全案件若干问题的规定》(2021 年)第 9 条第 6 项。此外,上海、无锡等地也出台了相关财产保全细则,也都遵循了上述意见。

④ 不允许将总行列为被告观点,参见中国人民银行《中国人民银行关于对商业银行分支机构民事责任问题的复函》、《担保法解释》(2000 年生效,2021 年废止)第 128 条。

中进行了针对性调整。①

第三，融资利率差异。在商业实践中，银行保理人给出的融资利率往往比非银保理人低，这是银行保理人相较于非银保理人的核心商业优势。

第四，在刑事上，是否属于银行保理人，对于虚构应收账款债权涉嫌的罪名有影响。保理人是银行的，涉嫌构成“骗取贷款罪”；保理人是非银保理人的，涉嫌构成“诈骗罪”或“合同诈骗罪”。

二、应收账款债权人

（一）不限于“企业”

应收账款本是会计概念，“应收账款债权人”本应局限在非自然人的企业。但随着保理业务的发展，自然人或者个体工商户也开始成为保理人眼中的“应收账款债权人”。为此，上海还制定了《上海市融资租赁公司、商业保理公司涉个人客户相关业务规范指引》（2021 年），深圳地区也出台了《关于部分融资租赁、商业保理公司开展涉个人客户业务的风险提示》（2022 年）。

分支机构也可以成为应收账款债权人。分支机构不是独立的民事主体，法人分支机构不具有独立的民事主体地位，虽然可以自己的名义从事民事活动，但所实施的民事法律行为后果最终归属本公司。

（二）债权人甄别

一般来说，依据基础交易合同有权要求应收账款债务人付款的民事主体就是应收账款债权人，但也不绝对。结合《民法典》的规定，以下特殊情形需要重点关注：

1. 代理人

A 作为应收账款债权人，委托 B 代为结算与应收账款债务人 C 的买卖应

---

① 《民法典合同编（草案二次审议稿）》第 552 条之一第 1 款规定：“保理合同是应收账款债权人将应收账款转让给保理人，保理人提供资金融通、应收账款管理或者催收、应收账款债务人付款保证等服务的合同。”第 2 款曾规定，“应收账包括已经发生的和将来发生的债权”。当时有观点认为，按照这个规定，那岂不是银行保理人也可以受让将有应收账款？于是，《民法典》就删去了上述草案二次审议稿的第 2 款，并修改第 1 款为“保理合同是应收账款债权人将现有的或者将有的应收账款转让给保理人，保理人提供资金融通、应收账款管理或者催收、应收账款债务人付款担保等服务的合同”。

收账款。随后，B 直接向 C 收取应收账款并向 A 转付。

此时 B 不是应收账款债权人。A 基于委托合同关系对 B 享有要求返还所收取款项的权利，以及基于买卖合同对 C 享有的货款债权。实务中，B 可能是平台公司或支付公司。

2. 隐名“代理人”

A 与 B 约定，由 B 作为名义出卖人以 B 的名义与应收账款债务人 C 签订买卖合同、收取货款，并定期将收取的货款转付给 A。

应收账款债权人是 A 还是 B，取决于 C 是否知晓 A、B 之间的“隐名代理”关系，或合同是否明确仅约束 B、C。根据《民法典》第 925 条的规定，如果买受人 C 知晓 A 与 B 的关系，那么 A 是应收账款的债权人，反之，B 才是。“隐名代理”在各类供应链贸易中非常常见。

3. 向第三人履行

应收账款债权人 A 对应收账款债务人 B 有应收货款债权，但 A 与 B 约定，由 B 向第三人 C 直接付款。此时，保理人受让应收账款债权，极有可能遭受应收账款债务人 B 的抗辩：我依约应当付款给 C，凭什么付给保理人。

那 C 处于什么地位？C 此时并不是应收账款债权人，A 与 B 之间的约定，属于向第三人履行的约定。相关依据是《民法典》第 522 条第 1 款。①

4. 利益第三人

应收账款债权人 A 对应收账款债务人 B 有应收货款债权，但 A 与 B 约定，由 B 向第三人 C 履约且 C 可以直接要求 B 履约②。这便是《民法典》第 522 条第 2 款③新创设的真正利益第三人合同制度。此时 A 和 C 都是应收账

① 《民法典》第 522 条第 1 款规定：当事人约定由债务人向第三人履行债务，债务人未向第三人履行债务或者履行债务不符合约定的，应当向债权人承担违约责任。

② 《民法典合同编通则解释》第 29 条第 1 款规定：《民法典》第 522 条第 2 款规定的第三人请求债务人向自己履行债务的，人民法院应予支持……

③ 《民法典》第 522 条第 2 款规定：法律规定或者当事人约定第三人可以直接请求债务人向其履行债务，第三人未在合理期限内明确拒绝，债务人未向第三人履行债务或者履行债务不符合约定的，第三人可以请求债务人承担违约责任；债务人对债权人的抗辩，可以向第三人主张。

款的债权人，且两个债权都产生于同一基础交易合同。

如果保理人只受让了A对B的债权，则B也极易提出“只应向C付款”的抗辩。在法律或司法解释释明“两个”债权的关系之前，比较稳妥的做法是同时从A和C处受让应收账款债权。

5. “背靠背”贸易

A统一从下游农户购买农产品，然后统一出卖给B，B统一向A付款，A再付款给各农户。A并非代理人。此时存在两层独立的买卖合同关系：在A、B之间的买卖合同关系中，A是应收账款债权人。在A与农户之间的买卖合同关系中，农户是应收账款债权人。“背靠背”买卖也常见于贸易型融资中。

6. 共同债权人

债权虽然不是物权，但多个债权人可以成为共同债权人，债权人之间构成连带债权人关系。实践中，建设工程中的“联合体”承包人即为典型。在这种情况下，仅依据部分债权人的同意，无法受让应收账款债权。①

（三）分支机构

应收账款债权人可以是分支机构。② 分支机构（分公司、派驻机构等）可以自己名义从事民事活动，但法律效力归属本公司。在民事诉讼中，分支机构与本公司都可以被列为被告，在强制执行中，如果应收账款债权人与分支机构签订合同，则可以申请强制执行本公司的财产。

三、应收账款债务人

（一）“核心企业”

应收账款债权的“质量”实际上取决于应收账款债务人，所以实务中应收账款债务人又被称为“核心企业”。对于应收账款债务人来说，其承担的

① 参见北京市高级人民法院民事裁定书，(2020) 京民申2467号。

② 参见上海市黄浦区人民法院民事判决书，(2021) 沪0101民初26122号。该案的应收账款债权人系某快递服务公司分公司，转让某品牌快递收揽业务项下的“现有的以及未来12个月内因提供揽派件等快递服务所产生的全部应收账款（包括但不限于各商户的揽件快递费、快递平台体系内其他网点间的有偿派费、区域补贴款等）”。

一般只是应收账款的付款责任（如支付货款、运费、租金等），除非各方另有约定，并不负担保理合同项下的债务。

（二）债务人甄别

应收账款债务人一般是指基础交易合同约定的应当支付应付账款的民事主体。但也不绝对，实践中需要注意以下特殊情况：

1. 由第三人履行

应收账款债权人 A 与应收账款债务人 B 约定，由第三人 C 向 A 支付货款。C 并未在合同中签字。此时，应收账款债务人是 B，而不是 C。

A 与 B 的这种安排，属于由第三人履行，依据是《民法典》第 523 条[①]。

2. 债务加入

情形一：A 与 B 签订买卖合同，A 是应收账款债权人，B 是应收账款债务人。C 跟 A 说，B 的货款我来一起付。A 同意。此时 C 构成债务加入，也是应收账款的债务人。

情形二：A 与 B 签订买卖合同，A 是应收账款债权人，B 是应收账款债务人。C 跟 B 说，你的货款我一起来付。C 又通知了 A，但 A 没有表示。此时 C 也构成债务加入，也是应收账款的债务人。

上述两种操作，均符合《民法典》第 552 条[②]的规定，债务加入不经过原债务人或债权人同意即可成立。

连带债务人的查明，对于应收账款转让通知实操有实益。例如，应收账款债务人有 A、B 二人，但实际上转让事实只通知了 A，那么应收账款债权可能因为善意的 B 的清偿而终止（《民法典合同编通则解释》第 48 条第 1 款、《民法典》第 557 条第 1 款第 1 项），B 履行超过自己内部份额的债务的，

① 《民法典》第 523 条规定：当事人约定由第三人向债权人履行债务，第三人不履行债务或者履行债务不符合约定的，债务人应当向债权人承担违约责任。

② 《民法典》第 552 条规定：第三人与债务人约定加入债务并通知债权人，或者第三人向债权人表示愿意加入债务，债权人未在合理期限内明确拒绝的，债权人可以请求第三人在其愿意承担的债务范围内和债务人承担连带债务。

还可能由B通过法定移转取得超额部分的应收账款债权（《民法典》第519条第2款）。这些结果对保理人来说都是不利的。

3. 其他连带债务人

在债务加入之外，也可以基于其他原因产生“连带债务人”。

在保理实务中，出于增加担保人的真实动机，保理人可能会在保理合同中设置另一位“应收账款债权人”，用以共同承担“回购责任”。这种做法虽非事后的债务“加入”，但应当类推适用债务加入的要求，取得有效的担保决议。对此，《关于加强中央企业融资担保管理工作的通知》已经将类似的“共同借款”合同也视为担保合同，值得重视。

4. 优先债务人

这里是指一些特定基础交易合同项下应当优先缔约的应收账款债务人，包括各类优先购买权或优先承租人的民事主体，例如共有人①②、承租人③④、职务创作完成人⑤、委托开发人⑥、其他股东⑦。在司法实践中，签订相关基

① 《民法典》第305条规定：按份共有人可以转让其享有的共有的不动产或者动产份额。其他共有人在同等条件下享有优先购买的权利。

② 《民法典》第860条第1款规定：合作开发完成的发明创造，申请专利的权利属于合作开发的当事人共有；当事人一方转让其共有的专利申请权的，其他各方享有以同等条件优先受让的权利。但是，当事人另有约定的除外。

③ 《民法典》第726条第1款规定：出租人出卖租赁房屋的，应当在出卖之前的合理期限内通知承租人，承租人享有以同等条件优先购买的权利；但是，房屋按份共有人行使优先购买权或者出租人将房屋出卖给近亲属的除外。

④ 《民法典》第734条第2款规定：租赁期限届满，房屋承租人享有以同等条件优先承租的权利。

⑤ 《民法典》第847条第1款规定：职务技术成果的使用权、转让权属于法人或者非法人组织的，法人或者非法人组织可以就该项职务技术成果订立技术合同。法人或者非法人组织订立技术合同转让职务技术成果时，职务技术成果的完成人享有以同等条件优先受让的权利。《著作权法》（2021年）第18条第1款规定：自然人为完成法人或者非法人组织工作任务所创作的作品是职务作品，除本条第二款的规定以外，著作权由作者享有，但法人或者非法人组织有权在其业务范围内优先使用。作品完成两年内，未经单位同意，作者不得许可第三人以与单位使用的相同方式使用该作品。

⑥ 《民法典》第859条第2款规定：研究开发人转让专利申请权的，委托人享有以同等条件优先受让的权利。

⑦ 《公司法》第84条第2款规定：股东向股东以外的人转让股权的，应当将股权转让的数量、价格、支付方式和期限等事项书面通知其他股东，其他股东在同等条件下有优先购买权。股东自接到书面通知之日起三十日内未答复的，视为放弃优先购买权。两个以上股东行使优先购买权的，协商确定各自的购买比例；协商不成的，按照转让时各自的出资比例行使优先购买权。

础交易合同之前，若侵害了优先权，实际签订的基础交易合同虽然并不当然无效，但将面对的各类程序（如确认基础交易合同无效之诉、执行异议之诉等）也会给应收账款债权人或者保理人造成困扰。

（三）其他情况

1. 国家机关债务人与“隐性债务”

国家机关能否成为保理业务中的应收账款债务人，在法理上并无障碍，《政府采购法》（2014 年）并未禁止政府采购合同项下的债权转让。[①]

在实践中，一些地方积极推动依托政府信用的保理融资。例如《合肥市政府采购商业保理业务试点方案》（2021 年生效，2022 年失效）、《合肥市政府采购营商环境提升专项行动方案》就重点推动依托政府采购合同所生应收账款开展保理业务。例如《北京市全面优化营商环境助力企业高质量发展实施方案》（京政办发〔2023〕8 号）强调“加强政府采购合同融资线上‘一站式’服务，引导金融机构为中小企业提供无抵押、无担保贷款服务，在不超过合同金额融资限额内实现应贷尽贷”。北京市政务服务中心开设“确权”业务窗口，接受中小微企业确权申请。北京市财政局、北京市人民政府国有资产监督管理委员会分别督促市级预算单位和市属国有大中型企业确权。这些有政府“背书”的应收账款，无疑加大了获得保理融资或质押融资的可能性。市场上也有主要从事“政采保理”业务的保理公司。

依托政府作为应收账款债务人开展融资业务，必须考虑“增加政府隐性债务”的政策风险。例如，2022 年 5 月 18 日财政部发布了《关于地方政府隐性债务问责典型案例的通报》，其中案例三指出某地国企以市交通局为债务人的应收账款债权有 4.6 亿元，向某信托公司融资 2.99 亿元，用于应由财政预算安排的某段公路扩建工程，造成新增隐性债务。再如，2022 年 7 月 29 日财政部发布了《关于融资平台公司违法违规融资新增地方政府隐性债务问

① 《政府采购法》（2014 年）第 50 条第 1 款规定：政府采购合同的双方当事人不得擅自变更、中止或者终止合同（而“转让”应收账款债权不属于“变更”，更不属于“终止”）。

责典型案例的通报》，其中案例三指出某国企将对某经开区管委会的7亿元应收账款质押融资，该经开区管委会确权，造成新增隐性债务。这些实例虽然没有直指“保理业务”，但都属于依托应收账款债权的融资，值得警惕。

2. 自然人

自然人也可以成为应收账款债务人。以自然人为债务人的保理业务屡见不鲜，2022年福州市鼓楼区人民法院发布的保理典型案例，就以自然人为应收账款债务人。①

3. 个体工商户

在我国还有一种特殊的“自然人”：个体工商户。《民法典》第54条规定，自然人从事工商业经营，经依法登记，为个体工商户。个体工商户可以起字号。《促进个体工商户发展条例》（2022年）第6条规定，个体工商户可以个人经营，也可以家庭经营。

在民事责任的承担方面，《民法典》第56条第1款规定，个体工商户的债务，个人经营的，以个人财产承担；家庭经营的，以家庭财产承担；无法区分的，以家庭财产承担。

在诉讼中，以个体工商户营业执照上登记的“经营者”为当事人。有字号的，以营业执照上登记的字号为当事人，但应同时注明该字号经营者的基本信息。营业执照上登记的经营者与实际经营者不一致的，以登记的经营者和实际经营者为共同诉讼人。在实践中，个体工商户的字号会在营业执照中的“名称”或“字号名称”一栏中载明。

在强制执行方面，《最高人民法院关于民事执行中变更、追加当事人若干问题的规定》（2020年）第13条第2款规定，个体工商户的字号为被执行人的，人民法院可以直接执行该字号经营者的财产。

---

① 参见2022年6月27日福州市鼓楼区人民法院发布的“涉中小微企业非典型担保八大典型案例”之四，在该案中，保理人受让了基于医疗美容服务合同产生的债权，保理人向基础合同的债务人起诉获得法院支持。

4. 分支机构

分支机构也可以成为应收账款债务人。

在受让相关应收账款债权时，应充分了解分支机构的权限以及负责人权限后再开展相关业务。实践中已经出现分支机构负责人私刻印章确认虚假债务并开具票据的案例。①

若应收账款债务人存在A和B两家分支机构，且基础交易合同是由应收账款债权人与A签订并履行，则向B发出转让通知，能否产生转让通知的效力？分支机构类似本公司的代理人角色，② B是否有权受领转让通知，关键要看相关基础交易合同能否赋予其足够的代表权限。若B自始未参与相关交易，又无受领通知的额外授权，则无法产生预期的转让通知效力。

5. 债务人与保理人合一

这是比较极端的情况。保理人能否受让自己作为应收账款债务人的应收账款债权？可以受让，但保理人客观上无法行使追索权。理由在于，保理人受让自己为债务人的应收账款债权后，依据《民法典》第557条的规定，应收账款债权因“债权债务同归于一人”而终止。这一终止事由不属于应收账款债务人的信用风险或商业纠纷，一般不属于可追索的事由。反而，有追索权保理人还需要将“超过部分”金额款项返还给应收账款债权人。保理人有“赔了夫人又折兵”的风险。

---

① 参见上海金融法院民事判决书，(2019) 沪74民终1138号。法院认为，“但基于工商登记所具有的公示公信效力，周某某对外仍有权代表应收账款债务人华东分公司，其公司内部事宜不能对抗善意的第三方。故即便周某某加盖于转让通知书上的章是其私刻，也不影响《债权转让通知书》对应收账款债务人华东分公司的法律约束力”。“作为应收账款债务人的华东分公司在应收账款转让通知书上盖章、承诺付款并开具相应承兑汇票的行为，使得保理人有理由相信应收账款真实存在，现应收账款债务人华东分公司以应收账款虚假、基础交易合同未实际履行或未完全履行等事由提出抗辩，欲以此否认向保理人作出的付款承诺，对此本院不予支持。”

② 只是“类似”代理人。《民法典》第74条第2款规定，分支机构以自己的名义从事民事活动，产生的民事责任由法人承担；也可以先以该分支机构管理的财产承担，不足以承担的，由法人承担。因此，分支机构与代理人的区别主要有两点，一是代理人必须以本人（被代理人）名义开展民事活动，而分支机构则可以以自己的名义开展。二是代理人一般不必承担所代理交易的合同责任，但分支机构需要以“自己的”财产承担责任。

6. 债务人与债权人合一

这也是比较极端的情况。如果在保理合同履行过程中，应收账款债权人与应收账款债务人合并（实务中多见于集团内企业），则依据《民法典》第557条的规定，应收账款债权债务关系终止。但依据《民法典》第576条[①]的规定，债权和债务同归于一人的，债权债务终止，但损害第三人也就是保理人利益的除外。

企业因合并而注销的，在“国家企业信用信息公示系统”的“注销原因”一栏会明示。实务中可以申请调取企业内部档案或上市公司的公告来查明合并的具体情况。

如何不损害保理人利益呢？依据《民法典》第67条[②]，因为法人合并的，其权利和义务由合并后的法人享有和承担。因此合并后，应收账款债权还存在，保理人有权继续向合并后的企业主张应收账款债权或行使追索权。

四、担保人

下文以“公司”担保人为中心展开讨论。

（一）担保什么债权？

开展保理业务担保的第一步，就是确定需要担保的主债权是基础交易合同的“应收账款债权”还是保理合同的“追索权”。

举例说明。保理融资债务合计1000万元，应收账款债权为1200万元。如果选择保理融资债权（追索权），担保责任总额不少于1000万元。如果担保的是应收账款债权，担保责任总额1200万元，如果应收账款债权虚假，担保人甚至可主张免责，担保保理融资债权的，则未必。此外，如果担保的是应收账款债权，依据《民法典》第696条第1款[③]的规定，在签发转让通知

---

① 《民法典》第576条规定：债权和债务同归于一人的，债权债务终止，但是损害第三人利益的除外。

② 《民法典》第67条规定：法人合并的，其权利和义务由合并后的法人享有和承担。法人分立的，其权利和义务由分立后的法人享有连带债权，承担连带债务，但是债权人和债务人另有约定的除外。

③ 《民法典》第696条第1款规定：债权人转让全部或者部分债权，未通知保证人的，该转让对保证人不发生效力。

时，应一并通知保证人。

（二）担保类型与责任

设定担保，就是追求相较于其他债权人获得更高的受偿可能性。担保的手段，包括增加责任财产与就特定财产获得优先受偿权。对应的担保手段有信用担保（又称“人的担保”，为无限责任担保）与物上担保（又称“物的担保”，为有限责任担保）。

1. 信用担保

信用担保是以“其他人的不特定责任财产”来担保债权，所以信用担保人承担的是无限责任。“无限责任”的意思就是，只要债没有还完，就要担保人用自己的全部财产清偿债务。“以人格担保”不是法律上的担保，因为“人格”并非“财产”。

信用担保人具体包括保证人、初始的共同债务人①、债务加入后的连带债务人②，各类“回购人”、差额补足函或安慰函的承诺人③等。《民法典》规定的范围之外，信用保险或保证保险的保险人④、独立保函担保人⑤、票据

① 《关于加强中央企业融资担保管理工作的通知》（2021年）第1条将“有担保效力的共同借款合同”也视为一种“隐性担保”手段。

② 《九民纪要》第23条规定：法定代表人以公司名义与债务人约定加入债务并通知债权人或者向债权人表示愿意加入债务，该约定的效力问题，参照本纪要关于公司为他人提供担保的有关规则处理。

③ 《民法典担保部分解释》（2021年）第36条规定：第三人向债权人提供差额补足、流动性支持等类似承诺文件作为增信措施，具有提供担保的意思表示，债权人请求第三人承担保证责任的，人民法院应当依照保证的有关规定处理。第三人向债权人提供的承诺文件，具有加入债务或者与债务人共同承担债务等意思表示的，人民法院应当认定为《民法典》第552条规定的债务加入。前两款中第三人提供的承诺文件难以确定是保证还是债务加入的，人民法院应当将其认定为保证。第三人向债权人提供的承诺文件不符合前三款规定的情形，债权人请求第三人承担保证责任或者连带责任的，人民法院不予支持，但是不影响其依据承诺文件请求第三人履行约定的义务或者承担相应的民事责任。

④ 《信用保险和保证保险业务监管办法》（2021年）第1条第1款规定：本办法所称信用保险和保证保险，是指以履约信用风险为保险标的的保险。信用保险的信用风险主体为履约义务人，投保人、被保险人为权利人；保证保险的投保人为履约义务人，被保险人为权利人。

⑤ 《最高人民法院关于审理独立保函纠纷案件若干问题的规定》（2021年）第1条第1款规定：本规定所称的独立保函，是指银行或非银行金融机构作为开立人，以书面形式向受益人出具的，同意在受益人请求付款并提交符合保函要求的单据时，向其支付特定款项或在保函最高金额内付款的承诺（独立保函的独立性体现在主合同无效时，效力不受影响。但主合同如果发生变更、终止如何处理，依然是实践中的常见争议问题）。

保证人[①]、“维好协议”中的母公司[②]都属于信用担保人。

信用担保在实务中也有创新。例如，担保人将以不低于未获清偿借款本息的价格收购抵押物、质押物的承诺，实系提高抵押物和质押物变现能力的增信措施，其性质应认定为“非典型保证”，可依据《民法典担保部分解释》第36条第4款的规定，判令该担保人对主债务人、抵押人、出质人、保证人均不能清偿的部分承担补充赔偿责任。[③]

2. 物上担保

物上担保就是以“某特定的财产”来担保。法律一般赋予物上担保权某种优先效力，以对抗其他债权人。“对抗”的意思就是，好多债主都“瞄”上了这个财产，但物上担保权人可以就特定财产“优先受偿”。提供物上担保的可以是原始债务人，也可以是第三人，而信用担保人必须是第三人。第三人提供物上担保的，如果拍卖变卖担保物所得价款不足以清偿全部债务，物上担保人不必承担额外责任，这便是物上担保人的“有限责任”。

“物上担保”不等于“物权担保”。后者仅限于几种特定的担保物权担保。

3. 二者的关联

（1）混合担保

同一债权既有物上担保又有信用担保，就存在混合担保。混合担保中会

---

① 票据保证人包括票据法上的“票据保证”，也包括票据未记载但对票据承兑承诺各种“保付”的主体。票据保证问题容后详述。

② 上海金融法院曾办理全国首例涉离岸债券“维好协议”的香港特别行政区法院生效判决在内地法院申请认可和执行的案件。“维好协议”一般是指境外债券发行中由境内企业提供的一类增信文件，一般由境内公司、债券发行人、担保人、受托人共同签署。其典型内容包括：境内公司承诺促使发行人和担保人有充足的流动性偿付到期债券；促使发行人和担保人有一定的净资产；等等。该案案号未知。参见王珊、郑倩：《全国首例！上海金融法院审结一起涉“维好协议”申请认可和执行香港特别行政区法院判决案》，载微信公众号“上海金融法院”2020年11月16日。该案入选了“上海金融法院2020年度典型案例”。

③ 参见人民法院案例库2023-10-2-103-003号案例“某资产管理公司诉某水产公司、某海洋产业公司等金融借款合同纠纷案——第三人承诺在借款未获清偿时收购案涉抵押物和质押物成立‘非典型保证’及其责任的认定”。

出现一些新问题，例如如果主债务人以自己的财产设定各类物上担保，其他信用担保人依据《民法典》第392条享有承担担保责任的顺位抗辩。混合担保人之间本来存在追偿权，但我国持非常坚决的反对态度。

（2）责任转换

两种担保责任存在转换问题。在“登记生效”的物上担保中，如果最终没有办理登记，担保人需要承担什么责任，存在一定争议。以最常见的不动产抵押担保来说。《民法典担保部分解释》第46条第2款、第3款①依据未办理登记是否“可归责于抵押人”而规定了不同的法律效果，总结见表2－1：

表2－1　未办理登记的不同原因对应的法律效果

情形	结果
不可归责于抵押人	债权人请求抵押人在约定的担保范围内承担责任的，人民法院不予支持；但是抵押人已经获得保险金、赔偿金或者补偿金等，债权人请求抵押人在其所获金额范围内承担赔偿责任的，人民法院依法予以支持。
可归责于抵押人*	债权人请求抵押人在约定的担保范围内承担责任的，人民法院依法予以支持，但是不得超过抵押权能够设立时抵押人应当承担的责任范围。

* “可归责于抵押人”的典型原因，司法解释列举了“抵押人转让抵押财产”这一种情形。

① 《民法典担保部分解释》第46条第2款、第3款规定：抵押财产因不可归责于抵押人自身的原因灭失或者被征收等导致不能办理抵押登记，债权人请求抵押人在约定的担保范围内承担责任的，人民法院不予支持；但是抵押人已经获得保险金、赔偿金或者补偿金等，债权人请求抵押人在其所获金额范围内承担赔偿责任的，人民法院依法予以支持。因抵押人转让抵押财产或者其他可归责于抵押人自身的原因导致不能办理抵押登记，债权人请求抵押人在约定的担保范围内承担责任的，人民法院依法予以支持，但是不得超过抵押权能够设立时抵押人应当承担的责任范围。

在“可归责于抵押人”导致无法登记的情形下，抵押人需要承担什么责任，存在争议。最高人民法院在此前的判例中曾认为抵押人承担的是保证责任，[①] 现在认为抵押人承担的是“违约损害赔偿责任”[②]。这里的“违约损害赔偿”针对的是抵押合同项下“未办理抵押登记”的违约责任，而非“怠于承担担保责任”的违约责任，因而与《民法典担保部分解释》第 3 条第 1 款[③]的规定并不矛盾。

（三）债务加入与保证

这本是信用担保的问题，但在实务中热度较高，此处笔者将其单独拎出来讨论。

二者的区别更多在学理上。一些学理上的区别，在实务运用中有“倒因为果”之嫌，如“债务加入不受保证期间的保护”，我都不知道是不是债务加入，怎么知道受不受保证期间的保护呢?

二者在法律规定上，没有清晰的界限。《民法典》第 552 条规定，第三人与债务人约定加入债务并通知债权人，或者第三人向债权人表示愿意加入债务，债权人未在合理期限内明确拒绝的，债权人可以请求第三人在其愿意承担的债务范围内和债务人承担连带债务。《民法典》第 688 条第 1 款规定：当事人在保证合同中约定保证人和债务人对债务承担连带责任的，为连带责任保证。司法实践中，不少裁判文书虽然总结出各类债务加入与保证的宏观

---

① 参见最高人民法院民事裁定书，(2015) 民申字第 2354 号。最高人民法院认定未办理登记的抵押人应当承担连带保证责任（抵押合同变成保证合同）。该案的抵押事实发生在 1998 ~ 2000 年，依据当时的法律及司法解释，抵押合同登记后生效，未登记意味着抵押合同无效，无效意味着无法追究抵押人的“违约责任”。

② 最高人民法院民事审判第二庭：《最高人民法院民法典担保制度司法解释理解与适用》，人民法院出版社 2021 年版，第 410 ~ 411 页。

③ 《民法典担保部分解释》第 3 条第 1 款规定：当事人对担保责任的承担约定专门的违约责任，或者约定的担保责任范围超出债务人应当承担的责任范围，担保人主张仅在债务人应当承担的责任范围内承担责任的，人民法院应予支持。实践中，有抵押人怠于迁出抵押房屋的（怠于承担担保责任的体现），抵押权人要求其承担违约金的，法院依据《民法典担保部分解释》第 3 条不予支持。参见上海金融法院民事判决书，(2022) 沪 74 民终 48 号。

的区别[1]或微观的区别[2]，但总的来说，实践中还是缺乏互斥且具有实操价值的区分标准。

实践中的应对方式有二。其一，存疑推定为保证。[3]“在缺乏明确债务人的前提下，判断第三人承诺的性质构成保证、债务加入还是新的合同义务，应在尊重当事人意思自治的前提下，结合保证合同的定义，探究当事人的真实意思表示，审查第三人的承诺是否具有从属性、附条件性及可追偿性。在约定不明的情况下，举重以明轻，认定为保证。”[4] 其二，在若干法律适用层

① 参见北京市第一中级人民法院民事判决书，（2023）京01民终3592号。该案中，法院认为“对于第三人提供的增信文件究竟是保证还是债务加入，涉及对债务加入和保证性质的判断”“具体区分的标准，可从以下五点进行分析，其一，债务性质上，保证是从合同性质责任，保证人为他人债务负责，系从债务人，而不是承担其本身债务，该债务具有从属性。而并存债务承担系独立合同，承担人是主债务人之一，是为自己债务负责，由单一债务人增加为二人以上的共同债务人。其二，债务数额上，保证人往往约定的是承担主债务人不能履行差额部分，而债务加入约定数额往往是加入债务时的既有债务，与主债务人嗣后履行情况没有关系。其三，债务范围上，保证范围约定往往包括违约金、损害赔偿金和实现债权的费用，而债务加入中，债务加入人负担债务范围，以加入时原债务内容为限，对原债务人违约责任不予负责。债务加入后，加入人承担的债务与原债务没有主从关系。其四，保证期间上，保证人享有保证期间和诉讼时效制度的双重保护，保证期间制度为保证人专门享有，而债务加入仅受诉讼时效制度保护，不受保证期间保护。其五，从利益考量角度，对于债务关系以外第三人而言，债务加入所承担责任一般重于保证责任。对第三人意思难以解释为是构成债务加入还是保证责任时，即当根据当事人意思表示难以对增信文件法律性质作出判断时，从《民法典》平衡保护债权人与担保人立场出发，应认定为保证责任”。

② 参见北京市高级人民法院民事裁定书，（2022）京民申6411号。法院认为，郭某履行差额补足之付款义务与互联公司、珠海公司、宁波合伙企业应当履行之付款义务之间不存在先后顺序。郭某出具《承诺函》之时，系在案外人对互联公司提起诉讼，而某信托公司在此情况下依据《差额补足及收购协议》有权要求互联公司履行提前收购义务的情形下，旨在促使某信托公司不要求互联公司进行提前收购而采取的增信措施。某信托公司显然不希望在其放弃要求提前收购权利的情况下，尚需在对互联公司、珠海公司、宁波合伙企业诉讼并执行不能之后，才能寻求郭某承担差额补足义务。综合上述分析，郭某出具的《承诺函》对于互联公司所负债务承担的差额补足义务构成债务加入。

③ 《民法典担保部分解释》第36条规定：第三人向债权人提供差额补足、流动性支持等类似承诺文件作为增信措施，具有提供担保的意思表示，债权人请求第三人承担保证责任的，人民法院应当依照保证的有关规定处理。第三人向债权人提供的承诺文件，具有加入债务或者与债务人共同承担债务等意思表示的，人民法院应当认定为民法典第五百五十二条规定的债务加入。前两款中第三人提供的承诺文件难以确定是保证还是债务加入的，人民法院应当将其认定为保证。

④ 参见人民法院案例库2023-07-2-104-002号案例“贾某诉某担保公司保证合同纠纷案——债务到期后的承诺不影响保证责任的认定”。

面一体对待。最高人民法院的做法是不拘泥于对构成要件的识别，而是借道越权代表等规则将债务加入的效力判断与保证担保一体把握。《民法典担保部分解释》第12条规定，法定代表人依照民法典第552条的规定以公司名义加入债务的，人民法院在认定该行为的效力时，可以参照该解释关于公司为他人提供担保的有关规则处理。

（四）担保人的资格

1. 机关法人

政府机关虽然是国家公权力的行使机关之一，但不妨碍其作为民事主体参与民事活动。国家机关在民法上可称为机关法人，是民事主体的一种。《民法典》第97条规定，有独立经费的机关和承担行政职能的法定机构从成立之日起，具有机关法人资格，可以从事为履行职能所需要的民事活动。

显然，担保并不是机关法人的“职能”，《民法典担保部分解释》第5条第1款规定，机关法人提供担保的，人民法院应当认定担保合同无效，但是经国务院批准为使用外国政府或者国际经济组织贷款进行转贷的除外。禁止机关法人提供担保，并不妨碍实务中大量的机关法人对外提供担保。实践中，提供担保的机关法人除了各级政府外，还有驻地方办事处、①区管理委员会、② 财政部门、③ 交通运输部门、④ 农业农村部门、⑤ 住建部

① 参见上海市高级人民法院民事判决书，(2005) 沪高民二（商）终字第92号。

② 参见山东省泰安市中级人民法院民事判决书，(2021) 鲁09民终3954号。外债政府担保主要由财政部归口管理。例如，依据《美国进出口银行主权担保融资管理暂行办法》(2006年) 第2条规定，主权担保融资是指，根据《财政部与美国进出口银行的框架协议》，美国进出口银行向中国国内银行或其他借款人直接提供贷款，或为美国金融机构（在美国境内注册的金融机构）提供的贷款或出口信贷保险提供担保，由财政部向美国进出口银行提供相应主权担保的融资。该暂行办法第5条规定，省级财政部门在对项目进行充分评估的基础上，可根据本地区财力，决定是否为主权担保融资项目向承办银行提供还款担保，或直接作为项目的借款人……

③ 参见最高人民法院民事裁定书，(2020) 最高法民申6993号。

④ 参见甘肃省兰州市安宁区人民法院民事判决书，(2022) 甘0105民初593号。

⑤ 参见新疆维吾尔自治区霍尔果斯市人民法院民事判决书，(2022) 新4004民初693号。

门、[1] 审计部门、[2] 综合行政执法部门[3]等。

实践中常见的问题是，机关法人的某种操作是否构成法律上的“担保”。例如有些机关法人出具的文书载明“本政府愿意督促×××公司切实履行还款责任”“如该公司出现逾期或拖欠贵行的贷款本息情况，本政府将负责解决，不让贵行在经济上蒙受损失”等。载明上述内容的文书的名称多样，可以是《承诺函》《安慰函》，也可以是“会议纪要”。而实践中，几乎不会判决机关法人承担担保责任，甚至机关法人用自己的财产为自己的债务设定担保，也是无效的。[4] 担保合同无效的，机关法人可能需要承担合同无效的赔偿责任。

机关法人的具体身份可以通过“统一社会信用代码”确定，具体可以在“全国组织机构统一社会信用代码数据服务中心”网站查询。

2. 居/村委会

《民法典担保部分解释》第5条第2款规定，居民委员会（以下简称居委会）、村民委员会（以下简称村委会）提供担保的，人民法院应当认定担保合同无效，但是依法代行村集体经济组织职能的村委会依照《村民委员会组织法》规定的讨论决定程序对外提供担保的除外。

根据《城市居民委员会组织法》和《村民委员会组织法》的规定，居委会、村委会均为基层群众性自治组织。区别在于，村内未设立村集体经济组织的，村委会依据《民法典》第101条的规定，可代行村集体经济组织的职

① 参见黑龙江省宁安市人民法院民事判决书，(2022) 黑1084民初1770号。

② 参见上海金融法院民事判决书，(2022) 沪74民初3428号。

③ 参见山东省临清市人民法院民事判决书，(2022) 鲁1581民初355号。

④ 参见陕西省商洛市中级人民法院民事判决书，(2021) 陕10民终128号。该案中，某地水利水土保持局（后改名为水务局）在1998～2001年向银行借款合计190万元，并以自有不动产设定了抵押权。几经周转，银行的贷款债权转让给原告，原告要求水务局还款并主张实现抵押权。法院认为，机关法人提供担保的，人民法院应当认定担保合同无效。当事人虽然签订了《抵押担保合同》并办理了抵押登记，但因抵押合同本身违反法律法规禁止性规定，合同应属无效。

能。依法代行村集体经济组织[①]职能时，有权作出担保决定。居委会没有“代行职能”的现实基础，因而并不需要履行经济管理职能，一般不存在担保问题。

村委会与居委会不得成为担保人，是资格上的限制，与是否有决议无关。所以在判断担保文书的效力时，可不必讨论是否有决议。[②]

3. 公益机构

《民法典》第683条第2款规定，以公益为目的的非营利法人、非法人组织不得为保证人。《民法典担保部分解释》第6条规定，以公益为目的的非营利性学校、幼儿园、医疗机构、养老机构等提供担保的，人民法院应当认定担保合同无效，但是有下列情形之一的除外……登记为营利法人的学校、幼儿园、医疗机构、养老机构等提供担保，当事人以其不具有担保资格为由主张担保合同无效的，人民法院不予支持。

随着大量社会资本合法进入教育、医疗、养老等传统“公益”领域，认定“以公益为目的”的“事业单位、社会团体”提供的担保一概无效，[③] 已逐渐不符合国情与市场需求。

司法实践中，如何理解“公益”与“营利”的关系，是此类担保纠纷的核心。需要注意，“营利”不是“盈利”。“营利”与“公益”并不矛盾。以学校为例，最高人民法院曾在一个涉及民办学校的担保案件中指出“不能因

① “村集体经济组织”分“组级”“村级”“乡镇级”三级，对应的名称分别包含字样“组股份经济合作社”“股份经济合作联合社”“股份经济合作联合总社”，集体经济组织的资产包括集体土地以及农民集体所有的流动资产、农业资产、长期资产、固定资产、其他资产等账面资产等。“经济合作社”与“供销合作社”均属于集体经济组织。但根据《最高人民法院研究室关于县级以上供销合作社联合社能否作为保证人问题的复函》的指示，在1999年1月28日国发〔1999〕5号文件发布之后，供销合作社提供的担保无效。

② 实践中有判决认为居民委员会不承担担保责任的原因之一是“没有依照城市居民委员会组织法规定的讨论决定程序对外提供担保”。参见湖北省广水市人民法院民事判决书，(2021) 鄂1381民初2489号。但该案二审程序中，法院认为居委会只承担资金监管职责，并非担保，改判承担资金监管的违约赔偿责任。参见湖北省随州市中级人民法院民事判决书，(2022) 鄂13民终467号。

③ 《担保法》(1995年生效，2021年废止) 第9条规定，学校、幼儿园、医院等以公益为目的的事业单位、社会团体不得为保证人。

收取费用而认定其从事营利活动，营利性法人区别于非营利性法人的重要特征，不是'取得利润'而是'利润分配给出资人'"[①]。后来，为规范民办教育市场，《民办教育促进法》（2018年）第19条规定，民办学校的举办者可以自主选择设立非营利性或者营利性民办学校。但是，不得设立实施义务教育的营利性民办学校。非营利性民办学校的举办者不得取得办学收益，学校的办学结余全部用于办学。[②] 营利性民办学校的举办者可以取得办学收益，学校的办学结余依照公司法等有关法律、行政法规的规定处理。因此，判断是否是"公益限制型"担保人，务必审查所得收益的分配机制。以公益为目的的民办非企业单位（学校）对外担保的，一般认为无效。[③]

《民法典担保部分解释》未再特别提及"事业单位"的担保资格限制问题。依据《中共中央、国务院关于分类推进事业单位改革的指导意见》（2011年），事业单位根据社会功能，被划分为承担行政职能、从事生产经营

---

① 参见最高人民法院民事判决书，(2017) 最高法民终297号。该案中，主债务人系××双语学校投资人，××双语学校是担保人。主合同是信托贷款合同，贷款用于学校扩建。一审法院认为××双语学校是民办学校，有公益性质，但仍以盈利为目的，且不是有关行政机关核准的事业单位，也不是社会团体，不属于《担保法》第9条规定的"学校、幼儿园、医院等以公益为目的的事业单位、社会团体不得为保证人"的主体范围。故××双语学校和新时代信托公司签订的《保证合同》是双方当事人的真实意思表示，内容不违反法律、行政法规的强制性规定，应为合法有效。最高人民法院二审认为，根据学校章程约定，"××双语学校出资人不享有学校财产所有权，对学校的盈余未约定个人分配规则，对学校解散之后的剩余财产约定了明确的处置规则，符合公益性事业具有非营利性的界定"。"营利性法人区别于非营利性法人的重要特征，不是'取得利润'而是'利润分配给出资人'。××双语学校章程明确了出资人暂不收取回报，原告也未举证证明××双语学校通过修改章程，报审批机关批准后收取回报。原告以民办学校收取费用和合理回报认为中加双语学校具有营利性，本院不予支持。""民办非企业单位与事业单位的举办资金来源不同，但均有可能是以公益为目的的，故不能以民办非企业单位并非事业单位、社会团体而当然排除《中华人民共和国担保法》第九条的法律适用。"最终法院认定担保合同无效。

② 实践中，还有出资人提起民事诉讼要求确认是非营利性民办学校的举办者，并请求目标院校（某幼儿园）给付投资回报。该案中，在《民办教育促进法》施行前，目标院校办学许可证中载明出资人可以依法取得合理回报，在《民办教育促进法》施行后，新换领的《民办非企业单位登记证书》中已取消该备注内容。广东省高级人民法院认为，民办非企业单位的举办者有身份权，对民办学校举办者身份的确认或否认，是法律赋予有关行政主管部门的特有的权力，属行政许可内容，不能通过民事诉讼解决。参见广东省高级人民法院民事裁定书，(2021) 粤民申12329号。

③ 参见石家庄金融法庭2023年度十大典型案例之五"以公益为目的民办非企业单位对外担保效力的认定——某银行诉某职业学院等金融借款合同纠纷案"。

活动和从事公益服务三个类别。① 所以部分事业单位是可以提供有效担保的，只是实务中需要甄别担保人的事业单位分级。② 实践中，有的事业单位的分级信息会在事业单位法人证书直接载明，部分地区的证书即使不会载明，一般也会载明“经费来源”。载明经费为“全额拨款”“财政补贴”的，一般为非营利事业单位，不得为担保人。③ 载明“经费自理”的，一般为营利性事业单位。非全额补贴的事业单位，有待进一步考察。事业单位信息可以通过“机关赋码和事业单位登记管理平台”网站查询。

以公益为目的的非营利性机构，可以就“公益设施”设定所有权保留、融资租赁这两类担保措施，而不得设立传统的担保物权。“公益设施”不能等同于“公益性资产”，后者外延更广。④

4. 一人公司

《公司法》允许有限责任公司与股份有限公司只有一名股东，因而不再沿用“一人有限公司”的表述，转而采用统一的“只有一个股东的公司”的表述。原来的“一人有限公司举证责任倒置”规则继续保留（第 23 条第 3 款），并适用于所有“只有一个股东的公司”。但为了方便论述，本书暂且沿

---

① 根据该意见，从事公益服务的事业单位分为“公益一类”和“公益二类”。承担义务教育、基础性科研、公共文化、公共卫生及基层的基本医疗服务等基本公益服务，不能或不宜由市场配置资源的，划入公益一类；承担高等教育、非营利医疗等公益服务，可部分由市场配置资源的，划入公益二类。实践中还有“公益三类”，特点是实行经费自理，实践中一些地方对公益三类事业单位计划逐步转制为企业或者不纳入编制管理。

② 公益事业单位也可能自负盈亏。例如一些地方明确规定“公益一类事业单位的经费来源为财政拨款，由财政提供相应经费保障；公益二类事业单位的经费来源为财政补贴，由财政给予经费补助或者通过政府购买服务方式给予支持；公益三类事业单位，实行经费自理，对提供公共服务的，可以通过政府购买服务方式给予支持”。参见《山东省事业单位机构编制管理规定》（2016 年）第 9 条。

③ 参见最高人民法院民事判决书，（2019）最高法民终 874 号。该案中提供担保的事业单位为某直辖市供销合作总社。最高人民法院认为，××供销社自改革后成为参照《公务员法》管理的事业单位财政预算单位，不从事生产经营活动，经费只来自财政拨款，其不具备代为清偿债务的能力，因而担保合同无效。

④ 例如《国家发展改革委、财政部关于完善市场约束机制严格防范外债风险和地方债务风险的通知》（2018 年）第 3 条规定：……严禁将公立学校、公立医院、公共文化设施、公园、公共广场、机关事业单位办公楼、市政道路、非收费桥梁、非经营性水利设施、非收费管网设施等公益性资产及储备土地使用权计入企业资产。

用“一人公司”的表述。

“一人公司”的对外担保问题，存在“双向例外”优待。

依据《民法典担保部分解释》第 8 条①、第 10 条②的规定，“一人公司”对外担保享受“双向例外”优待。无论是“唯一股东为公司提供担保”，还是“公司为唯一股东提供担保”，都无须决议。

5. 上市公司

对于上市公司的对外担保限制，体现了对上市公司背后股民的倾斜性保护。

《民法典担保部分解释》第 9 条规定，相对人根据上市公司公开披露的关于担保事项已经董事会或者股东大会③决议通过的信息，与上市公司订立担保合同，相对人主张担保合同对上市公司发生效力，并由上市公司承担担保责任的，人民法院应予支持。相对人未根据上市公司公开披露的关于担保事项已经董事会或者股东大会④决议通过的信息，与上市公司订立担保合同，上市公司主张担保合同对其不发生效力，且不承担担保责任或者赔偿责任的，人民法院应予支持。相对人与上市公司已公开披露的控股子公司⑤订立的担保合同，或者相对人与股票在国务院批准的其他全国性证券交易场所交易的公司⑥订立的担保合同，适用前两款规定。

---

① 《民法典担保部分解释》第 8 条规定：有下列情形之一，公司以其未依照公司法关于公司对外担保的规定作出决议为由主张不承担担保责任的，人民法院不予支持：（一）金融机构开立保函或者担保公司提供担保；（二）公司为其全资子公司开展经营活动提供担保；（三）担保合同系由单独或者共同持有公司三分之二以上对担保事项有表决权的股东签字同意。上市公司对外提供担保，不适用前款第二项、第三项的规定。

② 《民法典担保部分解释》第 10 条规定：一人有限责任公司为其股东提供担保，公司以违反公司法关于公司对外担保决议程序的规定为由主张不承担担保责任的，人民法院不予支持。公司因承担担保责任导致无法清偿其他债务，提供担保时的股东不能证明公司财产独立于自己的财产，其他债权人请求该股东承担连带责任的，人民法院应予支持。

③ 《公司法》不再沿用“股东大会”的表述，改采统一的“股东会”表述。

④ 《公司法》不再沿用“股东大会”的表述，改采统一的“股东会”表述。

⑤ 《上海证券交易所股票上市规则》第 15.1 条、《深圳证券交易所股票上市规则》第 15.1 条将“上市公司控股子公司”均明确规定为“指上市公司持有其 50% 以上的股份，或者能够决定其董事会半数以上成员的当选，或者通过协议或其他安排能够实际控制的公司”。

⑥ “全国性证券交易场所”是指北京证券交易所、上海证券交易所和深圳证券交易所。

（1）担保公告

担保公告有一定的格式要求。应当遵循上海证券交易所《上市公司自律监管指南第 1 号——公告格式》中“第四号　上市公司为他人提供担保公告”、深圳证券交易所《深圳证券交易所上市公司自律监管指南第 2 号——公告格式》中“交易类第 5 号上市公司对外担保公告格式”的要求。具体上市公司的担保公告可以在上海证券交易所与深圳证券交易所网站中检索获得。

（2）决议公告

《民法典担保部分解释》第 9 条并未要求债权人一定要“取得”上市公司的担保决议（实践中，就算取得复印件都很困难）。上市公司需要披露的也是决议公告，而非决议本身。所以司法解释的规范目的主要在于敦促债权人必须查阅上市公司的相关担保决议公告。

（3）外国上市公司担保

外国上市的公司提供担保的效力，是否适用《民法典担保部分解释》第 9 条的规定？“外国上市公司”有多种理解方法。最高人民法院明确指出，“接受境内注册、在境内证券交易所上市的股份有限公司”当然适用《民法典担保部分解释》第 9 条，而“接受境外注册、境外上市的公司提供的担保”的，一定不适用《民法典担保部分解释》第 9 条。① 对于接受“境内注册、同时在境内境外上市”和“境内注册、仅在境外上市”企业担保是否适用该条，最高人民法院未置可否。而在司法实践中，有的判决认为，该条仅适用于境内上市公司。②

6. 中央企业

这并非司法解释中突出强调的担保主体，但在实务中非常热门，值得特别关注。

中央企业（以下简称央企），根据国务院国有资产监督管理委员会公开的“央企名录”显示，我国共有 98 家央企。

① 参见最高人民法院民事审判第二庭：《最高人民法院民法典担保制度司法解释理解与适用》，人民法院出版社 2021 年版，第 150 ~ 151 页。

② 参见北京市第二中级人民法院民事判决书，(2022) 京 02 民初 158 号。

央企对外担保受到严格限制。国务院国有资产监督管理委员会下发《国务院国资委授权放权清单（2019 年版）》的第 20 项规定“授权中央企业（负债水平高、财务风险较大的中央企业除外）合理确定公司担保规模，制定担保风险防范措施，决定集团内部担保事项，向集团外中央企业的担保事项不再报国资委备案。但不得向中央企业以外的其他企业进行担保”①。后来又在《关于加强中央企业融资担保管理工作的通知》（2021 年）第 3 条再次强调“中央企业严禁对集团外无股权关系的企业提供任何形式担保。原则上只能对具备持续经营能力和偿债能力的子企业或参股企业提供融资担保”。需要注意的是，若不是为企业融资行为提供担保，则不适用于《关于加强中央企业融资担保管理工作的通知》。② 中央企业集团本部及全级次子企业③以及中央企业所属事业单位均适用该通知。④ 但违反该通知的，并不会直接导致担保合同无效。⑤

7. 其他主体

寺庙在性质上虽然不属于事业单位或者国家机关（属于“宗教活动场所”⑥），往往也从事公益活动，所提供的担保也无效。⑦

---

① 在前述案件中，担保人认为该担保“实质是违反‘中央企业不得向中央企业以外的其他企业进行担保’的禁止性强制规范，必然损害法规背后的国有资产安全性，严重损害社会公共利益”。但这一观点没有被采纳。

② 参见国资委在 2023 年 3 月 17 日对《关于〈关于加强中央企业融资担保管理工作的通知〉适用问题的咨询》的回复。

③ 参见国资委在 2021 年 12 月 7 日对《〈关于加强中央企业融资担保管理工作的通知〉的适用范围》的回复。

④ 参见国资委在 2022 年 5 月 18 日对《〈加强中央企业融资担保管理工作的通知〉的咨询》的回复。

⑤ 国资委在 2022 年 8 月 10 日对“关于具有担保效力的理解以及违反 75 号文的后果的咨询”的回复内容为“需要企业法律部门根据具体条款进行判定”，可见国资委并不认为违反该通知会直接导致担保合同无效。

⑥ 《宗教活动场所管理办法》（2023 年）第 2 条规定：本办法所称宗教活动场所，是指依照《宗教事务条例》等规定登记的寺院、宫观、清真寺、教堂（以下称寺观教堂）和其他固定宗教活动处所。

⑦ 参见成都市中级人民法院民事判决书，（2021）川 01 民终 9195 号。该案中，担保人系始建于明朝嘉靖年间的雨城区龙洞庵。法院认为龙洞庵举示了相应的收据、报道等证据证明其在宗教活动外进行公益活动，雅安市雨城区民族宗教事务局亦出具证明称龙洞庵的收入皆用于场所维护、服务社会及慈善公益，认定龙洞庵具有公益性质，认定龙洞庵担保无效。

（五）担保效力与决议

为什么担保合同的“效力”与公司的董事会或股东会决议挂钩？这就得从公司对外签约的法律机理开始讲起。

1. 公司签约的机理

（1）签约依赖自然人

公司为了追求商事活动的效率，公司不可能事无巨细地走决议程序来形成具体的交易意思，取而代之的是交由具体的“人”（盖章的人、签字的人）来代表公司签约。在法律上，这些“人”可以是法定代表人/负责人，也可能是其他代理人/代表人。如果这些“人”超越自己权限签约，或者根本不是公司的“人”谎称自己代表公司签约，就是法律必须面对并处理的问题。

（2）签约权限与合同效力

事无巨细地核查每个“签约人”的具体代表权限，显然不现实。因此，《民法典》默认“法定代表人”具有代表公司对外展业的权限。[①] 对于其他人，在公司有额外授权的情况下，其他自然人也可以成为公司签约代表。[②]

如果签约代表超越权限签约，合同效力如何认定？在法定代表人签约场合，除非相对方明知，是否越权代表一般不影响合同的成立与生效（《民法典》第 504 条[③]）。而在其他人员代理签约场合，“签约代表”超越权限而签

---

① 《民法典》第 61 条规定：依照法律或者法人章程的规定，代表法人从事民事活动的负责人，为法人的法定代表人。法定代表人以法人名义从事的民事活动，其法律后果由法人承受。法人章程或者法人权力机构对法定代表人代表权的限制，不得对抗善意相对人。

② 《民法典》第 170 条规定：执行法人或者非法人组织工作任务的人员，就其职权范围内的事项，以法人或者非法人组织的名义实施的民事法律行为，对法人或者非法人组织发生效力。法人或者非法人组织对执行其工作任务的人员职权范围的限制，不得对抗善意相对人。

③ 《民法典》第 504 条规定：法人的法定代表人或者非法人组织的负责人超越权限订立的合同，除相对人知道或者应当知道其超越权限外，该代表行为有效，订立的合同对法人或者非法人组织发生效力。

订的合同，默认对公司不发生效力，[①] 只有在构成表见代理[②]或被追认[③]的情况下，合同的成立与生效才不受影响。

（3）如何判断超越权限？

《民法典合同编通则解释》第21条第2款规定，合同所涉事项有下列情形之一的，人民法院应当认定法人、非法人组织的工作人员在订立合同时超越其职权范围：①依法应当由法人、非法人组织的权力机构或者决策机构决议的事项；②依法应当由法人、非法人组织的执行机构决定的事项；③依法应当由法定代表人、负责人代表法人、非法人组织实施的事项；④不属于通常情形下依其职权可以处理的事项。

（4）“善意”的意义

法定代表人超越权限的，构成越权代表。其他民事主体作为代理人超越权限的，构成无权代理。而在相对人善意的情况下，无权代理会“升级”成为“表见代理”，越权代表会“升级”成为“表见代表”。升级后，相关合同的成立、生效不再受到代理或代表权限欠缺的影响。这便是“善意”的法律价值。担保合同中的善意认定，主要体现在对章程、决议的合理审查，容后详述。

（5）“认人不认章”问题

这是《全国法院民商事审判工作会议纪要》（以下简称《九民纪要》）与《民法典合同编通则解释》重点关注的问题。

认定公司的意思表示是否真实，是“章”重要，还是签字的“人”重

---

① 《民法典合同编通则解释》第21条第1款规定：法人、非法人组织的工作人员就超越其职权范围的事项以法人、非法人组织的名义订立合同，相对人主张该合同对法人、非法人组织发生效力并由其承担违约责任的，人民法院不予支持。但是，法人、非法人组织有过错的，人民法院可以参照民法典第一百五十七条的规定判决其承担相应的赔偿责任。前述情形，构成表见代理的，人民法院应当依据民法典第一百七十二条的规定处理。

② 《民法典》第172条规定：行为人没有代理权、超越代理权或者代理权终止后，仍然实施代理行为，相对人有理由相信行为人有代理权的，代理行为有效。

③ 《民法典》第171条第1款规定：行为人没有代理权、超越代理权或者代理权终止后，仍然实施代理行为，未经被代理人追认的，对被代理人不发生效力。

要？这背后其实是代表权限与合同效力的关系问题，也是司法实践绕不开的问题。

《民法典合同编通则解释》第 22 条①规定了“认人不认章”规则。总结一下，具体包括“能够代表公司的人，不管有没有用萝卜章，对公司有约束力”“能够代表公司的人，不管有没有盖章，对公司有约束力”“盖了真章，不一定管用，还要证明是能够代表公司的人盖的”“可以用表见代表和表见代理规则判断代表人是否有权代表公司”。

还需要注意一个重要的条文。如果依据上述规则，合同并非成立，但相关公司按照合同实际履约了，那么依据《民法典》第 490 条②的规定，合同也可以成立并生效。

2. 担保领域的运用

分析了那么多，还是需要具体应用到担保实务中的。

担保合同也是合同，所以判断担保合同是否成立生效，当然也应当注意审查公司担保人、签约人的具体权限。

基于追求交易效率，在签订一般合同的情况下，相对人没有义务审查公司董事会或者股东会决议。其实就算相对人去要也要不到，因为一般的交易大概率没有决议。

---

① 《民法典合同编通则解释》第 22 条规定：法定代表人、负责人或者工作人员以法人、非法人组织的名义订立合同且未超越权限，法人、非法人组织仅以合同加盖的印章不是备案印章或者系伪造的印章为由主张该合同对其不发生效力的，人民法院不予支持。合同系以法人、非法人组织的名义订立，但是仅有法定代表人、负责人或者工作人员签名或者按指印而未加盖法人、非法人组织的印章，相对人能够证明法定代表人、负责人或者工作人员在订立合同时未超越权限的，人民法院应当认定合同对法人、非法人组织发生效力。但是，当事人约定以加盖印章作为合同成立条件的除外。合同仅加盖法人、非法人组织的印章而无人员签名或者按指印，相对人能够证明合同系法定代表人、负责人或者工作人员在其权限范围内订立的，人民法院应当认定该合同对法人、非法人组织发生效力。在前三款规定的情形下，法定代表人、负责人或者工作人员在订立合同时虽然超越代表或者代理权限，但是依据民法典第五百零四条的规定构成表见代表，或者依据民法典第一百七十二条的规定构成表见代理的，人民法院应当认定合同对法人、非法人组织发生效力。

② 《民法典》第 490 条规定：当事人采用合同书形式订立合同的，自当事人均签名、盖章或者按指印时合同成立。在签名、盖章或者按指印之前，当事人一方已经履行主要义务，对方接受时，该合同成立。法律、行政法规规定或者当事人约定合同应当采用书面形式订立，当事人未采用书面形式但是一方已经履行主要义务，对方接受时，该合同成立。

担保合同则不同。《公司法》第 15 条[①]规定对外提供担保应当出具决议。这在背后预设了一个判断规则：没有决议就意味着公司没有对外提供担保的意思，任何人也就没有权利代表公司对外签订担保合同。

因此，接受担保的保理人在签订担保合同（包括接受单方出具保函）时，必须审查相关决议。这么做的目的在于确保公司具有提供担保的真实意思表示，否则签约人无论担任何种职务都没有签约权限，保理人就无法构成善意。届时，未尽到审查义务的担保合同不生效，保理人届时可能只能要求公司担保人承担损害赔偿责任。详细展开如下：

（1）审查义务来源

《公司法》第 15 条规定是“审查义务”的来源。

（2）审查的内容

审查的核心内容就是看公司是否出具了适格的决议，并审查担保合同的签约代表人是否有权负责相关担保合同的签约及变更工作。因此，担保决议中除了突出担保的意思表示外，可以一并加上授权何人实际办理签约以及后续的变更事宜。

（3）审查与善意认定

保理人是否尽到审查决议的义务，是判断善意的核心判断标准。[②] 也就是说，在存在越权代表/无权代理签订担保合同的场合，保理人审查得准不

① 《公司法》第 15 条规定：公司向其他企业投资或者为他人提供担保，按照公司章程的规定，由董事会或者股东会决议；公司章程对投资或者担保的总额及单项投资或者担保的数额有限额规定的，不得超过规定的限额。公司为公司股东或者实际控制人提供担保的，应当经股东会决议。前款规定的股东或者受前款规定的实际控制人支配的股东，不得参加前款规定事项的表决。该项表决由出席会议的其他股东所持表决权的过半数通过。

② 《民法典担保部分解释》第 7 条第 3 款规定：第一款所称善意，是指相对人在订立担保合同时不知道且不应当知道法定代表人超越权限。相对人有证据证明已对公司决议进行了合理审查，人民法院应当认定其构成善意，但是公司有证据证明相对人知道或者应当知道决议系伪造、变造的除外。在司法实践中，也有观点认为“债权人未能举证证明其在签署担保合同时已审查了公司章程以及符合公司章程规定的股东会或董事会决议的，应认定债权人非善意相对人”，参见石家庄金融法庭 2023 年度十大典型案例之四“公司法定代表人越权担保行为中债权人善意的认定——某银行与某化工公司保证合同纠纷案”。

准、严不严，决定了保理人是否构成善意，进而决定了担保合同是否成立。

保理人如何证明已经尽到了对决议的审查义务？这里需要注意《民法典担保部分解释》与《九民纪要》的细微变化。《九民纪要》仅要求进行形式审查，① 而《民法典担保部分解释》则“进一步强化相对人的审查义务，规定其要尽合理审查义务”②。是否尽到“合理审查”义务，可以考虑从以下几点观察：

第一，是否审查章程。最高人民法院认为“形式审查与合理审查标准的区别，在很大程度上就在于应否审查章程”。③ 审查章程的目的在于判断应由担保人的哪一机构作出担保决议，该机构的组成人员有哪些？章程可以由担保人主动提供，也可以委托专业人员调取。在条件允许的情况下，建议同时利用两个渠道调取并进行比对。

第二，是否取得决议。保理人务必取得决议原件，并能够合理说明取得的途径。公司担保人是上市公司的，不强求保理人取得决议原件，而侧重于是否查阅相关担保公告。

第三，决议本身是否有明显的瑕疵。包括决议作出机构是否适格，决议内容是否完整，担保意思表述是否准确，决议签字人员是否适格（如应当回避的人是否回避④），出席人数及表决权是否符合章程要求。⑤ 担保人以机关

① 《九民纪要》第18条第2款规定：债权人对公司机关决议内容的审查一般限于形式审查，只要求尽到必要的注意义务即可，标准不宜太过严苛。公司以机关决议系法定代表人伪造或者变造、决议程序违法、签章（名）不实、担保金额超过法定限额等事由抗辩债权人非善意的，人民法院一般不予支持。但是，公司有证据证明债权人明知决议系伪造或者变造的除外。

② 参见最高人民法院民事审判第二庭：《最高人民法院民法典担保制度司法解释理解与适用》，人民法院出版社2021年版，第133页。

③ 参见最高人民法院民事审判第二庭：《最高人民法院民法典担保制度司法解释理解与适用》，人民法院出版社2021年版，第136页。

④ 《公司法》第15条第3款规定：前款规定的股东或者受前款规定的实际控制人支配的股东，不得参加前款规定事项的表决。该项表决由出席会议的其他股东所持表决权的过半数通过。

⑤ 典型案例参见辽宁省鞍山市中级人民法院民事判决书，（2022）辽03民初61号。该案中，担保人公司虽在案涉借款凭证保证人处盖公章及法定代表人名章，但是担保人公司的股东会决议上只有持股比例49%的1个股东盖章，占股51%的另一股东×××公司并未盖章，对此担保人公司未作出合理解释，该股东会决议不具法律效力。法院认定担保合同不具有法律效力。

决议系法定代表人伪造或者变造、决议程序违法、签章（名）不实、担保金额超过法定限额等事由主张债权人非善意的，人民法院一般不予支持，除非债权人明知。[①]

第四，《公司法》第28条第2款规定，股东会、董事会决议被人民法院宣告无效、撤销或者确认不成立的，公司根据该决议与善意相对人形成的民事法律关系不受影响。“与善意相对人形成的民事法律关系”就包括担保合同关系。

（4）无须审查决议的情形

有些担保合同的生效无须相对人审查担保决议。此处需注意《九民纪要》和《民法典担保部分解释》的区别，列表汇总见表2－2：

表2－2　《九民纪要》与《民法典担保部分解释》在担保合同的生效方面的区别

《九民纪要》	《民法典担保部分解释》
公司是以为他人提供担保为主营业务的担保公司，或者是开展保函业务的银行或者非银行金融机构	金融机构开立保函或者担保公司提供担保
公司为其直接或者间接控制的公司开展经营活动向债权人提供担保	公司为其全资子公司开展经营活动提供担保
公司与主债务人之间存在相互担保等商业合作关系	（《民法典担保部分解释》删除）
担保合同系由单独或者共同持有公司2/3以上有表决权的股东签字同意	担保合同系由单独或者共同持有公司2/3以上对担保事项有表决权的股东签字同意
（无例外规定）	上市公司对外提供担保，不适用第2项、第3项的规定

① 最高人民法院民事审判第二庭：《最高人民法院民法典担保制度司法解释理解与适用》，人民法院出版社2021年版，第136页。

此外，依据《公司法》第15条第2款，公司为公司股东或者实际控制人[①]提供担保的，应当经股东会决议。因而彼时保理人不必审查章程，必须取得股东会决议才能构成善意。

（5）担保合同的效力

《民法典担保部分解释》的第7条第1款规定，公司的法定代表人违反《公司法》关于公司对外担保决议程序的规定，超越权限代表公司与相对人订立担保合同，人民法院应当依照《民法典》第61条[②]和第504条[③]等规定处理：①相对人善意的，担保合同对公司发生效力；相对人请求公司承担担保责任的，人民法院应予支持。②相对人非善意的，担保合同对公司不发生效力；相对人请求公司承担赔偿责任的，参照适用《民法典担保部分解释》第17条的有关规定。

（6）损害赔偿问题

根据《民法典担保部分解释》的第7条第1款第2项的规定，相对人非善意的，担保合同对公司不发生效力。

从结果上看，“不发生效力”有两层含义，第一层含义就是不必承担基于担保合同产生的担保责任，第二层含义就是可能需要承担缔约过失的损害赔偿责任。

关于损害赔偿责任，主要规定在《民法典担保部分解释》第17条。该条规定，主合同有效而第三人提供的担保合同无效，人民法院应当区分不同情形确定担保人的赔偿责任：（1）债权人与担保人均有过错的，担保人承担的赔偿责任不应超过债务人不能清偿部分的1/2；（2）担保人有过错而债权人无过错的，担保人对债务人不能清偿的部分承担赔偿责任；（3）债权人有

---

① 目前有限责任公司并无披露实控人的义务，也没有官方的披露渠道，因而如何判断有限责任公司的实控人，在担保实务上是一个难题。

② 《民法典》第61条规定：依照法律或者法人章程的规定，代表法人从事民事活动的负责人，为法人的法定代表人。法定代表人以法人名义从事的民事活动，其法律后果由法人承受。法人章程或者法人权力机构对法定代表人代表权的限制，不得对抗善意相对人。

③ 《民法典》第504条规定：法人的法定代表人或者非法人组织的负责人超越权限订立的合同，除相对人知道或者应当知道其超越权限外，该代表行为有效，订立的合同对法人或者非法人组织发生效力。

过错而担保人无过错的，担保人不承担赔偿责任。主合同无效导致第三人提供的担保合同无效，担保人无过错的，不承担赔偿责任；担保人有过错的，其承担的赔偿责任不应超过债务人不能清偿部分的1/3。

（7）“非善意”与“明知”的区分

“非善意”与“明知越权”，在判断标准和法律后果上存在区别。

保理人“非善意”的后果系担保合同不生效，但“担保人”仍可能因其过错而承担损害赔偿责任。保理人“明知越权”则可以让“担保人”免于承担合同无效后的损害赔偿责任。① 保理人是否对公司决议进行形式审查，系判断债权人是否善意的标准，而非认定其明知存在越权行为的充分条件。②

（8）《公司法》第15条的规范属性

不宜用“效力性”与“管理性”的规范二分法来评价该条的性质。

合同无效的原因有很多，仅依靠“管理性”/“效力性”规范的分类，难以满足司法实践的需求。法律行为（合同）无效（含效力待定、不成立、可撤销）的事由包括欠缺行为能力，意思表示不一致、不自由、不真实，超越权限，违反法律禁令（“效力性”规范），违背公序良俗，不具备法定形式等。只有在“违反法律禁令”这一原因项下，才有区分“效力性规范”或“管理性规范”的意义。被欺诈方行使撤销权导致合同无效的，不能说《民法典》第149条是“效力性规范”。

《公司法》第15条旨在增加担保合同相对人的审查义务，增加义务的规

---

① 《民法典担保部分解释》第17条规定：主合同有效而第三人提供的担保合同无效，人民法院应当区分不同情形确定担保人的赔偿责任：（1）债权人与担保人均有过错的，担保人承担的赔偿责任不应超过债务人不能清偿部分的二分之一；（2）担保人有过错而债权人无过错的，担保人对债务人不能清偿的部分承担赔偿责任；（3）债权人有过错而担保人无过错的，担保人不承担赔偿责任。主合同无效导致第三人提供的担保合同无效，担保人无过错的，不承担赔偿责任；担保人有过错的，其承担的赔偿责任不应超过债务人不能清偿部分的三分之一。

② 参见上海金融法院民事判决书，（2021）沪74民终1549号。在该案中，担保人系一家上市公司，保理人未取得股东大会决议。担保人认为“在明知其缺少股东大会决议的情形下，仍与其法定代表人签订担保合同，足以证明保理人对郭某的越权代表是明知的”。法院认为，“本案担保人主张其不承担任何责任，除证明保理人未审查股东大会决议之外，还需要证明保理人存在明知法定代表人越权的情形”。可见，是否是善意与是否明知越权担保，分别具有独立的价值。此外，《公司法》不再沿用“股东大会”的表述，改采统一的“股东会”表述。

定与合同效力并无直接关联，违反该条并不是担保合同“无效”的直接原因。违反义务而影响担保合同的效力的依据，是越权代表行为与无权代理规则。“决议”影响担保合同效力的路径层层递进，但与“管理性”/“效力性”规范无关。

(9) 举证责任

一般由接受担保的一方（如保理人）举证证明自己构成善意。

3. 决议机构

什么机构才能出具有效的决议，是实务中的重要问题。

(1) 有限公司

对于普通的有限公司来说，依据《公司法》第15条的规定，对“股东或实控人”以及其他民事主体提供担保的情形，分别讨论。为“股东或实控人”① 提供担保②的，只能由股东会出具决议。为其他民事主体提供担保的，依据章程约定确定决议机构。为公司自己的债务提供担保的，不属于“为他人提供担保”，因而不适用《公司法》第15条的规定。

在实践中，不少企业在注册时提交的章程用的都是登记部门的“推荐”文本，这些文本可能并未专门规定担保事项决议机构。对此，最高人民法院认为此时董事会与股东会均可作出担保决议。③ 股东会是有限责任公司的最高决策机构，章程约定由董事会决议但实际由股东会决议的，股东会决议也是适格决议。④

---

① 《公司法》第265条对于“实际控制人”的定义是“通过投资关系、协议或者其他安排，能够实际支配公司行为的人”。

② 这种情形属于“关联担保”。关联担保还包括向“姊妹公司”“投资企业”乃至形式上没有股权关联但存在人格混同的公司提供担保的情形。并非所有关联担保都需要出具决议，例如有限责任公司对于全资控股的子公司提供担保的，无须出具决议（《民法典担保部分解释》第8条）。《公司法》第265条关于“关联关系”的定义是“公司控股股东、实际控制人、董事、监事、高级管理人员与其直接或者间接控制的企业之间的关系，以及可能导致公司利益转移的其他关系。但是，国家控股的企业之间不仅因为同受国家控股而具有关联关系”。

③ 参见最高人民法院民事审判第二庭：《最高人民法院民法典担保制度司法解释理解与适用》，人民法院出版社2021年版，第136页。

④ 参见最高人民法院民事审判第二庭：《最高人民法院民法典担保制度司法解释理解与适用》，人民法院出版社2021年版，第136页。

"一人公司"无须"决议"，要么出具唯一股东的"决定"，要么由股东直接在担保文书上签章。

（2）上市公司

董事会与股东会都可以审议、审批对外担保事项，① 但有一些特定情形必须由股东会审批。② 上市公司为实控人提供担保的，必须经过股东会决议通过，就算章程约定由董事会决议也不例外。③

董事会审批的，必须经出席董事会的2/3以上董事审议同意并作出决议。④ 股东会审批的，由上市公司章程自行确定审议，但"审议为股东、实际控制人及其关联方提供的担保议案时，该股东或者受该实际控制人支配的股东，不得参与该项表决，该项表决由出席股东大会的其他股东所持表决权的半数以上通过"⑤。

有进一步了解需求的读者，可以研读《上市公司监管指引第8号上市公司资金往来、对外担保的监管要求》。⑥

（3）国有企业

---

① 《上市公司监管指引第8号上市公司资金往来、对外担保的监管要求》第7条规定：上市公司对外担保必须经董事会或者股东大会审议。

② 《上市公司监管指引第8号上市公司资金往来、对外担保的监管要求》第9条规定：应由股东大会审批的对外担保，必须经董事会审议通过后，方可提交股东大会审批。须经股东大会审批的对外担保，包括但不限于下列情形：（1）上市公司及其控股子公司的对外担保总额，超过最近一期经审计净资产50%以后提供的任何担保；（2）为资产负债率超过70%的担保对象提供的担保；（3）单笔担保额超过最近一期经审计净资产10%的担保；（4）对股东、实际控制人及其关联方提供的担保。股东大会在审议为股东、实际控制人及其关联方提供的担保议案时，该股东或者受该实际控制人支配的股东，不得参与该项表决，该项表决由出席股东大会的其他股东所持表决权的半数以上通过。

③ 参见上海金融法院民事判决书，（2020）沪74民终289号。该案中，担保人是上市公司，担保保理合同项下债权。担保人与应收账款债权人之间有相同的实控人。担保人章程虽然约定对外提供担保仅须董事会决议，法院依然认为需要股东大会决议。

④ 《上市公司监管指引第8号上市公司资金往来、对外担保的监管要求》第10条规定：应由董事会审批的对外担保，必须经出席董事会的2/3以上董事审议同意并作出决议。

⑤ 《上市公司监管指引第8号上市公司资金往来、对外担保的监管要求》第9条第2款。

⑥ 《上市公司监管指引第8号上市公司资金往来、对外担保的监管要求》第29条规定：本指引自公布之日起施行。2017年12月7日施行的《关于规范上市公司与关联方资金往来及上市公司对外担保若干问题的通知》、2005年11月14日施行的《关于规范上市公司对外担保行为的通知》、2005年6月6日施行的《关于集中解决上市公司资金被占用和违规担保问题的通知》同步废止。

依据《企业国有资产法》第30条[①]、第31条[②]、第32条[③]之规定，国有独资企业对外提供担保的，需要负责人集体讨论，国有独资公司（包括央企全资控股子公司）对外提供担保的，应当由董事会作出决议。实践中，有的国有独资企业常由“总经办”替代董事会作出担保决议，保理人恐遭受“脱保”的风险。[④]

（4）党委决议问题

实践中，存在“党委决议”能否替代“两会”决议的问题。无论是普通的有限公司还是上市公司，都可能设立党委，且根据企业属性，党委所享有的权力各不相同。一些有国企、央企背景的上市公司在章程中一般会约定：对外提供担保的，需要经过党委讨论决定。

在普通有限公司中，如果对党委有明确授权，或者党委委员与股东会或董事会组成人员相同，则党委决议可以作为有效担保决议对待。

---

① 《企业国有资产法》第30条规定：国家出资企业合并、分立、改制、上市，增加或者减少注册资本，发行债券，进行重大投资，为他人提供大额担保，转让重大财产，进行大额捐赠，分配利润，以及解散、申请破产等重大事项，应当遵守法律、行政法规以及企业章程的规定，不得损害出资人和债权人的权益。

② 《企业国有资产法》第31条规定：国有独资企业、国有独资公司合并、分立，增加或者减少注册资本，发行债券，分配利润，以及解散、申请破产，由履行出资人职责的机构决定。

③ 《企业国有资产法》第32条规定：国有独资企业、国有独资公司有本法第30条所列事项的，除依照本法第31条和有关法律、行政法规以及企业章程的规定，由履行出资人职责的机构决定的以外，国有独资企业由企业负责人集体讨论决定，国有独资公司由董事会决定。

④ 参见兰州市中级人民法院民事判决书，(2020）甘01民初101号。该案中，担保人是央企全资控股的企业，性质上不是央企，属于国有独资企业，受《企业国有资产法》的约束与调整。法院认为“企业国有资产，是指国家对企业各种形式的出资所形成的权益，国有资产属于国家所有即全民所有，国务院代表国家行使国有资产所有权；国家出资企业为他人提供大额担保，除应当遵守法律、行政法规以及企业章程的规定，国有独资企业由企业负责人集体讨论决定”。“虽原告提交担保人的总经理办公会议纪要，以证明该《承诺函》经总经理办公会议决议，但该决议是否经企业负责人集体讨论决定，是否形成相应会议记录，是否由参与集体讨论的企业负责人进行签名确认等，原告均未提交证据证明。”“原告未能举证证明2017年12月28日的《承诺函》系担保人董事会决定。”并最终判决担保人不承担任何责任。但陕西省高级人民法院在二审的（2021）甘民终155号民事判决书中认为相对人已尽到合理审查义务，改判应当承担保证责任。陕西省高级人民法院认为债权人银行“已经尽到了合理注意义务，该合理注意义务应限于形式审查，而一审法院要求××银行审核出具《承诺函》时所依据的内部程序及内部文件，该实质审查义务既无当事人约定也无法律规定，一审法院此项举证责任分配明显缺乏法律依据”。

4. “担保补救”问题

没有审查决议，接受担保的保理人还有什么补救办法呢？

司法实践中，有的公司保证人实际承担保证责任后会要求担保权人返还所有款项。有法院认为不得要求返还。[①] 司法实践中，有保理人在缺乏决议的情况下要求担保人向自己支付小额款项以证明存在担保的真实意思，法院也认可了担保合同的效力。[②]

但细细推敲后就会发现这些处理办法似有不周延之处。担保合同要有效成立与生效，至少符合两个条件，一要有有效决议，二要有有效授权。通过实际履行，可补正第二个条件（如《民法典》第503条[③]），但无法弥补第一个条件。原因在于，“决议—生效”规则不全是保护公司的利益，也保护股东利益。决议是股东或董事之间的事情。公司实际履行无法替代股东或董事之间的“共决”。

在实际接受承担担保责任后，保理人能否援引《民法典》第985条第3项[④]拒绝返还？从文义上看，可以。因为合同不生效后保理人所得款项，属于不当得利，担保合同不生效，担保人本无义务清偿，保证担保人还承担担保责任的，符合该项适用条件。

---

① 参见青海省海东市中级人民法院民事判决书，(2023) 青02民终141号。该案中，主债权是借款合同债权，原告从2022年1~3月向被告借款100万元。未明确约定借款期限。2022年10~11月，担保人公司向原告归还20万元。担保人辩称该担保行为未经本公司股东会或者股东大会决议，担保行为无效，要求返还，法院未予采信。但法院论证的逻辑并非“追认”，而是认为原告（债权人）善意。但本案中原告确实没有取得决议，无法从“善意”角度证成担保合同生效。需要注意，《公司法》不再沿用“股东大会”的表述，改采统一的“股东会”表述。

② 参见上海市浦东新区人民法院民事判决书，(2019) 沪0115民初87982号。该案中，保理人并未提交保证担保人的担保决议。案涉《担保函》上载明“保证人承诺接受原告的实名认证，从自有的实名账户向原告银行账户转账1元作为实名认证费，以证明本人身份的真实性”。而被告保证人在与原告保理人之间没有任何资金往来的情况下确认通过其公司账户向保理人打款1元。据此，在没有担保决议的情况下，法院支持了要求保证人承担担保责任的诉请。笔者注意到，该判决书落款日期是2020年8月，晚于《九民纪要》生效日期，所以主审法官一定考虑过决议问题。

③ 《民法典》第503条规定：无权代理人以被代理人的名义订立合同，被代理人已经开始履行合同义务或者接受相对人履行的，视为对合同的追认。

④ 《民法典》第985条规定：得利人没有法律根据取得不当利益的，受损失的人可以请求得利人返还取得的利益，但是有下列情形之一的除外……明知无给付义务而进行的债务清偿。

在无须决议也可以生效的保证关系中，保证人以未经决议就承担了担保责任为由，要求返还已付款项，难获支持。①

5. “仅有决议”问题

仅有决议，担保合同是否成立生效？要区分担保合同的性质。

在司法实践中，曾有债权人仅取得抵押人关于同意办理抵押的决议，但未签订抵押合同，最高人民法院认为，仅有决议并不代表已形成合法有效的抵押合同关系。②

在保证担保中，法律允许保证关系以“保函”和“保证合同”两种形式存在，③ 因此，如果同意保证担保的决议中明确了真实的担保意思表示，且债权人也取得了决议，保证合同关系成立。④ 因为债务加入也可以通过新债

---

① 典型案例参见上海市浦东新区人民法院民事判决书，（2021）沪0115民初85215号/上海金融法院民事判决书，（2022）沪74民终1036号。该案中，A公司是B公司的实控人，A出具承诺函担保B的保理融资债务。A承担担保责任后要求保理人返还。法院依据《九民纪要》第19条“公司为其直接或者间接控制的公司开展经营活动向债权人提供担保，即便债权人知道或者应当知道没有公司机关决议，也应当认定担保合同符合公司的真实意思表示，合同有效”之规定，认为本案属于无须相关决议的例外情况，未予支持。需要特别注意的是，因《民法典担保部分解释》未再保留《九民纪要》这一例外。如果当下发生《九民纪要》认为无须取得决议而《民法典担保部分解释》认为应当取得的案型，追认规则依然有用武之地。

② 参见最高人民法院民事判决书，（2019）最高法民终58号。该案中，“抵押权人”诉请要求抵押人在本来拟办理抵押登记的房屋范围内承担连带清偿责任。债权人认为，抵押人公司在同意抵押决议上盖章，系以股东会决议的形式向债权人发出了要约，债权人以起诉行为作出了承诺，抵押合同已经成立并生效。纵使不构成要约，也至少构成单方允诺，对抵押人产生法律效力。最高人民法院未采信该意见。

③ 《民法典》第685条规定：保证合同可以是单独订立的书面合同，也可以是主债权债务合同中的保证条款。第三人单方以书面形式向债权人作出保证，债权人接收且未提出异议的，保证合同成立。《担保法解释》（2000年生效，2021年失效）第22条第1款规定：第三人单方以书面形式向债权人出具担保书，债权人接受且未提出异议的，保证合同成立。

④ 参见最高人民法院民事裁定书，（2017）最高法民申370号。最高人民法院认为，担保人公司在该决议中表达了两方面的意思表示，一是以主债务人股东的身份同意主债务人为本案借款提供连带责任担保，二是以公司身份承诺对该案借款承担连带保证责任。担保人公司并在该决议上加盖了公司公章，法定代表人亦签名。上述事实表明担保人公司承诺对本案借款承担连带担保责任的意思表示是真实且明确的。上述决议由主债务人提供给了主债权人，该行未提出异议，予以接受。基于此事实，法院认为该案属于原《担保法解释》第22条第1款规定的“第三人单方以书面形式向债权人出具担保书，债权人接受且未提出异议的，保证合同成立”的情形，可以适用该条款认定担保人公司与主债权人之间的保证合同成立。

务人的单方意思表示产生效力，①“债务加入函”可以类推适用上述规则。

6. 其他问题

在应收账款质押和保理中，应收账款债务人都不是“担保人”。② 在应收账款债权真实的情况下，应收账款债务人承担的责任就是基础交易合同项下的付款义务，不因质押或保理而改变付款性质。应收账款是货款的，那么应收账款债务人付的就是“货款”，是租金的，那付的就是租金。

应收账款债务人直接参与到保理合同的签约过程中的（如签订“三方协议”），除非有特殊约定，一般不会改变应收账款债务人的地位。当事人之间是什么法律关系，不是看当事人有几个，而是看合同的具体约定。“三方协议”的主要功能是整合不同的法律关系到一份合同书上，一般不改变独立法律关系中的当事人法律地位。

在强制执行阶段第三人提供执行担保的，③ 也需要取得担保决议，否则不追加为被执行人。④

---

① 《民法典》第552条规定：第三人与债务人约定加入债务并通知债权人，或者第三人向债权人表示愿意加入债务，债权人未在合理期限内明确拒绝的，债权人可以请求第三人在其愿意承担的债务范围内和债务人承担连带债务。

② 在应收账款质押纠纷中就有观点指出，“应收账款债务人仅系本案应收账款质押的次债务人，并非本案的担保人，其以《中华人民共和国公司法》第十六条规定认为涉案《三方协议》无效不适用本案”。参见河南省周口市中级人民法院民事判决书，(2021) 豫16民终5863号。

③ 《最高人民法院关于执行担保若干问题的规定》第5条规定：公司为被执行人提供执行担保的，应当提交符合公司法第十六条规定的公司章程、董事会或者股东会、股东大会决议（现《公司法》第15条）。《最高人民法院关于民事执行中变更、追加当事人若干问题的规定》第24条：执行过程中，第三人向执行法院书面承诺自愿代被执行人履行生效法律文书确定的债务，申请执行人申请变更、追加该第三人为被执行人，在承诺范围内承担责任的，人民法院应予支持。需要注意，《公司法》不再沿用“股东大会”的表述，改采统一的“股东会”表述。

④ 参见上海市第一中级人民法院执行裁定书，(2019) 沪01执异38号。该案中，申请执行人要求追加承诺担保执行债务的第三人。法院认为，第三人以向本院出具《承诺书》的方式代股东被执行人清偿该案债务，实际系第三人为被执行人债务承担执行担保责任。根据《公司法》第16条（现《公司法》第15条）第2款、第3款的规定，公司为公司股东提供担保的，必须经股东会或股东大会决议。第三人未向法院提供符合法律规定的股东会决议，上述《承诺书》不符合公司为其股东提供担保的法律要件。故申请执行人仅以第三人出具的《承诺书》，向法院申请追加第三人为被执行人，缺乏法律依据。需要注意，《公司法》不再沿用“股东大会”的表述，改采统一的“股东会”表述。

（六）担保的法律规避

1. 规避动因

担保的规范化意味着债权人需要收集更多的材料，也就意味着一单业务需要消耗更多的成本。在高效逐利的本能驱使下，采用某种方法规避各类担保规制进而降低成本，是所有债权人不懈的追求目标。这便是法律与市场之间的“魔道之争”。

前《民法典》时代，实践中涌现了一批“擦边”增信措施。常见的“擦边”产品就是差额补足函、流动性支持函。彼时，被不少法院判决不构成保证担保，确实起到了债权人当初追求的作用。

这些“担保创新”“增信创新”的产品，实质上均属于信用担保手段。如果仅仅因为“名称”不同而打开“方便之门”，显然不妥。最高人民法院在总结审判经验之后，在《民法典担保部分解释》第36条表明了自身的立场：原则上将这些增信措施都认定为保证担保。这一做法，也符合《民法典合同编通则解释》第15条①关于探求当事人真意的法旨。

2. 法律规避的规制

为了规制借“创新”之名的法律规避，《民法典担保部分解释》第36条确立了“保证类推”规则，也就是默认这一切都按保证担保规则来处理。

《民法典担保部分解释》第36条规定，第三人向债权人提供差额补足、流动性支持等类似承诺文件作为增信措施，具有提供担保的意思表示，债权人请求第三人承担保证责任的，人民法院应当依照保证的有关规定处理。第三人向债权人提供的承诺文件，具有加入债务或者与债务人共同承担债务等意思表示的，人民法院应当认定为《民法典》第552条规定的债务加入。前两款中第三人提供的承诺文件难以确定是保证还是债务加入的，人民法院应

① 《民法典合同编通则解释》第15条规定：人民法院认定当事人之间的权利义务关系，不应当拘泥于合同使用的名称，而应当根据合同约定的内容。当事人主张的权利义务关系与根据合同内容认定的权利义务关系不一致的，人民法院应当结合缔约背景、交易目的、交易结构、履行行为以及当事人是否存在虚构交易标的等事实认定当事人之间的实际民事法律关系。

当将其认定为保证。第三人向债权人提供的承诺文件不符合前3款规定的情形，债权人请求第三人承担保证责任或者连带责任的，人民法院不予支持，但是不影响其依据承诺文件请求第三人履行约定的义务或者承担相应的民事责任。

保理人作为接受函件的一方，在适用本条时需要注意脱保风险。《民法典》将保证类型默认设定为“一般保证”（《民法典》第687条第1款），且保证期间默认设定为“6个月”（《民法典》第692条第2款）。这就意味着，在适用“保证类推”规则下，各种“发函人”除了借“越权担保规则”脱保外，还极易援引“未在保证期间内提起诉讼（仲裁）导致保证期间已经经过”主张脱保。

（七）借名（代持）担保

借名担保，又被称为“担保物权代持”，是《民法典担保部分解释》引入的一项极具实务价值的制度。借名担保是商业实践对我国特殊法律环境的“免疫反应”，是法律在实践中生长的重要例证。借名担保在不动产抵押担保中尤为常见。

1. 源起：登记障碍

债权人为什么不自己登记成为担保物权人呢？除了“避嫌”而故意不登记的以外，主要原因是我国各地对于抵押的登记主体存在各类限制（在不动产抵押领域最为盛行），“借名担保”在很大程度上是为了规避这些限制的权宜之计。

在我国商业实践中，非金融机构办理不动产抵押权存在诸多历史悠久的“障碍”。例如，1997年的《关于土地使用权抵押登记有关问题的通知》（2016年已废止）第3条第2款第6项指出，“抵押权人为非金融机构，其抵押借款行为依法应当办理有关批准手续的，应当提交有关批准文件”“未按规定提交有关证明文件的土地使用权抵押登记申请，土地管理部门不予受理”。《物权法》（2007年生效，2021年废止）颁行后，这种局面得到了有限的改观，例如2009年原云南省国土资源厅在《关于非金融机构作为土地使用权抵押权人有关问题的通知》指出，“随着经济社会的不断发展，国家允许的融资渠道逐步放宽，担保公司、典当公司、小额贷款公司等非金融机构作为土地使用权抵押权人为债务人融资担保的需求越来越多。为适应这一经济发展的需求，我厅在征得中国人民银行昆明中心支行的同意后，于2008年废止了云土发〔1995〕30号文，从而取消了对土地使用权抵押权人必须是金融机构的限制”。该通知允许对融资租赁公司、典当公司、小额贷款公司办理抵押登记，而言外之意就是还没有对其他民事主体开放。2012年，原国土资源部发布《关于规范土地登记的意见》又重提抵押权人资格的问题。该意见第5条第1款规定“依据相关法律、法规规定，经中国银行业监督管理委员会批准取得《金融许可证》的金融机构、经省级人民政府主管部门批准设立的小额贷款公司等可以作为放贷人申请土地抵押登记”。2015年，原湖南省国土资源厅《湖南省国土资源厅关于进一步规范采矿权抵押备案管理的通知》要求“采矿权抵押权人为依法批准的贷款机构”。2019年，国务院办公厅下发了《关于完善建设用地使用权转让、出租、抵押二级市场的指导意见》，第13点要求“放宽对抵押权人的限制。自然人、企业均可作为抵押权人申请以建设用地使用权及其地上建筑物、其他附着物所有权办理不动产抵押相关手续，涉及企业之间债权债务合同的须符合有关法律法规的规定”。可见，至少在2019年，限制不动产抵押登记主体的操作依然在全国范围内横行。时至今日，这种限制依然存在。

在其他领域，对担保主体的登记限制也偶有登场。例如，原交通部海事局在《对〈关于船舶抵押登记中有关问题的请示〉的批复》中规定：“船舶所有人向非金融机构借资，出资方要求船舶所有人以船舶作为抵押，由于借资行为不合法，船舶登记机关可不出具抵押证明。”再如，《上海碳排放配额质押登记业务规则》（2020年）第4条第2款规定，质权人是指依据中国法律法规合法成立并有效存续的银行或非银行金融机构。

2. 应对：实践方案

限制登记主体，具有一定的历史作用。例如，遏制民间借贷的无序发展，遏制“三角债”膨胀。但这些特定的考量因素正逐渐淡化甚至退出历史舞台。如何协调合理的实践需求与制度历史包袱的矛盾，司法实践有必要作出回应。

《最高人民法院关于适用〈中华人民共和国担保法〉若干问题的解释》（以下简称《担保法解释》）（2000 年生效，2021 年失效）第 59 条规定，“当事人办理抵押物登记手续时，因登记部门的原因①致使其无法办理抵押物登记，抵押人向债权人交付权利凭证的，可以认定债权人对该财产有优先受偿权。但是，未办理抵押物登记的，不得对抗第三人”。可见，最高人民法院彼时创设了“无对世效力的抵押权”这一制度，以期维护“抵押权人”的利益。但这一创造弊端明显，一旦遭遇抵押人破产或者执行异议，这种“抵押权”全然没有物权该有的待遇。

市场上的交易主体也发现了这个问题，因而通过其他合法方式“曲线救国”。以借款为例，有的债权人就通过“委托贷款”的方式，将本金委托银行（或其他可以登记为抵押权人的金融机构）借出，又将抵押权委托登记在银行名下。这一操作的问题在于，若借款人逾期，实际债权人能否直接起诉债务人？实际债权人能否直接主张抵押权？《最高人民法院关于如何确定委托贷款协议纠纷诉讼主体资格的批复》（法复〔1996〕6 号，2021 年废止）②认为，委托人（实际债权人）只能起诉受托人（银行），实际用款人应列为第三人。最高人民法院在《最高人民法院公报》2016 年第 11 期的公报案例“北京长富投资基金与武汉中森华世纪房地产开发有限公司等委托贷款合同

---

① “因登记部门的原因”不包括因为当事人过错导致无法登记的情形。参见四川省高级人民法院民事裁定书，（2016）川民申 2671 号。该案中，抵押物未登记的原因是“其（债权人）能够联系抵押人一起去登记部门办理抵押登记时，怠于向房屋登记部门申请抵押登记，后来无法联系时，其单方面申请抵押登记，又不符合办理抵押登记需要申请人和被申请人到场的要求”，对此四川省高级人民法院认为，债权人未能办理抵押登记并非登记部门的原因，不符合《担保法解释》第 59 条所适用的情形。

② 《最高人民法院关于如何确定委托贷款协议纠纷诉讼主体资格的批复》（法复〔1996〕6 号，2021 年废止）规定：委托贷款协议过程中，由于借款人不按期归还贷款而发生纠纷的，贷款人（受托人）可以借款合同纠纷为由向人民法院提起诉讼；贷款人不起诉的，委托人可以委托贷款协议的受托人为被告、以借款人为第三人向人民法院提起诉讼。

纠纷案”中认为“若借款人在签订委托贷款合同时，明知委托人与受托人之间的代理关系，委托贷款合同直接约束委托人和借款人，委托人可以自己名义直接向借款人主张权利”[①]。而关于担保物权的归属，最高人民法院在一些案例中认可实际债权人可以直接享有抵押权。[②] 在程序上，是否追加名义登记人为第三人，视案情而定。

3. 《民法典担保部分解释》第4条

《民法典担保部分解释》第4条规定，有下列情形之一，当事人将担保物权登记在他人名下，债务人不履行到期债务或者发生当事人约定的实现担保物权的情形，债权人或者其受托人主张就该财产优先受偿的，人民法院依法予以支持：（1）为债券持有人提供的担保物权登记在债券受托管理人名下；（2）为委托贷款人提供的担保物权登记在受托人名下；（3）担保人知道债权人与他人之间存在委托关系的其他情形。

《民法典担保部分解释》未再保留原《担保法解释》（2000年生效，2021年失效）第59条规定的内容，转而承认了此前“委托贷款”中常用的借名登记的做法，值得肯定。

实践中，常见的借名登记涉及的场合有银团贷款中的代理行登记，资产证券化交易中的管理人登记，网贷平台公司的登记等等。受托借名登记的除了银行，还有典当行[③]甚至还有自然人[④]。

---

① 参见最高人民法院民事判决书，（2016）最高法民终124号。

② 参见最高人民法院民事判决书，（2018）最高法民终673号。该案中，实际债权人为自然人，委托平安银行某分行贷款给债务人，债务人与银行签订了抵押合同，实际债权人与债务人还另行签订一份抵押合同。随后，债务人将某国有土地使用权抵押，并办理登记在平安银行名下。实际债权人起诉债务人，要求实现抵押权。最高人民法院认为，“平安银行某分行均仅作为代理人，义务仅限于根据实际债权人的要求提供办理担保事宜所必需的签字盖章手续，担保权益及其相关责任、风险均归属实际债权人”，支持了实际债权人的诉请。

③ 参见最高人民法院民事判决书，（2015）民二终字第310号。该案中，实际债权人委托某典当公司登记为抵押权人。最高人民法院认为，“企业为个人代持抵押权没有违反法律和行政法规的禁止性规定”。

④ 参见福建省宁德市中级人民法院民事判决书，（2022）闽09民终1229号。该案中，实际抵押权人系某股权投资基金合伙企业，具体委托自然人徐某某登记成为抵押权人，抵押物是土地使用权。

4. 其他问题

实践中，抵押人将不动产抵押权登记在出名人名下的，因为抵押人与“抵押权人”之间往往没有直接的交易往来，抵押人的债权人有可能依据《民法典》第539条[①]起诉主张撤销设立抵押的行为（抵押权）。发生相关争议时，需要重点注意论证借名抵押的合法性。

（八）担保人“脱保”

本着务实的立场，从结果上说，只要不判决担保人承担担保责任，就属于实务中常说的“脱保”，因而脱保包括但不限于免责。

1. 保证人“脱保”

（1）保证期间经过

在保证期间内，未依法定方式主张权利的，保证人免责。关于保证期间，实践中需要关注的问题有：

第一，《民法典》已将保证期间默认时长从“2年”改为“6个月”，[②] 6个月显然太短，务必注意另行约定保证期间。保证期间的长度可以约定超过诉讼时效。如果在《民法典》生效前已经形成保证关系，需要重点关注保证期间时长的新旧衔接的司法解释问题。[③] 无论是一般保证还是连带保证，保证期间均从所担保的主债务履行期限届满之日起算。[④] 保证期间不存在中断、

① 《民法典》第539条规定：债务人以明显不合理的低价转让财产、以明显不合理的高价受让他人财产或者为他人的债务提供担保，影响债权人的债权实现，债务人的相对人知道或者应当知道该情形的，债权人可以请求人民法院撤销债务人的行为。

② 《民法典》第692条第2款规定：债权人与保证人可以约定保证期间，但是约定的保证期间早于主债务履行期限或者与主债务履行期限同时届满的，视为没有约定；没有约定或者约定不明确的，保证期间为主债务履行期限届满之日起六个月。

③ 《最高人民法院关于适用〈中华人民共和国民法典〉时间效力的若干规定》第27条规定：民法典施行前成立的保证合同，当事人对保证期间约定不明确，主债务履行期限届满至民法典施行之日不满二年，当事人主张保证期间为主债务履行期限届满之日起二年的，人民法院依法予以支持；当事人对保证期间没有约定，主债务履行期限届满至民法典施行之日不满六个月，当事人主张保证期间为主债务履行期限届满之日起六个月的，人民法院依法予以支持。

④ 《民法典》第692条规定：债权人与保证人可以约定保证期间，但是约定的保证期间早于主债务履行期限或者与主债务履行期限同时届满的，视为没有约定；没有约定或者约定不明确的，保证期间为主债务履行期限届满之日起六个月。债权人与债务人对主债务履行期限没有约定或者约定不明确的，保证期间自债权人请求债务人履行债务的宽限期届满之日起计算。

中止和延长的问题，[①] 保证期间的最后一日为法定节假日的，不存在顺延问题。反担保是保证担保的，保证期间没有约定的，为自保证人适当履行保证责任之日起6个月。[②]

第二，针对一般保证，只有提起诉讼或者仲裁，才是有效的行权方式，否则保证期间继续计算。[③] 需要特别注意，默认保证性质已经从“连带责任保证”转变为“一般保证”，[④] 所以今后可能会有大量一般保证纠纷发生，务必注意行权方式的选择。而关于“起诉”或“仲裁”的方式，也有一些细节问题需要注意。例如，担保权人虽然在保证期间内向人民法院提起诉讼但该起诉不符合立案受理条件未被人民法院立案受理的，或者虽然提起诉讼但在起诉状副本送达保证人之前又撤回起诉的，不能视为在保证期间内向保证人行使了权利。[⑤]

第三，连带保证债权人的行权方式没有一般保证那样的严格限制。依据《民法典》第693条第2款规定，连带责任保证的债权人未在保证期间请求保证人承担保证责任的，保证人不再承担保证责任。若以快递方式行使担保权，

① 《民法典》第692条第1款规定：保证期间是确定保证人承担保证责任的期间，不发生中止、中断和延长。

② 参见人民法院案例库2023-08-2-143-008号案例“甘肃某生化科技公司诉甘肃某担保公司等追偿权纠纷案——反担保的保证期间应受保证债务履行期和保证人履行保证责任双重约束”。

③ 《民法典》第693条第1款规定：一般保证的债权人未在保证期间对债务人提起诉讼或者申请仲裁的，保证人不再承担保证责任。

④ 《民法典》第686条第2款规定：当事人在保证合同中对保证方式没有约定或者约定不明确的，按照一般保证承担保证责任。

⑤ 参见最高人民法院民事判决书，（2022）最高法民再313号。该案虽然是针对连带保证责任人发起的诉讼，但焦点在于“提起诉讼”要到一个什么程度才能起到不再计算保证期间的法律效力，具有借鉴意义。“提起诉讼”是一般保证的行权方式，也是连带保证担保权的行权方式，因此该案裁判要旨自然可以适用于一般保证。最高人民法院认为，债权人在保证期间内向人民法院提起诉讼主张保证人承担保证责任，人民法院立案受理的，应视为债权人有效行使权利。人民法院依照法定条件和程序对债权人提起的诉讼予以立案受理，并向保证人送达起诉状副本的行为是具有公权力性质的司法行为，该立案受理以及送达起诉状副本的司法行为是否在保证期间内完成，并不影响债权人是否在保证期间内向保证人行使权利的判断。但是，如果债权人虽然在保证期间内向人民法院提起诉讼但该起诉不符合立案受理条件未被人民法院立案受理，或者虽然提起诉讼但在起诉状副本送达保证人之前又撤回起诉，不能视为债权人在保证期间内向保证人行使了权利。

实际送达或者拒收都不影响保证担保权的有效行使。① 但公告通知的行权方式无效，② 这在不良资产转让业务中需要多加注意。

第四，保证期间经过后，保证人又同意承担保证责任的，如果构成一个新的保证担保合同关系，③ 那么仍要满足决议等有效条件。而诉讼时效届满后主债务人或保证人又同意承担付款责任的，则只是对时效抗辩权的放弃，无须重新取得决议等手续。

（2）诉讼时效经过

保证合同诉讼时效经过，保证责任虽不消灭，但经保证人的有效抗辩，审裁机构也不会裁判保证人承担担保责任，因而也属于“脱保”。

保证诉讼时效起算点与保证期间不同，不同性质的保证合同的时效起算时间也不同。④ 此外，主张“保证期间经过”并不意味着同时提出诉讼时效

① 《最高人民法院关于债权人在保证期间以特快专递向保证人发出逾期贷款催收通知书但缺乏保证人对邮件签收或拒收的证据能否认定债权人向保证人主张权利的请示的复函》指出，债权人通过邮局以特快专递的方式向保证人发出逾期贷款催收通知书，在债权人能够提供特快专递邮件存根及内容的情况下，除非保证人有相反证据推翻债权人所提供的证据，应当认定债权人向保证人主张了权利。

② 参见甘肃省高级人民法院民事判决书，（2022）甘民终136号。该案中，保证期间至2017年12月9日届满，原告在2016年9月28日、2018年10月15日通过在报纸上刊登公告的方式向保证人主张保证责任。法院认为，依据《最高人民法院关于审理涉及金融资产管理公司收购、管理、处置国有银行不良贷款形成的资产的案件适用法律若干问题的规定》（已在2021年废止）第6条、第10条规定，原告在2016年9月28日发布公告的行为，仅产生合同法第80条（现《民法典》第546条）规定的向债务人通知债权转让，及诉讼时效中断的法律后果；而长城资产甘肃分公司于2018年10月15日发布的公告，根据《最高人民法院关于审理民事案件适用诉讼时效制度若干问题的规定》第8条第4项的规定，也仅发生中断诉讼时效的效力，两次公告均不能视为向保证人主张承担保证责任。遂判决保证人免责。

③ 《民法典担保部分解释》第34条第2款规定：债权人在保证期间内未依法行使权利的，保证责任消灭。保证责任消灭后，债权人书面通知保证人要求承担保证责任，保证人在通知书上签字、盖章或者按指印，债权人请求保证人继续承担保证责任的，人民法院不予支持，但是债权人有证据证明成立了新的保证合同的除外。该条延续了《最高人民法院关于人民法院应当如何认定保证人在保证期间届满后又在催款通知书上签字问题的批复》（2021年废止）的观点。

④ 《民法典》第694条规定：一般保证的债权人在保证期间届满前对债务人提起诉讼或者申请仲裁的，从保证人拒绝承担保证责任的权利消灭之日起，开始计算保证债务的诉讼时效。连带责任保证的债权人在保证期间届满前请求保证人承担保证责任的，从债权人请求保证人承担保证责任之日起，开始计算保证债务的诉讼时效。

抗辩。[①]

（3）转让特定主债权

被担保的债权转让的，作为从权利的担保权一并转让，[②] 且该等转让不以债权转让合同中明确列明从合同名称、义务人等内容为必要条件。[③]

如果保证人与应收账款债权人约定禁止转让所担保的应收账款债权的，应收账款债权被转让后，保证人可免责，[④] 这属于《民法典》第545条第2款[⑤]的例外。保证人也受债权转让通知规则的保护。[⑥]

（4）加重主债务

《民法典》第695条规定，债权人和债务人未经保证人书面同意，协商变更主债权债务合同内容，减轻债务的，保证人仍对变更后的债务承担保证责任；加重债务的，保证人对加重的部分不承担保证责任。债权人和债务人变更主债权债务合同的履行期限，未经保证人书面同意的，保证期间不受影响。

---

① 参见最高人民法院民事判决书，（2021）最高法民再346号。该案中，一审相关被告主张案涉《债务代偿协议书》系保证担保协议，其作为保证人的保证责任期间已过，但一审判决不构成保证而是债务加入，对于该抗辩未予采纳，判决相关被告承担付款责任。二审中，相关被告提出时效抗辩，但未提交新证据。二审法院支持并改判不承担责任。再审阶段，最高人民法院认为，保证期间与诉讼时效存在诸多不同，主张保证期间经过并不能当然视为诉讼时效抗辩。申请人即便依据其对协议性质的理解，在主张保证期间经过的同时，亦不影响其提出诉讼时效抗辩。因此，最高人民法院认为，二审判决在一审期间并未提出诉讼时效抗辩、二审亦未提交新证据证明黄某某的请求权已过诉讼时效期间的情况下，采纳了上诉人（一审相关被告）诉讼时效抗辩，该做法应予纠正。

② 《民法典》第547条第1款规定：债权人转让债权的，受让人取得与债权有关的从权利，但是该从权利专属于债权人自身的除外。

③ 参见上海金融法院民事判决书，（2022）沪74民初3425号。该案中，原告从保理人处受让保理资产而提起保理合同纠纷之诉。债权转让文书中并未列担保人，担保人因而主张免责。法院认为，从权利应一并转让，且该等转让不以债权转让合同中明确列明从合同名称、义务人等内容为必要条件。该案中，因缺少决议，“担保人”继续向原告承担担保合同无效后的损害赔偿责任。

④ 《民法典》第696条第2款规定：保证人与债权人约定禁止债权转让，债权人未经保证人书面同意转让债权的，保证人对受让人不再承担保证责任。

⑤ 《民法典》第545条第2款规定：当事人约定非金钱债权不得转让的，不得对抗善意第三人。当事人约定金钱债权不得转让的，不得对抗第三人。

⑥ 《民法典》第696条第1款规定：债权人转让全部或者部分债权，未通知保证人的，该转让对保证人不发生效力。

在实务中，需要关注保证合同中是否有“对变更后的债务继续承担保证责任”的约定。延长主债务期限（例如延长保理融资款还款/应收账款回购期限），作为免责期限的保证期间的起算也一并延后了，这就意味着保证人更难免责，属于加重了保证人的担保责任。

主债务人将款项实际交由其他人使用，并不属于“变更主债权债务合同内容”。① 主债务人与债权人协商变更借款用途的，不属于加重债务人负担。②

（5）共同担保中的追偿脱保

如果存在多个保证人，就会有共同担保的追偿问题。如果被追偿的保证人依法不必承担责任，依然属于“脱保”。

保证人对其他保证人享有追偿权的路径有三条：①多个保证人明确约定追偿权，此种情形在实务中比较罕见；②担保人在同一合同书上签字、盖章或按指印，构成连带共同担保，各自承担各自份额的担保责任，超过自己应承担份额的，可以向其他保证人追偿；③其中一个保证人取得所担保的主债权，包括以约定受让和法定移转的方式取得。③

前两种路径被《民法典担保部分解释》第 13 条④所认可，第三种路径被

---

① 参见最高人民法院民事判决书，(2007) 民二终字第 36 号。最高人民法院认为，即便上述两笔款项转入了主债务人下属的两个企业、违背两份借款合同有关借款目的的约定，也不能认定为主债务人与债权人对主合同的变动。

② 参见最高人民法院民事判决书，(2021) 最高法民再 330 号。保证人认为债权人和债务人虚构借款用途，构成欺诈骗取保证担保。最高人民法院认为，债权人与债务人合意改变贷款用途的后果并未使债务人债务加重，亦未使保证人产生损失。一、二审法院认定债权人和债务人串通骗保继而免除保证人的全部保证责任属适用法律错误，应予纠正。

③ 《民法典》第 700 条规定：保证人承担保证责任后，除当事人另有约定外，有权在其承担保证责任的范围内向债务人追偿，享有债权人对债务人的权利，但是不得损害债权人的利益。

④ 《民法典担保部分解释》第 13 条规定：同一债务有两个以上第三人提供担保，担保人之间约定相互追偿及分担份额，承担了担保责任的担保人请求其他担保人按照约定分担份额的，人民法院应予支持；担保人之间约定承担连带共同担保，或者约定相互追偿但是未约定分担份额的，各担保人按照比例分担向债务人不能追偿的部分。同一债务有两个以上第三人提供担保，担保人之间未对相互追偿作出约定且未约定承担连带共同担保，但是各担保人在同一份合同书上签字、盖章或者按指印，承担了担保责任的担保人请求其他担保人按照比例分担向债务人不能追偿部分的，人民法院应予支持。除前两款规定的情形外，承担了担保责任的担保人请求其他担保人分担向债务人不能追偿部分的，人民法院不予支持。

《民法典担保部分解释》第14条[1]所明文阻断。这也就意味着在共同担保中，仅在当事人对追偿有约定或者构成连带共同担保时担保人才能相互追偿，否则其他保证人实际上不必再承担保证责任，这便是追偿环节中的脱保。

如果不同的担保人之间构成独立的保证担保关系，主债权人放弃任何一个保证担保权利的，一般不影响其他保证担保人的责任承担。

（6）混合担保中的脱保

混合担保中，在特定情况下保证人可不必直接承担担保责任，这就意味着可以在事实上减轻保证人的责任，也属于脱保事由。

《民法典》第392条规定，被担保的债权既有物的担保又有人的担保的，债务人不履行到期债务或者发生当事人约定的实现担保物权的情形，债权人应当按照约定实现债权；没有约定或者约定不明确，债务人自己提供物的担保的，债权人应当先就该物的担保实现债权；第三人提供物的担保的，债权人可以就物的担保实现债权，也可以请求保证人承担保证责任。提供担保的第三人承担担保责任后，有权向债务人追偿。

《民法典》第409条第2款规定，债务人以自己的财产设定抵押，抵押权人放弃该抵押权、抵押权顺位或者变更抵押权的，其他担保人在抵押权人丧失优先受偿权益的范围内免除担保责任，但是其他担保人承诺仍然提供担保的除外。在司法实践中，保理人明知没有受让应收账款债权而支付保理融资的，最高人民法院认为保理合同的担保人可以主张免责。[2]

---

① 《民法典担保部分解释》第14条规定：同一债务有两个以上第三人提供担保，担保人受让债权的，人民法院应当认定该行为系承担担保责任。受让债权的担保人作为债权人请求其他担保人承担担保责任的，人民法院不予支持；该担保人请求其他担保人分担相应份额的，依照本解释第十三条的规定处理。

② 参见最高人民法院民事判决书，(2020)最高法民终907号。该案中，保理合同约定自应收账款债权人提交确认的《应收账款转让确认函》起，应收账款债权人将其商务合同项下享有的应收账款转让给保理人。但应收账款债权人始终未向保理人提交该《应收账款转让确认函》。保理人解除保理合同后要求应收账款债权人还款，并要求实现存单质权。最高人民法院认为，保理人放弃了双方预先设置的“先受让应收账款，再提供融资服务”的风险防控手段，放任风险的发生，导致以后应收账款债权人拒不交付《应收账款转让确认函》，进而致使保理人未成功受让案涉应收账款及相关权利。保理人在履行过程中将保理合同事实上转变成了一般借款合同，导致了其提供的融资（接下页）

《民法典》第435条规定，质权人可以放弃质权。债务人以自己的财产出质，质权人放弃该质权的，其他担保人在质权人丧失优先受偿权益的范围内免除担保责任，但是其他担保人承诺仍然提供担保的除外。实践中，“放弃”并不局限放弃已设立的质权，还包括债权人与债务人的共同过错致使本可以设立的质权实际未设立。保证人对此并无过错的，保证人依然可以主张免责。①

（7）擅自转移主债务

主债权人允许被担保的债务移转给他人但未经保证人书面同意，保证人对于未经保证人同意转移的部分债务，不再承担保证责任。② 但债权人与保证人另行约定的除外。这是因为，保证人往往是基于与特定债务人的关系才提供的担保，未获保证人同意，一方面不影响债务移转的效力，另一方面出于保护保证人，保证人可以主张免责。

（8）主债权人怠于行权

这是一般保证人的特别优待规则。

依据《民法典》第698条③的规定，一般保证人提供可供执行的财产线索后，债权人放弃或者怠于行使权利致使该财产不能被执行的，保证人在其提供的可供执行财产的价值范围内不再承担保证责任。

（接上页）款无法追回的结果。保理人对主合同的变更履行，使得保理人与应收账款债权人之间法律关系的性质由保理关系改变为一般借款关系，从而导致债务人、担保责任的范围等质押合同的基本内容均发生了根本变更，担保人将被要求就因保理人提前提供保理融资服务、应收账款债权人无法偿还承兑汇票垫款而产生的一般借款合同债务承担担保责任。这一变更不仅违背了担保人提供担保的本意，而且在客观上可能极大地加重担保人实际承担担保责任的风险。再考虑到若保理人按照约定的方式正常履行《无追索权国内保理业务合同》，本案的纠纷可能实际上不会发生，而保理人变更合同履行方式并没有取得担保人的书面同意，故担保人无须承担担保责任，保理人应就其提前提供保理融资服务所造成的后果自行承担责任。

① 参见黑龙江北大荒投资担保股份有限公司与黑龙江省建三江农垦七星粮油工贸有限责任公司、黑龙江省建三江农垦宏达粮油工贸有限公司等担保合同纠纷案，载《最高人民法院公报》2018年第1期。

② 《民法典》第697条第1款规定：债权人未经保证人书面同意，允许债务人转移全部或者部分债务，保证人对未经其同意转移的债务不再承担保证责任，但是债权人和保证人另有约定的除外。

③ 《民法典》第698条规定：一般保证的保证人在主债务履行期限届满后，向债权人提供债务人可供执行财产的真实情况，债权人放弃或者怠于行使权利致使该财产不能被执行的，保证人在其提供可供执行财产的价值范围内不再承担保证责任。

（9）援引主债务人的权利

《民法典》第 701 条规定，“保证人可以主张债务人对债权人的抗辩。债务人放弃抗辩的，保证人仍有权向债权人主张抗辩”。

《民法典》第 702 条规定，“债务人对债权人享有抵销权或者撤销权的，保证人可以在相应范围内拒绝承担保证责任”。

（10）合同不生效免责

这里的不生效，包括主合同无效而导致保证合同无效、缺乏担保资质导致保证合同无效，也包括未经担保决议或担保公告的担保合同不生效力。

保证合同不生效的，需要依据各方过错判断担保人是否需要承担以及应当承担多少损害赔偿责任。

（11）欺诈保证人

《民法典》第 149 条规定，第三人实施欺诈行为，使一方在违背真实意思的情况下实施民事法律行为，对方知道或者应当知道该欺诈行为的，受欺诈方有权请求人民法院或者仲裁机构予以撤销。

保证合同的签约方是主债权人与保证人，在实践中，如果主债务人欺诈保证人，保证人并不当然享有撤销权，关键还是要看主债权人是否知道或应当知道欺诈行为。

（12）部分免责

保证合同具有从属性，保证合同单独约定的违约金条款无效，① 保证合同担保的范围超过主合同约定的债务人债务范围的，保证人对超出部分不承担担保责任，② 若承担了超过部分的责任，还可以要求债权人返还相应款项。③

---

①《民法典担保部分解释》第 3 条第 1 款规定：当事人对担保责任的承担约定专门的违约责任，或者约定的担保责任范围超出债务人应当承担的责任范围，担保人主张仅在债务人应当承担的责任范围内承担责任的，人民法院应予支持。

② 参见上海金融法院民事判决书，（2018）沪 74 民初 160 号，该案中，《保证合同》的保证范围包括律师费，但主合同中并未约定债务人应承担债权人的律师费，法院认为债权人无权要求保证人承担律师费。

③《民法典担保部分解释》第 3 条第 2 款规定：担保人承担的责任超出债务人应当承担的责任范围，担保人向债务人追偿，债务人主张仅在其应当承担的责任范围内承担责任的，人民法院应予支持；担保人请求债权人返还超出部分的，人民法院依法予以支持。

保证金担保合同也需要考虑这个问题。

（13）其他问题

如果是连带债务，债权人免除个别连带债务人债务，保证人是否免责？需要分情况讨论：①如果保证人仅对其中一位连带债务人承担保证责任，债权人免除这一连带债务人债务，保证人当然免责；②如果保证人是为多个连带债务人提供保证担保，依据《民法典》第520条第2款[①]的规定，免除部分连带债务人会导致剩余的连带债务人减责，保证人为减责后的债务以及剩余连带债务人继续承担保证责任。

自然人仅加盖作为法定代表人身份的“名章”，并不当然意味着自身承担共同保证责任。需要结合担保合同内容、自然人的身份、落款格式设计等情况综合判断。

在执行担保中，担保人还需要明确向执行法院承诺“自愿接受直接强制执行”，否则追加执行担保人的，难获法院支持。[②]

2. 其他担保人“脱保”

从结果上看，其他担保权也存在如保证期间那样的法定权利存续期间，逾期未行使的，可以产生权利消灭或类似的法律效果。例如，《民法典》第406条的“抵押期间”指的是抵押权的存续期间，但存续期间到底是多久，依据《民法典担保部分解释》第44条[③]的规定，就是主债权的诉讼时效期

① 《民法典》第520条第2款规定：部分连带债务人的债务被债权人免除的，在该连带债务人应当承担的份额范围内，其他债务人对债权人的债务消灭。

② 参见人民法院案例库2024-17-5-202-040号案例“储某某与刘某乙执行复议案——他人提供执行担保应当向人民法院提交担保书并载明自愿接受直接强制执行的承诺”。

③ 《民法典担保部分解释》第44条规定：主债权诉讼时效期间届满后，抵押权人主张行使抵押权的，人民法院不予支持；抵押人以主债权诉讼时效期间届满为由，主张不承担担保责任的，人民法院应予支持。主债权诉讼时效期间届满前，债权人仅对债务人提起诉讼，经人民法院判决或者调解后未在民事诉讼法规定的申请执行时效期间内对债务人申请强制执行，其向抵押人主张行使抵押权的，人民法院不予支持。主债权诉讼时效期间届满后，财产被留置的债务人或者对留置财产享有所有权的第三人请求债权人返还留置财产的，人民法院不予支持；债务人或者第三人请求拍卖、变卖留置财产并以所得价款清偿债务的，人民法院应予支持。主债权诉讼时效期间届满的法律后果，以登记作为公示方式的权利质权，参照适用第一款的规定；动产质权、以交付权利凭证作为公示方式的权利质权，参照适用第二款的规定。

间。再如建设工程价款优先受偿权应当在发包人应当给付建设工程价款之日起18个月内行使。[①]《民法典》第390条[②]规定的“担保期间”，旨在界定抵押财产代位物的产生期间，并非限制担保权利存续的期间。

在过去，一些登记部门强行要求当事人备注填写担保期限或登记期限，引发“期限届满后担保权是否继续存续”的法律问题。为此，《担保法解释》（2000年生效，2021年失效）第12条第1款明确规定“当事人约定的或者登记部门要求登记的担保期间，对担保物权的存续不具有法律约束力”[③]。但该法在第12条第2款又规定“担保物权所担保的债权的诉讼时效结束后，担保权人在诉讼时效结束后的二年内行使担保物权的，人民法院应当予以支持”。这里的“二年”，就是当时统一的担保期限。《物权法》和《民法典》均未再吸收这一规则。

（九）先于主债权设立

这是一个“先有鸡还是先有蛋”的问题：被担保的主债权尚未成立，担保能否先行设立？

笔者认为，担保的先行成立并无法律上的障碍。最高额担保就是设立在主债权成立前的有效担保。在非最高额担保领域，最高人民法院曾就公司债券的保证担保问题作出批复。最高人民法院认为“由于公司向社会公开发行债券时，认购人并不特定，不可能要求每一个认购人都与保证人签订书面保证合同，因此，不能机械地理解和套用《担保法》中关于‘保证’[④] 的定义。向社会公开发行债券时，债券发行人与代理发行人或第三人签订担保合同，

---

① 《最高人民法院关于审理建设工程施工合同纠纷案件适用法律问题的解释（一）》第41条规定：承包人应当在合理期限内行使建设工程价款优先受偿权，但最长不得超过18个月，自发包人应当给付建设工程价款之日起算。

② 《民法典》第390条规定：担保期间，担保财产毁损、灭失或者被征收等，担保物权人可以就获得的保险金、赔偿金或者补偿金等优先受偿。被担保债权的履行期限未届满的，也可以提存该保险金、赔偿金或者补偿金等。

③ 《担保法解释》废止后，本条未被《民法典担保部分解释》吸收。

④ 《担保法》（1995年生效，2021年废止）第6条规定：本法所称保证，是指保证人和债权人约定，当债务人不履行债务时，保证人按照约定履行债务或者承担责任的行为。

该担保合同同样具有证明担保人之真实意思表示的作用。而认购人的认购行为即表明其已接受担保人作出的担保意思表示”①。可见，在认购人实际认购公司债券前，所担保的主债权法律上虽然尚未成立（因为发行之前债权人尚未确定），但是并不影响保证担保关系的成立。在当下的司法实践中，2023年8月23日天津市高级人民法院发布的“涉公司类案件纠纷典型案例”之“案例五　某基金公司与天津某公司、某投资担保公司债券交易纠纷案”也持相同见解。②

从商务目的上看，为将有的债权提供担保，是吸引投融资的重要条件，是刺激金融商事交易的重要手段。只要今后实际形成的债权合法有效，实无干扰之必要。

（十）跨境对外担保

跨境对外担保的法定定义最早源于中国人民银行于1996年9月25日颁布的《境内机构对外担保管理办法》。根据该办法第2条的规定，对外担保是指中国境内机构（境内外资金融机构除外）以保函、备用信用证及《担保法》规定的财产和权利，向中国境外机构或者境内的外资金融机构所提供的担保。该办法自2014年废止，现行有效的有关对外担保的法律规范为《跨境担保外汇管理规定》，该规定自2014年6月1日起实施。

依照《跨境担保外汇管理规定》的规定，为境外机构对外提供外汇担保，应报经外汇管理机关批准，并办理签约登记或备案等审批手续。但《跨境担保外汇管理规定》第29条同时规定：“外汇局对跨境担保合同的核准、登记或备案情况以及本规定明确的其他管理事项与管理要求，不构成跨境担保合同的生效要件。”据此，自2014年6月1日起跨境担保合同不再依据登记或备案生效。而担保人如果是自然人，就不属于“机构”，更加不受上述

① 参见《最高人民法院关于沈阳市信托投资公司是否应当承担保证责任问题的答复》。

② 天津市高级人民法院在该案的“裁判结果”中指出，某投资担保公司在债券发行前出具的《担保函》与发行人出具的《募集说明书》中记载的担保事项一致，应当承担连带保证责任，其抗辩《担保函》早于主合同之前形成而无效的理由不能成立，故判决支持了某基金公司的诉讼请求。

规范性文件的制约。

《担保法解释》（2000 年生效，2021 年废止）第 6 条①专门规定了跨境对外担保无效事由，《民法典担保部分解释》未再保留。

① 《担保法解释》（2000 年生效，2021 年废止）第 6 条规定：有下列情形之一的，对外担保合同无效：（1）未经国家有关主管部门批准或者登记对外担保的；（2）未经国家有关主管部门批准或者登记，为境外机构向境内债权人提供担保的；（3）为外商投资企业注册资本、外商投资企业中的外方投资部分的对外债务提供担保的；（4）无权经营外汇担保业务的金融机构、无外汇收入的非金融性质的企业法人提供外汇担保的；（5）主合同变更或者债权人将对外担保合同项下的权利转让，未经担保人同意和国家有关主管部门批准的，担保人不再承担担保责任。但法律、法规另有规定的除外。

第三章　保理合同

一、保理合同的形式

（一）订立形式

实践中常采用邮件、微信的方式订立，这些在磋商过程中留下的信息可能会对合同条款的理解产生影响，尤其是那些没有直接写入，但对合同条款的理解会产生巨大影响的部分。为避免争议发生，在保理合同签订前，保理人需要注意，保理合同中的内容是否穷尽了双方洽谈的全部商业安排，在磋商过程中所形成的尽调材料、磋商记录是否保留完整。这些资料对于合同条款的理解或许有帮助。

（二）书面形式

依据《民法典》第762条第2款，保理合同应当采用书面形式。

“书面形式”并不限于“合同书”。《民法典》第469条第2款规定“书面形式是合同书、信件、电报、电传、传真等可以有形地表现所载内容的形式”。该条第3款规定“以电子数据交换、电子邮件等方式能够有形地表现所载内容，并可以随时调取查用的数据电文，视为书面形式”。

（三）电子签约

关于电子签约，实务中需要注意准备提供电子签约服务的供应商的资质，包括“计算机信息系统安全专用产品销售许可证”“商用密码产品认证证书”“涉密信息系统产品检测证书”“电子认证服务许可证”“电子认证服务使用密码许可证”“商用密码产品销售许可证”等。

在司法实践中，除了提交电子签约合同文本的打印件外，一般还需要提供电子签约服务供应商出具的电子文件签署技术报告、服务证明等，这些文书的内容应当能够还原当时的签约过程。这些文件属于“单位向人民法院提交的证明材料”，建议由供应商单位负责人及制作证明材料的人员签名或者盖章，并加盖单位印章。

在实践中，电子签约依然会存在冒用问题，[①] 建议与签约当事人线下核实。

（四）扫描签约

微信等即时通信工具已经普及，传真的使用场景越来越少，当事人借助微信、QQ 进行“扫描件”签约的现象越来越普遍。这类签约过程一般为：保理人业务员将合同发给客户 A，客户 A 在合同上签字捺印扫描（或直接拍照），通过微信发给保理人业务员，保理人将“合同”彩打后加盖公司印章再次回传给客户 A。回传方式也是扫描（或直接拍照）。

在不发生纠纷的情况下，这种情况依然可以构成以书面形式签约，因为确实存在意思表示的有形载体。但若发生纠纷，尤其是在后续未能取得纸质合同原件的情况下，在证据法上，保理人需要证明相关微信账号就是 A 或者能够代表 A 公司，且需要出示该扫描件或图片的原始出处（例如邮件、微信聊天原始记录），方能证明存在保理合同关系。

为避免上述麻烦，建议优先选择合同书方式签约。若选择电子签约，建议寻求专业服务商的协助，并详细了解是否能够提供电子公证服务。

---

① 参见长沙市中级人民法院民事判决书，（2021）湘 01 民终 1798 号。该案中，中介公司伪造房东（原告）的全套授权，通过签订虚假电子房屋租赁合同和保理合同，让房东名义上背负融资债务（“贷款”）。房东作为原告起诉中介公司以及保理人，要求承担侵害姓名权的侵权责任。法院认为“中介公司盗用房东个人信息，冒用房东名义签订相应合同，后又向保理人提供房东的个人信息，而保理人在房东未授权或许可的情况下通过技术手段获取房东的电子签章及存证、数字证书，并冒用房东名义用电子签章及存证、数字证书签订电子合同，前述行为均属于侵犯房东姓名权的行为”。

二、保理合同的条款

（一）合同的起草

1. 合同给谁看？

（1）写给裁判者看

合同看似是给当事人看的，但在法律视角下，其实是写给裁判者看的。

为什么这么说呢？一笔业务的走向大致有三种：第一，按期履行，正常归档。第二，轻微违约，协商处理。第三，走向法院或仲裁委。

在前两种情况下，不会出现不可调和的矛盾，合同中的诸多法律问题并不会暴露出来，就算不拿出合同原件，或许也不影响纠纷的最终解决。而在第三种情况下，当事人各方居于对立地位，检验合同条款是否可靠的标准，从“是否符合己方的商业利益”转向“是否合乎法律的规定”，从“是否符合交易习惯”转向“是否能被裁判者准确理解”。

（2）“裁判者友好型”的合同

从上述思路来看，保理人应向“便于裁判者理解”的方向起草合同，也即起草“裁判者友好型”合同。

“裁判者友好型”合同在结构上应当重点突出融资条款、应收账款债权转让条款、回购条款、权利行使条款等实践中容易产生争议的内容；在名词表述上，应当尽可能贴近《民法典》的用语，避免使用容易出现歧义的词语，避免使用可能解释出不利含义的用语。在发生纠纷的时候，这样的合同能让裁判者“快速上手”，有助于减少沟通成本、畅通审裁思路。

（3）“约定管辖”是万全之策？

有的朋友会问，如果合同约定交由专业的审裁机构审理，裁判者对保理交易一般都很熟悉，“裁判者友好型”合同的起草还有必要吗？依然有，因为保理人所参加的司法程序，其管辖范围并不一定由协议管辖条款或仲裁条款决定。

保理人主动发起的保理合同纠纷诉讼/仲裁，通过协议管辖，确实可以争取到有利的审裁环境。但遇到执行异议或者破产案件等保理人被动地参与的案件，审理协议管辖条款将毫无作用。

2. 合同给谁用?

保理合同由法律专业人士起草，但主要使用者是非法律专业人士，因此，保理合同还需要具备相当的易用性。易用性是指，哪些地方要填，填写的是什么内容，有什么含义，内容应当清晰集中，避免漏填、错填。

3. 主要条款

《民法典》第 762 条第 1 款规定了保理合同的倡导性条款。

《民法典》建议的保理合同条款包括“业务类型”“服务范围”“服务期限”“基础交易合同情况”“应收账款信息”“保理融资款”或者“服务报酬”及其“支付方式”等条款。“回购条款”没有在《民法典》第 762 条中提及，但也是非常重要的条款。

以下逐一介绍与讨论。

（二）业务类型、服务范围

“业务类型”是指开展的是何种保理业务，合同条款与该等类型保理是否对应。应避免出现矛盾约定，否则司法实践中倾向于作出不利于保理人的解释。①

“服务范围”是指实际提供《民法典》第 761 条中的何种服务。关于服务的具体介绍，详见本书第一章“保理的价值”。实践中需要注意的是，给多少钱提供多少服务，保理人应避免填写根本无法提供的服务。

① 参见上海金融法院民事判决书，（2022）沪 74 民终 1443 号。该案中，保理合同部首的“告知与提示”中载明“本合同项下保理商向受核准卖方提供的保理为公开型无追索权的保理”，但合同一般条款部分又约定“买方未按照《应收账款转让通知书》规定的金额、日期和条件清偿受核准应收账款”的，保理人有权利“按本合同第九条的规定将应收账款反转让给受核准卖方”（为典型的有追索权保理约定，笔者注）。一审法院认为，“告知与提示”位于合同首部，应为特别条款，回购条款位于通用部分，应为一般条款，特别条款的效力应当优于一般条款的效力，故涉案保理应为《保理合同》中“告知与提示”栏内约定的无追索权保理，应收账款债权人无须承担回购责任。

（三）基础交易合同、应收账款信息

1. 常用称谓

产生应收账款债权的合同，在实践中常被称为“基础交易合同”或“商务合同”。《民法典》第762条采前者。

关于应收账款债权，《动产和权利担保统一登记办法》（2022年）第3条①将应收账款债权扩充至所有“以合同为基础”的金钱债权。这里的“合同”，不限于有名合同，② 实务中，有些保理人也愿意受让非基于民事合同产生的金钱债权。

2. 如何描述

如果约定转让“现有/既有应收账款债权”，一般来说，需要准确表达应收账款债权人、应收账款债务人、产生应收账款债权的合同名称（有编号的描述编号，没有编号的描述签订日期）、应收账款债权金额、应收账款账期（到期日）。条件允许的，可将相关票证信息一并描述。

如果约定转让“将有/未来应收账款债权”，在描述时，尽可能向上述标准靠拢，并考虑增加对“产生应收账款的时间”“双方的交易性质”“交易标的物”的描述。

3. 保理合同与基础交易合同的关系

保理合同与基础交易合同之间的关系有三个维度的问题：

第一，两个合同之间有没有效力上的影响；

第二，基础交易合同的履行对保理合同的履行有什么影响；

第三，基础交易合同当事人有没有权利变更应收账款债权。

① 《动产和权利担保统一登记办法》（2022年）第3条第2款规定：本办法所称的应收账款包括下列权利……其他以合同为基础的具有金钱给付内容的债权。

② 有名合同包括《民法典》规定的19种有名合同，还包括散见于由其他规范性文件的合同。例如特许经营合同（《商业特许经营管理条例》）、旅游合同（《旅游法》《关于审理旅游纠纷案件适用法律若干问题的规定》）、典当合同（《典当管理办法》）、各类服务合同（电信、快递、邮政）等。

（1）效力上无影响

保理合同与基础交易合同不是主从合同关系。最高人民法院通过《最高人民法院关于当前商事审判工作中的若干具体问题》（2015 年）已表明了这一观点。[①] 笔者认为，该观点具体体现在三个方面。

第一，“从合同”[②] 不是取得担保标的所有权的合同。以房屋抵押为例，抵押人需先通过“买卖合同”取得房屋所有权，然后银行才能通过“抵押合同”取得抵押权。从合同是“买卖合同”还是“抵押合同”呢？答案是抵押合同。在保理中，基础交易合同相当于上例中的“买卖合同”，是应收账款债权人取得应收账款债权的依据。所以基础交易合同不是保理合同的从合同。

第二，没有基础交易合同，也可以签订合法有效的保理合同。在针对将有应收账款债权的保理业务中，签订保理合同时应收账款债权可能尚未形成，基础交易合同甚至可能尚未实际签订。

第三，基础交易合同已失效，依然可以签订保理合同。有些基础交易合同会设定“有效期”。有效期届满，在法律上的效力是“不再产生新的应收账款债权”，因此，在届满前已经产生的应收账款债权，依然是合法有效的，保理人可以受让，保理合同效力自然不受影响。

（2）履约上的关联

应收账款债务人的履约状况决定了应收账款债权人或保理人的义务。

在有追索权保理合同中，应收账款债务人是否按期履约，决定了应收账款债权人是否需要承担回购义务。

在无追索权保理合同中，应收账款债务人是否对应收账款债权提出权利瑕疵异议（是否产生“商业纠纷”），决定了应收账款债权人是否需要承担回

---

① 《最高人民法院关于当前商事审判工作中的若干具体问题》（2015 年）在“关于保理合同纠纷案件的审理问题”中指出，“但是，二者并非主从合同关系，而是相对独立的两个合同”。

② 有主从之分的其实不是“合同”，权利和权利之间才有从属性问题。以抵押权担保为例，所担保的主债权被转让的，产生的后果是抵押权也一并转让，但不是抵押合同中抵押权人的全部权利一并转让。新的抵押权人实现抵押权的，也无须以通知抵押人为前提（这与保证担保权不同）。但从实务角度来看，是“合同”从属还是“权利”从属，意义不大。

购义务。

在非融资性保理中，应收账款债务人是否按约履约，决定了保理人是否应当承担付款担保责任。

（3）基础交易合同的变更

保理人受让应收账款债权后，应收账款债权人和应收账款债务人依然还是基础交易合同的当事人，这就意味着：

第一，应收账款债权人和应收账款债务人可以继续变更合同。既然还是当事人，就自然可以变更合同，只是依据《民法典》第765条的规定，在应收账款债务人收到通知后，仅在有合法事由的情形下，才可以变更或终止合同。

第二，合同可因协商而被变更，也可因当事人行使单方变更权而被变更。可主张单方变更权的常见情况是情事（势）变更中的变更权（《民法典》第533条）以及减价权（《民法典》第582条）。司法实践中，有些合同也会赋予特定当事人单方变更合同的权利，但未必都有效，需要个案个议。《民法典》已经不再保留《民法通则》时代的“可变更可撤销”的合同类型。

第三，合同可因协商而被终止，也可因当事人行使单方解除权而被终止。依据《民法典》第557条，合同的法定终止事由包括①债务已经履行；②债务相互抵销；③债务人依法将标的物提存；④债权人免除债务；⑤债权债务同归于一人。合同解除的，该合同的权利义务关系终止。

第四，在没有特别约定的情况下，应收账款债权人转让的是应收账款债权，依然享有维持“基础交易合同当事人”地位的必要权利，例如解除权、撤销权等形成权。这些权利不是“从权利”，不会随着应收账款债权的转让而当然转让。

（四）融资条款

1. 保理融资

保理人提供融资的方式，除了银行电汇外，也有以开立/背书转让汇票的方式支付融资款。在以票据方式支付保理融资款的情况下，注意强调保理融资款使用费（利息）的起算时间。

保理融资款是否属于应收账款债权转让的“对价”，不能一概而论。在有追索权保理中，保理合同的性质并非买卖合同，将融资称为“对价”可能会带来一些问题。例如，在将有应收账款保理业务中，保理人约定受让将有应收账款，并支付首期保理融资款100万元。后续新增实际形成应收账款后保理人又补充融资80万元。此时，如果认为融资款是对价，将有应收账款债权是在100万元到账后转让，还是在80万元到账后转让？转让应收账款债权是否是分期付款？无论如何理解，都不符合保理合同的初衷。

在实践中，有一些保理人会与应收账款债权人分别约定“授信额度”“保理融资额度”。“授信额度”并非“应当支付的融资款金额”，而是在一定期限内保理人可以支付融资款金额的上限。保理人未按约定足额放款的，也可能会有麻烦。①

2. 服务报酬

保理人提供保理服务，进而收取服务报酬。实践中，服务报酬常以“融资利息”“管理费”“手续费”等形式表达。在计收服务报酬的时候，需要注意以下问题：

（1）关于费率上限，目前尚无统一标准。目前可以确定的是，依据《关于新民间借贷司法解释适用范围问题的批复》，保理合同纠纷、融资租赁合同纠纷②的融资综合利率不受民间借贷利率限制。那应适用什么标准呢？只能尝试类推适用金融借款合同的利率限制。《最高人民法院关于进一步加强金融审判工作的若干意见》（2021年修订）第2条规定，金融借款合同的借款人以贷款人同时主张的利息、复利、罚息、违约金和其他费用过高，显著背离实际损失为由，请求对总计超过年利率24%的部分予以调减的，应予支

① 参见广州市中级人民法院民事判决书，（2014）穗中法金民初字第192号。应收账款债权人在本诉中是被告，提出反诉要求原告（银行）赔偿未足额放款所造成的损失。法院未予支持。

② 在该批复出台之前，已有最高人民法院裁判文书认可下级法院的自由裁量权，未否认融资租赁合同中“日千分之一”利率效力。参见最高人民法院民事裁定书，（2019）最高法民申2116号。

持……该文件在2021年修订后依然保持了24%的标准，可见最高人民法院坚持区分金融借款与民间借贷的利率上限。据此，依据《民法典》第467条第1款[①]的规定，认定保理合同纠纷的利率上限为年利率24%，可谓合理。

（2）折算方式。保理合同如果仅约定“年利率”或“月利率”标准，须考虑折算成日利率的标准，即一年是“360日”还是“365日”抑或据实（平闰年）计算；一个月是30日还是据实计算。

（3）保理服务报酬与所提供的保理服务是对待给付关系，如果没有提供相关服务，或者无法举证证明提供了除融资服务以外的服务，应收账款债权人有权要求减少保理服务报酬。在保理合同的填写过程中需要注意，避免误写无法提供的服务。

3. 融资期限

融资期限需要与基础交易合同的应收账款账期挂钩，二者不宜过分长于或短于彼此。“融资期限”不同于“融资额度的有效期”。在融资额度的有效期内，应收账款债权人可以在融资总额度内申请获得融资。融资额度一般分为循环额度和非循环额度，区别在于，循环额度在融资人还款后可以重新释放，非循环额度用完即止。

4. 支付方式

保理融资的报酬本应由应收账款债权人承担，但在一些反向保理业务中，因为保理业务往往有利于应收账款债务人舒缓现金流压力，各方还会约定由应收账款债务人支付。

实践中，不少保理人都会提前收取报酬或费用，此时如何确定保理融资本金，涉及商事交易与民事交易中对“砍头息”的理解差异。在不发生纠纷的情况下，最多是财务问题或者审计问题。但在发生纠纷时，就涉及如何计算本金的问题。本书将在保理争议解决部分进行详细讨论。

---

① 《民法典》第467条第1款规定：本法或者其他法律没有明文规定的合同，适用本编通则的规定，并可以参照适用本编或者其他法律最相类似合同的规定。

（五）商业纠纷、信用风险

这两个概念事关追索权的行使，因此放到“追索权”前面来介绍。

信用风险是指当应收账款债务人对应收账款债权本身没有异议，而仅仅因为自己支付能力不足而产生的逾期付款的风险。仅出现信用风险时，意味着应收账款债权本身没有权利瑕疵，此时无追索权保理人不得行使追索权。

商业纠纷外延较广，大致是指“信用风险”以外的、未能完整、如期收取应收账款的情形。简单来说，只要应收账款债务人向保理人拒付任何应收账款，就可以构成商业纠纷。商业纠纷事由可以是可归责于应收账款债权人的（如基础交易合同被无正当理由变更、应收账款债权被先行转让），也可以是不可归责于应收账款债权人的（如遇不可抗力而履行不能导致应收账款债务人拒付、如遇情势变更则基础交易合同可能会被解除或变更）。一般来说，发生“商业纠纷”后，有追索权和无追索权保理人均享有追索权。

（六）追索权、回购、反转让

“追索权”是保理法中的关键概念。《民法典》没有对追索权进行明确规定或说明，也没有规定在什么情况下保理人可以行使“追索权”。

1. 权利内容

一般认为，追索权是要求应收账款债权人回购应收账款债权的权利。回购是一种合同义务，一般在履行回购义务以后，才发生应收账款债权反转让而回到应收账款债权人处的效果。

要求“提前回购”的法律效果是在原定履行期限届满前履行回购义务的，保理人无合法理由不得拒绝。

2. 权利行使

在有追索权保理合同中，出现“应收账款债务人信用风险”时，保理人一般就可以行使追索权。在无追索权保理合同中，出现“商业纠纷”时，保理人一般才可以行使追索权。这些回购事由决定了保理合同的业务性质。在遵循这一共识前提下，当事人可以约定不矛盾的其他额外的回购事由。

回购事由需要明确，同时兼顾保理人的举证难度。例如有的保理合同约定回购事由是“应收账款债权人发现（应收账款）债务人财务状况恶化”。应收账款债务人的财务恶化或许可以通过执行信息佐证，但如何证明应收账款债权人在主观上“发现”他人财务恶化的难度不小。①

虽然发生信用风险，但保理人实际收取的应收账款已经超过回购义务金额，此时保理人也不能行使追索权。举例：应收账款债权是120万元，融资本息总额是100万元，应收账款债务人实际付款110万元。此时，应收账款债务人的付款金额已经超过融资本息金额，因此应收账款债权人不必负担回购义务。不仅如此，保理人还需要将110万－100万＝10万元以及120万－110万＝10万元的逾期债权一并返还给应收账款债权人。无追索权保理人则没有那么多顾虑，此时只需要收下110万元即可。

实务中也有观点认为，追索权是一种解除权。关于追索权与解除权的关系，笔者尚未思考周全，在此发表浅见，抛砖引玉。将追索权解释成解除权的思路不无道理，但对于解决实际争议没有新的贡献，反而会带来一些新的问题（如解除效果如何选择）。司法实践中，确有保理人主张解除保理合同并要求应收账款债权人赔偿损失的案例。②

3. “无追索权保理”也有追索权

“有追索权保理”与“无追索权保理”并非泾渭分明的两种业务，两种合同里都有追索权条款，只不过无追索权保理合同中可行使追索权的情形会少于有追索权保理合同。只要符合约定的情形，保理人都能够行使追索权，

① 参见深圳市中级人民法院民事判决书，(2023) 粤03民终25168号。法院认为，关于应收账款债权人对涉案应收账款债权是否具有回购义务的问题。保理人主张应收账款债权人存在违反《应收账款转让协议》第4条第1款第10项。该协议第4条第1款第10项约定，“如发现（应收账款）债务人因财务状况恶化或发生合并、分立、重组、财产被查封等情形而将严重影响应收账款的回收时，转让方应自知悉之日起三个工作日内书面通知受让方，并配合受让方做好相应的补救工作”。因保理人提供的证据不能证明应收账款债权人知悉应收账款债务人出现合同约定的财务状况恶化等情形，故对于保理人提出的应收账款债权人违反该项合同义务的主张，法院未予采纳。

② 参见上海市浦东新区人民法院涉自贸试验区金融商事审判典型案例（2013～2023年）的“融资租赁、保理类纠纷案件”中的案例3。该案系《民法典》实施后，上海法院首例适用《民法典》审结的保理合同纠纷。法院认可保理人有权依据合同约定行使解除权，并判决应收账款债权人承担赔偿回收款损失，判决担保人承担相应担保责任。

也就有适用《民法典》第766条规定的余地。

4. 回购义务的内容

关于回购义务的内容，《民法典》第766条区分了“返还本息”义务和“回购应收账款债权”义务，区分意义在于如果保理合同约定的回购义务内容大于返还本息（如还包括支付实现债权的费用），应当允许当事人进行选择。

此外，如果应收账款债权虚假但不至适用《民法典》第763条时，因为回购所针对的标的物不存在，此时应收账款债权人仅有返还本息的义务。当事人另有约定的除外。

5. 回购的法律效果

依据《民法典担保部分解释》第66条第3款，[①] 在履行回购义务以后，才产生应收账款债权再次转让给应收账款债权人的处分行为效力。应收账款债权回到应收账款债权人的过程，又被称为应收账款债权的“反转让”。过去曾有观点认为，主张追索权获得胜诉后，就不得再主张应收账款债权，[②] 对此观点应予扬弃。

在实务中，反转让与回购、追索（权）常常会混用，从商务角度来说，如果业务不出风险，混不混用不重要，从法律角度来说，发生回购事由后，保理人行使追索权，应收账款债权人负担回购义务。履行回购义务后，应收账款债权才实际“反转让”。未经追索，应收账款债权人也可以申请提前回购应收账款债权。

（七）其他条款

为应对可能存在的“官司”，还有一些配套条款需要留心设计。

---

① 《民法典担保部分解释》第66条第3款规定：应收账款债权人向保理人返还保理融资款本息或者回购应收账款债权后，请求应收账款债务人向其履行应收账款债务的，人民法院应予支持。

② 参见最高人民法院民事裁定书，(2017) 最高法民申132号。最高人民法院认为“保理人已经在另案中请求应收账款债权人就该应收账款债权承担回购责任，另案生效判决已经支持了其诉讼请求，在此情形下，保理人对应收账款债务人不再享有该笔应收账款债权，故保理人又在本案中诉请应收账款债务人清偿债务缺乏请求权基础”。

1. 送达条款

送达条款是否完备，决定了涉诉后是否进入公告程序。[①] 一旦进入公告程序，至少会“浪费”30 日的审理时间。

在设计送达地址条款的时候，应当重点关注最高人民法院的系列规定。《最高人民法院关于以法院专递方式邮寄送达民事诉讼文书的若干规定》（2005 年）第 4 条第 1 款规定，送达地址确认书的内容应当包括送达地址的邮政编码[②]、详细地址以及受送达人的联系电话等内容。《最高人民法院关于进一步加强民事送达工作的若干意见》（2017 年）第 2 条规定，当事人提供的送达地址应当包括邮政编码、详细地址以及受送达人的联系电话等。同意电子送达的，应当提供并确认接收民事诉讼文书的传真号、电子信箱、微信号等电子送达地址。当事人委托诉讼代理人的，诉讼代理人确认的送达地址视为当事人的送达地址。

所以，送达地址宜具备邮编、精确的地址、联系电话。如果条件允许，还可以增加传真号、电子信箱、微信号。在内容上，送达条款还应当突出强调用于收取法律文书，并且强调是用于“送达”而非仅仅是“通知”。

2. 生效条款

合同生效条款，需要根据实际情况设计成立（生效）条件，需要注意是否区分“签字”“签名章”“摁手印”，也要注意区分加盖的是“公章”“合同章”或其他印章。

有的保理合同约定在应收账款转让登记协议、保证函、保证合同/质押合同均已生效的情况下，保理合同才生效。司法实践中，因保理人没有提供前

---

① 《仲裁法》（2018 年）未规定公告程序，商事仲裁一般没有公告程序。但也有例外，例如《太原仲裁委员会仲裁规则》（2021 年）第 56 条“当事人缺席”项下第 1 款第 5 项规定，“在借贷案件中，债权人申请仲裁时，债务人下落不明的，本会受理案件后公告通知债务人参加仲裁。公告期限届满，债务人仍不参加仲裁，借贷关系明确的，经审理后可缺席裁决。在审理中债务人出走，下落不明，借贷关系明确的，可以缺席裁决”。

② 需要注意，最高人民法院官网“文书样式”中的《送达地址确认书》也含有“邮政编码”一栏，但实践中一些法院实际采用的《送达地址确认书》并无邮政编码。从严考虑，保理合同的司法送达地址最好填写对应的邮政编码。

述相关文件，相关被告据此提出保理合同未生效的抗辩，进而认为保理合同中约定的利率等重要条款没有产生效力，给诉讼徒添麻烦。[①]

有的保理合同约定保理合同“自双方盖章且法定代表人签字”后生效，但实际签约过程中，法定代表人仅签章，或者法定代表人因为太忙而没有签字，或者实际签字人并非法定代表人而是其他高级管理人员。若今后发生争议，也会埋下隐患。

3. 费用条款

这里的费用，特指实现债权的费用。实践中最常支付的费用就是诉讼费（案件受理费）、保全费、保全担保（保险）费、公告费、律师费、公证费。如果涉及电子签约，还需要注意要求违约方承担电子签约服务认证费。

这些费用都是“打官司”的成本，都需要明确在合同中约定。关于这些费用的具体问题，容后详述。

4. 管辖条款

管辖条款的设计需要综合考虑保理合同与基础交易合同的管辖矛盾问题。管辖矛盾及其化解问题，容后详述。

三、保理合同的无效与不成立

（一）成立与生效的关联

依据《民法典》第502条第1款，[②] 除非有法定或者约定的特别生效要件，合同成立以后就生效。目前保理合同本身未有法定的特别生效要件。

实践中，双方当事人往往约定特别生效条件。如果这些特别生效条件没有成就，合同就没有生效，意味着对保理人无比重要的应收账款转让、回购条款就没有约束力。所以生效条件不宜过分苛刻。

---

① 参见上海市嘉定区人民法院民事判决书，(2020) 沪0114民初6722号。

② 《民法典》第502条第1款规定：依法成立的合同，自成立时生效，但是法律另有规定或者当事人另有约定的除外。

（二）“不成立”与“无效”的联动

1. 什么是“不成立”

合同成立，包括两个维度的问题，“合同是否成立”以及“成立什么合同”。

我们讨论“不成立保理合同关系”时，不是单纯站在“要约—承诺”的角度理解合同成立问题。

实践中更重要的问题是，眼前这份合同，是否真如名称所示成立“保理合同”关系。如果不是，理由为何，这才是保理合同的“不成立”问题。

2. 无效与不成立的混用

（1）二者的区分

不成立，就是双方并没有成立 A 性质的合同关系（而可以成立 B 性质的合同，成立 B 合同以后 B 合同还有有效/无效问题）。无效，就是 A 性质的合同自始没有法律效力。

（2）二者的联动

司法实践中大量出现将“不成立保理合同关系”认定为“保理合同无效”的判例。笔者推测，混用的原因在于二者在结果上的趋同性。事实上，最高人民法院也尝试将二者的法律后果等同化处理。《民法典合同编通则解释》第 24 条①将“合同不成立、无效、被撤销或者确定不发生效力”的诸多问题放在一起统一规定，进一步体现了等同化处理的思路。这样做的好处是简化推演过程，提高同案同判的效率。

---

① 《民法典合同编通则解释》第 24 条规定：合同不成立、无效、被撤销或者确定不发生效力，当事人请求返还财产，经审查财产能够返还的，人民法院应当根据案件具体情况，单独或者合并适用返还占有的标的物、更正登记簿册记载等方式；经审查财产不能返还或者没有必要返还的，人民法院应当以认定合同不成立、无效、被撤销或者确定不发生效力之日该财产的市场价值或者以其他合理方式计算的价值为基准判决折价补偿。除前款规定的情形外，当事人还请求赔偿损失的，人民法院应当结合财产返还或者折价补偿的情况，综合考虑财产增值收益和贬值损失、交易成本的支出等事实，按照双方当事人的过错程度及原因力大小，根据诚信原则和公平原则，合理确定损失赔偿额。合同不成立、无效、被撤销或者确定不发生效力，当事人的行为涉嫌违法且未经处理，可能导致一方或者双方通过违法行为获得不当利益的，人民法院应当向有关行政管理部门提出司法建议。当事人的行为涉嫌犯罪的，应当将案件线索移送刑事侦查机关；属于刑事自诉案件的，应当告知当事人可以向有管辖权的人民法院另行提起诉讼。

（3）厘清之实益

区分二者依然有实务价值。

第一，在规范适用上，判断是否成立某种合同关系，依据《民法典》第142条第1款、[①]《民法典合同编通则解释》第15条。判断合同是否无效，主要依据《民法典》第153～157条以及分则部分的一些特别无效事由。[②] 因为所援引的法条不同，引发不成立与无效的具体事由也不同。

第二，在担保效力判断上，如果有担保人担保"保理合同"项下债务，那么（1）不成立保理合同关系，合同并非无效，担保合同效力不受影响；（2）保理合同无效，则担保合同必然无效（《民法典》第388条第1款[③]）。这是厘清二者最重要的意义。

3. 余论：无效与失效

一些合同经常有"到期失效"的约定，也就是到了某个具体的时点，合同就不再发生效力。这类约定在性质上属于附终止期限的法律行为（《民法典》第160条[④]）。

合同的"无效"不同于"失效"。二者的具体区别是：第一，依据《民法典》第155条[⑤]的规定，合同的无效则是自始无效。[⑥] 但失效的合同仅在某

---

① 《民法典》第142条第1款规定：有相对人的意思表示的解释，应当按照所使用的词句，结合相关条款、行为的性质和目的、习惯以及诚信原则，确定意思表示的含义。《民法典合同编通则解释》第15条还指出，"……人民法院应当结合缔约背景、交易目的、交易结构、履行行为以及当事人是否存在虚构交易标的等事实认定当事人之间的实际民事法律关系"。

② 特别无效事由分布在不同编章乃至司法解释之中，例如放弃时效利益的约定无效、主合同无效而从合同无效、特定的格式条款无效、租赁合同超期部分无效等。

③ 《民法典》第388条第1款规定：设立担保物权，应当依照本法和其他法律的规定订立担保合同。担保合同包括抵押合同、质押合同和其他具有担保功能的合同。担保合同是主债权债务合同的从合同。主债权债务合同无效的，担保合同无效，但是法律另有规定的除外。

④ 《民法典》第160条规定：民事法律行为可以附期限，但是根据其性质不得附期限的除外。附生效期限的民事法律行为，自期限届至时生效。附终止期限的民事法律行为，自期限届满时失效。

⑤ 《民法典》第155条规定：无效的或者被撤销的民事法律行为自始没有法律约束力。

⑥ "自始无效"也有"起死回生"的机会，最典型的就是特定行政许可的取得对合同效力的影响。如建设工程合同效力［《关于审理建设工程施工合同纠纷案件适用法律问题的解释（一）》（2021年）第3条第1款］、房屋租赁合同效力［《关于审理城镇房屋租赁合同纠纷案件具体应用法律若干问题的解释》（2021年）第3条第1款］。

个时间后没有效力，意味着失效前应当履行而没有履行的义务，依然需要履行。比如买卖合同失效，就不会产生新的供货义务，但已供之货的货款，照付不误；再比如融资合同失效，就不会产生新的投放本金的义务，但对于此前使用的资金对应的利息支付义务，依然需要履行。第二，依据《民法典》第157条，合同无效后产生了无效清算债务关系，[①] 但合同失效后，对失效前的履约情况，无须清算。第三，合同无效的事由是法定的，当事人不能通过约定就让某个合同无效，但可以约定合同何时失效。

区分“无效”与“失效”的实益有两点，第一，基础交易合同“有效期”届满后，一般不再产生新的应收账款债权。有效期届满前已经形成的应收账款债权，依然可以受让。届满后双方实际上继续开展业务而产生新的应收账款债权。这样的“新应收账款债权”也可以继续用于申请保理融资，但在没有形成合同文书之前，如何审查应收账款债权的具体要素，往往是一个难点。第二，保理合同本身不建议增加有效期。融资期限不是保理合同的有效期。给予保理合同有效期的，会凭空增加一些不必要的麻烦，例如，有效期届满后，逾期利息是否依据失效前的标准持续计算？融资额度可以设定有效期，融资额度有效期届满后，保理人可以不予支付保理融资。

（三）无效事由

保理合同“无效”的事由非常有限，下文将讨论保理合同无效及相关重要问题。

1. 违反监管要求

（1）从业主体违规

非银行或者商业保理公司从事保理业务的，保理合同是否无效？实践中，以下几个方面值得关注。

---

① 《民法典》第157条规定：民事法律行为无效、被撤销或者确定不发生效力后，行为人因该行为取得的财产，应当予以返还；不能返还或者没有必要返还的，应当折价补偿。有过错的一方应当赔偿对方由此所受到的损失；各方都有过错的，应当各自承担相应的责任。法律另有规定的，依照其规定。

第一，保理行业是否属于特许经营、限制经营的行业？

实践中存在一定争议。

《非法金融机构和非法金融业务活动取缔办法》（1998 年生效，2021 年废止）第 4 条①并未将违规从事“保理”和“融资租赁”列入非法金融业务活动之中。取而代之的《防范和处置非法集资条例》（2021 年）也没有将擅自从事保理业务列入非法金融业务活动（第 39 条②）。但《市场准入负面清单（2022 年版）》将“商业保理公司及其分支机构设立、变更、终止及业务范围审批”列入了禁止或许可事项。

最高人民法院也曾指出“保理业务并非属于国家限制经营、特许经营以及法律、行政法规禁止经营的范围”③，本书在“保理人”部分也提到了若干非保理企业开展有效保理业务的案例。

第二，违规从事特许经营、限制经营而实施的法律行为是否无效？

原《关于适用〈中华人民共和国合同法〉若干问题的解释（一）》第 10 条独创了企业若违规从事“特许经营”“限制经营”之合同无效的规则。《民法典》认为这一做法矫枉过正，特设立第 505 条④纠正，强调企业超越经营范围的甚至违规从事“特许经营”“限制经营”之合同，并非直接无效，需

---

① 《非法金融机构和非法金融业务活动取缔办法》（1998 年生效，2021 年废止）第 4 条规定：本办法所称非法金融业务活动，是指未经中国人民银行批准，擅自从事的下列活动：（1）非法吸收公众存款或者变相吸收公众存款；（2）未经依法批准，以任何名义向社会不特定对象进行的非法集资；（3）非法发放贷款、办理结算、票据贴现、资金拆借、信托投资、金融租赁、融资担保、外汇买卖；（4）中国人民银行认定的其他非法金融业务活动。前款所称非法吸收公众存款，是指未经中国人民银行批准，向社会不特定对象吸收资金，出具凭证，承诺在一定期限内还本付息的活动；所称变相吸收公众存款，是指未经中国人民银行批准，不以吸收公众存款的名义，向社会不特定对象吸收资金，但承诺履行的义务与吸收公众存款性质相同的活动。

② 《防范和处置非法集资条例》（2021 年）第 39 条规定：未经依法许可或者违反国家金融管理规定，擅自从事发放贷款、支付结算、票据贴现等金融业务活动的，由国务院金融管理部门或者地方金融管理部门按照监督管理职责分工进行处置。法律、行政法规对其他非法金融业务活动的防范和处置没有明确规定的，参照本条例的有关规定执行。其他非法金融业务活动的具体类型由国务院金融管理部门确定。

③ 参见最高人民法院民事判决书，（2019）最高法民终 1449 号。

④ 《民法典》第 505 条规定：当事人超越经营范围订立的合同的效力，应当依照本法第一编第六章第三节和本编的有关规定确定，不得仅以超越经营范围确认合同无效。

要额外检索是否有其他无效事由。

第三，趋势展望。

最高人民法院与国家发改委联合下发的《关于为新时代加快完善社会主义市场经济体制提供司法服务和保障的意见》指出，人民法院要“主动加强与金融监管机构的沟通协调，支持、促进金融监管机构依法履职，加强金融风险行政处置与司法审判的衔接，协助做好金融风险预警预防和化解工作”。

刘贵祥法官指出，各级法院要严格落实持牌经营原则，对于未经批准或者备案违法从事金融业务的，要依法否定合同效力。[①] 金融规章一般不能作为认定金融合同无效的直接依据，但可以作为判断是否违背公序良俗的重要依据或裁判理由。[②] 合同主体违反法律、行政法规关于国家限制经营、特许经营以及禁止经营等强制性规定，当事人的交易方式违反法律、行政法规关于应当采用公开竞价方式缔约等强制性规定以及当事人的交易场所违反法律、行政法规关于应当集中交易等强制性规定，无论当事人是否构成犯罪，也都应当认定合同无效。[③]

可见，保理行业在今后极有可能会被最高人民法院认定为特许经营、限制经营的行业，审裁机构也极有可能会选择通过“悖俗无效”[④] 来惩戒此类交易。

（2）从事禁止业务

保理人开展被监管禁止的业务而签订的合同，合同也可能无效。

从中央到地方，不同的监管文件都对保理公司的业务进行了限制，各地监管要求“大同小异”，初步汇总见表3－1：

---

① 参见刘贵祥：《关于金融民商事审判工作中的理念、机制和法律适用问题》，载《法律适用》2023年第1期。

② 参见刘贵祥：《关于金融民商事审判工作中的理念、机制和法律适用问题》，载《法律适用》2023年第1期。

③ 参见刘贵祥：《关于金融民商事审判工作中的理念、机制和法律适用问题》，载《法律适用》2023年第1期。

④ 《民法典》第8条规定：民事主体从事民事活动，不得违反法律，不得违背公序良俗。《民法典》第153条第2款规定：违背公序良俗的民事法律行为无效。

表 3－1　各地针对保理公司业务的监管规定

地区	文件名	不得开展的业务	
北京	《北京市商业保理公司监督管理办法》（2023 年）	第 15 条	（1）吸收或变相吸收公众存款； （2）通过网络借贷信息中介机构、地方各类交易场所、资产管理机构以及私募投资基金等机构融入资金； （3）发放或受托发放贷款； （4）与其他商业保理公司拆借或变相拆借资金； （5）专门从事或受托开展与商业保理无关的催收业务、讨债业务； （6）基于不合法基础交易合同、寄售合同、权属不清的应收账款、因票据或其他有价证券而产生的付款请求权等开展保理融资业务； （7）国家规定不得从事的其他业务或活动。
上海	《上海市商业保理公司监督管理暂行办法》（2021 年）	第 20 条	（1）吸收存款或变相吸收存款； （2）受托投资、自营或者受托发放贷款； （3）专门从事或受托开展与商业保理业务无关的催收业务、讨债业务； （4）基于不合法或不真实的基础交易合同、寄售合同、权属不清的应收账款、因票据或其他有价证券而产生的付款请求权、因借贷或投资形成的债权及其他收益权等开展保理融资业务； （5）国家规定不得从事的其他活动。
天津	《天津市商业保理公司监督管理暂行办法》（2021 年）	第 26 条	（1）吸收或变相吸收公众存款； （2）发放贷款或受托发放贷款（商业保理公司通过虚构应收账款以保理融资为名出借资金、明知应收账款为虚构仍以保理融资为名出借资金的，属于本款所称的发放贷款）； （3）专门从事或受托开展与商业保理无关的催收业务、讨债业务； （4）基于不合法基础交易合同、寄售合同、权属不清的应收账款、因票据或其他有价证券而产生的付款请求权等开展保理融资业务； （5）国家规定不得从事的其他活动。

续表

地区	文件名		不得开展的业务
吉林	《吉林省商业保理公司监督管理暂行办法》(2023年)	第25条	(1) 吸收或变相吸收公众存款; (2) 通过网络借贷信息中介机构、地方各类交易场所、资产管理机构以及私募投资基金等机构融入资金; (3) 与其他商业保理公司拆借或变相拆借资金; (4) 发放贷款或受托发放贷款; (5) 专门从事或受托开展与商业保理无关的催收业务、讨债业务; (6) 基于不合法基础交易合同、寄售合同、权属不清的应收账款,因票据或其他有价证券而产生的付款请求权等开展保理融资业务; (7) 国家规定不得从事的其他活动。
浙江	《浙江省商业保理公司监督管理工作指引(试行)》(2021年)	第19条	(1) 吸收或变相吸收公众存款; (2) 通过网络借贷信息中介机构、地方各类交易场所、资产管理机构、民间融资服务机构以及私募投资基金等机构融入资金; (3) 与其他商业保理公司拆借或变相拆借资金; (4) 发放或受托发放贷款; (5) 专门从事或受托开展与商业保理无关的催收业务、讨债业务; (6) 基于不合法的基础交易合同、寄售合同、权属不清的应收账款、因票据或其他有价证券而产生的付款请求权等开展保理融资业务; (7) 以任何形式抽逃资本金; (8) 超过有关行业监管制度规定的标准向客户收取费用、利息; (9) 采取非法手段进行恶意催收或暴力追偿账款的; (10) 洗钱或参与地下钱庄交易,实施高利转贷犯罪或违法放贷; (11) 通过各类财务弄虚作假行为或开展账外经营,隐瞒收入、逃税漏税、套取补贴; (12) 未经批准直接或变相将企业交由第三方机构实际经营; (13) 从事其他违反法律、法规、行业监管制度的活动。

续表

地区	文件名		不得开展的业务
青海	《青海省商业保理公司监管工作指引》（2020年）	第22条	（1）吸收或变相吸收公众存款； （2）通过网络借贷信息中介机构、地方各类交易场所、资产管理机构以及私募投资基金等机构融入资金； （3）与其他商业保理企业拆借或变相拆借资金； （4）发放贷款或受托发放贷款； （5）专门从事或受托开展与商业保理无关的催收业务、讨债业务； （6）基于不合法基础交易合同、寄售合同、权属不清的应收账款、因票据或其他有价证券而产生的付款请求权等开展保理融资业务； （7）以任何形式抽逃资本金； （8）超过有关行业监管制度规定的标准向客户收取费用、利息；相关行业监管制度没有具体规定的，向客户收取费用、利息违反最高人民法院关于民间借贷利率的相关规定； （9）采取任何形式的暴力、软暴力和非法手段进行账款催收； （10）洗钱或参与地下钱庄交易，实施高利转贷犯罪或违法放贷； （11）通过各类虚假做账手段开展账外经营，隐瞒收入、逃税漏税、套取补贴； （12）未经批准直接或变相将企业交由第三方机构实际经营； （13）从事其他违反法律、法规、行业监管制度的活动。
云南	《中国（云南）自由贸易试验区商业保理公司监管办法（试行）》（2020年）	第15条	（1）吸收或变相吸收公众存款； （2）通过网络借贷信息中介机构、地方各类交易场所、资产管理机构以及私募投资基金等机构融入资金； （3）与其他商业保理公司拆借或变相拆借资金； （4）发放贷款或受托发放贷款； （5）专门从事或受托开展与商业保理无关的催收业务、讨债业务； （6）基于不合法基础交易合同、寄售合同、权属不清的应收账款、因票据或其他有价证券而产生的付款请求权等开展保理融资业务； （7）国家规定不得从事的其他活动。

续表

地区	文件名	不得开展的业务	
河南	《河南省商业保理公司业务经营负面清单》(2023年)	全部	(1)不得非法集资、吸收或变相吸收存款，以及发放贷款或受托发放贷款； (2)不得以债务资金或委托资金等非自有资金作为注册资本； (3)不得抽逃或通过关联交易、资金担保、股权质押等方式变相抽逃注册资本； (4)不得准入引入代持股份、虚假出资或有重大违法违规和严重不良信用记录的股东； (5)不得允许被执法部门处罚、存在重大违法违规和严重不良信用记录的人员担任董事、监事和高管； (6)不得采取业务不入账、账外借款、账外放款、账外拆借等方式账外经营，或通过网络借贷信息中介机构、地方各类交易场所、资产管理机构以及私募投资基金等机构融入资金经营商业保理业务； (7)不得有现金贷、高利贷、套路贷、票据中介、虚假交易、虚假合同等行为，以及从事或受托开展与商业保理无关的催收业务、讨债业务； (8)不得协助核心企业限定中小企业供应商的应收账款融资提供方，或协助核心企业强制中小企业接受非现金支付方式，或协助核心企业采取各种方式不合理拉长账期，变相拖欠中小企业账款； (9)不得通过暴力、恐吓、侮辱、诽谤、骚扰等非法手段进行清收； (10)不得开展法律法规和金融监管部门禁止的其他业务或活动。
福建	《福建省商业保理公司监督管理工作指引》(2022年)	第5条	(1)吸收或变相吸收公众存款； (2)通过网络借贷信息中介机构、地方各类交易场所、资产管理机构以及私募投资基金等机构融入资金； (3)与其他商业保理公司拆借或变相拆借资金； (4)发放贷款或受托发放贷款； (5)专门从事或受托开展与商业保理无关的催收业务、讨债业务； (6)基于不合法的基础交易合同、寄售合同、权属不清的应收账款、因票据或其他有价证券而产生的付款请求权等开展保理融资业务； (7)国家规定不得从事的其他活动。

续表

地区	文件名		不得开展的业务
广西	《广西壮族自治区商业保理公司监督管理指引（试行）》(2023年)	第13条	(1) 吸收或变相吸收公众存款； (2) 通过网络借贷信息中介机构、地方各类交易场所、资产管理机构以及私募投资基金等机构融资或转让资产； (3) 发放或受托发放贷款； (4) 与其他商业保理公司拆借或变相拆借资金（商业保理公司从作为其股东的商业保理公司处借款除外）； (5) 专门从事或受托开展与商业保理无关的催收业务、讨债业务； (6) 基于不合法的基础交易合同、寄售合同、权属不清的应收账款、因票据或其他有价证券而产生的付款请求权等开展保理融资业务； (7) 国家规定不得从事的其他活动。 本指引所称权属不清的应收账款，是指权属具有不确定性的应收账款，包括但不限于已在银行或商业保理公司等第三方办理出质或转让的应收账款。获得质权人书面同意解押并放弃质押权利和获得受让人书面同意转让应收账款权属的除外。 本指引所称因票据或其他有价证券而产生的付款请求权，是指票据或其他有价证券的持票人无须持有票据或有价证券产生的基础交易应收账款单据，仅依据票据或有价证券本身即可向票据或有价证券主债务人请求按票据或有价证券上记载的金额付款的权利。
陕西	《陕西省商业保理公司监督管理实施细则》(2023年)	第24条	(1) 吸收存款或者变相吸收存款； (2) 通过网络借贷信息中介机构、地方各类交易场所、资产管理机构及私募投资基金等机构融入资金； (3) 与其他商业保理企业拆借或者变相拆借资金； (4) 发放贷款或者受托发放贷款，通过虚假应收账款开展保理融资； (5) 专门从事或者受托开展与商业保理业务无关的催收业务、讨债业务； (6) 基于不合法或者不真实的基础交易合同、寄售合同、权属不清的应收账款、因票据或者其他有价证券而产生的付款请求权、因借贷或者投资形成的债权及其他收益权等开展保理融资业务； (7) 法律法规、行业监管制度禁止开展的其他业务活动。

续表

地区	文件名	不得开展的业务	
湖南	《湖南省商业保理公司监督管理实施细则》(2022年)	第25条	(1)吸收或者变相吸收公众存款; (2)通过网络借贷信息中介机构、地方各类交易场所、资产管理机构以及私募投资基金等机构融入资金; (3)与其他商业保理公司拆借或者变相拆借资金; (4)发放贷款或者受托发放贷款; (5)专门从事或者受托开展与商业保理无关的催收业务、讨债业务; (6)基于不合法的基础交易合同、寄售合同、权属不清的应收账款、因票据或者其他有价证券而产生的付款请求权等开展保理融资业务; (7)国家规定不得从事的其他活动。
海南	《商业保理公司备案与监管暂行办法(试行)》(2019年)	第9条	(无负面清单,仅在第9条列出可以从事的业务) 第9条　商业保理公司可以经营下列业务,不得混业经营。 (1)以受让应收账款的方式提供贸易融资; (2)与贸易合同相关的应收账款的收付结算、管理与催收; (3)销售分户账管理; (4)与本公司业务相关的非商业性坏账担保; (5)客户资信调查与评估; (6)与货物贸易相关的融资咨询服务; (7)经省地方金融监管局许可的其他相关业务。
		附件	《商业保理公司经营承诺书》要求: (1)不开展基于不合法基础交易合同、寄售合同、逾期应收账款、权属不清等情形的应收账款保理业务; (2)不出现连续1年以上未开展商业保理业务,连续两年未通过年审或连续两年监管评级不合格等情形; (3)不超范围经营、不混业经营,不擅自开展未经批准的业务; (4)不从事直接或变相吸收存款、发放贷款等金融活动; (5)不专门从事或受托开展催收、讨债等业务,不出现暴力催收、讨债等情形;

续表

地区	文件名	不得开展的业务	
海南	《商业保理公司备案与监管暂行办法（试行）》（2019年）	附件	（6）不使用委托资金、借贷资金等非自有资金违反审慎经营原则等情形超比例投资； （7）不从事应收债权重复质押、重复转让等欺诈性交易活动； （8）不参与洗钱、地下钱庄，不进行直接或变相非法吸收存款、违法放贷，不进行违法高利转贷、非法集资诈骗等违法违规活动； （9）不违法开展关联交易，对作为债权人的关联企业提供保理服务时，定价合理、公允，交易条件不明显优于非关联企业； ……
山西	《商业保理公司设立、变更和终止工作指引（试行）》（2022年）	第17条	（1）吸收或变相吸收公众存款； （2）通过网络借贷信息中介机构、地方各类交易场所、资产管理机构以及私募投资基金等机构融入资金； （3）发放或受托发放贷款； （4）向其他商业保理公司拆借或变相拆借资金； （5）专门从事或受托开展与商业保理无关的催收业务、讨债业务； （6）基于不合法的基础交易合同、寄售合同、权属不清的应收账款、因票据或其他有价证券而产生的付款请求权等开展保理融资业务； 权属不清的应收账款是指权属具有不确定性的应收账款，包括但不限于已在银行或商业保理公司等第三方办理出质或转让的应收账款。获得质权人书面同意解押并放弃质押权利和获得受让人书面同意转让应收账款权属的除外。 因票据或其他有价证券而产生的付款请求权是指票据或其他有价证券的持票人无须持有票据或有价证券产生的基础交易应收账款单据，仅依据票据或有价证券本身即可向票据或有价证券主债务人请求按票据或有价证券上记载的金额付款的权利。 （7）国家规定不得从事的其他活动。

续表

地区	文件名	不得开展的业务	
重庆	《关于加强商业保理行业日常监管工作的通知》(2019年)	第23条	(1) 吸收或变相吸收公众存款; (2) 通过网络借贷信息中介机构、地方各类交易场所、资产管理机构以及私募投资基金等机构融入资金; (3) 发放或受托发放贷款; (4) 与其他商业保理公司拆借或变相拆借资金; (5) 专门从事或受托开展与商业保理无关的催收业务、讨债业务; (6) 基于不合法的基础交易合同、寄售合同、权属不清的应收账款、因票据或其他有价证券而产生的付款请求权等开展保理融资业务,其中,因票据或其他有价证券而产生的付款请求权开展保理融资业务,是指保理融资申请人以无真实贸易背景的票据或有价证券为基础向商业保理公司申请融资,商业保理公司未对贸易背景的真实性做出评估,仅以票据或有价证券的无因性以及其代表的远期支付承诺为基础,向申请人发放保理融资款的业务; (7) 实施"高利贷""套路贷"和暴力收贷行为; (8) 违规变更有关事项; (9) 提供虚假报表及资料; (10) 国家规定不得从事的其他活动。

注:截至笔者交稿时,贵州省与山东省仅有监管文件的征求意见稿,暂未收入上表。贵州省已颁行《贵州省商业保理公司行政许可暂行实施规范》,并于2022年8月22日发布《贵州省商业保理公司监督管理暂行办法(征求意见稿)》。山东省于2019年6月15日发布《山东省商业保理公司监督管理暂行办法(征求意见稿)》。

具体而言,实践中常见的违规从业情形,以违规放贷和发行理财产品为典型。

以违规放贷为例。非银行保理人从事放贷业务,就是与融资人直接签订借款合同,或者被法院认定"名为保理实为借贷"。保理人若不是金融机构,因为借款合同产生的纠纷,在案由上属于"民间借贷",依据《九民纪要》第53条规定,未依法取得放贷资格的以民间借贷为业的法人,以及以民间借贷为业的非法人组织或者自然人从事的民间借贷行为，应当依法认定无效。同一出借人在一定期间内多次反复从事有偿民间借贷行为的，一般可以认定其为职业放贷人。因此，保理人零星签订借款合同或者偶发性认定“名保实贷”的，不应直接否认借款合同的效力。① 但若保理人反复、多次签订借款合同，或者保理人有多个类案在诉，相关借款合同会被认定无效。② 保理人在重点打击的领域开展“名保实贷”业务的，借款合同也会被认定无效。③ 总的来说，如果监管方保持高强度压力，收紧监管尺度，司法联动之下，不排除加大“无效”惩戒力度、借款合同可能无问次数而直接被判定无效。

以违反发放理财产品为例。保理人开展业务也需要资金，实践中多以“将已受让应收账款债权再行转让”作为再融资的渠道。如果通过再保理方式，则合法合规，但如果面向自然人并包装成理财产品，则相关委托理财合

① 参见最高人民法院民事裁定书，(2020) 最高法民申 6969 号。该案中，最高人民法院指出“虽然本案中，保理人与深圳××公司之间存在民间借贷关系，但现无证据证明保理人存在多次反复向不特定对象发放贷款、高利转贷的行为，深圳××公司主张保理人违规从事贷款业务，依据不足。如前所述，保理人未违反《中华人民共和国银行业监督管理法》规定，非法从事银行业金融机构的业务活动。其与深圳恒波公司之间的民间借贷关系为双方真实意思表示，合法有效”。

② 典型案例参见北京市高级人民法院民事判决书，(2020) 京民终 81 号。该案中，保理人直接签订借款合同。法院认为“保理人多次对外出借资金，涉及多宗诉讼案件，借款对象具有不特定性，出借行为具有反复性。因此，保理人向外出借款项的行为属于超越经营范围从事了国家特许经营业务，即银行业金融机构的业务活动，其行为扩大了借贷风险、破坏了正常的金融秩序，违反了法律效力性强制性规定，故《借款及保证协议》应认定无效”。

③ 参见成都法院 2022 年度十大典型案例之六“黄某某诉某保理公司‘医疗美容’保理合同纠纷案”。法院认为，案涉《医美保理合同》的真实目的系保理公司为消费者的医美消费需求提供零首付的分期付款的消费贷款，不属于《民法典》规定的保理合同，消费者与保理商之间发生的真实法律关系为借贷法律关系，并认为商业保理公司的经营范围不包括发放贷款，其超越经营范围发放贷款，违反法律特许经营规定，借款合同无效。法院总结指出，2022 年 9 月，市场监督管理总局、公安部、商务部、最高人民法院等 11 部门联合在全国开展医疗美容行业突出问题专项治理行动。该案系模式新颖、手段隐蔽的“名为保理，实为消费贷”的医美领域的典型案例。该案判决精准解析了“美容保理”交易模式，通过对“伪保理”的深刻解析，进一步明晰商业保理的基本范式，通过否定性裁判遏制商业保理隐藏吸取存款、借贷等非法营业行为，对保障商业保理有序规范发展、促进我国保理行业的健康稳定发展具有重要价值。但司法实践中，认定医美保理有效的判例，并非少数。

同无效。①

（3）超越经营范围

依据《民法典》第505条②的规定，如果仅仅是超出经营范围而签订其他普通业务合同，人民法院一般不会否认合同效力。

在司法实践中，有的商业保理公司从事居间业务，③ 有的商业保理公司从事委托投资理财业务，④ 甚至从事普通的货物买卖业务，⑤ 从事上述业务所签订的合同均有被认定有效的先例。但依据刘贵祥法官讲话的精神，超越经营范围而签订特许经营金融业务合同，或因悖俗无效。

（4）资金来源非法

各地监管对资金来源的规定的简要汇总见表3－2：

表3－2　各地对保理业务资金来源的规定之简要汇总

地区	文件名	资金来源限制	
北京	《北京市商业保理公司监督管理办法》（2023年）	第15条第2项	通过网络借贷信息中介机构、地方各类交易场所、资产管理机构以及私募投资基金等机构融入资金。

① 典型案例参见中山市第一人民法院民事判决书，（2022）粤2071民初16969号。法院认为，商业保理企业不得以自己的名义将其特定保理业务作为资产产品对外募集资金。该案中，作为认购人的王某与作为发行人的保理人签订《惠盈乾景4号资产收益权产品认购协议》，约定由王某向保理人认购理财产品，保理人作为商业保理企业，其经营范围仅限于商业保理业务，其对外发售理财产品、募集资金的行为属非法金融行为，违背金融监管秩序，涉案《惠盈乾景4号资产收益权产品认购协议》应属无效合同。

② 《民法典》第505条规定：当事人超越经营范围订立的合同的效力，应当依照本法第一编第六章第三节和本编的有关规定确定，不得仅以超越经营范围确认合同无效。

③ 参见北京市高级人民法院民事判决书，（2021）京民再61号。

④ 参见青岛市市北区人民法院民事判决书，（2022）鲁0203民初10037号。该案中，原告于2022年2月10日与某保理公司签订《定向委托投资协议》，约定甲方（原告）将其自有资金委托乙方（保理公司）进行定向投资至烟台梨香苑鲁字2号特定资产收益权项目。保理人的身份是"受托人"。原告通过某商业保理公司进行委托理财，但商业保理公司并非本案当事人。

⑤ 参见惠州市中级人民法院民事判决书，（2021）粤13民终4231号。该案中，保理公司作为买受人和被告参与到诉讼中。案涉买卖标的物为底座支架，并非采购公司运营自用的必需品。

续表

地区	文件名	资金来源限制	
上海	《上海市商业保理公司监督管理暂行办法》（2021 年）	第 23 条第 2 款	商业保理公司不得通过网络借贷信息中介机构、地方各类交易场所、资产管理机构、私募投资基金等机构融入资金；不得与其他商业保理公司拆借或变相拆借资金。
天津	《天津市商业保理公司监督管理暂行办法》（2021 年）	第 27 条第 2 款	商业保理公司不得通过网络借贷信息中介机构、地方各类交易场所、资产管理机构以及私募投资基金等机构融入资金（本办法另有规定的除外）。
吉林	《吉林省商业保理公司监督管理暂行办法》（2023 年）	第 25 条第 2 项	通过网络借贷信息中介机构、地方各类交易场所、资产管理机构以及私募投资基金等机构融入资金。
浙江	《浙江省商业保理公司监督管理工作指引（试行）》（2021 年）	第 19 条第 2 项	通过网络借贷信息中介机构、地方各类交易场所、资产管理机构、民间融资服务机构以及私募投资基金等机构融入资金。
青海	《青海省商业保理公司监管工作指引》（2020 年）	第 22 条第 2 项	通过网络借贷信息中介机构、地方各类交易场所、资产管理机构以及私募投资基金等机构融入资金。
云南	《中国（云南）自由贸易试验区商业保理公司监管办法（试行）》（2020 年）	第 15 条第 2 项	通过网络借贷信息中介机构、地方各类交易场所、资产管理机构以及私募投资基金等机构融入资金。
河南	《河南省商业保理公司业务经营负面清单》（2023 年）	全部	不得采取业务不入账、账外借款、账外放款、账外拆借等方式账外经营，或通过网络借贷信息中介机构、地方各类交易场所、资产管理机构以及私募投资基金等机构融入资金经营商业保理业务。

续表

地区	文件名	资金来源限制	
福建	《福建省商业保理公司监督管理工作指引》（2022年）	第5条第2项	通过网络借贷信息中介机构、地方各类交易场所、资产管理机构以及私募投资基金等机构融入资金。
广西	《广西壮族自治区商业保理公司监督管理指引（试行）》（2023年）	第13条第1款第2项	通过网络借贷信息中介机构、地方各类交易场所、资产管理机构以及私募投资基金等机构融资或转让资产。
陕西	《陕西省商业保理公司监督管理实施细则》（2023年）	第24条第2项	（二）通过网络借贷信息中介机构、地方各类交易场所、资产管理机构及私募投资基金等机构融入资金。
湖南	《湖南省商业保理公司监督管理实施细则》（2022年）	第25条第2项	通过网络借贷信息中介机构、地方各类交易场所、资产管理机构以及私募投资基金等机构融入资金。
海南	《商业保理公司备案与监管暂行办法（试行）》（2019年）	/	（未明确提到资金来源问题）
山西	《商业保理公司设立、变更和终止工作指引（试行）》（2022年）	第17条第1款第2项	通过网络借贷信息中介机构、地方各类交易场所、资产管理机构以及私募投资基金等机构融入资金。
重庆	《关于加强商业保理行业日常监管工作的通知》（2019年）	第23条第2项	通过网络借贷信息中介机构、地方各类交易场所、资产管理机构以及私募投资基金等机构融入资金。

在司法实践中，有商业保理公司从P2P网络借贷平台融入资金，然后对外发放贷款，法院认为资金来源不合法，同时借款对象具有不特定性，出借行为具有反复性，借款合同无效。①

2. 格式条款

《民法典》第496条第1款规定，格式条款是当事人为了重复使用②而预先拟定，并在订立合同时未与对方协商的条款。若商业优势一方假借格式合同之名行不义之实，立法者出于保护法律上的"弱者"，就会对合同中的特定的格式条款的成立、效力设置诸多限制，这些限制规则暂且统称为"格式条款规则"。

没必要区分"格式条款"还是"格式合同"。合同是由具体的条款组成的，如果合同的所有条款都需要适用格式条款规则（可能性不大），则整个合同就是"格式合同"。

格式条款未必都由当事人草拟。实践中，有的当事人会采用部委机关或者协会发布的"示范文本"③ 进行交易，这样的合同完全由国家机关、行业协会出具，如果这样的合同页数、内容极多（如房屋买卖、建设工程等），

---

① 参见北京市高级人民法院民事判决书，（2019）京民终322号。该案中，商业保理公司对外直接签订借款合同，且自认案涉出借款项源于"爱投资P2P平台"的线上投资人，并非其自有资金。法院同时查明商业保理公司多次对外出借资金，涉及多宗诉讼案件，借款对象具有不特定性，出借行为具有反复性，最终认定借款合同无效。一审法院认为借款合同有效，二审撤销原判，改判无效，并依法处理保证担保事宜。

② 是否重复使用不是格式条款的主要特征，一来对于"重复"的界限不好把握，二来单次使用的格式条款在商业实践中并不罕见。对此，《民法典合同编通则解释》第9条第2款明确规定"从事经营活动的当事人一方仅以未实际重复使用为由主张其预先拟定且未与对方协商的合同条款不是格式条款的，人民法院不予支持。但是，有证据证明该条款不是为了重复使用而预先拟定的除外"。

③ 我国各部委先后发布过建设工程合同（施工、设计、勘察）、商品房买卖合同、机动车买卖合同、建设用地使用权出让合同、劳动合同、"PPP项目"合同、林地承包林权流转合同等示范文本。国家市场监督管理总局还构建了一个"合同示范文本库"以整合相关示范文本，并供当事人下载、参考、使用。中国服务贸易协会商业保理专业委员会也在2016年发布了"国内商业保理合同"的示范文本。

是否适用格式条款规则，曾存在争议。[①] 现在，《民法典合同编通则解释》第9条[②]认为这些合同条款可以构成格式条款。

（1）格式条款规则

《民法典》确立了“订入控制”[③] “内容控制”[④] “不利解释”[⑤] 三套规则。订入控制处理格式条款是否成立的问题，内容控制处理格式条款成立后是否有效的问题，不利解释处理格式条款的歧义解释问题。相较于《合同法》，“订入控制”是新规则且有溯及力。[⑥] 对于保理人来说，只要适用了这三条中的任何一条规则，都不是好事，反过来说，对于接受格式条款的一方一般就是好事。因此，了解格式条款规则，有助于各方开展更充分的商业洽谈。

---

① 有的观点认为，示范文本虽非由当事人拟订，但内容可以自由协商，并非格式条款。典型案例参见乌鲁木齐市中级人民法院民事判决书，（2023）新01民终1774号。法院认为，“本案中所使用的《商品房预售合同》是由新疆维吾尔自治区建设厅、新疆维吾尔自治区工商行政管理局共同监制的示范文本，案涉双方可以针对合同文本条款的内容进行修改、增补或删减，对于文本中没有约定或者约定不明确的内容，根据所售项目的具体情况在相关条款后的空白行中进行补充约定，也可以另行签订补充协议”。但又进一步强调，张某某未能提交证据证明在签订《商品房预售合同》时房屋出卖人在合同中制订了不合理地免除或者减轻其责任、加重对方责任、限制对方主要权利的条款，对其认为违约责任的条款无效的理由，法院不予采纳。

② 《民法典合同编通则解释》第9条第1款规定：合同条款符合《民法典》第496条第1款规定的情形，当事人仅以合同系依据合同示范文本制作或者双方已经明确约定合同条款不属于格式条款为由主张该条款不是格式条款的，人民法院不予支持。

③ 《民法典》第496条第2款规定：采用格式条款订立合同的，提供格式条款的一方应当遵循公平原则确定当事人之间的权利和义务，并采取合理的方式提示对方注意免除或者减轻其责任等与对方有重大利害关系的条款，按照对方的要求，对该条款予以说明。提供格式条款的一方未履行提示或者说明义务，致使对方没有注意或者理解与其有重大利害关系的条款的，对方可以主张该条款不成为合同的内容。

④ 《民法典》第497条规定：有下列情形之一的，该格式条款无效：（1）具有本法第一编第六章第三节和本法第506条规定的无效情形；（2）提供格式条款一方不合理地免除或者减轻其责任、加重对方责任、限制对方主要权利；（3）提供格式条款一方排除对方主要权利。（第一编第六章第三节就是法律行为一般的无效规则，第506条是无效的免责条款的认定规则）。

⑤ 《民法典》第498条规定：对格式条款的理解发生争议的，应当按照通常理解予以解释。对格式条款有两种以上解释的，应当作出不利于提供格式条款一方的解释。格式条款和非格式条款不一致的，应当采用非格式条款。

⑥ 《最高人民法院关于适用〈中华人民共和国民法典〉时间效力的若干规定》第9条赋予《民法典》第496条溯及力。该条规定，对于民法典施行前订立的合同，提供格式条款一方未履行提示或者说明义务，涉及格式条款效力认定的，适用民法典第496条的规定。

在合同正文之外，保理合同纠纷的被告也常以“管辖条款是格式条款”为由主张管辖约定无效进而要求移送管辖（仲裁程序亦同）。①

（2）订入控制

需要注意的是，“与对方有重大利害关系的条款”② 才受订入控制规则调整。最高人民法院进一步指出，应将“与对方有重大利害关系的条款”限制在“异常条款”。③“异常条款”包括“免除或者减轻其责任、排除或者限制对方权利”的条款。④

理解订入控制规则，保理人要注意两点。

第一，保理人须主动履行提示义务。提示的方式须合理，包括“采用通常足以引起对方注意的文字、符号、字体⑤等明显标识，或者通过勾选、弹窗等特别方式”⑥。若异常条款无须额外提示就可以被观察到，接受方无权援

① 有的被告会依据《最高人民法院关于适用〈中华人民共和国民事诉讼法〉的解释》（以下简称《民事诉讼法解释》）（2022 年）第 31 条主张管辖权异议。该条规定：经营者使用格式条款与消费者订立管辖协议，未采取合理方式提请消费者注意，消费者主张管辖协议无效的，人民法院应予支持。

② 《民法典》第 496 条第 2 款规定：采用格式条款订立合同的，提供格式条款的一方应当遵循公平原则确定当事人之间的权利和义务，并采取合理的方式提示对方注意免除或者减轻其责任等与对方有重大利害关系的条款，按照对方的要求，对该条款予以说明。提供格式条款的一方未履行提示或者说明义务，致使对方没有注意或者理解与其有重大利害关系的条款的，对方可以主张该条款不成为合同的内容。

③ 最高人民法院民事审判第二庭、研究室编著：《最高人民法院民法典合同编通则司法解释理解与适用》，人民法院出版社 2023 年版，第 133 页。

④ 《民法典合同编通则解释》第 10 条第 1 款规定：提供格式条款的一方在合同订立时采用通常足以引起对方注意的文字、符号、字体等明显标识，提示对方注意免除或者减轻其责任、排除或者限制对方权利等与对方有重大利害关系的异常条款的，人民法院可以认定其已经履行《民法典》第 496 条第 2 款规定的提示义务。

⑤ 司法实践中，字体大小、颜色也可能是法院考虑的因素。例如，有的法院认为“标准条款文本部分全文为打印字体，且通篇字体大小、颜色一致，并无足以引起对方注意的文字、符号、字体等特别标识”，有法院结合格式条款内容加重当事人责任的事实，综合认定格式条款无效。参见上海市虹口区人民法院民事判决书，（2019）沪 0109 民初 2078 号。该案系保理人签订借款合同引发的借款合同纠纷。

⑥ 但仅仅设置勾选、弹窗等方式，不足以认定尽到提示说明义务。《民法典合同编通则解释》第 10 条第 3 款规定：……对于通过互联网等信息网络订立的电子合同，提供格式条款的一方仅以采取了设置勾选、弹窗等方式为由主张其已经履行提示义务或者说明义务的，人民法院不予支持，但是其举证符合前两款规定的除外。

引订入控制规则主张格式条款不成立。[①] 从实操上说，福州市地方金融监督管理局下发的《关于规范小额贷款公司等五类地方金融组织经营行为的通知》对于格式条款的“提示”进行了极其细致的指导，[②] 值得参考。司法实践中也有观点认为，在合同中载明“已提示要求签订方仔细阅读合同所附通用条款，并告知签订本合同，即视为已充分注意并完全理解合同的全部条款和条件且自愿接受”的，可构成对格式条款的提示。[③]

第二，保理人被动履行说明义务。《民法典合同编通则解释》第 10 条第 2 款规定，提供格式条款的一方按照对方的要求，就与对方有重大利害关系的异常条款的概念、内容及其法律后果以书面或者口头形式向对方作出通常能够理解的解释说明的，人民法院可以认定其已经履行《民法典》第 496 条第 2 款规定的说明义务。因此，经当事人要求，保理人才有义务对条款进行说明。

（3）内容控制

根据《民法典》第 497 条第 1 款第 1 项的规定，如果出现总则编法律行为的一般无效事由，格式条款当然无效，自无疑义。

根据《民法典》第 497 条第 1 款第 2 项的规定，提供格式条款一方不

① 典型案例参见北京市第三中级人民法院民事判决书，（2023）京 03 民终 5726 号。该案为委托合同纠纷。一审法院认为“××公司作为格式条款提供者，虽未举证证明其采取合理方式提请刘某某注意关于不退款的格式条款，但考虑到该合同内容较短，且第 5 项退款第 1 条为拒签全额退款的约定，第 2 条不退款的情形紧随其后，并结合双方的身份及合同地位，能够认定刘某某知道不退款条款的存在并理解其内容，故其无权主张将该不退款条款排除在合同之外”。二审法院予以维持。

② 《关于规范小额贷款公司等五类地方金融组织经营行为的通知》第 3 条规定：……各地方金融组织应在与借款人签订的合同、协议的显著位置，以通俗易懂的形式（收取的息费项目超过 2 项应以表格形式列示）对借款本金及息费收取情况进行提示，并通过字体放大、加粗等醒目方式，向借款人明示双方权利义务、借款金额、利率（保费费率、保险费率）、费用名称（需逐一列示）、期限、计算方式、提前还款的处理、争议解决方式等重要因素。依托互联网、小程序、公众号等电子化渠道签约的，还应通过飘窗、弹框等信息提示方式，对借款风险进行提示，并在电子借款合同的显著位置，以加大、加粗字体、适当延长阅读时间等强制性方式将借款合同、协议的重要条款提供借款人阅读确认。

③ 参见上海金融法院民事判决书，（2022）沪 74 民终 1443 号。

合理地免除或者减轻其责任、加重对方责任、限制对方主要权利的，该格式条款无效。“在何时享有追索权”的条款即为典型。在无追索权保理合同中，保理人需要特别注意。[①] 有保理合同仅约定融资人的违约责任而未约定保理人的违约责任，有法院认为这“属不合理地免除己方责任、加重对方责任，该格式条款依法无效”，进而未支持保理人的违约金诉请。[②] 而有的判决还认为商事交易主体之间不得轻易援引“加重对方责任”主张格式条款免责。[③] 也有应收账款债权人依据此条一股脑地认为回购条款、息费条款都无效。[④]

根据《民法典》第 497 条第 1 款第 3 项的规定，提供格式条款一方排除对方主要权利的，该格式条款无效。应收账款债权人的主要权利，包括收取融资款的权利、回购后涤除转让登记的权利、诉权等。

---

① 参见苏州市吴江区人民法院民事判决书，（2022）苏 0509 民初 14055 号。该案为无追索权保理合同，应收账款债务人破产，保理人本不享有追索权，但保理合同额外约定“应收账款债权人违反本合同约定的承诺或者保证的，保理人有权提前解除合同，并向应收账款债权人进行追索”。应收账款债权人承诺为应收账款债务人投保信用险。应收账款债权人虽然投保，但未能及时如实向保险公司申报相关应收账款交易的交货时间，导致真实交货时间显示相关应收账款交易并不在保险合同约定的保险期间范围以内，最终保险公司拒绝赔付。保理人以应收账款债权人违反承诺为由，最终据此行使追索权，要求应收账款债权人回购应收账款债权。应收账款债权人认为相关条款是格式条款，因保理人未尽提示、说明义务，主张保理人无权行使追索权。该抗辩未被采纳。法院最终认为，应收账款债权人未能就案涉应收账款损失获得保险赔付，构成违反保理合同约定的提供增信措施之义务，保理人依然享有追索权。

② 参见湖北省宜昌市中级人民法院民事判决书，（2021）鄂 05 民终 3412 号。该案中的保理合同约定“除双方明确约定由保理公司收取的费用和享有的权益外，格式条款中的规定不适用于应收账款债权人”，一审法官认为不公平，后续以格式条款为由，未支持全部的违约金诉求。二审维持一审判决。

③ 参见北京市高级人民法院民事判决书，（2021）京民终 664 号。该案为金融借款合同纠纷，借款人主张复利约定为加重其责任的无效格式条款。法院认为“《贷款合同》虽由银行事先拟定，但借款人和银行均为从事商业活动的主体，商业贷款收取复利亦是商业活动中的常态，不存在一方当事人处于优势地位的情形，《贷款合同》由借款人和银行共同签字盖章确认，是双方当事人真实意思的表示。借款人亦无反证证明银行未与借款人就计算复利的合同条款进行协商确定，或者未提请借款人注意，故借款人主张银行计收复利的条款为格式条款应当无效的依据不足，本院不予支持”。

④ 参见沈阳市沈河区人民法院民事判决书，（2021）辽 0103 民初 15563 号的被告答辩意见。

有一些司法解释细化了无效格式条款的具体情形,[①] 对于审查特定领域的基础交易合同有参考意义。

(4) 不利解释

《民法典》第498条规定,"对格式条款的理解发生争议的,应当按照通常理解予以解释。对格式条款有两种以上解释的,应当作出不利于提供格式条款一方的解释。格式条款和非格式条款不一致的,应当采用非格式条款"。不利解释规则是对《民法典》第142条第1款[②]解释规则的补充,遇到格式条款解释问题,应当优先适用第498条。

在司法实践中,有的保理合同约定回购价款为"该所购应收账款的发票净额,减去保理人之前已收到的任何与该所购应收账款有关的收款"。应收账款债权人据此主张此前已经支付过的"管理费"理应从回购价款中扣除,保理人则认为不应扣除。法院援引不利解释规则认为应当扣除。[③] 有的合同对于"未付利息"约定不明,法院援引不利解释规则认为不包含"罚息",被告因此免于承担部分责任。[④]

---

① 例如,《最高人民法院关于审理网络消费纠纷案件适用法律若干问题的规定(一)》第1条规定:"电子商务经营者提供的格式条款有以下内容的,人民法院应当依法认定无效:(一)收货人签收商品即视为认可商品质量符合约定;(二)电子商务平台经营者依法应承担的责任一概由平台内经营者承担;(三)电子商务经营者享有单方解释权或者最终解释权;(四)排除或者限制消费者依法投诉、举报、请求调解、申请仲裁、提起诉讼的权利;(五)其他排除或者限制消费者权利、减轻或者免除电子商务经营者责任、加重消费者责任等对消费者不公平、不合理的内容。"

② 《民法典》第142条第1款规定:有相对人的意思表示的解释,应当按照所使用的词句,结合相关条款、行为的性质和目的、习惯以及诚信原则,确定意思表示的含义。

③ 参见上海金融法院民事判决书,(2019)沪74民终995号。法院认为,《应收账款购买主协议》中关于回购价款的范围约定属于格式条款,对格式条款的理解发生争议的,应当按照通常理解予以解释,对格式条款有两种以上解释的,应当作出不利于提供格式条款一方的解释。因此,"管理费"应视为保理人之前已收到的与该所购应收账款有关的收款,保理人主张在回购价款中扣除管理费,应予以支持。

④ 参见绍兴市越城区人民法院民事判决书,(2019)浙0602民初11607号。该案系金融借款合同纠纷。原告银行主张罚息计算基数包括未付罚息,也就是"利滚利"包括"滚"罚息。法院认为,案涉借款合同系原告提供的格式合同,该借款合同第5.3条中所涉"未付利息"的约定不明,应作出对原告不利的解释,"未付利息"应指借期内利息,不包含罚息,故法院对原告诉请利息、罚息、复利的合理部分予以支持。

（5）转让通知

实践中，也有应收账款债务人认为应收账款转让通知回执为格式条款。[①]转让通知并非“合同”，因此一般来说，不涉及格式条款的适用问题。

3. 主从合同关联无效

《民法典》第 388 条第 1 款[②]规定了担保物权合同的“主从无效”规则，《民法典》第 682 条第 1 款[③]规定了保证合同的“主从无效”规则。

实践中，大多数的争议焦点体现在保理合同被认定构成借款合同时，担保人是否可适用“主从无效”事由而免责。如前所述，此时只是“不成立保理合同关系”，而非“合同无效”，一般不会导致担保合同无效。

4. 越权代表、无权代理

《民法典》第 504 条[④]规定了越权代表规则，第 171 条[⑤]规定了无权代理规则。法定代表人越权签约或者无权代理人签约的，都会影响保理合同的效力。在保理实务中，保理人在获取“确权”环节还可能会面临应收账款债务人的确权人的代表问题。

应收账款债权人越权代表签约，其实是一个不大不小的问题。说“不

---

① 应收账款债务人在最高人民法院（2021）最高法民申 7204 号案中作为一个再审理由，但法院没有回应。

② 《民法典》第 388 条第 1 款规定：设立担保物权，应当依照本法和其他法律的规定订立担保合同。担保合同包括抵押合同、质押合同和其他具有担保功能的合同。担保合同是主债权债务合同的从合同。主债权债务合同无效的，担保合同无效，但是法律另有规定的除外。

③ 《民法典》第 682 条第 1 款规定：保证合同是主债权债务合同的从合同。主债权债务合同无效的，保证合同无效，但是法律另有规定的除外。

④ 《民法典》第 504 条规定：法人的法定代表人或者非法人组织的负责人超越权限订立的合同，除相对人知道或者应当知道其超越权限外，该代表行为有效，订立的合同对法人或者非法人组织发生效力。

⑤ 《民法典》第 171 条规定：行为人没有代理权、超越代理权或者代理权终止后，仍然实施代理行为，未经被代理人追认的，对被代理人不发生效力。相对人可以催告被代理人自收到通知之日起三十日内予以追认。被代理人未作表示的，视为拒绝追认。行为人实施的行为被追认前，善意相对人有撤销的权利。撤销应当以通知的方式作出。行为人实施的行为未被追认的，善意相对人有权请求行为人履行债务或者就其受到的损害请求行为人赔偿。但是，赔偿的范围不得超过被代理人追认时相对人所能获得的利益。相对人知道或者应当知道行为人无权代理的，相对人和行为人按照各自的过错承担责任。

大”，是因为就算实际签约人没有代表权限，只要后续应收账款债权人实际履行了保理合同。例如，支付了管理费、收到了融资款而实际使用，依据《民法典》第503条[①]或者第490条[②]都可以“倒推”保理合同已经成立。说“不小”，是因为这毕竟是一个直接影响保理合同成立与生效的问题。实务中，为了尽可能缓解代表权限问题带来的威胁，建议保理人借助应收账款债权人决议同步明确应收账款债权人的签约代表。

在面对应收账款债务人时，司法实践中已有援引无权代理规则否认“确权”效力的案例。[③] 而在一些案例中，纵使保理人提供确权照片，但“在应收账款债务人予以否认的情况下，保理人无法进一步证明照片人物为应收账款债务人员工的事实，应收账款债权人亦未提交有效证据证明印章为应收账款债务人所盖。因此，应收账款债务人对应收账款转让知晓且进行确认的证据不足”[④]。在实操中，确认应收账款债务人签章代表身份，难度极大（例如，有的保理人甚至会要求确权代表提供社保记录以示身份），保理人需要结合具体项目的可行性来进行核验。

5. 涉刑保理合同的效力

关于涉刑的民刑交叉的程序与实体问题，本书会有专章详述，此处仅做

---

① 《民法典》第503条规定：无权代理人以被代理人的名义订立合同，被代理人已经开始履行合同义务或者接受相对人履行的，视为对合同的追认。

② 《民法典》第490条规定：当事人采用合同书形式订立合同的，自当事人均签名、盖章或者按指印时合同成立。在签名、盖章或者按指印之前，当事人一方已经履行主要义务，对方接受时，该合同成立。法律、行政法规规定或者当事人约定合同应当采用书面形式订立，当事人未采用书面形式但是一方已经履行主要义务，对方接受时，该合同成立。

③ 参见安庆市中级人民法院民事判决书，（2020）皖08民终1433号。该案中，保理人认为应收账款债务人在应收账款转让通知文书上加盖了“公章”和“法定代表人私章”就应当付款，而法院认为“加盖公章表明加盖公章行为人从事的是职务行为，而从事职务行为的前提是行为人须是该公司的工作人员，且需要享有代理权或代表权。对此，应当主要审查盖章人于盖章时有无代表权或者代理权。从现有证据来看，保理人无证据证明加盖应收账款债务人公章和法定代表人印章的行为人的行为系该公司工作人员职务行为”。但因为该案中的应收账款债权已被冻结，本身不发生转让效力，因而法院没有支持要求应收账款债务人付款的诉请。

④ 参见河北省高级人民法院民事判决书，（2019）冀民终407号。该案中，转让通知文书中应收账款债务人所盖印鉴经鉴定为“萝卜章”，保理人提供的基础交易合同均为复印件。法院未对发票真实性及意义进行判断。应收账款债务人最终未被判决承担任何责任。

引子。

目前通说认为，人民法院对合同效力的认定，无论合同是否涉及犯罪，都应当以《民法典》及其他民事法律关于民事法律行为效力的规定作为裁判依据。[①] 当事人构成犯罪必然导致合同无效，保理合同的利率、息费承担的约定也一并无效，相当于应收账款债权人因为自身的犯罪行为而获益，这不利于实现打击犯罪和保护被害人的刑法目的，甚至还可能给被害人造成“二次伤害”。[②]

保理合同纠纷涉刑的，常见的罪名为“骗取贷款罪”“合同诈骗罪”或“诈骗罪”。具体实施骗资行为的，一般是个人或个人操纵的公司。

6. 其他无效事由

保理合同一般不会因应收账款债权人欠缺行为能力而无效（《民法典》第144条）。

保理人如果被骗，只要不行使撤销权，保理合同也不会无效（《民法典》第147～151条）。

恶意串通损害他人合法权益（《民法典》第154条）的情形，在保理实务中出现概率较小。

在保理之外，不符合清算目的的无偿债权转让行为无效。无偿的债权转让行为不属于清算目的范畴内的行为，在公司尚未清算前属于损害公司责任财产的行为，不属于公司被吊销后的清算行为或与清算目的有关的经营行为，故该债权转让不发生法律上的效力。[③]

（四）不成立事由

实践中，“不成立保理合同关系”的常见事由如下：

---

① 参见刘贵祥：《关于金融民商事审判工作中的理念、机制和法律适用问题》，载《法律适用》2023年第1期。

② 参见刘贵祥：《关于金融民商事审判工作中的理念、机制和法律适用问题》，载《法律适用》2023年第1期。

③ 参见人民法院案例库2023－07－2－079－003号案例“高某某诉上海某房地产开发有限公司、第三人上海某置业有限公司债权转让合同纠纷案——被吊销营业执照的公司无偿转让违约金债权应认定无效”。

1. 应收账款虚假

客观上应收账款债权虚假，保理合同关系是否成立，关键要看保理人的主观样态。

“保理法律关系中债权人与债务人虚构应收账款，也并不必然导致保理合同无效，判断标准在于保理人是否明知应收账款系虚构”① 实践中，也有不少判例中将“保理人因过失未发现应收账款债权虚假”作为否定成立保理合同关系的事由。②③

保理人明知应收账款债权虚假而签订保理合同的，不成立保理合同关系。这在司法实践中已达成高度的共识。甚至有观点认为，只有保理人明知虚假才会影响保理合同关系的判断。④ 目前，分歧主要集中在对保理人是否“明

---

① 参见最高人民法院民事裁定书，(2020) 最高法民申5893号。还可以参见2023年第二届长三角金融审判典型案例之三、2023年上海高院第二批参考案例第158号案例（案号为上海金融法院2019沪74民初553号、上海市高级人民法院2021沪民终236号）。该案中，上海浦东经侦支队曾经对保理人分管风险控制的领导郑某、资金经理张某进行询问。二人均表示明知虚假而开展的保理业务。最终本案被判定为“名为保理，实为借贷”。类似案例还可以参考上海金融法院民事判决书，(2020) 沪74民终515号。该案中，应收账款债务人报案，公安部门对保理人业务人员进行询问，业务人员表示涉案《商品采购合同》真实加盖有双方公司的公章，合同在形式上是真实的，但是该合同实际上是没有贸易背景的；保理人名义上是基于应收账款债权人对应收账款债务人存在应收账款，才对应收账款债权人放款350万元，实际上，应收账款债权人不具有应收账款。据此，一审法院认为，“根据保理人业务人员在上海市公安局经侦总队的询问笔录中可见，保理人在签订《保理合同》时对《商品采购合同》没有真实贸易背景的事实完全知悉”，最终认定保理合同“无效”。

② 司法观点参见茆荣华主编：《上海法院类案办案要件指南》(第4册)，人民法院出版社2021年版，第481页，“应收账款债权人虚构应收账款获取融资，保理人未尽合理的注意义务，未对基础交易进行必要的审查”是保理合同的无效事由。这里的无效就是不成立保理合同关系的意思。

③ 参见2022年山东法院商事审判十大典型案例之案例2。该案中，人民法院认定不构成保理合同的理由之一就是“保理人也未合理履行作为保理商的审慎义务”，具体为“保理人在办理涉案保理业务时并未审核《邮政国际业务代办服务合同》的实际履行情况，也未向应收账款债务人确认应收账款的真实性、具体数额、还款日期等内容。且保理人在一审期间提交的《尽职调查报告》在单据与账目审核方面存在重大瑕疵。因此，保理人并未履行保理商应有的审查义务，其承担相应的法律后果”。但笔者经检索发现，在济南市中级人民法院审理的另一起也是针对《邮政国际业务代办服务合同》引发的保理合同纠纷中，保理人没有取得应收账款债务人的确权，法院认为构成保理合同关系。参见山东省济南市中级人民法院民事判决书，(2021) 鲁01民初1174号。

④ 参见最高人民法院民事判决书，(2022) 最高法民终284号。最高人民法院在该案中认为，“依据《民法典》第七百六十三条的规定，基础交易虚假只有在保理人明知的情况下，才会影响保理合同的效力”。此处的“影响保理合同的效力”，严格来说就是指影响保理合同的“成立”。

知”的认定标准方面。①

2. 应收账款无法转让

应收账款债权没有虚构但客观上无法转让的，也会影响保理合同关系的成立。

（1）“不具有合理可期待性”而无法转让

这在将有应收账款保理业务中比较常见。

转让将有应收账款债权，本身不会影响成立保理合同关系。② 只不过在监管实践中，银行保理人不允许针对将有应收账款债权发放保理融资。③ 但也有观点认为，监管限制并不影响保理合同关系本身的成立以及应收账款债权本身的转让。④ 为了兼顾银行保理的监管要求，《民法典》将“应收账款包括已经发生的和将来发生的债权”（草案第552条之一第2款）调整为“现有的或者将有的应收账款”（《民法典》第761条）。

但约定受让的将有应收账款债权不具有“合理可期待性”的，一般不成

① 参见2023年《广州市南沙区人民法院融资租赁合同纠纷和商业保理合同纠纷案件审判白皮书》第11页。

② 在前《民法典》时代就有类似观点，参见最高人民法院民事判决书，(2018) 最高法民终31号。该案中，银行保理人签订保理合同时，应收账款债权人和应收账款债务人尚未建立煤炭买卖合同关系，保理合同所约定的应收账款债权并未成立。最高人民法院指出，在保理融资合同先于应收账款债权设立的情况下，如果后设立的应收账款债务人对该保理融资合同约定的债权予以确认或者追认，属于当事人对自己民事权利义务的处分，并不损害他人合法权益，也不违背公序良俗，人民法院不应以此否定保理融资合同的效力，债务人也不应以此抗辩免除相应的民事责任。

③ 《商业银行保理业务管理暂行办法》第13条第1款规定：商业银行应当根据自身内部控制水平和风险管理能力，制定适合叙做保理融资业务的应收账款标准，规范应收账款范围。商业银行不得基于不合法基础交易合同、寄售合同、未来应收账款、权属不清的应收账款、因票据或其他有价证券而产生的付款请求权等开展保理融资业务。《关于加强银行保理融资业务管理的通知》第6条：银行不得基于以下内容开展保理融资：不合法基础交易合同、代理销售合同、未来应收账款、权属不清的应收账款、因票据或其他有价证券而产生的付款请求权等。其中，未来应收账款是指依据合同项下卖方的义务未履行完毕的预期应收账款。

④ 参见湖北省汉江中级人民法院民事判决书，(2017) 鄂96民终300号。法院认为，《商业银行保理业务管理暂行办法》系部门规章，涉案债权转让不属于《合同法》第79条（现《民法典》第545条第1款）规定的不得转让的情形，亦未违反其他法律禁止性规定，应属有效。

立保理合同关系。[①] 背后的依据可能在于，如果在涉诉期间都无法证明实际产生了多少应收账款债权，意味着在法律上并不存在相关债权。如何判断是否具有合理可期待性？有观点认为，需在个案中结合基础交易行业、交易标的、交易对手等具体情况进行判断。[②] 如果部分应收账款债权已实际形成，部分不具有合理可期待性的，并不影响保理合同性质，仅否认不具有合理可期待性债权的可让与性（也就是这部分债权未实际转让）。[③]

（2）与非债权人约定受让

司法实践中还出现保理人与应收账款债务人约定“受让”应收账款的现象，也不成立保理合同关系。[④] 这是因为，应收账款债务人并非应收账款债权人，并不享有应收账款债权，因此客观上保理人就不可能受让应收账款债权，当事人真意显然不是形成保理合同关系。

这类操作，在反向保理业务中比较常见。保理人务必注意：在反向保理中，签约相对方是应收账款债务人，但应收账款债务人申请的是融资额度，实际获得融资的一般依然是应收账款债权人。因为应收账款债权是债权人的，谁给应收账款债权，保理人就给谁钱。实务中，就算资金的实际使用方是应收账款债务人（例如正向保理合同约定收款账户是应收账款债务人的账户），但在交易结构上，至少也要构建出应收账款债权转让路径。

---

① 参见上海市高级人民法院民事裁定书，(2016) 沪民申 2374 号。上海市高级人民法院认为，二审法院结合民法基本原理及商业惯例等因素，综合认定系争《商业保理申请及协议书》约定之未来应收账款不具有合理可期待性及确定性，故其不具可转让性，应收账款债权人与保理人之间不能成立商业保理法律关系，并无不当，该院亦予确认。

② 参见茆荣华主编：《上海法院类案办案要件指南》（第 4 册），人民法院出版社 2021 年版，第 468 页。

③ 参见上海金融法院民事判决书，(2023) 沪 74 民终 73 号。法院认为，未来应收账款办理保理业务应当具备合理可期待性和相对确定性。因为案涉应收账款债权在保理合同签订时不具有合理可期待性或确定性，故其不具有可转让性，因而仅否定应收账款债权的转让。

④ 参见北京市高级人民法院民事判决书，(2019) 京民终 1433 号。该案中，双方虽然签订了保理合同，但从“应收账款债权人”提交的所谓基础合同来看，“应收账款债权人”其实是买方，不是应收账款债权人而是债务人，其根本不享有应收账款债权，并无可能向保理人转让应收账款债权。一审法院认定构成名为保理实为借贷，二审法院予以维持。

（3）无应收账款转让约定

依据《民法典》第761条关于保理合同的定义，应收账款债权转让条款是保理合同的必备条款。“保理合同”如未出现应收账款转让的任何约定，显然不构成保理合同关系。①

（4）约定的转让条件未满足

保理合同约定在满足某种特别的条件（如付款、登记、交接指定文书）后，应收账款债权才会转让。如果相关条件未成就（体现为保理人无法举证证明相关条件已经成就），应收账款债权在法律上就没有转让，进而影响保理合同性质的认定。② 实务中需要注意，应收账款债权转让的条件不要约定得太苛刻。

（5）同时或仅办理质押登记

在前《民法典》时代，转让登记未被赋予完整的对抗效力，彼时的保理人为了追求“双保险”，往往既办理转让登记又办理质押登记，而针对这种权宜之计，过去的司法实践有认可构成保理合同关系的，③ 也有不认可的。④

彼时也有保理人仅办理了“应收账款质押”登记，有的法院认为此时并

---

① 参见广东省深圳市南山区人民法院民事判决书，(2018) 粤0305民初11539号。该案中，双方签订《关税、增值税应收账款保理总体授信协议》，但协议中并无应收账款转让的约定，被法院认为实为垫付海关税款并收取手续费的借款合同关系。

② 参见最高人民法院民事判决书，(2020) 最高法民终907号。该案中，保理合同约定自应收账款债权人提交确认的《应收账款转让确认函》起，应收账款债权人将其商务合同项下享有的应收账款转让给保理人。但该案中，应收账款债权人始终未向保理人提交该《应收账款转让确认函》。最高人民法院认为，保理人在未收到《应收账款转让确认函》及部分发票、证明的情况下，即为应收账款债权人开具银行承兑汇票，提供了保理融资服务……放弃了双方预先设置的“先受让应收账款，再提供融资服务”的风险防控手段……保理人在履行过程中将保理合同事实上变成了一般借款合同。

③ 参见最高人民法院民事裁定书，(2019) 最高法民申1821号。该案中，最高人民法院既认可了保理合同的效力，又认可了质权已经设立。

④ 参见泰州市中级人民法院民事判决书，(2017) 苏12民终442号；山东省高级人民法院民事判决书，(2017) 鲁民终338号。

不存在应收账款债权的转让，判断不成立保理合同关系。[①][②]

以上两类案件具有一定的时代特征，在当下再现的可能性不大。

（6）已被在先质押

《民法典》第445条第2款规定，应收账款出质后，不得转让，但是出质人与质权人协商同意的除外……从该条文的文义上看，如果一个债权已经被设定质押，除非取得质权人同意（可能性极低）再转让的，属于无权处分，不能发生新的转让效力，但“后手”的转让合同不会因此无效（因为无权处分不是合同无效事由）。[③] 这便是质押对后续处分行为效力的限制。司法实践中，有保理人约定受让已被设定质押的应收账款债权，法院认定不构成保理合同关系。[④]

但“质押限制转让处分行为”的规则正被逐步瓦解。《民法典担保部分解释》第66条第1款规定，同一应收账款同时存在保理、应收账款质押和债权转让，当事人主张参照《民法典》第768条的规定确定优先顺序的，人民

---

① 参见湖北省鄂州市中级人民法院民事判决书，(2014) 鄂州中民二初字第00008号。该案中，双方当事人在履行合同过程中，被告应收账款债权人并未转让应收账款，而是以应收账款进行质押担保贷款，并先后办理了两次应收账款质押登记手续。法院据此认为，“该应收账款转让行为并未生效，原告保理人并未取得应收账款的所有权，保理合同缺乏生效的必要条件，而后原告保理人依约发放了贷款，双方当事人实际就合同主要约定履行了相关权利和义务，保理合同已转变为一般的金融借款合同”。二审湖北省高级人民法院民事判决书，（2015）鄂民二终字第00018号虽有改判，但未推翻“名保实贷”的认定。

② 参见广东省深圳前海合作区人民法院民事判决书，（2017）粤0391民初2047号。该案原告保理人虽与被告应收账款债权人签订《保理业务合同》，但被告并未将涉诉的应收账款转让给原告，而是将涉诉的应收账款质押给原告，法院认为不符合保理合同的特点，本案涉及法律关系名为“保理”实为民间借贷。

③ 实践中，也有法院认为后手的转让合同本身也无效，典型案例参见重庆市渝北区人民法院民事判决书，(2016) 渝0112民初1666号。法院认为，4被告签订《债权转让协议》，将已设立质权的应收账款进行了转让，违反《物权法》的强制性规定，该协议无效。

④ 参见宝鸡市中级人民法院民事判决书，(2015) 宝中法民二初字第00069号。法院认为，在该案中，保理人与应收账款债权人虽然签订了保理合同，但应收账款债权人于2013年6月17日、6月28日、7月3日分别给应收账款债务人发债权转让通知书时，应收账款债权人已经于2012年10月18日将应收账款质押给了××银行，该质押被陕西省高级人民法院（2014）陕民二终字第00115号判决书认定为有效，故在该案中，应收账款债权人给保理人的债权转让无效。因应收账款债权人给保理人的债权转让无效，故保理人与应收账款债权人之间签订的合同不符合保理合同的构成要件，双方之间实为借款合同法律关系。

法院应予支持。可见，先被质押后被转让的，如果先后办理了登记，后手的"转让"并非无效，而仅仅处于一个受偿顺位劣后的地位。

因此，今后违反《民法典》第445条第2款的，不宜据此否定保理合同关系。

3. 与应收账款缺乏关联

如前所述，有追索权保理人能否行使追索权，取决于应收账款债务人的履约情况。这就意味着保理融资款的放款额度、归还期限与应收账款的额度、履行期限需要与应收账款债务存在必要的联系。不存在对应关系的，可能不构成保理合同关系。

实践中，"不存在对应关系"常见于应收账款还款期限与有追索权保理融资期限无关联，具体包括：应收账款债权没有到期日，保理融资本息收取与应收账款回款无关联；① 应收账款到期日过分早于融资期限届满日，甚至早于保理合同签订日。② 但应收账款到期日晚于保理融资期限但有合理解释的，不影响保理合同的成立。③

已经到期的逾期债权，不宜开展有追索权保理业务，因为逾期债权的履

① 参见最高人民法院民事判决书，(2019) 最高法民终1449号。该案中，保理合同或转让通知都未载明应收账款的账期等详细信息，且应收账款债权人实际上是依照固定的融资期限而非依照应收账款的履行期限偿还本息，融资期限与基础债权债务关系的履行期限不具有关联性，亦不符合保理法律关系的基本特征，故最高人民法院认为不构成保理合同关系。

② 参见上海金融法院民事判决书，(2021) 沪74民初3857号。该案中，基础交易合同是房屋买卖合同，均网签于2020年4月至2021年1月。而案涉保理合同签订时距签署时间最早的一份《房地产买卖合同》已经过1年有余，距签署时间最晚的一份《房地产买卖合同》的时间也超过了近4个月，均已超过了该些基础合同约定的房屋尾款支付时间。法院认为，"对于如此明晰可见的尾款支付日期条款，作为保理商的××公司并未尽到基本的形式审查义务，其在接受应收账款债权人的保理业务叙作申请时，针对案涉应收账款明显已超出合同约定的合理付款时间的情况，既未要求应收账款债权人作出相关说明，亦未要求应收账款债权人进一步提交材料以核实应收账款是否仍真实存在，即向应收账款债权人发放保理融资款，反映出保理人实质上对于应收账款是否真实存在并不关心"。最终认定构成借款合同关系。

③ 参见上海金融法院民事判决书，(2021) 沪74民终138号。该案中，应收账款到期日晚于保理融资期限，保理人解释称应收账款债务人享有提前付款的权利，且保理人在应收账款到期后才主张权利，人民法院认为该解释具有合理性。

行期限是零，无法与有追索权保理业务形成关联。实践中确有保理人受让逾期债权，但一般存在对外再次转让的情形。①

4. 暗保理

暗保理就是还没有通知应收账款债务人的保理业务。转让通知不是义务，什么时候通知应收账款债务人，均属于保理人或应收账款债权人的权利。

没有转让通知并不影响应收账款债权本身的转让，因而暗保理一般不影响保理合同关系的认定。但在司法实践中，依然有法院以“没有通知到债务人因此保理业务实际上无法从债务人处受偿”为由，否认成立保理合同关系。② 有的暗保理合同被认定为借款合同，更多是因为合同本身的约定不符合保理的特征，“暗保理”本身不宜背锅。③

5. 仅提供单项服务

《民法典》第761条罗列了4项保理人可提供的服务，但未限制提供服务的最低数量，所以从逻辑上看，只要提供了一项服务就可以构成保理合同关系。

但实践中，如果保理人仅提供融资服务，可能会影响保理合同关系的

① 参见青岛市平度市人民法院民事判决书，(2023) 鲁0283民初8817号查明的案件事实。该案系不良资产追偿纠纷。该案中，被告A在原始的《借款协议》项下仅按照约定还款14期，逾期后由B公司代偿，B随后将对被告的债权、追偿权及相关从属权利全部转让给上海某商业保理有限公司C，之后C又将债权转让给北京某投资管理有限公司D。

② 参见上海市虹口区人民法院民事判决书，(2014) 虹民五（商）初字第69号；武汉市青山区人民法院民事判决书，(2015) 鄂青山民二初字第00294号；苏州市虎丘区人民法院民事判决书，(2016) 苏0505民初5939号；西安市灞桥区人民法院民事判决书，(2021) 陕0111民初4159号；2024年兴宾区法院金融审判十大典型案例之四原告某银行来宾分行诉广西某建筑劳务有限公司金融借款合同纠纷案，参见(2023) 桂1302民初7180号民事判决书。

③ 参见上海金融法院民事判决书，(2023) 沪74民终2118号。该案中，保理人与应收账款债权人签订了《隐蔽型有追索权国内保理合同》，但法院认为“涉案协议虽约定应收账款债权人将其在国内销售某某项目中对购房人的应收账款转让给保理人，保理人向应收账款债权人提供融资，但协议仍约定了应收账款债权人在指定的融资期限内按季向保理人支付季度利息及咨询费，实际上应收账款债权人也履行了部分还款义务，且并无任何证据显示保理人对拟转让的应收账款进行了管理、催收，相反，各方间的权利义务更符合借贷关系的特征”。

成立。[1] 其背后的逻辑其实也是保理人在合同或者实操中过于强调“融资—还款”，而没有对应收账款债权本身给予必要的重视，归根结底，还是保理融资债务与应收账款债权的关联度较低的问题。

6. 通道业务

通道型保理业务有两种典型，一种是保理人作为通道方，也就是钱由他人提供但借保理人之手融出；另一种是应收账款债权人作为通道方，也就是应收账款债权人并非实际资金使用方，实际使用人借应收账款债权人之手将款项融入。保理人作为通道方的，相关保理合同可能被认定构成借款合同，[2] 应收账款债权人作为通道方的，相关合同也可能会被认定构成借款合同。[3]

7. 其他问题

应收账款债权人未按约定使用保理融资款的，一般不影响保理合同关系的认定。保理合同对于追索权设定了金额上限，不影响保理合同关系的认定。[4]

---

① 参见湖南省长沙市中级人民法院民事判决书，(2020) 湘01民终9561号。法院认为，保理人实际履行《商业保理合同》仅体现在保理融资方便，并不涉及其他保理业务环节，不符合保理业务的实质特征，因此本案属于“名为保理，实为借贷”性质；参见湖南省岳阳市中级人民法院民事判决书，(2022) 湘06民终1522号。法院认为，“《国内保理业务合同》保理人的主要义务是向应收账款债权人提供保理融资款，而未提供其他金融服务，应收账款债权人的主要义务是按约定用途使用保理融资款、支付保理业务服务费等合同约定的费用以及在保理期限届满后偿还保理融资款本金等，并未约定将应收账款债务人支付的应收账款作为保理融资的第一还款来源，相反，还款义务人是应收账款债权人。《国内保理业务合同》内容上并不具有保理合同的典型特征”。

② 参见上海市高级人民法院民事裁定书，(2018) 沪民申3099号。

③ 参见2023年第二届长三角金融审判典型案例之三、2023年上海高院第二批参考案例第158号案例（案号为上海金融法院2019沪74民初553号、上海市高级人民法院2021沪民终236号案）。该案中，应收账款债权人辩称其只是为了帮助和配合第三人江铜××公司走账，并非借款人，也未实际占有和使用该资金，不应承担还款责任。保理人明知应收账款债权虚假，人民法院最终判决保理合同为借款合同，同时判决“应收账款债权人”为借款人，应当偿还本息。

④ 参见2022年度无锡法院金融审判十大典型案例之案例5“A融资公司与B公司保理合同纠纷案”，无锡市锡山区人民法院民事判决书，(2021) 苏0205民初3199号。该案中，保理合同约定追索权最大值为应收租赁款转让金额总额的11%。应收账款债权人公司辩称，因双方对追索权上限进行了约定，不能适用《民法典》有关有追索权保理的法律规定，保理人应当承担因承租人违约无法回收应收租赁款的部分风险，无权主张保理款本息余额。法院认为，当事人有权在保理合同中对追索权上限进行合法有效的约定。该约定不能否定该保理合同有追索权的性质，保理人仍有权依法主张保理款本息余额。

（五）“前提说”的扬弃

有观点认为，“真实的应收账款债权是保理合同有效的前提”，笔者暂且称之为“前提说”。“前提”并非准确的法学术语，没有“前提”，是否就不成立保理合同关系？保理合同就无效？结合前文论述，有必要汇总讨论一二。

1. 类比：无货可供的买卖合同

能不能说“买卖合同是以真实货物转让/交付为前提的合同”？如果不存在真实的货物，那买卖合同是否就不成立或者无效？

出卖人无货可供，首先是出卖人的违约问题。如果出卖人一开始就抱着“骗钱”的目的（也就是不以签订买卖合同为目的）签约，则属于合同欺诈问题。这样的合同在买受人行使撤销权之前依然有效。作为欺诈人的出卖人无权行使撤销权。

倘若出卖人与买受人通谋虚伪表示，明知无货可供，所签订的“买卖合同”因为通谋虚伪表示无效。倘若出卖人或买受人一方并非真心签订买卖合同，属于真意保留，除非对方明知（无须共同的故意），买卖合同性质与效力不受影响。

不成立买卖合同关系的，法院依据意思表示解释规则，会重新认定“买卖合同”的法律性质，并独立评价新法律关系的效力。例如，名为买卖实为担保，名为买卖实为借贷。

2. 运用：保理合同关系的破与立

在保理合同关系中，如果应收账款债权人虚构应收账款骗取融资，属于真意保留，只要保理人非明知，保理合同关系与效力不受影响。如果应收账款债权人与保理人共同虚构应收账款债权，则保理合同无效，一般构成借款合同关系。

在应收账款债权真实的情况下，保理人因为自身原因未能受让应收账款债权的，主观上属于“重过失”，个别法院也会认定不构成保理合同关系（“无效”）。

3. “前提说”误解了保理合同的性质

将应收账款债权的实际转让与合同成立挂钩，相当于将保理合同视为实践性合同。

合同以诺成性合同为原则，以实践性合同为例外且须为法定。《民法典》上典型的实践性合同有两种，自然人之间的借款合同（《民法典》第679条[①]）和定金合同（《民法典》第586条第1款[②]）。保管合同并非纯粹实践性合同，因为允许当事人约定排除（《民法典》第890条[③]）。而保理合同并无类似规定，因而保理合同是诺成性合同，不以“保理人实际支付融资款”或“应收账款债权人实际转让债权”作为合同的成立要件。

四、无效及不成立的后果

因“不成立”与“无效”的法律后果十分接近，本着结果导向，本书合并撰写。保理合同被判定无效或不成立保理合同关系的，保理人在融资收益、可要求违约方承担之费用、担保权效力等方面均可能遭受不利影响。

（一）“名保实贷”

有追索权保理合同若不构成“保理合同”关系，则最有可能构成的就是借款合同关系，这便是实务中常见的“名保实贷”。需要再强调一下，大量裁判文书将此种情形描述为“保理合同的无效”，其本意是“不成立保理合同关系”，因为法律行为无效事由是法定的，客观上有没有应收账款债权不是合同“无效”的事由。

“名保实贷”后，保理人可供支持的最高利率上限可能会被下调。作为出借人的保理人若非金融机构，相关借款合同属于“民间借贷合同”，利率

---

① 《民法典》第679条规定：自然人之间的借款合同，自贷款人提供借款时成立。

② 《民法典》第587条第1款规定：当事人可以约定一方向对方给付定金作为债权的担保。定金合同自实际交付定金时成立。

③ 《民法典》第890条规定：保管合同自保管物交付时成立，但是当事人另有约定的除外。

限制为一年期贷款市场报价利率的4倍。[①] 作为出借人的保理人是金融机构，相关借款合同为“金融借款合同”，利率限制为年利率24%。而如果是“保理合同”，依据《最高人民法院关于新民间借贷司法解释适用范围问题的批复》，则不受贷款市场报价利率的4倍的限制。实践中，一般类推适用金融借款的利率上限，不超过年利率24%。

（二）失去应收账款

1. 未受让应收账款债权

如果保理合同被判定为绝对无效，则应收账款债权必然无法发生转让。

如果保理合同被认定为“名保实贷”，则合同可以继续有效，但合同性质转变为借款合同，原先的债权转让条款不成立（不生效力），保理人自然无法受让应收账款债权，“保理人无权请求应收账款债务人承担应收账款债务”[②]。

但笔者有一种假设：有追索权保理合同是具有担保功能的合同，转让应收账款的目的就是担保融资所形成的债务。“保理债务”转变为“借款债务”。[③] 考虑到融资利息标准下调，“新”的债务反而更轻，在应收账款债权真实的前提下，未尝不可以考虑将原有的应收账款债权作为对借款合同的让与担保。在司法实践中，确实也有应收账款债权真实但被判定“名保实贷”的案例，只是遗憾的是诉请不涉及应收账款债务人，法院未在此问题上展开

---

① 《关于审理民间借贷案件适用法律若干问题的规定》（2021年）第28条第1款：借贷双方对逾期利率有约定的，从其约定，但是以不超过合同成立时一年期贷款市场报价利率四倍为限。在金融市场中，贷款市场报价利率是指由各报价行根据其对最优质客户执行的贷款利率，按照公开市场操作利率加点形成的方式报价，由中国人民银行授权全国银行间同业拆借中心计算得出并发布的利率。贷款市场报价利率可以在“中国人民银行”官网中的“货币政策司”“货币政策工具”“利率政策”中查询，也可以在“全国银行间同业拆借中心”（“中国外汇交易中心”）官网中的“LPR市场公告”查询。

② 参见刘贵祥：《关于金融民商事审判工作中的理念、机制和法律适用问题》，载《法律适用》2023年第1期。

③ 在实务中，“借贷”与“借款”几乎是同义词，仅有使用习惯上的区别。例如，民事案由区分了“民间借贷纠纷”与“金融借款合同纠纷”。而在法学上，“借贷”是一个专门术语，分为使用借贷和消费借贷，外延远广于“借款”。

讨论。[①] 如果保理合同被判定为绝对无效，则不必考虑这方面问题。

2. 无法适用《民法典》第763条

如果“保理合同”被认定为无效合同或不成立保理合同关系，意味着不能适用《民法典》“保理合同”一章的规定，也就无法获得第763条的保护。

3. 无法适用《民法典合同编通则解释》第49条

因为债权转让约定无效或者不成立，保理人也不能获得《民法典合同编通则解释》第49条第2款的保护。该款规定，受让人基于债务人对债权真实存在的确认受让债权后，债务人又以该债权不存在为由拒绝向受让人履行的，人民法院不予支持。但是，受让人知道或者应当知道该债权不存在的除外。该款是适用于所有债权转让的规则，不限于保理合同。

（三）维权费用减额

实践中，融资债务性质的变换，法院支持的律师费诉请金额也可能下降。[②]

（四）争议解决条款

《民法典》第507条（原《合同法》第57条）规定，合同不生效、无效、被撤销或者终止的，不影响合同中有关解决争议方法的条款的效力。背后的原因在于，管辖条款或仲裁条款有一整套独立的无效规则。实践中，合同无效或不成立保理合同关系的，争议解决条款一般不会被认定无效。但这不妨碍应收账款债务人据此组织管辖权异议的理由。[③]

---

① 参见上海市高级人民法院民事判决书，（2019）沪民终469号。该案中，保理人为融资租赁公司，因案涉保理业务不符合“与主营业务相关”的要求，被法院认定构成“名保实贷”，且保理人“虽无贷款资质，但并没有以发放贷款作为其主营收入，系争借款依法有效”。

② 参见上海市第一中级人民法院民事判决书，（2018）沪01民初596号/上海市高级人民法院民事判决书，（2020）沪民终32号。该案为融资租赁合同纠纷，但依然有参考价值。法院最终判定案涉合同构成“名租实贷”，原告实际支出律师费为20万元，法院最终支持10万元。二审法院并未将此作为争议焦点，维持原判。

③ 参见最高人民法院民事裁定书，（2015）民二终字第133号。该案中，应收账款债务人认为保理人与应收账款债权人“恶意串通互相勾结，无实质贸易背景，其目的为恶意骗取应收账款债务人对保理合同进行担保”，所以保理合同无效，管辖条款也无效。最高人民法院直接援引《合同法》第57条（现《民法典》第507条，略有调整），认为保理合同管辖条款不受影响。

当事人在保理合同中约定仲裁条款，但合同被认定构成借款合同后，仲裁委员会是否继续处理新的借款合同关系，实务中存在争议。一些仲裁委员会会裁定驳回仲裁申请。①

（五）担保人责任

保理合同被认定构成借款合同的，原先的担保合同会继续有效，担保人应当继续承担担保责任，担保人不会“免责”。

背后的原因在于，保理合同“名保实贷”的，并非保理合同“无效”，而是不成立“保理合同关系”。担保人据此继续承担担保责任，与《民法典》第388条的“主合同无效，从合同也无效”规则不矛盾。在司法实践中，也有法院没怎么论述直接判决担保人就“借款合同”债务继续承担担保责任。②

而且“名保实贷”不会加重所担保的融资债务金额，相反，如果“名保实贷”适用民间借贷的利率限制，债务金额反而还更低，担保人反而还会“减责”。

（六）其他影响

在某起刑事案件中，被告人秦某利用其担任A公司法定代表人、董事长的职务便利，于2015年11月20日，以A公司作为借款人与保理人签订借款合同，金额为4000万元。在秦某操纵下，由A公司作为委托人、B公司作为代理人实际接收该4000万元，并用于B公司日常经营及资金周转，案发后仍未归还。秦某是B公司实控人。法院认为，保理人违规从事借款合同，合同无效，因而案涉4000万元不属于A公司财产，秦某不构成挪用资金罪。③

---

① 参见昆明市西山区人民法院民事判决书，（2021）云0112民初12794号。该案是错误保全损害赔偿纠纷。保理人在一起仲裁案件中保全被申请人。后因为在仲裁程序中被认定“名为保理实为借贷”，而被驳回仲裁申请。被申请人据此认定保理人构成错误保全。该民事判决书披露了仲裁裁决书的部分内容。

② 参见上海金融法院民事判决书，（2021）沪74民初3857号。关于是否继续对借款合同债务承担担保责任的问题，法院认为“担保人的该抗辩意见，缺乏法律依据，本院不予支持。本院认为，担保人应当按照其出具的《担保书》，对借款人（原应收账款债权人）的本案债务向原告承担连带保证责任”。

③ 参见新疆维吾尔自治区克拉玛依市克拉玛依区人民法院刑事判决书，（2020）新0203刑初98号。最终被告人被判决构成背信损害上市公司利益罪，因为A公司为上市公司。

第四章　应收账款债权

一、应收账款和金钱债权

“应收账款”是一个会计学术语，“债权”是一个法学术语，因会计学与法学的理解角度不同，在实操中难免产生一些理解与适用上的问题。

（一）法律角度

1. 理解依据

在法律层面理解“应收账款”，主要依据是《动产和权利担保统一登记办法》（2022 年）。该办法第 3 条第 1 款规定，应收账款是指“应收账款债权人因提供一定的货物、服务或设施而获得的要求应收账款债务人付款的权利以及依法享有的其他付款请求权，包括现有的以及将有的金钱债权，但不包括因票据或其他有价证券而产生的付款请求权，以及法律、行政法规禁止转让的付款请求权”[①]。但更重要的是第 2 款，“本办法所称的应收账款包括下列权利……（五）其他以合同为基础的具有金钱给付内容的债权”。由此可知，《动产和权利担保统一登记办法》（2022 年）不再纠结于应收账款的对待给付内容到底是“服务”“货物”或其他，明确了应收账款债权是以合同

---

① 《商业银行保理业务管理暂行办法》第 8 条规定也有类似应收账款的定义，是指“企业因提供商品、服务或者出租资产而形成的金钱债权及其产生的收益，但不包括因票据或其他有价证券而产生的付款请求权”。这样的定义也复现于已废止的《应收账款质押登记办法》等同时代的规范性文件。这类着眼于既往业务的总结性定义虽然没错，但无法很好面对一些“新型”债权是否属于应收账款债权的命题。也就是对于成熟业务起不到作用，对于新锐业务没有指导作用，实务界需要一个更有生命力的定义。

为基础所生的金钱债权。"以合同为基础"，外延广于依据"合同"产生的应收账款。

在司法实践中，约定受让非合同所生的金钱债权的（如出口退税债权①、政策性补贴债权②等），也都有开展保理或质押业务的先例。

2. 金钱债权

与"应收账款"匹配的法学概念是"金钱债权"。金钱债权是指以给付金钱为履行内容的债权，因而"应收账款"必然是金钱债权的一种。从这个角度来说，"应收账款"与"应收账款债权"为同义词。为突出应收账款的金钱债权属性，本书一般采用"应收账款债权"的表述。

在立法上，《民法典》沿用原《物权法》的用语习惯，③ 在担保物权分编和保理合同章使用"应收账款"概念，在合同编总则部分，采用金钱债权/债务的表述。④ 梳理二者关系，有助于理解《民法典》第545条第2款关于

① 保理业务参见天津市南开区人民法院民事判决书，(2022) 津0104民初8038号，质押业务参见北京金融法院民事判决书，(2021) 京74民初125号。

② 例如，《农业农村部、财政部关于做好2022年农业生产发展等项目实施工作的通知》中指出，中央财政安排农业生产发展资金、农业资源及生态保护补助资金、动物防疫等补助经费、渔业发展补助资金，支持深化农业供给侧结构性改革，加快农业农村现代化建设，全面推进乡村振兴。司法实践中，也已经有资方就上述补贴设定质权并发生执行异议的争议，典型案例参见 (2023) 辽72执异11号。该案系执行异议案件，投资方就渔业补助设定了质权，补助款被保全后，投资方并以质权人身份提起执行异议。执行申请人以"渔业补助（远洋渔船国际履约能力提升补助资金）属于国家补贴，不符合《动产和权利担保统一登记办法》对应收账款的规定，不属于应收账款"为由反驳，但法院最终还是支持了质权人执行异议的请求。

③ 在《担保法》时代，立法者以"我国正向社会主义市场经济过渡"为由明确排斥金钱债权质权。到了《物权法》时代，鉴于各类金钱债权，例如高速公路、隧道收费权、出口退税、基础设施项目"收益权"、高校公寓收费权等已经被司法实践所认可，或者已经在商业实践中广泛采用，作为回应，立法者决定增列应收账款质权。但鉴于实践中几乎没有合同采用"金钱债权"的表述，在迎合现实需求的同时，配合审慎和保守的立法技术，《物权法》《民法典》均没有采用内涵和外延更广的"金钱债权"质权这一表述。

④ 例如，《民法典》第545条第2款（可转让的债权）的表述为"金钱债权"，《民法典》第514条（金钱之债给付货币的确定）的表述为"以支付金钱为内容的债"，第579条（金钱债务的继续履行请求权）的表述为"金钱债务"。而能产生金钱之债的法律关系，除了合同以外，还有一些法定事由，例如侵权、无因管理、不当得利。在共有物分割、添附补偿等非典型债之关系中，也能产生金钱债权。此外，在实务中区分"货币债权"与"金钱债权"的意义不大。

金钱债权强制可让与性规则。

在前《民法典》时代，为规避原《合同法》（1999 年生效，2021 年废止）第 79 条（现《民法典》第 545 条第 1 款第 2 项）关于“当事人约定不得转让”等的让与禁令，实务界创造了“应收账款收益权”这一概念，预设的逻辑是“我方转让的不是债权本身，而是债权的收益权，因此不受禁止转让约定的影响”。但实践中交易各方的真实想法往往是行借贷之实。[①]“应收账款收益权”的内涵与外延全凭当事人约定，倘若权利内容与“应收账款债权”一致，则并无区分二者的必要。[②]

（二）会计角度

《企业会计准则—应用指南》的附录《会计科目和主要账务处理》中对应收账款科目的界定是“本科目核算企业因销售商品、提供劳务等经营活动应收取的款项”。但从《动产和权利担保统一登记办法》（2022 年）的“以合同为基础的具有金钱给付内容债权”角度来看，法律意义上的“应收账款”其实还可以存在于“应收股利”“应收利息”“长期应收”“其他应收款”“无形资产”等会计科目中。所以，法律意义上的“应收账款”，外延大于会计意义上的“应收账款”。

商务实践中，有观点认为应收账款存在于赊销交易（也就是“先货后款”）中，因此“先款后货”的基础交易合同无法产生“应收账款”。[③] 但从法律角度观之，“货”与“款”的先后顺序不影响法律意义上“应收账款债权”的判断。

---

① 典型案例参见湖南省祁阳县人民法院民事判决书，（2021）湘 1121 民初 473 号。此类××收益权转让交易，一般都有约定各类回购利率、收益利率，显然与普通的债权买卖合同不同。

② 其他业务领域的监管文件也尝试着对收益权进行定义。例如，《银行业信贷资产登记流转中心信贷资产收益权转让业务规则（试行）》（2016 年）第 2 条规定，本规则中信贷资产收益权是指获取信贷资产所对应的本金、利息和其他约定款项的权利。

③ 这一观点也曾出现在司法实践中，例如，在最高人民法院（2021）最高法民申 4612 号案件中，应收账款债务人作为再审申请人认为“保理合同关系成立的前提是基础交易真实存在”“《购销合同》中关于‘先付款后发货’的约定就否认了应收账款的存在”。最高人民法院并未采纳这一观点。

此外，因当事人视角不同，对相同应收账款的称谓也有所不同。对于应收账款债权人来说叫“应收账款”，对于应收账款债务人来说叫“应付账款”。本书除非有特殊场合，统称为“应收账款债权”。

(三) 适保性审查

适保性审查，就是审查“这个应收账款债权能不能做保理”。

判断拟受让的应收账款债权是否适格，可以从三个层面评估：第一个层面，是否符合本公司的要求；第二个层面，是否为监管所明令禁止受让；第三个层面是聚焦应收账款债权本身在法律上是否可以受让。

1. 第一层面：自身限制

第一个层面，需要结合本公司或集团要求，是否对特定行业、特定主体有限制性的业务准入要求。

2. 第二层面：监管限制

第二个层面，是否为监管规定所禁止。各级监管规章对于可受让的应收账款债权都有比较明确的规定，对于那些“一看就知道不能受让”的应收账款债权，如无效/不合法合同所生的应收账款、权属不清的应收账款、已被转让或者质押的应收账款、寄售合同所生应收账款，一般都不建议展业。

个别地区有更为严格的标准，例如，上海地区的监管政策禁止保理人受让借款合同债权以及各种“收益权”。①

3. 第三层面：民法限制

第三个层面，回归应收账款债权的法律属性本身，具体包括：

(1) 债权是否可特定

不能特定化的债权，不能转让。可特定的债权，就是具备完整要素的债权，这些要素包括应收账款债权当事人、金额、履行方式、履行期限。

对应收账款债权当事人的甄别，已如前述。实践中，如果相关交易涉及

① 《上海市商业保理公司监督管理暂行办法》第20条罗列了业务负面清单，其中包括不得基于“因借贷或投资形成的债权及其他收益权”开展保理融资业务。

招投标或者公开集采，一定要查阅公示信息。如果相关交易涉及政策性补贴，除了检索补贴政策外，还可以通过申请政府信息公开获得相关政策依据。

应收账款的金额可以是未来将要产生的总金额或者已经实际产生的金额。总金额的判断一般以合同约定为限（但也不绝对，建设工程闭口合同也可能会因为增量而上调工程款总价）；实际发生的金额一般以发票、对账单等为佐证。发票务必核验真伪，保理业务落地后也要定期复核，防止虚开。

审查履行方式，就是关注合同中约定的收款方或收款账户是否与应收账款债权人保持一致。

审查履行期限，应重点关注账期的起算点，即何时开始计算账期，例如收货以后、对账以后、开票以后、收到发票以后。基础交易合同对于账期可能会约定不清，例如约定“一季度一结”“据实结算”，此时可以结合既往交易数据估算交易习惯推断账期，然后确定保理融资期限。在条件允许的情况下，建议搜集与起算点相关的证据，如结算单据、物流凭证、快递凭证。

（2）债权是否可转让

注意审查是否为“法律”所禁止、基础交易合同是否有禁止转让的约定。关于应收账款债权的可让与性问题，容后详述。

（3）“合法债权”问题

“合法债权”并非民法上的命题，因为“债权”没有合法非法之分。

合同可以有效也可以无效，有效的合同和无效的合同都可以产生各自的债权。无效合同所生债权的保理问题，以建设工程保理行业最为典型。基于不法行为（侵权行为）所生的债权，合法有效，不能说这样的债权是“非法债权”。

4. 第四层面：信用风险

这个业务到底做不做，背后是商业上的信用风险测算问题。对于保理人来说，倘若信用风险极低，哪怕不满足上述标准，“落地也无妨”。

5. 其他方面

基础交易合同的管辖条款需要重点审查，用于提前预判今后追索债务人需要前往何机构解决，保理合同的管辖条款就需要与之相协调。再如送达条款，包括联系人、联系方式、邮编等，以便今后联系相关当事人以及签发应收账款转让通知。

(四) 发票的作用

发票在保理实务中有着非常重要的证明作用，因而有必要单列标题专门讨论。

1. 佐证已交货

依据《最高人民法院关于审理买卖合同纠纷案件适用法律问题的解释》(2021 年) 第 5 条规定“出卖人仅以增值税专用发票及税款抵扣资料证明其已履行交付标的物义务，买受人不认可的，出卖人应当提供其他证据证明交付标的物的事实。合同约定或者当事人之间习惯以普通发票作为付款凭证，买受人以普通发票证明已经履行付款义务的，人民法院应予支持，但有相反证据足以推翻的除外”。因此，出卖人（应收账款债权人）开具的增值税专用发票已被抵扣的，原则上可以作为已经交付标的物（“赊销”的前提）的证据，但可以被推翻。

2. 佐证应收账款金额

实务中主要靠发票判断已经实际形成的应收账款债权的金额。务必牢记，仅有发票是不够的，还需要注意根据实际情况，进一步收集对账单、发货凭证、沟通记录等材料佐证具体的金额。这是因为发票可能是虚开的，收集各类单据的目的是查明应收账款债权是否真实、特定。在融资租赁业务中，发票也是判断租赁物是否真实及租赁物价值的重要（但不是唯一）证据。

3. 确定应收账款债权

发票还有“切割”应收账款债权的功能。例如甲将 1000 万元的应收账款债权中的 200 万元转让给乙，300 万元转让给丙，乙丙如何从 1000 万元中“切割”出属于各自的 200 万元和 300 万元，在执行异议或破产程序中极具现实意义。可以考虑通过不同发票确定应收账款债权。“切割”本质上也是应收账款债权特定化的问题。

4. 测算应收账款账期

例如，基础交易合同约定“在开具发票之日起 N 日内支付货款”，则“开具发票之日”就是账期的起算日。应收账款账期对于保理融资期限的确定具有重要的参考意义。

5. 辅助转让通知

这一作用主要体现在两方面：

一方面，发票本身可以作为转让通知的载体。《天津市高级人民法院关于审理保理合同纠纷案件若干问题的审判委员会纪要（二）》第 2 条认可“发票上明确记载了债权转让主体和内容并实际送达债务人”的通知效力。①

另一方面，若保理人发出转让通知，所附的必要凭证一般包括发票。

6. 未开票与拒付抗辩

应收账款债务人能否以应收账款债权人没有开具发票为由拒绝付款？

从目前的司法实践来看，除非基础交易合同有明确约定（例如，约定自开票后××日/月付款、未开票则有权拒付货款等，仅约定“开票”“付款”的先后顺序），否则应收账款债务人不能以未开票为由拒绝付款。其理由在于，双务履行抗辩权一般不能针对违反附随义务的情形而行使。②

7. 不宜“迷信”发票

发票所具备的诸多实务作用，容易“麻痹”保理人。

在审查应收账款时，保理人应避免“发票为王”的心态，应当重点审查“应收账款债权”本身。实践中，发票虚开、重（换）开、作废之事屡屡发

① 实务中也有相反的观点，参见广州市中级人民法院民事判决书，(2019) 粤 01 民终 6731 号。

② 参见最高人民法院民事判决书，(2021) 最高法知民终 1264 号。该案虽为计算机软件开发合同纠纷，但背后的法理具有普适性。最高人民法院认为，开发协议并未约定以开具发票作为付款条件，发票的开具也并非合同明确约定的义务，债务人不能以债权人未履行开具发票的附随义务为由拒不履行付款的主要义务。参见最高人民法院民事判决书，(2020) 最高法民终 1310 号。最高人民法院认为，在案涉建设工程施工合同中，开具发票是债权人的附随义务，支付工程款是债务人的主要义务，债务人以债权人未履行开具发票义务作为不支付工程款的抗辩理由，没有合同和法律依据。

生，若没有其他材料佐证，应收账款债权就有虚构之嫌。

在动产融资统一登记公示系统（以下简称中登网）办理转让登记时，仅登记发票是不够的，还需要对应收账款进行完整描述。

在融资租赁业务中也有类似的问题。在融资租赁实务中，增值税专用发票又常被认为构成“货权凭证”，不少融资租赁出租人仅依靠发票判断租赁物（如机动车）的所有权归属，这是不充分的。出租人疏于对其他证明材料的收集，例如前端的买卖合同、履行合同的证据等。与保理一样，仅有发票并不足以单独证明存在真实的应收账款，也不能单独证明存在真实的租赁物或所有权的转让事实。

二、应收账款的转让

（一）立法回顾

宽松的债权转让规则，是保理业务发达的必备土壤，而我国的债权转让立法就是经历了“从无到有”和“从严到宽”的演进过程。从这个意义上说，我国保理业务的发展史，就是我国的债权转让发达史。

《经济合同法》（1985 年生效，1999 年废止）未规定债权转让的一般规则，同年生效的《涉外经济合同法》（1985 年生效，1999 年废止）第 26 条规定“当事人一方将合同权利和义务的全部或者部分转让给第三者的，应当取得另一方的同意”。而后的《技术合同法》（1987 年生效，1999 年废止）也未规定债权转让的一般规则。同年生效的《民法通则》（1987 年生效，2009 年修订，2021 年废止）第 91 条规定“合同一方将合同的权利、义务全部或者部分转让给第三人的，应当取得合同另一方的同意，并不得牟利……”①这些规则虽然搭起了债权转让制度的框架，但在那样的制度背景下，债权可让与性非常低，成规模的债权转让交易难以形成。

① 在当时特殊的时代背景下，此规定旨在防止利用债权转让而“倒卖”合同，扰乱国家计划经济秩序。

1999 年统一的《合同法》(1999 年生效，2021 年废止）生效后，“三大合同法”废止，我国进入债权让与的新时代。[①]《合同法》(1999 年生效，2021 年废止）第 79 条规定“债权人可以将合同的权利全部或者部分转让给第三人，但有下列情形之一的除外：(一）根据合同性质不得转让；(二）按照当事人约定不得转让；(三）依照法律规定不得转让”。《合同法》的进步之处在于，未再将债权转让与“债务人同意”或“牟利”挂钩，解放了债权转让的枷锁。但《合同法》第 79 条赋予“禁止让与约款”具有阻止债权转让的效力，这在客观上阻碍了债权让与金融产品的进一步发展。

《民法典》做到了“百尺竿头，更进一步”。该法第 545 条不仅延续了《合同法》(1999 年生效，2021 年废止）第 79 条第 1 款第 2 项的法旨，还完善了债权让与对第三人的效力，并赋予金钱债权强制可让与性。至此，禁锢作为金钱债权的应收账款债权的最后一道“封印”被解除。

(二）依据什么合同转让

应收账款债权依据基础交易合同“产生”，依据（再）保理合同“转让”，依据转让登记或转让通知强化转让的“对抗效力”。

在实务中需注意，应收账款债权并非由保理合同产生，再保理人办理转让登记时，不能仅办理初始“保理合同”的相关登记，也要对原始的应收账款债权转让进行登记。

(三）何时转让

1. 转让的前提：特定化

在现有应收账款债权转让的场合下，只有在债权实际形成后，方能产生实际转让的效果。背后的道理在于，转让的到底是哪笔债权，金额是多少都不知道，怎么能发生实际的债权转让效力？在应收账款质押业务中也一样，仅有登记并不意味着质权已设立，还需要判断作为质物的债权是否

① 关于《合同法》立法过程中的债权转让规则讨论，可参见孙礼海主编的《中华人民共和国合同法立法资料选》(法律出版社 1999 年版）一书。相关讨论分布于全书多个章节，极具参考价值。

特定化。①

而在将有应收账款债权转让的场合下，相关规则会有差异，容后详述。

2. 当事人之间：合意转让

《民法典》并未对债权的转让设定额外的限制，所以只要双方当事人达成意思表示一致，即可发生债权的实际转让效力。

这对我们实践中的启发是：（1）保理合同宜写明应收账款债权的转让时间，例如合同生效/签订日、保理融资款支付日、应收账款转让登记之日等。（2）应收账款债权转让的“前置条件”不宜约定过多或过于苛刻，影响应收账款债权的实际转让。（3）保理合同需要单独约定反转让的时间。关于何时反转让，实践中出现了一些问题。例如，有观点认为只要行使了追索权，保理人就会失去应收账款债权；② 再如，应收账款债权人支付了部分回购款，那应收账款债权是否能够等比例部分反转让。

意思主义规则在实践中会受到“合同倒签”的道德挑战。最高人民法院指出，“只要转让人和受让人意思表示一致，债权就由转让人转让给受让人了，而转让人和后来的受让人很容易通过共谋把时间提前，如把书面合同的落款时间提前。这种情况下，如果第一次转让和其后的转让相差时间不是很长，是鉴定不出来的，因此司法实践中如果严格按照‘先来后到’这个规

---

① 典型观点可参见湖北省恩施市人民法院民事判决书，（2023）鄂2801民初3104号。该案为一起应收账款质权人提起的执行异议之诉。法院认为，并不意味着只要办理了应收账款质押登记，质权即有效设立，登记仅是应收账款质押的形式要件。质权是否有效设立，权利人是否对应收账款享有优先受偿权，还应对作为质物的应收账款是否符合《民法典》规定的“特定的物”以及可“支配和排他”等实质要件进行审查。如应收账款不能特定化，权利人将不能进行“支配和排他”，则质权因缺少明确具体的质押标的物而不能有效设立。该案中，因为“质权人”与出质人之间关于应收账款的约定“没有明确载明应收账款的债务人、数量、期限以及产生应收账款的基础合同、基础合同的履行情况等可对应收账款进行特定化的基本要素”，法院认定质权不成立。

② 参见最高人民法院民事裁定书，（2017）最高法民申132号。最高人民法院认为“保理人已经在另案中请求应收账款债权人就该应收账款债权承担回购责任，另案生效判决已经支持了其诉讼请求，在此情形下，保理人对应收账款债务人不再享有该笔应收账款债权，故保理人又在本案中诉请应收账款债务人清偿债务缺乏请求权基础”。

则，很可能让作假的受让人获得债权，导致这一规则很难运用”①。因而需要通过转让通知以及登记制度予以修正。

3. 对债务人：通知转让

如果应收账款债务人并不知晓应收账款债权已经转让，又苛求应收账款债务人必须向受让人（保理人）付款才能清偿债务，各方当事人的关系就会紧张。为了平衡各方利益，需要区分“应收账款债权本身何时转让”与“对应收账款债务人来说，有没有转让”两个问题，区分的目的在于保护应收账款债务人。对应收账款债务人来说，如果没有收到转让通知，“合同上写的债权人是谁我就认谁”，此时应收账款债务人按照基础交易合同的约定付款的，当然产生清偿效力。如果实际收到的转让通知与债权实际转让的情形不同，就存在复杂的表见让与通知与表见清偿问题，笔者将在转让通知部分详述。

4. 对其他民事主体：登记对抗

应收账款债权转让本来只是应收账款债权人、应收账款债务人、保理人三方之间的事情，但如果应收账款债权人在外惹了一身债，它的债主就可能作为“第四人”依托法院的力量来分割应收账款债权，而转让登记就是让“第四人”知晓债权已经转让的重要方式。关于转让登记的细节问题，容后详述。

（四）转让的法律意义

1. 对于保理人的意义

（1）取得应收账款债权

取得应收账款债权，这样就有理由要求应收账款债务人付款。

（2）取得典型担保权利

《民法典》第 547 条第 1 款规定，“债权人转让债权的，受让人取得与债权有关的从权利，但是该从权利专属于债权人自身的除外”。第 2 款规定，“受让人取得从权利不因该从权利未办理转移登记手续或者未转移占有而受

① 参见《〈民法典合同编通则解释〉司法适用若干问题探讨——〈法律适用〉专题学习交流会会议综述》。该文系 2024 年 1 月 25 日国家法官学院《法律适用》编辑部主办的“民法典合同编通则解释学习交流会”观点总结。

到影响”。因此，如果应收账款债权本身存在担保，保理人受让应收账款债权后，当然一并受让相关担保权利。《民法典》对于抵押权的转让还设有具体规定。① 司法实践中，保证金账户担保权亦同。②

关于保证担保权的转让，《民法典》有新的安排：①加强了对担保人的保护。《担保法解释》未涉及保证人的通知保护问题。《民法典》第 696 条第 1 款③强调，就算转让了主债权，但是没有通知到保证人，保证担保权的转让对保证人不生效。②原《担保法》（1995 年生效，2021 年废止）第 28 条规定“保证人与债权人事先约定仅对特定的债权人承担保证责任”时转让主债权的，保证人免责。

（3）取得功能担保权

担保权是从权利的典型，但除了典型担保权外，如果应收账款债权人享有“具有担保功能”的“担保权”，保理人也可以一并受让。这些功能担保，在实务中主要是指被保留的所有权以及融资租赁出租人的所有权。

在司法实践中，保理人能否一并受让被保留的所有权④、融资租赁物所

---

① 《民法典》第 407 条规定：抵押权不得与债权分离而单独转让或者作为其他债权的担保。债权转让的，担保该债权的抵押权一并转让，但是法律另有规定或者当事人另有约定的除外。

② 甘肃省武威市民勤县人民法院民事判决书，（2022）甘 0621 民初 1425 号。该案中，原告从银行受让了一笔逾期债权，该债权上存在保证金质押担保。法院认为，债务人与原债权人签订《保证金质押合同》，并将保证金 50 万元存入双方约定的保证金专用账户，为案涉借款提供质押担保。涉案借款到期后，债务人未能履行还款义务。原债权人将上述债权转让与原告，故原告对债务人提供的保证金 50 万元享有优先受偿的权利。

③ 《民法典》第 696 条第 1 款规定：债权人转让全部或者部分债权，未通知保证人的，该转让对保证人不发生效力。

④ 上海市浦东新区人民法院在 2020 年发布的《涉自贸区商业保理案件审判情况通报》指出，基础关系债权人与债务人间的买卖合同中约定了所有权保留，即标的物的所有权在债权人收到全部购买价款前仍保留为债权人的财产，债权人将该买卖合同项下对应的应收账款有关的所有相关权利及资产全部转让给了保理公司，后债务人未能按约定支付相应价款。如（2017）沪 0115 民初 32987 号案件中，保理公司能否主张享有买卖合同项下的被保留之所有权的问题引发争议。法院认为，保理所涉及的应收账款应以债权的移转为核心，所有权保留所涉利益亦包含在应收账款移转的内容之内，遂支持了保理人的主张。在上海金融法院受理的（2019）沪 74 民终 995 号民事判决书进一步指出，保理人受让应收账款债权后，受让被保留的所有权，但应收账款债权人履行回购义务后，无权主张保理人“交付设备及与设备相关的所有权手续”，理由是保理人并未对基础交易合同项下的标的物进行实际占有交付。

有权[①]，存在争议。在实践中，租金债权转让的，融资租赁出租人享有的"自物抵押权"是否一并转让，存在争议。但转让融资租赁租金债权后重新将租赁物抵押给保理人的，保理人一般享有抵押权。[②]

实践中，建议保理合同明文约定一并受让这些功能担保权。

（4）取得建设工程价款优先受偿权

在建设工程保理中，保理人受让特定建设工程款应收账款债权的，可以一并受让建设工程价款优先受偿权。[③] 最高人民法院民一庭在其编著的《民事审判实务问答》一书中旗帜鲜明地指出，"建设工程债权转让后，受让人也应享有优先受偿权"。"肯定受让人享有优先受偿权，也有利于建设工程债权的流转。虽然债权受让人享有优先受偿权与承包人和建筑工人的利益看似无直接关系，但承包人在债权转让中获得的对价亦可用于结算建筑工人的工资，建设工程债权的流转能够间接促进承包人和建筑工人加速获偿。"[④]

在司法实践中，最高人民法院也在若干案例中表明了相同的立场。[⑤] 一

---

① 参见上海市第三中级人民法院民事判决书，（2021）沪03民初690号。该案中，应收账款债权人主张"应优先处理租赁标的物"，但因保理合同未明确约定转让了所有权，反而还约定"当发生应收账款债权人有权收回租赁物的情况时，应收账款债权人有义务按照原告指示收回租赁物，并处理租赁物"，法院认为原告保理人并不当然享有对融资租赁物的任何权利。

② 参见上海金融法院民事判决书，（2021）沪74民终1075号。该案为出租人将租金债权转让给保理人引起的保理合同纠纷。该案中，融资租赁合同约定出租人抵押租赁物的，需要经过应收账款债务人（承租人）同意，应收账款债务人据此主张保理人不享有抵押权。法院认为，基于合同的相对性原理，该约定的效力无法及于保理人，且并无证据证明保理人与应收账款债权人（融资租赁出租人）存在恶意隐瞒的通谋故意或是其他无效情形，故认定保理人享有抵押权。

③ 实践中有"建设工程价款优先受偿权""建设工程优先受偿权"等称谓。《最高人民法院关于商品房消费者权利保护问题的批复》采用的是"建设工程价款优先受偿权"的表述。

④ 最高人民法院民事审判第一庭编：《民事审判实务问答》，法律出版社2021年版，第54页。

⑤ 参见最高人民法院民事判决书，（2021）最高法民终958号。该案中，2016年12月6日，出让人与受让人签订《债权转让协议书》，出让人将其承建"鑫塔·水尚"项目工程Ⅰ标段、Ⅱ标段所享有的到期工程款债权109 665 800元转让给受让人。2017年2月18日，出让人将该债权转让情况以书面形式通知债务人，债务人于2017年2月20日签章确认收到该通知书。一审法院认为，受让人并非案涉工程的承包人，依法不享有建设工程价款优先受偿权，受让人要求就案涉项目折价或拍卖的价款优先受偿的诉请，不予支持。最高人民法院认为受让人可以取得建设工程价款优先受偿权。理由在于：（1）建设工程价款优先受偿权为法定优先权，功能是担保工程款优先支付，系工程款债权的从权利，不专属于承包人自身，可以随建设工程价款债权一并转让。（2）本案建设工程价款优先受偿权与工程款债权的一并转让，既不增加债务人的负担，也不损害债务人其他债权人的利益。此外还可以参见最高人民法院民事裁定书，（2021）最高法民申33号。

些高级人民法院发布的建设工程纠纷司法政策也持支持以上观点。[①] 一些未制定建设工程意见的地方高级人民法院也有体现相同裁判要旨的案例。[②] 有的高级人民法院曾持“反对一并转让”的观点，但在《民法典》生效后做了针对性修改，[③] 但也有高级人民法院坚持认为不得一并转让。[④]

建设工程价款优先受偿权与其他权利产生冲突时，就会出现“谁更优先”的问题。《最高人民法院关于商品房消费者权利保护问题的批复》[⑤] 指出，建设工程价款优先受偿权、抵押权以及其他债权之间的权利顺位关系，按照《最高人民法院关于审理建设工程施工合同纠纷案件适用法律问题的解

---

① 例如，湖南省高级人民法院制定的《关于审理建设工程施工合同纠纷案件若干问题的解答》第20问“建设工程价款债权转让，建设工程价款优先受偿权是否随之转让？”答案是“建设工程价款优先受偿权所设立的立法本意系解决拖欠工程款问题，以推动承包人价款债权的实现，具有从属性，不具有人身属性，故承包人将建设工程价款债权转让的，建设工程价款优先受偿权随之转让”。再如，山东省高级人民法院民一庭制定的《关于审理建设工程施工合同纠纷案件若干问题的解答》第12问“工程款债权的受让人主张对建设工程价款优先受偿权一并受让，如何处理？”答案是“建设工程价款优先受偿权依附于工程款债权，属于从属性权利，承包人将建设工程价款债权转让的，建设工程价款优先受偿权随之转让”。

② 参见上海市高级人民法院民事判决书，(2020) 沪民终516号。

③ 例如，河北省高级人民法院在2018年制定的《建设工程施工合同案件审理指南》第37条规定，建设工程价款优先受偿权与建设工程价款请求权具有人身依附性，承包人将建设工程价款债权转让，建设工程价款的优先受偿权消灭。该院2023年重新制定的《建设工程施工合同案件审理指南》第27条规定，建设工程价款优先受偿权系法定优先权，承包人将建设工程价款债权转让，建设工程价款的优先受偿权随之转让。

④ 例如，重庆市高级人民法院、四川省高级人民法院制定的《关于审理建设工程施工合同纠纷案件若干问题的解答》(2022年) 第17问是“建设工程价款债权转让后，受让人是否享有优先受偿权？”相应的回答是“建设工程价款优先受偿权属于法定优先权，行使主体应限定为与发包人形成建设工程施工合同关系的承包人，建设工程价款债权转让后，受让人主张对建设工程享有优先受偿权的，人民法院不予支持”。

⑤ 《最高人民法院关于商品房消费者权利保护问题的批复》批复如下：建设工程价款优先受偿权、抵押权以及其他债权之间的权利顺位关系，按照《最高人民法院关于审理建设工程施工合同纠纷案件适用法律问题的解释（一）》第36条的规定处理。商品房消费者以居住为目的购买房屋并已支付全部价款，主张其房屋交付请求权优先于建设工程价款优先受偿权、抵押权以及其他债权的，人民法院应当予以支持。只支付了部分价款的商品房消费者，在一审法庭辩论终结前已实际支付剩余价款的，可以适用前款规定。在房屋不能交付且无实际交付可能的情况下，商品房消费者主张价款返还请求权优先于建设工程价款优先受偿权、抵押权以及其他债权的，人民法院应当予以支持。

释（一）》第36条[①]的规定处理。商品房消费者以居住为目的购买房屋并已支付全部价款的，房屋交付请求权优先于建设工程价款优先受偿权。在房屋不能交付且无实际交付可能的情况下，商品房消费者的价款返还请求权优先于建设工程价款优先受偿权、抵押权以及其他债权。

2. 对于债权人的意义

（1）履行合同义务

基于保理合同的约定，应收账款债权人有义务将应收账款债权转让给保理人。且为了充分履行这个义务，依据保理合同的约定以及实际情况，还需要办理转让登记、通知债务人或担保人、背书转让票据，同时交付基础交易合同及相关凭证。如果未充分履约，保理人可能会依约行使追索权。

（2）维持合同地位

一般来说，应收账款债权人仅仅是将基础合同项下的金钱债权（包括应收账款债权本身的逾期利息、违约金债权等权利）转让给保理人，自身的合同地位未受影响，应当承担的义务或责任并无转移，用于维持合同地位的权利并未转让。

“用于维持合同地位的权利”包括解除权（《民法典》第563条），代位权（《民法典》第535条），撤销权（《民法典》第538条、第539条）。这些债权不属于从权利，并不会随着应收账款债权的转让而当然转让。在利他合同（真正的利益第三人合同）项下，第三人也不能行使这些权利。[②]

“维持合同定位”还体现在，应收账款债权转让后，应收账款债权人依然可以变更基础交易合同。只不过依据《民法典》第765条[③]，在收到转让

---

① 《最高人民法院关于审理建设工程施工合同纠纷案件适用法律问题的解释（一）》第36条规定：承包人根据《民法典》第807条规定享有的建设工程价款优先受偿权优于抵押权和其他债权。

② 《民法典合同编通则解释》第29条第1款规定：《民法典》第522条第2款规定的第三人请求债务人向自己履行债务的，人民法院应予支持；请求行使撤销权、解除权等民事权利的，人民法院不予支持，但是法律另有规定的除外。

③ 《民法典》第765条规定：应收账款债务人接到应收账款转让通知后，应收账款债权人与债务人无正当理由协商变更或者终止基础交易合同，对保理人产生不利影响的，对保理人不发生效力。

通知后，应收账款债权人与应收账款债务人只有在具有正当理由的前提下，才可以协商变更或终止基础交易合同。

（3）可重新取得应收账款

应收账款债权人履行回购义务后，可以重新取得应收账款债权，进而可以继续主张应收账款债权。①

3. 对于债务人的意义

债权转让本身对于应收账款债务人来说其实没有什么意义，因为只有应收账款债务人“接到”转让通知，债权对其而言才发生转让。因此，与其说“债权转让”对债务人的意义，倒不如说“债权转让通知”对债务人会有什么法律意义。

债权转让通知对应收账款债务人的意义主要体现在保护应收账款债务人对转让通知的合理信赖，基于合理信赖向非债权人的履行，依然具有清偿效力。通知保护规则容后详述。

4. 对“第四人”的意义

应收账款债权人、应收账款债务人、保理人以外的其他民事主体，就是“第四人”。一般来说保理业务不会涉及其他当事人，但当出现应收账款债权人破产、应收账款债权被他人冻结（强制执行）情形时，就涉及“应收账款债权转让能否对抗第四人”的问题。在《民法典》时代，主要看是否办理了有效的登记，关于执行异议问题，容后详述。

（五）债权法定移转

债权可以依据合同而“意定让与”，也可以依据法律直接规定而“法定

① 参见2018年度无锡法院金融审判十大案例之“A公司诉B公司、赵某某保理合同纠纷案”。该案的裁判要旨就是“债权人向保理银行归还保理融资款、利息和相关费用后，保理银行应依约将应收账款及其项下的权利返还给债权人，债权人重新取得应收账款项下对债务人的权利”。该案的裁判意义为“在有追索权的保理合同关系中，债权人负有对应收账款回购义务，回购义务履行完毕前，保理商仍有权收取债务人支付的应收账款；在债权人履行回购义务后，保理商应将应收账款及其项下权利全部返还债权人，由债权人继续对债务人主张权利”。该案案号为无锡市惠山区人民法院（2016）苏0206民初578号。该案二审案号为无锡中院（2017）苏02民终3986号，该案中，并未追加保理人作为第三人。

移转”[①]。债权的法定移转是《民法典》吸纳的全新制度，且会威胁到保理人的切身利益。本书此前略有提及，此处集中讨论。

1. 法定移转事由

《民法典》的法定移转事由出现在以下规则：

第一，《民法典》第519条[②]连带债务人承担超过自己部分的债务的，除了追偿权[③]外，还依法取得了原债权人对相关其他债务人的债权。例如连带债务人甲和乙，共同负担的债务为100万元，内部份额默认一人50万元，甲承担了60万元，那么甲同时取得了60万－50万＝10万元原债权人对乙的债权。

第二，《民法典》第524条[④]规定，对履行债务具有合法利益的第三人[⑤]代债务人清偿债务的，依法取得相关债权。《民法典》第719条第2款[⑥]是具

---

① 在其他部门法也有采用“移转”的表述，如《民用航空法》第23条规定，该法第19条规定的债权转移的，其民用航空器优先权随之转移。

② 《民法典》第519条规定：连带债务人之间的份额难以确定的，视为份额相同。实际承担债务超过自己份额的连带债务人，有权就超出部分在其他连带债务人未履行的份额范围内向其追偿，并相应地享有债权人的权利，但是不得损害债权人的利益。其他连带债务人对债权人的抗辩，可以向该债务人主张。被追偿的连带债务人不能履行其应分担份额的，其他连带债务人应当在相应范围内按比例分担。

③ 《民法典合同编通则解释》则采用了“不当得利”说来解释此处的追偿权。该解释第51条第1款规定，“第三人加入债务并与债务人约定了追偿权，其履行债务后主张向债务人追偿的，人民法院应予支持；没有约定追偿权，第三人依照民法典关于不当得利等的规定，在其已经向债权人履行债务的范围内请求债务人向其履行的，人民法院应予支持，但是第三人知道或者应当知道加入债务会损害债务人利益的除外”。

④ 《民法典》第524条规定：债务人不履行债务，第三人对履行该债务具有合法利益的，第三人有权向债权人代为履行；但是，根据债务性质、按照当事人约定或者依照法律规定只能由债务人履行的除外。债权人接受第三人履行后，其对债务人的债权转让给第三人，但是债务人和第三人另有约定的除外。

⑤ 《民法典合同编通则解释》第30条第1款规定：下列民事主体，人民法院可以认定为民法典第五百二十四条第一款规定的对履行债务具有合法利益的第三人：（一）保证人或者提供物的担保的第三人；（二）担保财产的受让人、用益物权人、合法占有人；（三）担保财产上的后顺位担保权人；（四）对债务人的财产享有合法权益且该权益将因财产被强制执行而丧失的第三人；（五）债务人为法人或者非法人组织的，其出资人或者设立人；（六）债务人为自然人的，其近亲属；（七）其他对履行债务具有合法利益的第三人。

⑥ 《民法典》第719条第2款规定：次承租人代为支付的租金和违约金，可以充抵次承租人应当向承租人支付的租金；超出其应付的租金数额的，可以向承租人追偿。

体体现。例如甲把房子租给乙，乙（二房东）转租给丙（次承租人）。乙欠付房租，丙为了防止自己被大房东甲赶走，就直接向甲代付房租。代付后，就取得了“大房东甲对二房东乙”的租金债权，两相抵销，丙对乙的等额转租租金债务终止。

第三，《民法典》第700条[①]规定，保证人承担保证责任后取得原被担保的债权。这一条本质上属于《民法典》第524条的具体体现。例如：甲欠银行100万元，甲用自身的房屋设定抵押担保。乙系连带保证人，承担全部保证责任以后，依法取得银行的100万元债权以及房屋抵押权。

2. 与“追偿权”的比较

以保证人享有的“追偿权”和“法定移转取得原债权”的两种制度为例，两套制度在“时效起算”“利息标准”“担保权利转让”三个方面存在差异。

在“时效起算”上，追偿权的时效应当自全部保证责任承担完毕后起算，[②] 而法定移转模式下的时效起算，原来的主债权该怎么计算就接着怎么计算。

在“利息标准”上，债务人逾期承担追偿债务的，一般按照贷款市场报价利率标准计算利息。而法定移转模式下，依据原债权的内容继续计算利息。

在“担保”上，追偿权是一种独立债权，担保这一债权的，需要额外增设反担保，而在法定移转模式中，担保人取得的是原主债权，若主债权本来就有抵押权，保证人就可以成为新的抵押权人。[③] 在《民法典》施行前，

① 《民法典》第700条规定：保证人承担保证责任后，除当事人另有约定外，有权在其承担保证责任的范围内向债务人追偿，享有债权人对债务人的权利，但是不得损害债权人的利益。

② 参见最高人民法院民事裁定书，(2016) 最高法民申30号。最高人民法院指出，《担保法解释》第42条第2款规定，保证人对债务人行使追偿权的诉讼时效，自保证人向债权人承担责任之日起开始计算。该条规定所指的承担责任之日是实际承担责任之日，而不是应当承担责任之日。

③ 《民法典担保部分解释》第14条限制了保证人对其他担保人的权利，所以保证人依据法定移转所能取得的抵押权仅限于债务人为自己提供的抵押物所设立的抵押权。《民法典担保部分解释》第14条：同一债务有两个以上第三人提供担保，担保人受让债权的，人民法院应当认定该行为系承担担保责任。受让债权的担保人作为债权人请求其他担保人承担担保责任的，人民法院不予支持；该担保人请求其他担保人分担相应份额的，依照本解释第十三条的规定处理。

已有案例尝试梳理“债权转让”与“保证担保”的关系。[①] 但彼时也有观点明确否定承担担保责任后的债权法定移转制度。[②] 只是需要注意的是，如果提供担保的是债务人以外的第三人，依据《民法典担保部分解释》第14条[③]的特别规定，承担责任的保证人无法享有担保权利。

3. 与保理的关联

保理人依据保理合同受让应收账款债权，取得债权的方式是一种意定让与。而在法定移转中，权利人系依据法律规定取得债权。这种区别的意义在于，《民法典》第768条以及《民法典担保部分解释》第66条的“登记对抗规则”一般不适用于法定移转。

4. 对保理人的威胁

若应收账款债权存在保证担保，且应收账款债权转让通知未向该保证人送达，则会威胁到保理人的利益，见图4－1。

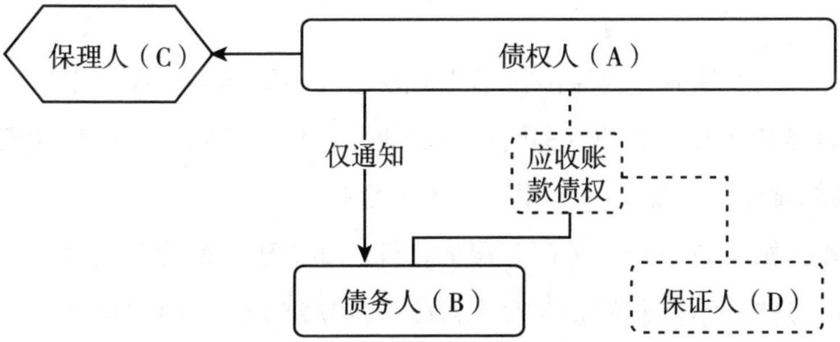

图4－1 对保理人的威胁

① 参见人民法院案例库2023－08－2－143－005号案例“深圳某公司诉李某甲追偿权纠纷案——代偿人代偿后有权受让出借人的债权”。

② 参见最高人民法院民事裁定书，（2020）最高法民申343号。该案中，保证人承担保证责任后，想继续主张原债权的抵押权。最高人民法院认为，“因保证人承担保证责任，××银行对债务人的债权消灭，作为主债权从权利的抵押权也随之消灭，不存在债权转让的问题。据此，保证人的上述主张不能成立，本院不予支持”。

③ 《民法典担保部分解释》第14条规定：同一债务有两个以上第三人提供担保，担保人受让债权的，人民法院应当认定该行为系承担担保责任。受让债权的担保人作为债权人请求其他担保人承担担保责任的，人民法院不予支持；该担保人请求其他担保人分担相应份额的，依照本解释第十三条的规定处理。

应收账款债权人 A 与应收账款债务人 B 签订基础交易合同，产生应收账款债权。保证人 D 担保应收账款债权。A 将应收账款债权转让给了 C 并办理了转让登记，且 A 通知了 B。但 D 未收到任何通知。若应收账款债权到期，B 没付一分钱，此时一无所知的 D 主动承担了全部保证责任。问：此时应收账款债权属于谁？①

此时，法定取得与基于保理合同的意定取得之间出现矛盾：保理人说这应收账款债权我早就拿到手了，我有保理合同，还办理了登记。保证人说，我是直接依法取得所担保的应收账款债权。如何协调，是个问题。

一种观点认为，保证人受《民法典》第 696 条第 1 款②的“通知规则”保护，未经通知，应收账款债权等于没转让。保证人向应收账款债权人承担保证责任后，依《民法典》第 700 条依法直接取得应收账款债权。登记对抗规则仅适用于基于法律行为（合同）产生的债权让与，法定取得的，不受该规则制约。

另一种观点认为，因为应收账款债权已经转让给 C，A 手中已经没有债权。而 D 若想依据法定债权移转取得应收账款债权，须以“A 有债权”为前提。“通知规则”不能让一个债权“无中生有”。

此外，如果 D 只承担了部分保证责任，还需要考虑《民法典》第 700 条关于法定移转“不得损害债权人的利益”的规定。这里的“债权人”是否包含受让取得应收账款债权的保理人？保证人只承担了部分保证责任，意味着被担保的应收账款债权没有完全法定移转，此时保理人的利益是否更优？

（六）转让登记

1. 制度演进

如何探明应收账款债权的真实状态，是所有保理人都需要重点了解的实

---

① 需要澄清的几个基本问题是，A 固然可恶，但 A 到底有什么责任，是后话。B 为什么没付钱，也是另一个问题。C 为什么没发现 D，也是另一个问题。

② 《民法典》第 696 条第 1 款：债权人转让全部或者部分债权，未通知保证人的，该转让对保证人不发生效力。

务问题。

依据合同约定或者转让通知来判断债权归属，均不适合。将合同作为判断标准，无法有效制约合同“倒签”等不诚信行为，而如果强制以公证作为判断标准，将会对交易效率产生负面影响。如果以保理人付款先后顺序来判断，在融资性保理合同中是可行的，但对于基于非融资性保理合同产生的债权转让就非常不公平。依据通知来判断，似乎可靠一些，但《民法典》第 546 条仅强调了转让通知对债务人的保护，并未认可“通知生效主义”，且转让通知仅存在于“出让人—受让人—债务人”三方之中，终究没有给市场上的“第四人”一个客观的公示方式，更何况这一标准也极不利于“暗保理”这类保理业务的展开。因而“转让登记”成了最优选择。

“登记”在我国经历了艰难的蜕变过程。在前《民法典》时代，因为没有“法律”层面规范性文件的支撑，转让登记的效力“无名无分”。2017 年大修后的《应收账款质押登记办法》在第 33 条规定“权利人在登记公示系统办理以融资为目的的应收账款转让登记，参照本办法的规定”，“转让登记”才算有了栖身之地。但“参照本办法的规定”依然没有解决根本问题：转让登记到底有什么用？决定债权转让合同的生效吗？原《合同法》只字未提债权转让登记，显然推导不出这个结果。替代通知？债权转让不能加重应收账款债务人的义务，人家没有义务天天盯着中登网，登记不能取代通知。但也不能说登记没用。《最高人民法院关于人民法院办理执行异议和复议案件若干问题的规定》（2015 年生效，2021 年修订生效）第 25 条（序号未变）第 5 项规定判断案外人是否是债权权利人的标准是“有登记的，按照登记机构的登记判断；无登记的，按照合同等证明财产权属或者权利人的证据判断”。此外，彼时还流行“既办理转让登记，又办理质押登记”的“双保险”做法，以期获得双重保护。但司法实践中又有不少案例表明，仅有登记在当时并不足以证成保理人能够排除强制执行。[①] 总之，在前《民法典》时代，“登记”好似“鸡肋”，“食之无味，弃之可惜”。

《民法典》以降，“鸡肋局面”得到改观。《民法典》第 768 条规定，“应收账款债权人就同一应收账款订立多个保理合同，致使多个保理人主张权利的，已经登记的先于未登记的取得应收账款；均已经登记的，按照登记时间的先后顺序取得应收账款；均未登记的，由最先到达应收账款债务人的转让通知中载明的保理人取得应收账款；既未登记也未通知的，按照保理融资款或者服务报酬的比例取得应收账款”。不仅如此，《民法典担保部分解释》第 66 条试图将转让登记扩大适用至所有债权转让及质押场合。至此，《民法典》作为民事基本法，正面赋予应收账款债权转让登记强大公示对抗效力。

2. 登记平台

市场上主要有两类债权相关的登记平台，一种是具有登记对抗效力的登记平台，另一种是为了促进流转的交易平台。两种平台都有“登记”这一环。具有公示效力的“转让登记”仅由“中登网”提供，因此保理人应当在该网站办理应收账款债权的转让登记。该服务是有偿服务，办理初始登记、展期登记都需要付费。中登网由中国人民银行征信中心动产融资登记部管理。

中登网还有一个“兄弟”网站，叫“中征应收账款融资服务平台（www. crcrfsp. com）”，该网站是央行征信中心的子公司中征（天津）动产融资登记服务有限责任公司开办的应收账款融资业务交流平台，也可以登记业务。但这个登记的主要作用在于“挂牌”，用于促进应收账款债权的流转。

有关债权转让的登记平台还有“银行业信贷资产登记流转中心”（“银登

---

① 认为未通知不影响执行异议权利的案例，参见宜昌市中级人民法院民事判决书，（2015）鄂宜昌中执异字第 00056 号。该案认为“债权转让通知义务未及时履行只是使债务人享有对抗受让人的抗辩权。向债务人发出债权转让通知并非债权转让协议的生效要件，债权人没有及时向债务人履行通知义务并不影响债权转让人与受让人之间债权转让协议的效力，也不能因此认为债权受让人未取得该债权”。相反案例参见最高人民法院民事裁定书，（2018）最高法民申 4314 号。该案中尚未有效通知应收账款债务人债权转让的事实。最高人民法院认为“因该债权转让对债务人尚未发生效力，其权属变动的公示尚未完成。因此，该效力尚未齐备的债权无法产生排除强制执行的效果”。

中心”，www. yindeng. com. cn)，规范依据是《银行业信贷资产登记流转中心不良贷款转让业务规则》(2022 年)，专门用于“不良资产”的流转登记。银登中心的登记也近似于“挂牌”。如果不良资产中存在逾期的保理资产，不影响在两个平台进行同时登记。

3. 登记内容

应收账款债权转让登记由保理人单独办理，需要填写的内容包括：

(1) 受让人（保理人）的信息，包括名称、组织机构代码/统一社会信用代码、法定代表人、住所。

(2) 出让人（应收账款债权人）的信息，包括名称、组织机构代码/统一社会信用代码、法定代表人、住所。应收账款债权人属于登记过程中的“担保人”。

(3) 业务信息，包括交易业务类型、登记期限、登记到期日。

(4) 应收账款债权的信息，包括融资合同号码（也就是保理合同的号码)、货币种类、融资合同金额、转让财产价值、转让财产描述、转让财产附件。附件一般包括基础交易合同、相关票据。上传保理合同的，可隐去敏感信息。保理人决定不上传保理合同的，至少要上传体现转让应收账款债权约定的附件。再保理人在办理转让登记时，对应收账款债权的描述对象不仅仅是保理合同，还包括基础交易合同（应收账款债权）本身。

(5) 登记期限。《动产和权利担保统一登记办法》(2022 年) 第 11 条规定，担保权人应当根据主债权履行期限合理确定登记期限。登记期限最短 1 个月，最长不超过 30 年。该法第 12 条规定，在登记期限届满前，担保权人可以申请展期。担保权人可以多次展期，每次展期期限最短 1 个月，最长不超过 30 年。实践中需要注意，登记期限不是保理融资期限，且登记期限务必长于融资期限。

4. 登记期限与转让效力

司法实践中比较常见的问题是，如果中登网的登记期限届满而没有（及时）续期，相关的应收账款债权转让或应收账款质权是否还有效？《应收账款质押登记办法》（2007 年，2022 年废止）第 12 条有这么一句话，“……登记期限届满，质押登记失效”[①]。在司法实践中经常有质权人的对手方据此向质权人发难。

《担保法解释》（2000 年生效，2021 年废止）第 12 条第 1 款曾“对症下药”规定，“当事人约定的或者登记部门要求登记的担保期间，对担保物权的存续不具有法律约束力”。这一规定在现在看来依然具有非常有意义的实务指导效力，但遗憾的是，《民法典担保部分解释》未再复现。

从法理上说，应收账款质权的设立与消灭，应由“法律”规定，[②] 而非“部门规章”。《应收账款质押登记办法》（2007 年，2022 年废止）和现行的《动产和权利担保统一登记办法》均属于部门规章，所创设的“登记期限”不应成为民事基本权利消灭的事由。应收账款债权的保理转让亦同。

从实操上说，转让登记期限应尽可能长。而且只要项目没有关账，中登网的登记该续期的都得续期。

---

① 《应收账款质押登记办法》在 2017 年修订时，将“登记期限届满，质押登记失效”字样删除。《动产和权利担保统一登记办法》（2022 年）未复现“期限届满，登记失效”的规定。但这不妨碍诉讼当事人在诉讼策略上援引旧法提出抗辩。参见重庆市第四中级人民法院民事判决书，（2022）渝 04 民终 761 号。该案系破产债权确认纠纷，原告以质权人身份主张确认对破产企业享有某物业的“全部物业的租售运营收入”的优先受偿权。2019 年 9 月 18 日出质人破产，2019 年 10 月 26 日质权登记期届满且质权人未展期。破产管理人以未展期为由主张质权已经失效，主张质权人对 2019 年 10 月 26 日以后的租售运营收入不再享有优先受偿权。二审法院未采纳破产企业的意见，理由为：“法律的适用原则之一是上位法优于下位法，中国人民银行颁布的《应收账款质押登记办法》属于行政规章，其法律渊源界位在宪法、法律、行政法规、地方性法规、自治条例和单行条例之下，因此，行政规章的规定不能与其上位法相抵触。据于此，中国人民银行在 2017 年 10 月 25 日修正颁布的《应收账款质押登记办法》删除了 2007 年版《应收账款质押登记办法》表述的‘质押登记期限届满，质押登记失效’，2019 年 11 月 22 日中国人民银行颁布《应收账款质押登记办法》时，也未再有此类表述。因此，破产企业以中国人民银行颁布 2007 年版《应收账款质押登记办法》对抗质权人的质权效力的意见，不予采纳。”类似的案件还可参见浙江省嘉兴市中级人民法院民事判决书，（2021）浙 04 执异 21 号。该案中，应收账款债权先登记质押又登记转让（2020 年转让），质权人到期未展期（质押登记在 2021 年到期），受让人依据仲裁裁决书申请强制执行该应收账款债权，质权人闻讯后提出执行异议。最终法院支持了质权人的异议，裁定撤销了要求应收账款债务人付款的协助执行通知书。

② 《民法典》第 445 条第 1 款规定应收账款质权自办理出质登记时设立。《民法典》第 393 条规定了担保物权的法定消灭事由为主债权消灭、担保物权实现、债权人放弃担保物权，兜底性规定为“法律规定担保物权消灭的其他情形”。

5. “登记错误”与救济

（1）错误的起源

登记错误可能完全与应收账款债权人无关。保理人仅靠自身操作就可以完成转让登记，作为出让人的应收账款债权人全程无须参与。而不动产抵押、股权质押，都需要抵押物所有权人或登记股东出具书面手续方能完成担保登记。

（2）不同的“错误”

“错误登记”类型多样，分析如下：

第一，没有任何转让合意而办理的登记。《动产和权利担保统一登记办法》（2022 年）第 7 条要求“担保权人办理登记前，应当与担保人就登记内容达成一致”，可见在中登网上办理的转让登记，需要有具体的转让合意。[①] 没有签订任何诸如保理合同这种具有转让合意的合同而办理的登记（实务中体现为“抢登记”），是“错误登记”的首要类型。

第二，应收账款债权虚假。此种“登记错误”常见于虚构应收账款债权的场合。

第三，与实际转让顺位不符。这是《民法典》第 768 条首要解决的问题。只要存在真实的合同基础，后手保理人“抢先”前手保理人登记的，属于运用《民法典》规则的行为，是否属于错误登记，有待司法实践的探索。

（3）纠错渠道

如果利害关系人（一般为应收账款债务人与其他债权受让人、质权人）发现转让登记有错误，怎么办？注意，中登网无法对上述三种错误类型进行终局的判断，而只能依据《动产和权利担保统一登记办法》（2022 年）第 18 ~ 21 条的规定，经利害关系人申办异议登记，并尽快提起诉讼或仲裁。中登网最终会依据相关裁判文书撤销原登记。

关于如何针对登记错误提起诉讼，目前实务中尚处于摸索阶段。实践中

① 有观点认为，这里的“达成一致”，是纯粹处分行为的合意，是处分行为独立性的体现。

已有应收账款债务人以应收账款虚假为由请求法院判决撤销登记且获得支持的案例。① 也有应收账款债务人起诉要求登记的“质权人”撤销相关错误登记且获得法院支持的案例。② 但也有法院以“对于债权登记行为，为附属保理合同发生的一项公示登记，并不构成独立行为意思表示，应属事实行为”为由，结合实际案情而驳回了相关诉请。③ 建议最高人民法院后续通过典型案例、司法解释等方式，为相关诉讼提供指引。

6. 登记的效力

《民法典》第768条确立了应收账款债权转让的登记对抗规则。围绕登记对抗规则，有若干相关问题值得讨论。

（1）对抗效力

作为债权让与的一种优势公示手段，是转让登记最大的作用。所谓公示手段，就是保理人向应收账款债权人和应收账款债务人以外的“第四人”“宣示主权”，以排除其他“第四人”对已受让债权的不当干扰，这便是登记的“对抗效力”。

“登记对抗”不同于“登记生效”。登记生效意味着没有登记应收账款债权就没有发生转让，显然，《民法典》第768条以及其他规定，都无法解读出这层含义。《民法典》在动产抵押的排序上也采用了“登记对抗”制度，④ 第768条与第414条遥相呼应。

在“登记”的加持下，“一权二转”比“一物二卖”或“一物二租”的

① 参见桂林市象山区人民法院民事判决书，（2015）象民初字第43号。该案中，应收账款债务人发现应收账款债权人虚构合同、虚开发票，遂前往保理人所在地并以保理人为被告、以“合同纠纷”为案由提起诉讼。

② 参见最高人民法院民事判决书，（2017）最高法民终158号。该案中，原告系应收账款债务人，起诉要求确认特定质押登记无效，并要求“质权人”向中登网申请撤销上述登记，一审、二审法院查明并不存在相应的应收账款债权，对原告诉请均予支持。

③ 参见杭州市江干区人民法院民事判决书，（2015）杭江商初字第648号。

④ 《民法典》第414条规定：同一财产向两个以上债权人抵押的，拍卖、变卖抵押财产所得的价款依照下列规定清偿：（1）抵押权已经登记的，按照登记的时间先后确定清偿顺序；（2）抵押权已经登记的先于未登记的受偿；（3）抵押权未登记的，按照债权比例清偿。其他可以登记的担保物权，清偿顺序参照适用前款规定。

处理逻辑更为简洁。普通的动产的“一权二转”分别由《关于审理买卖合同纠纷案件适用法律问题的解释》（2021年）第6条、[①] 第7条[②]以及《关于人民法院办理执行异议和复议案件若干问题的规定》（2021年）第25条第1款第5项[③]处理。“一物多租”也有类似的处理规则。[④] 至于“抵押权”与“租赁权”的冲突协调，更复杂。[⑤] 相比之下，债权的“一权二转/质”问题（包括同质的执行异议问题），无问登记人善意或恶意，直接交由登记解决，“简

---

① 《关于审理买卖合同纠纷案件适用法律问题的解释》第6条规定：出卖人就同一普通动产订立多重买卖合同，在买卖合同均有效的情况下，买受人均要求实际履行合同的，应当按照以下情形分别处理：（1）先行受领交付的买受人请求确认所有权已经转移的，人民法院应予支持；（2）均未受领交付，先行支付价款的买受人请求出卖人履行交付标的物等合同义务的，人民法院应予支持；（3）均未受领交付，也未支付价款，依法成立在先合同的买受人请求出卖人履行交付标的物等合同义务的，人民法院应予支持。

② 《关于审理买卖合同纠纷案件适用法律问题的解释》第7条规定：出卖人就同一船舶、航空器、机动车等特殊动产订立多重买卖合同，在买卖合同均有效的情况下，买受人均要求实际履行合同的，应当按照以下情形分别处理：（1）先行受领交付的买受人请求出卖人履行办理所有权转移登记手续等合同义务的，人民法院应予支持；（2）均未受领交付，先行办理所有权转移登记手续的买受人请求出卖人履行交付标的物等合同义务的，人民法院应予支持；（3）均未受领交付，也未办理所有权转移登记手续，依法成立在先合同的买受人请求出卖人履行交付标的物和办理所有权转移登记手续等合同义务的，人民法院应予支持；（4）出卖人将标的物交付给买受人之一，又为其他买受人办理所有权转移登记，已受领交付的买受人请求将标的物所有权登记在自己名下的，人民法院应予支持。

③ 《关于人民法院办理执行异议和复议案件若干问题的规定》第25条第1款第5项规定：对案外人的异议，人民法院应当按照下列标准判断其是否系权利人……其他财产和权利，有登记的，按照登记机构的登记判断；无登记的，按照合同等证明财产权属或者权利人的证据判断……但动产所有权的普通交易，并无所有权转让的登记之处。所有权保留的登记并非彰显“已经转让”，恰恰是彰显“没有转让”。

④ 《关于审理城镇房屋租赁合同纠纷案件具体应用法律若干问题的解释》第6条第1款规定：出租人就同一房屋订立数份租赁合同，在合同均有效的情况下，承租人均主张履行合同的，人民法院按照下列顺序确定履行合同的承租人：（1）已经合法占有租赁房屋的；（2）已经办理登记备案手续的；（3）合同成立在先的。

⑤ 《民法典》第405条规定：抵押权设立前，抵押财产已经出租并转移占有的，原租赁关系不受该抵押权的影响。《关于人民法院办理执行异议和复议案件若干问题的规定》第31条：承租人请求在租赁期内阻止向受让人移交占有被执行的不动产，在人民法院查封之前已签订合法有效的书面租赁合同并占有使用该不动产的，人民法院应予支持。承租人与被执行人恶意串通，以明显不合理的低价承租被执行的不动产或者伪造交付租金证据的，对其提出的阻止移交占有的请求，人民法院不予支持。此外，上海市高级人民法院还曾下发《关于在执行程序中审查和处理房屋租赁权有关问题的解答（试行）》，就如何审查租赁权成立提供了极具实操价值的系列标准。北京、江苏等地也有类似的司法业务文件可供研究探讨。

单粗暴”，便于实操。

（2）有效前提

比较典型的情况就是：应收账款债权人仅约定转让给 A 保理人，但在 A 保理人办理登记之前，尚未签约的 B 保理人先行办理了转让登记，这就是我们常说的“抢登记”。

B 的抢登记是否有效？如果后续没有正式签订保理合同，则因为缺乏债权转让的合意，登记无效，理应撤销。原因在于，《民法典》第 768 条以“订立多个保理合同”为适用前提。所以，如果应收账款债权人与 B 保理人始终没有签订有效的保理合同，B 的登记不能依据《民法典》第 768 条取得优先效力。易言之：有了合同，登记才能有效力，然后才有能不能对抗的问题。

B 保理人虽然抢登记，但后续与应收账款债权人补签了保理合同，B 保理人的登记是否先于 A 保理人，这涉及预登记及“顺位保留”问题，这块内容我国立法与司法实践尚处空白，有待司法实践的发展与探索。

（3）实践影响

据笔者多方面的检索，援引《民法典》第 768 条或《民法典担保部分解释》第 66 条第 1 款的裁判文书极少。个别案例虽然援引第 768 条，但也并非用于讨论转让登记的对抗效力。[①] 不能说这两个条文不重要，抛开裁判文书的“上线率”问题，合理的解释就是，这两个条文已展现出非常强大的威慑效力，已趋于实现“无讼”这一理想状态。

（4）登记的局限

将包括保理在内的担保性权利变动统一在中登网进行公示，旨在尽可能扫清隐性担保。但鉴于登记存在以下客观局限性，这一目的的实现，可能会打点折扣。

第一，无法公示法定债权移转。中登网的转让登记用于彰显基于“法律行为”发生的债权处分（应收账款出质依托质押合同，债权转让依托保理合同

① 参见陕西省高级人民法院民事判决书，（2021）陕民终 779 号。该案中，法院对《民法典》第 768 条得出的结论是“根据该规定，应收账款转让即便未通知，也不当然直接影响保理人权利的实现”。

等)，债权法定移转无法在中登网上登记。债权的权利冲突，似有漏网之鱼。

第二，现阶段尚未完全打通车辆、航空器、船舶、知识产权的登记。目前，中登网已经陆续开通北京、重庆、深圳、杭州、深圳、广州、上海的机动车[①]、船舶的担保登记信息统一查询服务。2022 年 9 月，国家版权局试点开通全国著作权质权担保登记信息统一查询服务。[②] 相信不久的将来，全面而统一的担保登记平台终将建成。历经数十年的探索与构建，2023 年 4 月 25 日，我国宣布全面实现不动产统一登记。[③] 构建统一的动产及权利融资登记平台亦是将来的发展趋势，而其路程也必然是曲折和光明的。

第三，应收账款债权可以被转让、质押，也可以被司法冻结。上述三种针对应收账款债权的处置，均可在“中登网”办理登记。但关于冻结应收账款债权的强制执行（保全）登记信息，查询起来比较困难（需要在“通知公告”模块下的“协助执行公告”栏单独查询)，没有整合进统一的查询窗口。希望今后能将强制执行（保全）应收账款债权的信息置于统一的查询窗口，以便市场参与主体能够准确判断应收账款债权的情形。

（七）权利冲突

1. 受让人之间的冲突

（1）债权多重转让

债权多重转让，是指同一应收账款债权被同一应收账款债权人先后转让给不同的保理人。彼时，保理人之间会争夺应收账款债权的利益。例如 A 转

---

① 一些地方正在用另一种方式促成统一的登记制度的建立。例如 2021 年 5 月 6 日，安徽省阜阳市公安局交通警察支队车辆管理所发布了《关于停止办理融资租赁公司抵押登记的通知》，通知各县车管所、机动车登记服务站“即日起，停止办理融资租赁公司申请的机动车抵押业务”，强迫融资租赁出租人前往中登网办理融资租赁所有权登记。但也有地方明确可以继续办理“自物抵押”，例如 2023 年 10 月 1 日生效的《上海市促进浦东新区融资租赁发展若干规定》第 9 条规定，“融资租赁公司开展机动车融资租赁业务的，可以就其享有所有权的本市号牌机动车向浦东新区公安机关交通管理部门申请抵押登记”。

② 参见《全国著作权质权登记信息实现统一查询》，载国家版权局网，https://www.ncac.gov.cn/chinacopyright/contents/12228/356957.shtml，最后访问日期：2024 年 5 月 12 日。

③ 2023 年 4 月 25 日，自然资源部部长王广华在全国自然资源和不动产确权登记工作会议上宣布，我国全面实现不动产统一登记。

让给B，又转让给C，B与C之间就会对应收账款债权的利益归属展开争夺，这也是理论与实践中关注度最高的案型。

这个“利益”，体现在谁可以要求应收账款债务人付款，以及收到款项后是否可以最终保有这笔给付而不必向受其他受让人返还。转让顺序一旦与转让通知顺序产生错位，就会产生诸多法律上的“化学反应”，利益的争夺易陷入白热化。

依据《民法典》第768条的规定，债权多重转让的，依据债权转让的公示方式判断应收账款债权利益的分配顺位，且无问登记权利人主观上是否善意。但《民法典合同编通则解释》为了兼顾应收账款债务人保护与善意受让人保护，重新设计了一套规则。本书将在转让通知的效力部分详细介绍。

还需要说明的是，“多重转让”不同于“多级转让”。同一应收账款债权可以被多级转让，即“A约定转让给B，B又约定转让给C”，而多重转让是指“A约定转让给B，又约定转让给C”。在商务实践中，存在各类电子证券化的债权凭证（俗称“类票据”），这类电子债权凭证在线上流通系统中不存在多重让与的可能，但无法阻止其在线下进行重复转让。

（2）从权利的争夺

《民法典》第547条[①]规定，债权转让的，从权利一并转让，且不因未变更登记或未移转占有而受影响。如果所转让的应收账款债权本身还附有担保权利，在登记对抗效力的加持下，从权利的转让也需要考虑主债权的转让登记对抗问题。

例如：前手保理人A未办理转让登记，善意的后手保理人B仅变更抵押权登记，而后前手保理人A办理转让登记。此时抵押权归谁？

有的朋友会想到“善意取得”。《民法典》第311条规定，善意取得的构

① 《民法典》第547条规定：债权人转让债权的，受让人取得与债权有关的从权利，但是该从权利专属于债权人自身的除外。受让人取得从权利不因该从权利未办理转移登记手续或者未转移占有而受到影响。

成要件是无权处分 + 价格合理 + 转让时善意 + 完成公示手段（完成登记或占有转移），担保物权的善意取得“参照”[1] 上述标准。乍一看，似乎后手保理人 B 可以构成善意取得抵押权：应收账款债权人属于无权处分（因为已经转让给 A），B 善意，B 已完成抵押权更正登记，B 的保理融资也合理。

但实际上此时 B 并无法善意取得抵押权，理由是依据《民法典》第 407 条[2]，担保物权不得突破自身的从权利属性而单独转让，如果后手保理人 B 没有取得所担保的主债权，就不能单独受让抵押权。抵押权实际由前手保理人 A 取得。B 此时可以要求原债权人承担违约责任或侵权损害赔偿责任。

2. 保理与担保物权的冲突

我国禁止流担保，在实现担保物权时，一般会产生拍卖、变卖所得价款，然后对所得价款进行收取和分配。这就意味着一旦出现“产生担保物买卖价款债权”与“实际收取担保物买卖价款”两个阶段，保理人与担保物权人就可能存在紧张关系。而面对应收账款质押时，这种冲突就会更直接。

（1）与抵押权的冲突

如果保理人提前受让销售抵押物所得价款的债权（将有应收账款债权），保理人与抵押权人是否会存在利益上的冲突？

例如：A 将房屋为 B 公司设定抵押，A 又将将来销售房屋所得价款的将有应收账款债权转让给 C 保理人。当 C 收取了实际形成的购房款（预售款）后，B 的抵押权是否受到了侵害？

关于抵押物出售流转问题，《民法典》相较《物权法》有较大变化，因此分情形予以讨论。抵押物可以在抵押期间内出售变现（情形一），也可以在实现抵押权时拍卖、变卖以变现（情形二）。

---

① “参照”意味着无须满足所有要件，例如担保物权的善意取得无须“合理价格”，因为担保合同均为无偿单务合同。

② 《民法典》第 407 条规定：抵押权不得与债权分离而单独转让或者作为其他债权的担保。债权转让的，担保该债权的抵押权一并转让，但是法律另有规定或者当事人另有约定的除外。

关于情形一。原《物权法》（2007 年生效，2021 年废止）第 191 条①严格限制了抵押物的流转，如果抵押人擅自转让抵押物所得价款，必须“向抵押权人提前清偿债务或者提存”。而《民法典》第 406 条②则大大松绑，赋予抵押权追及效力，抵押人可以未经抵押权人同意自由转让抵押物，③并自由支配销售所得价款，抵押权依然存在。只有在“抵押权人能够证明抵押财产转让可能损害抵押权的”情况下，抵押权人才可以“请求”抵押人提前清偿或者提存。④因此，在《物权法》的逻辑下，保理人受让销售抵押物所得价款的应收账款债权，相当于变相违反了该法第 191 条的规定，侵害了抵押权人的合法权益。⑤而在《民法典》的逻辑下，如果已经带押过户，抵押权人不得对销售所得价款主张优先权利，保理人依法取得销售债权。

关于情形二。在实现抵押权的时候，拍卖、变卖抵押物所得价款，抵押权人享有优先受偿的权利，抵押权人优先于保理人受偿。如果所得价款仍有剩余，再支付给保理人。因此，保理人此前约定受让应收账款债权的行为，

---

① 《物权法》(2007 年生效，2021 年废止) 第 191 条规定：抵押期间，抵押人经抵押权人同意转让抵押财产的，应当将转让所得的价款向抵押权人提前清偿债务或者提存。转让的价款超过债权数额的部分归抵押人所有，不足部分由债务人清偿。抵押期间，抵押人未经抵押权人同意，不得转让抵押财产，但受让人代为清偿债务消灭抵押权的除外。

② 《民法典》第 406 条规定：抵押期间，抵押人可以转让抵押财产。当事人另有约定的，按照其约定。抵押财产转让的，抵押权不受影响。抵押人转让抵押财产的，应当及时通知抵押权人。抵押权人能够证明抵押财产转让可能损害抵押权的，可以请求抵押人将转让所得的价款向抵押权人提前清偿债务或者提存。转让的价款超过债权数额的部分归抵押人所有，不足部分由债务人清偿。

③ 为配合《民法典》的新规定，2023 年 3 月 3 日，自然资源部、中国银行保险监督管理委员会下发《关于协同做好不动产“带押过户”便民利企服务的通知》，要求“各地要在已有工作的基础上，根据当地‘带押过户’推行情况、模式及配套措施情况，深入探索，以点带面，积极做好‘带押过户’”。

④ 《民法典担保部分解释》第 43 条第 2 款在《民法典》第 406 条基础上又往《物权法》后撤了一步，在特定情形下，抵押物依然不能自由流转。该款规定，当事人约定禁止或者限制转让抵押财产且已经将约定登记，抵押人违反约定转让抵押财产，抵押权人请求确认转让合同无效的，人民法院不予支持；抵押财产已经交付或者登记，抵押权人主张转让不发生物权效力的，人民法院应予支持，但是因受让人代替债务人清偿债务导致抵押权消灭的除外。

⑤ 参见丰台区人民法院民事判决书，(2018) 京 0106 民初 25387 号。该案中，抵押权人以行使物权排除妨碍请求权为由，主张保理人返还所收取的购房款。遗憾的是本案仅有管辖权裁定文书上网，暂无法查看到该案实体处理的裁判文书。

只是在顺位上劣后于抵押权人，不能说侵犯了抵押权人的合法权益。

（2）与应收账款质权的冲突

笔者将拆分不同情景，来逐一讨论针对“同一笔应收账款债权”的不同案型。

情形一：先约定转让给A办理保理登记，又为B登记设立质权

结果：依据《民法典担保部分解释》第66条第1款，B的质权依然成立，但劣后于A。

情形二：先为B办理质押登记，又转让给A办理保理转让登记

结果：依据《民法典》第768条和《民法典担保部分解释》第66条，B优先于A。

需要注意的是，《民法典担保部分解释》第66条第1款实际上修改了《民法典》第445条第2款“应收账款出质后，不得转让，但是出质人与质权人协商同意的除外”的规定。银行保理人还需要注意，依据《商业银行保理业务管理暂行办法》（2014年）第13条第3款的规定，已经办理出质的应收账款债权不得约定转让。

情形三：同一笔应收账款，先约定转让给A并办理保理登记，又被A再约定转让给了B并办理保理登记

结果：这不属于多重让与，而属于多级转让，因为两笔登记的出让人不一样，B优先于A。

情形四：先转让给A并办理保理登记，又被A出质给了C并办理质押登记

结果：这种情况更接近“转质”，[①] 因此C优先于A。

情形五：先转让给A并办理保理登记，又被A出卖给了C并办理转让登记

① 《民法典》第434条规定：质权人在质权存续期间，未经出质人同意转质，造成质押财产毁损、灭失的，应当承担赔偿责任。

结果：A 完全失去应收账款债权，不存在“优先”“劣后”问题。

在实务中，起诉应收账款债权人和应收账款债务人后依然无法获得足额受偿的，有追索权保理人就会尝试对外出售保理资产（追索权 + 应收账款债权），所得价款应当用于清偿应收账款债权人的回购债务。对于如何出售变现，可以借鉴《民法典担保部分解释》第 45 条第 1 款①，提前设计合同条款。

（3）与建设工程价款优先受偿权的冲突

保理人受让建造工程产生的工程款债权的，可以一并受让建设工程价款优先受偿权，两种权利不会产生冲突。

保理人受让销售房产所得的应收账款债权的，如果开发商并未将款项用于支付工程款，则面对承包人的建设工程价款优先受偿权，保理人毫无还手之力。对此，可参考一个有价值的答复。《最高人民法院关于公路建设单位对公路收费权是否享有建设工程价款优先受偿权以及建设工程价款优先权是否优于质权的请示的答复》（2005 年）② 指出，“申请执行人作为公路施工单位，有权通过对被执行人享有的公路工程经营权的执行优先受偿。车辆通行收费权是公路经营权中的主要内容，执行中可以转让收费权或者直接从所收费中提取款项。施工单位的优先受偿权应及于该收费权，可以从提取的款项中优先受偿。”“工程款优先受偿权应优先于异议人就公路收费设定的质押权。”

---

① 《民法典担保部分解释》第 45 条第 1 款规定：当事人约定当债务人不履行到期债务或者发生当事人约定的实现担保物权的情形，担保物权人有权将担保财产自行拍卖、变卖并就所得的价款优先受偿的，该约定有效。因担保人的原因导致担保物权人无法自行对担保财产进行拍卖、变卖，担保物权人请求担保人承担因此增加的费用的，人民法院应予支持。

② 《最高人民法院关于公路建设单位对公路收费权是否享有建设工程价款优先受偿权以及建设工程价款优先权是否优于质权的请示的答复》（2005 年）：原则同意你院审委会多数人的意见。《合同法》286 条（现《民法典》第 807 条）规定的建设工程的折价或者拍卖虽原则上指工程所有权的转让，但对收费公路这类特殊工程的可转让的经营权，也应适用。因此，申请执行人作为公路施工单位，有权通过对被执行人享有的公路工程经营权的执行优先受偿。车辆通行收费权是公路经营权中的主要内容，执行中可以转让收费权或者直接从所收费中提取款项。施工单位的优先受偿权应及于该收费权，可以从提取的款项中优先受偿。根据《担保法》及最高人民法院有关司法解释的精神，工程款优先受偿权应优先于异议人就公路收费设定的质押权。

（八）不当得利

在多重让与中，一位受让人受领了应收账款债务人的给付后，其他受让人能否要求其返还不当得利的问题，具有讨论价值。但在司法实践中，依据《民法典》第768条所衍生的不当得利纠纷较为罕见，而且《民法典合同编通则解释》与《民法典担保部分解释》在相关问题的处理上存在肉眼可见的裂痕，理解起来比较复杂，笔者尝试简要分析，详细分析参考本书转让通知部分的论述。

1. 保理人之间的不当得利

（1）“前手”先通知

同一笔应收账款债权先转让给A（前手保理人），后转让给B（后手保理人），A的转让通知先到达债务人，B的转让通知后达到。那么：

无论依据何种理论，结论都是由A取得应收账款债权。如果应收账款债务人向B付款，A是否有权要求B不当得利返还，依据《民法典合同编通则解释》第50条第1款①，需要区分应收账款债务人主观样态。

a. 若应收账款债务人非明知A是最先通知人，而向B付款，为保护应收账款债务人免受债权让与的不利益，该付款行为产生清偿效力。但除非B明知A是前手受让人，否则A不得要求B返还不当得利。这是上述司法解释创设的新规则，对既有观念冲击很大，对市场来说也会有深远的影响，有待司法实践的进一步探索。

b. 若应收账款债务人明知A是最先通知人而坚持向B付款，该付款行为不产生清偿效力。A可以要求应收账款债务人继续付款。又因为应收账款债权没有消灭，A不得要求B返还不当得利，A不得获得双重利益。

---

① 让与人将同一债权转让给两个以上受让人，债务人以已经向最先通知的受让人履行为由主张其不再履行债务的，人民法院应予支持。债务人明知接受履行的受让人不是最先通知的受让人，最先通知的受让人请求债务人继续履行债务或者依据债权转让协议请求让与人承担违约责任的，人民法院应予支持；最先通知的受让人请求接受履行的受让人返还其接受的财产的，人民法院不予支持，但是接受履行的受让人明知该债权在其受让前已经转让给其他受让人的除外。

c. 若起诉时应收账款债务人没有付款，向 A 付款才能产生清偿效力。

（2）“后手”先通知

同一笔应收账款债权先转让给 A（前手保理人），后转让给 B（后手保理人），但 B 的转让通知先到达债务人（“后转让的先通知”），A 的转让通知后达到债务人。如果应收账款债务人向 B 付款，那么存在三种具体情形。

如果都没有办理转让登记，依据《民法典》第 768 条，B（后手保理人）取得应收账款债权（因为通知先到达债务人），债务人向 B 付款后，A 无权向 B 主张不当得利返还。

如果 A（前手保理人）先办理了转让登记，虽然 A 是后通知的，但 A 是优先顺位权利人，A 理应有权向 B 主张不当得利返还。A 的身份并非“最先通知的受让人”，所以不必适用《民法典合同编通则解释》第 50 条，B 无论是否明知 A 的存在，都应当返还。

如果 B（后手保理人）先办理了转让登记，A 既没有优先的登记顺位，也没有优先的通知顺位，B 无论如何都优先于 A 取得应收账款债权，A 无权要求 B 返还不当得利。

（3）司法解释之间的割裂

《民法典合同编通则解释》第 50 条在适用时不考虑登记问题，但《民法典担保部分解释》第 66 条第 1 款明确将所有债权转让都纳入《民法典》第 768 条规定之下，这一矛盾对司法实践到底有什么影响，有待进一步观察。

2. 保理人与债权人的不当得利

（1）已通知债务人

此时，应收账款债务人向原债权人继续付款（“间接付款”），保理人是否有权要求应收账款债权人不当得利返还所收取的款项？答案是无权。[①] 理由在于，一方面，保理人所受让的应收账款债权此时未受影响。另一方面，应收账款债务人享有要求应收账款债权人返还不当得利的权利。如果同时赋

① 参见最高人民法院民事裁定书，（2013）民申字第 1631 号。

予保理人不当得利返还请求权，应收账款债权人将重复背负同一债务。

（2）尚未通知债务人

此时，应收账款债务人向应收账款债权人付款的，应收账款债权因清偿而消灭。保理人可以要求应收账款债权人返还（或基于不当得利返还请求权，或基于保理合同特别约定的合同请求权）。

3. 债务人与债权人的不当得利

在收到有效的转让通知以后，向应收账款债权人的付款行为若不产生清偿效力，应收账款债务人则有权要求应收账款债权人返还不当得利。

但接下来的问题是，应收账款债务人是否会因为《民法典》第985条而无法行使不当得利返还请求权？《民法典》第985条规定了不当得利返还请求权的排除事由，其中第3项就是“明知无给付义务而进行的债务清偿”。应收账款债务人在收到有效的转让通知时，即可推定知晓债权转让的事实，如果还继续坚持向原债权人付款（实务中称这种情况为“间接付款”），债务人是否会因为前述排除事由而不得行使不当得利返还请求权？

从维护应收账款债务人权利角度来说，这里的“明知”可以考虑限缩为“故意”。实践中，应收账款债务人一般是企业，在客观上收到转让通知（例如收发室签收了转让通知）的，并不意味着职能部门（如业务部门、财务部门或者法务部）知晓债权转让的事实，往往因为过失而错债清偿。因此，不宜剥夺应收账款债务人的不当得利返还请求权。

在虚构应收账款债权的情况下，不存在不当得利返还问题。

（九）转让限制

应收账款债权是否具有可让与性，是保理业务尽职调查的核心内容。判断可让与性的依据有二：一是各级监管文件，二是《民法典》第545条。

1. 监管文件的限制

各级监管文件对于不得受让的应收账款债权，有不同角度和不同种类的规定。因各级监管文件日新月异、层出不穷，笔者择要汇总如表4－1所示，供读者朋友参考：

表 4 – 1 各地监管文件对不得受让的应收账款债权的规定

地区	文件名	不得受让的应收账款债权	
北京	《北京市商业保理公司监督管理办法》(2023 年)	第 15 条第 6 项	基于不合法的基础交易合同、寄售合同、权属不清的应收账款、因票据或其他有价证券而产生的付款请求权等开展保理融资业务。
上海	《上海市商业保理公司监督管理暂行办法》(2021 年)	第 20 条第 4 项	基于不合法或不真实的基础交易合同、寄售合同、权属不清的应收账款、因票据或其他有价证券而产生的付款请求权、因借贷或投资形成的债权及其他收益权等开展保理融资业务。
天津	《天津市商业保理公司监督管理暂行办法》(2021 年)	第 26 条第 4 项	基于不合法的基础交易合同、寄售合同、权属不清的应收账款、因票据或其他有价证券而产生的付款请求权等开展保理融资业务。
吉林	《吉林省商业保理公司监督管理暂行办法》(2023 年)	第 25 条第 6 项	基于不合法的基础交易合同、寄售合同、权属不清的应收账款，因票据或其他有价证券而产生的付款请求权等开展保理融资业务。
浙江	《浙江省商业保理公司监督管理工作指引(试行)》(2021 年)	第 19 条第 6 项	基于不合法的基础交易合同、寄售合同、权属不清的应收账款、因票据或其他有价证券而产生的付款请求权等开展保理融资业务。
青海	《青海省商业保理公司监管工作指引》(2020 年)	第 22 条第 6 项	基于不合法的基础交易合同、寄售合同、权属不清的应收账款、因票据或其他有价证券而产生的付款请求权等开展保理融资业务。
云南	《中国（云南）自由贸易试验区商业保理公司监管办法(试行)》(2020 年)	第 15 条第 6 项	基于不合法的基础交易合同、寄售合同、权属不清的应收账款、因票据或其他有价证券而产生的付款请求权等开展保理融资业务。
福建	《福建省商业保理公司监督管理工作指引》(2022 年)	第 5 条第 6 项	基于不合法的基础交易合同、寄售合同、权属不清的应收账款、因票据或其他有价证券而产生的付款请求权等开展保理融资业务。

续表

地区	文件名	不得受让的应收账款债权	
广西	《广西壮族自治区商业保理公司监督管理指引（试行）》（2023年）	第13条第1款第6项	基于不合法的基础交易合同、寄售合同、权属不清的应收账款、因票据或其他有价证券而产生的付款请求权等开展保理融资业务。
陕西	《陕西省商业保理公司监督管理实施细则》（2023年）	第24条第6项	基于不合法或者不真实的基础交易合同、寄售合同、权属不清的应收账款、因票据或者其他有价证券而产生的付款请求权、因借贷或者投资形成的债权及其他收益权等开展保理融资业务。
湖南	《湖南省商业保理公司监督管理实施细则》（2022年）	第25条第6项	基于不合法基础的交易合同、寄售合同、权属不清的应收账款、因票据或者其他有价证券而产生的付款请求权等开展保理融资业务。
海南	《商业保理公司备案与监管暂行办法（试行）》（2019年）	附件2	《商业保理公司经营承诺书》要求： 不开展基于不合法基础交易合同、寄售合同、逾期应收账款、权属不清等情形的应收账款保理业务……
山西	《商业保理公司设立、变更和终止工作指引（试行）》（2022年）	第17条第6项	基于不合法的基础交易合同、寄售合同、权属不清的应收账款、因票据或其他有价证券而产生的付款请求权等开展保理融资业务。 权属不清的应收账款是指权属具有不确定性的应收账款，包括但不限于已在银行或商业保理公司等第三方办理出质或转让的应收账款。获得质权人书面同意解押并放弃质押权利和获得受让人书面同意转让应收账款权属的除外。 因票据或其他有价证券而产生的付款请求权是指票据或其他有价证券的持票人无须持有票据或有价证券产生的基础交易应收账款单据，仅依据票据或有价证券本身即可向票据或有价证券主债务人请求按票据或有价证券上记载的金额付款的权利。

续表

地区	文件名	不得受让的应收账款债权	
重庆	《关于加强商业保理行业日常监管工作的通知》（2019 年）	第 23 条第 6 项	6. 基于不合法的基础交易合同、寄售合同、权属不清的应收账款、因票据或其他有价证券而产生的付款请求权等开展保理融资业务，其中，因票据或其他有价证券而产生的付款请求权开展保理融资业务，是指保理融资申请人以无真实贸易背景的票据或有价证券为基础向商业保理公司申请融资，商业保理公司未对贸易背景的真实性做出评估，仅以票据或有价证券的无因性，以及其代表的远期支付承诺为基础，向申请人发放保理融资款的业务。

2.《民法典》的限制

《民法典》第 545 条第 1 款与《合同法》（1999 年生效，2021 年废止）第 79 条规定一致，都以负面清单的模式确立了可让与债权的标准。当前依法不得转让的债权有：①根据权利（合同）性质不得转让；②按照当事人约定不得转让；③依照法律规定不得转让。不同情形有不同的细节需要注意，分述如下：

（1）依权利性质不得转让

曾有法院简要总结依权利性质不得转让的债权包括“基于个人信赖关系而产生的债权、专为特定债权人利益而存在的债权、不作为债权、属于从权利的债权”①。但鉴于实务界与理论界尚未形成统一认识，结合实践操作，笔者举若干典型例子讨论如下。

第一个例子，劳动报酬债权能否转让？《民法典合同编通则解释》第 34 条②

① 参见广东省高级人民法院民事判决书，(2014) 粤高法民终字第 42 号。该案系由受让人提起的确认享有债权之诉。该案判决书摘录的一审判决持该观点。

② 《民法典合同编通则解释》第 34 条规定：下列权利，人民法院可以认定为《民法典》第 535 条第 1 款规定的专属于债务人自身的权利：(1) 抚养费、赡养费或者扶养费请求权；(2) 人身损害赔偿请求权；(3) 劳动报酬请求权，但是超过债务人及其所扶养家属的生活必需费用的部分除外；(4) 请求支付基本养老保险金、失业保险金、最低生活保障金等保障当事人基本生活的权利；(5) 其他专属于债务人自身的权利。

仅将“债务人及其所扶养家属的生活必需费用的劳动报酬债权”作为专属债权。由此可见，生活必须之外的劳动报酬债权不再是“依权利性质不得转让”的债权。背后的原因在于，劳动合同作为一种双务合同，产生了两个债权：一个是用人单位对劳动者享有的要求其提供劳务的债权，一个是劳动者对用人单位享有的要求其支付劳动报酬的金钱债权。关于前者，我国劳动法禁止建立重复用工关系，[①] 也严格限制劳务派遣这类特殊用工关系，[②] 所以劳务债权因其性质而不得转让，若允许转让，就意味着劳动者要被迫在不同时间为不同的用人单位打工，以债权转让之名行劳务派遣之实。但劳动报酬债权不同，与其说其具有人身专属性，倒不如说具有生存必须性，只要强制执行[③]或债权转让后不破坏维持生活的必要性，法律没有干涉转让的必要。

第二个例子，对政府/国家享有的债权，能否转让？以政府为债务人的金钱债权，包括基于行政行为产生的金钱债权和基于政府采购合同、行政协议产生的债权。前者如退税债权，后者如集中采购合同所生的货款债权。实务中，退税债权可以质押，可以做暗保理。关于政府采购债权，一些地方甚至鼓励用此类债权开展应收账款融资。[④] 当前实操中需要重点注意的是，开展

---

① 《劳动合同法》第39条规定：劳动者有下列情形之一的，用人单位可以解除劳动合同……（四）劳动者同时与其他用人单位建立劳动关系，对完成本单位的工作任务造成严重影响，或者经用人单位提出，拒不改正的……

② 《劳务派遣暂行规定》第3条规定：用工单位只能在临时性、辅助性或者替代性的工作岗位上使用被派遣劳动者。前款规定的临时性工作岗位是指存续时间不超过6个月的岗位；辅助性工作岗位是指为主营业务岗位提供服务的非主营业务岗位；替代性工作岗位是指用工单位的劳动者因脱产学习、休假等原因无法工作的一定期间内，可以由其他劳动者替代工作的岗位。用工单位决定使用被派遣劳动者的辅助性岗位，应当经职工代表大会或者全体职工讨论，提出方案和意见，与工会或者职工代表平等协商确定，并在用工单位内公示。此外，劳务派遣公司采取行政许可制，人力资源和社会保障部专门制定了《劳务派遣行政许可实施办法》予以规制。

③ 参见《民事诉讼法》第254条、《关于人民法院执行工作若干问题的规定（试行）》第28条、第29条规定。

④ 如北京市为协助中小微企业融资，在北京市政务服务中心开设“确权”业务窗口，接受中小微企业的确权申请。

保理融资后，是不是会增加政府隐性债务。此外，国家赔偿债权可以转让。①

第三个例子，复利债权，能否转让？复利就是“利滚利”，已经生成的利息在次日成为新的本金，计算新的利息，新的利息在未来也会成为新的本金，如此“滚雪球”累积。在不良资产业务中，有观点认为，社会投资者受让含有复利债权的资产时，复利计算至转让之日，此后受让人不得享有复利债权。② 这是因为，复利计算来源于中国人民银行《人民币利率管理规定》，该规定的适用对象仅限于金融机构，并不包括社会投资者。此外，在金融借款利率与民间借贷利率存在差额③的大背景下，“社会投资者”受让取得金融不良资产的，是否依然可以按照年利率24%的上限计收利息，实践中存在一些争议。

第四个例子，无效合同所生债权能否转让？合同无效所生的金钱债权，可以体现为无效后的返还请求权、补偿请求权、损害赔偿请求权④、无因管理必要费用支出偿还请求权或补偿请求权⑤。保理实践中见得比较多的“无效合同”就是因挂靠、转包而签订的建设工程施工合同。建设工程经验收合格的，可以参照合同关于工程价款的约定折价补偿承包人，⑥ 这便是著名的“无效建设施工合同有效化的规则”。无效合同所生的金钱债权，也是债权，

---

① 《最高人民法院关于审理涉执行司法赔偿案件适用法律若干问题的解释》第3条规定：原债权人转让债权的，其基于债权申请国家赔偿的权利随之转移，但根据债权性质、当事人约定或者法律规定不得转让的除外。

② 典型案例参考2022年连云港法院金融审判典型案例“案例7：社会投资者受让金融不良债权，受让之日起仅支持同期银行贷款利息”。该案中，原金融不良资产中有“复利”，法院认为，复利系金融机构专属的债权，依法不得转让。

③ 《最高人民法院关于进一步加强金融审判工作的若干意见》（2021年修订）第2条明确金融借款合同利率上限是年利率24%，而民间借贷最高利率是合同成立时一年期贷款市场报价利率的4倍，前者远高于后者。

④ 《民法典》第157条规定：民事法律行为无效、被撤销或者确定不发生效力后，行为人因该行为取得的财产，应当予以返还；不能返还或者没有必要返还的，应当折价补偿。有过错的一方应当赔偿对方由此所受到的损失；各方都有过错的，应当各自承担相应的责任。法律另有规定的，依照其规定。

⑤ 《民法典》第979条第1款规定：管理人没有法定的或者约定的义务，为避免他人利益受损失而管理他人事务的，可以请求受益人偿还因管理事务而支出的必要费用；管理人因管理事务受到损失的，可以请求受益人给予适当补偿。

⑥ 《民法典》第793条第1款规定：建设工程施工合同无效，但是建设工程经验收合格的，可以参照合同关于工程价款的约定折价补偿承包人。

自然具有可让与性,[①] 一些地方司法规范性文件[②]与案例[③]也予以认可。那无效合同所生的金钱债权是不是应收账款债权?依据《动产和权利担保统一登记办法》第3条规定,“应收账款”是“以合同为基础”所生的金钱债权,[④] 但并未强调以“有效”合同为基础,更何况无效建设工程施工合同“有效化”后也要“参照”无效合同的条款进行结算,也属于“以合同为基础”。也有观点认为“无效合同有效化规则”所生的债权不具有可让与性。[⑤] 还有司法实践观点认为,在工程转包的情况下,被挂靠的承包人并不享有债权,保理人也就无法“受让”任何债权。[⑥] 最后须注意,在监管合规

---

① 参见最高人民法院审理的“惠阳惠良工业实业有限公司与湖北益昌房地产开发有限公司、惠州市(工贸)工程开发公司大亚湾公司、曾某泉、第三人中国信达资产管理股份有限公司广东省分公司建设用地使用权转让合同纠纷上诉案”,该案刊载于《民事审判指导与参考》总第55辑,第182~195页,但未载明具体审判案号。裁判文书网未见裁判文书原文。最高人民法院认为,对于以合同无效后返还财产、折价补偿或者赔偿损失的权利为标的的转让合同效力的判断,应根据合同法的相关规定加以评价,而不能以之前的合同无效作为理由来认定此种返还财产、折价补偿或者赔偿权利的转让合同无效。合同无效后在当事人之间可能产生的返还财产、折价补偿或者赔偿损失的权利,可以作为合同转让的标的。

② 例如,上海市高级人民法院《关于在民商事审判中处理转让无效合同中的权利纠纷案件的研讨意见》第3条第2款指出,债权人与债务人之间的合同为无效或部分无效,虽不产生当事人预期的法律效果,但当事人之间基于法律直接规定而产生新的债权债务关系,债权人将该范围内的权利予以转让的,只要符合法律规定,应予以支持。

③ 参见山东省滨州市中级人民法院民事判决书,(2023)鲁16民终46号。

④ 《动产和权利担保统一登记办法》(2022年)第3条第2款规定:本办法所称的应收账款包括下列权利:(1)销售、出租产生的债权,包括销售货物,供应水、电、气、暖,知识产权的许可使用,出租动产或不动产等;(2)提供医疗、教育、旅游等服务或劳务产生的债权;(3)能源、交通运输、水利、环境保护、市政工程等基础设施和公用事业项目收益权;(4)提供贷款或其他信用活动产生的债权;(5)其他以合同为基础的具有金钱给付内容的债权。

⑤ 参见镇江经济开发区人民法院民事判决书,(2015)镇经民初字第1453号。法院认为,实际施工人请求发包人给付工程款的请求权基础并非合同之债,而是基于法律规定产生的补偿请求权,这种请求权并非基于任意一种债权而产生,即并非债权请求权,不具有可转让性。

⑥ 参见杭州市富阳区人民法院民事判决书,(2021)浙0111民初1742号。发包人与名义承包人签订《建设工程施工合同》,名义承包人与实际施工人签订《内部承包合同》,名义承包人完全转包给实际施工人,自己并未实际开展施工,仅收取管理费。保理人与名义承包人签订《国内保理业务合同》,约定受让《建设工程施工合同》的工程款债权。该案中,实际施工人先起诉承包人和发包人,要求支付工程款1200余万元。保理人后来作为有独立请求权第三人参加诉讼,要求发包人(应收账款债务人)向保理人支付工程款880万元。法院认为,转包合同无效,“名义承包人与发包人订立《建设工程施工合同》后未组织施工,而是与实际施工人订立《内部承包合同》,将案涉工程转包给实际施工人实际施工”。“名义承包人未履行《建设工程施工合同》,根据权利义务对等原则,名义承包人不享有《建设工程施工合同》项下的工程款债权。”法院最后驳回了保理人的全部诉请。

方面，各地各级监管部门均禁止保理人受让“不合法”合同所生的应收账款债权。

第五个例子，保险代位求偿权可以转让。[①]

第六个例子，要求股东出资的权利不得转让。[②]

（2）约定不得转让的债权

在前《民法典》时代，基础交易合同约定应收账款债权不得转让的，那应收账款债权客观上不能转让。彼时个别地方性监管文件也明文禁止受让“当事人约定不得转让的”应收账款债权。[③]

现在，虽然《民法典》第 545 条第 1 款依然认可禁止转让约定可以阻止债权的实际转让，但是依据该条第 2 款，金钱债权（应收账款债权）不适用第 1 款规则。也就是说，基础交易合同就算约定应收账款债权不得转让，应收账款债权人对外依然可以转让作为金钱债权的“应收账款债权”。基础交易合同的当事人约定开具票据清偿应收账款债务，并不意味着当事人约定债权不得转让。基础交易合同约定了不得向第三方披露交易条款的，一般也不意味着禁止转让应收账款债权。

实践中，不少朋友对于这一新规则感到十分的“费解”乃至“陌生”，需要尽快熟悉与适应。本书后续会列专章详细介绍。

（3）依法律规定不得转让

需要注意，只有位阶为“法律”的规范性文件才能阻止债权的实际转让。实践中，其他非法律位阶的规范性文件也对债权的转让有各类限制。这在不良资产转让业务中非常常见。例如财政部和原银保监发布的《金融企业不良资产批量转让管理办法》（2012 年）系统规定了批量转让金融机构的逾

① 参见深圳市罗湖区人民法院民事判决书，（2021）粤 0303 民初 595 号。保险人针对某笔借款承担信用保证保险后，依法享有对投保人的追偿权。保险人将该追偿权转让给保理人。

② 参见南宁市中级人民法院民事判决书，（2014）南市民二终字第 294 号。

③ 《天津市商业保理试点管理办法（试行）》（2019 年生效，2021 年废止）第 18 条规定：商业保理公司受让的应收账款必须是在正常付款期内。原则上不能受让的应收账款包括……法律法规规定或当事人约定不得转让的……

期金钱债权的若干限制。但实践中有观点认为，上述《金融企业不良资产批量转让管理办法》仅为规范性文件，不能作为认定债权转让无效的法律依据。①

此外，金融债权的转让在利息计算②、转让通知③、债务人资格④、受让人资格⑤等实体法律方面还有诸多政策性的限制之处，值得注意。

3. 约定不得转让

(1)《民法典》新规则

当事人约定债权不得转让的，在学理上被称为“禁止让与约款”。第545条第2款是《民法典》全新增加的“禁止让与约款”规则。该款规定，当事人约定非金钱债权不得转让的，不得对抗善意第三人。当事人约定金钱债权不得转让的，不得对抗第三人。

该款赋予金钱债权强制可让与性，就算当事人约定不得转让，应收账款债权本身依然可以转让。该条从根本上改变了各类金钱债权转让的“游戏规

---

① 参见长沙市中级人民法院民事判决书，(2014) 长中民二终字第04509号。法院认为，债权不得转让的法律依据仅为“法律”，而《财政部、银监会关于印发〈金融企业不良资产批量转让管理办法〉的通知》仅为规范性文件，故该通知不能作为法院认定债权转让无效的法律依据。

② 司法实践中有观点认为，“社会投资者”受让金融不良资产后，只能按照银行同期贷款基准利率或者贷款市场报价利率计收利息。典型案例参考2022年连云港法院金融审判典型案例“案例7 社会投资者受让金融不良债权，受让之日起仅支持同期银行贷款利息”。该案中，原金融不良资产中有“复利”，法院认为，复利债权系金融机构专属的债权，依法不得转让。

③ 《最高人民法院关于审理涉及金融资产管理公司收购、管理、处置国有银行不良贷款形成的资产的案件适用法律若干问题的规定》(2001年生效，2021年废止) 第6条第1款规定：金融资产管理公司受让国有银行债权后，原债权银行在全国或者省级有影响的报纸上发布债权转让公告或通知的，人民法院可以认定债权人履行了《合同法》第80条第1款规定的通知义务。

④ 《关于审理涉及金融不良债权转让案件工作座谈会纪要》(2009年) 第6条规定：金融资产管理公司转让不良债权存在下列情形的，人民法院应当认定转让合同损害国家利益或社会公共利益或者违反法律、行政法规强制性规定而无效……债务人或者担保人为国家机关的……

⑤ 《关于审理涉及金融不良债权转让案件工作座谈会纪要》(2009年) 第6条规定：金融资产管理公司转让不良债权存在下列情形的，人民法院应当认定转让合同损害国家利益或社会公共利益或者违反法律、行政法规强制性规定而无效……受让人为国家公务员、金融监管机构工作人员、政法干警、金融资产管理公司工作人员、国有企业债务人管理人员、参与资产处置工作的律师、会计师、评估师等中介机构等关联人或者上述关联人参与的非金融机构法人的……

则”，是《民法典》债权转让系列规则中最为重大的修改。①

（2）新规则的细化

在理解本条的时候，需要注意以下几点：

第一，当事人关于不得转让应收账款债权的约定，本质上是一种合同约定，约定归约定，实际转让归实际转让。

第二，应收账款债权人违反约定对外转让的，可能需要向应收账款债务人承担违约责任（具体看约定）。应收账款债务人能否据此设定解除权，值得讨论。如果应收账款债权的这一违约给应收账款债务人造成了巨大损失，影响了基础交易合同目的的实现，行使解除权无可厚非，但反之，依据《九民纪要》第 47 条的规定，不得据此解除合同。②

第三，就算保理人明知基础交易合同约定禁止转让的（也就是非善意），应收账款债权本身依然可以转让。

第四，实践中，有的基础交易合同没有直接约定“不得转让”，而是约定不得用合同办理应收账款质押或保理融资业务。对此，有的法院认为“保

---

① 鼓励金钱债权的自由流转，是当前国际立法上的主流。例如《国际商事合同通则》（*Principles of International Commercial Contracts*）第 9.1.9 条规定：（1）尽管出让人与债务人约定限制或禁止转让金钱债权，出让人就该债权的转让仍然有效。但是，出让人可能因此向债务人承担责任。《欧洲合同法通则》（*The Principles of European Contract Law*）第 11：301 条规定：（1）转让约定禁止转让的债权或转让与基础合同约定不符的债权的，对债务人不生效效力，除非（a）债务人同意转让；或（b）债权受让人既不知道也不应知道上述不合乎约定的情况；或（c）所转让的是未来的金钱给付债权”。《国际保理公约》（*Convention on International Factoring*，*UNIDROIT*）第 6 条第 1 款规定：尽管供应商和债务人之间订有禁止转让应收账款的任何协议，供应商向保理商进行的应收账款转让仍然有效。《联合国国际贸易中应收款转让公约》第 9 条第 1 款规定：尽管初始转让人或任何后继转让人与债务人或任何后继受让人之间的任何协议以任何方式限制转让人转让其应收款的权利，应收款的转让具有效力。

② 《九民纪要》第 47 条指出，合同约定的解除条件成就时，守约方以此为由请求解除合同的，人民法院应当审查违约方的违约程度是否显著轻微，是否影响守约方合同目的的实现，根据诚实信用原则，确定合同应否解除。违约方的违约程度显著轻微，不影响守约方合同目的的实现，守约方请求解除合同的，人民法院不予支持；反之，则依法予以支持。《民法典合同编通则解释》虽没有复现类似规定，但在理解与适用中最高人民法院再次强调了相同观点，参见最高人民法院民事审判第二庭、研究室编著：《最高人民法院民法典合同编通则司法解释理解与适用》，人民法院出版社 2023 年版，第 589 页。

理合同对应收账款债务人不发生效力”。① 实践中，也有基础交易合同当事人为了配合承做保理业务，专门修订相关条款，允许叙做保理业务，这一般出现在反向保理业务中。②

第五，债权转让，不属于合同的变更，因为债权转让并不改变债权的给付内容。基础交易合同中约定“合同变更应由双方协商一致”或有类似条款的，并不属于禁止让与约款。

（3）例外的例外

《民法典》第 545 条第 2 款是第 1 款的例外，但第 2 款本身也有例外规定。

例如，《民法典》第 696 条第 2 款规定，保证人与债权人约定禁止债权转让，债权人未经保证人书面同意转让债权的，保证人对受让人不再承担保证责任。担保金钱债权的保证担保权，本身也是一个以金钱给付为内容的金钱债权，由此可知，保证人受到更多优待，不受第 545 条第 2 款的约束。

又如，《民法典》第 524 条第 2 款规定，债权人接受第三人履行后，其对债务人的债权转让给第三人，但是债务人和第三人另有约定的除外。

再如，《最高人民法院关于适用〈中华人民共和国保险法〉若干问题的解释（三）》第 13 条规定，“保险事故发生后，受益人将与本次保险事故相对应的全部或者部分保险金请求权转让给第三人，当事人主张该转让行为有效的，人民法院应予支持，但根据合同性质、当事人约定或者法律规定不得转让的除外”。

---

① 参见郑州市中级人民法院民事判决书，（2021）豫 01 民终 5198 号。该案其中一份基础交易合同约定“不得利用本合同开展质押或其他融资业务，不得就本合同项下发生应收账款业务向其他第三方机构或个人办理应收账款保理业务，不得将本合同权利义务全部或部分进行转账……”一审法院据此认为“保理合同对应收账款债务人不发生效力”。该案涉及多笔应收账款，因二审查明均已清偿，改判仅由应收账款债权人承担回购责任，因此对于《民法典》第 545 条第 2 款的适用问题未予评价。

② 例如在北京市第一中级人民法院民事判决书，（2023）京 01 民终 404 号中，买卖合同原本约定“本合同项下的债权不得转让、不得质押、不能用于保理等融资业务”，后卖方为了通过融资舒缓现金流困境，双方特地签订《补充协议》修改为“本合同项下的债权不得转让、不得质押”。

此外，《关于审理人身损害赔偿案件适用法律若干问题的解释》（2003年）第18条规定，精神损害抚慰金的请求权，原则上不得让与或者继承，但2022年生效的最新修订本已经没有了这一限制。

（4）新规则对债务人的威胁

新规则对保理人来说是重大利好，但对应收账款债务人来说完全是一种威胁。债权转让以不增加债务人负担为原则，这一原则之所以存在，恰恰是因为债权转让在客观上极易强加给应收账款债务人诸多不利益。

在过去，许多应收账款债务人在订约时就会特地增加禁止让与的约定，防止今后出现不必要的麻烦。但《民法典》的新规则完全否定了禁止让与约款的对外效力。易言之，在《合同法》时代，应收账款债务人尚可“惹不起但躲得起”，而到了《民法典》时代，就成了“惹不起也躲不起”。实践中，有的应收账款债务人未注意到新规则，坚信合同约定不得转让就是不能转让，收到保理转让通知就认为是“假的”，进而继续向应收账款债权人间接付款，遭受了惨重损失。[①] 关于应收账款债务人如何应对转让通知带来的诸多问题，容后详述。

（5）新规则的溯及力

《最高人民法院关于适用〈中华人民共和国民法典〉时间效力的若干规定》（2021年）第12条规定，“民法典施行前订立的保理合同发生争议的，适用民法典第三编第十六章的规定”。而《民法典》第十六章（保理合同章）的第769条规定，本章没有规定的，适用本编第六章债权转让的有关规定。两个法条将新规则溯及力的问题推上了风口浪尖。

新规则如果有溯及力，意味着在《民法典》生效前的禁止让与约款，需

① 典型案例参见重庆自由贸易试验区人民法院民事判决书，（2022）渝0192民初9582号。该案中，应收账款债务人在收到转让通知后向应收账款债权人“核实”，应收账款债权人谎称没有开展保理业务。应收账款债务人进而继续向应收账款债权人付款。法院认为“即使应收账款债务人与应收账款债权人在《医疗设备购销合同》中约定该合同项下债权不得对外转让，但该应收账款债权系金钱债权，依照上述法律规定，不得对抗第三人。应收账款债务人据此抗辩应收账款债权转让无效的理由，缺乏事实和法律依据，本院不予采信”。法院最终判决应收账款债务人应当向保理人支付货款。

要依据《民法典》来判断具体的法律效力。对此，最高人民法院指出，“按照《民法典》第769条的规定适用合同编第六章的相关规定的，还需要合同编第六章的相关条款符合本解释关于空白溯及①、有利溯及②等溯及适用的规定，否则应当按照本解释第1条第2款的规定，适用当时的法律、司法解释的规定”。③ 但适用空白溯及、有利溯及规则，可能会得出矛盾的结论：适用有利溯及，那到底以对谁有利为准则？要么对应收账款债务人有利，要么对保理人有利，但二者是对抗性的，不可兼得。适用空白溯及规则，《合同法》对此有规定，原则上不应当适用《民法典》新规则，但又与有利溯及相矛盾，以何者为准？在司法实践中，最高人民法院认为第545条第2款有溯及力，但没有深入展开论述。④

（6）实务影响

对于保理人来说，该条为整个行业打了一针强心剂，不必再绞尽脑汁而行法律规避之事。

对于应收账款债权人来说，融资就可以不受禁止让与约款的限制，但依然需要注意与应收账款债务人之间的商业关系维护乃至违约转让后可能承担

---

① “空白溯及”规定在《最高人民法院关于适用〈中华人民共和国民法典〉时间效力的若干规定》（2021年）的第3条，该条规定“民法典施行前的法律事实引起的民事纠纷案件，当时的法律、司法解释没有规定而民法典有规定的，可以适用民法典的规定，但是明显减损当事人合法权益、增加当事人法定义务或者背离当事人合理预期的除外”。

② “有利溯及”规定在《最高人民法院关于适用〈中华人民共和国民法典〉时间效力的若干规定》（2021年）的第2条，该条规定“民法典施行前的法律事实引起的民事纠纷案件，当时的法律、司法解释有规定，适用当时的法律、司法解释的规定，但是适用民法典的规定更有利于保护民事主体合法权益，更有利于维护社会和经济秩序，更有利于弘扬社会主义核心价值观的除外”。

③ 最高人民法院研究室编著：《最高人民法院民法典时间效力司法解释理解与适用》，人民法院出版社2021年版，第164页。

④ 参见最高人民法院民事判决书，（2022）最高法民终284号。该案中，基础交易合同签订于2013年，其中一份约定权利不得转让，应收账款债务人认为据此有权拒付。最高人民法院认为，“本案是保理合同履行过程中，保理人与债权人、债务人之间发生的争议，属于保理合同纠纷”。然后把时间效力司法解释、《民法典》的第769条、第545条罗列了一下，直接得出结论“据此，基础交易合同中‘未经另一方事先书面同意，合同任何一方无权转让本合同或其中任何权利’的约定不能对抗保理人”。“应收账款债务人关于一审法院适用《民法典》第五百四十五条增加了其义务、损害其权利、背离其合理预期，属于适用法律错误的主张不能成立。”可见，最高人民法院默认《民法典》第545条第2款具有溯及力。

的违约责任。

对于应收账款债务人来说，务必强化对《民法典》新规的认知与学习，禁止让与约款不再是“免死金牌”。应收账款债务人如何应对，容后详述。

（十）涉外转让

如果应收账款债权人或债务人系境外民事主体，就涉及争议解决机构的选择与外国法适用问题。《涉外民事关系法律适用法》与《全国法院涉外商事海事审判工作座谈会会议纪要》均未专门规定债权转让的涉外民事关系的法律适用问题。这一块问题有待今后进一步细化。

（十一）发票开具

转让应收账款债权后，基础交易合同的当事人并未发生变化，因此开票主体不会改变，应当由应收账款债权人继续开具基础交易合同项下的发票。

在税务实践中，国家税务局四川省税务局在2016年4月7日针对“债权转让后由谁开票”的问题回复道“纳税人仅转让债权，不改变其与原购货方的购销关系，应向原购货方开具发票”①。此外，《国家税务总局关于营业税改征增值税试点期间有关增值税问题的公告》（国家税务总局公告2015年第90号）第4条规定，提供有形动产融资租赁服务的纳税人，以保理方式将融资租赁合同项下未到期应收租金的债权转让给银行等金融机构，不改变其与承租方之间的融资租赁关系，应继续按照现行规定缴纳增值税，并向承租方开具发票。

（十二）场内转让

实践中比较常见的问题是，国企应收账款债权人未在国有资产交易中心对外转让应收账款债权，是否会影响保理合同效力？

《企业国有资产法》第2条规定，本法所称企业国有资产（以下称国有资产），是指国家对企业各种形式的出资所形成的权益。《企业国有资产

① 参见《债权转让后由谁开票》，载四川省人民政府网，https://www.sc.gov.cn/10462/10778/10876/2016/4/20/10376986.shtml，最后访问时间：2023年10月16日。

交易监督管理办法》第48条将“债权对外转让”作为需要在国有资产交易平台公开交易，但司法实践中一般认为该条仅为程序性规则，旨在防止国有资产流失，且该办法本身也并非“法律、行政法规”，一般不影响合同效力。①

（十三）优先转让

在信贷资产转让业务场合中，银团贷款人转出信贷资产的时候，一般会约定需要优先转让给银团内的贷款人。此外，《关于审理涉及金融不良债权转让案件工作座谈会纪要》第4条规定了“关于地方政府等的优先购买权”的内容。

四、将有应收账款

（一）名称变换

将有应收账款债权在实践中的称呼有很多，例如未来应收账款、将来应收账款、未来债权、将来债权。从实务角度来说，其实都是一个意思，刻意区分的实务意义不大。《民法典》采用“将有应收账款”的表述。若无其他考量，建议今后各类法律文书文本用词与《民法典》保持一致。

“未来债权”比“将有应收账款债权”的外延更宽广。例如，担保人对债务人的追偿权也是一种未来债权，② 但是是一种法定的权利，并非以合同为基础，不属于“（将有）应收账款债权”范畴。追偿权与应收账款债权也有相似之处。例如，应收账款分期付款的，时效从最后一期届满之日开

① 典型案例可参见河南省高级人民法院民事判决书，(2020) 豫民终128号。法院认为，《金融企业国有资产转让管理办法》《企业国有资产交易监督管理办法》系部门规章，其中对国有企业资产转让进行了程序方面的规定，涉案债权转让合同约定××公司（受让人）在实现债权后10日内将对价款支付给××金融公司（出让人），并非无偿转让，应收账款债务人以涉案债权转让违反规章的程序性规定为由，主张债权转让合同无效，法律依据不足，不予支持。

② 参见上海市第一中级人民法院民事判决书，(2017) 沪01民初852号。该案中，法院认为，“反担保所担保的是保证人的追偿权即附延缓条件的未来债权”，持类似观点的还可参见青海西宁城中区法院民事判决书，(2018) 青0103民初307号。

始起算,[①] 陆续还款而陆续形成的追偿权时效如何起算的问题，实践中有观点认为可“从最后一期追偿权产生之日整体起算诉讼时效期间”。[②]

（二）何以界定

什么是将有应收账款，目前尚未形成通说。

《商业银行保理业务管理暂行办法》第13条第2款规定，未来应收账款是指合同项下卖方义务未履行完毕的预期应收账款。《商业保理术语》（T/CATIS 001—2020团体标准）认为将有应收账款是“保理合同订立后产生的应收账款”[③]。可见，银行保理从严认定，无论应收账款债权在何时成立，只要应收账款债权人（“卖方”）没有履约，就属于未来应收账款。商业保理没有针对将有应收账款融资的直接限制，较为宽松。

《动产和权利担保统一登记办法》第3条第1款虽有提到“将有的金钱债权”这一表述，但未进一步释义。

笔者认为，将有应收账款是指保理合同生效时，应收账款履行期限（“账期”）尚未开始起算的应收账款债权。

履行期限可以是特定的（“180日”“3个月”“1年”），也可以是不特定的（“开票后付款”），甚至是最长期限（“6个月内”）。履行期限可以通过起始日确定（“收货后”“开票后”“验收合格后”“背靠背”），也可以通过到期日来确定。“到期日”可以是具体的付款日期，也可以是最晚付款之日（“在×月×日前付款”）。如果履行期限未开始计算，原因可能是还

① 《民法典》第189条规定：当事人约定同一债务分期履行的，诉讼时效期间自最后一期履行期限届满之日起计算。

② 参见上海市第一中级人民法院民事判决书，(2020)沪01民终7084号。

③ 这是受到国际保理界影响的结果。《联合国国际贸易应收款转让公约》(2001年，*United Nations Convention on the Assignment of Receivables in International Trade*)第5条对“将有应收款”的定义是“转让合同订立后产生的应收款”。国际统一私法协会的《保理示范法草案》(2022年，*Draft Model Law on Factoring*)第2条对“将有应收款”(Future receivable)的定义是“a receivable that arises after the time a transfer agreement is entered into, whether or not the contract giving rise to the receivable has been entered into at that time”(在转让合同订立后产生的应收账款，无论当时相关基础交易合同是否已订立)。

没有形成具体的合同关系，也可能是基础交易合同已生效但尚未出现账期起算事由。

有些基础交易合同并未约定履行期限或者约定不明（例如“尽快安排付款”“优先安排付款”），依据《民法典》第510条的规定，可以从此前的交易习惯推断。如果无法推断，依据《民法典》第511条第1款第4项的规定，应收账款债务人可以随时履行，应收账款债权人也可以随时请求履行，但是应当给应收账款债务人必要的准备时间。

（三）特定化与可识别

1. 债权的特定化

（1）什么是特定化

特定化是指，债权的债权人、债务人、履行内容、履行期限、金额完全确定。如果存在上述要素均相同的债权，则可以通过发生时间、发票金额、对待给付内容（比如货款对应什么货物）等方法来进一步区别。

债权特定化的标准比合同成立的标准严苛。合同的成立，一般只需要“当事人、标的、数量”即可，“价格”并非合同成立的要件，[①] 而应收账款债权特定化必须以价格/价金确定为标志。

（2）特定化的意义

将有应收账款债权，是为了方便业务拓展而寻求的商业契机，在法律上，债权最终是否转让，还是要看债权本身的特定化问题。具体而言，债权特定化的实务意义有二。

第一，便于债权人明确相关诉求。这里的诉求，就是具体的诉讼或仲裁请求。请求不完整、不确定，遑论获得法律保护。在司法实践中，纵使应收账款债务人承认存在真实的应付款项，但如果保理人无法证明“受让的应收

---

① 《民法典合同编通则解释》第3条第1款规定：当事人对合同是否成立存在争议，人民法院能够确定当事人姓名或者名称、标的和数量的，一般应当认定合同成立。但是，法律另有规定或者当事人另有约定的除外。

账款”就是“这笔应收账款”，只能“望眼欲穿而不得”①。

第二，特定化的债权有利于权利人对抗他人的干涉。这种干涉包括被其他权利人代位起诉主张、被保全（强制执行）或者被错误列为破产财产而进行破产清算。所以从这个意义上说，特定化只有在涉诉的业务中才有极其重要的现实意义。如果不发生争议，任何保理业务就只是信用风险管理的问题。例如，基础交易合同约定货款的应收账款为1000万元，A保理人受让其中的800万元，B保理人受让200万元，看起来井水不犯河水，但在应收账款债务人只能偿付600万元的情况下，A必然努力证成该600万元全部属于自己受让的800万元，B必然努力证成600万元中有自己的200万元债权。再如，基础交易合同约定货款应收账款为1000万元，A保理人受让800万元，但某法院通过保全措施将该合同项下的100万元应收账款冻结。若应收账款债务人账上恰好只有100万元，A保理人必然努力想办法证明这100万元属于其所受让的800万元。

（3）在其他领域的意义

债权特定化问题并非债权转让（质押）领域所独有，但凡涉及处分行为的法律关系，均有涉足余地。

例如在浮动抵押担保中，抵押财产只有特定化以后，才能进行拍卖、变卖。②在最高额担保中，最高额债权确定后，权利人才可以主张相关的担保权。③同

---

① 参见武汉市中级人民法院民事判决书，（2016）鄂01民初1266号。该案庭审中，一方面，查明发票虚开以及不存在对应的应收账款，另一方面，应收账款债务人自认尚有28 298.46元应收账款。法院认为，虽然应收账款债务人自认与应收账款债权人存在经济往来，尚欠应收账款债权人应收账款28 298.46元未支付，但保理人提交的证据不能证实其受让的应收账款债务人应收账款所涉基础合同真实存在，或与现应收账款债务人尚欠应收账款债权人的账款相对应。故对保理人请求判令应收账款债务人将货款支付至保理人的诉请，法院不予支持。

② 《民法典》第396条规定：企业、个体工商户、农业生产经营者可以将现有的以及将有的生产设备、原材料、半成品、产品抵押，债务人不履行到期债务或者发生当事人约定的实现抵押权的情形，债权人有权就抵押财产确定时的动产优先受偿。

③ 《民法典》第423条特别规定了最高额债权确定事由。《民法典》第423条：有下列情形之一的，抵押权人的债权确定：（1）约定的债权确定期间届满；（2）没有约定债权确定期间或者约定不明确，抵押权人或者抵押人自最高额抵押权设立之日起满二年后请求确定债权；（3）新的债权不可能发生；（4）抵押权人知道或者应当知道抵押财产被查封、扣押；（5）债务人、抵押人被宣告破产或者解散；（6）法律规定债权确定的其他情形。

理，担保权的行使也只有在出险的时候才会用得上，在这些领域，债权特定化也是只有在涉诉时才有巨大的现实意义。

2. 合理可识别

（1）法律依据

《民法典担保部分解释》（2021 年）第 53 条规定，当事人在动产和权利担保合同中对担保财产进行概括描述，该描述能够合理识别担保财产的，人民法院应当认定担保成立。该条为所有将有财产的物上担保画定了红线，在不符合“合理可识别”要求的将有财产上设定担保的，担保权不能有效设立（担保合同效力一般不受影响）。在保理合同纠纷中，需要判断“将有应收账款债权”是否“合理可识别”，进而判断保理合同关系能否成立。

（2）合理可期待

“合理可识别”有时也被称为“合理可期待性”。典型案例可参考上海市高级人民法院（2016）沪民申 2374 号案。该案中，应收账款债权人将其“POS 机上形成的所有应收账款及其收款权利”转让予保理人，并据此从保理人处获取资金。二审法院认为“（保理合同）仅就所涉将来债权作了期间上的界定，对于交易对手、交易标的及所生债权性质等债之要素均未提及，亦无其他可对该将来债权予以确定的约定，故在现有证据条件下，难以认定本案所涉将来债权已相对确定”，据此认定“名为保理实为借贷”。上海市高级人民法院再审认为“二审法院综合认定系争《商业保理申请及协议书》约定之未来应收账款不具有合理可期待性及确定性，故其不具可转让性，应收账款债权人与保理人之间不能成立商业保理法律关系，并无不当，本院亦予确认”。该案之后的诸多保理纠纷的法院或当事人都提及“合理可期待性”这一表述。

3. 如何“识别”

笔者认为，“债权”的合理可识别性，其实就是应收账款债权人“可以提供的对待给付”的合理可识别。

应收账款债务人要付钱，那应收账款债权人就要给出某种利益作为交换。这种交换利益就是法律上的“对待给付”。一般来说，应收账款债务人要么是为了取得交易财产的所有权（如买卖合同），要么是为了享受物的使用价值或人的劳务服务（如通过委托合同、雇佣合同、运输合同、承揽合同中享受人的劳务服务；通过有偿租赁、用益物权合同享受物的使用价值）。

“对待给付”要素越清晰，应收账款债权越具有合理可识别性。对待给付的要素包括可供提供对价给付的性质（可以提供什么财产、劳务）、数量（可以提供多少）、期限（在什么时候可以提供）。有无“基础交易合同关系”不是考虑因素，因为就算应收账款债务人一时无法确定，但可供提供对价给付的性质和数量可以确定，就会有应收账款债务人来采购的可能（各类“门票”应收账款债权即为典型）。

4. 二者的分工

债权的“特定化”与“合理可识别”有各自的分工。“特定化”用于判断债权实际转让了多少，“合理可识别”用于判断是否成立保理合同关系。过了“合理可识别”这一关，今后若涉诉，依然需要组织证据证明将有应收账款债权已然特定化。① 在技术层面，如果庭审中对于实际产生多少应收账款债权存在分歧，当事人可以就特定时间段内实际产生多少应收账款申请司法审计，审计结果可以作为认定基本事实的依据。②

---

① 参见北京市第一中级人民法院民事判决书，(2020) 京 01 民终 6675 号。该案中，应收账款债权人系某酒店经营公司，将运营某酒店“自 2015 年 12 月 1 日至 2016 年 11 月 30 日所享有的未来出租客房获得的所有营业收入及相关权益”转让给保理人。一审法院认为，“债权具体金额不明确、债务人未知、债权将来是否发生不确定，故双方签订的《保理合同》并不符合商业保理法律关系特征”，二审法院予以维持。

② 参见河南省高级人民法院民事判决书，(2021) 豫民终 18 号。该案中，应收账款债权人“将自 2013 年 6 月 1 日至 2014 年 12 月 31 日其对应收账款债务人发货产生的应收账款全部转让给保理人”，虽然应收账款债务人在转让通知上签字，但并未确认实际产生多少应收账款。庭审中，应收账款债务人申请对“2013 年 6 月 1 日至 2014 年 12 月 31 日间该公司是否与应收账款债权人存在因购买陶粒砂产生新的应收账款以及款项的数额”进行司法审计。审计意见认为，“2013 年 6 月 1 日之后至 2014 年 12 月 31 日应收账款债权人再未向应收账款债务人发送陶粒砂货物及未产生新的应付账款”。据此，法院判决驳回保理人对应收账款债务人的诉请，二审维持原判。

（四）类型归纳

基于上述标准，笔者尝试以应收账款债权人可提供的对待给付的可确定性强弱为区分标准进行排序，对将有应收账款债权初步整理与分类如图4－2所示。

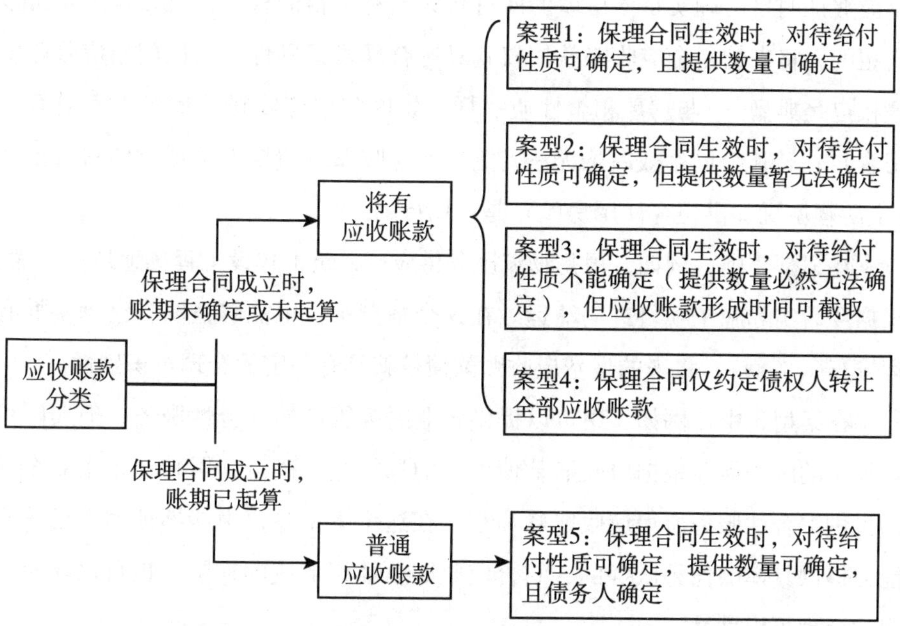

图4－2　将有应收账款的初步整理与分类

1. 归纳标准

图4－2的案型分类中，案型1的可确定性最强，往后逐渐递减。案型5为实际形成的应收账款债权。

以是否有基础关系或者合同基础关系为区分标准，实操性不佳。什么叫作“有合同关系”，实践中不好把握。如何区分“预约关系”和“本约关系”,[①]

① 司法解释已尝试对二者进行区分。《民法典合同编通则解释》第6条第3款规定：当事人订立的认购书、订购书、预订书等已就合同标的、数量、价款或者报酬等主要内容达成合意，符合本解释第三条第一款规定的合同成立条件，未明确约定在将来一定期限内另行订立合同，或者虽然有约定但是当事人一方已实施履行行为且对方接受的，人民法院应当认定本约合同成立。

如何判断或者事后举证证明没有签订合同书而成立“事实合同”,[①] 都存在诸多举证难题。

2. 案型拆解

在案型1中，例如，甲拥有特定数量的可供出租的房屋。在这个案型中，甲能够证明自己确实是该房屋的所有权人或有出租的权利，且该房屋是可以出租的，将来的租金应收账款债权就具有合理可识别性。景区门票应收账款债权也是典型。[②] 与房屋租金性质一样，景区门票应收账款债务人（游客和房客）在转让合同生效时均无法确定，但应收账款债权人可提供的对待给付（供游客游玩、供租客使用房屋）是可期待的。

在案型2中，例如，甲是物流服务供应商，负责建设工程场地垃圾运输，根据今后实际施工项目进场清运。在这个案型中，甲能够证明自己确实拥有运输车队（辆），将来的运费应收账款债权就具有一定的合理可识别性。

在案型3中，例如，甲可以提供企业财务管理的综合性服务，但实际可以提供的服务需要根据应收账款债务人的选择才能确定，甲转让未来6个月的提供综合性服务所得应收账款债权。在这个案型中，甲能够证明自己确有能力提供具体的何种服务的，结合应收账款债权形成的期限，也可以具有一定的合理可识别性。

在案型4中，风险系数可能较大。

3. 商业判断

具有合理可期待性，不等于今后一定能实际形成令保理人满意的应收账款债权。但应收账款的预估金额与实际金额存在合理偏差的，不宜影响对保

---

① 虽然在学理上基本已被扬弃，“事实合同”这一概念在实务中影响依然广泛。原因在于实务中常常混淆“合同书”与“书面合同”。没有签订合同书，依然可以形成合同关系，不必增加“事实”二字。《民法典》第469条第2款规定，书面形式是合同书、信件、电报、电传、传真等可以有形地表现所载内容的形式。因此，法律上的“书面合同”标准，非常宽松，不是一定要签订一份《××合同》的文书才是“书面合同”。

② 针对景区门票收入的资产证券化也非常常见。欢乐谷主题公园、北京八达岭景区、海昌海洋公园、平遥古城等耳熟能详的景点门票资产证券化产品均成功挂牌发行。

理合同性质及效力的判断。“合理偏差”意味着，如果一分钱都没有实际形成或者无法证明实际形成了多少应收账款债权，保理人依然会面临“名保实贷”的风险。

“合理可识别性”问题或“特定化问题”，本质就是举证责任的问题，在开展将有应收账款业务的时候，保理人需要考虑今后是否有能力证明所受让的将有应收账款已经或曾经形成了多少。

在商业实践中，资产证券化业务对于应收账款债权的适格性标准，具有现实指导意义。《资产证券化业务基础资产负面清单指引》的附件的第4点指出，“产生现金流的能力具有较大不确定性的资产”不能作为基础资产发行资产证券化产品。这类资产包括“矿产资源开采收益权、土地出让收益权、电影票款以及不具有垄断性和排他性的入园凭证等”。

（五）何时转让

将有应收账款债权在实际形成后，保理人何时转让？是特定化后转让，还是在合同签订时就预先转让？以上问题在应收账款债权人破产或该债权被司法冻结的时候，具有极大的现实意义。

1. 何时转让？

实践中主要的争议焦点在于，1月1日约定转让，2月1日应收账款实际形成，则“将有应收账款”是在1月1日发生转让，还是在2月1日发生转让？学理上有“过手取得”和“直接取得”两种观点。

“过手取得”是指，实际形成时先由应收账款债权人取得，在逻辑上一秒后，才转由保理人取得，也就是2月1日才实际取得实际形成的应收账款债权。理由在于，债权一定是“从无到有”以后才能特定化，然后才能转让，有了“归属”才有可能发生“转让”，而债权实际产生时一定是先属于应收账款债权人的。

“直接取得”则认为，不用搞那么麻烦，一步到位，1月1日直接由保理人取得就行。

2. 讨论意义

区分“过手取得”和“直接取得”的实际意义在于，1月1日约定转让，1月31日应收账款债权人破产或债权被冻结，2月1日应收账款实际形成，此时保理人能否主张应收账款债权并非破产财产，或者有效主张排除对应收账款债权的强制执行措施？

根据过手取得说，此时保理人不能行使取回权或者提出有效执行异议，因为在应收账款债权人破产或债权被冻结的时候，该债权属于应收账款债权人的责任财产，自然就不能再转让。

依据直接取得说，则应收账款债权可以跳过破产或冻结，直接由保理人取得。

过手取得与直接取得对所有基于将有应收账款债权转让的业务（如资产证券化）都有相同的影响。

3. 风险应对

实践中采纳何种观点，存在争议，尚未形成通说。[①] 笔者认为，采纳任何一种学说都有一定意义。受让人若想取得优势地位，应当明确约定将有应收账款债权的转让时间，可以与转让登记挂钩。届时可依据《民法典》第768条、《民法典担保部分解释》第66条第1款规定确定优先或劣后顺序。

（六）转让通知

受让将有应收账款债权的，所发出的转让通知必然是概括性的。就算应收账款债权具有合理可识别性，在发送概括性的转让通知时，也不可能达到特定化的标准。因此，实践中有观点认为，概括性的让与通知不能取代债权

---

① 典型案例参见合肥市中级人民法院民事裁定书，（2018）皖01执异43号。也就是著名的“凯迪案”。该案中，执行异议人是某资产只支持专项的管理人。2015年4月，执行异议人从被执行人凯迪公司受让“从2015年6月12日至2020年6月12日止从国网某电力公司收取电费及各种补贴”的权利。2018年5月23日，某银行通过法院保全了“2018年5月18日至2021年5月17日凯迪公司的电费及补贴”，法院要求国网某电力公司停止支付。执行异议人遂提起异议，要求法院解除冻结措施，法院最终支持。但其他法院受理的类似的“凯迪案”并未支持异议人的请求，参见湖北省来凤县人民法院民事裁定书，（2018）鄂2827执异39号。

特定化后的转让通知，应当明确告知应收账款债务人所转让的确定债权，否则应收账款债务人就无从付款。①

由此得出的警示就是，在开展将有应收账款保理业务时，务必密切关注将有应收账款的实际形成情况，及时索要相关单据。

五、票据与应收账款

普通的债权转让不仅程序烦琐，受让人和原始债务人还会承受不同的风险，影响债权的流通。于是乎，商人们创造了便于债权形成与流通的各种债权证券，称为“证券化债权”。在生活中，各种门票、停车券、优惠券、奖券等本质都是债权证券。

票据与应收账款债权本质都是一种债权，但为了提高交易效率，法律赋予票据无因性、文义性、要式性等特殊特征，使参与人对票据所彰显的债权关系的预期更为稳定，客观上就加速了这类债权的流通。

“偿债”逐渐成为票据的主要用途。例如，A 欠 B 100 万元，A 除了电汇付款偿债外，还可以向 B 开具或者背书转让 100 万元的汇票。如果今后票据足额承兑，则 100 万元的债务消灭，同理，如果没有足额承兑，在没有特别约定的情况下，债权人可以行使票据权利，也可以行使原本的 100 万元债权。根据以上特征可知，以开具或背书转让票据为目的的清偿债务的，属于新债清偿。

（一）票据权利

依据《票据法》（2004 年）第 2 条第 2 款的规定，票据分为汇票、本票

① 参见广东省惠州市中级人民法院民事判决书，（2015）惠中法民二终字第 163 号。该案中，转让通知书载明“我们谨此通知贵司：鉴于应收账款债权人已经或将要向贵司销售产品并在此基础上签订或将要签订相关的销售合同，基于一份和保理人签订了一份保理协议，根据该保理协议，供应商已将自 2013 年 4 月 1 日起与贵司已经签订或将要签订的所有销售合同项下之相关权利及发票转让给银行”。应收账款债权人和应收账款债务人实际签订的合同为产品生产加工承揽合同书。法院认为，应收账款债权人应向应收账款债务人履行债权转让的通知义务，并清楚明确地告知已转让债权所基于产生的订单月份、对应发票及金额，否则，被上诉人应收账款债务人就无从得知是否应向保理人履行付款义务。结合其他案件事实，法院并未支持要求应收账款债务人付款的诉请。

和支票。

汇票是保理实务中最常见的票据，下文若无特别说明，“票据”仅指汇票。持票人在行使票据权利时，与普通债权相比，存在诸多特殊之处，在实务中需要关注。

1. 权利种类

票据权利主要有两种，一种是付款请求权，针对的是承兑人（在银行承兑汇票中，付款人是企业，承兑人是银行。在商业承兑汇票中，付款人和承兑人往往是同一家企业），请求范围是票面金额。另一种是追索权，针对的是所有前手，请求范围除了票面金额外，还包括利息、取得拒付证明和发出通知书的费用。如果两个权利都罹于票据消灭时效，持票人还享有利益返还请求权。

2. 合法持票

行使权利的人必须是合法持票人，这意味着持票人作为原告需要举证证明其基于合法的法律关系取得票据。

《票据法》第 10 条第 1 款规定，票据的签发、取得和转让，应当遵循诚实信用的原则，具有真实的交易关系和债权债务关系。实践中，最常见的非法持票事由是非法票据贴现。《九民纪要》第 101 条明确表示，“合法持票人向不具有法定贴现资质的当事人进行‘贴现’的，该行为应当认定无效，贴现款和票据应当相互返还”。[①]《民法典》生效后，司法实践中继续坚持这一规定。[②]

3. 行权步骤与期限

汇票先有“提示承兑”与“提示付款”两个环节，最后到“追索”环节，各个环节所处的时间段不同。如果追索权消灭，那么还可能享有付款请

① 在《九民纪要》之前，有观点认为，《票据法》第 10 条应属管理性条款，基础关系欠缺并不当然导致票据行为无效。参见最高人民法院民事判决书，（2007）民二终字第 36 号，该案刊载于《最高人民法院公报》2008 年第 2 期（总第 136 期）。

② 典型案例参见 2022 年连云港法院金融审判典型案例“案例 2：买卖商业汇票的民间贴现行为无效”。

求权。如果付款请求权经过消灭时效而灭失，那么持票人还可以行使票据利益返还请求权。不同请求权有不同的期限。

（1）提示承兑

持票人应当及时提示承兑。依据《票据法》第 39 条第 1 款的规定，定日付款或者出票后定期付款的汇票，持票人应当在汇票到期日前向付款人提示承兑。该法第 40 条第 1 款规定，见票后定期付款的汇票，持票人应当自出票日起 1 个月内向付款人提示承兑。

未及时提示承兑的，失去对前手的追索权（《票据法》第 40 条第 2 款），持票人可以继续尝试行使付款请求权。在提示承兑问题上，电子票据交易系统对传统程序略有变更。原先的流程是“出票→收票→提示承兑→提示付款”，电子票据交易系统将流程改为“出票→承兑人承兑[①]→收票人收票→到期提示付款”，这就避免了未及时提示承兑带来的不利。

（2）提示付款

《票据法》第 53 条第 1 款第 2 项规定，定日付款、出票后定期付款或者见票后定期付款的汇票，自到期日起 10 日内向承兑人提示付款。

《票据法》第 53 条第 2 款规定，持票人未按照前款规定期限提示付款的，在作出说明后，承兑人或者付款人仍应当继续对持票人承担付款责任。因此，持票人如果逾期提示付款，会丧失对前手的追索权，[②] 但继续享有付款请求权。

电子票据业务中还有“提前提示付款”。《电子商业汇票业务管理办法》第 59 条规定，持票人在票据到期日前提示付款的，承兑人可付款或拒绝付款，或于到期日付款。承兑人拒绝付款或未予应答的，持票人可待票据到期后再次提示付款。提前提示付款规则并没有赋予持票人更优地位，实践中还有持票人误以为到期前提示承兑后，就不必进行正常的提示付款。

① 《电子商业汇票业务管理办法》第 32 条规定：电子商业汇票交付收款人前，应由付款人承兑。

② 此处虽然没有像《票据法》第 40 条第 2 款那样明确丧失对前手的追索权，但从法律效果结果的表述上看，理应作失权理解。

（3）追索权

《票据法》第 61 条规定，汇票到期被拒绝付款的，持票人可以对背书人、出票人以及汇票的其他债务人行使追索权。汇票到期日前，汇票被拒绝承兑的，持票人也可以行使追索权。《票据法》第 71 条规定，被追索人依照前条规定清偿后，可以向其他汇票债务人行使再追索权。背书人就是“前手”。已经涤除质押的票据质权人不属于前手。实践中，还有通过“换票”方式主张追索权的操作。法院认为“乙公司取得的新汇票是基于同甲乙公司合意的换票行为，换票行为应视为甲公司认可乙公司作为原汇票持有人享有合法票据追索权”①。

《票据法》第 17 条规定，持票人对前手的追索权，自被拒绝承兑或者被拒绝付款之日起 6 个月不行使而消灭。再追索权的期限是 3 个月。期限届满前没有行权的，权利消灭。

如果是电子汇票，有两个重要问题需要关注。

第一，追索本应依据《电子商业汇票业务管理办法》在票据交易系统中“线上”进行，但实践中大量交易主体疏于线上追索，采用传统的发送“追索函”“律师函”或直接向法院起诉的方式行使追索权。这种“线下”追索是否有效，颇具争议。

第二，有些承兑人对于提示承兑或提示付款置之不理，票据状态就会显示“提示付款待签收”“逾期提示付款待签收”的状态。而依据《票据法》的相关规定，如果无法证明“拒付”，持票人就会丧失对其前手的追索权，②

---

① 参见 2023 年“合肥法院金融审判十大典型案例”之七“汇票承兑人向原持票人开具新的汇票以替换原到期汇票，应认定新汇票出票人与持票人之间具有真实的基础法律关系——上诉人甲公司与被上诉人乙公司票据追索权一案”。

② 《票据法》第 62 条规定：持票人行使追索权时，应当提供被拒绝承兑或者被拒绝付款的有关证明。持票人提示承兑或者提示付款被拒绝的，承兑人或者付款人必须出具拒绝证明，或者出具退票理由书。未出具拒绝证明或者退票理由书的，应当承担由此产生的民事责任。第 65 条：持票人不能出示拒绝证明、退票理由书或者未按照规定期限提供其他合法证明的，丧失对其前手的追索权。但是，承兑人或者付款人仍应当对持票人承担责任。

而从形式上看，“待签收”并非“拒绝”，持票人可能陷入被动。对此，实务中已经从司法和技术两个层面进行了修正。在司法实践中，已有观点认为“出票人对持票人的提示付款行为应为明知，其未作应答的行为应视为对持票人拒绝承兑或拒绝付款”“持票人并非必须再次提示付款，已经提示付款未签收未付款的状态并未因票据到期或期满而消除”。[①] 在技术层面上，上海票交所针对银行承兑汇票已下发《关于规范电子银行承兑汇票提示付款应答的通知》，[②] 针对商业承兑汇票下发《关于规范电子商业承兑汇票提示付款应答的通知》，[③] 对于承兑人“置之不理”的情况，相关票据符合一定条件后就会自动转为“拒付状态”。

（4）付款请求权

如果因未及时行使追索权而失权，持票人依然继续享有针对出票人和承兑人的付款请求权。《票据法》第 17 条规定，持票人对出票人和承兑人的付款请求权的消灭期限为票据到期日起 2 年。

（5）利益返还请求权

《票据法》第 18 条规定，持票人因超过票据权利时效或者因票据记载事

① 参见 2022 年度四川法院商事审判十大典型案例之四“龙腾九州公司与若愚公司、省六建公司、勇鑫公司票据追索权纠纷案”。

② 《关于规范电子银行承兑汇票提示付款应答的通知》规定，“持票人在提示付款期内或超过提示付款期提示付款、承兑人在收到提示付款请求的次日（遇法定休假日、大额支付系统非营业日、电子商业汇票系统非营业日顺延）仍未应答的，电子商业汇票系统于日终时变更票据状态为拒付状态。持票人在票据到期日前提示付款、承兑人在票据到期日的次日（遇法定休假日、大额支付系统非营业日、电子商业汇票系统非营业日顺延）仍未应答的，电子商业汇票系统于日终时变更票据状态为拒付状态”。

③ 《关于规范电子商业承兑汇票提示付款应答的通知》规定，“持票人在电子商业承兑汇票的提示付款期内或超过提示付款期提示付款，承兑人在收到提示付款请求的次日起第 3 日（遇法定休假日、大额支付系统非营业日、电子商业汇票系统非营业日顺延）仍未应答，承兑人接入机构也未在下一日（遇法定休假日、大额支付系统非营业日、电子商业汇票系统非营业日顺延）代为应答的，则电子商业汇票系统在该日日终时将票据状态‘提示付款待签收’和‘逾期提示付款待签收’变更为拒付状态。持票人在电子商业承兑汇票的票据到期日前提示付款，承兑人在票据到期日的次日起第 3 日（遇法定休假日、大额支付系统非营业日、电子商业汇票系统非营业日顺延）仍未应答，承兑人接入机构也未在下一日（遇法定休假日、大额支付系统非营业日、电子商业汇票系统非营业日顺延）代为应答的，则电子商业汇票系统在该日日终时将票据状态‘提示付款待签收’变更为拒付状态”。

项欠缺而丧失票据权利的，仍享有民事权利，可以请求出票人或者承兑人返还其与未支付的票据金额相当的利益。

需注意，因为持票人仅能向出票人或者是承兑人主张票据利益返还请求权，所以出票人与承兑人不一致的，不能同时向两者主张权利。

（二）与原债的关系

开具或背书转让票据以清偿应收账款债务的，应收账款债权人就同时享有票据权利与应收账款债权。关于票据权利与应收账款债权之间的关系的探讨极具实务意义，有必要进行介绍。

1. 原债不消灭

在基础交易合同没有另行约定的情况下，应收账款债务人开具或者背书转让票据给应收账款债权人后，应收账款债权并不消灭。①② 应收账款债务人在会计上如何处理应付账款，不影响民事法律上的判断。

原债务何时被清偿呢？以买卖合同为例，当事人约定以票据支付货款，买受人的货款支付义务并非于票据背书转让之时即完成，而于持票人实际获得承兑后方履行完毕。③

2. 两种权利的关系

票据到期而未获承兑时，票据权利和基础合同债权的关系如何，决定了

---

① 典型案例参见2019年度上海法院金融商事审判十大案例的“案例八”。该案的裁判要旨为“在以票据背书转让作为债权转让形式的保理交易中，若交易各方未约定交付票据后原债权即消灭，则当票据到期后未能兑付时，不能视为债务人履行了付款义务。保理公司可以基于票据关系主张权利，也可以基于保理合同主张权利”。

② 参见河南省高级人民法院《建设工程施工合同纠纷事实查明的思路与方法（二）》规定，“承兑汇票不同于现金支付，取得承兑汇票，仅是获得了票据权利，在未实际兑付前，相应的工程款债务并未消灭。一般承包人接受发包人开出承兑汇票并到期兑付的，或者已将承兑汇票背书转让的，应视为发包人已付工程款。若因出票人或承兑人的原因不能兑付，该部分款项未实际支付，接受承兑汇票的承包人可以选择依据基础合同关系主张权利或行使票据权利。此外，承包人接受承兑汇票即需接受承兑汇票的期限，若期限未届满提前兑付，在合同未约定贴现费用由发包人负担的情况下，一般以票面金额作为已付款，贴现费用不从已付款中扣除”。

③ 参见人民法院案例库2023－08－2－084－029号案例“深圳某科技公司诉某技术公司买卖合同纠纷案——以票据支付买卖合同货款时票据关系对原因关系的影响”。

权利人如何选择后续的策略。

有观点认为，票据权利是应收账款债权的从权利。有观点认为，“先主张”票据追索权或票据付款请求权的方式，应当限于发起诉讼或仲裁，未果（以取得强制执行的“终本”裁定为标准）后才能再主张基础合同债权。有观点认为，权利人选择一种权利行使的，就不能再行使另一种。[①] 也有观点认为，可以同时行使两种权利，可以在不同争议解决机构选择不同的案由进行诉讼（仲裁），但在票据关系中并不处理《民法典》第766条涉及的清算问题。[②]

因为没有统一的认识，保理合同需要明确保理人行使票据权利时，保理合同项下追索权的权利状态以及两种权利行权后彼此之间的关系。

在实践中，票据法律关系较基础合同法律关系更为清晰明了，保理人作为背书受让人还享有无因性的保护，往往成为保理人的优先选择。[③]

---

① 参见四川省高级人民法院民事判决书，(2021) 川民终1219号。该案中，保理人开展票据保理业务，受让3000万元应收账款，背书受让合计3000万元汇票。票据到期日均为2018年11月30日，保理人提示付款均未获得兑付。保理人遂以应收账款债权人和应收账款债务人为被申请人提起保理合同纠纷的仲裁，获得支持。保理人在2020年11月30日前一直没有主张任何票据权利。一审法院认为，“保理人已就保理合同关系向出票人（应收账款债务人）主张了权利，其不能再依据票据法律关系向其主张权利，同时不能再依据票据法律关系向承兑人主张权利，否则，保理人将会重复受偿”。二审法院认为，“在保理人享有的请求权基于保理法律关系和票据法律关系产生权利竞合的情况下，应当只能择一行使。若在本案中保理人再次通过向承兑人行使票据利益返还请求权的方式获得与支付的票据金额相当的利益，将会重复受偿”。因此否认保理人享有票据利益返还请求权。

② 参见上海金融法院民事判决书，(2022) 沪74民终18号。该案中，保理人于2018年在深圳福田法院以合同纠纷为案由起诉债权人和债务人等人并取得胜诉判决。这单保理业务是票据保理业务，且承兑人并非应收账款债务人，所以保理人在深圳案件未获实际清偿后又在上海发起了针对承兑人的票据追索权纠纷。上海金融法院认为，保理人同时具有多项请求权，包括对应收账款债务人的付款请求权，对应收账款原债权人的保理追索权及相应担保权利以及对票据承兑人的追索权。该等请求权所对应的法律关系不同，各责任人应各自独立向保理人承担责任。从整体来看，因保理关系、票据关系均是基于应收账款基础关系，当其中部分主体实际承担责任后，保理人的上述请求权发生整体消灭的法律效果，故可从外部关系上免除其他主体对保理人的责任。反之，若之前的胜诉判决未能实现保理人请求权，保理人仍可依据其他请求权就其未实现的部分另行提起诉讼。该院针对是否处理清算问题提出，该清算义务是保理关系中的权利义务，与该案票据追索权的范围无关。

③ 但在技术上需要注重举证责任，保理人需要举证证明背书取得票据的合法原因，也就是证明保理业务的真实、合法、有效，以佐证原告系合法的持票人。

3. 票据再次转让的影响

开具或背书转让票据后，债权人又将票据背书转让给他人的，债权人是否还能行使原债权，实务中也存在争议。

认为不能行使的理由在于，《票据法》第 10 条第 2 款规定，票据的取得，必须给付对价。如果持票人“打折”乃至无偿背书再次转让，意味着债权人已经通过变卖的方式实现了票据价值，债务人有权拒绝履行原债，而只需要对票据责任负责。

认为可以行使的理由在于，无论是否再次背书转让票据，只要付款期限届满票据未获承兑，原先预期的新债清偿目的并未实现，债权人当然可以主张基础合同债权。债务人可以在开具票据的时候备注不得背书转让，以控制多次背书后可能遭受的不利影响。如果债权人转让票据而获得对价，是否从原债权金额中扣除，存在一定争议。

还有观点补充认为，（在买卖合同关系中）为了防止买受人双重支付货款和票据款，债权人主张货款前须成为票据合法持票人。① 类似观点认为“可将未兑付商票金额计入欠付工程款中一并处理，同时应当判令承包人退还商票”②。

4. 实践行为还是诺成行为

以开具或背书转让票据的方式清偿原债的，属于新债清偿。我国已将新

---

① 参见人民法院案例库 2023－08－2－084－029 号案例“深圳某科技公司诉某技术公司买卖合同纠纷案——以票据支付买卖合同货款时票据关系对原因关系的影响”。

② 参见《河南省高级人民法院关于建设工程合同纠纷案件疑难问题的解答》（2023 年）“发包人支付给承包人的商票到期未被兑付，承包人将未兑付商票金额计入欠付工程款中起诉的，是按照未付工程款处理，还是告知承包人按照票据纠纷另行主张权利？答：商业汇票只是发包人支付工程款的一种方式。一般情况下，承包人接受发包人开出商票并到期兑付的，或者已将商票背书转让的，应视为发包人已付工程款。承包人持有的商票到期未能兑付或出票人拒绝兑付的，除因承包人未按照提示付款期限提示付款等其自身过错被拒绝兑付外，发包人的付款行为并未实际完成，仍应承担相应数额的付款责任。因此，承包人有权将未兑付商票金额计入欠付工程款中一并起诉，也有权按照票据纠纷另行主张权利。基于诉讼便利原则和诉讼权利处分原则，在承包人已经起诉的情况下，可将未兑付商票金额计入欠付工程款中一并处理，同时应当判令承包人退还商票，不应再告知当事人依票据纠纷另行主张权利”。

债清偿纳入“以物抵债”这一概念之中，因而新债清偿是诺成行为。①

区分是要物行为还是诺成行为，具有实务意义。笔者遇到过这样的案件（非保理）：债权人、债务人和第三方约定，由第三方背书转让指定条件的汇票给债权人，到期足额承兑后，原债消灭，未足额承兑的，继续享有原债权。签订三方协议后，债权人发现该票据承兑人实际上财务状况糟糕，于是就拒绝收票，并希望直接主张原债权。如果采“要物行为说”，三方协议中关于清偿的约定并未生效，债权人拒绝收票的，可以继续行使原债权，思路清晰，逻辑通畅。如果采“诺成行为”说，债权人就负有收票的义务，拒绝收票的，属于受领迟延，债务人的期限利益（票据付款期限）不应受影响，则在预期承兑期限届满前，债权人不能行使原债权。此外，本案中还存在第三人背书转让票据的票据行为本身是否有效的问题。因为债务加入是单务、无偿行为，不符合《票据法》第 10 条第 2 款的规定。而且债务加入本身如果无效（例如未取得决议或者决议有瑕疵且债权人不构成善意），票据行为也会直接无效。

（三）票据金融

1. 票据的无因性

票据行为的无因性是票据金融价值的基础。没有无因性，在商人眼中票据背书与普通债权转让就没有本质区别，以票据而不是普通债权为中心的金融产品就发展不起来。

票据行为无因性的核心特点就是，除非符合法定事由②，票据债务人不得以基础交易合同所产生的抗辩事由对抗作为背书受让人的保理人。票据债

---

① 《民法典合同编通则解释》第 27 条第 1 款规定：债务人或者第三人与债权人在债务履行期限届满后达成以物抵债协议，不存在影响合同效力情形的，人民法院应当认定该协议自当事人意思表示一致时生效。

② “法定事由”包括：（1）持票人（保理人）明知存在抗辩事由而取得票据的［《票据法》（2004 年）第 13 条第 1 款］；（2）（保理人）以欺诈、偷盗或者胁迫等非法手段取得票据，或者（保理人）明知有前列情形，出于恶意取得票据的［《最高人民法院关于审理票据纠纷案件若干问题的规定》第 14 条第 2 项］；（3）因重大过失取得票据的［《最高人民法院关于审理票据纠纷案件若干问题的规定》第 14 条第 4 项］。

务人包括付款人、承兑人、前手持票人、票据保证人。由此可知，无因性的最大作用，便是起到了“抗辩切断”的作用，极大提高了票据付款请求权的安全性与稳定性。

在我国，普通的债权转让行为不具有无因性。

2. 电票交易系统

为增加交易信息的透明度，提供更高效的交易渠道，电子票据交易系统应运而生。在电子票据交易系统的加持下，票据交易的安全性更上一层楼，票据的金融属性更为突出。从务实的角度来看，没有现在的电票交易系统，就没有现在的票据交易市场与票据金融市场。

早年，汇票常以物理纸张形态流通于世。在“纸票时代”，票据的流通性受真实性、安全性的掣肘，发展规模一直上不去。

2009 年，我国开始投入运行电子商业汇票系统。《中国人民银行关于规范和促进电子商业汇票业务发展的通知》（2016 年）明确，自 2017 年 1 月 1 日起，单张出票金额在 300 万元以上的商业汇票应全部通过电子商业汇票系统办理；自 2018 年 1 月 1 日起，原则上单张出票金额在 100 万元以上的商业汇票应全部通过电子商业汇票系统办理。2017 年，电票系统在人民银行指导下正式移交切换至票据交易所进行运营。2021 年，上海票据交易所将电子商业汇票系统和中国票据交易系统二合一，提升了票据交易效率。自 2024 年 1 月起，电子商业汇票系统各项业务逐步迁移至全新的中国票据业务系统办理，新系统会继续优化票据交易各项环节的操作细节。

为了促进票据市场的健康发展，2016 年，我国设立了上海票据交易所。《票据交易管理办法》（2016 年）第 15 条规定，上海票据交易所是中国人民银行指定的提供票据交易、登记托管、清算结算和信息服务的机构。时任中国人民银行行长的周小川先生贺言道“上海票据交易所作为具备票据交易、登记托管、清算结算、信息服务等功能的全国统一的票据交易平台，将大幅提高票据市场的透明度和交易效率，激发票据市场的活力，更好地防范票据风险，也有助于完善中央银行的金融调控，优化货币政策传导，增强金融服务实体经济的能力”。

3. 票据金融产品

票据在无因性与电子化交易的加持下，金融属性逐渐增强。票据贴现、票据质押、票据资产证券化、票据保理是常见的票据金融业务。

（1）票据贴现

票据本身不能作为纯粹的交易标的物。《票据法》第10条第1款，票据的签发、取得和转让，应当遵循诚实信用的原则，具有真实的交易关系和债权债务关系。但为了更好利用票据的金融属性、为持票人拓宽融资渠道，我国允许特定机构为持票人提供票据贴现服务。根据《商业汇票承兑、贴现与再贴现管理暂行办法》（2023年）第5条的规定，贴现是指持票人在商业汇票到期日前，贴付一定利息将票据转让至具有贷款业务资质的机构①的行为。笔者认为，其本质就是针对票据的纯粹买卖。贴现款就是买受价款，且一般较票据的票面金额低，电票的持票人可以通过贴现方式“提前”获得贴现款，背书受让人（银行）支付低于票面金额的对价以背书取得票据，日后可赚取差价获利。这部分差价体现为“贴现利息”。金融机构通过票据贴现取得的票据，还可以再贴现。《商业汇票承兑、贴现与再贴现管理暂行办法》（2023年）第6条规定，再贴现是人民银行对金融机构持有的已贴现未到期商业汇票予以贴现的行为，是一种央行货币政策工具。中国人民银行指出，“2023年上半年，我国票据市场承兑发生额12.4万亿元，贴现金额8.9万亿元，贴现发生额与承兑发生额的比例达到72%，对支持企业资金回流发挥重要作用”②。

无资质主体从事票据贴现，在民法、行政监管法、刑法三个维度下会产

---

① 实践中，“具有贷款业务资质”的机构主要有商业银行、信托公司、财务公司、消费金融公司、汽车金融公司、小额贷款公司、典当行等。商业保理公司或融资租赁公司并不具有该资质。此前，依据旧《商业汇票承兑、贴现与再贴现管理暂行办法》（2023年废止）第2条关于贴现的定义，仅能由“金融机构”进行贴现。

② 参见2024年1月30日中国人民银行对十四届全国人大一次会议第7045号建议的答复。相关建议为“关于取消银行承兑、商业承兑汇票，优化中小企业营商环境的建议”。

生不同的法律后果。在民法上，相关票据贴现行为直接无效。《九民纪要》(2019 年）第 101 条指出，票据贴现属于国家特许经营业务，合法持票人向不具有法定贴现资质的当事人进行“贴现”的，该行为应当认定无效，贴现款和票据应当相互返还。在行政监管法上，上述行为可能会招致行政监管处罚。《防范和处置非法集资条例》[①] 第 39 条第 1 款规定，未经依法许可或者违反国家金融管理规定，擅自从事发放贷款、支付结算、票据贴现等金融业务活动的，由国务院金融管理部门或者地方金融管理部门按照监督管理职责分工进行处置。[②] 在刑法上，实践中争议最大的就是是否构成“非法经营罪”。“无罪说”的主要理由是，《刑法》未将“民间贴现”作为非法经营的情形，按照罪刑法定原则，理应无罪。[③] 最高人民法院也曾批示“实践中，买卖银行承兑汇票的情况比较复杂，对于单纯买卖银行承兑汇票的行为不宜以非法经营罪追究刑事责任”（高检研函字〔2013〕58 号）。《防范和处置非法集资条例》和《商业汇票承兑、贴现与再贴现管理暂行办法》(2023 年）也未将这一行为列为移送公安机关的情形。在司法实践中，确有先例从不构

① 《防范和处置非法集资条例》取代了《非法金融机构和非法金融业务活动取缔办法》(2011 年生效，2021 年废止)。《非法金融机构和非法金融业务活动取缔办法》第 3 条第 1 款规定，本办法所称非法金融机构，是指未经中国人民银行批准，擅自设立从事或者主要从事吸收存款、发放贷款、办理结算、票据贴现、资金拆借、信托投资、金融租赁、融资担保、外汇买卖等金融业务活动的机构。该办法第 4 条也将未经中国人民银行批准而擅自从事“票据贴现”活动列为非法金融业务活动。

② 但具体如何处理，笔者尚未找到具体处罚案例，欢迎读者朋友补充。

③ 《刑法》(2021 年，“非法经营罪”最近一次修订是在 2009 年）第 225 条规定，违反国家规定，有下列非法经营行为之一，扰乱市场秩序，情节严重的，处 5 年以下有期徒刑或者拘役，并处或者单处违法所得 1 倍以上 5 倍以下罚金；情节特别严重的，处 5 年以上有期徒刑，并处违法所得 1 倍以上 5 倍以下罚金或者没收财产……（3）未经国家有关主管部门批准非法经营证券、期货、保险业务的，或者非法从事资金支付结算业务的……实践中，是否构成非法经营罪的核心问题在于是否构成“非法从事资金支付结算业务”。而依据《最高人民法院、最高人民检察院关于办理非法从事资金支付结算业务、非法买卖外汇刑事案件适用法律若干问题的解释》第 1 条的规定，违反国家规定，具有下列情形之一的，属于刑法第 225 条（“非法经营罪”）第 3 项规定的“非法从事资金支付结算业务”：(1) 使用受理终端或者网络支付接口等方法，以虚构交易、虚开价格、交易退款等非法方式向指定付款方支付货币资金的；(2) 非法为他人提供单位银行结算账户套现或者单位银行结算账户转个人账户服务的；(3) 非法为他人提供支票套现服务的；(4) 其他非法从事资金支付结算业务的情形。可见，除了兜底规定，票据贴现均不符合法定情形。

成“从事资金支付结算业务”的角度来论证无罪。① 而“有罪说”的主要理由在于，《九民纪要》第 101 条指出，人民法院在民商事案件审理过程中，发现不具有法定资质的当事人以“贴现”为业的，因该行为涉嫌犯罪，应当将有关材料移送公安机关。在司法实践中，也确有入罪判例。②

（2）票据保证

《票据法》（2004 年）第 45 ~ 52 条、《最高人民法院关于审理票据纠纷案件若干问题的规定》第 59 ~ 64 条规定了票据保证。票据保证与《民法典》的保证合同的最大区别在于，票据保证的生效与担保决议不挂钩。③

票据保证具有严格的文义性，未在票面或粘单记载“保证”字样的，不构成票据保证。④ 但这不妨碍实践中广泛存在的“票外担保”，如银行或专业担保机构出具的票据保函、其他民事主体出具的票据保贴、保兑文书等。依据《最高人民法院关于审理票据纠纷案件若干问题的规定》第 61 条规定，这些“票外担保”就按普通的担保处理，因而就需要考虑担保决议与效力挂钩的问题了。⑤

---

① 参见福建省高级人民法院刑事判决书，（2016）闽刑再 3 号。在《最高人民法院、最高人民检察院关于办理非法从事资金支付结算业务、非法买卖外汇刑事案件适用法律若干问题的解释》（2019 年）颁行后，宣告无罪的判决还包括山西省定襄县人民法院刑事判决书，（2020）晋 0921 刑再 2 号。

② 典型案例参见河南省濮阳市中级人民法院刑事裁定书，（2020）豫 09 刑终 305 号。该案中，非法贴现金额达 205 亿余元，非法获利 74 411 628 元，相关被告王某的辩护意见是“王某等人提供持票人、贴现人的交易信息，进行撮合，不是支付结算主体”，一审法院认为，“王某在共同犯罪中起次要作用，系从犯，应当减轻处罚”，最终“判二缓三”，并处罚金 8000 万元。二审法院认为，“本案属于共同犯罪，王某应当对非法所得承担退赔责任”，裁定驳回上诉，维持原判。

③ 典型案例参见广东省高级人民法院民事判决书，（2020）粤民终 1310 号。该案中，票据保证人系上市公司，票据保证人认为，票据保证因未取得股东大会决议而无效。法院认为，票据保证与民事保证同属人的担保方式，但在评价票据保证的效力时应当优先适用《票据法》这一规范票据法律关系的特别法。票据保证公司主张对其票据保证的效力应当根据《公司法》第 16 条（现第 15 条）的规定进行审查，不符合票据流通性要求，也不符合票据保证作为单方法律行为的特征。

④ 《最高人民法院关于审理票据纠纷案件若干问题的规定》第 61 条规定：保证人未在票据或者粘单上记载“保证”字样而另行签订保证合同或者保证条款的，不属于票据保证，人民法院应当适用《民法典》的有关规定。

⑤ 典型案例参见四川省崇州市人民法院民事判决书，（2022）川 0184 民初 3145 号。该案中，对票据付款债务承诺承担担保责任的是一家上市公司，因没有提供任何决议或公告，法院依据《最高人民法院关于审理票据纠纷案件若干问题的规定》第 61 条、《民法典担保部分解释》相关规定判决该上市公司不必承担担保责任。

(3) 票据资产证券化

资产证券化，就是通过转让一笔“资产”，取得对价，在结果上将“资产”变现，这样出让人（原始权益人）就能获得融资。在将来，“资产”会因各种各样的原因产生现金流，现金流超过转让价款的，就会产生收益。因此，从本质上看，只要“资产”足够靠谱，资产证券化就会是一种互惠互利的良好融资工具。

在票据资产证券化中，“资产”就是票据或者“票据收益权”。为保证票据能够按时、足额兑付，在构建交易结构时往往会增加各类票据担保方式，包括票据保证，也包括票外担保。

票据贴现与票据资产证券化都是票据融资的体现。实践中，融资人是选择票据资产证券化还是汇票贴现，取决于融资规模大小与融资成本高低。

(四) 票据保理

1. 票据保理的前提

基础交易合同约定应收账款债务人以开具票据或者背书转让票据的方式清偿应收账款债务，才有开展票据保理业务的前提。没有票据，就没有讨论票据保理的余地。约定“开具票据后应收账款债权就消灭”的，也没有票据保理的开展余地，因为开具票据后应收账款债权就消灭，保理人无债权可供受让，若坚持背书受让票据而开展“票据保理”业务，则属于票据贴现，也并非保理。

2. 双重权利受让

如果保理人仅背书受让票据，因为没有约定背书受让应收账款债权，不构成保理合同关系。如果保理人仅受让应收账款债权而没有一并背书受让相关的票据，应收账款债务人可提出新债清偿的抗辩，即未行使票据权利的不得行使应收账款债权，保理人交易目的将会落空。所以，为了保理合同目的的实现，受让应收账款债权的同时，务必还要受让票据权利。

实践中还有应收账款债权人将票据质押给保理人，这不是我们讨论的

“票据保理”。①

转让两种权利的义务，均属于保理合同中应收账款债权人的主给付义务。但如果应收账款债权人已经将用于清偿应收账款的票据另行设立质押，那么在质权涤除前，保理人客观上无法背书受让该票据。虽然不妨碍保理人受让应收账款债权，但需要综合评估后续应收账款债务人提出抗辩的风险。

3. 转让的先后顺序

关于票据和应收账款债权转让的顺序，实践中存在“先保理，后票据”还是“先票据，后保理”的争议。各级监管均禁止保理人仅仅受让票据付款请求权，保理人要避免仅背书受让票据而不受让应收账款债权，至于票据背书时间与应收账款转让时间孰先孰后，并没有根本性的区别。

4. 三大权利的行使

保理人背书受让票据后，保理人享有的权利有三：保理追索权、应收账款债权、票据追索权。这三种权利的关系如何？体现在实践中的案型是：保理人先发起保理合同纠纷之诉起诉应收账款债权人和应收账款债务人，然后又发起票据追索权纠纷之诉，要求同一个被告承担票据责任，对此应如何处理？

有观点认为，一方面，除非有明确约定，保理人不因已就基础关系提起诉讼而丧失票据项下的追索权利，保理人可以选择优先行使任一权利，先后行使并提起诉讼的，不构成重复起诉；另一方面，从票据追索权纠纷中所得的款项应当冲抵保理追索权的债务金额，若有剩余，则涉及《民法典》第766条规定的返还问题，在票据纠纷中恐难处理。②

---

① 实践中也有将票据“质押背书”给保理人的操作。典型案例参见最高人民法院民事裁定书，(2021) 最高法民申4612号。该案中，应收账款债务人背书转让某票据给应收账款债权人，应收账款债权人又将票据质押给保理人以担保保理合同项下债务。应收账款债务人据此认为案涉保理业务本质是“质押贷款”。最高人民法院认为，该案构成保理合同关系，且票据到期后拒付，应收账款债权未获清偿，保理人依然有权主张应收账款债权。

② 参见人民法院案例库2023－08－2－341－002号案例“某某商业保理有限公司深圳分公司诉某某控股股份有限公司票据追索权纠纷案——保理追索权与票据追索权行使顺序及受偿方式”。法院认为，保理人在福田法院就基础关系提起保理合同之诉即前案与该案的票据之诉，系不同的诉讼标的；保理人在前案中是以保理合同的各当事人即上海某甲实业公司、上海某乙实业公司等（接下页）

5. “远期支票”问题

在票据保理业务中，保理融资期限与票据付款期限相匹配。

汇票付款期限不超过6个月。[①] 实践中，还有一种所谓“远期支票”[②] 的票据保理业务。“远期支票”是指实际开票日与载明开票日不符的支票，一般实际开票日要早于载明的开票日。当事人试图通过这种方式来人为拉开支票的承兑期限。远期支票不被《票据法》允许，长期以来一直为各种规范性文件所禁止，[③] 但远期支票在实务中依然不鲜见。“屡禁不止”的事物必然有其旺盛的现实需求，实践中也确实有实际承兑成功的情形。因此，此类横跳于“红色”与“灰色”地带的业务，保理人应根据实际情况判断是否要开展。

（五）类票据

1. “类票据”的起源

有没有一种具备票据的流通性与安全性，而又没有烦琐的法定程序的

（接上页）为被告，该案被告虽在前案中亦为被告但其应当承担的票据责任在前案中并未处理，保理人实际在前案中未取得对该案被告的诉讼效果，而该案中保理人仅起诉了作为票据承兑人的被告，两案的诉讼对象不同；在保理合同纠纷案件中，原告的诉请为支付应收账款，而在该案中则是主张票据款，两案诉请亦不相同，而该案判决结果亦不会否认前案的判决结果；故原告就该案提起诉讼不构成重复诉讼，并不违反一事不再理原则。但法院也强调，保理人通过票据追索权纠纷获得的债权数额超过基础关系的债权（追索权，笔者注）数额的，应当返还给基础关系债务人。同时，保理人在该案中实际获得的票据款亦应在前案各被告支付给原告债务中相应扣减，以避免双重受偿。保理人因该案受偿票据款及利息金额在抵扣前案保理融资款及违约金后，如有剩余，该笔费用实际为保理合同项下的应收账款的回款，应按《保理合同》约定处理。因该案系票据追索权纠纷，而《保理合同》还涉及上海某乙实业公司、上海某甲实业公司及各保证人，故法院对该笔款项不做处理。

① 《商业汇票承兑、贴现与再贴现管理办法》第25条规定，商业汇票的付款期限最长不超过6个月。实践中，债务人开具票据结算的动力之一就是借付款期限变相延长账期。对此，《保障中小企业款项支付条例》第10条规定“机关、事业单位和大型企业使用商业汇票等非现金支付方式支付中小企业款项的，应当在合同中作出明确、合理约定，不得强制中小企业接受商业汇票等非现金支付方式，不得利用商业汇票等非现金支付方式变相延长付款期限”。

② 支票分为现金支票和转账支票。《支付结算办法》第27条第1款规定，“票据可以背书转让，但填明‘现金’字样的银行汇票、银行本票和用于支取现金的支票不得背书转让”，因此现金支票不得背书转让。因此，实践中，保理业务中一般不会涉及基础交易合同的现金支票。

③ 例如，《支付结算办法》第207条规定，“不准签发没有资金保证的票据或远期支票”。《中国人民银行办公厅关于印发全国支票影像交换系统业务处理及系统运行有关管理规定的通知》（〔2006〕255号，2023年废止）第43条：持票人提交的通过影像交换系统处理的支票存在下列情形之一的，持票人开户银行应拒绝受理……远期支票……

“中间”产品？“类票据”产品应运而生。

“类票据”，也被称为“电子债权凭证”“数字化应收账款债权凭证”“供应链债务凭证”，本质也是一种债权凭证，只不过依托信息化手段进行份额化和数字化，以便注册用户交易。之所以称为“类票据”，一是因为票据类型法定主义注定了这些债权凭证无法成为“票据”，① 在身份上无法与“票据”等同；二是因为具有与票据类似的特征，例如都可以流通，都有编码（用于特定化），都有票面信息（票据上有“出票人”“收票人”“承兑人”“承兑日期”，类票据有“开立方”“接收方”“兑付日期”）。

实践中，类票据的产品名称中往往带有“信、券、单、宝、融、证、链、票、金、通”等字样。如中企云链（北京）金融信息服务有限公司研发的“云信”，中国建筑集团研发的“融筑星券”，东风集团研发的“东风融E单”，中国宝武集团研发的“通宝”，中交第二航务工程局有限公司研发的“二航惠融”，中国国新控股研发的“国新e证”，中交一公局集团研发的“中交壹链”，中国交通建设集团研发的“云票”，中化资本研发的“化彩金”，安能建设研发的“安信通”等。“类票据”均依托特定的交易平台“产生”，并在该平台内部或者跨平台②“流通”。

① 《关于严格执行企业会计准则 切实做好企业2021年年报工作的通知》明确规定，“企业因销售商品、提供服务等取得的、不属于《中华人民共和国票据法》规范票据的‘云信’、‘融信’等数字化应收账款债权凭证，不应当在‘应收票据’项目中列示。企业管理‘云信’、‘融信’等的业务模式以收取合同现金流量为目标的，应当在‘应收账款’项目中列示；既以收取合同现金流量为目标又以出售为目标的，应当在‘应收款项融资’项目中列示。企业转让‘云信’、‘融信’等时，应当根据《企业会计准则第23号—金融资产转移》（财会〔2017〕8号）判断是否符合终止确认的条件并进行相应的会计处理”。但在司法实践中，也有法院突破性地认为“类票据”就是汇票。参见天津市津南区人民法院民事判决书，（2020）津0112民初8318号。该案中，被告向原告开具云信以清偿货款。法院认为，“云信的性质为商业承兑汇票，被告为原告开具云信，原告接收，应视为双方对500 000元货款的支付达成合意。原告依据云信取得相关票据权利，不应再重复主张相应的500 000元货款。如云信兑付出现问题，原告可另案主张权利”。

② 实践中，若干平台之间已经逐步“打通”。例如，上海银行就开发了“上行e链”平台，并支持包括蚂蚁双链通、联易融、泽金金服、中企云链等主流第三方平台，核心企业（应收账款债务人）在该平台上签发电子债权凭证，上海银行提供融资服务。

2. 与票据的区别

（1）安全性接近

票据承兑人不得以基础交易合同的抗辩对抗非直接持票人，而“类票据”的应收账款债务人在开具“类票据”时必然会有付款承诺，并放弃各类抗辩权利。有了这一层保护，“类票据”的安全系数直逼拥有无因性保护的票据交易。

（2）变现更容易

票据贴现需要有特殊的资质，而拿着“类票据”变现，可以是直接出售，也可以是转让充抵货款，当然也可以开展保理业务，整个变现流程中并无主体资质限制，相关的转让合同关系也更多元。

（3）行权程序简单

“类票据”没有复杂的行权程序，“类票据”项下的催收没有“线上”“线下”的效力争议，也没有提示付款、追索等程序性问题，适用债权催收的一般法律规则。

（4）“类票据”不存在追索权

“类票据”并不存在法定的前手票据追索权，也没有法定的票据利益返还请求权。对于“前手”来说，就安全得多。一旦“类票据”被多次转让，受让人无法追究所有“前手”的连带责任。

（5）转让合同无效的处理

举例说明：应收账款债务人向 A 开具类票据 100 万元，A 以支付货款的目的将类票据转让给 B，B 取得后向 C 保理人获得融资，保理人取得类票据 100 万元。若 A、B 之间的买卖合同依法被判定无效，则是否会威胁到保理人取得类票据 100 万元？

这个问题取决于是否承认债权转让的无因性。无因性意思就是，债权转让的原因行为效力不直接影响作为处分行为的债权转让的效力。A 将某债权转让给 B，B 再转让给 C。A、B 之间的买卖合同无效时有两种情形：（1）承认无因性，则 B 向 C 转让时属于有权处分，C 依然有权保有类票据债权；(2) 不承认无因性，则 C 无权取得类票据，并有义务将类票据债权直接返还给 A。

如果转让的是“票据”而不是“类票据”，则依据《九民纪要》的规定，C 直接受到无因性保护而得以保有票据。①

3. 与普通债权的区别

(1) 更高的稳定性

“类票据”具备一定电子化公示手段，出具“类票据”的债务人均有付款承诺，因此“类票据”在今后实现时，具备更高的可预见性。

(2) 更高的流通效率

“类票据”依托特定的交易平台以及电子化集中管理，具备标准化运作流程，用鼠标“点一点”替代传统的打印快递签字盖章再快递。“类票据”所代表的债权具备更高的流转效率。

(3) 依然需要转让登记

“类票据”依托平台进行电子化“公示”，但这种公示手段在法律上无法替代中登网的转让登记。这就意味着，“类票据”在线上的流转，无法阻止线下债权的二次转让。如果应收账款债权人在现实世界又转让给他人，依然需要借助中登网登记来判断优先顺位。

举例说明：应收账款债务人向 A 开具类票据 100 万元，A 以支付货款为目的将这 100 万元类票据转让给 B，B 取得后向 C 保理人再转让以期获得保理融资，保理人支付融资款后在系统上“取得”类票据 100 万元，但 B 和 C 保理人都没有办理登记。而在线下，A 又约定将类票据 100 万元转让给 D 保理人并获得保理融资，D 保理人办理了登记。此时，因为转让给 C 时，系统会自动签发转让通知，对于应收账款债务人来说，向 C 付款可以产生清偿效

① 《九民纪要》第 101 条第 2 款规定：根据票据行为无因性原理，在合法持票人向不具有贴现资质的主体进行“贴现”，该“贴现”人给付贴现款后直接将票据交付其后手，其后手支付对价并记载自己为被背书人后，又基于真实的交易关系和债权债务关系将票据进行背书转让的情形下，应当认定最后持票人为合法持票人。

力。D 因为登记而取得优先于 C 的权利，可以要求 C 返还所收取的应收账款。

4. 类票据与反向保理

“类票据”常常与反向保理业务相结合。

例如在一起保理合同纠纷中，保理人先与应收账款债务人签订业务合作协议，双方约定“应收账款债务人通过云单平台就该等应收账款开立云单。应收账款债权人将云单对应的应收账款转让给保理人并由应收账款债务人向保理人提出保理业务申请，保理人同意在满足协议约定条件的情况下，在一定期限及额度内向债权人及应收账款债务人提供保理服务”“应收账款债务人同意按照约定的支付方式和费率，向保理人支付手续费、保理融资费用”。随后，保理人向相关应收账款债权人支付了 1 亿元保理融资，受让 1 亿元应收账款债权。后应收账款债务人和债权人违约，遂成讼。保理人要求应收账款债权人回购应收账款债权、要求应收账款债务人支付应收账款的诉请均获得支持。①

5. 类票据与证券法

“类票据”不是我国《证券法》（2020 年）所称的证券。②“类票据”不是股票、存托凭证。“类票据”在开立、流通过程中都不存在“本金”“利息”的区分，开立的“类票据”是多少，届时就付多少。目前未有将类票据纳入《证券法》进行调整的趋势。

6. 其他问题

各类提单、运单、仓单，并非“类票据”。但前述“三单”在供应链金融中也发挥着独特的作用。目前也有一些集中登记“三单”的平台，如金融

① 参见青岛市中级人民法院民事判决书，（2022）鲁 02 民初 263 号。

② 《证券法》（2020 年）第 2 条第 1 款规定：在中华人民共和国境内，股票、公司债券、存托凭证和国务院依法认定的其他证券的发行和交易，适用本法；本法未规定的，适用《公司法》和其他法律、行政法规的规定。

仓储登记中心（以下简称中仓登）。①

目前，国家部委也在推动多式联运“一单制”“一箱制”发展，② 是今后供应链金融的新型切入口。

（六）票据质押

1. 质权人的权利

《票据法》第35条第2款规定，汇票可以设定质押；质押时应当以背书记载“质押”字样。被背书人依法实现其质权时，可以行使汇票权利。

票据质押与应收账款质押权利人在实际行使权利时，具有相似性。二者都可以直接行使票据权利/应收账款债权。但应收账款质权的行使方式还包括拍卖、变卖，《票据法》和《民法典》没有禁止以“拍卖、变卖”的方式行使票据质权，但司法拍卖实践中尚无拍卖汇票的记录，足见票据质权实现途径的特殊性。

2. 不得质押的票据

记载“不得转让”“不得质押”的票据，不得再行质押。《最高人民法院关于审理票据纠纷案件若干问题的规定》第46条规定，因票据质权人以质押票据再行背书质押或者背书转让引起纠纷而提起诉讼的，人民法院应当认定背书行为无效。第52条规定，“依照票据法第二十七条的规定，出票人在票据上记载‘不得转让’字样，其后手以此票据进行贴现、质押的，通过贴现、质押取得票据的持票人主张票据权利的，人民法院不予支持”。事实上，这些都是“纸票”时代的问题，电子票据系统客观上无法进行上述无

---

① 根据“中仓登”的自我介绍，“中仓登是由中国仓储与配送协会、中国中小企业协会、中国物资储运协会与地方国资共同发起设立的行业服务机构。中仓登以货权管理和基于货权管理的仓单登记服务为基础，构建仓库档案、货权公示、仓单登记及配套服务，保障货物权利人（所有权人及抵质押权人）对存货与仓单的权利，便于产业链、供应链开展基于动产的可信交易与融资”。

② 交通运输部、商务部、海关总署、国家金融监督管理总局、国家铁路局、中国民用航空局、国家邮政局、中国国家铁路集团有限公司联合印发《关于加快推进多式联运“一单制”“一箱制”发展的意见》（2023年）提出，铁路运输单证金融服务试点地区，要支持银行参照海运提单下金融服务模式，将风险可控的铁路运输单证作为结算和融资可接受的单证，为外贸企业提供国际结算、信用证开立、进出口贸易融资、供应链金融等服务。

效票据行为。

3. 其他问题

实务中还存在所谓“票据代理人”“票据代持”的问题。但票据具有严格文义性，仅有代持协议，未在票据上载明“真实”质权人身份或票据代理关系的，对票据质权人的身份不予认可。①

六、虚构应收账款债权

虚假应收账款问题本应在“应收账款债权”章中讨论，但鉴于相关问题在实践中特别突出，案件处理思路与普通的保理合同纠纷存在显著区别，有必要设专章讨论。

依托真实的应收账款债权开展保理业务，是保理的应然状态。但保理人毕竟不是基础交易合同的当事人，在巨大的利益驱使下，不少融资者铤而走险，“虚假应收账款”已然成为保理业务中的“顽疾”。

虚构应收账款的问题早已引起了各界关注。早在2014年就有人民法院以“司法建议书”的形式提示监管机构重视虚假应收账款的风险。② 随后，人民

① 参见最高人民法院民事判决书，(2018) 最高法民终890号。该案中，原告作为某资产支持专项的管理人，由保理人将指定票据出质给原告，原告与某银行签订托管协议，并约定由该银行作为票据质押的代理人。原告以票据质权人身份提起诉讼。最高人民法院认为，但票据具有严格文义性，涉案票据上记载某银行为权利人，并未记载某银行为原告代理人的字样，无法推导出原告为涉案票据权利人的结论。原告既未按照法定程序在票据上签章，又未以其他合法方式取得票据，在票据上也看不出有某银行代理其持有票据的字样，故其并非涉案票据的合法持票人，不享有票据权利。

② 参见广州市中级人民法院司法建议书，穗中法民建〔2014〕13号。该建议书指出“本院在审理保理合同纠纷的过程中，发现银行在为客户提供应收账款融资服务时，疏于对买卖双方的购销合同的真实性及合同内容进行实质审查。当买方以不存在交易关系或合同无效为由拒绝履行债务时，银行将面临巨大的坏账风险。与传统贷款业务相比，保理合同涉及多重法律关系，潜藏风险不尽相同。保理合同的标的是买卖双方因购销合同而产生的债权，购销合同存在瑕疵，将影响保理方向买方的求偿权。为此，特建议：一、督促商业银行注意把控保理服务风险。商业银行在接受应收账款转让时，应当谨慎地审查购销合同的真实性，对合同的签订过程、履行情况等进行严格审查，确保保理合同的基础债权真实存在，避免因卖方履约瑕疵或买方不履行债务而遭受损失。二、引导商业银行完善保理客户信用审查制度，审查交易背景，充分利用保理行和监管部门的信息管理系统，预防客户利用伪造、变造发票、旧票新用、一票多用、虚假合同、关联交易等方式骗取银行资金。以上建议请认真研究处理，并请在一个月内将处理结果函告本院”。

法院陆续通过调研、[1] 白皮书或审判通报、[2] 地方司法政策性文件[3]、典型案例[4]等形式表达了对“虚假应收账款”问题的关切。最高人民法院也有法官专门讨论过虚假应收账款的问题。[5] 保理业务之外，应收账款质押业务也饱受虚假应收账款困扰。[6]

在《民法典》的制定过程中，2019 年4 月的《民法典合同编（草案二次审议稿)》在第552 条之一项下新增了保理合同，并在第552 条之二明确虚假应收账款作为转让标的，不得对抗保理人。该条最终演化成为《民法典》第763 条。

《民法典》第763 条规定，“应收账款债权人与债务人虚构应收账款作为转让标的，与保理人订立保理合同的，应收账款债务人不得以应收账款不存在为由对抗保理人，但是保理人明知虚构的除外”。

---

① 参见江苏省高级人民法院民二庭课题组、夏正芳、李荐：《国内保理纠纷相关审判实务问题研究》，载《法律适用》2015 年第10 期。

② 参见2017 年上海市高级人民法院《2014～2016 年度金融商事担保纠纷审判白皮书》、2019 年上海市高级人民法院《2018 年度上海法院金融商事审判情况通报》、2020 年江苏省高级人民法院《江苏法院金融审判白皮书》、2020 年上海市浦东新区人民法院《2014～2019 年涉自贸区商业保理案件审判情况通报》。

③ 参见2015 年天津市高级人民法院《关于审理保理合同纠纷案件若干问题的审判委员会纪要(二)》、2016 年北京市第四中级人民法院《金融借款合同纠纷案件审判实务问题研究及对策建议》、2016 年深圳前海合作区人民法院《关于审理前海蛇口自贸区内保理合同纠纷案件的裁判指引（试行)》、2016 年湖北省高级人民法院民二庭《关于当前商事审判疑难问题裁判指引》。

④ 参见全国法院系统2022 年度优秀案例76“霍尔果斯新骏商业保理有限公司诉苏宁易购集团股份有限公司等保理合同纠纷案”、2023 年上海市高级人民法院第二批参考案例158“江铜国际商业保理有限责任公司诉上海顿展实业有限公司等借款合同纠纷案”、2022 年连云港法院金融审判典型案例4“被虚构应收账款的债务人无须向保理人承担还款责任”。

⑤ 参见贺小荣主编：《最高人民法院民事审判第二庭法官会议纪要——追寻裁判背后的法理》，人民法院出版社2018 年版，第277 页以下。该书所附的参考案例为最高人民法院民事判决书，(2017) 最高法民再164 号。

⑥ 因应收账款“质权人”无法证明应收账款债权真实性而败诉的案例不胜枚举。典型案例可参见最高人民法院民事判决书，(2019) 最高法民终1445 号。最高人民法院指出，该案应收账款质权虽然已经登记，但是在××银行不能提供证据证明案涉应收账款客观真实存在的情况下，××银行在设立案涉应收账款质权时疏于核实该应收账款客观真实性的风险，应自行承担；在××银行不能提供证据证明满孚公司对国源公司享有1.49 亿元应收账款债权的情况下，××银行主张对该无法确定客观真实性的1.49 亿元应收账款债权行使优先受偿权的上诉请求，缺乏理据，法院不予支持。

（一）虚构的方式

不同的虚构方式，产生不同的法律效力。

从应收账款债权本身来看，实践中有完全虚构的，有部分虚构的，还有已经被清偿但被包装“复活”的虚构。

从虚构的参与主体来看，实践中可仅由应收账款债权人单方虚构，也可以由应收账款债权人和应收账款债务人参与的多方虚构，个别案例中，保理人也会参与到应收账款债权的虚构过程中。应收账款债权人单方虚构的，应收账款债务人可以向保理人主张“请求权不存在”的抗辩，不必付款。[①] 而只有应收账款债务人参与的虚构，才有适用《民法典》第763条的余地，也是重点需要讨论的情形。笔者初步归纳了两种常见案型，即“通谋虚伪型”与“非通谋虚伪型”，分述如下。

1. 通谋虚伪型

应收账款债权人与应收账款债务人基于共同的故意，伪造基础交易合同单据，共同虚构应收账款，这种情形是通谋虚伪表示的典型，也是《民法典》第763条当然调整的案型。

在司法实践中，裁判文书的论述多侧重于“虚构”而非“通谋”。这是因为，一方面，应收账款债权人或应收账款债务人很少主动承认故意虚构应收账款债权；[②] 另一方面，依据当下的技术手段以及证据规则，审裁机构难以直接查明（或至少在案件查明事实中明写）当事人主观上存在“虚构的故

---

① 典型案例参见2022年连云港法院金融审判典型案例4“被虚构应收账款的债务人无须向保理人承担还款责任”。该案中，应收账款债权人虚构对某通讯公司的900万元建工债权，获得800万元保理融资额度，实际提款400余万元。因应收账款债权人逾期违约，保理人起诉应收账款债务人，但经审查，应收账款债权人提供的基础交易合同系伪造，应收账款转让通知书、买方确认意见等相关函件上加盖的应收账款债务人的公章经鉴定也系伪造。最终法院判决应收账款债务人不承担责任。

② 但也不是没有，典型案例可参见最高人民法院民事裁定书，（2019）最高法民申1533号。该案中，最高人民法院认定的事实是“本案各方当事人对应收账款债务人与应收账款债权人串通虚构基础交易对保理人构成合同欺诈这一事实均不持异议”。再如湖北省高级人民法院民事判决书，（2015）鄂民二终字第00205号。该案中，应收账款债务人明确表示“我方签收确认《应收账款债务人签收确认函》是为了配合应收账款债权人贷款”。

意”。所以，直接扣上“通谋虚伪表示”的保理合同纠纷案件确实不多见。① 实践中，也有保理人主动参与到虚构应收账款虚构贸易标的物以骗取信用保险金的实例，此种情形下保理人涉嫌保险诈骗罪。②

2. 非通谋虚伪型

在裁判文书展现的事实中，“应收账款债权人与应收账款债务人虚构应收账款”并不以通谋虚伪表示为常态。实践中较为典型的案情是：债务人疏于印鉴管理，由“内鬼”或者其他人违规盖章确认了虚假应收账款的“真实性”。从当下裁判文书所得出的结果上讲，只要在用于虚构应收账款债权的文书上进行了对应收账款债务人有约束力的盖章行为，一般就归入“非通谋虚伪型”这一案型中，并受《民法典》第763条的调整。

《民法典合同编通则解释》第49条第2款明确规定了“非通谋虚伪型”的虚构行为及法律后果，但其与《民法典》第763条有细微出入。该款规定，受让人基于债务人对债权真实存在的确认受让债权后，债务人又以该债权不存在为由拒绝向受让人履行的，人民法院不予支持。但是，受让人知道或者应当知道该债权不存在的除外。从但书规定可以看出，《民法典》第763条以保理人“非明知虚构”为保护前提，而《民法典合同编通则解释》第49条以保理人“非明知且也不应当知道虚构”为保护前提。

为何区分对待？最高人民法院指出：“《民法典》之所以放松对保理人注意义务的要求，原因在于第763条情形中的债务人具有高度可归责性。该条中‘虚构应收账款作为转让标的’表明，债务人不仅故意虚构了应收账款，而且明知虚构应收账款的目的在于进行转让。可见债务人具有与债权人共同

① 但也不是没有，典型案例参见最高人民法院民事裁定书，(2020)最高法民申1128号。该案中，最高人民法院认为，“应收账款债务人明知其与应收账款债权人之间油品款项已结清，却与应收账款债权人通谋，在诉争《石油产品销售合同》、4张货物收据上加盖公章，在应收账款债权转让通知书回执上加盖公章和法定代表人私章，共同欺骗保理人，制造应收账款确实存在且尚未清偿的假象”。

② 参见上海市高级人民法院民事裁定书，(2020)沪民终386号。该案为信用保险合同纠纷，经查明，2018年8月20日，保险人向公安机关报案，称2015年年底至2018年6月，第三人保理人伙同案外他人，采取虚构保险标的物、伪造投保资料、进行虚假陈述等手段，向保险人投保了国内贸易信用保险，并向保险人提出理赔申请，企图骗取4亿元保险金。2019年5月27日，上海市公安局就保理人涉嫌保险诈骗一案决定立案，据此驳回起诉，移送公安侦查。

诈害保理人的意图。因此，《民法典》第763条规定的并非表见责任成立的典型情形，而是一种比较特殊的情形，即因债务人的高度可归责性而降低了对保理人的注意义务的要求。”①

（二）虚构与“确权”

从交易习惯上说，“确权”是“确认应收账款债权真实性”的简称，最常见的形态就是在应收账款债权转让通知文书的回执中以盖章、签字，对转让通知文书主文部分所载明的应收账款债权信息予以认可。这些“信息”五花八门，往往要求应收账款债务人确认应收账款债权的真实性、合法性、完整性，甚至要求应收账款债务人放弃一些权利。

1. 确权的方式

确权的载体，一般为文书。这个文书，可以是三方所签订的保理合同，可以是应收账款债权转让通知文书的回执部分，也可以是单独载于某份文书。

确权的方式，可以是在应收账款债务人所在地进行“现场确权”，也有可能是应收账款债务人“快递确权”。

现场确权的要求与现场进行转让通知的要求一致。现场确权的，建议要留有清晰、完整的录音、照片、录像。②“现场”，意味着最好前往应收账款债务人实际经营地。实际经营地与注册地不同的应收账款债务人，还需要收集“该地址是实际经营地”的证据。③现场确权的，可以公证，但实践中可行性不大，毕竟一般的应收账款债务人企业都不太喜欢扛着摄像机的人员进

---

① 最高人民法院民事审判第二庭、研究室：《最高人民法院民法典合同编通则司法解释理解与适用》，人民法院出版社2023年版，第545页。

② 参见江苏省高级人民法院民事判决书，（2016）苏民终416号。该案中，保理人声称其前往应收账款债务人处发送通知并取得债务人负责人加盖的印章，并提供照片和现场录音佐证。后经鉴定，所盖印鉴均为“萝卜章”。而针对照片和录音，法院认为，“上述照片并未载明拍摄时间，也无法分辨照片中盖章人所使用的印章及在何种文件上加盖印章”。“相关录音中，马某某（应收账款债务人负责人）均未确认曾在案涉《应收账款债权转让三方确认书》《保理业务应收账款对账单》加盖印章。”故法院未支持保理人的请求。该案再审申请被最高人民法院驳回，参见最高人民法院民事裁定书，（2017）最高法民申225号。

③ 例如，“国家企业信用信息公示系统”最近一期年报中披露的“企业通信地址”一般为该公司的实际经营地址。

入单位，公证机构也无法对确权经办人员的身份发表意见。

快递确权的，需要注意保留快递原始面单，截存快递物流流程页面，注意快递发出地址是否与应收账款债务人的有效地址保持一致，了解实际确权人员的身份等。

2. 确权的内容

确权的常见内容包括确认应收账款债权各项要素，这些要素一般在通知中载明。

有的转让通知书还要求应收账款债务人放弃“抗辩权”“抗辩”“抵销权”。司法实践中逐渐形成一种有力的观点：应收账款债务人仅确认了应收账款真实性，并不意味着债务人放弃了抗辩、抵销的权利。应收账款债务人没有“明说”放弃各类抗辩、抗辩权、抵销权的，不视为放弃。在存在“背靠背”结算条款且保理人明知的情况下，这一点尤为重要。①②

---

① 典型案例参见最高人民法院民事判决书，(2018) 最高法民终31号。该案中，应收账款债务人向保理人出具《应收账款转让通知确认书》，表明其已收到该转让通知书，知晓并确认其内容，同意按照上述内容执行。保理人在庭审中提供了最高人民法院的 (2014) 民二终字第271号和 (2017) 最高法民再164号民事判决书，但最高人民法院指出，“271号”案中的应收账款债务人在收到债权转让通知后，向保理人明确承诺“不出于任何原因对该等款项进行任何抵销、反请求或扣减”；“164号”案中的应收账款债务人就与订约有关的重要事实向保理人提供虚假情况，系欺诈行为，在其签署《应收账款转让通知确认书》后，仍继续向应收账款债权人支付剩余货款，主观恶意明显。而该案中，应收账款债务人在保理人调查时展示了其与应收账款债权人及自身债务人的“背靠背”贸易合同，最高人民法院认为此举表明应收账款债务人不预先向保理银行放弃抗辩权或者抵销权，也没有证据证明该案存在欺诈。因此，最高人民法院认为，应收账款债务人在保理银行开展尽职调查时，向保理人提出抗辩权或者抵销权存在合理事由，保理人仍然与应收账款债权人签订保理合同并通知应收账款债务人债权转让的事实，债务人确认该债权转让并同意按照债权转让通知履行的，如债务人无预先放弃抗辩权或者抵销权以及存在欺诈等严重过错的情形，债务人仍不失抗辩权或者抵销权。最终改判一审判决，支持了应收账款债务人的抗辩权主张。

② 典型案例可参见最高人民法院民事裁定书，(2017) 最高法民申3132号中。该案中，最高人民法院认为，“本案应收账款债务人虽然向保理人出具了案涉《应收账款转让通知书（部分）》回执，该通知的性质系债权转让通知，且该通知中载明应收账款债权人已完成发货，要求应收账款债务人直接向保理人履行付款义务，并明确了付款账户。应收账款债务人签收的回执内容载明应收账款债务人收悉该通知，知晓、理解、同意其全部内容，并确认该通知书所述的应收账款债权全部转让给保理人，应收账款债务人确保按照通知要求及时、足额付款至指定账户。上述债权转让通知内容及回执内容并没有明确载明应收账款债务人放弃了向保理人就其受让的债权行使瑕疵抗辩权的意思表示，且该通知书及回执系格式条款，因此，二审判决以该通知及回执内容认定应收账款债务人放弃了就基础合同向保理人行使抗辩权，依据不足”。

3. 确权的属性

假设没有《民法典》第763条的规定，在非通谋虚伪型的案件中，应收账款债务人的“确权”行为可归类于何种法律关系，具有学理讨论价值。

“真意保留说”。我国《民法典》未规定真意保留制度。真意保留，也称单方虚伪表示，是指表意人故意隐匿其内心所欲追求的效果意思，而为与效果意思相反的表示行为。真意保留制度与通谋虚伪表示制度一样，旨在保护善意相对人；其法律效果就是“被保留的真意对相对人无效”，以实际表达出的意思表示为准，这在网购错标价格的案例中经常出现。① 也有观点认为，“确认应收账款真实存在”不属于意思表示，也就不构成真意保留。

“第三人缔约过失说”。在保理合同纠纷中，应收账款债务人属于保理合同以外的第三人，但在过去的保理合同司法实践中，已有认定应收账款债务人承担“缔约过失责任”的案例。② 普通的缔约过失规则，《民法典》已有明文规定。《民法典》第500条（原《合同法》第42条）规定，“当事人在订

① 典型案例参见江苏省高级人民法院民事裁定书，(2020) 苏民申7510号。该案中，商家出于“刷单”的目的将1万元的热水器标价为1元挂网出售，且长期挂网。某消费者第一次下单4台，在一个半月后又下单16台。消费者要求全部发货，遭商家拒绝。法院认为，第一次采购时“无证据证明消费者有利用商家虚假标注商品价格或因疏忽大意错标商品价格从中牟利的恶意，故消费者在首次交易时存在合理信赖，应以商家的表示行为解释其意思表示，双方订立的买卖合同成立并生效”；“首次交易后，消费者在商家未实际发货的情形下，未按照通常网购惯例采取提醒商家发货、客服咨询、查看物流等措施进行确认，而是在之后一个半月又继续购置16台空气能热水器，明显不符合常理，消费者对此亦无法作出合理解释，足以认定此时其应当已经意识到案涉商品销售存在异样。”最终法院认为商家应当发货首次下单的4台热水器。

② 参见湖北省高级人民法院民事判决书，(2017) 鄂民终238号。该案是虚构应收账款债权质押的案件。该案中，2014年4月16日后已不存在应支付的货款，但质权人在4月18日递送《通知》时，应收账款债务人仍在《通知》的回执上加盖印章，并承诺将货款按约定的方式支付，致使质权人误信封闭锁环已形成，而同意应收账款债权人办理银行承兑汇票，从而形成保理人信贷资金的损失。根据《合同法》第42条第2项（现《民法典》第500条第2项）的规定，当事人在订立合同过程中故意隐瞒与订立合同有关的重要事实或者提供虚假情况，给对方造成损失的，应当承担损害赔偿责任，据此应收账款债务人应对该损失承担赔偿责任。故质权人请求判令应收账款债务人在应收账款额度范围内对应收账款债权人尚未支付的债务金额承担责任的诉讼请求成立，一审法院予以支持。湖北省高级人民法院二审维持。最高人民法院在(2017)最高法民申4305号民事裁定书中驳回应收账款债务人的再审申请。

立合同过程中有下列情形之一，造成对方损失的，应当承担赔偿责任……”由此可知，缔约过失责任由“合同当事人”承担，合同以外的第三人，一般不承担“缔约过失责任”。但在个别司法解释中，确实也有第三人承担缔约过失责任的规定，例如《最高人民法院关于审理涉及会计师事务所在审计业务活动中民事侵权赔偿案件的若干规定》、《最高人民法院关于审理存单纠纷案件的若干规定》第8条第2款。[①] 时至今日，《民法典合同编通则解释》第5条[②]关于“第三人责任”独立成文，独立的第三人缔约过失责任就有了解释空间。缔约过失责任系违反诚实信用原则所生的一种损害赔偿责任，实践中也有法院以“明显违背诚实信用原则”为由判决应收账款债务人应支付全部确认的应收账款。[③]

“单方允诺说”。《民法典》未规定单方允诺的一般原理，仅在第499条规定了“悬赏广告”。单方允诺要求向不特定的民事主体发出，而应收账款债务人是向保理人——也就是一个特定的民事主体——进行虚构的，所以一

---

① 《最高人民法院关于审理存单纠纷案件的若干规定》第8条第2款规定：存单持有人以金融机构开具的、未有实际存款或与实际存款不符的存单进行质押，以骗取或占用他人财产的，该质押关系无效。接受存单质押的人起诉的，该存单持有人与开具存单的金融机构为共同被告。利用存单骗取或占用他人财产的存单持有人对侵犯他人财产权承担赔偿责任，开具存单的金融机构因其过错致他人财产权受损，对所造成的损失承担连带赔偿责任。接受存单质押的人在审查存单的真实性上有重大过失的，开具存单的金融机构仅对所造成的损失承担补充赔偿责任。明知存单虚假而接受存单质押的，开具存单的金融机构不承担民事赔偿责任。

② 《民法典合同编通则解释》第5条规定：第三人实施欺诈、胁迫行为，使当事人在违背真实意思的情况下订立合同，受到损失的当事人请求第三人承担赔偿责任的，人民法院依法予以支持；当事人亦有违背诚信原则的行为的，人民法院应当根据各自的过错确定相应的责任。但是，法律、司法解释对当事人与第三人的民事责任另有规定的，依照其规定。

③ 参见湖北省高级人民法院民事判决书，（2015）鄂民二终字第00205号。该案中，保理人仅起诉应收账款债务人。保理人依据两份保理合同分别受让883.22万元和1061.71万元（合计1944.93万元）应收账款债权，应收账款债务人多次确认上述应收账款债权的真实性。应收账款债务人表示“我方签收确认《应收账款债务人签收确认函》是为了配合应收账款债权人贷款”，原告（保理人）诉请当事人错误，应首先确认原、被告和第三人（应收账款债权人）债权债务的有效性和真实性。湖北省高级人民法院二审认为，应收账款债务人多次对应收账款债权人发出的《应收账款转让通知书》和保理人发出的《关于请求核对应收账款债权的函》签章确认，并作出明确的还款承诺。现应收账款债务人未按照承诺向保理人偿还债务，却主张其与应收账款债权人签订《购销合同》是为了应收账款债权人能获得贷款，其与应收账款债权人之间并没有真实的交易。应收账款债务人的该项上诉理由明显违背诚实信用原则，本院依法不予支持。

般不构成单方允诺。实践中，也有裁判文书认为应收账款债务人的确权行为构成“单方承诺”。①

“债务约束/承认说”。我国《民法典》未规定债务约束（Schuldversprechen）和债务承认（Schuldanerkenntnis）。德国《民法典》第780条规定了债务约束，第781条规定了债务承认。二者均可以产生独立有效的债权，但二者均需要因“合同（契约）”而“承诺”或“承认”某种债务，应收账款债务人与保理人之间并无有效的合同关系，故不同于债务约束或债务承认。债务承认具有有因性，也就是如果“搞错了”，债务就无效，应收账款债务人就不必承担责任，这与当前司法实践与主流观点不相符。

“签名错误说”。重大误解中的一种特殊情形就是“签名错误”。《民法典》第147条规定，基于重大误解实施的民事法律行为，行为人有权请求人民法院或者仲裁机构予以撤销。如果认为应收账款债务人虚构应收账款属于“重大误解”，若赋予应收账款债务人撤销权，势必会从根本上影响保理人的权利。“签名错误”是指某人在一份文件上签名，产生了行为人不想发生的法律效果。但签名错误以“未经阅读或正确阅读”为特征，而实践中应收账款债务人作为法人，据此提出抗辩被采纳的可能性有待观察。②

---

① 参见重庆市第五中级人民法院民事判决书，（2019）渝05民终4740号。该案中，《通知书》回执上载明“我方同意严格按照《通知书》的约定向××保理公司履行付款义务”，并未注明该金额仅为初步结算或者需待最终结算确定金额等内容。法院认为，保理合同签订后，债务人向保理商确认了债权人对其享有应收账款债权，确认知晓债权人将该应收账款转让给保理商，并承诺向保理商付款，保理商就享有在该应收账款范围内向债务人主张清偿的权利。因债务人上述确认与承诺实质上是其向保理商作出的单方承诺，故无论应收账款基础债权是否存在瑕疵均不影响保理商向债务人主张清偿的权利，债务人作出承诺后就负有必须确定地向保理商履行支付该应收账款的义务。

② “签名错误”与“格式条款不成立”的关系也值得讨论。参见浙江省金华市中级人民法院民事判决书，（2016）浙07民终4902号。该案中，各自然人担保人主张对担保合同不知情并主张不承担担保责任。法院认为，根据该案查明事实，招行金华分行的工作人员在签订《最高额不可撤销担保书》时并未告知卢某、徐某、程某、朱某、赵某、骆某个人担保事宜及所签担保书内容，并让他们在空白担保书上签名，也未告知其需要签署承诺函及承诺函的具体内容。相关被告抗辩称并不知晓需要提供个人担保，对签署《最高额不可撤销担保书》不知情，符合该案事实。因此该担保书不发生法律效力。该案中，法院直接认定“不产生效力”，并不认为各“担保人”系签名错误而构成“重大误解”。

4. 确权代表人

在虚构应收账款债权的相关纠纷中，确权时的经办人员身份，对确权效力也有一定影响。[①][②] 加盖“萝卜章”且签章人也无权代表应收账款债务人的，确权无疑是无效的。[③]

（三）对各合同的影响

虚构应收账款债权对保理合同、基础交易合同、担保合同均有不同程度的影响。

1. 保理合同

第一，保理人明知虚构的，“保理合同”关系不成立，若成立借款合同关系（“名保实贷”），后续会按照借款合同纠纷处理。司法实践中也经常称这类情形为“保理合同无效”。但缺失真实的应收账款并非合同的法定无效事由，所以此刻只是“不成立”保理合同关系，而非无效。

第二，保理人不明知虚构的，“虚构应收账款债权”一节事实不影响保理合同关系的成立。虚构应收账款债权，意味着“转让应收账款债权”这一

① 参见最高人民法院民事裁定书，（2021）最高法民申208号/河北省高级人民法院民事判决书，（2020）冀民终210号。最高人民法院指出，应收账款债务人对于保理人提交的《应收账款转让通知确认书》《应收账款余额对账单》中所加盖印章的真实性及经办人员“张某”签名的真实性均予以否认，并提出鉴定申请。保理人亦不同意进行鉴定且未能提供其他证据证明《应收账款转让通知确认书》《应收账款余额对账单》等证据的真实性。另经原审法院比对，保理人所提供照片上的“张某”与应收账款债务人提供身份证上的“张某”存在较大差异，明显不是同一人，现有证据不能证明保理人所述“张某”为应收账款债务人的员工。现有证据不能证明该案中存在应收账款或应收账款债务人曾认可存在应收账款。

② 参见安庆市中级人民法院民事判决书，（2020）皖08民终1433号。该案中，保理人认为应收账款债务人在应收账款转让通知文书上加盖了“公章”和“法定代表人私章”，故其应当付款，而法院认为“加盖公章表明加盖公章行为人从事的是职务行为，而从事职务行为的前提是行为人须是该公司的工作人员，且需要享有代理权或代表权。对此，应当主要审查盖章人于盖章时有无代表权或者代理权。从现有证据来看，保理人无证据证明加盖应收账款债务人公章和法定代表人印章的行为人的行为系该公司工作人员的职务行为”。但该案中应收账款债权已被冻结，本身不发生转让效力，因而没有支持要求应收账款债务人付款的诉请。

③ 参见人民法院案例库2023-08-2-113-002号案例“某公司诉某甲公司等保理合同纠纷案——职务外观并不包含相应职权的，不构成表见代理”。

义务客观上无法履行，但“给付不能”并非《民法典》的合同无效事由，[①] 保理合同并不会因此直接无效。

第三，保理人享有撤销权，但也可以不行使。应收账款债权人虚构应收账款债权的，构成欺诈，保理合同是可撤销合同。[②] 被撤销以后，保理合同无效，相关保理融资收益约定也无效，保理人仅享有要求返还融资款及支付极低利率资金占用费[③]的权利。因此，出于经济上的考虑，保理人一般不行使撤销权。[④] 保理人行使撤销权后，如果应收账款债务人也参与了虚构应收账款债权，那么应收账款债务人依据《民法典合同编通则解释》第 5 条[⑤]的规定需要承担损害赔偿责任，应收账款债权人依据《民法典》第 157 条[⑥]的规定也需要承担损害赔偿责任。

第四，衍生思考一个问题，出卖人无权处分标的物，但买受人依据善意取得规则取得所有权的，显然不能再向出卖人主张权利瑕疵担保责任（违约责任）。同理，如果保理人依据《民法典》第 763 条取得了一个拟制的债权，

---

① 《民法典》无效事由中，并无“给付不能”。根据《民法典》第 580 条第 1 款第 1 项的规定，“法律上或者事实上不能履行”的结果是不必继续履行该义务。

② 《民法典》第 148 条规定：一方以欺诈手段，使对方在违背真实意思的情况下实施的民事法律行为，受欺诈方有权请求人民法院或者仲裁机构予以撤销。

③ 《民法典合同编通则解释》第 25 条第 1 款规定：合同不成立、无效、被撤销或者确定不发生效力，有权请求返还价款或者报酬的当事人一方请求对方支付资金占用费的，人民法院应当在当事人请求的范围内按照中国人民银行授权全国银行间同业拆借中心公布的一年期贷款市场报价利率（LPR）计算。但是，占用资金的当事人对于合同不成立、无效、被撤销或者确定不发生效力没有过错的，应当以中国人民银行公布的同期同类存款基准利率计算。

④ 典型案例可参见全国法院系统 2022 年度优秀案例 76，上海法院服务保障长江经济带、长三角区域一体化发展典型案例（审判案例）8，霍尔果斯新骏商业保理有限公司诉苏宁易购集团股份有限公司等保理合同纠纷案。该案中，人民法院认为保理合同相对方单方虚构应收账款债权，保理人因欺诈在违背真实意思的情况下签订保理合同，保理人有权请求予以撤销。在有追索权的保理合同中，若保理人不行使撤销权，保理合同仍有效，保理人可主张回购追索权。案号为（2018）沪 74 民初 1374 号。

⑤ 《民法典合同编通则解释》第 5 条规定：第三人实施欺诈、胁迫行为，使当事人在违背真实意思的情况下订立合同，受到损失的当事人请求第三人承担赔偿责任的，人民法院依法予以支持；当事人亦有违背诚信原则的行为的，人民法院应当根据各自的过错确定相应的责任。但是，法律、司法解释对当事人与第三人的民事责任另有规定的，依照其规定。

⑥ 《民法典》第 157 条规定：民事法律行为无效、被撤销或者确定不发生效力后，行为人因该行为取得的财产，应当予以返还；不能返还或者没有必要返还的，应当折价补偿。有过错的一方应当赔偿对方由此所受到的损失；各方都有过错的，应当各自承担相应的责任。法律另有规定的，依照其规定。

保理人在保理合同项下“获得应收账款债权”的目的就已实现，剩下的就是普通的信用风险。那么，无追索权保理业务的保理人此时是否还有权以“应收账款债权虚构”为由要求应收账款债权人回购？笔者尚未考虑周全，欢迎读者朋友讨论。

2. 基础交易合同

虚构应收账款债权的，虚构的“基础交易合同”自始不成立。但这是二者内部的事情，如果虚构的“应收账款债权”转让，那么应收账款债务人可能还需要承担一定的民事责任。[①] 这就涉及“虚构”能否对抗保理人的问题，容后详述。

3. 担保合同

（1）担保合同效力

担保保理合同的担保合同效力不受影响，因为“应收账款债权不存在”并不是担保合同无效的事由。担保合同除适用一般的法律行为无效规则外，尚有“从属性”无效事由[②]，以及《民法典担保部分解释》第 3 条[③]的“违

---

① 实践中也有个别案例认为，即便“确权”也不用承担民事责任，参见湖南省高级人民法院民事判决书，（2019）湘民再 633 号。该案中，应收账款债权人的法定代表人颜某某使用虚假编造的《煤炭买卖合同》《燃料结算单》材料及在 2014 年 6 月作废的增值税专用发票虚构应收账款，以应收账款债权人的名义向保理人申请办理保理融资，骗取保理人两笔保理融资共计 800 万元。放款前，应收账款债务人在多份转让通知文书签收回执上盖有应收账款债务人合同专用章，且有应收账款债务人湖南负责人尹某签字。一审判决认为应收账款债务人不必担责，二审法院改判应收账款债务人承担部分赔偿责任，再审法院认为“应收账款债务人虽然向保理人出具了回执，但该回执是由应收账款债权人事先起草，正常程序应该是应收账款债务人湖南办事处收到该回执后，由应收账款债务人或应收账款债务人财务部门经核实后出具，而不是在应收账款债权人和保理人送至应收账款债务人后，由应收账款债务人当场签字予以核实认可。应收账款债务人在未经其公司财务部门核实的情况下签字盖章，其真实意思应理解为如果债权转让通知书所载明的债权债务属实，则应收账款债务人负有按照通知要求向保理人付款的义务。现经查实没有该债权债务，应收账款债务人当然不负有付款义务”，撤销二审相关判项。

② 《民法典》第 388 条第 1 款规定：设立担保物权，应当依照本法和其他法律的规定订立担保合同。担保合同包括抵押合同、质押合同和其他具有担保功能的合同。担保合同是主债权债务合同的从合同。主债权债务合同无效的，担保合同无效，但是法律另有规定的除外。

③ 《民法典担保部分解释》第 3 条第 1 款规定：当事人对担保责任的承担约定专门的违约责任，或者约定的担保责任范围超出债务人应当承担的责任范围，担保人主张仅在债务人应当承担的责任范围内承担责任的，人民法院应予支持。

约责任条款无效”规则。保理合同如果因为缺失真实的应收账款债权而“无效”，本质上只是不成立保理合同关系，只要能够成立有效的其他合同（如借款合同）关系，担保人一般也需要继续承担担保责任。

（2）担保人是否减责?

主流观点认为，有追索权保理系有担保功能的合同，应收账款债权具有担保保理融资债务的功能。如果保理人明知应收账款债权虚假而开展保理业务，就相当于自愿放弃了本应可以获得的一种担保，此时保理合同的担保人能否有权主张减责，具有讨论价值。

担保人不是为自己承担责任，而是代应收账款债权人清偿保理融资债务，因而混合担保中，承担担保责任后的担保人可以向应收账款债权人追偿。在功能主义视角下，应收账款债权人转让应收账款债权的，本质是以自身财产为保理融资债务提供了物上担保，若保理人能先就应收账款债权实现权利，则其他担保人就可以少承担担保责任，进而减少承担追偿不得的信用风险。如果保理人因为种种原因放弃或者相当于实际上放弃此类担保，那么其他担保人理应等额免责。类似的担保问题，在融资租赁出租人与承租人虚构租赁物的场合也会存在。

《民法典》第 392 条以及第 409 条第 2 款体现了这一法理。① 《民法典》第 392 条（规定在担保物权编的一般规定章）规定，被担保的债权既有物的担保又有人的担保的，债务人不履行到期债务或者发生当事人约定的实现担保物权的情形，债权人应当按照约定实现债权；没有约定或者约定不明确，债务人自己提供物的担保的，债权人应当先就该物的担保实现债权；第三人提供物的担保的，债权人可以就物的担保实现债权，也可以请求保证人承担

① 原《担保法》（1995 年生效，2021 年废止）曾有一般性的规定，该法第 28 条规定，同一债权既有保证又有物的担保的，保证人对物的担保以外的债权承担保证责任。债权人放弃物的担保的，保证人在债权人放弃权利的范围内免除保证责任。原《担保法解释》（2000 年生效，2021 年废止）第 38 条第 3 款曾规定，债权人在主合同履行期届满后怠于行使担保物权，致使担保物的价值减少或者毁损、灭失的，视为债权人放弃部分或者全部物的担保。保证人在债权人放弃权利的范围内减轻或者免除保证责任。

保证责任。提供担保的第三人承担担保责任后，有权向债务人追偿。《民法典》第 409 条第 2 款规定（规定在担保物权编的抵押权章），债务人以自己的财产设定抵押，抵押权人放弃该抵押权、抵押权顺位或者变更抵押权的，其他担保人在抵押权人丧失优先受偿权益的范围内免除担保责任，但是其他担保人承诺仍然提供担保的除外。

在司法实践中，已有案例体现类似法理。① 司法实践中还出现过保理人明知没有受让应收账款债权而支付保理融资的案例，最高人民法院认为保理合同的担保人可以主张免责。② 这背后的法理亦同。

4. 程序意义

保理人要求应收账款债务人承担付款责任的，审裁机构都会依法审查是否存在真实应收账款债权。但保理人未要求（比如单独起诉应收账款债权

---

① 参见上海金融法院民事判决书，(2021) 沪 74 民终 1044 号。该案中，保理人明知应收账款债权为虚构，法院认定合同名为保理实为借贷。一审法院认为，保证人（同时又提供了抵押担保，因而也是抵押人）应当在借款合同全部债务范围内继续承担保证人。二审法院认为，是否存在真实的基础交易合同对保理合同项下担保人承担的担保风险具有实质性的影响。保证人（抵押人）提供保证及抵押担保时不知晓应收账款对应的基础交易合同为虚假，故为名义上的保理合同提供担保实际在保证人（抵押人）真实担保意思表示的范围外加重了其部分担保责任，结合该案的具体案情，本院认定加重其担保责任的部分酌情量化为违约金对应的担保责任。综上，保证人（抵押人）在该案中应承担的保证及抵押担保责任应以借款本金及利息为限。一审法院认定保证人（抵押人）应对博司公司全部付款义务承担担保责任，实属不当，本院予以调整。法院最终认定保证人（抵押人）不对逾期违约金承担保证责任。

② 参见最高人民法院民事判决书，(2020) 最高法民终 907 号。该案中，保理合同约定自应收账款债权人提交确认的《应收账款转让确认函》起，应收账款债权人将其商务合同项下享有的应收账款转让给保理人。但应收账款债权人始终未向保理人提交《应收账款转让确认函》。保理人解除保理合同后要求应收账款债权人还款，并要求实现存单质权。最高人民法院认为，保理人放弃了双方预先设置的"先受让应收账款，再提供融资服务"的风险防控手段，放任风险的发生，导致应收账款债权人拒不交付《应收账款转让确认函》，进而致使保理人未成功受让案涉应收账款及相关权利。保理人在合同履行过程中将保理合同事实上变成了一般借款合同，导致了其提供的融资款无法追回。保理人对主合同的变更履行，使保理人与应收账款债权人之间法律关系的性质由保理关系改变为一般借款关系，从而导致债务人、担保责任的范围等质押合同的基本内容均发生了根本变更，担保人将被要求就因保理人提前提供保理融资服务、应收账款债权人无法偿还承兑汇票垫款而产生的一般借款合同债务承担担保责任。这一变更不仅违背了担保人提供担保的本意，而且在客观上可能极大地加重担保人实际承担担保责任的风险。再考虑到若保理人按照约定的方式正常履行《无追索权国内保理业务合同》，该案的纠纷可能实际上不会发生，而保理人变更合同履行方式并没有取得担保人的书面同意，故担保人无须承担担保责任，保理人应就其提前提供保理融资服务所造成的后果自行承担责任。

人)，且没有证据证明保理人明知虚构应收账款债权的，就算有当事人主张虚假，有观点认为也没有必要审查。[①]

（四）明知、应知与审慎义务

1. “明知”的后果

主要有两方面后果：一方面，保理合同性质转化；另一方面，对于保理人来说，应收账款债权也不存在，保理人没有信赖利益的保护。而上述两方面产生的最终后果就是，应收账款债务人和应收账款债权人都会减免责，分述如下：

（1）债务人无责

保理人若选择行使“应收账款债权请求权”，且明知应收账款债权虚构，那么应收账款债务人有权主张合同请求权不存在。

保理人若选择行使侵权损害赔偿请求权，且明知应收账款债权虚构，“明知”或可构成“受害人故意”（《民法典》第1174条[②]），无论应收账款债务人是否参与虚构，应收账款债务人均可主张免责。

（2）债权人减责

这里需要两步走。

第一步，保理人明知应收账款债权虚假，必然会被认定为“名保实贷”，“保理合同”就会变成“借款合同”。

第二步，合同性质的变化，会影响利息费率的计算。如果是保理合同，实务中，可被支持的最高收益率为年利率24%。但如果是“借款合同”（非金融借款合同)，可被支持的利率就被限制在LPR4倍以内了。还需要注意的

---

① 参见上海金融法院民事判决书，(2019)沪74民终934号。该案系保理人再融资的纠纷（非再保理)。原告受让保理人的应收账款债权后提供融资，并产生纠纷，但在该案中并未起诉应收账款债务人。法院认为，即便该案所涉原审被告（应收账款债务人）的应收账款并非真实存在，也仅影响基础债务的债权人或债权转让的受让方对应收账款债务人的权利行使，并不影响《应收账款转让协议书》主体之间的权利义务关系。在被上诉人（再融资人）要求保理人反转让债权的情况下，保理人应按照《应收账款转让协议书》《应收账款回购承诺书》中的承诺向再融资人支付回购价款，未及时足额支付的，再融资人有权要求其支付逾期回购违约金。

② 《民法典》第1174条规定：损害是因受害人故意造成的，行为人不承担责任。

是，“LPR4 倍”只是上限，并不一定是实际获得支持的限额，法院支持的“名保实贷”利率有可能是“LPR2 倍”甚至更低。

不得不说，虽然应收账款债权人是虚构应收账款债权的始作俑者，但在客观上，确实会因自身的不法行为而受益。

2. “应知”与审慎义务

（1）审慎“义务”

保理人应当知道而未察觉应收账款债权虚假的，可能构成“未尽审慎义务”/“未尽到合理的注意义务”。

未尽审慎义务的后果有两种，一种是应收账款债权人不得据此主张减免责任。应收账款债权人不能以“甲未尽审慎义务”为由，主张减免回购义务。一种是保理人被认定为“应当知道虚构而未知”，依据《民法典合同编通则解释》第 49 条第 2 款的规定，应收账款债务人可以主张拒付。也有观点认为审慎义务本质为“不真正义务”。[①]

（2）来源与内容

审慎义务的来源，有的是部门规章，如原中国银行业监督管理委员会颁布的《商业银行保理业务管理暂行办法》；有的是地方监管文件，例如各地地方金融监督部门制定的商业保理监管文件；有的是行业组织规范性文件，如中国服务贸易协会商业保理专业委员会发布的《商业保理业务风险管理操作指引》；有的是地方标准，如深圳市市场监督管理局发布的《商业保理公司供应链金融资产服务操作指南》（2023 年）等。但这些文件并非都具有强制效力。审慎义务应当量力而行，应当结合具体的案情个案个议，不能苛责

① 参见最高人民法院民事裁定书，（2019）最高法民申 5146 号。该案中，应收账款债务人认为，保理人（银行保理人）违反《商业银行保理业务管理暂行办法》而未尽审慎义务，也违反了保理合同约定未向应收账款债权人索要相关文本等，应当驳回对应收账款债务人的请求。最高人民法院认为，“《商业银行保理业务管理暂行办法》是银行业监督管理部门针对商业银行办理保理业务的部门规章，旨在规范商业银行保理业务经营行为，加强保理业务审慎经营管理，促进保理业务健康发展”。“案涉保理合同中关于保理人监督款项用途、应收账款债权人应当对复印件盖章确认等约定，实为保理人的权利或不真正义务，并非其强制审查义务”。

保理人。[①][②]

具体到不同的基础交易合同，审查义务的内容也有不同。例如，针对融资租赁租金开展的保理业务，保理人就需要按照融资租赁业务尽调标准，对融资租赁的租赁物权属链条、租赁物价值、租赁物真实性、租赁物特定性、租赁所有权登记等方面进行尽调。[③] 例如，针对建设工程款开展的保理业务，保理人需要根据工程进度的不同，审查不同的基础资料，特别是刚开工不久的工程项目，需要收集、审查的资料会随着工期的延续而急剧增加。

（3）与有过失

违反审慎义务与“与有过失”规则有一定关联。《民法典》第 592 条第 2 款[④]以及第 1173 条[⑤]分别规定了合同之债与侵权之债的与有过失规则。

与有过失的“过错”，须违反的是为保护他人的义务。如果违反的是为

① 参见最高人民法院民事判决书，(2018) 最高法民再 100 号。该案中，应收账款债务人确认的对账函所对应的增值税专用发票中，号码为 02×××657、02×××658、02×××659、02×××661 的增值税专用发票分别有两张，票面记载的开票日期不同，金额也不同。最高人民法院认为，“应收账款债务人现以其确认的前述对账函记载的应收账款并未实际发生为由，抗辩保理人向其主张债权，该主张能否成立，应审查保理人在提供保理融资服务时是否尽到了合理注意义务”。“因 2012 年 4 月 11 日对账函所对应的前述 4 张重复增值税专用发票系 2012 年 8 月 29 日补开，保理人无法在核实 2012 年 7 月 11 日相同票号的 4 张增值税专用发票时发现此后补开的增值税专用发票存在重号问题，故即便增值税专用发票存在变造或伪造情形，亦不足以说明保理人对此明知，不足以证明保理人未尽到合理注意义务。”

② 典型案例可参见最高人民法院民事裁定书，(2021) 最高法民申 4612 号。该案中，在应收账款债权人、保理人向应收账款债务人发出 3 份《应收账款转让通知书》后，应收账款债务人均出具相应的回执，对应收账款的种类、金额和到期日予以确认。保理人审核了案涉保理合同项下《购销合同》、《货权转移证明》、《收货凭证》、《应收账款转让通知书》及回执等相关文件，并办理应收账款转让征信登记。应收账款债务人在再审中认为，案涉《货权转移证明》仅有应收账款债权人盖章，《收货凭证》系伪造，且根据新证据应收账款债务人《客户交割明细》，足以证明保理人放款前并不存在乙二醇货物的交易，保理人未能在发放融资款前要求应收账款债权人提交该交易流水并进行核实，属于未履行核查义务，对虚假应收账款系明知。最高人民法院认为，关于保理人是否尽到审慎核查义务的问题。保理人通过审核案涉《购销合同》、《货权转移证明》、《收货凭证》、《应收账款转让通知书》及回执，已经尽到了保理商的一般审慎核实义务。在上述文件均为真实的前提下，要求保理人进一步核实交易流水，系不必要增加核查成本，亦缺乏合同和法律依据。

③ 参见最高人民法院民事裁定书，(2021) 最高法民申 225 号。

④ 《民法典》第 592 条第 2 款规定：当事人一方违约造成对方损失，对方对损失的发生有过错的，可以减少相应的损失赔偿额。

⑤ 《民法典》第 1173 条规定：被侵权人对同一损害的发生或者扩大有过错的，可以减轻侵权人的责任。

了"保护"自身权益的"义务"，可能不属于与有过失的"过错"。例如，受害人出门未锁门，小偷不得据此主张减轻侵权责任，因为"出门应当锁门"并不是为了保护小偷的某种权益。同理，未尽审慎义务，应收账款债权人或者应收账款债务人也不能主张减免自身的责任，因为"审慎义务"是为了"保护"保理人自身的权益。

在虚构应收账款债权的保理合同纠纷中，也确实有法院认为，银行保理人未遵循《商业银行保理业务管理暂行办法》的规定开展业务的，不是保理人自负损失的依据。① 此外，与通谋虚伪表示的故意相比，保理人的过失显得微不足道，此时不应当有损保理人的权益。②③ 在个别案件中，应收账款债

---

① 参见最高人民法院民事判决书，(2018) 最高法民再129号。该案中，应收账款债务人依据《商业银行保理业务管理暂行办法》第15条，认为保理人违规办理案涉保理业务，且在办理业务过程中未履行任何审查义务，应自行承担由此造成的损失。《商业银行保理业务管理暂行办法》第15条规定，"商业银行应当对客户和交易等相关情况进行有效的尽职调查，重点对交易对手、交易商品及贸易习惯等内容进行审核，并通过审核单据原件或银行认可的电子贸易信息等方式，确认相关交易行为真实合理存在，避免客户通过虚开发票或伪造贸易合同、物流、回款等手段恶意骗取融资"。最高人民法院认为，商业银行开展保理业务应当遵循内部流程规范和《商业银行保理业务管理暂行办法》，但商业银行作为债权受让人，其执行业务的流程是否规范并不属于债务人主张抗辩事由的范围。应收账款债务人对保理人的付款请求权提出抗辩，其抗辩权的基础应源于基础交易合同项下的抗辩事由，而保理人是否尽到审查义务并非基础交易合同关系中的抗辩事由，应收账款债务人以此作为对保理人付款请求权的抗辩理由，没有法律依据。

② 典型案例参见最高人民法院民事裁定书，(2019) 最高法民申2994号。该案中，最高人民法院认为，"应收账款债务人与应收账款债权人虚构债权债务，又向保理人确认基础合同项下的债权债务关系，并进行付款承诺，具有明显的欺诈故意。若以保理人未充分审核应收账款债权真实性，未发现应收账款债务人的欺诈行为为由减少应收账款债务人应承担的付款责任，有悖于诚实信用"。需要特别注意的是，该案的一审法院曾认为"保理人在保理业务中对基础交易合同实际是否履行未进行严格审查，亦未尽到合理注意义务，故应当对其损失承担次要责任"，判决保理人自担损失20%，二审改判不必自担损失。

③ 典型案例还可参见最高人民法院民事裁定书，(2019) 最高法民申1533号。该案中，应收账款债务人及其法定代表人张某在《钢材购销合同》及《已转让应收账款确认书回执》上盖章。经公安侦查得知，保理融资所涉贸易背景均为应收账款债权人虚构。一审法院判决保理人自担30%的本息损失。二审法院认为，应收账款债务人与应收账款债权人对保理人具有明显的欺诈故意，而保理人的审核瑕疵系对自身利益不谨慎的过失行为。如果以保理人存在审核瑕疵为由减轻故意欺诈者的民事责任，则无疑将导致责任分配的明显不公和利益失衡，因此改判由应收账款债务人承担100%的本息损失。应收账款债务人向最高人民法院申请再审认为"被侵权人保理人对侵权行为的发生存在严重过错，故应相应减轻应收账款债务人的责任"。最高人民法院认为，"本案中并无证据证明保理人知晓应收账款债权人与应收账款债务人之间虚伪意思表示，应收账款债务人主张的基础债权瑕疵不得对抗作为善意第三人的保理人，二审法院判决应收账款债务人应当以其承诺行为向保理人承担清偿责任并无不当"。

务人在作出放弃抗辩权的意思表示后，又以保理人未尽审慎义务为由提出抗辩的，也难以被法院认同。①

除保理合同纠纷以外，2021 年度上海法院金融商事审判十大案例中的案例 6，对于理解“审慎义务”也具有参考价值。②

在请求权的选择上，行使合同请求权与侵权损害赔偿请求权在处理结果上可能会有区别。保理人在行使合同请求权的时候（案由为“保理合同纠纷”或“合同纠纷”），法院倾向于不适用与有过失规则；而在选择行使侵权损害赔偿请求权时，有法院则认为，未尽审慎义务是与有过失的典型体现，保理人需要自担部分损失。③ 当事人在制定攻防策略的时候，需要重视这一问题。

（4）应知的后果

《民法典合同编通则解释》第 49 条第 2 款规定，受让人“应当知道债权虚假”的，无权要求应收账款债务人付款。在《民法典合同编通则解释》颁

---

① 参见河南省高级人民法院民事判决书，（2018）豫民终 530 号。该案中，应收账款债务人出具《债权转让通知书回执》《应收账款转让确认函回执》《发票确认函》等确认其与应收账款债权人之间的交易背景真实，应收账款债权人已履行提供货物或服务的主要义务，并承诺不以应收账款债权人的任何行为抗辩或抵销或反索就被转让债权应向保理人履行和承担的任何一切义务和责任。法院认为，应收账款债务人上诉称其与应收账款债权人不存在真实的交易关系以及保理人未尽到审慎审查的义务，因该项上诉理由与上述其确认及承诺的事实不符，且未能提交充分证据证明其上诉主张，故应收账款债务人的该项上诉理由亦不能成立。应收账款债务人上诉要求改判不承担责任。

② 参见 2021 年度上海法院金融商事审判十大案例之 6“刑民交叉案件中金融机构违反不真正义务对合同效力的影响——甲银行诉乙集团公司、丙担保公司金融借款纠纷案”，案号为（2020）沪 0101 民初 2624 号/（2020）沪 74 民终 903 号。该案是一起借款合同纠纷，借款人涉嫌骗取贷款罪而被审查起诉，出借人（银行）就起诉要求保证人承担担保责任。保证人以出借人（银行）未尽内审义务为由，主张保证合同无效。该案裁判要旨指出，银行等金融机构的内部审核义务一般系其自身对交易风险的防范和控制，其性质属于不真正义务，未履行不真正义务不产生损害赔偿责任。有趣的是，两篇判决书中均未出现不真正义务字样。

③ 参见最高人民法院民事判决书，（2019）最高法民终 1847 号。该案为侵权责任纠纷。保理人在一审变更诉请要求应收账款债权人和应收账款债务人承担共同侵权损害赔偿责任。最高人民法院认为，保理人对案涉买卖合同的实际履行情况并没有进行全面审查，应认定其未尽到必要注意义务，故其对案涉损失存在过错，应相应减轻应收账款债权人和应收账款债务人的赔偿责任。根据保理人的过错程度，最高人民法院酌情判令其承担案涉 20% 损失的责任。

行以前，司法实践中也有持类似观点的判决。[1]

3. 规范协调

《民法典》第763条规定：应收账款债权人与债务人虚构应收账款作为转让标的，与保理人订立保理合同的，应收账款债务人不得以应收账款不存在为由对抗保理人，但是保理人明知虚构的除外。《民法典合同编通则解释》第49条第2款规定：受让人基于债务人对债权真实存在的确认受让债权后，债务人又以该债权不存在为由拒绝向受让人履行的，人民法院不予支持。但是，受让人知道或者应当知道该债权不存在的除外。

一种解释是，应收账款债权人与应收账款债务人通谋虚伪表示的，应收账款债务人主观恶性较大，适用《民法典》第763条的规定，给予保理人更多的保护。而当应收账款债务人非通谋虚伪表示而参与虚构应收账款债权的，适用《民法典合同编通则解释》第49条第2款的规定。

（五）“不得对抗”的效力

“不得对抗”的含义涉及诸多当事人的切身利益。

1. 对保理人的效力

受《民法典》第763条保护的保理人，可以拟制取得被虚构的应收账款债权。[2] 拟制取得的法律意义在于：第一，保理人可以要求应收账款债务人在拟制债权范围内付款。第二，保理人可以将这一应收账款债权再行转让，

---

① 参见北京市高级人民法院民事判决书，（2021）京民终325号。北京市高级人民法院认为，“根据法律规定，只有在保理人明知存在虚构应收账款的情形时，债务人方可对抗保理人……出于对保理人的信赖保护，亦应当限定在善意无过失的情形下，即要求保理人就基础债权的真实性进行了必要的调查和核实，尽到了审慎的注意义务，有理由相信应收账款债权真实存在。在保理人善意无过失的情况下，应收账款债务人应当依其承诺向保理人承担责任，而不得以应收账款不存在为由对抗保理人”。

② 参见最高人民法院民事裁定书，（2019）最高法民申6143号。最高人民法院认为，保理人与应收账款债权人共同向应收账款债务人出具《应收账款转让通知》，应收账款债务人亦向保理人出具盖有公章及负责人签字的签收回执，确认应付款项，并承诺对保理人履行付款责任。据此，保理人与应收账款债务人之间形成了新的债权债务法律关系，保理人在应收账款债权人未能依约偿付保理款项时，有权要求应收账款债务人按照签收回执直接付款，应收账款债务人亦负有相应的付款义务。

再保理人不得以“应收账款债权虚假”为由要求保理人回购。第三，有追索权保理人可以放弃保护，以应收账款债权存在瑕疵为由，选择要求应收账款债权人回购应收账款债权。

取得这一“拟制的债权”，不同于债权的“善意取得”。理由在于：第一，“债权”本身不能被“善意取得”。《民法典》第311条并未将“债权”列入善意取得的权利范围之内，根本原因在于债权不具备有体性，无法形成可供第三人推知的权利外观，而且也无法采取权利变动的公示原则（如交付或登记[①]），因此无法适用善意取得。[②] 第二，依据《民法典》第763条的规定取得债权，条件也比善意取得宽松。善意取得须具有无权处分、受让人善意、转让价款合理、已完成交付或登记的公示手段、合同非无效或未被撤销这些条件。而依据《民法典》第763条的规定取得债权仅需要受让人善意以及保理合同有效。第三，二者最大的区别在于，善意取得以无权处分为适用前提，无权处分的前提是存在真实的“物”或权利，而虚假的应收账款债权本身是不存在的，因而不存在“无权处分”。

2. 对债务人的效果

（1）两重效果

对应收账款债务人产生以下效果：第一，不得向保理人主张请求权不存在的抗辩。[③] 第二，需要向保理人承担一定数额的金钱给付责任。

最核心的问题在于，应收账款债务人此时到底要承担什么性质的金钱给

① 《民法典》第768条并非债权原始取得的公示方式，也不属于债权变动的生效要件，该规定只处理债权产生后继受取得的对抗力问题，且登记机构不必对登记错误负责（不进行实质或者形式审查，全由权利人自行承诺真实性并办理登记），所以债权处分的“登记”与不动产登记不同，不属于有公信力的权利外观。

② 据笔者检索，持这一观点的判决书可溯至上海市松江区人民法院民事判决书，（2008）松民二（商）初字第1276号。法院认为，“由于债权不是物权，债权转让缺乏充分、有效的公示要件，因此债权转让不适用善意取得制度，在未经真正权利人（原告）追认时，某公司将已属原告所有的债权转让给某公司的行为是无效的”。

③ 在过去的司法实践中，有的判决认为纵有债务人的确认，因客观上没有真实应收账款，所以债务人依然可以向保理人主张请求权不存在的抗辩。参见北京市第二中级人民法院民事判决书，（2014）二中民初字第06051号。

付责任，该金钱给付的金额是多少。上述问题在实践中存在一定分歧。有的判决认为，应收账款债务人应当在所确认的金额范围内与应收账款债权人一起承担“共同还款责任”；[①] 有的判决认为，应收账款债务人承担的是“赔偿责任”；[②] 有的判决认为债务人此时承担的就是应收账款付款责任，客观上是否真实存在应收账款不必再审查。[③] 这个问题，有待今后司法实践的进一步探索与统一。

（2）责任限制

在保理人行使追索权的时候，应收账款债务人此时需要承担的责任有双重限制，一是不得高于虚构的金额，二是不能超过保理回购债务金额。

第一重限制的理由易于理解。第二重限制的理由在于，有追索权保理人依据《民法典》第766条的规定应当向应收账款债权返还超过部分（负担清算义务）。倘若允许有追索权保理人收取全部虚假承诺的应收账款，那超过部分如何处理？如果返还给应收账款债权人，那作为虚构债权“始作俑者”的应收账款债权人反而可以获利，岂不怪哉？如果返还给应收账款债权人以后，又赋予应收账款债务人不当得利返还请求权以平衡，则徒增诉累。如果不返还，那么有追索权保理人何以违反《民法典》第766条的规定而享有无追索权保理人才享有的权益？因此，实践中“共同还款责任”的判法，就体现了相同的利益考虑。[④]

在无追索权保理中，应收账款债务人应当向保理人承担虚伪表示的全部

① 参见上海金融法院民事判决书，（2019）沪74民终1138号。

② 参见江苏省高级人民法院民事判决书，（2016）苏民终831号。

③ 参见山东省高级人民法院民事判决书，（2019）鲁民终149号。

④ 有的判决虽然没有出现“共同还款”字样，但也体现了相同的意见。参见上海市浦东新区人民法院民事判决书，（2018）沪0115民初17692/上海金融法院民事判决书，（2019）沪74民终14号。该案中，保理人与应收账款债权人共同向应收账款债务人发送《应收账款转让通知书》，应收账款债务人在该通知书所附签收回执上盖章确认“我司已收到××号《应收账款转让通知书》，应收账款债权人已完成上述采购合同中的供货义务，应收账款金额无误，我司同意按照《应收账款转让通知书》所述要求执行”。后查证，应收账款债权系虚构。一审法院在判决主文中明确载明，若应收账款债权人履行了上述第二项判决义务（偿还融资债务的义务），保理人享有上述第一项应收账款债权转回至应收账款债权人，免除应收账款债务人就该应收账款债权向保理人的偿还责任。二审予以维持。

付款责任，因为无追索权保理人没有法定的清算义务。

在非融资性保理中，应收账款债权人支付服务费用后，如果应收账款虚假，就意味着保理人今后不必提供任何服务。已经提供保理服务的，可以要求不当得利返还。

3. 对债权人的效果

应收账款债权人不得以标的物不存在为由拒绝履行回购义务。承担回购义务后，虚构的应收账款债权在应收账款债权人和应收账款债务人之间绝对无效，因此应收账款债权人不得要求应收账款债务人支付任何款项。

4. 对质权人的效果

鉴于应收账款质押场合也常常会遇到虚假应收账款，《民法典担保部分解释》第 61 条第 1 款规定，以现有的应收账款出质，应收账款债务人向质权人确认应收账款的真实性后，又以应收账款不存在或者已经消灭为由主张不承担责任的，人民法院不予支持。这一条体现了与《民法典》第 763 条相同的法旨。

在《民法典担保部分解释》生效前，对虚假应收账款确认的相关质权纠纷中，有的法院判决应收账款债务人承担赔偿责任，① 有的法院认为应收账款债务人构成对主债务的债务加入。②《民法典担保部分解释》生效后，可以类推适用《民法典》第 763 条的规定，认定应收账款质权人拟制取得质权，

① 参见最高人民法院民事裁定书，（2017）最高法民申 4305 号。该案中，最高人民法院认为，应收账款债务人在回执上加盖印章的行为足以认定应收账款债务人认可应收账款债权人在其公司有应收账款，亦能够认定银行对于应收账款债权人是否享有应收账款尽到了积极、审慎的审查义务。因此，应收账款债务人认为银行对于应收账款债权人是否享有应收账款未尽到积极、审慎的审查义务，与应收账款债权人又签订《最高额权利质押合同》办理案涉争议承兑汇票具有过错的理由不成立……原判决并非以质权已经设立判令银行对质物享有优先受偿权，而是因应收账款债务人有过错判令应收账款债务人对银行承担赔偿责任。

② 参见最高人民法院民事裁定书，（2021）最高法民申 2039 号。该案中，应收账款债权人从某信用合作社贷款，并用对应收账款债务人享有的应收账款债权设定质押。最高人民法院认为，刑事判决所认定的应收账款债务人与应收账款债权人控制人娄某合意虚增应收账款数额问题，可视为应收账款债务人对应收账款债权人的债务加入，由此导致的损失应由其自行承担。

并在虚假表示金额范围内就所担保的债务承担付款责任。[①]

5. 对票据当事人的效果

承兑人（应收账款债务人）与应收账款债权人虚构应收账款，并开具相关汇票，保理人据此开展票据保理业务的，保理人的票据权利是否有影响。这里除了要用到《民法典》第763条的规定，还需要用到票据的无因性规则（详见本书“票据金融”部分的介绍）。

依据《票据法》(2004年）第13条第1款[②]的规定，除非明知“虚构应收账款债权”而取得票据，否则保理人受到票据行为无因性的保护，应收账款债务人作为票据义务人不得以应收账款虚假为由提出抗辩。[③]

（六）举证责任

在涉及虚构应收账款债权的案件中，应收账款债务人的答辩意见一定是相关印鉴不真实、应收账款债权虚假，进而主张不必承担付款责任。此时，如何进一步分配举证责任，是实践中至关重要的问题。

旧《最高人民法院关于民事诉讼证据的若干规定》(2002年）第70条规

① 参见西藏自治区高级人民法院民事判决书，(2022）藏民终26号。该案中，应收账款债权人与应收账款债务人于2014年9月5日签订《铅精矿合作购销合同》后，应收账款债权人未发货，应收账款债务人亦未付款。但应收账款债务人于2015年1月8日向质权人出具证明，确认前述基础交易合同已经履行，且已付货款2000万元，尚欠3119万元货款，并指定了专用账户。质权人正是基于基础交易合同和上述证明而产生合理信赖，为应收账款债权人向西藏银行的贷款提供了担保，于2015年3月2日与应收账款债权人签订《权利质押合同》，并于同日，与应收账款债权人、应收账款债务人签订了《应收账款质押通知书》。其后，在人民银行征信机构办理应收账款质押登记。西藏自治区高级人民法院认为，该案依据《最高人民法院关于适用〈中华人民共和国民法典〉时间效力的若干规定》第3条的规定而适用《民法典担保部分解释》第61条第1款。应收账款债务人以应收账款不存在或已经消灭为由主张不承担责任的，本院不予支持。需要特别注意的是，一审判决就应收账款享有优先受偿权，二审改判应收账款债务人应就应收账款债权人向质权人的债务不能清偿部分以3119万元为限承担支付责任。该案中，质权人还主张应收账款债务人就主债务承担连带责任，西藏自治区高级人民法院以没有法律依据为由未予支持。

② 《票据法》(2004年）第13条第1款规定：票据债务人不得以自己与出票人或者与持票人的前手之间的抗辩事由，对抗持票人。但是，持票人明知存在抗辩事由而取得票据的除外。

③ 典型案例参见厦门市中级人民法院民事判决书，(2021）闽02民初123号。法院认为，根据《票据法》规定，票据债务人不得以自己与出票人或者与持票人的前手之间的抗辩事由，对抗持票人，除非持票人明知存在抗辩事由而取得票据。应收账款债务人以其与应收账款债权人之间不存在真实应收账款为由对抗保理人，显然有违《票据法》前述规定。

定："一方当事人提出的下列证据，对方当事人提出异议但没有足以反驳的相反证据的，人民法院应当确认其证明力：（一）书证原件或者与书证原件核对无误的复印件、照片、副本、节录本……"第5条第1款规定："在合同纠纷案件中，主张合同关系成立并生效的一方当事人对合同订立和生效的事实承担举证责任；主张合同关系变更、解除、终止、撤销的一方当事人对引起合同关系变动的事实承担举证责任。"

在新《最高人民法院关于民事诉讼证据的若干规定》（2020年）中，这两条都已被删除。新证据规则生效后，司法实践中有观点认为，"保理业务中，保理人应当对基础债权的真实性进行必要的核实，尽到审慎注意义务……无法认定保理人善意无过失地履行了审慎注意义务。此种情况下，公章及签字真实性的举证责任在保理人，而不在应收账款债务人"[①]。也有判例认为，"应收账款债务人以案涉采购合同可能存在虚假为由提出抗辩，但未提交证据证明该事实，亦未提交证据证明保理人明知应收账款存在虚构情形。故应收账款债务人的此项抗辩理由不成立"[②]。

（七）侵权问题

真实的应收账款债权，是保理人收回保理融资款本息及其他收益（包括手续费、管理费、服务费等形式）的保障。倘若没有应收账款债权，正常情况下的保理人一定不会开展保理业务，所以（无论是谁）虚构应收账款债权获得融资的，必然构成侵权行为。有侵权就可能有损失，那么会造成什么损失（损害）？谁是侵权责任人？哪些损失应获赔偿？由何者承担多少比例的责任？上述问题值得讨论。

---

① 参见陕西省高级人民法院民事判决书，（2021）陕民终779号。

② 2023年《广州市南沙区人民法院融资租赁合同纠纷和商业保理合同纠纷案件审判白皮书》典型案例9"粤某公司与浪某公司保理合同纠纷案"。该案中，应收账款债务人表示"案涉《转让合同》所对应的《采购合同》属于大宗贸易业务，该板块发生刑事案件，相关业务存在无法核实货物的情况，《采购合同》很可能没有实际交货，那么就不存在应收账款，也没有应收账款的转让，粤某公司支付给潼某公司的资金应当向潼某公司主张；因为尚未调查清楚潼某公司是否有实际交货，是否有应收账款，不同意支付逾期利息，而且逾期利息过分高于造成的损失，应当适当减少"。但因为没有充分举证，法院最终未采纳这一抗辩意见。

1. 相关规则简介

（1）一般侵权规则

《民法典》第 1165 条规定，行为人因过错侵害他人民事权益造成损害的，应当承担侵权责任。依照法律规定推定行为人有过错，其不能证明自己没有过错的，应当承担侵权责任。

《民法典》将所有“民事权益”都纳入保护范围内，保理人的“坏账损失”也可以由《民法典》侵权责任编保护。“坏账损失”是一种针对债权侵权而产生的损失，在学理上属于“纯粹经济损失”。在以“绝对权”为保护中心的基础上构建的德国《民法典》，对这类非绝对权的侵权责任判断，持谨慎且严格的保护态度。而依据我国《民法典》第 1165 条的规定，绝对权和相对权都平等受到侵权规则的保护。

（2）多数人侵权规则

在应收账款债务人参与虚构的场景中，应收账款债权人与应收账款债务人是共同侵权人。《民法典》中有关的多数人侵权规则，主要有两条，一个是第 1168 条的共同侵权规则，另一个是第 1172 条的因果关系聚合型无意思联络数人侵权规则。①

《民法典》第 1168 条规定，二人以上共同实施侵权行为，造成他人损害的，应当承担连带责任。在“通谋虚伪型”的虚构行为中，行为人之间具有共同的故意，而后才有共同的虚构行为，符合《民法典》第 1168 条中的“共同实施”的特征。

《民法典》第 1172 条规定，二人以上分别实施侵权行为造成同一损害，能够确定责任大小的，各自承担相应的责任；难以确定责任大小的，平均承

① 在虚构应收账款债权案件中，行为人并非无法确定，所以不适用《民法典》第 1170 条的共同危险行为规则（二人以上实施危及他人人身、财产安全的行为，其中一人或者数人的行为造成他人损害，能够确定具体侵权人的，由侵权人承担责任；不能确定具体侵权人的，行为人承担连带责任）。又因为离开了应收账款债权人或债务人中的任何一方，“共同虚构行为”都无法完成，故不适用《民法典》第 1171 条的因果关系竞合型无意思联络数人侵权规则（二人以上分别实施侵权行为造成同一损害，每个人的侵权行为都足以造成全部损害的，行为人承担连带责任）。

担责任。在“非通谋虚伪表示型”的虚构行为中，应收账款债权人是“故意”，而应收账款债务人至少是“过失”，足以适用该条处理。

（3）连带责任与各自的份额

上述法条涉及两个核心概念，“连带责任”与“按份责任”。

《民法典》第177条规定，二人以上依法承担按份责任，能够确定责任大小的，各自承担相应的责任；难以确定责任大小的，平均承担责任。①《民法典》第178条规定，二人以上依法承担连带责任的，权利人有权请求部分或者全部连带责任人承担责任。连带责任人的责任份额根据各自责任大小确定；难以确定责任大小的，平均承担责任。实际承担责任超过自己责任份额的连带责任人，有权向其他连带责任人追偿。连带责任，由法律规定或者当事人约定。②

由此可见，如果适用《民法典》第1168条，那么各个责任人对外承担连带责任，对内应当依据《民法典》第178条第2款的规定确定份额。保理人可以向应收账款债权人或应收账款债务人中的任意一人要求承担全部责任，任意一人超额承担的，可以向其他连带债务人追偿。但如果适用《民法典》第1172条，构成按份责任，则应收账款债权人与应收账款债务人只承担自身比例的责任，保理人无权要求任一责任人偿还全部债务。

（4）与有过失规则

与有过失规则处理的是保理人与应收账款债权人、应收账款债务人两方之间的损失分担问题，连带责任规则处理的是应收账款债权人与应收账款债务人彼此之间的份额问题。因此在实务中需要考虑“双重份额核验”

---

① 关于按份（债务）责任，《民法典》合同编的第517条也有涉及。《民法典》第517条规定，债权人为二人以上，标的可分，按照份额各自享有债权的，为按份债权；债务人为二人以上，标的可分，按照份额各自负担债务的，为按份债务。按份债权人或者按份债务人的份额难以确定的，视为份额相同。

② 关于连带（债务）责任，《民法典》合同编的第518条也有涉及。《民法典》第518条规定，债权人为二人以上，部分或者全部债权人均可以请求债务人履行债务的，为连带债权；债务人为二人以上，债权人可以请求部分或者全部债务人履行全部债务的，为连带债务。连带债权或者连带债务，由法律规定或者当事人约定。

问题。①

实践中，确有保理人选择行使侵权损害赔偿请求权且法院适用与有过失规则减免被告责任的案例。②

2. 对保理人的侵权

（1）保理人的损失

保理人的损失，就是未能足额收回本金及息费，实务中常被称为“坏账损失”。

“坏账损失”主要包括三部分：一是融资本金损失；二是合同约定的保理融资利息（实务中的叫法有很多，但在性质上均属于融资利息）损失；三是实现债权的费用损失。如果实际清偿了全部保理融资债务，纵使应收账款债权人虚构了应收账款债权，因为没有“坏账损失”，也不必考虑侵权问题。

（2）债权人的责任

应收账款债权人是保理合同的直接相对人，必然知晓保理人所遭受的所有损失，应当承担完全的赔偿责任。从这一点上看，保理人无论是行使合同权利还是行使侵权损害赔偿请求权，结果都无差。

（3）债务人的责任

关于融资本金损失，应收账款债务人应予赔偿。

关于融资利息损失，对于应收账款债务人来说，“通谋虚伪表示型”的责任范围应与应收账款债权人一致，承担全部赔偿责任。对于“非通谋虚伪

① 实践中有的判例没有考虑这一问题。参见上海市第二中级人民法院民事判决书，（2016）沪02民终38号。该案中，应收账款债权人负责人顾某虚构应收账款，应收账款债务人未经核查就盖章确权，导致银行保理人产生4000余万元“坏账损失”（顾某涉嫌刑事犯罪另案处理）。法院认为，应收账款债务人构成侵权，但仅考虑了保理人的与有过失问题，由保理人自担20%的损失，未考虑应收账款债务人与债权人的份额问题，而直接判决应收账款债务人承担剩余的80%责任。

② 参见最高人民法院民事裁定书，（2019）最高法民终1847号。最高人民法院当时适用的是原《侵权责任法》第26条，对应的是现《民法典》第1173条。最高人民法院认为，保理人对案涉买卖合同的实际履行情况并没有进行全面审查，应认定其未尽到必要注意义务，故其对案涉损失存在过错，应承担相应应收账款债权人和应收账款债务人的赔偿责任。根据保理人的过错程度，最高人民法院酌情判令其承担案涉20%损失的责任。

表示型”，应收账款债务人若无从知晓保理合同中约定的收益，是否还应当按照约定赔偿利息损失？特别是，若保理合同约定的利息高于 LPR（市场化比较充分的保理业务，融资利率会远远超过这个标准），应收账款债务人是否要承担超过 LPR 的利息损失？实践中就有限制赔偿的判例。①

关于实现债权的费用损失（如律师费）的承担主张，在侵权损害赔偿案件中，除了法定情形（主要是知识产权侵权），一般不予支持。

3. 对债务人的侵权

这是实务中比较容易忽视的问题。

在“非通谋虚伪表示型”的虚构行为中，应收账款债务人在某种意义上说也是受害人。在司法实践中，应收账款债务人在被判决承担付款责任后，往往也会提起诉讼开展后续的维权。

（1）债权人作为侵权人

在“非通谋虚伪表示型”的虚构行为中，应收账款债务人若最终承担责任，看似“罪有应得”，但始作俑者是应收账款债权人。应收账款债务人损失往往由“内鬼”里应外合而生，实践中，也确有向应收账款债权人索赔成功的实例。②

---

① 参见上海市第二中级人民法院民事判决书，（2016）沪 02 民终 38 号。该案保理人诉请赔偿的利息是“以保理合同约定利率计算”，最终判决应收账款债务人应当赔偿的利息损失以“中国人民银行规定的同期贷款基准利率计算”（当时采用的“银行同期贷款利率”的标准）。

② 参见湖北省高级人民法院民事判决书，（2017）鄂民终 1852 号/最高人民法院民事裁定书，（2018）最高法民申 2679 号。该案中，2013 年 1 月 5 日，应收账款债权人实控人单某和应收账款债务人财务负责人佟某串通，虚构应收账款，利用保理业务累计套取 3900 万元。2013 年 5 月佟某被带走，应收账款债务人才知道此事。佟某收受 17 800 元的纪念金币构成受贿罪但免于刑事处罚。2013 年 8 月，因应收账款债权人未还款，保理人（银行）直接从应收账款债务人账上扣收累计 3900 万元。2013 年 12 月，应收账款债权人尝试通过“以物抵债”方式弥补债务人的损失，但效果有限。2014 年 4 月，应收账款债务人起诉要求保理人返还扣收款项，被驳回。2015 年应收账款债务人起诉应收账款债权人及实控人等人，要求赔偿 3900 万元及利息损失。湖北省高级人民法院与最高人民法院均认为应收账款债权人与实控人构成侵权，应承担连带损害赔偿责任。尤其值得关注的是，最高人民法院针对实控人是否承担问题进一步指出“在涉及公司的合同诉讼中，一般不能将公司应担负的法律责任引向公司的股东和员工；但在侵权诉讼中，因为公司本身并无意思能力，所谓的公司意志是法律拟制的产物，故侵权法主要着眼于规范具体的行为和制裁具体的行为人”。“在此情况下公司只不过是其（实控人）实施侵权行为的工具而已，如果其依据公司人格分离理论及基于此的有限责任理论（接下页）

在这类案件中，应收账款债务人往往依据裁判文书向保理人支付款项因而遭受实际损失，应收账款债权人的主观过错、侵权行为、因果关系等基本事实基本由裁判文书所确认，举证难度较小。但应收账款债务人往往也存在自身管理不当的问题，可能也有与有过失的适用问题。

（2）保理人作为侵权人

保理人保全应收账款债务人的财产，后发现应收账款债权虚构且应收账款债务人无须担责，保理人因而可能承担错误保全所生的侵权损害赔偿责任。这部分内容放到“保理人作为被告的纠纷”中介绍。

（八）民刑交叉

虚构应收账款债权，就不得不提“民刑交叉”问题。“民刑交叉”问题，主要包括民事诉讼程序上如何处理，实体上如何认定不同责任人的责任范围。

1. 程序问题

（1）程序走向

如遇“民刑交叉”，民事程序可能的结果包括不予受理①、继续审理②、

（接上页）可以不承担责任，显然不利于制裁实际侵权人和防止侵权行为的发生。”“公司只不过是其实施侵权行为的工具而已，如果其依据公司人格分离理论及基于此的有限责任理论可以不承担责任，显然不利于制裁实际侵权人和防止侵权行为的发生。”在该案中，应收账款债权人以及法院均未涉及应收账款债务人的与有过失问题。

①《最高人民法院关于适用刑法第六十四条有关问题的批复》指出，你院关于《刑法》第64条法律适用问题的请示收悉。经研究，批复如下：根据《刑法》第64条和《最高人民法院关于适用〈中华人民共和国刑事诉讼法〉的解释》第138条（现第175条）、第139条（现第176条）的规定，被告人非法占有、处置被害人财产的，应当依法予以追缴或者责令退赔。据此，追缴或者责令退赔的具体内容，应当在判决主文中写明；其中，判决前已经发还被害人的财产，应当注明。被害人提起附带民事诉讼，或者另行提起民事诉讼请求返还被非法占有、处置的财产的，人民法院不予受理。关于“不予受理”的理解，《最高人民法院关于当前商事审判工作中的若干具体问题》指出：“如果商事案件与刑事诉讼所涉事实完全相同，而且案件事实在根本上也属于刑事案件，那么在立案阶段就应不予受理商事案件。受理后在商事审判中发现的，应当裁定驳回起诉。”

② 包括普通的继续审理、将线索移送侦查机关并继续审理。《最高人民法院关于在审理经济纠纷案件中涉及经济犯罪嫌疑若干问题的规定》第10条规定：人民法院在审理经济纠纷案件中，发现与本案有牵连，但与本案不是同一法律关系的经济犯罪嫌疑线索、材料，应将犯罪嫌疑线索、材料移送有关公安机关或检察机关查处，经济纠纷案件继续审理。

驳回起诉[1]、继续审理需要依据刑事案件查清的事实而裁定中止审理[2]。在驳回起诉的案件中，因为没有经过实体审理，待驳回起诉事由消失后，可以重新起诉。在中止审理的案件中，中止事由消失后，可恢复审理。

原告（保理人）一般希望民事程序继续推进，被告（应收账款债务人）一般希望尽快脱离民事程序，将案件全案丢给程序更加冗长的刑事程序。

实务中，如果法院裁定移送刑事侦查部门，财产保全措施会一并移送侦查部门。

（2）处理思路

“先刑后民”并非审理民刑交叉案件的基本原则，而只是一种处理方式。[3] 总的来说，“相同事实”的情况下，一般选择裁定驳回起诉而移送侦查部门。“非相同事实”的情况下，民事程序继续审理。而实务中极具争议的地方就在于，如何理解“同一事实”。因为这个问题很难抽象成一般命题，选择“排除法”而总结常见的“非相同事实”，是目前司法解释首选的处理思路。

（3）“同一事实”问题

《九民纪要》第128条直接罗列了几种“非相同事实”而应当继续审理的情形，包括：①主合同的债务人涉嫌刑事犯罪或者刑事裁判认定其构成犯罪，债权人请求担保人承担民事责任的；②行为人以法人、非法人组织或者他人名义订立合同的行为涉嫌刑事犯罪或者刑事裁判认定其构成犯罪，合同相对人请求该法人、非法人组织或者他人承担民事责任的；③法人或者非法

① 《最高人民法院关于在审理经济纠纷案件中涉及经济犯罪嫌疑若干问题的规定》第11条：人民法院作为经济纠纷受理的案件，经审理认为不属经济纠纷案件而有经济犯罪嫌疑的，应当裁定驳回起诉，将有关材料移送公安机关或检察机关。

② 《九民纪要》第130条规定，[民刑交叉案件中民商事案件中止审理的条件] 人民法院在审理民商事案件时，如果民商事案件必须以相关刑事案件的审理结果为依据，而刑事案件尚未审结的，应当根据《民事诉讼法》第150条第5项（现第153条第5项）的规定裁定中止诉讼。待刑事案件审结后，再恢复民商事案件的审理。如果民商事案件不是必须以相关的刑事案件的审理结果为依据，则民商事案件应当继续审理。

③ 参见人民法院案例库2023-16-2-483-003号案例“马某诉中铁某集团二公司合同纠纷案——应以法律关系构成要素分析确定民刑交叉案件审理程序”。

人组织的法定代表人、负责人或者其他工作人员的职务行为涉嫌刑事犯罪或者刑事裁判认定其构成犯罪，受害人请求该法人或者非法人组织承担民事责任的；④侵权行为人涉嫌刑事犯罪或者刑事裁判认定其构成犯罪，被保险人、受益人或者其他赔偿权利人请求保险人支付保险金的；⑤受害人请求涉嫌刑事犯罪的行为人之外的其他主体承担民事责任的。

（4）程序的恢复

实务中，如果公安机关出具不予立案通知书，法院原先驳回起诉的，原告可以重新起诉。经申请，法院原先裁定中止的，应当裁定恢复审理。法院原先裁定不予受理，原告重新申请立案的，应当受理。

（5）保理纠纷适用

当事人参与的保理合同纠纷存在以下情况的，可争取认定“非相同事实”：

第一，保理人仅起诉保理合同担保人的（对应《九民纪要》第128条规定的第1种情形）。

第二，特定自然人控制应收账款债权人向保理人骗取融资，该自然人构成犯罪的（对应《九民纪要》第128条规定的第2种情形）。

第三，应收账款债务人虚构应收账款债权，实际操作人是应收账款债务人的法定代表人或有代表权限的人，保理人主张应收账款债务人承担付款责任的（对应《九民纪要》第128条规定的第3种情形）。①

① 典型案例参见上海金融法院民事判决书，（2021）沪74民终1330号。这一案例同时符合第2种和第3种情形。该案中，（1）应收账款债务人称其原法定代表人邵某私自配合相关人员签订了虚假的《销售合同》，同时出具了后续保理合同签订所需要的其他证明材料，对此应收账款债务人已向公安机关以及监察委员会报案。相关公安分局将案件移送纪监委。（2）该案应收账款债权人、保证企业是徐某实际控制的企业，徐某（也是保证人）也涉嫌骗取贷款罪立案侦查。该案焦点为是否应予中止或移送刑事处理。法院认为，“保理合同法律关系具有双重属性，包含了应收账款债权转让后，保理人与应收账款债务人之间产生的债权债务关系，以及基于保理合同，保理人与应收账款原债权人之间形成的资金融通、账款催收等合同关系。该等法律关系之间并非主从法律关系，两者可以相互独立处理”。“即使徐某作为实控人以应收账款债权人、保证企业名义订立案涉相关合同，涉嫌刑事犯罪，保理人作为合同相对人诉请应收账款债务人、应收账款债权人、保证企业等合同相对方承担民事责任，依法亦应允许。”“如徐某在刑事程序中就本案所涉交易被认定构成犯罪，并依照生效刑事判决退还案涉保理资金，那么依照一审判决第4项，其他当事人对保理人的给付义务亦可在相应范围内予以免除，保理人并无重复受偿之虞。”最终认为无须裁定中止或移送侦查部门。

2. 程序的选择

在实践中，不少保理人认为，“坐牢”比“强制执行”更具有威慑力，所以在起诉前选择刑事报案，或者选择报案的同时一并起诉力求“双保险”。这一策略是把双刃剑，需要注意不同程序的特点以及相互的影响，谨慎选择。

（1）不同程序的特点

民事程序与刑事程序各有其特点。转入刑事程序，有助于给应收账款债权人（或实控人）施加压力，迫使其采取一切可能的方法积极付款，而代价是长时间的等待。维持民事程序，有利于尽快进入强制执行程序，速度较快，但代价是只能进行民事上的强制执行，法院“终本”了事，无法强制执行到有价值的财产。实践中，想从执行程序跨入刑事程序（“拒执罪”）难度不小。

（2）选择刑事程序

若保理人察觉应收账款债务人可能无须承担民事责任，且应收账款债权人及保证人已被纳入失信人名单等，则可以考虑尽快转入刑事程序。

转入刑事程序的方法有三种：第一，在民事起诉前报案；第二，在民事程序审理过程中主动要求法院移送经侦部门；第三，在民事判决之后或在执行程序中要求移送侦查部门。

第一种方法：实践中公安部门往往会以“不插手经济纠纷”为由[①]不予立案。需要特别注意，已经报案又提起民事诉讼的，一经发现，后者必然会被驳回起诉。[②]

---

① 《公安部关于公安机关不得非法越权干预经济纠纷案件处理的通知》要求，“对经济纠纷问题，应由有关企事业及其行政主管部门、仲裁机关和人民法院依法处理，公安机关不要去干预”。

② 参见最高人民法院民事裁定书，（2018）最高法民终100号。该案中，2014年3月19日，保理人报案。2014年3月31日，保理人起诉。2014年12月30日，黑龙江省高级人民法院作出民事一审判决。2016年11月11日，佳木斯市向阳区人民法院作出保理合同诈骗案件刑事判决书。2017年6月2日，佳木斯市中级人民法院维持刑事原判。2017年8月25日，发现“先刑后民”的程序事实，民事一审法院裁定再审该案。2017年10月，民事一审法院裁定撤销原判。《最高人民法院关于适用〈中华人民共和国刑事诉讼法〉的解释》第139条（现第176条）规定：“被告人非法占有、处置被害人财产的，应当依法予以追缴或者责令退赔。被害人提起附带民事诉讼的，人民法院不予受理。”《最高人民法院关于适用刑法第六十四条有关问题的批复》（2013年）指出：“被害人提起附带民事诉讼，或者另行提起民事诉讼请求返还被非法占有、处置的财产的，人民法院不予受理。”故保理人提起该案诉讼诉请各方偿还的案涉保理合同项下欠款应通过刑事案件继续追缴，不属于民事诉讼的受案范围。

第二种方法：成功率较高。依据笔者经验，由法院移送过去的，立案概率比自行报案大得多。[①] 主动要求法院移送时，除需要应收账款债权虚假的初步证据外，还需要告知法院移送何处的公安部门。依据《最高人民检察院、公安部关于公安机关办理经济犯罪案件的若干规定》第 8 条第 1 款、第 4 款的规定，经济犯罪案件由犯罪地公安机关管辖。单位涉嫌经济犯罪的，由犯罪地或者所在地公安机关管辖。所在地是指单位登记的住所地。主要营业地或者主要办事机构所在地与登记的住所地不一致的，主要营业地或者主要办事机构所在地为其所在地。

第三种方法：如果已经取得了裁判文书，实践中公安部门往往会以“属于民事纠纷”为由拒绝立案。已经进入强制执行程序的，可尝试要求执行法官移送公安部门。[②] 第三种方法总体来说难度依然不小。

（3）选择民事程序

如果保理人选择民事程序，需要注意以下两方面：一方面，切勿主动报案；另一方面，务必注意收集有利于佐证本案可“独立于刑事程序审理”的证据。应收账款债务人则可以反其道而行，争取程序上的优势。

此外，民刑交叉中有特别的时效中断事由。依据《最高人民法院关于在审理经济纠纷案件中涉及经济犯罪嫌疑若干问题的规定》第 9 条的规定，被害人请求保护其民事权利的诉讼时效在公安机关、检察机关查处经济犯罪嫌疑期间中断。如果公安机关决定撤销涉嫌经济犯罪案件或者检察机关决定不起诉，诉讼时效从撤销案件或决定不起诉之次日起重新计算。

---

① 《最高人民检察院、公安部关于公安机关办理经济犯罪案件的若干规定》第 20 条规定：涉嫌经济犯罪的案件与人民法院正在审理或者作出生效裁判文书的民事案件，属于同一法律事实或者有牵连关系，符合下列条件之一的，应当立案：（一）人民法院在审理民事案件或者执行过程中，发现有经济犯罪嫌疑，裁定不予受理、驳回起诉、中止诉讼、判决驳回诉讼请求或者中止执行生效裁判文书，并将有关材料移送公安机关的……

② 《最高人民检察院、公安部关于公安机关办理经济犯罪案件的若干规定》第 20 条。

3. 实体问题

（1）涉刑合同效力

涉刑民事合同是否无效，是整个民商事审判活动中比较常见的争议问题。应收账款债权人涉嫌刑事犯罪的，如构成诈骗罪或者合同诈骗罪，就会遇到这个问题。

早年就有观点认为，《刑法》当然属于强制性法律规范，违反《刑法》的规定，必然也符合法定无效合同的情形。① 早年也有观点认为，民事刑事分工不同，涉刑合同并非必然无效。②

最高人民法院在《九民纪要》的相关“理解与适用”中指出，“违法性程度考察仅是法益衡量的一个因素，但不是全部因素，在确定违法合同的效力时，还要兼顾考察交易安全保护等其他因素，如合同诈骗在合同法的效力是可撤销，为充分保护受害人的合法权益，应赋予受害人以撤销权，并由其决定合同是否无效”③。这一精神，还体现在一些具体的司法解释之中。④

① 参见江苏省无锡市南长区人民法院民事判决书，(2013) 南商初字第1801号。法院认为，《刑法》属于强制性法律规范，表明国家已介入合同行为，最终公权力也作出了构成犯罪的定论，因此银行承兑协议因违反《刑法》规定，必然也符合法定无效合同的情形。

② 参见山东省莱芜市中级人民法院民事判决书，(2014) 莱中商初字第10号。法院的论述堪称经典。法院认为，刑事犯罪行为与民事行为是由刑民两个不同法律体系调整的，民法和刑法有其自身的体系和规则，民法规范与刑法规范的法规竞合必然引发民事责任与刑事责任的共同存在，被告高某的行为（虚构债权骗取融资款）在刑法领域被认定为犯罪行为，并不能自然否定该行为在民法上评价的必要。骗取贷款罪是指以欺骗手段取得银行或者其他金融机构贷款、票据承兑等，给银行或其他金融机构造成重大损失或者有其他严重情节的行为。在骗取贷款罪中，行为人为骗取银行融资往往要与银行签订各类合同，刑法否定的对象只是采用虚假手段取得银行贷款的行为，而在此过程中所订立的合同本身并非刑事法律评价的对象。合同效力的认定应当依照民法的相关规定，符合原《合同法》第52条规定的合同无效的情形之一的，才能认定合同无效。

③ 最高人民法院民事审判第二庭编著：《〈全国法院民商事审判工作会议纪要〉理解与适用》，人民法院出版社2019年版，第251页。

④ 例如《最高人民法院关于审理民间借贷案件适用法律若干问题的规定》第12条规定：借款人或者出借人的借贷行为涉嫌犯罪，或者已经生效的裁判认定构成犯罪，当事人提起民事诉讼的，民间借贷合同并不当然无效。人民法院应当依据《民法典》第144条、第146条、第153条、第154条以及本规定第13条之规定，认定民间借贷合同的效力。担保人以借款人或者出借人的借贷行为涉嫌犯罪或者已经生效的裁判认定构成犯罪为由，主张不承担民事责任的，人民法院应当依据民间借贷合同与担保合同的效力、当事人的过错程度，依法确定担保人的民事责任。

需要注意的是，“并不当然无效”并不等于“合同效力就不受刑事犯罪的影响”。在《九民纪要》之后依然有法院依据刑事判决文书所确认的骗取贷款罪（保理人是银行）事实，直接认定保理合同无效。① 涉刑合同效力问题，在实践中依然无统一判断标准。

个人犯罪行为是否影响单位对外承担民事责任，取决于个人是否能够代表单位以及刑事案件与民事案件是否属于同一法律关系。若单位以个人无权代理为由抗辩，则需判断而构成表见代理；如果构成表见代理，那么该犯罪行为对外产生的民事责任，单位仍应当承担。②

（2）担保责任

应收账款债权人构成诈骗类犯罪的，保理合同的保证人是否还需要承担担保责任？

在程序上，《九民纪要》明确单独起诉担保人的，在程序上不受刑事程序影响。③ 这里需要注意一个旧观点。最高人民法院曾在《最高人民法院关于诈骗犯罪的被害人起诉要求诈骗过程中的保证人代偿“借款”应如何处理问题的复函》（〔1990〕民他字第 38 号）中指出，冯某源从胡某处“借款”的行为既已被认定为诈骗罪行，胡某追索冯某源所“借”4 万元则属刑事案件中的追赃问题。因此，对胡某要求受冯某源欺骗的“担保人”代偿“借款”的纠纷，人民法院不宜作为民事案件受理。一审法院裁定驳回起诉是正

① 参见山东省淄博市中级人民法院民事判决书，(2020) 鲁 03 民终 2971 号。该案中，应收账款债权人的法定代表人孟某某被刑事判决认定构成骗取贷款罪。法院据此认为，在孟某某骗取贷款犯罪下所形成的国内保理业务合同应当被认定为孟某某采取被刑法所禁止的欺骗手段取得银行或者其他金融机构贷款所形成的合同，此时的合同已经沦为犯罪的手段和工具，完全失去了民事行为的独立属性，故依法应认定涉案的相关国内保理业务合同因违反刑法强制性规定而归于无效。二审法院认为“应收账款债权人公章被用作犯罪工具，对外出具一系列贷款手续，公司应承担管理失当的民事责任，作为主合同当事人应当承担返还欠款本金的义务”，改判应收账款债权人返还未获清偿的本金。

② 参见人民法院案例库 2023-16-2-111-003 号案例“甲公司诉乙公司租赁合同纠纷案——个人犯罪行为对单位承担民事责任的影响”。

③ 《九民纪要》第 128 条规定：[分别审理] 同一当事人因不同事实分别发生民商事纠纷和涉嫌刑事犯罪，民商事案件与刑事案件应当分别审理，主要有下列情形：(1) 主合同的债务人涉嫌刑事犯罪或者刑事裁判认定其构成犯罪，债权人请求担保人承担民事责任的……

确的。[①] 显然，这一观点已经被《九民纪要》修正。在司法实践中，如果已经有判决书查明主债务金额，纵使主债务人涉刑，法院也一般倾向于继续审理保证合同纠纷。[②]

在实体上，笔者暂时未检索到担保合同本身因涉刑而无效的案例，欢迎读者朋友补充。如果主合同涉刑无效，则担保合同也无效，[③] 否则担保责任不受影响。

（3）债务人责任

如果适用《民法典》第763条，且民事程序继续往下走，应收账款债务人需要继续承担应收账款付款责任。

如果存在盗窃盗用应收账款债务人印章的情况，应收账款债务人还需要注意《最高人民法院关于在审理经济纠纷案件中涉及经济犯罪嫌疑若干问题的规定》（2020年修正）的规定。该司法解释的第5条规定："行为人盗窃、盗用单位的公章、业务介绍信、盖有公章的空白合同书，或者私刻单位的公章签订经济合同，骗取财物归个人占有、使用、处分或者进行其他犯罪活动构成犯罪的，单位对行为人该犯罪行为所造成的经济损失不承担民事责任。

① 针对该复函，1994年最高人民法院还出具过一个补充性的批复，即《最高人民法院关于诈骗犯罪的被害人起诉要求诈骗过程中的收取担保费用的保证人代偿"借款"应如何处理的请示的复函》，但该批复针对的是融资人不构成诈骗犯罪且担保人收取了担保费的情形。最高人民法院认为，"借款人携款外逃，未被认定为诈骗犯罪，人民法院不宜以借款人借款系欺诈行为为由认定借款合同无效，也不能据此认定作为从合同的保证合同无效。债权人可依法请求保证人履行合同。收取担保费用的保证人较无偿提供担保的保证人承担更多的义务。保证人提出自己也是诈骗犯罪的受害人的免责理由不能成立。你院提到的我院〔1990〕民他字第38号函效力问题，查该函是对新疆维吾尔自治区高级人民法院请示的一起具体案件的答复，与你院请示的问题情况不同，不适用于你院请示的问题"。

② 参见上海金融法院民事判决书，（2022）沪74民初400号。该案为保证合同纠纷。法院认为，该案中，被告所担保的债权系原告与案外人上海B有限公司之间的借款关系，上海B有限公司系主合同的债务人，且已有生效裁判确认其承担民事责任。即便上海B有限公司涉嫌刑事犯罪，亦不影响原告请求担保人承担民事责任。

③ 参见浙江省高级人民法院民事裁定书，（2020）浙民再225号。法院认为，根据生效刑事判决认定，该案所涉借款已作为浙江×××公司股东丁某集资诈骗罪的犯罪事实之一，集资诈骗行为人的主观目的在于非法占有，系直接侵犯了财产权的犯罪。在刑事判决已对侵犯财产行为进行否定性评价的情况下，案涉借贷关系应确认无效。主合同无效，担保合同无效，故该案担保借款协议所涉的担保条款亦属无效。

行为人私刻单位公章或者擅自使用单位公章、业务介绍信、盖有公章的空白合同书以签订经济合同的方法进行的犯罪行为，单位有明显过错，且该过错行为与被害人的经济损失之间具有因果关系的，单位对该犯罪行为所造成的经济损失，依法应当承担赔偿责任。”

（4）追赃对民事责任的影响

刑事判决和民事判决都有填补受害人经济损失的功能，刑事退赔相当于对民事责任进行了处理。如果刑事判决已经就融资债务损失进行了追赃处理，则后续提起的民事诉讼请求中若有重合，对于重合部分不予支持。[①] 因担保合同的从属性，保证人应承担的保证责任范围原则上应以主债务人的责任范围为限，即应在主债务人刑事退赔范围内承担赔偿责任。[②]

（九）与其他法条的关系

1.《破产法》第33条

《破产法》第33条规定，涉及债务人财产的下列行为无效：（1）为逃避债务而隐匿、转移财产的；（2）虚构债务或者承认不真实的债务的。《最高人民法院关于适用〈中华人民共和国企业破产法〉若干问题的规定（二）》第17条规定，管理人依据企业破产法第33条的规定提起诉讼，主张被隐匿、转移财产的实际占有人返还债务人财产，或者主张债务人虚构债务或者承认不真实债务的行为无效并返还债务人财产的，人民法院应予支持。

---

① 参见湖南省高级人民法院民事判决书，(2017) 湘民终297号。该案中，应收账款债权人的法定代表人陈某因无力偿还该公司所欠的到期贷款，利用与保理人签有《国内商业发票贴现协议》之便，伪造应收账款债务人燃料供应部《燃煤结算单》，指示应收账款债权人会计罗某娟开具虚假增值税专用发票，骗取应收账款债务人财务部出具的《应收账款转让确认书》，分别于2014年4月9日和2014年6月12日骗取保理人金额为2 329 302.87元和2 428 519.35元的国内商业发票贴现贷款二笔，共计4 757 822.22元。该刑事判决书判决主文第三项判决“依法追缴赃款4 757 822.22元，返还给被害单位保理人”。法院认为，该刑事判决书对该两笔款项扣除保理手续费后的4 757 822.22元已判决追缴，保理人在此情况下，要求应收账款债权人偿还借款及利息，于法无据，不予支持。现生效的刑事判决书已经确认追缴的金额为4 757 822.22元，保理人认可应收账款债务人已经支付了1 163 993.86元，则保理人还有3 593 828.36元未得到偿付，陈某、邹某等人自愿为应收账款债权人的上述借款提供连带担保，应该对追缴金额中的3 593 828.36元承担连带偿还责任。

② 参见杭州法院金融审判典型案例（2018~2023年）案例10。

从文义上看，似乎与《民法典》第763条相冲突。虚构应收账款债权属于《民法典》第763条当然调整的情形。遗憾的是，笔者暂且未检索到该条与《民法典》第763条产生有效联动的案例，欢迎读者朋友补充。

笔者推测，《破产法》第33条及司法解释并未考虑债权让与的情形，而仅限于与直接对手方的“内部操作”情形。因此，《民法典》第763条与《破产法》第33条适用于不同情形，“内外有别”，不宜称之为矛盾。

2.《民法典》第766条、第767条

在适用《民法典》第763条的时候，有追索权保理人不必负担清算义务，且其所主张的应收账款债权有两层限制，即不得超过虚构金额的上限，也不能超过保理融资债务总额。该限制的目的在于避免应收账款债权人不当获利，也避免应收账款债务人增加诉累。

举例说明：假设保理融资债务是1000万元，虚构的但不得对抗保理人的应收账款债权是1200万元，有追索权保理人若主张1200万元应收账款债权，那多出来的200万元如果要返还给应收账款债权人，显然不合理。因《民法典》未再保留“国家没收”制度，超过部分也不宜由国家没收。如果由保理人保留，显然与《民法典》第766条相悖。所以最合适的做法，是将彼时保理人能够主张的“应收账款债权”限制在保理合同债务之内。

在无追索权保理中，因为保理人并不负担清算义务，保理人依据《民法典》第767条可以享有全额应收账款债权，在适用《民法典》第763条的时候也不会有例外。

3.《民法典》第768条

保理人依据《民法典》第763条取得应收账款债权的，依然有登记对抗问题。只要及时办理登记，依据《民法典》第763条取得的应收账款债权依然具有对抗效力。

（十）刑事罪名

虚构应收账款债权开展保理或者质押业务的，相关参与人可能构成不同的罪名。

1. 骗取贷款罪

“应收账款债权人”虚构应收账款，向银行保理人骗取保理融资的，行为人可构成“骗取贷款罪”。[①] 虚构应收账款出质的，亦同。[②] 司法实践中，作为应收账款债权人的公司以及其相关实控人、法定代表人均可以构成该罪名。[③]

《刑法》第 175 条之一规定，以欺骗手段取得银行或者其他金融机构贷款、票据承兑、信用证、保函等，给银行或者其他金融机构造成重大损失的，处 3 年以下有期徒刑或者拘役，并处或者单处罚金；给银行或者其他金融机构造成特别重大损失或者有其他特别严重情节的，处 3 年以上 7 年以下有期徒刑，并处罚金。单位犯前款罪的，对单位判处罚金，并对其直接负责的主管人员和其他直接责任人员，依照前款的规定处罚。《最高人民检察院、公安部关于公安机关管辖的刑事案件立案追诉标准的规定（二）》第 22 条〔骗取贷款、票据承兑、金融票证案（刑法第 175 条之一）〕规定，以欺骗手段取得银行或者其他金融机构贷款、票据承兑、信用证、保函等，给银行或者其他金融机构造成直接经济损失数额在 50 万元以上的，应予立案追诉。

2. 违法发放贷款罪

银行工作人员（一般为领导岗工作人员）如果明知虚构应收账款债权而发放融资，就可构成“违法发放贷款罪”。[④]

---

① 典型案例可参见人民法院案例库 2023－05－1－112－001 号案例“武汉某公司、武某某骗取贷款、诈骗案——骗取银行贷款以及含欺诈行为的民事借贷中非法占有目的的认定”。

② 典型案例可参见人民法院案例库 2024－04－1－112－002 号案例“安徽某电力公司、刘某等骗取贷款、合同诈骗、贷款诈骗案——骗取贷款行为主观目的判定”。

③ 典型案例参见陕西省宝鸡市渭滨区人民法院刑事判决书，（2022）陕 0302 刑初 10 号。该案中，应收账款债权人系 A 公司，实控人及法定代表人是 B。B 控制 A 公司伪造了合同等材料，虚构应收账款，向银行保理人申请保理融资，后产生未能归还的坏账损失 1700 余万元，被判决构成骗取贷款罪。A 作为公司被判处罚金 20 万元，B 作为自然人罪犯获刑有期徒刑 4 年 6 个月，并处罚金人民币 10 万元。

④ 典型案例参见兰州市城关区人民法院刑事判决书，（2019）甘 0102 刑初 1489 号。该案中，罪犯沈某系某银行保理人某支行行长，沈某在明知《应收账款质押三方协议》等贷款资料不真实的情况下，未经贷前调查，违法审批，致使银行被骗贷款共计 1500 万元。

第五章　转让通知

转让通知与应收账款债权本身的转让关系密切，但又具有重要的独立价值，在实践中能够产生与应收账款债权转让不同面相的法律问题，因而单列一章讨论。特别需要说明的是，债权转让通知的若干规则有许多“反直觉”的内容，需要细细品味。

一、独立价值

（一）规则基本面

《民法典》基本继受了原《合同法》（1999 年生效，2021 年废止）关于转让通知的一般规则，并通过《民法典合同编通则解释》细化或发展出一些新的规则；在一些特别的业务领域（如不良资产转让、信贷资产转让业务等）中，还有关于转让通知的特殊的或具体的规则；各级人民法院也下发过有关债权转让通知的政策性文件；具有指导性价值的案例也能够提供一些新的思路。这些就是我国关于转让通知规范体系的基本面。

（二）与债权转让的关系

实务中，容易混淆“债权转让通知的效力”与“债权本身转让的效力”。《民法典》第 546 条第 1 款规定，“债权人转让债权，未通知债务人的，该转让对债务人不发生效力”。因此，未发送转让通知的，不影响债权本身的转让，债权转让的生效无须征求应收账款债务人的意见。但需要特别注意，“无问应收账款债务人意见就可以转让” ≠ “债权转让依据债权人的单方意思表示就可发生”[1]，债权转让合同是双方法律行为，需要出让人和受让人的合意才成立。

《民法典》第545条第2款规定，“当事人约定非金钱债权不得转让的，不得对抗善意第三人。当事人约定金钱债权不得转让的，不得对抗第三人”。因此，哪怕基础交易合同约定应收账款债权不得转让，未经应收账款债务人同意，也不影响作为金钱债权的应收账款债权的实际转让。

原《合同法》（1999年生效，2021年废止）第80条规定：“债权人转让权利的，应当通知债务人……”这里的“应当”易引发歧义，《民法典》已经删除。因为发出转让通知并非出让人或受让人的义务，应收账款债务人无权请求应收账款债权人履行通知义务。[2] 但一些参考案例的裁判要旨依然采用“义务说”，值得注意。[3]

（三）与转让登记的关系

依据《民法典》第768条的规定，转让登记解决的是应收账款债权的优先顺位问题，而转让通知主要解决的是如何保护债务人的问题。二者分工不同。只有在“一权二转”且都没有办理转让登记的情况下，才通过转让通知解决应收账款债权的优先顺位问题。

“应收账款转让登记”无法取代“应收账款转让通知”，因为应收账款债务人并没有义务判断债权的实际归属或者优先顺位，也就没有义务整天盯着债权登记状态。[4]

---

① 参见珠海市香洲区人民法院民事判决书，（2019）粤0402民初44号。

② 参见最高人民法院民事裁定书，（2016）最高法民申7号。该案中，最高人民法院认为，“债权转让通知义务是债权人在债权转让协议项下对受让人负有的一项合同义务，以使受让人获得向债务人主张债权的权利”。“债务人作为债权转让协议以外的第三人，并不享有该项请求权。”

③ 例如人民法院案例库“2024-07-2-079-001”号案例“孙某某诉贾某某债权转让合同纠纷案——未办理转移登记的不动产抵押权随主债权一并转让”。该案裁判要旨指出：“债权转让人已向债务人履行债权转让通知义务的，该债权转让行为对债务人发生法律效力。”转让通知不是债权人与债务人的义务，依据约定可以是“出让人”与“受让人”的义务。

④ 参见2012年度上海法院公布的金融审判十大案例之八。该案要旨指出：“虽然银行就保理合同项下债权转让登记于动产融资统一登记公示系统，但登记并不能免除债权转让通知的法定义务。在债务人未收到债权转让通知的情况下，保理合同项下债权转让对债务人不发生效力。”

（四）与保理合同的关系

有没有签发转让通知，是暗保理业务。“暗保理”本身不影响保理合同关系的成立，也不影响保理合同的效力。详见本书关于保理合同的“不成立”部分的讨论。

二、对债务人的影响

（一）债权转让对其生效

《民法典》第546条第1款规定，“债权人转让债权，未通知债务人的，该转让对债务人不发生效力”。具体的“效力”是赋予应收账款债务人“向转让通知告知的受让人付款可以产生清偿效力”的清偿权。

1. 通知与事实相一致

当通知与转让事实相一致的时候，这一效力不难理解。

2. 通知与事实不一致

这是转让通知制度在理解上的难点，也是最应当体现保护应收账款债务人价值的场景。具体来说，转让通知与事实不一致的，应收账款债务人不得要求撤销该通知，[①] 可以向通知载明的受让人付款并产生清偿效力，应收账款债务人就获得了新的清偿权。应收账款债务人自身固有的权利并不会受损，因而如果明知与事实不符，坚持向真实权利人付款，也可以产生清偿效力。[②] 这些都是转让通知对应收账款债务人保护的体现。

（二）受转让通知保护

转让通知对应收账款债务人的保护，是指转让通知不应当剥夺或限制应

---

① 因为转让通知并非法律行为（属于准法律行为的观念通知），就算应收账款债权人故意签发了与事实不一致的转让通知，应收账款债务人也不得因欺诈而主张撤销转让通知；转让通知本身有自己独特的撤销事由，但整个撤销程序无须应收账款债务人参与。《民法典》第546条第2款规定，“债权转让的通知不得撤销，但是经受让人同意的除外”。

② 从这个意义上说，转让通知对应收账款债务人的意义，其实就是方便应收账款债务人制定最有利于自己的付款计划。

收账款债务人本来享有的权利，也不能给应收账款债务人新增义务，且为了保护应收账款债务人的合理信赖，在个别场景下赋予应收账款债务人新的清偿权。简要介绍如下：

1. 未经通知

（1）向原债权人付款，可以产生清偿效力

此时对于应收账款债务人来说，其并不一定知晓债权转让的事实及受让人的身份。《民法典合同编通则解释》第 48 条第 1 款规定："债务人在接到债权转让通知前已经向让与人履行，受让人请求债务人履行的，人民法院不予支持……"

实践中的问题在于，应收账款债务人自行知晓转让事实，是否影响这一规则的适用？答案是不影响。《民法典合同编（草案二次审议稿）》第 335 条第 1 款①曾认为此时属于"通知对债务人生效"的例外，但正式稿未保留这一规则。在司法实践中，最高人民法院也认为，自行知晓不能取代转让通知。②

（2）向真实权利人付款，也可以产生清偿效力

如果应收账款债务人提前已经知晓了债权转让，而向真实的权利人付款，就当然产生清偿效力。

2. 已经通知：准确让与通知

转让通知与事实相符的，为准确的让与通知，在实践中不会有太多争议，依据《民法典合同编通则解释》第 48 条第 1 款③处理即可。

---

① 《民法典合同编（草案二次审议稿）》第 335 条第 1 款规定：债权人转让债权的，应当通知债务人。未经通知，该转让对债务人不发生效力，但是债务人明知该债权转让给受让人的除外。

② 参见最高人民法院民事判决书，（2020）最高法民再 13 号。该案并非保理纠纷，属于银行将不良资产对外转让的案例，但依然体现了债权转让的基本法理。该案中，银行在一审判决之后转让债权，相关债权转让合同约定"转让债权自交割日起由银行转让给××公司；从交割日起，银行享有并行使债权人的一切权利"。诉讼中，债务人提出银行已经无权要求债务人付款。最高人民法院认为，"债务人对债权的知晓不能替代债权转让的通知。在银行与受让人欠缺通知的表示意思与表示行为的情况下，债务人虽从其他渠道获悉债权转让的事实，但仍不能认定案涉债权转让已通知债务人。故案涉债权转让对债务人尚未发生法律效力"。

③ 《民法典合同编通则解释》第 48 条第 1 款规定：债务人在接到债权转让通知前已经向让与人履行，受让人请求债务人履行的，人民法院不予支持；债务人接到债权转让通知后仍然向让与人履行，受让人请求债务人履行的，人民法院应予支持。

3. 已经通知：表见让与通知

当出现转让通知与事实不符（无论发了一份还是多份转让通知）的情形，就存在“表见让与通知”，若后续应收账款债务人存在还款行为，如何厘清各方权利义务，会变得复杂起来。

（1）应用场合

无论是否发生转让，也无论是否发生多重让与，都可以出现表见让与通知。

例如，A 拟将债权转让给 B，先行签发转让通知，但业务没谈拢，最后并未实际转让给 B。也有裁判观点认为，纵使后续实际转让给了 B，但法院依然不认可此前的转让通知效力。①

又如，A 转让债权给 B，但因笔误将受让人写成 C。在实务中，当应收账款债权人将对同一应收账款债务人的不同应收账款债权转让给不同的受让人的时候，就容易出现误写、串写的情形。

再如，A 约定转让债权给 B，又约定转让给 C，A 发出的通知载明受让人是 C。这在多重让与场合较为常见。

《民法典合同编通则解释》未完全考虑上述三种场合，因而在理解具体规定的时候，务必要注意司法解释条文所适用的具体场景。

（2）出场的角色

在出现表见让与通知的场合，会出现若干法律上的角色：

“真实权利人”（包括单一转让中的“受让人”以及多重转让中的“优先顺位人”）；

---

① 参见北京市第二中级人民法院民事判决书，(2017) 京 02 民终 815 号。该案中，发票贴现协议（保理合同）在 2013 年 4 月 23 日生效，但债权转让通知是在前一天（4 月 22 日）发出并送达，2013 年 10 月应收账款债务人已向应收账款债权人付款。法院认为债权在该日转让，并认为，“保理人尚未成为应收账款的新债权人，因此其无权以新债权人身份向应收账款的债务人发出应收账款转让通知”。“且保理人在庭审中承认在贴现协议生效之后，未再向应收账款债务人催要过账款，也没有再发出过债权转让通知，故其与应收账款债权人的应收账款转让行为不足以对应收账款债务人产生效力。”“应收账款债务人已分 6 笔于 2013 年 10 月 30 日前付至应收账款债权人在中国银行北京分行和中国工商银行的账户，这属于其对应收账款债权人债务的有效清偿。”

“通知的受让人”（仅一份转让通知）；

“最先通知的受让人”（多份转让通知）；

“原债权人（应收账款债权人）”。

（3）向通知载明的受让人付款，产生清偿效力

如果仅有一份通知，就按照该唯一通知载明的受让人付款即可，无问该“受让人”的真实角色。《民法典合同编通则解释》第 48 条第 1 款①即为依据。

如果有多份转让通知，向“最先通知的受让人”付款产生清偿效力。《民法典合同编通则解释》第 50 条第 1 款②即为依据。

（4）向“真实权利人”付款，产生清偿效力

无论应收账款债权是否转让、是否存在多重让与，均是如此。原因在于，转让通知是保护应收账款债务人的制度，不能限制或剥夺应收账款债务人原有的权利。应收账款债务人向“真实权利人”付款，当然可以产生清偿效力，这是固有的清偿权。在“真实权利人”与应收账款债务人系关联企业的场合下容易产生这一问题。

“债务人向债权通知中载明的受让人履行债务才能免责”的观点以及《民法典合同编通则解释》第 48 条第 1 款后半句（“债务人接到债权转让通知后仍然向让与人履行，受让人请求债务人履行的，人民法院应予支持”）未考虑这一情形。

（5）“过失清偿规则”

这是《民法典合同编通则解释》在多重让与场景下创设的新规则。

在多重让与的场合，应收账款债务人收到通知后，向“真实权利人”“（最先）通知的受让人”以外的民事主体付款的，依法理本不应产生清偿效果。但最高人民法院认为，“多重转让的发生并非债务人引起，债务人也没

① 《民法典合同编通则解释》第 48 条第 1 款规定：债务人在接到债权转让通知前已经向让与人履行，受让人请求债务人履行的，人民法院不予支持；债务人接到债权转让通知后仍然向让与人履行，受让人请求债务人履行的，人民法院应予支持。

② 《民法典合同编通则解释》第 50 条第 1 款规定：让与人将同一债权转让给两个以上受让人，债务人以已经向最先通知的受让人履行为由主张其不再履行债务的，人民法院应予支持……

有能力去防止，由其承担错误履行的风险明显不公平”[①]。“从债权转让不能给债务人增加负担的角度，只要债务人不是明知接受履行的受让人不是最先通知的受让人，就应当免责。之所以规定债务人‘明知’才不免责，其他情况下都应当免责，是因为要彻底贯彻债权转让不能给债务人增加负担的基本原理。”[②] 也就是说，应收账款债务人基于过失向“真实权利人”“（最先）通知的受让人”以外的民事主体付款的，依然可以产生清偿效力。在适用“过失清偿规则”的时候，关键的问题就在于如何判断应收账款债务人的“非明知”。这是全新的规则，有必要留给司法实践逐步细化摸索。

在不存在多重让与的场合，则不适用“过失清偿规则”，因最高人民法院是将该规则置于“一般的债权多重转让难题之应对”之下考虑的。

（6）其他问题

实践中，如果应收账款债务人按照转让通知的要求，向原债权人或他人名下账户付款，依然可以产生清偿的效力。

例如，A 转让债权给 B，签发的转让通知允许应收账款债务人向 A 的其他银行账户付款，或者允许应收账款债务人向 C 的账户付款，与法不悖，应予准允。

4. 已经通知：抗辩、抗辩权和抵销权

应收账款债权转让的，不影响应收账款债务人的抗辩、抗辩权和抵销权的主张或行使。《民法典》第 548 条[③]、第 549 条[④]有所规定。“这些抗辩包括阻止或者排斥债权的成立、存续或者行使的所有事由所产生的一切实体抗辩

---

① 最高人民法院民事审判第二庭、研究室编著：《最高人民法院民法典合同编通则司法解释理解与适用》，人民法院出版社 2023 年版，第 557 页。

② 姜丹：《〈民法典合同编通则解释〉司法适用若干问题探讨——〈法律适用〉专题学习交流会会议综述》，载《法律适用》2024 年第 3 期。该文系 2024 年 1 月 25 日国家法官学院《法律适用》编辑部主办的“民法典合同编通则解释学习交流会”观点总结。

③ 《民法典》第 548 条规定：债务人接到债权转让通知后，债务人对让与人的抗辩，可以向受让人主张。

④ 《民法典》第 549 条规定：有下列情形之一的，债务人可以向受让人主张抵销：（1）债务人接到债权转让通知时，债务人对让与人享有债权，且债务人的债权先于转让的债权到期或者同时到期；（2）债务人的债权与转让的债权是基于同一合同产生。

以及程序抗辩，也当然包括程序上的诉讼管辖抗辩。”①

实践中需要注意，应收账款债务人援引的抗辩事由应源于基础交易合同，保理人是否尽到“审慎义务”不是应收账款债务人的抗辩依据。② 应收账款债务人不得以转让融资款的高低主张应收账款债权转让无效。③ 应收账款债务人仅确认应收账款真实性，并不意味着债务人放弃了抗辩的权利，在基础交易合同存在“背靠背”结算条款且保理人明知的情况下，这一点尤为重要。④⑤

---

① 参见人民法院案例库2024-01-2-103-002号案例“中建某局公司诉兰州某开发公司等借款合同纠纷案——债权转让后因原合同履行发生纠纷应依原合同确定案由与管辖”。

② 参见最高人民法院民事判决书，(2018) 最高法民再129号。最高人民法院认为，商业银行开展保理业务应当遵循内部流程规范和《商业银行保理业务管理暂行办法》，但商业银行作为债权受让人，其执行业务流程是否规范并不属于债务人主张抗辩事由的范围。应收账款债务人对保理人的付款请求权提出抗辩，其抗辩权的基础应源于基础交易合同项下的抗辩事由，而保理人是否尽到审查义务并非基础交易合同关系中的抗辩事由，应收账款债务人以此作为对保理人付款请求权的抗辩理由，没有法律依据。

③ 参见无锡市中级人民法院民事判决书，(2017) 苏02民终1532号。该案中，应收账款债务人认为应收账款债权为2782万元，保理人仅向应收账款债权人提供200万元融资，无权就应收账款中的超出部分主张权利。

④ 典型案例参见最高人民法院民事判决书，(2018) 最高法民终31号。该案中，应收账款债务人收到转让通知书后，向保理人出具《应收账款转让通知确认书》，表明其已收到该转让通知书，知晓并确认其内容，同意按照上述内容执行。保理人在庭审中提供了最高人民法院民事判决书 (2014) 民二终字第271号和 (2017) 最高法民再164号，但最高人民法院指出，271号案中的应收账款债务人在收到债权转让通知后，向保理人明确承诺“不出于任何原因对该等款项进行任何抵销、反请求或扣减”；164号案中的应收账款债务人就与订约有关的重要事实向保理人提供虚假情况，系欺诈行为，在其签署《应收账款转让通知确认书》后，仍继续向应收账款债权人支付剩余货款，主观恶意明显。而该案中，应收账款债务人在保理人调查时展示了其与应收账款债权人及自身债务人的“背靠背”贸易合同，最高人民法院认为此举表明应收账款债务人不预先向保理银行放弃抗辩权或者抵销权，也没有证据证明该案存在欺诈。因此，最高人民法院认为，应收账款债务人在保理银行开展尽职调查时，向保理人提出抗辩权或者抵销权存在的合理事由，保理人仍然与应收账款债权人签订保理合同并通知应收账款债务人债权转让的事实，债务人确认该债权转让并同意按照债权转让通知履行的，如债务人无预先放弃抗辩权或者抵销权以及存在欺诈等严重过错的情形，那么债务人仍不失抗辩权或者抵销权。最终改判一审判决，支持了应收账款债务人的抗辩权主张。

⑤ 典型案例可参见最高人民法院民事裁定书，(2017) 最高法民申3132号中。该案中，最高人民法院认为，“本案应收账款债务人虽然向保理人出具了案涉《应收账款转让通知书（部分）》回执，但因该通知的性质系债权转让通知，通知中载明应收账款债权人已完成发货，要求应收账款债务人直接向保理人履行付款义务，并明确了付款账户。应收账款债务人签收的回执内容载明应收账款债务人收悉该通知，知晓、理解、同意其全部内容，并确认通知书所述的应收账款债权全部转让给保理人，应收账款债务人确保按照通知要求及时、足额付款至指定账户。上述债权转让通知内容及回执内容并没有明确载明应收账款债务人放弃了向保理人就其受让的债权行使瑕疵抗辩权的意思表示，且该通知书及回执系格式条款，因此，二审判决以该通知及回执内容认定应收账款债务人放弃了就基础合同向保理人行使抗辩权，依据不足”。

如果收到通知后退货，在没有“确权”的情况下，应收账款债权因基础交易合同的解除而“消失”，应收账款债务人就可以向保理人拒付。①

无论是有追索权保理合同还是无追索权保理合同，一旦应收账款债务人提出抗辩或行使抗辩权或抵销权，就依法影响了应收账款债权的实现，属于“商业纠纷”，保理人一般都享有追索权。

5. 多级转让的转让通知

同一债权多级转让，就是A转让给B，B转让给C，C又转让给D。此时，不属于多重让与，不适用多重让与场景下的规则，因为应收账款债务人收到的转让通知内容不会产生矛盾，不同的转让通知可以构建一条债权转让链条。

（三）沉默的权利

这本属于转让通知的保护规则的体现，但在实务中容易被忽视，因而特地单列讨论。

既然应收账款债权转让不需要征得应收账款债务人同意，那么转让自然就不能加重应收账款债务人负担。这个“负担”，是指不会给应收账款债务人增加新的法律义务，如若给应收账款债务人带来了损失，还应当予以赔偿。②

所以，收到转让通知后，就算应收账款债务人明知应收账款债权与转让通知所述不符，也无义务回复或告知保理人，也就是“有权保持沉默”，因为在转让前本来也不存在这样的义务。应收账款债务人与保理人之间并无新合同关系，不会因为诚实信用产生新的合同附随义务。所以，未回复或告知

① 参见天津市蓟县（现蓟州区）人民法院民事判决书，（2015）蓟民二初字第1237号。该案系“第三人撤销之诉”。保理人作为原告，认为应收账款债务人收到通知后退货（因质量问题），导致应收账款消灭。应收账款债权人与应收账款债务人因此就基础交易合同产生争议发生诉讼。保理人申请撤销相关判决。法院认为“蓟县人民法院（2015）蓟民二初字第0555号民事判决书的内容没有错误，且未损害原告的民事权益。原告要求撤销该判决，理据不足，不应支持”。

② 例如，《民法典》第550条规定，债权转让增加的履行费用由让与人承担。又如，《民法典合同编通则解释》第48条第2款规定，债务人主张因未通知而给其增加的费用或者造成的损失从认定的债权数额中扣除的，人民法院依法予以支持。这些都是债权转让不得加重债务人负担的体现。

保理人的，不必承担损害赔偿责任。[①]

（四）限制变更、终止的权利

《民法典》第765条规定，应收账款债务人接到应收账款转让通知后，应收账款债权人与应收账款债务人无正当理由协商变更或者终止基础交易合同，对保理人产生不利影响的，对保理人不发生效力。

“不发生效力”意味着“变更”“终止”本身并非无效，只是不得据此对抗保理人；不得对抗的意思就是对于保理人来说，基础交易合同没有被“变更”或被“终止”，依然可以按照之前的付款“条件”主张应收账款债权。[②] 在前《民法典》时代，也有判例体现了这一法理。[③]

保理人为变更基础交易合同设定各类条款的，需要注意条款的具体法律效力。实践中，曾有保理人、应收账款债权人和应收账款债务人签订三方协议，允许变更基础交易合同的清偿方式（由电汇改为开具票据）为票据清偿的，但应当通知并且背书转让给保理人。如果之后应收账款债权人收到票据后并未背书转让给保理人，基础交易合同清偿方式的变更有效，保理人不得

---

① 参见最高人民法院民事判决书，（2022）最高法民终284号。该案一审法院认为，“应收账款债务人认可收到债权转让通知，但在收到债权转让通知后，应收账款债务人未能及时向保理人告知基础合同变更的事实，违反了诚信原则，其沉默在一定程度上亦导致保理人仍不断向应收账款债权人发放保理预付款，对保理人的损失扩大负有责任”，最高人民法院在二审指出“应收账款债务人不是保理合同当事人，不具有主动告知保理人基础合同变更的合同及法律义务。一审法院以应收账款债务人未及时告知保理人基础合同变更的事实，违反了诚信原则为由，酌定其在应收账款债权人及各担保人承担责任后，对保理人仍不能收回的损失承担30%的赔偿责任不当，本院予以纠正。”

② 典型案例参见最高人民法院民事裁定书，（2021）最高法民申7204号。该案中，基础交易合同约定“开票日后180日内付清”，但应收账款债务人在确认收到转让通知后，又以未实际履行为由与债权人协议解除基础交易合同。最高人民法院认为，应收账款债务人与应收账款债权人并未履行买卖合同项下的交货义务，属于债权人和债务人嗣后无正当理由协商终止基础交易合同的情形，该情形对保理人不发生效力，应收账款债务人仍应按照原定条件或期限对保理人履行债务。

③ 参见上海市浦东新区人民法院民事判决书，（2015）浦民六（商）初字第S19410号。该案中，转让通知于2015年11月送达，但应收账款债权人与应收账款债务人于2015年12月25日又签订《合同终止协议书》及《会议纪要》，合意终止交易合同，并就基础交易合同业务进行了清算。法院认为，“由应收账款债权人就债务履行情况与应收账款债务人进行清点、结算，具有合理、必要及可行性。应收账款债权人明确已不能继续履行债务，其与应收账款债务人合意解除合同、终止合同权利义务并进行结算，符合《合同法》关于合同协商解除的规定”。最终法院以通知送达后双方解除清算后所确定的金额确定应付账款。

以未通知或者未背书转让主张变更无效。①

（五）中断诉讼时效

《关于审理民事案件适用诉讼时效制度若干问题的规定》第17条第1款规定，“债权转让的，应当认定诉讼时效从债权转让通知到达债务人之日起中断”。

但债权转让通知为观念通知，本身并没有要求债务人履行债务的意思表示，且债权转让本身不应使债务人遭受更多的不利益，故仅仅发一个转让通知就让诉讼时效中断，有违法理。因此，最高人民法院进一步表示：“债权转让情形下，债权转让通知具有诉讼时效中断效力的，应是在构成‘当事人一方提出要求’（权利人主张权利）这一诉讼时效中断事由的情形之下，或言之，应能够从债权人向债务人发出债权转让的事实中推出权利人有主张权利的意思表示这一要件。”②

在一些暗保理业务中，保理人在应收账款债权到期后才会发转让通知，届时若应收账款债权处于逾期状态，这个规则就用得上了。如果转让通知文书在濒临时效届满之日签发，当事人要注意一下是否有“要求继续履行”的意思，以判断时效是否中断。

（六）适用“保证”和“质押”

在保证担保中，《民法典》第696条第1款规定，“债权人转让全部或者

① 参见云南省高级人民法院民事判决书，(2020) 云民终1127号。该案中，三方协议约定“应收账款债务人以其他非电汇转账方式（包括但不限于商业汇票、支票等）向应收账款债权人支付结算款项的，应收账款债务人需事先通知应收账款债权人、保理人双方指定人员，并由应收账款债权人指定人员代为受领，否则由此产生的损失由应收账款债务人负责承担”。后变为开具票据清偿应收账款，但未及时通知保理人，也没有背书转让给保理人。法院认为，根据三方合同约定，该行为应收账款债务人应承担的是损失赔偿之责而并非否认给付有效性，而该案中保理人证据并不能证明该行为给其造成的实际损失情况。且在诉讼中，保理人明确其诉请系要求应收账款债务人继续履行合同给付款项而非承担违约赔偿责任。故，该案中保理人要求应收账款债务人给付该1150万元款项无合同及法律依据。二审予以维持。

② 参见最高人民法院民事审判第二庭编著：《最高人民法院关于民事案件诉讼时效司法解释理解与适用》，人民法院出版社2015年版，第320页。

部分债权，未通知保证人的，该转让对保证人不发生效力”。原《担保法》（1995 年生效，2021 年废止）未有这一规则。

在应收账款质押中，《民法典》未规定“质押通知”的内容。债权转让的通知对抗制度就可以准用于应收账款质押，即质权人将应收账款已经设立质权的事实通知应收账款债务人后，债务人继续向应收账款债权人（出质人）履行的，不产生清偿效力；而应收账款债务人在接到该通知前，向应收账款债权人（出质人）履行的，应收账款债权因履行而消灭，进而导致应收账款质权消灭。①

三、对出让人的影响

债权转让对应收账款债务人发生效力后，应收账款债权人作为出让人，未经授权，本无权收取应收账款。但在实践中，应收账款债权人依然会出于各种原因继续收取应收账款债务人的付款。那实际收取后，应收账款债权人是否应当向保理人返还？依据是什么？这是值得讨论的问题。

（一）合同约定返还

在保理合同有约定的情况下，应收账款债权人负有约定的返还义务，拒不返还一般是保理人可以行使追索权的事由。这一事由与应收账款债务人的信用风险无关，因而也可以是无追索权保理人行使追索权的理由。

（二）收取授权追认

如果付款不产生清偿效果，应收账款债权人收款后返还且保理人同意收取，就属于保理人追认了对应收账款债权人的收取授权；自保理人收取之时，应收账款债权终止。

如果付款已产生清偿效力，应收账款债权人是否需要返还，就属于不当得利问题。

---

① 最高人民法院民事审判第二庭：《最高人民法院民法典担保制度司法解释理解与适用》，人民法院出版社 2021 年版，第 520 页。

（三）不当得利返还

如果付款不产生清偿效力，意味着保理人依然享有应收账款债权，应收账款债权人不必承担不当得利返还义务。[①] 背后的原理也不难理解，应收账款债权人收取的钱是需要向应收账款债务人返还的，所以如果允许应收账款债务人享有一个不当得利返还请求权，又允许保理人也享有一个不当得利返还请求权，显然对应收账款债权人不公。

如果应收账款债务人付款行为产生清偿效力，因收取了本属于保理人的欠款，应收账款债权人就应当向保理人返还不当得利。

四、对受让人的影响

（一）请求应收账款债务人付款

真实权利人，可以依据转让通知，要求应收账款债务人直接向自己付款。

非真实权利人，不享有要求应收账款债务人付款的权利。转让通知旨在保护应收账款债务人，允许应收账款债务人在特定情况下向其他非真实权利人清偿债务，并不会凭空为没有取得债权的某个非权利人赋予债权。但《民法典合同编通则解释》为了督促各方受让人尽快签发转让通知，创造了“依据最先的转让通知，优先取得应收账款债权”的新规则，值得关注。

（二）“优先但有限取得”

《民法典合同编通则解释》赋予“最先通知的受让人”可以“优先但有限取得债权”的地位，属于重大理论创新，值得关注。

1. 基本规范

《民法典合同编通则解释》第 50 条第 1 款规定，“让与人将同一债权转让给两个以上受让人，债务人以已经向最先通知的受让人履行为由主张其不再履行债务的，人民法院应予支持。债务人明知接受履行的受让人不是最先

① 参见最高人民法院民事裁定书，(2013) 民申字第 1631 号。

通知的受让人，最先通知的受让人请求债务人继续履行债务或者依据债权转让协议请求让与人承担违约责任的，人民法院应予支持；最先通知的受让人请求接受履行的受让人返还其接受的财产的，人民法院不予支持，但是接受履行的受让人明知该债权在其受让前已经转让给其他受让人的除外”。

2. 基本含义

最高人民法院认为，《民法典合同编通则解释》第 50 条“有限度地认可最先通知的受让人有权取得债权”“主要表现为：（1）债务人向其他受让人履行债务后，最先通知的受让人有权要求债务人继续履行，据此也可推出债务人尚未履行时最先通知的受让人也有权要求债务人继续履行；最先通知的受让人获得履行后，其他受让人不能向最先通知的受让人主张权利。此即认可最先通知的受让人有权取得债权的体现。（2）原则上禁止最先通知的受让人要求接受履行的受让人返还其接受的财产，此即有限度认可的体现。因为如果是完全认可，则意味着最先通知的受让人一概取得债权，有权依据不当得利规则请求其他接受履行的受让人返还其接受的财产”①。

“既然最先通知的受让人有权请求债务人继续履行，那么就排除了其他受让人请求债务人履行的权利，同时其他受让人也不能要求最先通知的受让人返还财产（与本句后半部分的逻辑是一致的）。”②

3. 详尽分析

第一，如果“最先通知的受让人”可以主张应收账款债权，那么“最先通知的受让人”不能要求应收账款债权人承担违约责任。

第二，如果“最先通知的受让人”无权主张应收账款债权，才能要求应收账款债权人承担违约责任。

第三，“接受履行的受让人”的身份可能是尚未通知或者后顺位通知的

---

① 最高人民法院民事审判第二庭、研究室编著：《最高人民法院民法典合同编通则司法解释理解与适用》，人民法院出版社 2023 年版，第 549 页。

② 最高人民法院民事审判第二庭、研究室编著：《最高人民法院民法典合同编通则司法解释理解与适用》，人民法院出版社 2023 年版，第 552 页。

"真实权利人"。例如，A 先将债权转让给 B，又约定转让给 C，B 办理了转让登记但未通知，C 先发了通知。但应收账款债务人与 B 是关联企业，知晓背后的真实情况，执意向 B 付款。应收账款债务人的行为构成有效的清偿，C 无权要求应收账款债务人付款。但最高人民法院认为此时只能向最先通知的受让人 C 付款才能产生清偿效果。

第四，"接受履行的受让人"的身份可以是出让人。例如，A 先将债权转让给 B，又约定转让给 C，B 办理登记但未发转让通知，C 发了转让通知。应收账款债务人因过失未实际知晓转让通知，误以为债权没有转让，向原债权人 A 继续付款。此时，该付款产生清偿效果，C 并没有获得任何债权，但最高人民法院认为，因为 C 是最先通知的受让人，有权要求应收账款债务人付款。

第五，"接受履行的受让人"的身份可以是"最先通知的受让人""真实权利人"之外的其他受让人。例如，A 先将债权转让给 B，又约定转让给 C，最后又约定转让给 D。B 办理了登记未通知，C 先通知，D 后通知。应收账款债务人基于过失未察觉 C 的转让通知，仅收到了 D 的通知，遂向 D 付款。此时，因为应收账款债务人并非"明知接受履行的受让人不是最先通知的受让人"，依然可以构成有效清偿。

第六，"最先通知的受让人"的返还请求权。最高人民法院指出，"既然在债务人故意（明知）的情形下，最先通知的受让人无权要求接受履行的受让人返还财产，那么在债务人因过失而履行错误的情形下，最先通知的受让人也同样无权要求接受履行的受让人返还财产；既然最先通知的受让人无权要求，那么其他受让人也无权要求"。"其他受让人无权要求接受履行的受让人返还财产，除非接受履行的受让人在受让债权时明知存在在先受让人。"①

① 最高人民法院民事审判第二庭、研究室编著：《最高人民法院民法典合同编通则司法解释理解与适用》，人民法院出版社 2023 年版，第 554 页。

（三）与登记优先规则的关系

依据《民法典》第768条的规定，同一应收账款债权多次转让但保理人都没有办理转让登记的，才以转让通知送达的先后顺序判断保理人的优先顺位。《民法典担保部分解释》第66条第1款规定，“同一应收账款同时存在保理、应收账款质押和债权转让，当事人主张参照民法典第七百六十八条的规定确定优先顺序的，人民法院应予支持”。

但最高人民法院经调研后认为，“保理以外的债权转让登记尚未普及，而按比例受偿又有较大争议，故本条仅将通知优先作为普通债权转让的规则。对于保理领域和《民法典担保部分解释》规定的特殊情形，仍然按照相应法律和司法解释规定办理”。由此可知，保理人优先适用《民法典》的规则。

（四）“接受履行受让人”的权利

《民法典合同编通则解释》第50条第1款规定，“让与人将同一债权转让给两个以上受让人，债务人以已经向最先通知的受让人履行为由主张其不再履行债务的，人民法院应予支持。债务人明知接受履行的受让人不是最先通知的受让人，最先通知的受让人请求债务人继续履行债务或者依据债权转让协议请求让与人承担违约责任的，人民法院应予支持；最先通知的受让人请求接受履行的受让人返还其接受的财产的，人民法院不予支持，但是接受履行的受让人明知该债权在其受让前已经转让给其他受让人的除外”。

“接受履行受让人”的主要目标在于保有已经收取的款项，确保“落袋为安”。在理解《民法典合同编通则解释》第50条第1款的时候，以下几点值得讨论：

第一，如果“接受履行受让人”是顺位最优的权利人（“真实权利人”），“最先通知的受让人”无论如何都无权要求“接受履行受让人”返还。

第二，如果“最先通知的受让人”是顺位劣后于“接受履行受让人”的受让人，则就算“接受履行受让人”明知有在先顺位的受让人，“最先通知的受让人”也无权要求返还。

第三，“接受履行受让人”若不是“真实权利人”，受领的给付可能也需要返还给“真实权利人”。

第四，若应收账款债务人向“接受履行受让人”的付款行为无法产生清偿效力，应收账款债务人可能享有不当得利返还请求权。

五、通知何以有效

讨论“转让通知”的各种法律效力或问题，都是以转让通知有效为前提。在实践中，发了通知并不代表其就能产生债权转让通知的效力。结合法律规定及当前司法实践所体现的规则，判断转让通知是否有效，需要注意以下几点。

（一）适格的发出主体

原《合同法》（1999 年生效，2021 年废止）第 80 条第 1 款规定，债权人转让权利的，应当通知债务人。从当时的文义上说，债权人才是转让通知的适格发出主体。[①] 在前《民法典》时代，最高人民法院已在特定领域尝试突破这一主体限制。[②]

《民法典》第 764 条[③]首次明确保理人作为受让人也可以发出有效转让通知。但保理人以外的“受让人”能否也适用该规则，最高人民法院表示“留待未来通过指导性案例解决”。[④]

---

① 厦门市中级人民法院的（2014）厦民终字第 2768 号民事判决书对此有经典的论述：“作为一种观念通知，债权让与通知由债权让与人作出或者由债权受让人作出，在结果上本应无差异。因此，各国立法体例上亦存在不同的做法。唯于债权转让通知由债权受让人发出之场合，由于在债务人收到的转让通知为虚假的情况下，债务人对虚假受让人的清偿并不免除其向原债权人或者真正的债权受让人的清偿义务。因此，债务人不得不负有对通知所涉债权转让的真实性进行判断的义务，并承担由此带来的风险，其履行债务的负担被迫增加。因此，将债权转让通知的主体严格限定为债权出让人，有利于维系债权流转关系的稳定，保护债务人的利益。”

② 参见最高人民法院民事裁定书，（2016）最高法民申 3020 号。该案裁定书经改编收录于《民事审判指导与参考》总第 69 辑。最高人民法院认为，债权受让人直接向人民法院起诉，并借助人民法院送达起诉状的方式，向债务人送达债权转让通知，亦可以发生通知转让之法律效力。

③ 《民法典》第 764 条规定：保理人向应收账款债务人发出应收账款转让通知的，应当表明保理人身份并附有必要凭证。

④ 最高人民法院民事审判第二庭、研究室编著：《最高人民法院民法典合同编通则司法解释理解与适用》，人民法院出版社 2023 年版，第 525 页。

（二）充分的通知材料

应收账款债权人作为原始债权人，发出转让通知的限制较少，基本只要把转让通知的意思表达清楚即可。

而作为“陌生人”的保理人，想要发出有效的转让通知，需要符合诸多额外附加条件。《民法典》第764条规定，保理人发出转让应收账款转让通知的，应当表明自己的身份，并附上必要凭证。“表明自己的身份”，意味着需要附上“营业执照复印件”或者“企业信用信息网的企业信息截图”。在电子签名合同背景中，履行表明身份义务之标准不应苛求，在债务人不存在义务履行对象不明的情况下确认电子合同中的债权转让通知条款，应视为保理人表明身份义务履行完毕。[①]“附上必要凭证”，可以包括：（1）保理合同或者能够体现债权转让合意的其他文书（如保理合同附件）；（2）附有基础交易合同、发票、结算单据等能够证明应收账款转让事实的相关凭证（一般为复印件）；（3）中登网转让登记。在反向保理中，所附材料可适当放宽。

（三）完整的通知内容

通知需要包含的内容为：

1. 表明转让了什么债权

需要尽可能表明产生该债权的基础交易合同名称、编号、签订日期、发票编号、付款义务人等要素。仅载明基础交易合同的名称，存在诸多隐患，例如，应收账款债权人和应收账款债务人签订了多份同名合同的，如何确定转让通知指向的债权？又如，虽然仅签订一份基础交易合同，但应收账款债权人变造了合同（如去除了债权不得转让条款），保理人所收到的合同与实际的不符，也会出现各种问题。

---

① 参见人民法院案例库2024－08－2－483－003号案例“某（天津）商业保理有限公司诉王某某合同纠纷案——电子合同中保理人表明身份义务的认定”。

2. 描述基础交易关系

转让将有应收账款债权，应当尽可能描述完整将有应收账款赖以产生的基础交易关系、产生时间。关于产生应收账款的"基础交易关系"，根据实际情况来判断是否仅限于特定名称或者类型的合同。①

3. 明确应在何时付款

这不是通知生效的必备要素，毕竟针对履行期限不明的情形，《民法典》有一整套确定履行期限的规则。② 实践中，有的明保理业务已经取得了应收账款债务人确权，但是转让通知及回执中均没有载明应收账款到期日，这不影响通知本身的效力。③ 若不明确履行期限，实践中法院可能按诉状副本送达之日为履行期限届满日，次日为计算逾期付款利息之日。④

4. 表明应当如何付款

例如表明向什么账户付款才能清偿债务，这一点在间接保理业务/暗保理业务中尤为重要。银行保理人往往会在本行开具一个应收账款债务人为户名的账号，非银行保理人会针对应收账款债权人的账户开设监管账户或者保证金专户，其目的都在于收取应收账款。但在司法实践中，"部分债权转让方仅通知债务人更改收款账户信息，未向债务人披露应收债权转让及保理融资

---

① 参见惠州市中级人民法院民事判决书，(2015) 惠中法民二终字第163号。该案中，应收账款转让通知书中对产生将有应收账款的基础交易合同表述为"销售合同"，而应收账款实际基于"承揽合同"产生。法院认为，"销售合同不是《合同法》所规定的合同类型（也不是《民法典》所规定的合同类型），若无特别说明，一般理解为买卖合同，而买卖合同与承揽合同是《合同法》所规定的不同合同类型"。"因保理人未能提供证据证明向被应收账款债务人明示转让通知系基于履行承揽合同形成的债权，故不能视为转让通知所列销售合同已覆盖本案承揽合同。"

② 《民法典》第510条规定：合同生效后，当事人就质量、价款或者报酬、履行地点等内容没有约定或者约定不明确的，可以协议补充；不能达成补充协议的，按照合同相关条款或者交易习惯确定。第511条：当事人就有关合同内容约定不明确，依据前条规定仍不能确定的，适用下列规定……履行期限不明确的，债务人可以随时履行，债权人也可以随时请求履行，但是应当给对方必要的准备时间……可见，履行期限约定不明，可以随时要求应收账款债务人付款。

③ 参见最高人民法院民事裁定书，(2017) 最高法民申4013号。最高人民法院认为，应收账款债务人2013年9月出具的三份《债权转让通知书回执》上加盖有应收账款债务人印章，且用印经过公司法定代表人同意，完成了印章的内部使用审批流程。因此，无论其中的还款日期在盖印时是否为空白，均不影响应收账款债务人知晓该回执所载明内容的事实。

④ 参见北京市高级人民法院民事判决书，(2018) 京民终604号。

的事实，债务人仍然按照基础交易合同向债权人履行付款义务。当保理人发现可能存在风险时，再向债务人发出转让通知书，如果此时债务人对应收账款的付款义务已经向债权人支付完毕，则保理合同项下权利无法实现，引发纠纷”①。实务中也不乏“未强调应当向保理人指定账户付款才导致债权消灭”而遭受损失的实例。②

（四）可还原的通知方式

实践中常见的通知方式有现场通知、电子通知、邮递通知、司法通知、公告通知、发票通知、“三方协议”通知等，这些都是转让通知的具体形式，且能够通过有效的证据予以佐证和还原。

1. 现场通知

在条件允许的情况下，现场通知的，一定要取得清晰、完整的录音、照片、录像。③

对于实际经营地与注册地不同的应收账款债务人，还需要收集其他有效地址以及佐证这些地址有效性的材料。

在条件允许的情况下，对于盖章确权的人员，需要核验相关身份。例如，

---

① 2023 年《广州市南沙区人民法院融资租赁合同纠纷和商业保理合同纠纷案件审判白皮书》第 11 页。

② 参见江门市蓬江区人民法院民事判决书，(2016) 粤 0703 民初 1685 号。保理人是银行保理人，开设了己方银行的收款专户。该案中，转让通知仅告知应收账款债权已经转让，并要求应收账款债务人付款至户名为应收账款债权人的保理人本行账户。应收账款债务人并未按指示付款至新账号。法院认为，“应收账款债权人在发票中备注称债权转让给了保理人，但却通知应收账款债务人向自己清偿，而不是向保理人清偿，也没有提供保理人的授权委托书授权应收账款债权人收取货款，此外再无其他书面文件解释为何如此操作，这显然与债权转让的制度相悖”。“在整个债权转让过程中，保理人、应收账款债权人并没有尽到谨慎、准确、及时、详尽的通知义务，应承担绝大部分的过错责任。”最终判定应收账款债务人仅支付 30% 款项。

③ 参见江苏省高级人民法院民事判决书，(2016) 苏民终 416 号。该案中，保理人声称前往应收账款债务人处发送通知并取得债务人负责人加盖的印章，并提供照片和现场录音佐证。后经鉴定，所盖印鉴均为“萝卜章”。而针对照片和录音，法院认为，“上述照片并未载明拍摄时间，也无法分辨照片中盖章人所使用的印章及在何种文件上加盖印章”。“相关录音中，马 ×× （应收账款债务人负责人）均未确认曾在案涉《应收账款债权转让三方确认书》《保理业务应收账款对账单》加盖印章。”未支持保理人的请求。该案再审申请被最高人民法院驳回，参见最高人民法院民事裁定书，(2017) 最高法民申 225 号。

要求相关人员提供工牌、劳动合同、社保记录等。

现场通知的，可以公证，但实践中可行性不大，毕竟一般的应收账款债务人企业都不太喜欢穿着制服且扛着摄像机的人员进入单位。

2. 电子通知

电子通知的，常见于邮箱、微信、手机短信。

保理人需要证明相关邮箱、微信或手机号能够代表应收账款债务人受领转让通知。这些联系方式一般可以从基础交易合同上寻觅。

电子通知的，一定要保留相关原始凭证。① 微信、短信通知的，需要提供相关原始信息载体（也就是手机本身），因此建议保理人在条件允许的情况下，采用专用手机号、专用移动通信设备、专用微信号，这样纵使岗位工作人员调整，也能固定原始证据。微信聊天记录通过官方手段迁移的，不影响真实性。② 邮件通知的，需要提供企业邮件的发送记录，一般通过登录员工邮箱，展示发件信息。员工离职的，服务器上应当保留此前的邮件往来记录。仅提供 eml 格式的邮件文件尚不足够，最好准备原始载体。转发此前的“邮件通知”邮件尚不足够，因为转发过程中可以编辑被转发的邮件，缺乏客观性。

3. 邮递通知

邮递通知的，在条件允许的情况下，建议首选 EMS，③ 条件允许的，建

---

① 《最高人民法院关于民事诉讼证据的若干规定》第 15 条第 2 款规定，当事人以电子数据作为证据的，应当提供原件。电子数据的制作者制作的与原件一致的副本，或者直接来源于电子数据的打印件或其他可以显示、识别的输出介质，视为电子数据的原件。

② 参见苏州工业园区人民法院民事判决书，（2020）苏 0591 民初 7650 号。被告应收账款债务人用 iPhone11 展示了 2017 年的聊天记录，原告保理人认为该手机并非相关聊天记录的原始载体（iPhone11 在 2019 年发售），但法院还是认可了聊天记录的真实性。这也符合《最高人民法院关于民事诉讼证据的若干规定》第 15 条第 2 款，聊天记录迁移到新手机的，新手机理应属于“可以显示、识别的输出介质”。

③ 但不是只能用 EMS，顺丰也是常用快递。建议选用 EMS 是基于它的“权威性”。权威性体现在两个规范性文件中，一个是《邮政法》，该法第 55 条规定，快递企业不得经营由邮政企业专营的信件寄递业务，不得寄递国家机关公文。另一个是《最高人民法院关于以法院专递方式邮寄送达民事诉讼文书的若干规定》（2005 年），该文件第 2 条规定，法院专递邮寄送达民事诉讼文书的，其送达与人民法院送达具有同等法律效力。法院采用的都是 EMS 快递。

议同步进行公证。也可以通过挂号信方式寄送转让通知，但其相较快递实操起来更为复杂一些。

如果没有公证，建议前往 EMS 线下网点寄送，并取得盖有邮戳的面单。在封装材料的时候，务必对于装入快递信封内的文件进行清晰拍摄，并在投递后及时截存快递投递或退件的物流信息。考虑到物流信息存在时效问题，留存的时候注意保留原始的截图文件与录屏文件。如果有公证，则上述工作全由公证处完成。

就算取得应收账款债务人的“确权”，也最好再“补寄”一次转让通知，这么做的目的在于缓解“萝卜章”风险。如果“确权”所盖到的章是“萝卜章”，转让通知无效。补寄后，保理人至少可以依据独立的补寄转让通知争取额外保护。

快递签发的份数，依据收件人、收件地址的数量，统筹计算。建议向每个地址根据不同的收件人分别单独寄送转让通知。关于收件人和收件地址如何填写，容后详述。

4. 司法通知

司法通知包括通过法院、商事仲裁委员会以及公证处发出转让通知。

在其他转让通知都不产生法律效力的情况下，依据《民法典合同编通则解释》第 48 条第 2 款[①]的规定，起诉状副本送达时发生债权转让通知的效力。商事仲裁也可以遵照这一规则处理。因未通知而给其增加的费用或者造成的损失（如应由应收账款债务人承担的案件受理费、仲裁费等）可进行抵销扣除。[②]

基础交易合同经过赋强公证后，应收账款债权人转让给保理人，或银行将债权转让给不良资产管理公司的，受让人可以依据《司法部关于经公证的

---

① 《民法典合同编通则解释》第 48 条第 2 款规定：让与人未通知债务人，受让人直接起诉债务人请求履行债务，人民法院经审理确认债权转让事实的，应当认定债权转让自起诉状副本送达时对债务人发生效力……

② 《民法典合同编通则解释》第 48 条第 2 款规定：……债务人主张因未通知而给其增加的费用或者造成的损失从认定的债权数额中扣除的，人民法院依法予以支持。

具有强制执行效力的合同的债权依法转让后，受让人能否持原公证书向公证机构申请出具执行证书问题的批复》[①] 向公证处申请强制执行，届时公证处就会组织签发相关通知程序。

5. 公告通知

公告通知，就是通过媒体向不特定社会公众发出的通知，因此公告通知的受众是不特定的多数人。常见的公告媒体就是报纸。而债权转让通知，是有相对人的意思表示，因而债权转让通知本不应采纳公告的方式进行。但我国曾明文允许不良资产债权转让通知采取公告的方式，[②] 在相关文件废止后，也不乏继续认可公告通知效力的判例。[③]

在不良资产业务以外，最高人民法院在个别案例中也认可过登报通知的效力。[④] 但总的来说，最高人民法院倾向于认为“在司法解释规定的案件范围之外，何种情形下支持公告通知方式，尚须进一步研究”。[⑤] 在债权让与相

---

① 该批复指出，“债权人将经公证的具有强制执行效力的合同的债权依法转让给第三人的，受让人持原公证书、债权转让协议以及债权人同意转让申请人民法院强制执行的权利的证明材料，可以向公证机构申请出具执行证书”。

② 《最高人民法院关于审理涉及金融资产管理公司收购、管理、处置国有银行不良贷款形成的资产的案件适用法律若干问题的规定》第6条规定，金融资产管理公司受让国有银行债权后，原债权银行在全国或者省级有影响的报纸上发布债权转让公告或通知的，人民法院可以认定债权人履行了《合同法》第80条第1款（现《民法典》第546条第1款）规定的通知义务。该规定已于2021年1月1日废止。

③ 参见北京金融法院民事判决书，(2021) 京74民初996号。该案系A银行将自身的信贷债权转让给B（非保理业务），相关转让通知未妥投退回，AB就在《中国新闻》上发布转让公告。法院认为，“债权人以登报的形式通知债务人并不违反法律的规定。只要债权人实施了有效的通知行为，债权转让就应对债务人发生法律效力。该案中，B银行与A采取公告的形式通知债务人不违反法律规定”。

④ 参见最高人民法院民事裁定书，(2018) 最高法民申4314号。该案非金融不良资产转让纠纷。该案寄送债权转让通知的EMS快递被退件，而后才登报通知。最高人民法院认为对于债权转让通知的方式，登报通知是一种合法的方式，也具有时间性、公开性和广泛性，与单个书面通知具有同等的作用和效力。若通知一经登报就视为送达债务人，与常理不符。原判参考《民事诉讼法》(2017年) 第92条规定，将公告期认定为60日，并无明显不当。注意，依据现行的《民事诉讼法》第95条第1款的规定，公告期为30日。

⑤ 最高人民法院民事审判第二庭、研究室编著:《最高人民法院民法典合同编通则司法解释理解与适用》，人民法院出版社2023年版，第533页。

关业务之外，公司减资的通知，也有类似的问题。① 总的来说，在有明确相对人的情况下，不宜采用公告的方式进行意思表示。

公告通知并不是当前保理实务中广泛采纳的通知方式，从目前实践操作来看，保理人往往在采取其他通知方式未果后，才有可能选择登报通知。此时公告通知并非法律所不许，但只是一种补强的通知手段，不宜作为首选通知方式。②

6. 发票通知

在发票的备注栏中注明应收账款债权转让信息的内容，该内容参照“通知内容”的要求。发票通知在实践中应用广泛，天津市高级人民法院、深圳前海合作区人民法院的保理裁判指引也都认可以发票作为通知载体的操作。③ 但发票备注栏空间较小，实践中在发票中载明的信息往往比较简单。实践中也有因为发票载明信息不够准确而未产生通知效力的判例。④ 发票可以作为通知的载体，但依据目前司法解释的要求，建议作为辅助的通知载体。

7. “三方协议”通知

实践中不乏保理人、应收账款债权人、应收账款债务人三方签订保理合同（或其他名称），而签订此类协议意味着应收账款债务人必然知晓了转让事实，所以也是一种转让通知的形式。

---

① 《公司法》第224条第2款规定：公司应当自股东会作出减少注册资本决议之日起10日内通知债权人，并于30日内在报纸上或者国家企业信用信息公示系统公告。债权人自接到通知之日起30日内，未接到通知的自公告之日起45日内，有权要求公司清偿债务或者提供相应的担保。但该条并未释明何时采用公告方式通知。笔者认为，对于已知债权人，应当采取直接通知方式，对于未知债权人，应当采用公告方式，易言之，公告方式在减资程序中最好作为必选项。

② 参见无锡市中级人民法院民事判决书，（2017）苏02民终1430号、贵阳市中级人民法院民事判决书，（2016）黔01民终3218号。两案均是在邮寄转让通知未果的情况下转而登报通知补强，获得法院认可。

③ 参见《天津市高级人民法院关于审理保理合同纠纷案件若干问题的审判委员会纪要（二）》第2条、《深圳前海合作区人民法院关于审理前海蛇口自贸区内保理合同纠纷案件的裁判指引（试行）》第21条。

④ 参见广州市中级人民法院民事判决书，（2019）粤01民终6731号。该案中，应收账款债权人开具的发票中载明“本发票记载之应收账款债权已全权转让给保理人安排的受让人×××证券公司（津20××-003号定向资产管理计划），请将本票下款项付至下述账户……”法院认为，“仅凭发票上备注的文字并不足以证实应收账款债权人已将涉案债权转让给保理人或××证券公司，故本院对保理人的该主张不予采纳”。

实务中，曾有保理人没有在三方协议中加盖印章（应收账款债权人和应收账款债务人彼时已经盖章），应收账款债务人就据此认为转让通知未生效，给诉讼增加了障碍。[①] 据此，建议实务中三方协议不要设立过于苛刻的生效要件，避免应收账款债务人据此提出转让通知无效的抗辩。

（五）正确的寄收件人

通过邮递（如快递、挂号信）通知的情形中，寄件人与收件人的注意事项，主要是指寄收件单位与联系人如何填写。

如果由应收账款债权人寄送，最好由法定代表人或者基础交易合同载明的联系人作为寄件联系人。如果由保理人寄送，可以据实填写。

收件单位应当且只能是应收账款债务人。如果应收账款债务人是分支机构，可以额外向本公司另行通知（不是“仅”向本公司通知）。收件单位联系人至少需要填写两类人（不是在一个快递面单上填写两类人，而是“一人一单”），一类是登记可查的法定代表人或负责人，一类是合同中载明的联系人。收件人如果无权代表应收账款债务人收取转让通知，转让通知就无效。[②] 寄件人与收件人不能是同一人，否则转让通知无效。[③]

（六）完整的收件地址

企业的收件地址包括注册地址、实际经营地址、联系地址。

注册地址就是企业信用信息网上披露的地址。

---

① 参见重庆市高级人民法院民事判决书，（2020）渝民终311号。该案中，三方协议于2016年签约，载明了债权转让的事实，并约定“协议自缔约方签署之日起成立”。该案2018年涉诉，作为证据的三方协议中未见保理人盖章（应收账款债权人和应收账款债务人都已盖章），保理人在2019年补盖。应收账款债务人借此认为三方协议应在2019年生效，转让通知也应当在2019年生效。因该案还有其他不利于应收账款债务人的事实，这一观点未予采纳。最高人民法院在（2021）最高法民申6989号民事裁定书中予以维持。

② 参见上海市浦东新区人民法院民事判决书，（2014）浦民六（商）初字第4932号。该案中，保理人向应收账款债务人的财务部资金科负责人寄送了转让通知，法院认为，“原告没有被告（应收账款债务人）对槐××有授权或在此前的类似行为中曾有授权的证据，而仅以其身份推断其在如此巨额的权利处置中具有授权依据不足”。

③ 参见北京市朝阳区人民法院民事判决书，（2021）京0105民初71185号。该案中，保理人提交的转让通知快递信息显示，寄件人和收件人名称一致，且收件人并非应收账款债务人。

实际经营地址一般就是该企业日常经营的地址，可以通过审查基础交易合同抬头、官方网站、官方公众号、地图软件、企业年报检索获得。

联系地址载于每份基础交易合同。为便于特定交易对手方联络，一些基础交易合同会设定明确的联系方式（包括电邮、传真、物理地址、手机号甚至微信），如果基础交易合同有类似的条款，就需要重点寄送。联系地址可能就是实际经营地址，也可能不是（日后变更）。

保理人或应收账款债权人应当尽可能向能够知晓的所有地址，结合上述所述的不同收件人，排列组合确定快递份数，签发转让通知。不能仅向应收账款债权人提供的应收账款债务人地址寄送转让通知书，实践中已有应收账款债权人故意提供虚假地址导致通知无效的判例。①

（七）合理的通知时间

转让通知先于应收账款债权转让发出的，是否有效？这属于“表见让与通知”的范畴。

先于应收账款债权转让的让与通知，本应有效，因为其依然可以保护应收账款债务人的合理信赖。但在前《民法典》时代，司法实践中有不认可此类表见让与通知的判例，② 而有的反对意见其实并不反对表见让与本身，而是未区分转让通知与债权转让。③

---

① 参见郑州市中级人民法院民事判决书，（2021）豫01民终5198号。该案中，保理人根据应收账款债权人提供的地址及联系方式向应收账款债务人邮寄了应收账款债权转让通知书，但邮寄地址“乌鲁木齐市米东区×××路××4楼”“淄博市张店区×××迎日宾馆”均非应收账款债务人经营场所，应收账款债权人的员工袁某某以应收账款债务人的名义签收了保理人邮寄的债权转让通知书。

② 参见北京市第二中级人民法院民事判决书，（2017）京02民终815号。

③ 参见遵义市中级人民法院民事判决书，（2017）黔03民初549号。该案中，保理合同于2013年12月签订，2014年1月2日应收账款债权人就发出了转让通知，但迟至2014年5月20日才支付保理融资款及办理中登网登记。法院认为，“应收账款债权人对应收账款债务人的债权转让给保理人的时间不能以双方签订《保理服务合同》的时间为准，而应该为2014年5月20日”。“保理人主张通知应收账款债务人债权转让的时间为2014年1月2日，但此时债权转让尚未发生，故保理人主张应收账款债权人对应收账款债务人的应收账款3750万元债权已转让的理由不成立，本院不予支持。”法院论述存在前后矛盾，其想表达的意思应该是，有效的转让通知一直没有到达应收账款债务人，所以该案应收账款转让对应收账款债务人无效，保理人无权要求付款。但就算不认可表见让与通知，在送达诉状副本的时候，若债权尚在，则应收账款债务人依然有义务向保理人清偿债务。该案还存在应收账款债务人虚构应收账款债权的情况，法院未深入分析。

《民法典》不允许保理人发出表见让与通知。从《民法典》第764条[①]的规范要旨来看，作为受让人的保理人发出有效的转让通知，必须附上证明债权已经转让的必要凭证（如保理合同、转让登记凭证等），此时意味着保理人一定是签订了保理合同。

（八）确定到达的时间

《民法典合同编通则解释》第50条第2款专门规定，“……当事人采用邮寄、通讯电子系统等方式发出通知的，人民法院应当以邮戳时间或者通讯电子系统记载的时间等作为认定通知到达时间的依据”。

但在实践中，依然会出现无法判断通知顺序的情况。例如，挂号信可能不会加盖送达邮戳日期；[②] 如果多个转让通知均由同一快递公司邮递且恰好同一批次送达，这在常理上当然属于同时送达，但同批次快递在物流信息的显示上会差个几秒甚至几小时，据此判定通知“先后”有违常理。此外，快递公司的物流信息都有物流信息查询的有效期限，未及时留存的，也会有送达时间证明上的麻烦。在司法实践中，也确实有应收账款债务人收到多份转让通知但无法确定先后顺序的情况，最终人民法院按照债权的实际转让处理。[③]

《民法典合同编通则解释》对此未有规定，可留给司法实践进一步观察。

---

① 《民法典》第764条规定：保理人向应收账款债务人发出应收账款转让通知的，应当表明保理人身份并附有必要凭证。

② 这个问题在其他部门法中也是一个问题。例如，《商标法实施条例》第9条第1款规定，“除本条例第十八条规定的情形外，当事人向商标局或者商标评审委员会提交文件或者材料的日期，直接递交的，以递交日为准；邮寄的，以寄出的邮戳日为准；邮戳日不清晰或者没有邮戳的，以商标局或者商标评审委员会实际收到日为准，但是当事人能够提出实际邮戳日证据的除外。通过邮政企业以外的快递企业递交的，以快递企业收寄日为准；收寄日不明确的，以商标局或者商标评审委员会实际收到日为准，但是当事人能够提出实际收寄日证据的除外。以数据电文方式提交的，以进入商标局或者商标评审委员会电子系统的日期为准”。

③ 参见山东省高级人民法院民事判决书，(2016) 鲁民终1058号。该案中，应收账款债权人在同一日向应收账款债务人送达了编号为〔20140513〕（载明受让人为A）和〔20140402〕（载明受让人为B）的两套应收账款转让通知材料。应收账款债务人对〔20140513〕盖章确认，后者仅收到。A起诉应收账款债务要求付款。最终法院认定，因B并未实际受让应收账款债权，应收账款债务人应当向A付款。

（九）“收到”与“知晓”

转让通知自到达应收账款债务人时生效。如何判断到达？《民法典合同编通则解释》第 48 条第 1 款规定，“……债务人接到债权转让通知后仍然向让与人履行，受让人请求债务人履行的，人民法院应予支持”。据此，法律上债权转让通知的生效，仅须应收账款债务人“接到”即可，而不要求“知晓”。

在多重让与的情形下，收到通知后，基于过失而未按照转让通知书上的要求付款，依然可以产生清偿的效力。但对于债务人的过失是否应当区分一般过失与重大过失，并确定其是否免责，可以在司法实践中进一步探索。①

（十）“假章”回执 = 没通知

实践中，应收账款转让通知文书回执中债务人的印鉴系虚假的，意味着当时并未依托该文书书面通知到债务人，此时，就算应收账款债权真实，在法律上也无法构成有效“通知”。实践中，已经发生类似问题，保理人因此遭受不利影响。②

再次强调，在条件允许的情况下，就算盖章回执了，也建议再补寄一份转让通知。如果没来得及补发，就尽快提起诉讼，以诉讼方式产生通知效力。

（十一）债权转让合同的效力隔离

债权转让的原因行为（债权转让合同）存在瑕疵的，在转让通知被依法撤销前，转让通知依然有效，应收账款债权人无权单方“收回成命”。《民法典合同编通则解释》第 49 条第 1 款规定，“债务人接到债权转让通知后，让与人以债权转让合同不成立、无效、被撤销或者确定不发生效力为由请求债

① 最高人民法院民事审判第二庭、研究室编著：《最高人民法院民法典合同编通则司法解释理解与适用》，人民法院出版社 2023 年版，第 557 页。

② 参见陕西省高级人民法院民事判决书，（2021）陕民终 779 号。该案中，原告主张已经通知的依据是两份盖有应收账款债务人印章的《应收账款确认书》。法院认为，因应收账款债权人认可案涉两份《应收账款确认书》虚假，原告也无其他证据证明应收账款债务人参与了保理合同的签订或其向二公司发出过应收账款转让通知，故对于原告要求被告应收账款债务人承担共同还款责任的诉讼请求，不予支持。

务人向其履行的，人民法院不予支持。但是，该债权转让通知被依法撤销[①]的除外”。

债权转让合同解除后，如果应收账款债务人坚持向正确的债权人付款，当然也可以产生清偿效力。[②]

（十二）债务人拒收

“拒收”，不同于地址错误、无人签收等客观情形导致的“未妥投”，是应收账款债务人明确拒绝签收快递。

《民法典合同编通则解释》第 48 条、第 49 条用的词是“接到”通知。在相关“理解与适用”丛书中，最高人民法院并未强调“接到”必须是阅读知悉转让通知的内容。因此，债务人可以接到转让通知而拒收的，不影响“接到”的认定。在《民法典》之前的司法实践中，已有案例体现了这一精神。[③] 无论是否拒收快递，保理人都需要保留好物流凭证，包括物流公司官网的物流信息截图以及快递退件原件。

拒收通知的，保理人可以采用其他辅助通知方式“补强”通知效力，例如发票通知（提前在先）、公告通知、微信短信通知，也可以尽快提起诉讼或仲裁以确定通知尽快送达债务人。

（十三）转让通知的撤销与撤回

依据《民法典》第 546 条第 2 款的规定，转让通知的撤销，理应经过受让人的同意，应收账款债务人同意撤销不产生效力。未经依法撤销的，转让通知有效。

转让通知属于准意思表示中的观念通知，理应允许撤回，但《民法典》

---

① 《民法典》第 546 条第 2 款规定：债权转让的通知不得撤销，但是经受让人同意的除外。

② 参见陕西省高级人民法院民事判决书，(2022) 陕民终 132 号。该案为一般的债权转让合同纠纷。该案中，A 转给 B 后，B 转让给 C。但在 C 起诉债务人之前，A 已经依法解除了 AB 之间的债权转让合同，债务人据此抗辩“C 已经不是债权人”，法院采纳了这一观点，驳回了 C 对债务人的全部诉请。

③ 参见曲阜市人民法院民事判决书，(2016) 鲁 0881 民初 100 号、辽宁省高级人民法院民事判决书，(2020) 辽民终 1085 号。

未规定。吉林省高级人民法院民二庭《关于商事审判若干疑难问题的解答》在“问题第二十二 债权转让通知能否撤回?”中认为“债权转让通知的撤销是指债权转让通知到达债务人之后债权人作出相反意思表示;债权转让通知的撤回是指债权转让通知发出后到达债务人之前,债权人作出相反意思表示。因此,债权转让通知的撤回属意思表示的范畴,可参照最相近似的意思表示规则进行调整”。

六、间接付款

间接付款就是在应收账款债权转让后,应收账款债务人继续向应收账款债权人付款的民事活动。如果保理人授权应收账款债权人继续收取,则间接付款可以产生清偿效力,这便是“有效的间接付款”;反之,则可能不产生清偿效力,这便是“无效的间接付款”。

间接付款的主体可以是应收账款债务人,也可以是债务加入的连带债务人、保证人或其他利害关系人。

(一)间接付款的威胁

1. 对债务人的威胁

“有效的间接付款”导致应收账款债权因清偿而消灭。有效的间接付款一般发生在两个场合,一个是未及时通知应收账款债务人,一个是虽然通知但依然委托应收账款债权人托收。

而“无效的间接付款”意味着应收账款债务人还需要向保理人再付一次钱才构成清偿,“一笔钱要付两次”,这便是应收账款债务人所面临的最严重威胁。

2. 对保理人的威胁

有效的间接付款会导致应收账款债权因清偿而消灭,倘若保理人失去对应收账款所转化之金钱的控制,同时应收账款债权人出现信用危机,保理人可能就无法从应收账款债权人处取得应收账款,面临坏账风险。

无效的间接付款虽然不会影响应收账款债权的存续,但如果应收账款债务人付完这一笔款项后就没钱了，保理业务客观上也会陷入实质的坏账境地。

如果是没有收到通知的应收账款债务人的保证人、连带债务人或其他有权代偿的利害关系人间接付款，依据《民法典》的“法定债权移转”相关规定，应收账款债权将会法定移转给这些主体，保理人可能会失去应收账款债权。

在有效间接付款中，保理人开展的一般都是间接保理。在条件允许的情况下，建议对于收取应收账款的账户，依据《民法典担保部分解释》第70条的规定设定保证金账户担保。

3. 对债权人的威胁

应收账款债权人的银行账户收取了间接付款，若处理得当，保理业务便可以安全收尾。收取后若挪作他用，就会导致公司陷入诉讼而成为失信人，公司法定代表人、高级管理人员也会遭受执行惩戒措施。如若股东违法注销公司，还会承担清算连带责任。

在实践中，甚至有应收账款债权人为了获得违法收入，对应收账款债务人谎称没有债权转让而诱发无效间接付款，这种情况下，应收账款债权人可能涉嫌诈骗罪。①

（二）间接付款的成因

1. 保理人方面

间接付款源自保理人对于现实的妥协：保理人想通知而应收账款债权人大多不想打扰应收账款债务人，保理人只能妥协。

为什么不敢打扰应收账款债务人？这是因为在商务实践中，应收账款债务人往往处于强势的地位。如果通知了应收账款债务人，意味着本来应当付给A的钱，却要付给B，而且稍有不慎付错了还要重新付一次。因此个别应

① 依据《刑法》（2024年）第224条规定，除兜底条款外，合同诈骗罪的法定情形是：（1）以虚构的单位或者冒用他人名义签订合同的；（2）以伪造、变造、作废的票据或者其他虚假的产权证明作担保的；（3）没有实际履行能力，以先履行小额合同或者部分履行合同的方法，诱骗对方当事人继续签订和履行合同的；（4）收受对方当事人给付的货物、货款、预付款或者担保财产后逃匿的。从罪刑法定的角度来看，应收账款债权人诱骗债务人进行无效间接付款的，并不符合上述法定情形，因而不属于合同诈骗罪。

收账款债务人一旦发现应收账款债权人进行保理融资，往往会选择断绝业务往来。

在实践中，“明保理”也可以是保理人同意的间接保理。在这类业务中，保理人一方面签发转让通知，另一方面往往会与应收账款债权人协商开设“专户”用于收取应收账款，转让通知书中的收款账户就是“专户”。对于银行保理人来说，专户一定是本行的账户。

2. 债务人方面

应收账款债务人基本不必主动参与间接付款。只要保留原始付款路径或者变更账户不改变开户主体，对于应收账款债务人来说，有效的间接付款就非常容易。此处重点介绍何以发生无效的间接付款。应收账款债务人疏于对《民法典》的理解，是无效间接付款的主要成因。

3. 债权人方面

主要是应收账款债权人诱导债务人向其付款，可能涉嫌刑事犯罪。

4. 另案强制执行

实践中有这么一类非常极端的案例：应收账款债务人在 T1 先收到了应收账款债权转让通知文书，又在 T2 收到了其他法院强制执行同一债权的协助执行通知书并在 T3 被强制执行。纵使后续是因为法院强制执行扣的款，依然构成应收账款债务人的间接付款，免不了再向保理人付一次款的厄运。①②

---

① 参见云南省高级人民法院民事判决书，(2020) 云民终 1127 号。该案中，应收账款债务人在 2017 年 6 月 10 日收到转让通知，在 2018 年 11 月 12 日收到其他法院出具的协助执行通知书，针对的都是同一笔应收账款债权，该法院在 2018 年 11 月 15 日强制扣划。后保理人起诉要求应收账款债务人支付款项。法院认为，该案中，在松桃苗族自治县人民法院因应收账款债权人其他执行案件冻结和扣划应收账款债务人款项时，应收账款债务人作为该执行案件的当事人，并未向执行法院提出异议以阻却执行，故其款项被冻结扣划系不可抗力的主张不能成立，一审法院认定应收账款债务人仍负有对保理人 766 540.03 元剩余债权的给付义务并无不当。

② 参见北京市高级人民法院民事判决书，(2018) 京民终 604 号。一审法院认为，虽然应收账款债务人分别在应收账款债权人与他人的债务诉讼过程中，被其他法院执行扣划或判决给付对应收账款债权人的应收账款（应以“应付账款”为宜），但上述情形均发生在应收账款转让后，并不影响其履行自己盖章确认的《应收账款转让通知书》项下的义务对保理人承担偿还责任，二者承担偿还责任后可再另行向应收账款债权人追偿。

为避免“天降巨锅”，应收账款债务人如果收到了协助执行通知书，但凡已经察觉到应收账款债权已经转让，务必及时向执行法院提出异议。

（三）对间接付款的应对

1. 保理人及时、有效的转让通知

及时、有效的转让通知是防范间接付款风险的起点。若暂时不寄发转让通知（开展暗保理/暗质押业务），保理人务必增设收取回款的保证金担保或账户担保，尽可能做到“双保险”。

2. 通知后，保理人尽快联系债务人

保理人完成有效的转让通知后，有必要尽一切可能联系应收账款债务人。目的在于：（1）了解到底有多少应收账款；（2）阻止无效间接付款；（3）告知应收账款债务人不要听信应收账款债权人的其他说辞。使用的联系方式要尽可能广而全，电话联系的，要保留通话录音文件。

3. 保理人择机进入司法程序

如果应收账款债务人配合程度较低，且有足够证据证明所受让的应收账款债权尚有余额，那么建议尽快采取保全措施。但保理人也要注意，若对应收账款债权的真实性、有效性拿不准的，就谨慎处理，毕竟贸然采取保全措施，会有保全错误而承担损害赔偿责任的法律风险。

4. 债权人如何应对

因为间接付款是向应收账款债权人付款，所以对应收账款债权人来说是“好事”。

如果应收账款债务人来询问是否有保理和转让通知的情形，建议如实回答。若已经被动收取，建议根据实际情况，向保理人转付或向应收账款债务人返还。如果“顶风作案”，就做好遭受刑事制裁的准备。

5. 债务人如何救济

如果应收账款债务人实施了无效的“间接付款”，意味着其应当再向保理人付一次款，且有权向应收账款债权人主张不当得利返还。实践中，也有应收账款债权人与应收账款债务人重新协商返还相关款项的情形。[①]

七、补充债权信息

实践中，以纸质文书为载体的转让通知，依托应收账款债务人对转让通知文书中所载明事实的确认，还可以发挥其他更优作用。应收账款债务人的这一操作，俗称“确权”。“确权”的具体作用，包括补全被转让应收账款债权的信息（如金额、到期日），修改相关管辖约定等。

在信贷资产转让业务中，监管甚至要求受让人与应收账款债务人“重签合同”,[②] 这也是重视“确权”的体现。

（一）确认真实性

确认应收账款债权的真实性，包括确认应收账款债权人是谁、应收账款债权金额、产生应收账款债权的基础交易合同以及应收账款的账期（履行期限）。“确权”在虚构应收账款的保理案件中比较重要，容后详述。

（二）确认账期

确认账期，就是确认应收账款债务人最晚在什么时候应当付款。实践中，许多确权后的账期与原合同约定的不符，这属于与保理人重新协商变更付款期限，与法不悖。

（三）变更管辖

保理合同与基础交易合同无法指向同一争议解决机构的，可以借助“确认回执”与应收账款债务人重新协商争议解决机构。应收账款债务人在回执

---

① 参见最高人民法院民事裁定书，(2019) 最高法民辖终444号。该文书虽然是管辖权裁定书，但该管辖权异议，源自应收账款债权人与应收账款债务人就无效间接付款的返还问题。双方重新协商了返还事宜。最高人民法院认为，“原审法院将本案案由确定为返还财产纠纷有所不当，本案案由应为合同纠纷”。并认为可以由原告也就是接受货币的应收账款债务人住所地法院管辖。

② 《中国银行业监督管理委员会关于进一步规范银行业金融机构信贷资产转让业务的通知》第6条第2款规定：信贷资产转入方应当与信贷资产的借款方重新签订协议，确认变更后的债权债务关系。

上以盖章等方式确认变更后的管辖约定的，一般都会认可。[①] 实务中没有针对性变更但能解读出变更含义的，也有被法院认可变更的先例。[②]

（四）引导债务人弃权

引导债务人弃权，即要求应收账款债务人放弃“抗辩权”“抗辩”“抵销权”。有些转让通知过于“和蔼”，浪费了“确认回执”可以起到的这一作用。[③] 应收账款债务人仅确认应收账款真实性，并不意味着债务人放弃了抗辩的权利。

（五）完善违约责任

基础交易合同中并未约定应收账款债务人违约责任的，可以借助转让通知附带的回执或者独立的确认文书，重新约定逾期付款的违约责任。[④]

---

① 典型案例参见河北省高级人民法院民事裁定书，(2016) 冀民辖终 75 号。该案中，应收账款债权人向应收账款债务人发出了《应收账款转让通知书》，通知书中表明保理业务的买卖双方同意在卖方保理经办行住所地法院起诉。应收账款债务人也向保理人发出了回执，双方同意在卖方保理经办行住所地法院起诉。最终，法院认为保理人所在地法院有管辖权。

② 例如在河北省高级人民法院民事裁定书，(2017) 冀民辖终 134 号中，应收账款债务人与应收账款债权人、保理人签订并办理了《应收账款事项约定书》《应收账款债权转让通知书》《有关应收账款转让确认意见》《应收账款转让申请书》，应收账款债务人表示“同意对有关账款转让所做出的各项安排和约定相关手续，并同意对有关账款转让所做出的各项安排和约定”。而保理合同约定“本合同项下的争议向保理银行所在地有管辖权的法院起诉”。法院最终认为该案按保理合同约定确定管辖即可。

③ 参见湖北省高级人民法院民事判决书，(2016) 鄂民终 669 号。该案中，应收账款债务人签收《应收账款债权转让通知书》并承诺按通知要求“在上述合同项下应收账款期满或付款条件成就时”承担付款责任。法院认为，应收账款债务人并未向保理人作出承担无条件付款义务或放弃抗辩权的承诺，仍应享有基于《煤炭买卖合同》的抗辩权。因保理人既未举证证明《煤炭买卖合同》约定的交货已经完成且收到煤炭接收方电厂的验收清单，亦未举证证明电厂已经向应收账款债务人支付该批次煤款，故保理人请求判令应收账款债务人履行付款义务不符合《煤炭买卖合同》的约定，应予驳回。

④ 典型案例参见深圳市中级人民法院民事判决书，(2023) 粤 03 民终 25168 号。该案中，《应收账款转让确认函》明确，“若应收账款债务人未能于应收账款到期日或深圳某公司要求的期限内足额支付相应款项，应收账款债务人需承担相应的违约责任，违约金标准为应付未付金额的 0.05%/日，计算期间为款项应付之日起至深圳某公司实际全部受偿之日止”。应收账款债务人承诺“若违反该确认函约定，愿意按照应付未付金额 0.05%/日的标准支付违约金”，并签字、盖章确认。法院据此判决应收账款债务人承担相应的逾期付款违约责任。

八、程序法意义

（一）二审程序

一审未有效通知应收账款债务人，在二审才通知的，有观点认为，此时属于争议的民事权利义务在二审中发生转移，不影响原债权人作为原审原告的诉讼主体资格和诉讼地位。①

（二）执行程序

申请执行人依法转让债权后，未将债权转让情况通知被执行人或不能确认是否通知的，不影响债权受让人向执行法院申请变更其为申请执行人。②受让债权而变更申请执行人的，是否有向被执行人发过转让通知，并非人民法院审查的重点。③

在《民法典》生效之前，转让通知曾被视为债权转让的一种公示方式，在执行异议程序中有独特的效力。④ 在《民法典》生效以后，登记成为核心依据，转让通知在执行异议程序中的效力逐渐式微。

---

① 参见人民法院案例库2023－08－2－103－024号案例“某银行与某局城建公司借款合同纠纷案——债务人在二审中得知案涉债权转让时，该转让始对其发生效力；债权人应当对借款法律关系特别是欠款未还的事实承担举证证明责任”。

② 参见人民法院案例库2023－17－5－202－002号案例“遵义某房地产公司与重庆某信托公司等执行复议案——申请执行人依法转让债权后，未将债权转让情况通知被执行人或不能确认是否通知的，不影响债权受让人向执行法院申请变更其为申请执行人”。

③ 参见最高人民法院执行裁定书，（2020）最高法执复85号。该案中，被执行人认为债权转让后并未通知被执行人，债权转让对被执行人无效，申请撤销变更申请执行人的裁定。最高人民法院认为，债权依法转让的，虽然应当通知债务人，但通知只是转让对债务人发生效力的要件，而并未将通知作为债权转让本身成立和生效的条件，是否通知债务人并不影响受让人合法取得被转让债权的法律效果。有关因债权转让而变更申请执行人的司法解释中也未将转让通知送达债务人作为审查的重点。

④ 参见最高人民法院民事裁定书，（2018）最高法民申4314号。该案系案外人执行异议纠纷。最高人民法院认为，“若案外人主张执行标的的债权归属于自己，其所依据的应当是真实且无瑕疵的债权。而该案中，一方面《债权转让协议》的真实性存疑，另一方面即便双方之间存在合法有效的《债权转让协议》，因该债权转让对债务人尚未发生效力，其权属变动的公示也未完成。因此，该效力尚未齐备的债权无法产生排除强制执行的效果”。参见人民法院案例库2023－16－2－471－003号案例“重庆某保理公司诉杨某等案外人执行异议之诉案——有追索权保理在通知债务人后可以对抗嗣后查封债权人的执行申请”。

（三）督促程序

转让通知还会影响督促程序的推进。督促程序就是申请支付令程序，是一种便捷的“讨债”民事特别程序。[①] 相较于审判程序，督促程序的特点是管辖法定（无论金额大小，一律由债务人所在地基层法院管辖，但实践中有所松动），审理周期短（没有二审、再审），申请费用低（依法申请支付令的，比照财产案件受理费标准的1/3交纳）。但实践中支付令适用的条件非常严格，最容易出现意外的就是被申请人能否有效送达。而且应收账款债务人在督促程序中可以针对债务本身的问题发表书面异议，经法院审理成立或者合理怀疑[②]的，就可以裁定终结本案的督促程序。缺乏清偿能力、延缓债务清偿期限、变更债务清偿方式等异议的，不属于有效异议。

在保理实务中，有保理人直接申请支付令，也有保理人对外转让应收账款债权后由新的受让人[③]申请支付令。在司法实践中，如果应收账款转让通知未及时送达（或是否送达存在异议），属于应收账款债务人的合理异议，人民法院可能会裁定终结督促程序。[④]

---

① 规制督促程序的主要依据是《民事诉讼法》第十七章和《民事诉讼法解释》的第十九章“督促程序”。注意，原《最高人民法院关于适用督促程序若干问题的规定》自2021年1月1日起废止。一些地方法院也出具过有关司法文件，如江苏省高级人民法院。部分地区的法院还出具过有关支付令办案流程性指导文件，如天津市高级人民法院、北京市高级人民法院。

② 参见河南省太康县人民法院民事裁定书，(2018) 豫1627民督1号。该案中，保理人作为支付令申请人、担保人作为被申请人。担保人向法院提出异议，认为保理人未取得担保决议，该案担保合同无效。法院审理后认为“本院对是否符合发出支付令条件产生合理怀疑”，遂裁定终结督促程序。实践中，还有公司向保理人对外承担担保责任后，对公司未对有关人员追责而申请支付令，参见福建省德化县人民法院民事判决书，(2022) 闽0526民督17号。

③ 司法实践中，受让人有自然人也有企业。自然人的可参见河北省吴桥县人民法院民事令，(2021) 冀0928民督53号。受让人是专业的催收单位的，可参见湖北省宜昌市西陵区人民法院民事裁定书，(2021) 鄂0502民督10号（××信用管理公司）、福建省永安市人民法院民事裁定书，(2021) 闽0481民督162号（××法催公司）；受让人是咨询公司的，参见湖南省宁乡市人民法院民事判决书，(2023) 湘0182民初1153号；受让人是金融服务公司的，参见上海金融法院民事判决书，(2019) 沪74民终934号。

④ 参见福建省永安市人民法院民事判决书，(2021) 闽0481民督162号。该案中，被申请人表示未收到保理人的转让通知，法院认为异议成立。该案的申请人在该法院有大批量的类似支付令申请案件，该案系为数不多被裁定终结督促程序的案件。

九、债务人的应对

意外收到转让通知，大概率意味着后续会有诉讼/仲裁案件，应收账款债务人不可掉以轻心，宜避免误解，及时采取必要措施，维护自身合法权益。

（一）常见误解

笔者结合自身的实务经验，简要归纳应收账款债务人的常见误解：

1. “不是约定了不得转让吗”

实务中，如果基础交易合同约定不得转让，那么绝大多数应收账款债务人都会以此作为抗辩理由。“合同都约定了，怎么能不算数？”这是大多数应收账款债务人的第一反应。

《民法典》第545条第2款已经明确规定，禁止让与的约定不得对抗保理人，且无论保理人是否善意恶意。“不能对抗”的意思是，应收账款债权人违约转让的，要向应收账款债务人承担违约责任，但保理人依然可以取得应收账款债权，应收账款债务人不能据此认为债权没有转让。

2. “不认识保理人”

不少应收账款债务人收到转让通知后，并不会联系保理人（就算转让通知中载明了联系方式），理由一般是“不知道保理是啥”“从来没有跟保理公司有联系，凭什么付款给保理公司”“保理公司并非基础交易合同当事人，发票也不是保理人开的，凭啥向他付款”“保理是什么？骗钱的吧”。

这是疏于了解《民法典》的体现。与应收账款债务人“素不相识”的保理人依法可以发出有效的转让通知，应收账款债务人不能仅以“不知道什么是保理”“不认识保理人”为由否认债权转让。

3. “债权人否认转让”

实务中，大多数应收账款债务人都会先联系应收账款债权人核实转让情况。倘若应收账款债权人如实陈述，则一般不会出现太多问题。但如果应收账款债权人想多骗一笔钱（此前已经从保理人处获取一笔融资），往往会否认[①]应收账款转让的事实，应收账款债务人信以为真后，间接付款无效的概率大大增加。

应收账款债务人被债权人骗了，能否以“善意”为由主张拒付是合理的呢？答案是很难。理由在于：第一，应收账款债权已经是保理人的了，应收账款债权人单方否认，不能改变债权已经转让的事实；第二，应收账款债权人否认转让事实的，若视为对转让通知的“撤销”，依据《民法典》第546条第2款的规定，转让通知需要经过受让人（保理人）同意后才能撤销，所以，如果要“否认”应收账款转让，也应当由保理人来“否认”。实践中，就有应收账款债务人先收到转让通知后，又收到出让人发出的旨在撤销前一次转让通知的“撤销函”，应收账款债务人据此拒绝向保理人付款，人民法院未支持应收账款债务人的抗辩意见。[②]

4. “没有拆阅转让通知就不算通知到”

实务中，应收账款债务人常以“快递已经遗失”“通知书并未实际查阅”（庭审中现场拆封通知快递）甚至索性拒收为由，否认转让通知已经生效。这是对转让通知“到达”生效的误读误解。如前所述，转让通知自应收账款债务人接到生效，不以实际知晓为必要。

---

① “否认”的方式也五花八门，有直接发函表示没有转让的，参见重庆自由贸易试验区人民法院民事判决书，（2022）渝0192民初9582号；也有在转让通知书里另外放一张书面否认意见的，参见上海金融法院民事判决书，（2020）沪74民终1041号。

② 参见永宁县人民法院民事判决书，（2023）宁0121民初1476号。该案中，被告应收账款债务人收到应收账款债权人于2018年8月24日发出的《应收账款债权转让通知书》后，又收到应收账款债权人于2018年10月16日发出的《关于撤销〈应收账款债权转让通知书〉的函》，该函载明：“鉴于案涉项目在施工工程中且未进行结算，债权尚未形成，暂未达到债权转让的条件，现特来函告知：自我公司发出本函之日起，撤销我公司向贵公司送达的《应收账款债权转让通知书》，请贵公司仍按照我公司与贵公司签订的商务合同约定进行付款。若贵公司仍将款项付至保理人，视为我公司未收到上述款项，由此造成的一切责任、损失均由贵公司承担。”法院认为，该案中，应收账款债权人向被告应收账款债务人送达《应收账款债权转让通知书》后，在未经受让人同意的情形下，单方撤销《应收账款债权转让通知书》的行为系无效行为，被告应收账款债务人在收到《应收账款债权转让通知书》后，应当按照通知书的要求履行付款义务，其仍按应收账款债权人的要求向应收账款债权人支付工程款的行为不能视为对转让应收账款的支付，故被告应收账款债务人的该项辩称意见亦无法成立，本院不予采纳。

5. “不都是付给债权人吗，付到哪个账户都一样”

实践中，银行保理人往往会通过转让通知告知应收账款债务人，将应收账款付至应收账款债权人为户头的、开设在该银行的新账户。如果应收账款债务人继续向其他账户付款，则可能不构成清偿。①

（二）侦测转让通知

任何形式的往来渠道都要多加注意，债权人的传真，有权代表债权人联系人的邮件、微信和短信或者合同载明的联系人发来的快递乃至发票（包括电子发票）等，都有可能成为转让通知的载体。法务工作人员要有这方面的敏感性，业务人员、财务人员最好也要有敏感性。

鉴于目前应收账款转让都会办理中登网登记，在条件允许的情况下，建议应收账款债务人在付款前查一下中登网，该应收账款债权人是否将对本公司的应收账款对外转让。

（三）保留物流凭证

先不论转让通知是否有效，如果收到转让通知快递、挂号信等邮件，务必保留底单、查询物流信息并截图打印留档。这么做的目的在于确认何时收取。注意，因为快递公司的物流凭证有有效期，物流信息的截图务必及时。

如果收到电子邮件，则记得转发给负责人员、截图留存，切勿删除邮件。如果业务人员个人收到转让通知（包括微信、电话、短信），应当截图并及时告知主管部门。

（四）核验签发、收件主体

注意发件单位和发件人。如果发件人不是保理公司，注意是否是应收账款债权人。实践中，应收账款债权人可能是供应商的本公司、母公司或者其他关联公司。

---

① 参见重庆市高级人民法院民事判决书，（2020）渝民终311号，该案中，法院认为，“其余的157 576 207.9元也并未支付到《应收账款确认及转让通知书》确定的保理银行账户，故应收账款债务人不能据此免除在保理法律关系项下，向保理人支付应收账款的义务”。

注意收件单位。收件单位一般是本单位，但在审查应收账款债权的时候，本单位可能并非适格的应收账款债务人。实践中，收件人虽然是本公司，但实际的应收账款债务人系本公司的子公司、分公司。

（五）核验通知内容及材料

无论谁是发件人，都要看清是否明确表达了转让了什么债权，如何指示应收账款债务人付款。尤其需要注意，通知是否载明新的收款账户。新账户依然是应收账款债权人户头的，此时切勿想当然以为“反正都是付给这家公司的，啥账户不都一样吗”。

如果是应收账款债权人发出的转让通知，所附材料一般不多，除转让通知文书外一般还包括基础交易合同复印件，不一定会有发票。若有遗漏，优先自查是否存在转让通知所述的应收（付）账款。

如果是保理人发出的转让通知，则需要查看是否有保理人的营业执照、保理合同等证明有债权转让的文书（留意是否有公证文书）、中登网登记证明、基础交易合同、发票及其他单据。

（六）核对债权信息

关于被转让的债权本身，需要从多个角度立体核查。

法律角度主要核对转让通知文书所提到的债权要素是否完整齐全，至少包括应收账款债权人、债务人、未付金额、账期，并在中登网[①]核验是否有转让登记。

财务角度主要核对本单位已支付多少、尚有多少未付（应付日期为何）、已开具多少发票或结算文书，并将在档文本复印件提取备查。确有未付款项的，可暂停付款。

业务角度主要核对该应收账款债权人是否履约完毕，是否存在“不愉

---

① 如果应收账款债务人没有中登网账号，那么在时间允许的情况下尽快注册，时间紧迫的情况下可以登录国务院微信小程序中的“动产融资统一登记查询”程序查询是否有转让登记，也可以通过一些有查询功能的手机App查询是否有转让登记。应当以应收账款债权人的全称为关键词检索。

快”或变更合同的情况，比如少发货了，发的货不符合约定，提供的服务不符合要求，双方约定有调价或折扣，等等。业务人员应当将在档文本复印件提取备查。

所有信息、文件、单据票据应尽快汇总给法务人员。法务人员在收到材料后与应收账款转让通知文书所附材料进行对比，核验：（1）是否与本单位掌握的情况一致；（2）是否存在伪造、变造情况；（3）是否享有抗辩、抗辩权、抵销权等对抗性条件。

（七）核实转让事实

在摸清基础交易合同与应收账款债权的基本情况后，就可以分别联系应收账款债权人、保理人及其他可能知情的主体，求证债权转让的真实性。

1. 应收账款债权人的否认

应收账款债权人否认应收账款转让的，可以将所收到的转让通知情况以及所查询的中登网登记情况（若有）向应收账款债权人反馈，要求其给出合理解释。但需要特别注意，应收账款债权人的“否认”，在法律上并无额外法律效力，应收账款债务人对此没有值得法律保护的“信赖利益”。

2. 如何联系保理人?

保理人的联系方式一般情况下都会记录在转让通知文书上。如果对应收账款债权金额有异议，应当及时提出。如果应收账款债权人在此前否认转让应收账款债权，应当一并告知。

3. 联系准确的应收账款债务人

如果收到转让通知的公司发现，自己并非应收账款债务人（也就是说，转让通知发错了），但应收账款债务人属于本公司的关联企业，可以联系兄弟公司，以便应收账款债务人提早准备对策。

4. 如何应对撤销函?

应收账款债权人发函要求撤销某转让通知的，应收账款债务人切勿觉得“转让通知就当没发生过”，因为转让通知的撤销需要经过受让人（保理人）的同意才生效（《民法典》第546条第2款）。因此，收到撤销的通知的，一方面需要向应收账款债权人释明，并要求应收账款债权人提供受让人同意撤销的证据；另一方面需要向保理人求证是否知晓撤销之事。

（八）公证提存

应收账款债务人拿不准应该向谁付款的，还可以考虑《民法典》第570条[①]规定的提存。

如果基础交易合同有提存条款，那在提存程序中会比较顺利，但实践中较为罕见。

在没有提存约定的前提下，就涉及应收账款债务人单方公证的问题。《提存公证规则》第5条规定，“债务清偿期限届至，有下列情况之一使债务人无法按时给付的，公证处可以根据债务人申请依法办理提存……（三）债权人不清、[②] 地址不详，或失踪、死亡（消灭）其继承人不清，或无行为能力其法定代理人不清的”。因此，公证提存可以由应收账款债务人单方发起。《提存公证规则》第24条规定，“因债权的转让、抵销等原因需要由第三人领取提存标的物的，该第三人应当提供已取得提存之债债权的有效法律文书”。

关于向何处公证处申请提存公证。依据《公证法》第25条第1款的规定，“自然人、法人或者其他组织申请办理公证，可以向住所地、经常居住地、行为地或者事实发生地的公证机构提出”。实务中，一般可以向本公司的注册地公证处申请公证。

关于费用。虽然《公证服务收费管理办法》第3条、第4条有框架性规定，实践中，各地操作不一。一般根据公证处自身的标准收取公证费用，有的公证处要求提存公证费由应收账款债务人先行支付，待权利人领取并由受

---

① 《民法典》第570条规定：有下列情形之一，难以履行债务的，债务人可以将标的物提存：（1）债权人无正当理由拒绝受领；（2）债权人下落不明；（3）债权人死亡未确定继承人、遗产管理人，或者丧失民事行为能力未确定监护人；（4）法律规定的其他情形。标的物不适于提存或者提存费用过高的，债务人依法可以拍卖或者变卖标的物，提存所得的价款。

② 《民法典》第570条的表述是“债权人下落不明”。但债权多次转让，并非债权人下落不明。而实践中，债权人如果“注销”，主体资格消失，严格来说不是“下落不明”，也不是“不清”，应由原股东概括承受权利义务。但这些场合其实都有公证提存的需求，建议今后《民法典》进行针对性修改。

领人支付后，方才返还给应收账款债务人。

（九）“压着不付”

这是没有办法的“办法”。

应收账款债务人在收到（尤其是收到多份）转让通知后，[①] 往往会在主观上陷入“无法确定应收账款债权到底属于谁”的现实困境。

单纯无法判断谁是债权人，并非合法的拒绝事由。但相比于间接付款的风险，“压着不付”的逾期付款风险小得多。实践中，不少应收账款债务人选择暂停付款，等待法院或仲裁机构的裁判，最终可能要承担案件受理费。[②]

（十）调整合同条款

上文所述，都是应急之策。若想从容应对，最好从基础交易合同这一源头解决。基础交易合同应当正面回应债权转让条款，对于发生保理、质押等融资、担保行为的，建议赋予有利于应收账款债务人的各项安排。

（十一）协助执行

如果收到针对某笔应收账款债权的协助执行通知书，应当尽快核实应收账款债权本身的情况，并尽快联系应收账款债权人。此前已经收到转让（质押）通知的，还可以联系相关受让人或质权人。发现协助执行通知书中载明的应收账款债权信息与事实不符的，尽快联系法院，必要时可提起执行异议。

① 同一日收到不同受让人的转让通知的，参见山东省高级人民法院民事判决书，（2016）鲁民终1058号，最后判决应收账款债务人向实际受让人付款。

② 参见江苏省高级人民法院民事裁定书，（2016）苏民申780号。前手受让人后发了转让通知，后手受让人先发了转让通知，应收账款债权人在一审中如实表示因为收到两份转让通知，“请求法院依法裁决”如何付款。最终法院判决应收账款债务人向前手受让人付款，同时判决由应收账款债务人承担全部案件受理费。后二审法院改判应向后手受让人付款，并改判由应收账款债务人承担部分一审案件受理费。

第六章　保理争议解决

可以说，大多数保理的法律问题，都是在争议解决程序中暴露出来的，这些问题到底能产生什么后果，也都是通过争议解决程序体现的。本书前文主要介绍保理的实体法律基础，如果发生纠纷，当事人还需要了解争议解决的程序性问题以及实操方面的技术性问题。需要特别说明的是，诸多实操性、技术性的问题，各地可能会有自己独立的一套规则，烦请读者朋友甄别。

保理争议解决以“保理合同纠纷”[①] 案由为核心。

一、“打官司”的成本

争议解决，俗称“打官司”。对于当事人来说，“打官司”的核心问题在于评估值不值得打，也就是“打官司”的成本与收益是否匹配。

（一）时间成本

时间成本主要包括前期洽谈准备的时间、聘请代理人后立案准备时间、申请立案到拿到案号的时间、拿到案号到安排开庭时间、开庭后到取得有效裁判文书的时间、强制执行启动到有结果的时间。如果是去法院打官司，还要考虑上诉期间、二审庭审的时间成本。在案件数量较（极）多的地区，时间成本具有极大的不可控性。

---

① 在2021年版《民事案件案由规定》生效后，有法院将保理合同纠纷认定为“准合同纠纷”，参见合肥市包河区人民法院民事判决书，(2021) 皖0111民初7563号。

1. 诉讼时间成本

（1）诉调程序

法院同意受理后，意味着正式进入法律程序。一般情况下会安排进入诉前调解（以下简称诉调）阶段（部分法院就算申请财产保全，也会安排进入“诉调”、“预诉调”或“待审查”等阶段）。

在诉调阶段，法院会根据案情基本情况组织专门的调解谈话，但也可能不组织。金融类案件因为矛盾尖锐，往往不组织调解。无法达成调解的，在取得诉调案号的数月后，法院会配发含有“民初”字样的案号，标志着正式进入一审程序。

调解需要各方当事人均参与进来，仅与部分当事人达成调解协议的，除非原告撤回对其余当事人的起诉与诉请，否则法院无法出具民事调解书。执行和解则不必满足如此严苛的人数条件，与部分被执行人达成执行和解的，执行法院一般也会认可。

诉调也不同于当事人之间的私下（庭外）调解，后者不会出具民事调解书，所以仅仅达成某种协议的，并不能直接申请执行。在取得执行依据后、进入强制执行程序前，当事人又协商变更的，原告原先的执行依据失效，需要取得新的执行依据（重新起诉、申办公证执行证书等）。

（2）一审程序和保全程序

一审法定审限是 6 个月，一般会经历法庭调查、证据交换、证据质证、辩论等多个阶段，较为复杂的案件，还会组织多次庭审。如果审限不够，法院会建议当事人申请调解来争取审限延长。如果在一审中遇到管辖权异议、公告送达、鉴定等事由，实际审理周期还会延长。管辖权异议的实际处理期限一般在半个月到 1 个月。公告期限为 30 日。鉴定程序涉及选定鉴定机构、鉴定谈话、选择样本和鉴材以及出具鉴定意见，周期较复杂，一般在3 个月以内完成鉴定的启动工作。如果涉及复杂的工程质量鉴定、工程造价鉴定、鉴定意见修正等问题，周期会更长。

常见的一审结案方式是判决、调解。调解后就取得民事调解书，能更快进入执行程序。判决结案的，如果各方不上诉被告又不履行，可以申请强制执行。申请执行前需要注意取得生效证明。有当事人不服判决的，就会有上诉与二审的问题，而民事调解书没有二审问题。

保全程序贯穿于一审与二审，一般在一审阶段提出和处理。金融类案件采取诉前财产保全的难度普遍较大。鉴于财产保全会对企业的正常经营带来巨大影响，甚至有不少公司将“保全”作为变相窥探他人财产线索的“偏方”，不少法院强化了财产保全必要性审查工作，在实务中体现为以“未证明保全的必要性”为由裁定不予保全，或以“未提交有效财产线索”为由不予受理。

（3）二审程序

对一审判决以及部分裁定不服的，在判决书载明的期限内可以提起上诉。逾期提起的，可能按未上诉处理。未在指定期限内缴纳上诉费的，视为撤回上诉。缴费事宜一般由一审法院对接。上诉后，一审法院会将卷宗向二审法院移交，移交时间不可控，一般为1~3个月。在信息化程度较高的地区，移送的都是电子卷宗。二审法定审限是3个月，但也会有各种事由导致实际审限与法定不符。

（4）再审程序

当事人对二审判决不服的，可以申请再审。再审分为“再审审查”阶段和“再审审理”阶段。前者会取得“民申”字样的案号，后者会取得“民再”字样的案号。再审审查期限为3个月，同意再审的，裁定中止原判决、裁定、调解书的执行。

当事人还可以向检察院申请检察建议或抗诉，检察院要在3个月内审查。接受抗诉的人民法院应当自收到抗诉书之日起30日内作出再审的裁定。

2. 仲裁时间成本

仲裁的立案速度较快，一般也没有前置的“调解程序”。

立案后需要选择仲裁员。在独任审的仲裁案件中，两造几乎不可能选择相同的仲裁员，所以为尽快安排开庭，可以提前告知仲裁委由仲裁委指定。

商事仲裁委一般没有公告程序，审限依据各自的仲裁规则确定。

3. 公证执行时间成本

公证执行是指经公证赋予强制执行效力的债权文书，由公证处办理。公证执行需要三步走：第一步是对债权文书（保理合同）办理赋强公证，第二步是由保理人申请执行证书，第三步是拿着执行证书申请执行。主要的时间消耗在第二步。

4. 执行时间成本

在取得有效的执行依据后，就可以申请执行。执行立案后，审限一般是6个月。

如果遇到拍卖房屋、腾房等工作阻力较大的工作，法院有可能先按照终结本次执行处理，再继续推进。如果在执行程序中遇到执行异议复议、参与分配等“节外生枝”的事情，实际执行处理审限会更长。

（二）金钱成本

所有的金钱成本可分为三类，一是向法院或仲裁机构支付的费用，二是向律师事务所支付的费用，三是向第三方机构支付的费用。有关费用的数额与承担问题，详述如下：

1. 诉讼程序中的费用

常见的有案件受理费、保全费、保全担保费、公告费、律师费、公证费。相关处理规则见表6－1。

表6－1 诉讼程序中的费用处理规则

费项	向谁支付	由谁最终承担
案件受理费	法院	被告承担，可胜诉退费
保全费	法院	依据诉请，可胜诉退费
保全担保费	保险/担保公司	除非约定，否则自行承担
公告费	《人民法院报》	胜诉后，被告承担

续表

费项	向谁支付	由谁最终承担
律师费	律师事务所	除非约定，否则原告承担
公证费	公证处	除非约定，否则原告承担

注：费用的实际承担，以各地法院的实操为准。

（1）诉讼费/案件受理费

一般我们说的诉讼费，其实是“案件受理费”的通俗叫法，计费依据是《诉讼费用交纳办法》（2007年）第13条。具体由原告向法院指定账户支付，也可由他人代付，上诉的诉讼费也一样。上诉费根据上诉争议标的计付诉讼费。

一审胜诉的，根据实际支持诉请的比例退诉讼费，也就是我们常说的“胜诉退费”。[①] 撤诉、和解的，至少退一半，至于剩下一半如何处理，各地做法不一样，有的是原告自行承担，有的是一并退还。民事调解的，务必将剩下一半诉讼费的承担问题谈清楚。实践中，各地并未贯彻“胜诉退费制度”，有的地方需要原告在执行程序中强制执行诉讼费，未果后才会考虑退费。

即使案件受理费不被列为诉请，法院也会依法裁判由何者负担。实践中，不宜采用“诉讼费”这类宽泛的称呼，应当列明费用名称，避免不必要的费用承担争议。对于案件受理费的承担不服的，不能提起上诉，只能向法院院长申请复核。[②]

---

① 《民事诉讼法解释》第207条规定：判决生效后，胜诉方预交但不应负担的诉讼费用，人民法院应当退还，由败诉方向人民法院交纳，但胜诉方自愿承担或者同意败诉方直接向其支付的除外。当事人拒不交纳诉讼费用的，人民法院可以强制执行。《诉讼费用交纳办法》第38条规定：本办法第10条第1项、第8项规定的申请费由被执行人负担。执行中当事人达成和解协议的，申请费的负担由双方当事人协商解决；协商不成的，由人民法院决定。本办法第10条第2项规定的申请费由申请人负担，申请人提起诉讼的，可以将该申请费列入诉讼请求。本办法第10条第5项规定的申请费，由人民法院依照本办法第29条规定决定申请费的负担（具体的诉讼费用详见该办法的相关条文）。

② 《诉讼费用交纳办法》第43条规定：当事人不得单独对人民法院关于诉讼费用的决定提起上诉。当事人单独对人民法院关于诉讼费用的决定有异议的，可以向作出决定的人民法院院长申请复核。复核决定应当自收到当事人申请之日起15日内作出。当事人对人民法院决定诉讼费用的计算有异议的，可以向作出决定的人民法院请求复核。计算确有错误的，作出决定的人民法院应当予以更正。

（2）保全费

关于保全费，全称“保全申请费”，规定在《诉讼费用交纳办法》第10条第2项。依据该法第14条第2项的规定，保全申请费最高不超过5000元。

《诉讼费用交纳办法》第38条规定，保全申请费由申请人负担，申请人提起诉讼的，可以将该申请费列入诉讼请求。“可以列入诉请”的表述，留下了无数的解释可能。实践中有的法院不予退费，理由之一就是原告未将保全费列为诉请。还有一些法院在未列为诉请的情况下，将保全费连同案件受理费（也就是我们常说的“诉讼费”）一并退回原告。

（3）保全担保费

为防止今后出现错误保全，受理保全前，法院都会要求原告提供保全担保。实践中，一般聘请保险公司或者专业的担保公司出具保函，因此需要向这些机构支付保全担保费。原告也可以提供现金担保。在一些特殊情况下，也可以不提供担保。① 被保全人申请解除保全担保的，也需要提供“反担保”。② 实践中，反担保的保全担保函的申请难度更大，成功率也不高。

除非合同有明确约定，否则保全担保费由保全申请人或反担保人自行承担，因为收费单位不是法院，不存在退费问题。鉴于存在不予受理保全的可能，实践中建议与担保机构明确，如果出于各种原因未能成功申请保全，可

① 《最高人民法院关于人民法院办理财产保全案件若干问题的规定》第9条第1款规定：当事人在诉讼中申请财产保全，有下列情形之一的，人民法院可以不要求提供担保……（5）案件事实清楚、权利义务关系明确，发生保全错误可能性较小的；（6）申请保全人为商业银行、保险公司等由金融监管部门批准设立的具有独立偿付债务能力的金融机构及其分支机构的。关于第5种情形，天津市高级人民法院在2023年8月23日发布的“涉公司类案件纠纷典型案例”的案例3中指出，对担保民事调解书项下债务的保证人申请保全的，主债权人可以以自身资信提供担保。关于第6种情形，非金融机构也可以以提供信用保全担保，如依据《上海市高级人民法院关于财产保全工作的规定》第33条的规定，“社会公众普遍认知的特大型企业”也可以不提供额外的保全担保。

② 《最高人民法院关于人民法院办理财产保全案件若干问题的规定》第22条规定：财产纠纷案件，被保全人或第三人提供充分有效担保请求解除保全，人民法院应当裁定准许……实践中，金融机构作为被保全人的，往往不需要提供额外的担保即可申请解除保全。

以退回保全担保费。如果需要向不同法院申请保全（管辖权不确定），则需要提前沟通换函事宜。

实践中，除保函外，不同法院对于保全担保材料有不同的要求，[①] 所以尽量选择熟悉目标法院要求的机构提供担保，这也是测试各类担保企业专业水平的试金石。

（4）公告费

需要对特定当事人公告送达的，申请人就需要缴纳公告费。

公告费向《人民法院报》直接支付，具体在“人民法院报公众号”中操作支付，支付后会向申请人开具发票。关于公告费的金额，需要根据公告送达的文书、人数计算公告费，单次单人费用在数百元左右。

《诉讼费用交纳办法》第 12 条第 1 款[②]规定公告费根据“谁主张、谁负担”的原则支付。收费机构不是法院，所以公告费不存在退费问题。实践中，判决相关被告承担民事责任的，部分法院会依职权判决由败诉方承担公告费，但也有法院坚持“不告不理”而不予处理。保理人务必注意组织合理的诉请。

（5）律师费

律师费由当事人向律师事务所支付。除法定情形[③]或合同另有约定外，律师费由支付者自担。[④] 在无追索权保理合同中，仅起诉应收账款债务人的，需要判断基础交易合同是否有律师费承担的条款，或者应收账款债务人是否

---

① 例如，上海地区还需要提供担保企业的营业执照副本复印件、法定代表人身份证明书、经营许可证、5 年内无犯罪记录且无拒不承担为财产保全申请人履行担保义务的书面声明、中国银行保险监督管理委员会财产保险公司保险条款和保险费率备案表、担保费发票。

② 《诉讼费用交纳办法》第 12 条第 1 款规定：诉讼过程中因鉴定、公告、勘验、翻译、评估、拍卖、变卖、仓储、保管、运输、船舶监管等发生的依法应当由当事人负担的费用，人民法院根据谁主张、谁负担的原则，决定由当事人直接支付给有关机构或者单位，人民法院不得代收代付。

③ 包括滥用诉权、部分知识产权侵权、网络侵权、生态环境侵权、人脸信息侵权等案件。总体来看，知识产权领域的纠纷对于败诉方应承担律师费的观念贯彻得更前卫一些。保理合同纠纷一般不属于法定应当由败诉方承担律师费的案件。2014 年，最高人民法院答复过“关于国家考虑律师费由败诉方承担问题”这一提议，最高人民法院认为目前需要会同其他部门共同商议和推动。

④ 但也有例外，参见最高人民法院民事判决书，（2018）最高法民终 1214 号。

愿意受保理合同条款约束。[①]

法院原则上以“实际支付的律师费”为可支持的律师费上限。证明实际支付律师费的证据，以合同、发票、流水最为完整，但亦有法院仅依据发票认定律师费金额。约定出具判决后支付的律师费，虽然后续律师费的支付与“胜败无关”，但本质上属于未实际支付的律师费，一般不予支持。[②]

实践中也会出现一些特殊的情况。例如，一个案件在多个阶段（诉前阶段调查取证、诉讼阶段代理案件）分别聘请不同律所律师的，有的法院仅支持诉讼阶段律师费。一些撤诉后再次起诉的案件，原告为此多次支付律师费，若未明确约定，也可能难以获得全额支持。[③] 同一案件在诉讼阶段先聘请A律所后解聘，又聘请B律所的，累计支付的律师费可能无法被全额支持。[④] 有些法院会支持计时收费的律师费。分期支付的固定律师费[⑤]以及二

① 参见湖州市吴兴区人民法院民事判决书，(2023) 浙0502民初7518号。该案为无追索权保理合同引发的纠纷，保理人仅起诉应收账款债务人。法院指出，“关于保理人主张的律师费损失，被告应收账款债务人出具的应收账款转让通知书（回执）中承诺接受案涉保理合同的约定，而保理合同中就违约方承担律师费已做出明确约定，故原告保理人对律师费的主张具有相应的合同依据，且金额未超过律师收费的相关标准，本院予以支持”。

② 参见广东省高级人民法院民事判决书，(2021) 粤民终1974号。该案中，与A律所约定律师代理费70万元，在签订合同后5个工作日内支付35万元，余款在一审判决后5个工作日内支付。与B律所约定律师代理费30万元，自签订合同之日起5个工作日内支付10万元，自收到判决书、调解书、撤诉裁定书之日起5个工作日内再支付20万元。后一审原告实际支付55万元。一审法院判决支持全部约定的100万元，但二审法院改判仅支持实际支付的55万元。

③ 参见上海市浦东新区人民法院民事判决书，(2023) 沪0115民初52420号。

④ 参见北京市朝阳区人民法院民事判决书，(2020) 京0105民初36523号。该案中，2020年4月17日A律所开票25万元，原告实际支付25万元。后解聘A律所，重新聘请B律所。2021年4月15日，B律所开具30万元发票，原告实际支付30万元。原告在该案中主张25万+30万=55万元律师费。诉请金额为1400余万元。50万元并未超过《北京市律师服务收费管理办法》的上限。但法院认为，“考虑到原告主张的金额涉及先后委托不同律师事务所的总金额，委托阶段均为全流程，本院认为原告主张的律师费已超出了必要、合理限度，并结合费用支出及诉讼参与等案情，在30万元范围内予以支持”。

⑤ 但也有例外，参见上海金融法院民事判决书，(2021) 沪74民初307号。该案中，律师费的固定收费包括已经支付的14万元以及“获得一审阶段判决文书或调解、和解文书并收到等额增值税专用发票之日起7个工作日内支付剩余14万元”，人民法院认为后一笔14万元律师费“属于必然发生的律师费损失”，予以支持。《北京市高级人民法院关于侵害知识产权及不正当竞争案件确定损害赔偿的指导意见及法定赔偿的裁判标准》第1.23条第3款也持类似观点。该款规定“对于尚未实际支出但根据合同约定必然发生的律师费，且律师确已付出相应劳动并符合付款条件的，可以予以支持”。

审阶段[①]、风险部分律师费[②]是否在一审阶段支持，存在争议。

并非支付的所有律师费都需要由败诉方承担，这里涉及律师费的合理性问题。随着各地律师费标准逐步市场化，[③]“合理性”标准逐步主观化。无论标准为何，律师费都存在“过高而应当酌减”的风险。实践中，法院还可能会以律师工作量较小（甚至未出庭）、案情较为简单为由酌减败诉方需承担的律师费。在认定“名为租赁，实为借贷”的案件中，律师费可能会被酌减。[④] 此外，在借款合同纠纷中，律师费是否计入最高利率限制，实务中也曾存在争议。[⑤]

非律师代理的，这类“费用”的承担问题值得讨论。在民事诉讼中，除了律师和基层法律服务工作者，其他普通公民依法代理的，所收取的代理费能否要求败诉方承担，实践中基本持反对态度。既往的一些规范性文件对此

---

① 主要的争议在于，一审的时候不可能支付二审阶段律师费，在二审的时候如若增加诉请，或调解或告知原审原告另行起诉，原则上不应审理。但实践中也有观点认为若律师合同明确约定了二审阶段的律师费，则二审阶段主张的律师费不属于新增加的独立诉讼请求，依然会予以支持，典型案例可参见福建省高级人民法院民事判决书，(2014) 闽民终字第1241号。

② 但也有例外，参见上海市金山区人民法院民事判决书，(2020) 沪0116民初12075号。另外，依据《关于进一步规范律师服务收费的意见》(司发通〔2021〕87号) 第3条第4项，法定禁止风险代理的案件不允许收取风险代理费，这些案件包括“刑事诉讼案件、行政诉讼案件、国家赔偿案件、群体性诉讼案件、婚姻继承案件，以及请求给予社会保险待遇、最低生活保障待遇、赡养费、抚养费、扶养费、抚恤金、救济金、工伤赔偿、劳动报酬的案件”。保理合同纠纷一般不在上述案件范围内。第6项明确了各金额段位的最高风险比例。

③ 根据《关于进一步规范律师服务收费的意见》(司发通〔2021〕87号) 的要求，律师费收费标准原则上交由律师事务所自行确定，意味着律师费收费标准逐渐市场化。实践中，有的地区的收费标准到期后未见新的标准，如《上海市律师服务收费管理办法》(沪发改规范〔2017〕3号) 有效期至2022年3月31日，到期后未再公布新的收费标准；有的则直接明文宣布实行市场定价，如《北京市司法局、北京市律师协会关于全面放开我市律师法律服务收费的通知》明确“自2018年4月1日起，全市律师法律服务收费全面实行市场调节价”。

④ 参见上海市高级人民法院民事判决书，(2020) 沪民终33号。该案虽然是融资租赁合同纠纷，但对于保理合同纠纷依然有参考价值。但法院并未释明为何酌减律师费。

⑤ 这一问题最高人民法院曾经作出过矛盾的裁判，参见最高人民法院民事裁定书，(2021) 最高法民申1140号（不应计入）和最高人民法院民事裁定书，(2019) 最高法民申1938号（计入）。《最高人民法院关于审理民间借贷案件适用法律若干问题的规定》第29条对利率限制计算的范围包括了“逾期利息、违约金或者其他费用”，可见历经三次修订的司法解释依然留下了争议的空间，值得关注。保理合同虽然不是民间借贷合同，但在利率限制的计算方式上与借款合同一致，因此该规定有现实参考价值。

也持消极观点。[①] 实践中，有些普通公民通过与公司当事人签订劳动合同进而以“劳动者”身份从事代理工作，法院未认可这种变相的代理费，但因为确实挽回了公司损失，可酌定支付报酬。[②] 还有普通公民收揽案件后又再聘请律师的，其委托费用的请求可能可以得到法院支持。[③]

（6）公证费

公证费向公证处支付，若合同没有额外约定，则由申请人自行承担。

公证的威力在于，《最高人民法院关于民事诉讼证据的若干规定》第10条第7项规定，已被有效公证文书所证明的事实，当事人无须举证证明。在保理合同纠纷的实践中，保理人会用到公证的地方包括邮件公证、微信聊天记录公证、要求反转让通知的寄送公证、应收账款转让通知书寄送公证。

各省和直辖市中公证费的收取标准不同。办理强制执行公证的，公证费一般需要收两笔，一笔用于办理文书公证，另一笔用于出具执行证书。

2. 仲裁程序中的费用

仲裁程序的费用支出与诉讼程序差不多，相关处理规则见表6－2。

① 例如，《关于进一步加强法律服务管理有关问题的通知》（司发通〔1992〕062号）（2004年废止）第3条规定，“公民个人一律不得向社会提供有偿法律服务，根据《刑事诉讼法》、《民事诉讼法》、《行政诉讼法》的有关规定，公民经人民法院许可，可以担任被告人或当事人的辩护人、代理人参加诉讼活动，但不得以营利为目的，不得藉此向被告人或当事人收取报酬、也不得以此为谋生的手段”。《关于公民个人未经批准不得从事有偿法律服务问题的批复》（司发通〔1996〕340号）（2014年废止）也强调指出，“目前除律师事务所、公证处、基层法律服务所和经司法行政机关批准的其它社会法律咨询服务机构外，其它任何单位和个人未经司法行政机关批准，均不得面向社会提供有偿法律服务”。网传最高人民法院曾在2010年对重庆市高级人民法院作出过《关于公民代理合同中给付报酬约定的效力问题的请示》的答复，该答复指出，未经司法行政机关批准的公民个人与他人签订的有偿法律服务合同，人民法院不予保护；但对于受托人为提供服务实际发生的差旅费等合法费用，人民法院可以根据当事人的请求给予保护。《律师法》第13条禁止非律师人员以律师名义代理。

② 参见张家口市中级人民法院民事判决书，（2019）冀07民终968号；河北省高级人民法院民事裁定书，（2020）冀民申5468号。

③ 参见黑龙江省高级人民法院民事判决书，（2021）黑民再699号。

表 6-2　仲裁程序中的费用处理规则

费项	向谁支付	由谁最终承担
仲裁费	仲裁委员会	被申请人承担，不退费
保全费	法院	不退费
保全担保费	保险/担保公司	除非约定，否则申请人承担
公告费	《人民法院报》	依据仲裁规则或仲裁请求
律师费	律师事务所	除非约定，否则申请人承担
公证费	公证处	除非约定，否则申请人承担

（1）仲裁费

仲裁费一般包括案件受理费和案件处理费。仲裁费没有全国统一的收费标准，不同的商事仲裁委员会的计费标准不同。仲裁费由申请人向仲裁委员会支付，且没有“胜诉退费”这一说。在个别商事仲裁委员会，开庭前撤回全案的仲裁请求的，可以争取申请退回“案件处理费”；如果达成调解协议，也可以争取退回部分费用。仲裁费承担务必作为仲裁请求列明。

（2）保全费

仲裁委员会无法自行办理保全，须移交给仲裁申请人选择的法院办理，所以，仲裁程序中的保全费的缴纳和计费标准与诉讼程序的一样。不同之处在于，在仲裁程序中，法院一般不退保全费。在担保合同中，也需要将保全费纳入担保范围之中。

（3）保全担保费

费用的缴纳和计费标准与诉讼程序的一样，也需要合同明确约定，方能由被申请人负担。

（4）公告费

仲裁一般没有公告程序，也没有公告费的负担问题。仲裁以非公开性为原则（《仲裁法》第 40 条），是仲裁保密性的制度基础。

但实践中，确有部分商事仲裁委员会在仲裁开庭、仲裁裁决书送达程序中引入了公告程序。[①] 实践中，极个别法院受理强制执行申请，也要求看到仲裁委员会的公告，以确保“送达程序”合法。

（5）律师费

与诉讼程序的一样，也需要合同明确约定，方能由被申请人负担。

需要注意，仲裁对代理人并无《民事诉讼法》或《律师法》那般的严格限制，当事人可以在商事仲裁程序中聘请非律师代理人。但是否支持仲裁程序中的非律师代理费，仲裁实践中观点尚未统一。

（6）公证费

费用的缴纳和计费标准与诉讼程序的一样，也需要合同明确约定，方能由被申请人负担。

3. 执行程序中的费用

执行程序的金钱成本，主要为执行费。执行费并不需要申请执行人预交，法院实际执行到款项的，需要扣除执行费用后，再划付申请执行人。如果涉及拍卖执行阶段“查扣冻”的财产，就还需要支付评估费、拍卖费，评估费、拍卖费由申请执行人支付。预计拍卖变卖所得价款甚至无法充抵执行费的，属于无益拍卖，结局可能是终结本次执行。拍卖最终流拍的，涉及以物抵债，如果是不动产以物抵债，还涉及过户的税费等问题。

二、纠纷的管辖

管辖，通俗地说，就是由什么法院来审理这个案子。当事人约定由仲裁委员会受理的，在概念上不能称为“管辖”。但本书为了表达方便，除单独讨论仲裁协议外，均以“管辖”统称。

讨论管辖，主要是讨论“立案难”的问题。“立案难”如何产生，如何面对，是实务中极有价值的问题。

---

① 如苏州仲裁委员会、太原仲裁委员会、保定仲裁委员会、晋中仲裁委员会、张家口仲裁委员会等，笔者在《法治日报》公告栏中曾查阅到这些仲裁委员会张贴的送达公告。

（一）去哪里“打官司”

有了纠纷，去哪里“打官司”，其实就是寻找适格的争议解决机构。法院和商事仲裁委员会是实践中最常见的争议解决机构。在法院解决争议的，称为“诉讼”；在商事仲裁委员会解决争议的，称为“仲裁”。如果准备足够充足，还可以交由公证处或者人民调解委员会处理相关纠纷。

1. 人民法院

若没有法律特别规定，产生保理合同纠纷，均由人民法院受理。[①]

（1）法院层级

从级别高低来看，人民法院分为基层人民法院、中级人民法院、高级人民法院以及最高人民法院。从受理范围来看，我国还设有专门法院。实务中需要注意法院名称的规范表述，避免多写或者漏写文字。

基层人民法院一般依托区或县（县级市）设定。基层人民法院会设立派出法庭，发挥与基层法院相同的职能。实务中，立案、保全或执行的时候，要注意行政区划变更而产生的法院名称的变更，以便准确起草相关文书。

中级人民法院一般依托地级市设立，个别中院除外（如“汉江中级人民法院”，我国并没有“汉江市”[②]）。我国还设定了诸多专门的人民法院，如金融法院、知识产权法院、海事法院、铁路运输法院、军事法院。各金融法院、知识产权法院、海事法院属于中级人民法院层级。

---

① 也有一些案件任何法院都不予受理，这些案件往往是特定历史背景下的产物，一般保理司法实践中不会遇到。例如农业银行与农村信用社在1996年行社脱钩后所产生的遗留资金纠纷，最高人民法院就专门下发《关于涉及农业银行与农村信用社脱钩遗留资金纠纷案件有关问题的通知》，明确对行社之间遗留资金纠纷案件，在人民银行相关处理意见出台前，法院暂不予受理，已受理的，中止审理，已作出生效判决进入执行程序的，暂缓执行。随后，农业银行对农村信用社所欠债务按照“不催、不收、不扣”的精神搁置。直到2005年最高人民法院下发《关于涉及农业银行与农村信用社脱钩遗留资金纠纷案件恢复诉讼程序的通知》，才恢复受理相关案件。

② 湖北省汉江中级人民法院除依法对仙桃、潜江、天门三个省直管市辖区范围内的一审、二审及再审案件行使管辖权外，还负责审理孝感、仙桃、潜江、天门区域内的环境民事公益诉讼案件及湖北省高级人民法院指定管辖的重大刑事、行政、民商事和执行案件。

高级人民法院依托省级行政区设立。一般来说，上诉案件由每级法院的对应行政区划的上一级法院审理。

最高人民法院包括院本部以及6个巡回法庭。第一巡回法庭设在广东省深圳市，巡回区为广东、广西、海南、湖南四省（自治区）；第二巡回法庭设在辽宁省沈阳市，巡回区为辽宁、吉林、黑龙江三省；第三巡回法庭设在江苏省南京市，巡回区为江苏、上海、浙江、福建、江西五省（市）；第四巡回法庭设在河南省郑州市，巡回区为河南、山西、湖北、安徽四省；第五巡回法庭设在重庆市，巡回区为重庆、四川、贵州、云南、西藏五省（自治区、市）；第六巡回法庭设在陕西省西安市，巡回区为陕西、甘肃、青海、宁夏、新疆五省（自治区）。最高人民法院本部直接受理北京、天津、河北、山东、内蒙古五省（自治区、市）有关案件。

（2）何者管辖

由何法院管辖，需要检索“地域管辖”“级别管辖”问题。

地域管辖就是判断由什么地方的法院管辖，级别管辖就是在这个地方的哪一级法院管辖。人民法院包揽诉讼、保全、执行三大工作，这三个阶段都存在管辖问题。地域管辖要考虑的因素较多，且各地经常会有地方性的管辖规矩，须个案个议。

级别管辖一般考虑诉讼标的的金额。实践中一些特殊的案件，由高级别法院指定具体某个法院管辖（如部分涉恒大公司的系列案件曾由最高人民法院指定由广州市中级人民法院管辖）。

（3）法院职能

法院在职能上，包揽“审保执”（审理、保全、执行）三大工作，且基本由同一法院处理。而其他争议解决机构无法离开法院做保全或者执行工作。

2. 商事仲裁委员会

（1）与法院的分工

商事仲裁委员会只有在依据有效仲裁协议的前提下，才能受理案件。当事人一旦选择商事仲裁委员会，人民法院就没有管辖权。

（2）不同的仲裁委员会

我国设有诸多仲裁委员会，其中劳动争议仲裁委员会专门处理部分劳资关系的仲裁前置案件，其他专门仲裁委员会（如中国体育仲裁委员会）负责各自领域的仲裁案件。[①] 劳动争议仲裁委员会仅受理与劳资关系有关的特定案件，且没有协议选择劳动争议仲裁委员会的问题。实践中最常见的就是各地包含“地名”或者“中字头”、“华字头”的商事仲裁委员会。一些仲裁委员会会有两个名称，为确保仲裁条款的有效性，建议直接照抄官网给出的示范条款。

（3）仲裁委员会特点

仲裁委员会的特点，其实就是仲裁程序的特点。仲裁具有速度快、保密性、价格高、不退费、保全难、执行难的特点。

速度快是指立案快、庭审周期相对较短。仲裁委员会的受理没有民事诉讼中复杂而多元的管辖规则体系，立案的可预测性较高，出案号的速度也相对较快。仲裁立案没有“诉调”“预调解”“请耐心等待”等环节，一般也没有“公告”环节，且一般“一裁终局”,[②] 相对来说审理周期较民事审判短。

保密性包括审理程序保密，裁决文书一般不公开（个别仲裁委员会会将一部分裁决书脱敏汇编出版）。相比之下，依据《最高人民法院关于人民法院在互联网公布裁判文书的规定》（2016 年）的要求，人民法院的裁判文书以公开为原则。

价格高与不退费，是指仲裁费一般比法院案件受理费（也就是常说的“诉讼费”）昂贵，且没有“胜诉退费”一说。同样是撤诉（撤回仲裁请求），退费幅度相较于民事诉讼退费小。仲裁费用由被申请人负担的，只能

① 有些专门仲裁委员会并非像专门法院那样设置硬性的案件受理障碍。例如，中国海事仲裁委员会的“受案范围”就包括“航空、铁路、公路等相关争议案件”“贸易、投资、金融、保险、建筑等其他商事争议案件”，可见不限于“海事、海商争议案件”。

② 深圳国际仲裁院还有“复裁”程序，相当于是仲裁裁决程序的“二审”。

依赖执行程序收回。这些成本性问题，需要提前、充分披露，避免发生误会。

保全难与执行难，是指仲裁委员会本身没有保全的权力，所有仲裁案件的保全和执行均须交由法院进行。在执行程序中，人民法院可以裁定不予执行。在保全和执行环节，比民事诉讼程序麻烦。实务中要注意，仲裁保全应当向人民法院提出，而不是向仲裁委员会。裁定不予执行仲裁裁决书的案件，可以重新起诉解决。

（4）法院对仲裁的节制

仲裁如果出错，法院就要出手整顿。法院对仲裁裁决的节制主要体现在三个方面：

在保全环节，实践中一些基层法院对仲裁保全存在明显的抵制态度，会以没有保全必要性为由裁定不予保全。且实务中一般将仲裁后申请的保全认定为“诉前财产保全”，[①] 仲裁申请人实际遭遇的困难和难度会更大。[②]

在执行环节，实践中一些法院会裁定不予执行仲裁裁决。[③]

---

① 这种做法并不合法。《民事诉讼法》第104条第1款规定：利害关系人因情况紧急，不立即申请保全将会使其合法权益受到难以弥补的损害的，可以在提起诉讼或者申请仲裁前向被保全财产所在地、被申请人住所地或者对案件有管辖权的人民法院申请采取保全措施。申请人应当提供担保，不提供担保的，裁定驳回申请。可见，如果已经提起仲裁了，其实就不属于“诉前财产保全”。

② 例如，依据《民事诉讼法》第104条的规定，诉前财产保全需要符合“情况紧急，不立即申请保全将会使其合法权益受到难以弥补的损害”。所以在仲裁保全实践中就有法院以“申请人无证据证明存在保全必要性与紧迫性”为由裁定不予保全，但也有法院为了在48小时内作出并立即开始执行，要求保全申请人在当天缴纳诉讼费。这些障碍都源自将仲裁保全纳入“诉前保全”。

③ 参见韶关市中级人民法院执行裁定书，（2019）粤02执138号之一。该案系保理人受让仲裁裁决书所确认的借款债权后申请执行的案件。法院认为，仲裁委员会未开庭审理，未保障被申请人参与庭审的诸多权利，构成“仲裁庭的组成或者仲裁的程序违反法定程序”。此外，法院还认为，保理人作为债权受让人，未提供其与原债权人签订的债权转让合同及支付购买债权款项的证据，且保理人的经营范围中不包括经营借贷等金融业务，因此，保理人也涉嫌以受让债权的方式变相为自身融资直接归集出借人资金的违法行为，该行为扰乱了国家的金融管理秩序，损害了社会公共利益，最终裁定不予执行。

例如，有保理人受让P2P平台债权获得仲裁支持，但在申请强制执行的时候，执行法院认为这是变相从事借贷业务，违背社会公共利益，裁定不予执行。参见枣庄市台儿庄区人民法院执行裁定书，（2020）鲁0405执202号。

如果出现法定情形，[①] 经当事人申请，相关法院还可以撤销仲裁裁决；仲裁裁决被撤销后，当事人可以重新起诉。法院也可以裁定中止撤销仲裁程序，要求仲裁委员会重新仲裁。[②]

3. 公证处

选择了公证执行一般就不能再选择起诉或申请仲裁。公证执行一般分三步走：

第一步，为相关合同办理公证，取得公证书。办理了执行公证的保理合同、保理合同的担保合同，就是“经公证的以给付为内容并载明债务人愿意接受强制执行承诺的债权文书”。

第二步，制作执行证书。待相关债务人怠于履行债务后，保理人就可以前往公证处申请出具执行证书。公证处会安排专员对案情进行审查，并听取潜在被执行人的意见，确认基本事实无误后，出具执行证书。

第三步，保理人申请强制执行。保理人可凭借执行证书，申请强制执行。[③]

4. 人民调解委员会

人民调解委员会经过调解，需要出具民事调解书的，需要交由法院确认。如果违反民事调解书，则可交由人民法院执行。[④] 在一些地区已经试点设立

---

① 《仲裁法》第58条规定：当事人提出证据证明裁决有下列情形之一的，可以向仲裁委员会所在地的中级人民法院申请撤销裁决：(1) 没有仲裁协议的；(2) 裁决的事项不属于仲裁协议的范围或者仲裁委员会无权仲裁的；(3) 仲裁庭的组成或者仲裁的程序违反法定程序的；(4) 裁决所根据的证据是伪造的；(5) 对方当事人隐瞒了足以影响公正裁决的证据的；(6) 仲裁员在仲裁该案时有索贿受贿，徇私舞弊，枉法裁决行为的。人民法院经组成合议庭审查核实裁决有前款规定情形之一的，应当裁定撤销。人民法院认定该裁决违背社会公共利益的，应当裁定撤销。

② 《仲裁法》第61条规定：人民法院受理撤销裁决的申请后，认为可以由仲裁庭重新仲裁的，通知仲裁庭在一定期限内重新仲裁，并裁定中止撤销程序。仲裁庭拒绝重新仲裁的，人民法院应当裁定恢复撤销程序。

③ 《民事诉讼法》第249条第1款规定：对公证机关依法赋予强制执行效力的债权文书，一方当事人不履行的，对方当事人可以向有管辖权的人民法院申请执行，受申请的人民法院应当执行。

④ 《人民调解法》第33条第1款、第2款规定：经人民调解委员会调解达成调解协议后，双方当事人认为有必要的，可以自调解协议生效之日起30日内共同向人民法院申请司法确认，人民法院应当及时对调解协议进行审查，依法确认调解协议的效力。人民法院依法确认调解协议有效，一方当事人拒绝履行或者未全部履行的，对方当事人可以向人民法院申请强制执行。

金融案件的专门调解机构。[①]

（二）约定管辖

1. 约定管辖常见问题

保理合同作为一种合同，当事人可以约定[②]争议解决管辖机构。当事人约定与案件争议没有实际联系的地点的法院管辖的，该约定无效。[③]“与案件争议有实际联系的地点”除法定的“被告住所地、合同履行地、合同签订地、原告住所地、标的物所在地”外，也包括“当事人在约定地点拥有住所，当事人在约定地居住，当事人在约定地从事业务活动，当事人在约定地曾为某项与系争案件有关的行为，当事人在约定地拥有、使用或占有与系争案件有关的产业，当事人在约定地做过导致发生系争案件法律效果产生、变更、消灭的行为等”。[④] 没有约定或者约定无效的，保理纠纷由被告住所地或者合同履行地人民法院管辖。[⑤] 同一诉讼的几个被告住所地、经常居住地在两个以上人民法院辖区的，各该人民法院都有管辖权。[⑥]

下面简要介绍一下实务中需要注意的具体问题。

---

① 2023年3月23日，上海银行业保险业纠纷调解中心与上海市浦东新区人民法院及工商银行上海市浦东分行分别签署合作备忘录，共建“金融纠纷调解工作站”。

② 《民事诉讼法》第35条规定，合同或者其他财产权益纠纷的当事人可以书面协议选择被告住所地、合同履行地、合同签订地、原告住所地、标的物所在地等与争议有实际联系的地点的人民法院管辖，但不得违反本法对级别管辖和专属管辖的规定。因此，当事人“约定”的管辖法院实际上是从法律允许的几个法院中进行“选择”，约定与争议没有实际联系的地点的法院管辖的，约定无效。所以严格来说不是“约定管辖”而是“选择管辖”。但本书为了照顾实务中的表达习惯，沿用“约定管辖”的表述。

③ 参见最高人民法院民事裁定书，(2020) 最高法民辖19号。最高人民法院认为，当事人协议选择管辖的范围除被告住所地、合同履行地、合同签订地、原告住所地以及标的物所在地的法院，也可以选择其他法院管辖，但必须是与案件争议有实际联系的地点的法院，包括原告经常居住地、被告经常居住地、侵权行为地或者代表机构住所地法院。原告选择了与争议没有实际联系的地点的法院管辖的，因超出本条规定范围，应当认定其约定无效。

④ 参见上海金融法院民事裁定书，(2023) 沪74民辖终263号。

⑤ 《民事诉讼法》第24条规定：因合同纠纷提起的诉讼，由被告住所地或者合同履行地人民法院管辖。

⑥ 《民事诉讼法》第22条第3款规定：同一诉讼的几个被告住所地、经常居住地在两个以上人民法院辖区的，各该人民法院都有管辖权。

（1）保理人住所地

保理合同中常约定由“甲方/保理人”住所地（所在地）法院管辖。所以，在法律上判断保理人的“住所地”，有助于解决“立案难”的难题。

《民法典》第63条规定，“法人以其主要办事机构所在地为住所”，并要求“应当将主要办事机构所在地登记为住所”，[①] 第65条进一步强调，“法人的实际情况与登记的事项不一致的，不得对抗善意相对人”。《公司法》第34条第2款重申了“形式审查”的立场，该条规定“公司登记事项未经登记或者未经变更登记，不得对抗善意相对人”。据此，以注册地作为住所地的判断标准，理应成为主流观点。在新近的最高人民法院关于管辖权异议的裁定文书中，也有直接体现。[②]

在此之前，司法实践中也已有类似的倾向。例如，上海市高级人民法院曾下发《关于〈中华人民共和国民法总则〉施行后立案、管辖程序中法人住所地的把握》，要求“全市法院在立案、管辖等程序中，认定法人住所地的执法口径应当统一到法人登记注册地址，即将法人登记注册地址作为确认法人住所最有效的证据，进而作为立案及处理管辖争议的依据”。又如，重庆市高级人民法院与重庆市市场监督管理局下发了《企业确认法律文书送达地址并承诺相应责任的实施意见》，该意见第4条规定企业在本市市场监督管理机关办理设立、变更等登记时，其登记的住所为依法以默示方式承诺确认的法律文书送达地址。山东省高级人民法院与山东省市场监督管理局、甘肃省高级人民法院与甘肃省市场监督管理局、上海市高级人民法院与上海市市场监督管理局也采取了类似的措施。

但在当前实践中，部分地区立案依然陷入“形式审查”与“实质审查”的纠结之中。例如，向立案窗口证明“主要办事机构所在地”绝非易事。各

---

① 《民法典》第63条规定：法人以其主要办事机构所在地为住所。依法需要办理法人登记的，应当将主要办事机构所在地登记为住所。

② 参见最高人民法院民事裁定书，（2023）最高法民辖46号。最高人民法院指出，“在起诉与受理阶段，在无其他证据材料用以证明×××公司主要办事机构所在地的情况下，登记注册地可以认定为×××公司住所地”。

地法院中，有的参考合同披露地址，[1] 有的参考房屋租赁合同，[2] 有的参考开户行所在地，有的参考纳税地，不一而足，值得实务者关注。

在一些特殊的纠纷中，“注册地”的意义要大于“主要办事机构所在地”。例如，在债务人未清偿债务而违法注销的清算责任纠纷中，注册地一般是违法清算行为的实施地，也就是侵权行为地，注册地的法院可以受理相关的清算责任纠纷。

在实务中，还需要注意其他的细节问题。例如，如果“起诉时”与“签约时”的注册地址有变化，就以“签订管辖协议时”的注册地为准。又如，合同中披露的是分支机构的地址，而由本公司起诉的，如何判断“住所地”？分支机构并无独立法人资格，但在诉讼法上具有独立的当事人地位，而管辖问题恰恰又不是一个实体法问题，易引发争议。[3] 再如，不宜约定“守约方所在地”法院管辖。“守约方”属于不确定的表述，不少法院认为约定不明而无效。

（2）原告住所地

保理合同约定“原告”住所地法院管辖的，核心问题与约定“保理人住所地”法院管辖雷同，因为保理合同纠纷中的原告绝大多数情况下是保理

---

① 参见最高人民法院民事裁定书，(2023) 最高法民辖15号。最高人民法院认为，北京市房山区人民法院以案涉《代理合同》载明原告（甲方）地址为杭州市西湖区为由，认定上述约定可以作为发生争议时确定原告（甲方）住所地的依据，适用法律不当。在无其他证据用以证明原告（甲方）主要办事机构所在地的情况下，登记注册地可以认定为原告（甲方）住所地。原告（甲方）登记注册地位于北京市房山区，北京市房山区人民法院作为原告（甲方）住所地人民法院，按照双方管辖约定，对本案有管辖权，裁定将本案移送浙江省杭州市西湖区人民法院处理不当。但实践中也有一审裁定按照注册地判断住所地但二审按照合同披露地认定住所地的判例，参见吉林省长春市中级人民法院民事裁定书，(2023) 吉01民辖131号。

② 参见北京金融法院民事裁定书，(2023) 京74民辖终195号。法院认为保理人提交房屋租赁转租协议书、物业公司开具实际办公地点证明涉案地点均位于北京市大兴区，一审法院据此确认保理人主要办事机构所在地位于北京市大兴区并无不当。

③ 参见山东省青岛市中级人民法院民事裁定书，(2023) 鲁02民辖终32号。该案原告为“深圳市××商业保理有限公司青岛分公司”，合同约定“产生纠纷提交合同保理人所在地有管辖权的人民法院以诉讼方式解决”。被告据此提出管辖权异议，认为应当由保理人的本公司的住所地确定管辖，但因为该案原告本身就是分公司，人民法院最终未支持异议人的意见。

人。个别保理合同纠纷的原告是应收账款债权人，诉求一般是要求保理人赔偿或支付某些款项,[①] 甚至还有因为保理人未发放保理融资款，应收账款债权人起诉保理人要求涤除抵押担保登记的案件。[②]

基础交易合同约定“原告”住所地法院管辖的，在发生应收账款债权转让的情况下，此时的“原告”是应当限定于基础交易合同中的债权人，还是可以包括作为受让人的“保理人”，易产生争议。有观点认为，作为受让人的保理人，属于管辖约定所称的“原告”;[③] 也有观点认为，合同转让后，合同受让人起诉债务人的，其实质是行使原债权人对债务人的请求权，不能将合同受让人的住所地解释为合同约定的“原告住所地”。[④] 如果基础交易合同约定的是由“受让人/保理人住所地”管辖，争议不大。[⑤]

约定“原告住所地”法院管辖，在一些特别极端的情形下还会“节外生枝”。例如，在应收账款债权转让之后，保理人起诉应收账款债务人的同时，若应收账款债务人因为基础交易合同履约问题也起诉应收账款债权人，此时

---

① 参见上海市嘉定区人民法院民事判决书，(2022) 沪0114民初14149号。

② 参见重庆市渝北区人民法院民事判决书，(2017) 渝0112民初21236号。

③ 参见最高人民法院民事裁定书，(2019) 最高法民辖终505号。

④ 参见人民法院案例库2023－01－2－143－002号案例“南昌某企业管理有限公司重庆渝北分公司诉刘某追偿权纠纷案——当事人签订协议管辖条款约定‘原告住所地’的‘原告’范围应限定为合同签订主体”。

参见最高人民法院民事裁定书，(2022) 最高法民辖136号。该案中，被告作为借款人在2017年通过某互联网贷款平台借款18 000元。2019年，原债权人将该借款债权转让给本案原告。相关合同约定“纠纷由原告所在地人民法院管辖”。该案原告（受让人）位于重庆市渝北区，但渝北区人民法院认为关于债权转让后由原告住所地法院管辖的约定无效。最高人民法院认为，原债权人与被告签订的《金融信息服务居间协议》关于“纠纷由原告所在地人民法院管辖”的约定，系当事人真实意思表示，并不违反法律对级别管辖和专属管辖的规定，应当认定为合法有效。其中，《金融信息服务居间协议》签订时，“原告”虽无法具体确定，但能够明确的是，此处的“原告”应为合同签订主体即原债权人。受让人（原告）作为原债权人对被告债权的受让人，起诉的实质是行使原债权人对被告的请求权，因原债权人住所地位于上海市杨浦区，故上海市杨浦区人民法院是该案的管辖法院。

⑤ 参见最高人民法院民事裁定书，(2017) 最高法民辖终270号。在该案中，《债权转让协议》明确约定：“凡因本协议之订立、解释与履行所产生的全部争议……提交受让方住所地有管辖权的法院通过诉讼方式解决。”最高人民法院予以认可。类似观点还可参见最高人民法院民事裁定书，(2019) 最高法民辖终47号。

原告就有两人，住所地若不在同一行政区划，一事恐将在两案中处理，如何协调管辖矛盾，会是一个问题。[①]

（3）合同签订地

另一种常见做法是约定由合同签订地/签署地法院管辖。《民法典》第492条、第493条采“合同成立的地点”的表述，[②]《民事诉讼法》第35条采“合同签订地”的表述。鉴于管辖是个程序法问题，从务实的角度出发，采用《民事诉讼法》的表述更为合适。关于合同签订地，实践中的常见问题是：

第一，合同签订地是否以约定为准？

《民法典》第493条规定，当事人采用合同书形式订立合同的，最后签名、盖章或者按指印的地点为合同成立的地点，但是当事人另有约定的除外。[③] 当前司法实践中不乏认可“约定为主”的观点，[④] 但在个别类案中已有松动的观点。

在新近的司法实践中，人民法院会基于各种考虑而否认当事人的这一管辖安排。例如，在（2022）最高法民辖27号案中，原被告签订的网络借款

① 参见四川自由贸易试验区人民法院民事裁定书，（2023）川0193民初10205号。该案中，基础交易合同约定“任何一方都有权在原告住所地法院提起诉讼解决”。基础交易合同当事人发生诉讼，先由A法院管辖。保理人起诉应收账款债务人，后由B法院管辖。后B法院认为“A法院受理的案件与本案（B法院）相比，系当事人基于同一法律关系或同一法律事实而发生纠纷，以不同诉讼请求分别向不同法院起诉，为避免裁判之间的冲突，也节约司法资源，减少当事人诉累，故宜将二个案件由同一个法院合并审理。因B法院受理在先，故应收账款债务人的异议理由成立”，裁定移送A法院管辖。

② 《民法典》要照顾所有合同，对于像保理合同这样的要式合同，须以书面签订，所以就有“签订地”，而其他一些非要式合同（如买卖合同），不以签订合同书为成立要件，因而宜采用更为宽泛的“成立地”概念。

③ 原《最高人民法院关于适用〈中华人民共和国合同法〉若干问题的解释（二）》第4条也曾规定，“合同约定的签订地与实际签字或者盖章地点不符的，人民法院应当认定约定的签订地为合同签订地”，该解释被废止后，《全国法院贯彻实施民法典工作会议纪要》《民法典合同编通则解释》并未保留这一规定。

④ 典型案例参见上海金融法院民事裁定书，（2023）沪74民辖终96号。法院认为，“保理合同约定，与合同有关的争议由合同签订地人民法院管辖，并披露合同签订地为上海市虹口区。上述约定表述明确，不违反级别管辖和专属管辖规定，当属有效。根据上述约定管辖条款，原审法院作为合同签订地人民法院，对本案具有管辖权”。

协议约定“由协议签署地北京市海淀区有管辖权的人民法院管辖”，而原被告分别在广东省佛山市顺德区和重庆市北碚区，北京市高级人民法院与重庆市高级人民法院协商未果，报请最高人民法院确定管辖。最高人民法院指出，“在无证据材料可以证明北京市海淀区与本案争议有实际联系的情况下，如就此认定北京市海淀区人民法院是本案的管辖法院，势必造成大量案件通过协议管辖进入约定法院，破坏正常的民事诉讼管辖秩序，故案涉协议管辖条款无效”，因此认定双方的管辖约定无效。实践中已经有直接援引前述裁定书的案例。① 此外，也有法院会综合合同当事人的住所地来判断签订地是否有效。②

第二，合同签订地点要具体到什么程度？

合同签订地点要务必精确到有基层人民法院一级的行政区划，例如“××省××市××区或××县（县级市）”，否则可能约定不明，为立案带来麻烦。例如，某保理合同约定由合同签订地上海市有管辖权法院管辖。如果诉讼标的的金额足够由上海金融法院或上海市高级人民法院一审，则这一约定并无大碍，但如果由基层法院受理，恐免不了互相推诿。在描写签订地的时候，还需要注意行政区划的名称是否有更新。

第三，不宜直接约定由签订地的具体法院管辖。

例如，保理合同约定“由合同签订地 a 区人民法院管辖”，但届时诉请

---

① 典型案例参考山东省青岛市中级人民法院民事裁定书，(2022) 鲁 02 民终 17357 号。法院认为，“在无证据材料可以证明青岛市市北区与本案争议有实际联系的情况下，如就此认定本院是本案的管辖法院，势必造成大量案件通过协议管辖进入本院，破坏本院正常的民事诉讼管辖秩序，故案涉协议管辖条款无效。对此，最高人民法院民事裁定书，(2022) 最高法民辖 27 号也对此类破坏正常民事诉讼管辖秩序的管辖约定持明确否定态度，故我院对本案没有管辖权”。该案系教培行业批量保理案件。

② 典型案例可参见上海市杨浦区人民法院民事裁定书，(2022) 沪 0110 民初 19397 号。该案系金融委托理财合同纠纷，原告与被告签订某带溢价回购条款的资产转让协议。法院指出，“虽然案涉资产交易协议约定‘发生争议，任何一方有权向协议签署地人民法院起诉，同时协议披露合同签署地点为上海市杨浦区’，但经核实，原、被告住所地均不在上海市，现有证据材料亦无法证明当事人系在上海市杨浦区签订并履行案涉认购协议”，未认可该管辖条款效力。南昌市东湖区人民法院民事裁定书，(2020) 赣 0102 民初 5114 号、2023 年《广州市南沙区人民法院融资租赁合同纠纷和商业保理合同纠纷案件审判白皮书》典型案例 4“合某公司与刘某融资租赁合同纠纷案”也持相同观点。

金额较高，实际上应当由中级人民法院审理，如何确定管辖法院，也免不了一场争论。对此，实务中有两种理解，一种理解是该约定违反《民事诉讼法》第35条①而无效，另一种理解是虽然违反了级别管辖规定，但不影响地域管辖约定之效力，因此应当由对a区有管辖权的人民法院直接管辖。②

第四，避免矛盾表述。

《民法典》第498条规定，格式条款和非格式条款不一致的，应当采用非格式条款。如果个别合同中存在矛盾约款，可参考其他具有相同格式条款合同所约定的签订地。③

最后要注意：①签订地应当与签约人的经营地址或注册地址有关；②如果保理人最后签章，注意保留相关纸质文书的物流凭证以及通信往来记录，以备查用；③签订地的描述应当完整、精确到基层人民法院对应的行政区划，并强调签订地“有管辖权”的人民法院管辖；④如果约定由签订地法院管

① 《民事诉讼法》第35条规定：合同或者其他财产权益纠纷的当事人可以书面协议选择被告住所地、合同履行地、合同签订地、原告住所地、标的物所在地等与争议有实际联系的地点的人民法院管辖，但不得违反本法对级别管辖和专属管辖的规定。

② 参见最高人民法院民事裁定书，(2017)最高法民辖终10号。最高人民法院认为，级别管辖主要解决上下级法院之间就审理一审案件范围的分工问题，级别管辖划分的标准需要根据各地经济社会发展状况、法院受案数量等因素进行适时调整。所以，事先通过协议约定管辖的当事人难以知悉争议实际发生时相关法院的级别管辖标准。对于管辖协议违反级别管辖的情况，只要当事人约定的地域管辖明确，在约定法院所属或所辖行政区域内具有相应级别管辖权的法院，可以依据协议约定行使管辖权。其他案例还可参见北京市高级人民法院民事裁定书，(2020)京民辖终58号。该案一审、二审出现观点反转。保理合同约定“向本合同签署地北京市朝阳区人民法院提起诉讼”，诉请金额在当年应由中级人民法院审理，一审由朝阳区人民法院的上级法院北京市第三中级人民法院受理。被告提出管辖权异议，北京市第三中级人民法院认为，保理合同的约定违反级别管辖而无效，应当按照合同纠纷的管辖一般规则判断管辖法院。二审北京市高级人民法院认为，“出于保护当事人的正当预期，应当认定双方选择的地域管辖是有效的，可以结合级别管辖标准确定具体的管辖法院。故，本案管辖权属北京市朝阳区有管辖权的法院”。

③ 参见北京市朝阳区人民法院民事裁定书，(2022)京0105民初12026号。该案中，保理合同约定向协议签订地人民法院提起诉讼，签订地为“北京市朝阳区”，但在落款签署页上的签署地注明为“深圳市宝安区”，各方均在该页签字盖章。朝阳区人民法院此前已经受理数10件该保理人的案件，均约定在签订地朝阳区人民法院管辖，且没有出现过矛盾约定。朝阳区人民法院认为，合同签署页上有关合同签署地的约定属于非格式条款，应以该页载明的签署地作为该案合同签订地，即深圳市宝安区，最终裁定移送深圳市宝安区人民法院管辖。

辖，但未注明签订地，则按照合同纠纷的一般规则确定管辖法院。[①]

（4）合同履行地

这也是一个在实务中极易产生争议的问题，主要矛盾集中在“金钱债务”的履行地问题上。

《民事诉讼法解释》第18条规定，合同约定履行地点的，以约定的履行地点为合同履行地。合同对履行地点没有约定或者约定不明确，争议标的为给付货币的，接收货币一方所在地为合同履行地；交付不动产的，不动产所在地为合同履行地；其他标的，履行义务一方所在地为合同履行地。即时结清的合同，交易行为地为合同履行地。[②]

实践中，如果需要依据“合同履行地”来判断保理合同的履行地，则容易陷入如何理解“争议标的”的旋涡。“争议标的”有“特征义务履行地说”和“争议义务履行地说”两种观点。举例说明两种学说的分歧：甲、乙因为买卖合同产生争议，甲是出卖人，义务是交付货物，乙是买受人，义务是支付货款。因甲方未交付货物，乙方要求甲方支付违约金。如果认为争议标的是“交付货物”（因为甲不交货，所以才需要支付违约金），履行地应当是交付货物地点；如果认为争议标的是“违约金”（因为甲方没给违约金，所以要诉讼），履行地应当是乙方所在地（收取金钱的一方）。因此，如无必要，不建议通过合同履行地来判断有管辖权的法院。

（5）被告住所地

实践中很少有保理合同约定由被告住所地法院管辖。具体需要注意以

---

① 典型案例参见上海市青浦区人民法院民事裁定书，（2023）沪0118民初13756号。法院认为，“原告与被告签订的《国内保理业务合同》第10条约定，在合同履行期间，凡由本合同引起的或与本合同有关的一切争议、纠纷，当事人应首先协商解决。协商不成，双方均同意向本合同签订地有管辖权的人民法院提起诉讼。由于现有证据无法看出合同签订地，故本案只能适用一般管辖原则，即由被告住所地或者合同履行地法院管辖。涉案合同对履行地点没有约定，而本案争议标的为给付货币，故接受货币一方所在地为合同履行地。原告系接收货币一方，实际经营地址在本辖区内，故本院对本案有管辖权”。

② 《民事诉讼法解释》第19条、第20条针对租赁合同、融资租赁合同、以信息网络方式订立的买卖合同的履行地有特别的规定。

下问题：

第一，被告是自然人的，依据《民事诉讼法解释》第 3 条的规定，公民的住所地是指公民的户籍所在地。所以在条件允许的情况下，实务中宜调取该自然人最新的户籍信息——而不仅仅只有身份证复印件——作为证明被告身份的材料。这么做的目的在于：①确认该自然人是真实存在，避免被伪造的身份证误导；②如若死亡则不能列为被告，查询户籍信息可以确定其是否健在；③确认该自然人最新的户籍地址与原合同披露的地址是否有出入。若有出入，则诉状中需要列明披露地址和户籍地址。两处地址都会成为送达地址，案件副本材料要准备对应的份数。实践中还会出现户籍注销或同时存在多个户籍信息的极端情形，前者一般由原告住所地法院管辖，后者需要与法院窗口加强沟通。

第二，被告如果是非自然人，那就是如何判断非自然人的住所地的问题，参见本书前文所述。

第三，如果被告是非内地居民或非内地注册登记非自然人组织，那么全案属于涉外案件，没有审限限制。相关被告的送达也会异常烦琐复杂。撤回对相关被告的起诉，法院系统内的审限可能也不受影响。

（6）约定指定法院

务必避免直接约定由某个法院管辖。原因有二：第一，徒增立案沟通成本。如此约定必然要求律师向审查法官解释“为何合同约定的法院所在地，是与争议有实际联系的地点”，极易出现意外。[①] 第二，由基层人民法院受理的，个别地区金融案件由其他法院跨区审理，如果指定法院与该法院不匹配，也极易遭遇“踢皮球”。

（7）格式条款

《民事诉讼法解释》第 31 条直接规定，经营者使用格式条款与消费者订立管辖协议，未采取合理方式提请消费者注意，消费者主张管辖协议无效的，

---

① 笔者的立案经验之一，立案的时候多解释一句话，立案成功率一般下降 10 个百分点。

人民法院应予支持。虽然该条仅适用于消费者权益保护纠纷，但也启发了保理合同纠纷中的被告。

在保理司法实践中，不少应收账款债权人就主张“保理合同是保理人提供的格式合同，排除了其选择管辖的权利，合同中约定管辖条款应为无效”①。目前支持异议和驳回异议的案例都有，需要个案个议。

基础交易合同中若有过度照顾保理人的管辖条款，可能也会被冠以“格式条款”而被判定无效。实践中，有的基础交易合同约定乙方（应收账款债务人）同意转让通知列明的变更后的应收款债权的争议解决方法，也就是说，应收账款债权转让后，去哪里诉讼，直接由保理人通知，应收账款债务人无法参与协商确定管辖的过程。对此，人民法院认为这种做法是“通过债权转让的方式‘任意’选择管辖法院，违背协议管辖法院在约定时就已确定的立法本意。该条款将增加案件管辖的不确定性，超出应收账款债务人对案件管辖的预期，与应收账款债务人有重大利害关系，故应视为格式条款”。“应收账款债权人作为提供格式条款的一方，未使用加粗加黑字体履行提示或说明的义务，该条款应为无效。”也就是说，赋予保理人单方决定管辖法院的约定无效。②

2. 专门法院管辖

我国目前设立了三家金融法院，它们分别是上海金融法院、北京金融法院和成渝金融法院。金融法院集中审理域内的保理合同纠纷案件。各金融法院的层级相当于中级人民法院。审判组织的专业化是我国当前法院改革的一项重要内容，除了金融法院，还有铁路运输法院（基层和中级）、海事法院，全国各地正逐步形成专注于审理破产、互联网、家事、知识产权的专业化法院或内设法庭。

① 参见上海金融法院民事裁定书，(2021) 沪74民辖终85号。该案法院认为，保理合同约定，本合同争议由保理人住所地法院管辖。上述约定表述明确，不违反级别管辖和专属管辖规定，且并未免除其责任、加重对方责任、排除对方主要权利，当属有效。该案所体现的异议理由，极具代表性。

② 参见广州市南沙区人民法院民事裁定书，(2022) 粤0115民初12890号。

（1）上海金融法院

2018 年 8 月 20 日，上海金融法院正式挂牌成立。上海金融法院的管辖范围为应由中级人民法院受理的第一审证券、期货、信托、保理、融资租赁等金融民商事纠纷，以金融机构为债务人的破产纠纷，以上海市辖区内金融监管机构为被告的涉金融行政案件等。审理对上海市基层人民法院作出的第一审金融民商事案件和涉金融行政案件判决裁定提起上诉的案件，当事人对上海金融法院作出的第一审判决裁定提起上诉的案件，由上海市高级人民法院审理。上海市高级人民法院内设有金融审判庭。

在设立之前，上海市第一中级人民法院以及第二中级人民法院都设有金融审判庭，上海金融法院设立之初，部分金融案件留在原法院审理。上海市的浦东新区人民法院、黄浦区人民法院、虹口区人民法院、静安区人民法院均设有金融审判庭。

（2）北京金融法院

2021 年 3 月 18 日，北京金融法院正式揭牌成立。北京金融法院主要管辖北京市辖区内应由中级人民法院受理的金融民商事案件、涉金融行政案件和执行案件。同时，对境外公司损害境内投资者合法权益的相关案件，全国中小企业股份转让系统“精选层”挂牌企业相关证券纠纷，进行跨境、跨区域集中管辖。此外，北京金融法院还对“一行两会一局”等国家金融管理部门因履行金融监管职责引发的行政诉讼和非诉行政执行案件享有管辖权。

（3）成渝金融法院

2022 年 9 月 28 日，重庆市高级人民法院、四川省高级人民法院发布《关于成渝金融法院揭牌及相关事项的公告》，设立成渝金融法院，系全国首个跨省域管辖的法院。成渝金融法院设在重庆市，分别在重庆市、四川省成都市设立办公区。重庆办公区位于渝中区，地处新华路与打铜街交叉口。在此之前，成都市曾设有成都金融法庭，集中审理成都市辖区内应由成都市中级人民法院受理的指定金融案件。

成渝金融法院专门管辖以下案件：①重庆市以及四川省属于成渝地区双

城经济圈范围内的应由中级人民法院管辖的第一审金融民商事案件；②重庆市以及四川省属于成渝地区双城经济圈范围内的应由中级人民法院管辖的以金融监管机构为被告的第一审涉金融行政案件；③以住所地在重庆市以及四川省属于成渝地区双城经济圈范围内依法设立的金融基础设施机构为被告或者第三人，与其履行职责相关的第一审金融民商事案件和涉金融行政案件；④重庆市以及四川省属于成渝地区双城经济圈范围内的基层人民法院第一审金融民商事案件和涉金融行政案件判决、裁定的上诉、抗诉案件以及再审案件；⑤依照法律规定应由其执行的案件；⑥最高人民法院确定由其管辖的其他金融案件。成渝金融法院第一审判决、裁定的上诉案件，由重庆市高级人民法院审理。

（4）金融法庭

有的法院对外挂牌“金融法庭”，集中审理特定区域的金融一审案件。例如，深圳市中级人民法院深圳金融法庭独立受理深圳市辖区内除基层法院管辖范围之外的第一审民商事金融案件、不服基层法院审理的第一审民商事金融案件的上诉案件。南昌市东湖区人民法院和南昌市西湖区人民法院的南昌市第一、第二金融法庭，分别受理“红谷滩新区，集中审理东湖区、新建区、湾里区、经开区涉金融一审民商案件”和“西湖区、青山湖区、青云谱区、高新技术开发区涉金融一审民商案件”。石家庄市桥西区人民法院石家庄金融法庭集中管辖石家庄市桥西区、长安区、裕华区、新华区、高新技术产业开发区辖区内应由基层人民法院受理的第一审保理等金融民商事案件。长沙市岳麓区人民法院观沙岭人民法庭（金融法庭）集中管辖辖区（湘江新区、岳麓区）内由基层法院受理的金融民商事纠纷案件。大连高新技术产业园区人民法院大连金融法庭管辖大连市中山区、西岗区、沙河口区、甘井子区以及高新技术产业园区辖区内应由基层人民法院受理的第一审金融民商事案件。太原市迎泽区人民法院太原金融法庭集中受理太原市六城区由基层人民法院受理的第一审的金融纠纷案件。上饶市信州区人民法院上饶市金融法庭集中管辖信州区、广信区、广丰区三大中心城区的涉金融一审民商事案件。

南京市建邺区人民法院金融法庭集中管辖南京市内应由基层人民法院受理的保理合同纠纷。保定市莲池区人民法院保定金融法庭集中管辖莲池区、竞秀区、保定国家高新技术产业开发区、清苑区、满城区、徐水区第一审金融民商事案件。

有的法院内设金融审判庭，集中受理特定区域内的金融案件。例如，威海市环翠区人民法院金融审判庭，集中审理威海火炬高技术产业开发区、威海经济技术开发区、威海市环翠区人民法院管辖的、以银行为原告提起的金融借款合同纠纷、信用卡纠纷案件。

提前了解金融法庭的布局，有助于立案工作的顺利展开。

（5）涉外管辖问题

一般来说，保理公司是外商独资企业，并不意味着相关的保理合同纠纷就是“涉外案件”,[①] 一般不受《最高人民法院关于涉外民商事案件管辖若干问题的规定》（2023 年）以及《最高人民法院关于明确第一审涉外民商事案件级别管辖标准以及归口办理有关问题的通知》（2018 年）调整。

3. 级别管辖

如果金额足够高，案件就可能由中级人民法院乃至高级人民法院一审。判断级别管辖，一看案件地域管辖（由哪个地方的法院审理），二看案件诉请金额（由哪一级法院一审）。

根据《最高人民法院关于调整中级人民法院管辖第一审民事案件标准的通知》（法发〔2021〕27 号）、《最高人民法院关于调整高级人民法院和中级人民法院管辖第一审民事案件标准的通知》（法发〔2019〕14 号）的要求，一般的案件中，“当事人住所地均在或者均不在受理法院所处省级行政辖区的”，基层人民法院一审审理 0 至 5 亿元的案件，中级人民法院一审审理 5 亿

① 参见上海金融法院民事判决书，(2020) 沪 74 民终 1041 号。法院指出，“本案被上诉人保理人系外国法人在我国设立的有限责任公司，其本身不是外国法人，本案其他当事人以及本案所涉法律关系亦不包含涉外因素。因此，本案不属于涉外民商事案件。前《关于明确第一审涉外民商事案件级别管辖标准以及归口办理有关问题的通知》对外商独资企业所涉民商事案件所作规定，是对该类案件的审判组织所作的特别规定，但非指该类案件必然属于涉外案件”。

元至50亿元的案件，高级人民法院一审审理50亿元及以上的案件。“当事人一方住所地不在受理法院所处省级行政辖区的”，前述“5亿元”标准就变成1亿元标准。简要汇总如表6－3所示。

表6－3 各级法院管辖标准

当事人	基层人民法院	中级人民法院	高级人民法院
都在同一省级区	0～5亿元（不含）	5亿～50亿元（不含）	50亿元以上
一方不在同一省级区	0～1亿元（不含）	1亿～50亿元（不含）	50亿元以上

注：1. 知识产权案件、海事海商案件和涉外涉港澳台民商事案件不受上述标准制约。
2. 级别管辖并不适用于所有民事纠纷，如“因申请财产保全损害责任纠纷”，无问案涉金额高低，直接由保全法院审理。参见《最高人民法院关于因申请诉中财产保全损害责任纠纷管辖问题的批复》（法释〔2017〕14号）。

特别说明，保理人同时主张应收账款债权和追索权的，诉讼金额不能简单相加，更不能以相加的结果判断是否由中级人民法院或者高级人民法院一审审理。①

4. 仲裁协议

（1）仲裁协议的形式审查

《仲裁法》第16条第1款规定，仲裁协议包括合同中订立的仲裁条款和以其他书面方式在纠纷发生前或者纠纷发生后达成的请求仲裁的协议。

没有仲裁协议，仲裁委员会无权受理相关纠纷。② 有了仲裁协议，人民

---

① 参见最高人民法院民事裁定书，（2017）最高法民申4770号。该案中，应收账款债权人认为保理人诉请金额相加超过5亿元，应由某高级人民法院一审。最高人民法院认为，该案系保理合同纠纷，保理人向法院起诉要求偿还应收账款本息共计2.6亿余元，应收账款债权人对上述应收账款本息承担回购责任，即各被告向保理人偿还应收账款总共不会超过2.6亿余元，因此该案的诉讼标的额为2.6亿余元，应收账款债权人计算诉讼请求标的额的方式有误，应收账款债权人称该案诉讼标的额超过3亿元的理由不成立。

② 《仲裁法》第4条规定：当事人采用仲裁方式解决纠纷，应当双方自愿，达成仲裁协议。没有仲裁协议，一方申请仲裁的，仲裁委员会不予受理。

法院就无权受理相关纠纷。[①] 在一些保理合同文本中，存在可选择的管辖约款。如果都没有选择，则默认由法院管辖。如果都选择了，就属于典型的“或裁或审”约定，仲裁条款无效，[②] 但是整个管辖约定无效，还是法院管辖条款效力不受影响，在司法实践中存在争议。[③]

实践中，个别仲裁委员会几乎做到了“没有看到仲裁协议就不给立案”的铁律。例如，对于补充协议没有出现仲裁协议，是否按照主合同约定继续由仲裁委员会受理，存有争议。[④] 又如，在债务人违法注销的情况下，债权人起诉股东等被告的，是否受原合同的仲裁协议约束，也存在争议。[⑤] 再如，

---

① 《仲裁法》第5条规定：当事人达成仲裁协议，一方向人民法院起诉的，人民法院不予受理，但仲裁协议无效的除外。

② 《最高人民法院关于适用〈中华人民共和国仲裁法〉若干问题的解释》（以下简称《仲裁法解释》）第7条规定：当事人约定争议可以向仲裁机构申请仲裁也可以向人民法院起诉的，仲裁协议无效。但一方向仲裁机构申请仲裁，另一方未在仲裁法第20条第2款规定期间内提出异议的除外。

③ 认为“或裁或审”全部无效的，参见最高人民法院民事裁定书，(2020) 最高法知民辖终283号。最高人民法院认为，“本案当事人在合同中同时选择了诉讼与仲裁解决其争议，应认定当事人的真实意思表示不确定，涉案《保密协议》第11条整体无效。依照《仲裁法解释》第18条的规定，仲裁协议被认定无效或者被撤销的，视为没有仲裁协议。本案应按照法定管辖确定受理法院”。认为“或裁或审”中的管辖约定效力不受影响的，参见最高人民法院民事裁定书，(2017) 最高法民辖32号。最高人民法院认为，“在仲裁条款无效的情况下，当事人双方约定管辖协议并不当然无效，应充分尊重当事人双方的真实意思表示，合同有约定的并能够确定管辖法院的，按照合同约定确定管辖”。

④ 湖南华厦建筑有限责任公司与常德工艺美术学校不服执行裁定申诉案，载《最高人民法院公报》2016年第8期。该案中，法院认为，“如果当事人没有约定其争议纠纷由仲裁机构解决，通常情况下，仲裁机构无权对该争议纠纷予以仲裁。但存在主合同与补充协议的情形时，当事人在主合同中约定其争议纠纷由仲裁机构解决，对于没有约定争议纠纷解决方式的补充协议可否适用该约定，其关键在于主合同与补充协议之间是否具有可分性”。“如果补充协议是对主合同内容的补充，必须依附于主合同，而不能独立于主合同存在，那么，主合同所约定的争议解决条款也适用于补充协议。”裁判文书为最高人民法院执行裁定书，(2015) 执申字第33号。

⑤ 参见最高人民法院民事裁定书，(2020) 最高法知民终163号。该案中，债务人公司在仲裁审理过程中被股东违法注销。仲裁委员会表示债权人应与股东达成新的仲裁协议，要求其撤诉。因未达成新的仲裁协议，债权人撤回仲裁请求，并改向上海知识产权法院起诉要求股东支付公司欠付的软件开发服务费。二被告认为应当依据《服务合同》的仲裁条款仲裁解决。上海知识产权法院认为，在债务人公司注销的过程中，股东承诺愿意在法律规定的范围内对未了债务继续承担责任，且在该案中亦认同该案所涉争议解决机构应为涉案合同约定的仲裁机构，故尽管债务人公司已经注销，但股东同意受让其债务，涉案合同的仲裁条款对股东仍然有效。最高人民法院认为，二股东明知有未决纠纷，在仲裁委员会开庭当日不到庭，反而在仲裁期间办理了公司的注销登记。二股东又以《服务合同》约定了仲裁条款为由提起管辖权异议，存在明显的不诚信行为。原告对二被告享有诉讼权利，不能因二被告的过错和不诚信行为反过来限制原告行使诉权。最终认为应由原审法院继续审理。

要求被申请人的唯一股东承担连带责任（所有法定连带责任都有类似问题）的请求，仲裁委员会是否能够受理，实践中也存在分歧。[①] 如果无法在仲裁程序中把唯一股东拉进来，只能考虑在执行程序中追加，[②] 或者另行起诉，徒增成本，并无必要。

（2）仲裁协议的表述

当事人最好照抄相关仲裁委员会的示范条款。

例如：上海仲裁委员会官网提供的示范条款为“凡因本合同引起的或与本合同有关的任何争议，均应提交上海仲裁委员会按照该会仲裁规则进行仲裁。仲裁裁决是终局的，对双方当事人均有约束力”。上海国际经济贸易仲裁委员会/上海国际仲裁中心提供的示范条款为“凡因本合同引起的或与本合同有关的任何争议，均应提交上海国际经济贸易仲裁委员会/上海国际仲裁中心进行仲裁”，此外，该仲裁委员会还针对涉自贸区争议、航空争议、金砖国家争议、中非争议、数据仲裁中心争议给出了对应的示范条款。深圳国际仲裁院[③]提供的示范文本包括“‘选择性复裁程序’仲裁条款”“‘调解＋仲裁’方式”“‘和解＋仲裁’方式”。北京仲裁委员会/北京国际仲裁中心提供的示范文本还区分了简易程序和普通程序。

（3）无效的仲裁协议

《仲裁法》第18条规定，仲裁协议对仲裁事项或者仲裁委员会没有约定或者约定不明确的，当事人可以补充协议；达不成补充协议的，仲裁协议无

---

① 有的仲裁委员会认为，保理人与该股东之间没有仲裁条款，不予立案。有的仲裁委员会认为，既然是法定连带责任，该责任的成立无须当事人意思自治，客观上就无须仲裁条款的约束，仲裁委员会可以受理。

② 《最高人民法院关于民事执行中变更、追加当事人若干问题的规定》第20条规定：作为被执行人的一人有限责任公司，财产不足以清偿生效法律文书确定的债务，股东不能证明公司财产独立于自己的财产，申请执行人申请变更、追加该股东为被执行人，对公司债务承担连带责任的，人民法院应予支持。

③ 华南国际经济贸易仲裁委员会（深圳国际仲裁院）和深圳仲裁委员会于2017年12月25日正式合并成立深圳国际仲裁院，因此该院的别称还包括“华南国际经济贸易仲裁委员会”和“深圳仲裁委员会”。

效。这是实践中最常遇到的无效事由（或者仲裁委员会拒绝受理的事由）。[①] 实践中，比较常见的仲裁无效情形包括“仲裁委员会名称写错”“××方住所地仲裁委员会”等。

（4）担保合同与仲裁协议

在担保合同没有仲裁协议的情况下，依据《民法典担保部分解释》第21条第2款的规定，根据主合同（也就是保理合同）确定管辖法院。在担保合同有仲裁约定的情况下，无问是否有主从关系，就按担保合同的仲裁协议确定仲裁机构。

（5）撤销仲裁裁决

依据《仲裁法》第58条的规定，当出现法定事由的时候，可以向仲裁委员会所在地的中级人民法院申请撤销裁决。实践中，有多个中级人民法院且当地有金融法院的，涉保理撤裁案件由金融法院审理。仲裁裁决书被撤销后，执行程序需要回转，案件还要重新审一遍，影响重大。

在实践中，撤销仲裁裁决因成本低廉（撤销仲裁裁决属于“民特”案件，案件受理费很低），且具有一定潜在的威慑力，常常会成为仲裁被申请人（被执行人）的谈判筹码。撤销仲裁裁决的裁定一般不允许再审，但当事人实际上未就仲裁协议达成一致的除外。[②]

（6）确认仲裁协议效力

“申请确认仲裁协议效力”是独立的民事案由。《仲裁法》第20条规定，当事人对仲裁协议的效力有异议的，可以请求仲裁委员会作出决定或者请求人民法院作出裁定。一方请求仲裁委员会作出决定，另一方请求人民法院作出裁定的，由人民法院裁定。当事人对仲裁协议的效力有异议，应当在仲裁

---

① 《仲裁法》第17条还规定了“约定的仲裁事项超出法律规定的仲裁范围的”“无民事行为能力人或者限制民事行为能力人订立的仲裁协议”“一方采取胁迫手段，迫使对方订立仲裁协议的”三种无效事由，但在保理司法实践中一般遇不到。

② 参见人民法院案例库2023－16－2－445－001号案例“陈某昱、张某彬诉某咨询公司申请撤销仲裁裁决案——对驳回申请撤销仲裁裁决的裁定一般不予再审的例外情况”。该案中，某中级人民法院裁定驳回撤销仲裁裁决的申请后，以院长发现确有错误为由裁定再审，最终撤销相关仲裁裁决书。

庭首次开庭前提出。

仲裁协议具有独立性。“当事人在订立合同时对仲裁条款进行磋商并就提交仲裁达成合意的，合同成立与否不影响仲裁条款的成立、效力。”[①]

（三）管辖矛盾

保理人对应收账款债权人和应收账款债务人的请求无法由同一个争议解决机构受理的，统称为“管辖矛盾”，这是保理司法实践中首先要面对的问题。

1. 债权转让与管辖矛盾

这是管辖矛盾的主要肇因。民事诉讼与仲裁都有关于债权转让[②]的规定，受让人原则上都需要继续受到基础交易合同管辖的约束，[③] 具体包括：

《民事诉讼法解释》第33条规定，合同转让的，[④] 合同的管辖协议对合同受让人有效，但转让时受让人不知道有管辖协议，或者转让协议另有约定且原合同相对人同意的除外。

《仲裁法解释》第9条规定，债权债务全部或者部分转让的，仲裁协议对受让人有效，但当事人另有约定、在受让债权债务时受让人明确反对或者不知有单独仲裁协议的除外。

2. 约束力与反对表示

上述关于法院管辖及仲裁协议对受让人的约束力，均有但书规定。彼此但书的主要区别在于，明确表示反对的，受让人可不受仲裁协议约束，但依

---

① 运裕有限公司与深圳市中苑城商业投资控股有限公司申请确认仲裁协议效力案，最高人民法院指导案例196号（2022年）。

② 笔者认为，这里的“转让”，应当包含债权的法定移转。例如保证人承担保证责任后，依法取得主债权，此时行使主债权的时候，就受原管辖约定条款的约束。但实践中，不少观点依然认为此时的案由是“追偿权纠纷”，并不适用主合同的管辖。

③ 在代位权诉讼中，原告也会面临相同的问题。但《民法典合同编通则解释》第35条、第36条专门予以回应，初步解决了实践中一大管辖难题。

④ 这里的合同转让，并非仅限于“合同债权债务的概括移转”。参见最高人民法院民事裁定书，(2017)最高法民辖终234号。该案中，法院指出，“所谓合同转让，既包括合同部分权利义务转让，也包括全部权利义务转让。前述司法解释关于协议管辖条款效力问题的规定，并未对部分权利义务转让的情形作出例外规定”。

然受协议管辖约束。

需注意，“反对表示”须在“受让债权债务时”作出，事后（如在立案或庭审的时候）的反对没有意义。反对表示只需要在债权转让合同中注明即可，而不必向应收账款债务人作出。[①]“反对表示”需要明确，“有权就其受让的债权提交××法院诉讼”不属于反对表示。[②]

在司法实践中，部分法院已开始抵制“反对表示”的效力。有观点认为这一规定“显然片面强调了仲裁的合意性，而忽略保护原仲裁协议订立双方的真实意思表示，损害了原合同相对方对于仲裁解决合同纠纷的合理预期”[③]。甚至有观点认为，《民事诉讼法解释》第33条中的“管辖”包括“仲裁”。[④] 笔者认为，2020年各大司法解释迎来大修，但《仲裁法解释》只字未改，可见最高人民法院依然认可“反对表示”的强大效力。

3. 管辖矛盾与保理追索权

在保理合同纠纷实务中，最常见的管辖矛盾就是无法在同一争议解决机构同时主张保理合同项下债权与基础交易合同项下债权。

最高人民法院尝试着调和管辖矛盾，但调和了吗？“如调”。《民法典担

---

① 参见最高人民法院民事裁定书，(2016) 最高法民辖终217号。该案中，《买卖合同》约定，“争议应在伦敦按照FOSFA24/23仲裁规则通过仲裁解决”，《债权转让合同》约定“受让人不接受买卖合同中的仲裁条款，凡与本协议、买卖合同或转让的债权相关或引起的任何争议，任何一方应向受让人住所地有管辖权的人民法院提起诉讼”。最高人民法院认为，“《债权转让合同》明确约定受让人不接受买卖合同中的仲裁条款，依据上述规定，该仲裁条款对受让人不具有约束力。应收账款债务人在债权转让后依据买卖合同中的仲裁条款主张本案应由英国伦敦仲裁机构仲裁，没有法律依据，不予支持”。

② 参见最高人民法院民事裁定书，(2020) 最高法民申5620号。该案中，基础交易合同《借款协议书》的补充协议约定“提交北京仲裁委员会解决”。《债权转让协议》约定乙方（受让人）有权就其受让的债权提交乙方所在地人民法院诉讼。“在本协议履行过程中发生的纠纷，双方应友好协商解决；协商不成的，双方同意提交受让人所在地人民法院诉讼。”最高人民法院认为，从上述协议约定内容看，仅表明受让人与出让人之间发生纠纷时，应提交人民法院诉讼。受让人并未作出明确反对补充协议中有关仲裁条款的意思表示。最终判断受让人受让债权后，应受案涉仲裁条款的约束。

③ 参见大连市中级人民法院民事裁定书，(2020) 辽02民终5070号。

④ 参见辽宁省高级人民法院民事裁定书，(2021) 辽民申3381号。法院认为，“《最高人民法院关于适用〈中华人民共和国民事诉讼法〉的解释》第33条中‘合同的管辖协议’是指合同当事人对因该合同而产生的争议或者纠纷约定通过何种途径进行处理的协议条款，纠纷的处理既包括仲裁也包括诉讼，故原审认定上述规定中的‘管辖协议’包含当事人约定的仲裁条款是正确的”。

保部分解释》第 66 条第 2 款规定，“在有追索权的保理中，保理人以应收账款债权人或者应收账款债务人为被告提起诉讼，人民法院应予受理；保理人一并起诉应收账款债权人和应收账款债务人的，人民法院可以受理”。一个是“应予”，一个是“可以”，区别明显，但官方的“理解与适用”类著述均未详细释明何时可以而何时不可以。《民事诉讼法》及《民事诉讼法解释》也并未讨论此问题。这种处理模式，仿佛是用一个新的问题替代旧的问题。关于产生管辖矛盾的类型，容后详述。

总的来说，如果追索权和应收账款债权因管辖权矛盾而无法在一个案件中处理，《民法典》第 766 条很难落实。且因管辖问题而拆分多案处理，徒增案件数量，弊多利少。①

4. 管辖矛盾类型

（1）地域管辖矛盾

普通地域管辖矛盾，例如，保理合同由 A 法院管辖，基础交易合同由 B 法院管辖，此时有法院认为由保理合同管辖法院一并受理，② 也有法院依据“主要诉请”来确定管辖法院。③

---

① 参见最高人民法院民事判决书，（2017）最高法民再 164 号。该案因管辖权矛盾，珠海市中级人民法院支持了应收账款债务人的管辖权异议，保理人被迫在两组案件中分别起诉保理合同相关的一组被告以及应收账款债务人。随后，最高人民法院受理了起诉应收账款债务人的相关诉讼的再审案件。最高人民法院认为，广东省珠海市中级人民法院另案中作出的（2015）珠中法立民终字第 62 号民事裁定书的认定并不正确，其导致当事人因同一事件所引发的纠纷不能通过一个诉讼程序加以解决，本应予以纠正，但考虑到保理人的实体权利能够在该案中得到救济，本院不再通过审判监督程序对该院的相关裁判予以纠正。

② 参见最高人民法院民事裁定书，（2015）民二终字第 98 号。该案中，最高人民法院认为“《应收账款债权转让通知书》为保理合同附件的一部分，与保理合同具有同等法律效力，构成完整的保理合同项下的双方权利义务内容。应收账款债务人在《应收账款债权转让通知书》上加盖公章是其真实意思表示，应当视为其接受保理合同相关条款的约束”。

③ 参见最高人民法院民事裁定书，（2019）最高法民辖终 355 号。该案中，基础交易合同是融资租赁合同，保理人同时起诉应收账款债权人（出租人）和债务人（承租人），诉请一是要求解除保理合同和融资租赁合同，诉请二是要求承租人支付租金，诉请三是要求出租人承担回购义务，其余诉请是保理合同的担保诉请。最高人民法院认为，根据保理人的一审诉请及事实和理由，该案纠纷主要因承租人（应收账款债务人）未按《融资租赁合同》的约定支付租金而发生，因此该案审理的重点是《融资租赁合同》的履行。最终按照融资租赁合同的履行地（租赁物所在地）确定地域管辖。

专属地域管辖矛盾，例如，基础交易合同为建设工程施工合同的，依法属于专属管辖。[①] 并且专属管辖不得通过约定排斥，[②] 所以就算保理人与应收账款债务人重新约定基础合同（建设工程施工合同）的管辖，可能也无效。实践中也确实出现因建设工程施工合同系专属地域管辖而移送保理合同纠纷的情形。[③] 但实践中也有不考虑专属管辖问题而继续审理的判例。[④]

（2）级别管辖矛盾

实践中常见的情形是基础交易合同诉请金额较大，应由中级人民法院或高级人民法院一审，而保理合同诉请金额较小，应由下级法院一审。此时，可以争取由较高审级法院统一受理，确保裁判尺度的统一。

（3）受理机构矛盾

受理机构矛盾包括两种情形，一种是“法院”与“仲裁委员会”的管辖矛盾，另一种是“一般法院”与“专门法院”的管辖矛盾。同级别法院之间的管辖矛盾，为地域管辖矛盾。不同级别法院之间的管辖矛盾，为级别管辖矛盾，均不属于本类型的管辖矛盾。

情形一，如果基础交易合同与保理合同分别约定了仲裁协议和法院管辖条款，矛盾由此而发。如何化解这类矛盾，实践中主要看个案法官对于追索

① 《民事诉讼法解释》第28条第2款规定，农村土地承包经营合同纠纷、房屋租赁合同纠纷、建设工程施工合同纠纷、政策性房屋买卖合同纠纷，按照不动产纠纷确定管辖。《民事诉讼法》第34条第1项规定，因不动产纠纷提起的诉讼，由不动产所在地人民法院管辖。

② 《民事诉讼法》第35条规定：合同或者其他财产权益纠纷的当事人可以书面协议选择被告住所地、合同履行地、合同签订地、原告住所地、标的物所在地等与争议有实际联系的地点的人民法院管辖，但不得违反本法对级别管辖和专属管辖的规定。

③ 典型案例可参见青岛市中级人民法院民事裁定书，(2023) 鲁02民辖终131号。法院认为，“本案案涉基础合同是建设工程施工合同，应由工程所在地法院专属管辖，且双方亦在建设工程施工合同中约定由工程所在地法院管辖”。“在保理人同时将基础合同债务人作为被告提起诉讼的情况下，依保理合同的管辖约定确定管辖法院，债务人对管辖的预期就无法保障。且从债权转让不应增加债务人负担的角度考量，使新债权人（保理人）受到基础合同中关于管辖约定的约束，能够避免债务人因债权让与而受到损害，防止债权人通过虚假的债权转让恶意规避管辖问题。”

④ 典型案例参见山东省临沂市中级人民法院民事裁定书，(2023) 鲁13民辖终8号。该案中，基础交易合同是建设工程施工合同，应收账款债务人提出管辖权异议，要求移送工程所在地珠海市斗门区人民法院审理。保理合同约定由签订地临沂市兰山区人民法院管辖。法院认为，应收账款债务人对此知悉并向保理人提交了《应收账款转让通知书回执》，因此原审法院对该案有管辖权。

权与应收账款债权请求的关系。实践中确实有突破性的案例。[①] 受此影响，一些地方法院已尝试借鉴该判例所确立的“必要共同诉讼说”统合此类矛盾。[②] 上海市高级人民法院在“保理合同纠纷类案办案要件指南”中也将该最高人民法院裁判文书列为管辖问题的典型案例，并采纳为倾向性观点。[③]

情形二，若两诉都恰好由中级人民法院一审受理，且地域管辖在上海、北京、成渝地区，问题就来了：此时，保理合同纠纷应由对应的金融法院审理，而基础交易合同纠纷若不属于该金融法院受理范围内，如何处理？此时，可以争取由该金融法院统一受理，确保裁判尺度的统一。

（4）回购后的管辖问题

如前所述，基础交易合同约定由受让人所在地管辖的，并无不可。但这些服务保理人的管辖条款，可能在将来给应收账款债权人带来麻烦。

例如，基础交易合同约定由保理人住所地人民法院管辖，应收账款债权人履行回购义务后，以“买卖合同纠纷”为案由起诉应收账款债务人。此

① 参见最高人民法院民事裁定书，（2016）最高法民辖终38号。案涉基础交易合同有三份，有的指向法院管辖，有的指向仲裁委员会受理。最高人民法院开创性认为“三份合同中的协议管辖条款或仲裁协议均对保理人有效。但由于本案属于法院应当合并审理的必要共同诉讼，三份合同中的协议管辖条款和仲裁协议内容相互矛盾冲突，分别指向不同的主管机关或管辖法院，《有追索权国内保理合同》与两份《采购合同》之间也不存在主从关系，无法根据协议管辖条款或仲裁协议确定案件的主管与管辖。因此，本案不予适用三份合同中的协议管辖条款和仲裁协议。本案应依据《民事诉讼法》（2013年）第23条（现第24条）关于合同纠纷的一般管辖原则（‘因合同纠纷提起的诉讼，由被告住所地或者合同履行地人民法院管辖。’）确定管辖法院”。“由于本案存在多个被告，一审被告应收账款债权人和应收账款债务人住所地法院均有管辖权。保理人向被告之一住所地法院起诉，不违反地域管辖的规定。”

② 参见吉林省高级人民法院民事裁定书，（2018）吉民辖终33号。该案有别于前述最高人民法院裁定的地方在于，基础交易合同仅有一份，约定了仲裁条款，而保理合同约定了法院管辖条款。法院认为，“由于本案属于法院应当合并审理的必要共同诉讼，两份合同中的协议管辖条款和仲裁条款内容相互矛盾冲突，分别指向不同的主管机关或管辖法院，两份合同之间亦不存在主从关系，无法根据协议管辖条款或仲裁条款确定案件的主管与管辖。因此，本案不予适用两份合同中的协议管辖条款和仲裁条款。本案应依据《民事诉讼法》（2013年）第23条（现第24条）‘因合同纠纷提起的诉讼，由被告住所地或者合同履行地人民法院管辖’的规定确定管辖法院”。

③ 茆荣华主编：《上海法院类案办案要件指南》（第4册），人民法院出版社2021年版，第432~433页。

时，基础交易合同的管辖约定是否有效，会成为一个新问题，因为原保理人的住所地并非与彼时争议有实际联系的地点，且“并未涉及案涉保理合同的约定，故本案应当根据买卖合同纠纷确定管辖法院”①。

（四）管辖矛盾的后果

1. 分案处理

管辖矛盾意味着“一案”被迫拆分成“两案”甚至“多案”，司法资源恐面临浪费，各个当事人也需要承受额外的金钱成本与时间成本。

分成多案，保理人可能还会遭受一些法律适用上的不利益，例如，保理人先起诉应收账款债权人获得胜诉，又起诉应收账款债务人的，有法院认为保理人已经针对应收账款债权人取得胜诉判决（未履行回购义务），因而失去应收账款债权。②

2. 程序复杂化

“一事多案”意味着不同的裁判机构可能需要兼顾其他裁判机构查明的事实或处理结果。在程序上，可以借助中止审理来兼顾，但在实体上，兼顾有追索权保理人的清算义务（虽然被告没有应收账款债权人）更显重要。③

---

① 参见最高人民法院民事裁定书，（2021）最高法民辖7号。

② 参见湖南省高级人民法院民事判决书，（2016）湘民终516号。保理人在长沙市中级人民法院起诉应收账款债权人，2014年法院判决应收账款债权人承担回购责任。后保理人又在同一法院起诉应收账款债务人支付应收账款，未获支持。法院认为因保理人已经通过诉讼程序要求应收账款债权人承担了回购责任，与之对应的应收账款就回转到应收账款债权人，应收账款债权人取得该部分债权，应收账款债务人与保理人对应的偿还义务则应予免除，保理人无权再向应收账款债务人主张应收账款。最高人民法院在（2017）最高法民申132号案件中维持湖南省高级人民法院观点。但最高人民法院在（2017）最高法民再164号民事判决书中又持相反观点。

③ 参见广东省江门市中级人民法院民事判决书，（2016）粤07民终3014号。该案仅受理保理人起诉应收账款债务人的诉讼。保理人与应收账款债权人的诉讼在佛山市中级人民法院审理。该案最终判决“本院依法确定应收账款债务人在所负债务本金15 200 591元及逾期利息（从2016年3月28日起至实际清偿之日止按人民银行同期同类贷款利率上浮30%计付）范围内，对佛山市禅城区人民法院民事判决书，（2015）佛城法民三初字第1747号第一项判项确定的应收账款债权人所负债务承担连带清偿责任”。

3. 管辖移送的衍生问题

（1）全案/部分移送

如需移送管辖，在司法实践中，有法院认为应当全案移送管辖，[①] 也有法院仅移送关于基础交易合同部分的诉讼。[②]

两种做法对于原告有不同的影响。如果全案移送，大不了就是换一个法院开庭，工作量也还好。但如果是部分诉讼移送，则意味着至少要在两个机构之间承办“同一件”案件，办案成本无疑急剧增加。实务启示在于，代理律师需要注意其中的成本风险，有必要在代理合同中进行针对性的约定。

（2）移送管辖后的续保

存款冻结期限一般不超过1年，查封、扣押动产的期限一般不超过2年，查封不动产、冻结其他财产权（包括股权、应收账款债权）的期限一般不超过3年。实践中，建议提前一个月申请“续保”。

在管辖权移送后、进入执行程序前，向何法院申请续行保全，是实务中的常见问题。例如，在A法院立案保全，后全案移送至B法院。那么，在实践中，如果向A法院申请续行保全，则A法院因为没有管辖权，没有合适的

① 参见山东省青岛市市北区人民法院民事裁定书，（2023）鲁0203民初3139号。该案中，保理人同时起诉应收账款债权人和应收账款债务人。法院认为，案涉保理合同的约定管辖条款对基础合同债务人没有约束力，如仍按保理合同关于管辖的约定确定管辖法院，势必影响债务人对管辖地的预期，对其形成“管辖突袭”，有失公平。从债权转让不应增加债务人负担的角度考量，使新债权人（保理人）受到基础合同中关于管辖约定的约束，能够避免债务人因债权让与而受到损害，防止债权人通过虚假的债权转让恶意规避管辖问题。这是从债权转让不得损害应收账款债务人的角度论述。

② 参见广东省高级人民法院民事裁定书，（2020）粤民辖终86号。该案基础交易合同是某EPC建设工程合同，应收账款债务人提出管辖权异议，要求移送工程所在地唐山市中级人民法院审理。一审法院按照保理合同约定处理，驳回异议。二审过程中，广东省高级人民法院认为一审法院裁定有误，裁定将主张应收账款债权的诉讼移送基础交易合同约定（与专属管辖不冲突）的有管辖权法院（唐山市中级人民法院），其余未提出管辖权异议的诉讼，继续由一审法院审理。在后续的移送过程中，唐山市中级人民法院一审标准上调，因此唐山市中级人民法院又裁定由唐山市路南区人民法院审理。参见唐山市中级人民法院民事裁定书，（2021）冀02民初73号。但该裁定书援引的级别司法解释有误。裁定书作出之日是2021年2月23日，此时新的《最高人民法院关于调整河北省、河南省、湖南省高级人民法院所辖中级人民法院管辖第一审民商事案件标准的通知》（法发〔2020〕36号）已经生效（1亿元/5000万元），取代了原先的《最高人民法院关于调整高级人民法院和中级人民法院管辖第一审民商事案件标准的通知》（法发〔2015〕7号）的“2000万元/3000万元”标准。但因为相关诉请金额低于2000万元，就算援引错误，依然不影响结果的正确性。

审判庭法官出具续行保全裁定。如果向B法院申请续行保全，但B法院并不是初始保全法院，直接“续行保全”可能遭拒（保全手续是否一并移送，实践中操作不一[①]）。那B法院能否直接裁定解除A法院的保全措施呢？似乎也不行。那能否申请A法院解除保全措施然后由B法院跟上？技术上可以，但万一保全财产有轮候查封乃至解封后的空窗期内有其他保全“顶上”，风险极大。那能否由B“重新”保全，然后再申请解封A的保全？技术上可以，但依然有前述风险，且保全申请人可能需要额外付出成本，此外，若保全财产上有轮候查封，B法院的“重新”保全就没有异议。实践中，可以考虑向受移送的B法院申请续行保全，并且申请由B法院委托A法院承办续行保全事宜，这样既解决了“名义”问题，也在程序上做到自洽。

（3）错误保全纠纷管辖

含保全的案件管辖权移送后，还涉及后续保全错误损害赔偿纠纷的管辖问题。

《最高人民法院关于因申请诉中财产保全损害责任纠纷管辖问题的批复》（法释〔2017〕14号）指出，“因申请诉中财产保全损害责任纠纷之诉，由作出诉中财产保全裁定的人民法院管辖”。但为便于当事人诉讼，由受移送的法院管辖，最符合最高人民法院的立意。[②]

---

① 诉中保全手续的移送，可以准用《民事诉讼法解释》第160条的规定。该条规定“当事人向采取诉前保全措施以外的其他有管辖权的人民法院起诉的，采取诉前保全措施的人民法院应当将保全手续移送受理案件的人民法院。诉前保全的裁定视为受移送人民法院作出的裁定”。实践中，因案件量极大、保全副作用也极大，不少法院的诉前保全受理门槛较高。

② 参见最高人民法院民事裁定书，（2019）最高法民辖终412号。在该案中，上海市高级人民法院受理且出具保全裁定后，移送浙江省高级人民法院。关于后续衍生的错误保全损害赔偿纠纷，最高人民法院认为“虽然，上海市高级人民法院在受理另案后作出了财产保全裁定，但之后上海市高级人民法院已经依法将案件移送原审法院审理，并随案移送了保全手续，而原审法院审理另案中，亦根据当事人申请，对原保全行为进行了续保及解除措施”。“据此，原审法院依据《民事诉讼法解释》第160条（2022年修订后条文不变）认定上海市高级人民法院作出的诉中财产保全裁定应视为原审法院（浙江省高级人民法院）作出，以及结合原审法院亦在另案审理中采取了后续保全措施的情形，认定××公司就本案管辖权异议不成立，适用法律并无不当。”（须注意，该案是由“诉中保全”衍生的，而《民事诉讼法解释》第160条针对的是“诉前保全”）其他类似案例还可以参考最高人民法院民事裁定书，（2018）最高法民辖终88号。

还需要注意的是，前述批复属于指定管辖，不必考虑级别管辖问题。保全金额高而主张损害赔偿金额低，[①] 或者，保全金额低而主张的损害赔偿金额高，[②] 均由保全法院管辖。

（4）诉讼费移送

管辖权移送后，诉讼费如何缴退，也是一个现实问题。

《诉讼费用交纳办法》第 24 条规定，依照《民事诉讼法》第 36 条（现第 37 条）、第 37 条（现第 38 条）、第 38 条（现第 130 条第 1 款）、第 39 条规定移送、移交的案件，原受理人民法院应当将当事人预交的诉讼费用随案移交接收案件的人民法院。

实践中，由 A 法院缴纳，后移送至 B 法院的，有两种做法：一种是卷宗和诉讼费均移送到 B 法院；另一种是卷宗移送，A 法院退费而当事人在 B 法院重新缴费（尤其是跨省级行政区的情形）。少部分移送管辖的裁定会载明要求移送案卷和诉讼费。[③] 对于实务人士来说，需要注意实操差异，沟通解决。

4. 合并与拆分诉讼的优劣

有法院总结了“合并受理”与“拆分受理”的优劣。“合并诉讼弊端在

---

① 参见最高人民法院民事裁定书，（2021）最高法民辖终 16 号。在该案中，保全裁定法院为浙江省高级人民法院，后续的错误保全纠纷金额仅为 1.2 亿元，被告认为在级别管辖上本不应由浙江省高级人民法院受理，恳请移交某中级人民法院管辖。但最高人民法院依据法释〔2017〕14 号批复认为“浙江省高级人民法院作为作出上述诉中财产保全裁定的法院，适用该批复规定对本案进行管辖，并无不当”。持相同观点的案例还可以参见最高人民法院民事裁定书，（2020）最高法民辖终 3 号；最高人民法院民事裁定书（2019）最高法民辖终 80 号。

② 参见最高人民法院民事裁定书，（2018）最高法民辖终 249 号。该案中，作出裁定的是山东省某基层法院，但错误保全损害赔偿的金额高达 2 亿元（按当时的级别管辖规定，单从金额上看基层法院确实无法受理），山东省高级人民法院受理后裁定移送原法院，最高人民法院予以支持。该案中，原告曾披露该基层法院以级别管辖为由拒绝立案。

③ 参见辽宁省沈阳市中级人民法院民事裁定书，（2023）辽 01 民辖 221 号。该裁定书的内容除了撤销一审管辖权裁定、案件由 A 法院管辖外，还明确裁定将案件的“全部卷宗材料及诉讼费”移送 A 法院。但该案有一个特殊的地方，即该医疗服务纠纷（原告为保理人，医美保理项目）最初由 A 法院受理，A 法院裁定移送 B 法院，B 上报 AB 共同的中级人民法院沈阳市中级人民法院，沈阳市中级人民法院裁定继续由 A 审理。

于案件成为复合之诉，法律关系更为复杂，事实查证成本增加，相对于单个诉讼而言举证难度大、审理复杂、诉讼周期较长；而分别诉讼虽然法律关系相对明确，但各案件之间的关联以及实际履行易造成审判冲突，影响了纠纷的一次性实质性解决。”①

（五）管辖矛盾的协调

如前所述，管辖风险会对保理合同纠纷产生非常直观的程序威胁。但实践中，管辖风险难度不小，时常是在准备启动司法程序的时候，才发现风险已经无可挽回。保理人有必要将管辖问题作为一种纯粹的法律问题提前布防排查，在应诉的时候，多准备“武器”用于立案阶段的探讨。

1. 协调的目的

管辖协调的目的在于争取保理人的请求可以由同一个争议解决机构受理。“一案拆多案”会给保理合同纠纷的审理带来程序上和实体上的诸多不便，最高人民法院也从便利当事人以及案件整体处理的角度出发，认为两诉合并审理更为有利。②

2. 协调的思路

协调的总体思路是按图索骥，检索管辖矛盾根源，并判断能否在不同阶段化解矛盾。建议检索关注以下要点：

（1）基础交易合同有没有仲裁条款。

（2）基础交易合同由法院管辖的，是否涉及专属管辖、专门管辖、指定管辖等通过协议无法变更的情形。

（3）能否引导应收账款债务人变更基础交易合同的管辖约定，争取与保理合同保持一致。

---

① 2023年《广州市南沙区人民法院融资租赁合同纠纷和商业保理合同纠纷案件审判白皮书》，第10页。

② 参见最高人民法院民事判决书，（2017）最高法民再164号。最高人民法院认为，“×××中级人民法院另案中作出的××××民事裁定书的认定并不正确，导致当事人因同一事件所引发的纠纷不能通过一个诉讼程序加以解决，本应予以纠正，但考虑到保理人的实体权利能够在本案中得到救济，本院不再通过审判监督程序对该院的相关裁判予以纠正”。

（4）能否将保理合同的管辖调整至与基础交易合同一致。

（5）实在不行的，准备两套材料，多线程立案。

3. 思路的展开

（1）“必要共同诉讼”说

在不存在仲裁协议的情况下，可论证两诉属于必要共同诉讼以实现协调目的。① 但这一思路也会面临一些特殊管辖的挑战，尤其是专属管辖。② 向立案庭输出这一观点的时候，需要注意当地法院是否有在先判例采纳必要共同诉讼说，并附上相关案例。

（2）“共同目的”说

司法实践中，也有以“共同目的说”来统合冲突管辖的案例。

例如，在一则保理管辖权异议的案件中，保理合同指向天津市滨海新区人民法院管辖，基础交易合同指向上海市闵行区人民法院管辖。保理人分别向两家法院提起诉讼。后天津市滨海新区人民法院将案件移送上海市闵行区人民法院，上海市闵行区人民法院报请上级法院上海金融法院指定管辖。上海金融法院认为“本案中，保理人先基于承揽合同的债权转让向上海市闵行区人民法院提起诉讼，主张应收账款债务人偿还应收账款，上海市闵行区人民法院受理了上述案件；随后保理人又依据保理合同向天津市滨海新区人民法院提起诉讼，要求应收账款债权人承担回购义务。上述两案虽案由不同，但基础事实相同，且均以收回保理融资款为目的，可合并审理，故天津市滨海新区人民法院在立案后发现其他有管辖权的法院先立案，以一并处理更加

① 参见最高人民法院民事裁定书，（2016）最高法民辖终38号。最高人民法院认为，保理人基于不同的原因分别向两个债务人主张不同的债权请求权，但最终给付目的只有一个，追索权之诉与应收账款债权之诉的诉讼标的是共同的，由于一方当事人为二人以上，发生诉的主体合并，属于必要共同诉讼，根据《民事诉讼法》第52条（现第55条）之规定，法院应当合并审理。

② 典型案例参见深圳市中级人民法院民事裁定书，（2021）粤03民辖终2267号。该案基础交易合同系建设工程合同。法院认为“保理商可以分别起诉，则两诉应可理解为非必要共同诉讼”。“当保理商一并起诉且不违反专属管辖规定时，两诉基于牵连管辖，对保理合同纠纷具有管辖权的法院，可以取得债权转让之诉的管辖权。但是，对专属于其他法院管辖之诉，因专属管辖具有强烈的排他性，在法律没有明确规定合并审理的情况下，仍应优先适用专属管辖的规定，即在与专属管辖存在冲突的情况下，不适用合并审理。”

有利于案件事实的查清为由，裁定将本案移送至上海市闵行区人民法院并无不妥”。[①]

（3）调整基础交易合同管辖

调整的方法有两种：一种是“前置调整”，也就是根据保理人的要求提前做好基础交易合同的管辖条款安排；另一种是“后置调整”，一般是依托“确权”流程引导应收账款债务人同意变更基础交易合同管辖条款。上述操作，需要在条件允许的情况下实施，毕竟都需要应收账款债务人的高度配合。应收账款债务人仅收到转让通知的，一般不会改变原来的管辖约定。[②]

在前置调整中，一些基础交易合同约定“由债权人或债权转让的受让人或承担保证责任的保证人、代偿人的所在地人民法院管辖”的，人民法院予以支持。[③]

在后置调整中，保理人需要在转让通知文书中明确需要调整的合同条款，并在“回执”部分明确表示同意上述变更。实践中，有从法院管辖变更为仲

---

① 参见上海金融法院民事裁定书，(2018) 沪74民辖4号。需注意，天津地区法院倾向于认为，同时起诉应收账款债权人和应收账款债务人的，以基础交易合同管辖为准受理两诉。《天津市高级人民法院关于审理保理合同纠纷案件若干问题的审判委员会纪要（一）》第5条第2款规定，“保理商向债权人和债务人或者仅向债务人主张权利时，应当依据《民事诉讼法》的有关规定，结合基础合同中有关管辖的约定确定管辖”。

② 参见最高人民法院民事裁定书，(2014) 民一终字第187号。该案中，因应收账款债务人不是《保理服务合同》的当事人且没有在上述合同上签字，故不应受《保理服务合同》的约束。应收账款债务人在《应收账款转让通知书》上签字，只能证明其与保理人之间产生债权转让关系，而不意味着其加入保理人与应收账款债权人之间的借款担保合同关系。因此，最高人民法院认为，“原审认为‘应收账款债务人在《应收账款转让通知书》上加盖了公司和其法定代表人的印章，故保理人受让应收账款债权人对应收账款债务人的债权与涉案的借款合同相关联，且从属于借款合同关系，应受借款合同管辖约定的约束’无事实和法律依据。保理人不能基于《保理服务合同》的有关争议管辖条款，以借款担保合同纠纷为由向保理人住所地法院起诉应收账款债务人”。

③ 典型案例可参考湖北省恩施市人民法院民事裁定书，(2022) 鄂2801民初10025号。该案中，基础交易合同约定“由债权人或债权转让的受让人或承担保证责任的保证人、代偿人的所在地人民法院管辖”。法院认为，原告保理人作为债权转让的受让人，在签订债权转让协议时系知晓存在前述管辖协议，虽然签订的《债权转让协议》变更了管辖，但并无相关证据显示作为债务人的被告予以同意。后恩施市人民法院裁定移送到原告注册地深圳市南山区人民法院。

裁协议的，也有从仲裁协议变更为法院管辖的。①

遇到基础交易合同有专属管辖（建设工程类合同）、专门管辖（知识产权类合同、海事海商类合同）、指定管辖等问题的，虽然原则上重新协议由某个法院管辖无济于事，但可以结合个案案情争取个案优解。

（4）调整保理合同的管辖

前置或者后置的调整，都是为了将基础交易合同管辖条款向保理合同靠拢。而如果前置或后置调整策略都难以生效，则保理人有必要考虑将保理合同的管辖约定向基础交易合同靠拢。

（5）地方司法政策的观点

《天津市高级人民法院关于审理保理合同纠纷案件若干问题的审判委员会纪要（一）》第5条第2款规定，“保理商向债权人和债务人或者仅向债务人主张权利时，应当依据《民事诉讼法》的有关规定，结合基础合同中有关管辖的约定确定管辖”。《天津市高级人民法院关于审理保理合同纠纷案件若干问题的审判委员会纪要（二）》（2015年）没有涉及管辖问题。持类似观点的还有成渝金融法院。②

《深圳前海合作区人民法院关于审理前海蛇口自贸区内保理合同纠纷案件的裁判指引（试行）》第6条规定，“保理商将债权人、债务人作为共同被告，根据保理合同约定向有管辖权的人民法院起诉后，债务人提起管辖权异

① 向法院管辖引导的，参见前引河北省高级人民法院民事裁定书，（2016）冀民辖终75号。法院认为，“应收账款债权人向应收账款债务人发出了《应收账款转让通知书》，通知书中表明保理业务的买卖双方同意在卖方保理经办行住所地法院起诉。应收账款债务人也向保理人发出了回执，双方同意在卖方保理经办行住所地法院起诉”。据此认定应由保理人所在地法院管辖，与保理合同管辖一致。向仲裁协议引导的，参见常州市中级人民法院民事裁定书，（2014）常商仲审字第4号。该案中，保理人通过回执重新约定由常州仲裁委员会处理。应收账款债务人以该回执系格式条款为由，否认双方之间达成仲裁协议，进而申请法院撤销相关仲裁裁决书。法院认为《债权转让通知书回执》由保理人提交给应收账款债务人，可以认定为保理人就双方发生争议提交常州仲裁委员会仲裁发出了要约，而应收账款债务人在《债权转让通知书回执》上加盖了公章，可以认定为应收账款债务人接受了保理人的要约，双方达成了仲裁协议。故申请人应收账款债务人的该项主张本院不予支持。

② 参见成渝金融法院2023年度典型案例案例4“重庆某保理有限公司与河南省某医院、河南某商贸有限公司等保理合同纠纷案”。该案裁判要旨之一是“有追索权保理人一并起诉应收账款债权人和应收账款债务人的，一般应以基础法律关系确定管辖”。

议的，不予支持”。

上海地区的意见是“当事人在基础合同和保理合同中约定了不同的争议解决方式，如基础合同中有仲裁条款，而保理合同中约定了由法院管辖，此时视为约定冲突，各方约定均不适用，根据法律规定确定案件主管”①。这里主要参考的是前文最高人民法院（2016）最高法民辖终38号民事裁定书。

地方司法政策观点仅供参考，随着司法实践的发展，政策可能在实践中改变，当地人民法院也可能不会刻板遵循，需要读者注意。

（六）管辖权异议

管辖权异议在客观上会延长案件的审理周期。实践中，一些被告②为了拖延时间，常会以各种理由提起管辖权异议。

例如，合同明明约定由原告住所地③、合同签订地④法院管辖，但异议人（一审被告）却认为应当由被告住所地法院管辖。又如，被告坚持以错误的级别管辖标准提起管辖权异议。⑤ 再如，有些被告会以合同印章没有法律效力为由主张合同不成立，进而否定管辖约定效力，但合同成立与否不属于管辖异议审查范围。⑥ 此外，格式条款问题也是管辖权异议的常用理由。

提出管辖权异议，是每一个被告的权利。这就意味着，每追加一个被告就

---

① 茆荣华主编：《上海法院类案办案要件指南》（第4册），人民法院出版社2021年版，第432页。

② 实践中，笔者也遇到过原告想提出管辖权异议的情况。《民事诉讼法》第130条规定管辖权异议的提出主体是“当事人”，因而在理论上原告也可以作为异议主体。

③ 参见上海市高级人民法院民事裁定书，（2020）沪民辖终22号。该案中，保理合同约定向乙方（保理人）所在地人民法院提起诉讼，而被告（上诉人）提出管辖权异议认为“本案依法应由上诉人住所地法院（北京市海淀区人民法院）管辖”。

④ 参见最高人民法院民事裁定书，（2018）最高法民辖终373号。该案中，《国内保理合同》由保理人、应收账款债权人、应收账款债务人三方签订，保理人明确约定“各方之间有关本合同、基础合同或应收账款产生任何争议，由合同签约地（上海市黄浦区）有管辖权的法院通过诉讼解决”。应收账款债务人认为“应收账款债务人的住所地在广东省广州市，故本案应当由广东省高级人民法院管辖”。最高人民法院认为保理合同的管辖权约定属于当事人真实意思表示，符合法律规定，应属有效。驳回管辖权异议申请。

⑤ 参见上海市高级人民法院民事裁定书，（2022）沪民辖终65号。该案的诉讼标的金额为1.7亿元，上诉人主张依据“5亿元”的级别管辖标准，应当交由基层法院审理。但该案实际上应当按照“1亿元”的标准认定。

⑥ 参见北京金融法院民事裁定书，（2024）京74民辖终24号。

意味着多一次“管辖权异议”的“机会”，而每多一次管辖权异议，案件审理周期都会增加。实践中就有因为原告追加被告而遭受多轮管辖权异议的情况。[①]

仲裁委员会的管辖权异议相对没那么复杂。仲裁委员会可以在裁决书中对管辖权问题一并裁决，相关被申请人如果对管辖权有异议，还能尝试“撤销仲裁裁决书”程序。

（七）担保合同的管辖

最后说说担保合同的管辖问题。

依据《民法典担保部分解释》第21条[②]第2款的规定，债权人一并起诉债务人和担保人的，应当根据主合同确定管辖法院。但如果主从合同中有一个合同有仲裁协议的，那就要分别处理。

实践中也有担保人可能出于拖延时间的目的提出管辖权异议，例如，明明按照主合同起诉受理的案件，主张“应当依据‘原告就被告’原则确定管辖”，提起管辖权异议。[③]

三、保理人的请求

当保理人可以行使追索权的时候，就涉及保理人的请求问题。无追索权保理人在特定情形下也可以行使追索权。保理人的诉请（仲裁请求）决定了对手方的责任承担与分配。如何合理组织诉请（仲裁请求），有赖于对追索权与应收账款债权关系的理解。

（一）追索权与应收账款债权的关系

保理人只有在能够行使追索权与应收账款债权的时候，才需要讨论两个

---

① 例如在某案件中，法院在2018年4月收到管辖权异议，2018年5月驳回管辖权异议，2018年7月二审维持。但原告随后追加了被告，新的被告提出管辖权异议，2018年12月驳回，2019年4月二审维持。前后管辖权异议花了1年时间。

② 《民法典担保部分解释》第21条规定：主合同或者担保合同约定了仲裁条款的，人民法院对约定仲裁条款的合同当事人之间的纠纷无管辖权。债权人一并起诉债务人和担保人的，应当根据主合同确定管辖法院。债权人依法可以单独起诉担保人且仅起诉担保人的，应当根据担保合同确定管辖法院。

③ 参见最高人民法院民事裁定书，（2019）最高法民辖终29号。

权利的关系问题。保理人需要举证证明起诉时已经出现了明确的回购事由，同时应收账款债权的金额能够确定，履行期限已经届满，否则不存在讨论两个权利之间关系的事实前提。

1. 同时“享有”两个权利?

《民法典》第766条规定，当事人约定有追索权保理的，保理人可以向应收账款债权人主张返还保理融资款本息或者回购应收账款债权，也可以向应收账款债务人主张应收账款债权……显然，保理人是可以同时享有两个权利的。

2. 同时“行使”两个权利?

实践中主要的问题还是在于是否可以同时“行使”两个权利。从立法论视角出发，《民法典》中的“可以……也可以”含义并不统一，有的是指可以同时行使两个权利（如《民法典》第688条第2款[①]允许主债权人同时行使主债权和连带保证债权），有的是指只能择其一行使（如《民法典》第752条[②]要求出租人要么主张租金，要么解除合同取回标的物）。需要注意，《民法典担保部分解释》第66条第2款规定，保理人分别起诉债权人或债务人的，人民法院应当受理，一并起诉的，可以受理。一个“应当”，一个“可以”，撇开管辖问题不谈，单从文义上足见两个权利并非一定可以同时行使。部分地区的司法政策也持反对意见。[③] 从合同起草视角出发，需要注意是否

① 《民法典》第688条第2款规定：连带责任保证的债务人不履行到期债务或者发生当事人约定的情形时，债权人可以请求债务人履行债务，也可以请求保证人在其保证范围内承担保证责任。

② 《民法典》第752条规定：承租人应当按照约定支付租金。承租人经催告后在合理期限内仍不支付租金的，出租人可以请求支付全部租金；也可以解除合同，收回租赁物。最高人民法院指出，“支付全部租金与解除合同、收回租赁物两种救济途径出租人只能择一行使”，参见最高人民法院民法典贯彻实施工作领导小组主编：《中华人民共和国民法典合同编理解与适用（三）》，人民法院出版社2020年版，第1704页。

③ 例如，《北京市高级人民法院民二庭关于当前商事审判中需要注意的几个法律问题》（2015年）在第三部分“关于涉保理的合同纠纷”中指出“公开型、有追索权的保理。保理商（商业银行或商业保理企业）在应收账款到期后不能收回保理融资款的，有权依照保理合同约定选择向应收账款债权人或债务人主张权利。如果保理商（商业银行或商业保理企业）先行选择起诉应收账款债务人要求其偿还应收账款而债务人未予偿还的，保理商可以再行起诉应收账款债权人，要求其回购应收账款”。但在司法实践中，北京地区并不乏允许同时行使两个权利的案件，例如北京市高级人民法院民事裁定书，（2019）京民辖终196号。

明确约定“同时享有两个权利”和“同时行使两个权利”。

笔者认为，协调不了管辖矛盾，“可以同时行使两个权利”怕是镜中花、水中月。

3. “多退少补”的清算关系

《民法典》第766条后半段规定，保理人向应收账款债务人主张应收账款债权，在扣除保理融资款本息和相关费用后有剩余的，剩余部分应当返还给应收账款债权人。这便是保理人的清算义务。

“剩余部分”可包括账户存款以及未受偿的逾期应收账款债权。举例如下：保理融资本金90万元，融资利息10万元，应收账款债权120万元。(1) 如果应收账款债务人到期支付120万元，则“剩余部分”仅包括120万－90万－10万＝20万元存款现金；(2) 如果应收账款债务人支付了100万元，则“剩余部分”仅包括120万－100万＝20万元未获清偿的应收账款债权；(3) 如果应收账款债务人支付了110万元，那么需要返还的“剩余部分”包括存款110万－90万－10万＝10万元存款，以及120万－110万＝10万元未获清偿的应收账款债权。

追索权金额会随着时间的变迁而增加，倘若金额超过应收账款金额，那么届时就不存在“剩余部分”，保理人就不必向应收账款债权人返还任何财产。当事人对追索权约定限额的，不影响保理合同性质认定。[①]

4. 谁还钱，偿何债?

(1) 债权人付款，清偿何笔债务?

应收账款债权人付款的，清偿的是保理合同项下的债务（回购债务），并不清偿应收账款债务。应收账款债权人付款的，应收账款债权数额原封不动，清偿回购债务后，依据当事人的约定，应收账款债权会完整地转让给应

① 参见2022年度无锡法院金融审判十大典型案例之案例5“A融资公司与B公司保理合同纠纷案”，无锡市锡山区人民法院民事判决书，(2021) 苏0205民初3199号。该案中，保理合同约定追索权最大值为应收租赁款转让金额总额的11%。应收账款债权人公司辩称，因双方对追索权上限进行了约定，不能适用《民法典》有关有追索权保理的法律规定。法院认为，当事人有权在保理合同中对追索权上限进行合法有效的约定。该约定不能否定该保理合同有追索权的性质。

收账款债权人。

需要注意的是，在保理法律关系中，应收账款债权人并不负有对应收账款债权的保证担保责任。有的保理合同约定，应收账款债权人需要就应收账款债权承担保证或连带责任，这属于让应收账款债权人负担了新的债务/责任，依据《民法典担保部分解释》第9条的精神，彼时保理人宜取得应收账款债权人同意承担连带债务的决议。

（2）债务人付款，清偿何笔债务？

应收账款债务人付款的，清偿的是应收账款债权（应付账款债务）。

保理人收取应收账款后自愿视为回购债务等额免除，是基于保理人与应收账款债权人的约定，与应收账款债务人的意志无关。除非另有约定，否则应收账款债务人不是保理回购债务的当事人。①

除非明确约定，否则应收账款债务人没有义务清偿保理合同项下的债务。实践中，有些“三方”保理合同会约定由应收账款债务人对应收账款债权人的回购债务承担连带责任，这属于让应收账款债务人负担新的连带债务，保理人宜取得应收账款债务人签订保理合同的决议。

（3）担保人付款，清偿何笔债务？

保理合同产生保理融资债权/债务，基础交易合同产生应收账款债权/应付账款债务，所以，保理业务项下的担保，要找对其所担保的主合同。需要注意的是，担保人担保保理合同的，并不天然担保应收账款债权。担保人仅担保保理合同，保理人起诉应收账款债务人的，担保人不承担责任。

5. 连带责任问题

接下来的问题就是，在有追索权保理合同中，应收账款债务人付款会导致回购债务减额，那对于保理人来说，应收账款债务人与应收账款债权人是不是连带债务人呢？

---

① 有观点认为，保理“存在两个合同、三方当事人”，因而认为应收账款债务人也是保理合同的当事人。但合同法上以合同相对性为原则，向第三人履行、由第三人履行、债权转让等涉及第三人的合同法律现象，都不影响第三人的原始法律地位。

在前《民法典》时代，持两种观点的判例都有。[①] 最高人民法院在《民法典担保部分解释》（征求意见稿）第64条第2款曾规定："当事人约定有追索权的保理，保理人以应收账款债权人和债务人为共同被告提起诉讼，请求承担连带责任的，人民法院应予支持……"但正式稿未保留，全文其他条文也未提及二者的连带债务关系，可见最高人民法院未采纳连带责任说。

笔者认为，应当区分是否适用《民法典》第763条，分别讨论。

（1）应收账款债权真实，并非连带

如前所述，应收账款债务人还款的，确实可以导致保理融资债务（回购义务）被清偿，但判断是否构成连带债务关系，要看完整的法律后果，而非着眼于"债务是否清偿"。

应收账款债务人付款后，不能对应收账款债权人享有任何追偿权，因为应收账款债务人无论付多少钱，都是在履行自己的债务（如支付货款、租金），与《民法典》连带债务的基本构造不符。[②]

应收账款债权人付款的，甚至都不会导致应收账款债权减额。应收账款债权人而后向应收账款债务人主张债权的理据，并非连带债务的追偿权，而是回购后取得的应收账款债权。

因此，对于保理人来说，二者不属于连带债务人。

（2）应收账款债权虚构，可能连带

在适用《民法典》第763条的情形下，为了避免结果上的不公，应收账

① 认可连带责任的典型案例，可参见福建省南平市中级人民法院民事判决书，（2015）南民初字第80号。法院认为，应收账款转让的目的在于清偿保理预付款本息或担保保理预付款本息得到清偿，故应收账款债权转让系为保理预付款本息清偿作担保，其与保理预付款为担保与被担保关系（让与担保关系）。基于债权让与担保的从属性，被告应收账款债务人应在其所负债务5 445 578.60元范围内，对应收账款债权人对保理人所负债务承担连带清偿责任。据笔者观察，福建省是较早成规模认可有追索权保理合同系融资+债权让与担保法律关系的省份。

否认连带责任的典型案例，可参见杭州法院金融审判典型案例（2018~2023年）案例9。杭州市西湖区人民法院认为，应收账款债权人与应收账款债务人对保理人的义务不存在连带关系，两项债务产生的原因并不相同，金额亦不相同。并且，追索权的功能相当于应收账款债权人为债务人的债务清偿能力提供了担保，债权人应当对债务人不能清偿部分承担补充赔偿责任，而非等额付款责任。

② 《民法典》第519条第2款规定：实际承担债务超过自己份额的连带债务人，有权就超出部分在其他连带债务人未履行的份额范围内向其追偿，并相应地享有债权人的权利，但是不得损害债权人的利益。其他连带债务人对债权人的抗辩，可以向该债务人主张。

款债权人与应收账款债务人应当在保理合同债务范围内承担连带责任。

举例说明：应收账款债权人与应收账款债务人虚构应收账款1000万元，有追索权保理人支付保理融资款900万元，保理回购义务合计950万元。倘若允许保理人请求应收账款债务人支付1000万元，那实际支付后所剩的50万元（1000万－950万＝50万元）如何处理，是一个难题。

如果依据《民法典》第766条的规定返还给应收账款债权人，相当于应收账款债权人因欺诈行为反而获益50万元，显然不公平。

有朋友会说，返还后再要求应收账款债权人返还不当得利不就行了。这一做法合乎法律规定，但彼时的应收账款债权人往往处于经营困难的境地（破产、“跑路”），应收账款债务人显然会蒙受不必要的损失。

若保理人拒不返还，则有违《民法典》第766条规定的清算要求。而《民法典》已经废止了人民法院“收缴”制度，[①] 因而最妥善的解决方法，就是判决应收账款债权人和应收账款债务人在回购义务范围内，承担连带责任。

（3）“不真正连带”问题

在应收账款债权真实的前提下，应收账款债务人基于基础交易合同付款，应收账款债权人基于保理合同付款。虽然二者基于不同的“原因”付款，但二者任意一人的付款均可产生清偿保理融资债务的效果（并不产生法定移转或追偿），所以实践中，应收账款债权人和应收账款债务人之间曾被认为构成“不真正连带债务”[②] 关系。

---

① 《最高人民法院关于贯彻执行〈中华人民共和国民法通则〉若干问题的意见（试行）》（已失效）第163条第1款规定：在诉讼中发现与本案有关的违法行为需要制裁的，可适用《民法通则》第134条第3款规定，予以训诫、责令具结悔过、收缴进行非法活动的财物和非法所得，或者依照法律规定处以罚款、拘留。

② 持“不真正连带债务”观点的典型案例，可参见上海市第二中级人民法院民事裁定书，(2016) 沪02民终5896号。该案系保理人单独起诉应收账款债务人的买卖合同纠纷（保理人另行在其他法院起诉应收账款债权人行使追索权），法院虽然没有采用“不真正连带”字眼，但认为“虽然两案所涉金额相同，但法律性质上属于多个债务人基于不同原因产生同一给付内容的数个债务，在债务人均未履行给付义务的情况下，债权人可以针对不同发生原因的债务人选择行使不同的请求权”。并指出“原审法院认为保理人的债权形式上得到两次受偿机会，不应予以支持的观点，有所不当，法院应对与双方当事人之间债权债务有关的事实进行审查”。因而裁定撤销原判，发回重审。

在前《民法典》时代，应收账款债权人与应收账款债务人因虚构应收账款债权而产生的侵权债务，有观点认为构成“不真正连带债务”。[①] 而在《民法典》时代，暂未见采用不真正连带债务思路分析的裁判文书。学理上，因连带债务理论的不断发展，孕育不真正连带债务学说的理论环境已经发生变化，该学说正被学界扬弃。在实际案件的处理结果上，是否承认或采纳“不真正连带之债”理论，影响不大。

6. 补充责任问题

实务中，一些保理文本载明应收账款债务人是“第一还款来源”，导致一些法院认为应收账款债务人应当承担“第一顺位”清偿责任，其他责任人承担“补充（清偿）责任”,[②] 因而形成责任顺位。

“补充责任”的特点在于承担责任有劣后优势，但这种构造并未落实到程序法上。例如补充责任人并不能主张“应当先保全或强制执行优先顺位责任人”，也不能主张“在强制执行中应当先执行优先顺位责任人，‘终本’后才能执行己方”。而同样注重责任承担顺序的一般保证人则享有先诉抗辩权，司法解释为此赋予一般保证人充分的程序优待。[③] 补充责任人并无追偿权，意味着补充责任人承担的就是自己的责任，并不会出现“超额担责”的追偿问题。综上，没有程序法规则的保护，“补充责任”与按份责任乃至连带责

① 参见湖南省高级人民法院民事判决书，（2016）湘民终151号。法院认为，虽然应收账款债务人与保理人之间并无直接的合同关系，其应承担的民事责任是基于侵权行为而产生，但其应当承担的侵权责任与应收账款债权人应承担的合同责任系基于不同的发生原因而产生的同一内容的给付，二者之间构成不真正的连带债务关系，故应收账款债务人应对应收账款债权人不能清偿的部分承担赔偿责任。

② 典型案例参考最高人民法院民事裁定书，（2020）最高法民申2966号。最高人民法院认为，应收账款债务人浙×公司、正×公司、发×公司均向保理人出具了《应收账款转让通知书》的回执，表明已知悉应收账款债权已经由应收账款债权人转让给了保理人，将按时足额向保理人履行还款义务，实际也已部分履行该义务。应收账款债权人在应收账款债务人未履行还款义务的情况下，应收账款债权人应当向保理人承担补充清偿责任。

③ 《民法典担保部分解释》第26条规定：一般保证中，债权人以债务人为被告提起诉讼的，人民法院应予受理。债权人未就主合同纠纷提起诉讼或者申请仲裁，仅起诉一般保证人的，人民法院应当驳回起诉。一般保证中，债权人一并起诉债务人和保证人的，人民法院可以受理，但是在作出判决时，除有《民法典》第687条第2款但书规定的情形外，应当在判决书主文中明确，保证人仅对债务人财产依法强制执行后仍不能履行的部分承担保证责任。债权人未对债务人的财产申请保全，或者保全的债务人的财产足以清偿债务，债权人申请对一般保证人的财产进行保全的，人民法院不予准许。

任实则无异。

补充责任说也会影响保证金的冲抵。实践中，为体现应收账款债权人“补充责任”的顺位特征，有判决将担保保理合同债务的保证金用于先行冲抵应收账款债务人的应付账款债务。①

7. 保理人的解除权

一些保理合同约定，当出现特定的情形（往往与回购情形相同），保理人享有解除保理合同的权利。如此约定并无不可，只是需要注意解除后的法律效果。

解除的后果包括几个层面的问题：其一，解除之前应当履行的义务不受影响；其二，应当承担的违约责任也要继续承担；其三，解除之后原定应当履行的义务不必履行；其四，对已经履行的部分进行解除清算。清算的内容包括判断是否需要赔偿与返还原物。所以，保理合同解除后，应收账款债权人所承担的责任性质，会变得复杂。

例如，对于解除前未承担的责任，应当继续承担。对于解除后的责任，究竟是损害赔偿责任还是返还责任，如果没有约定明确，就会很麻烦。一旦解除，意味着保理人要主张两种不同性质的请求权，且实际的责任数额可能不会与不解除有太大差异。由于解除后的责任性质产生变化，担保人的担保责任承担是否也会受影响，也是实务中必须考虑的重要问题。②

① 参见2023年11月16日发布的“广东法院贯彻实施民法典典型案例”之案例8“界定保理合同清偿顺位——某金投公司与某住建公司等保理合同纠纷案”。该案中，保理人、应收账款债权人、应收账款债务人签订三方《工程保理合同》。应收账款债权人承担应收账款的回购义务并支付了保证金298.5万元。保证人对保理债务承担担保责任。法院认为，由债务人承担第一顺位的清偿责任，不能清偿部分由债权人承担补充赔偿责任，符合保理融资的行业共识，因此认为清偿顺序应为：由应收账款债务人支付尚欠应收账款回收款，保证金冲抵，保证人对保证金冲抵后尚欠部分承担连带清偿责任；仍不能清偿部分，由应收账款债权人承担补充赔偿责任。

② 参见中国（上海）自由贸易试验区司法服务保障白皮书（2013～2023年）中金融领域典型案例“远东国际融资租赁有限公司诉上海海寓公寓管理有限公司等保理合同纠纷案”，上海市浦东新区人民法院民事判决书，（2020）沪0115民初59865号。该案中，保理人、应收账款债权人、应收账款债务人签订三方《有追索权保理合同》。应收账款债权人未按约支付回收款，属于“回购事件”。涉案《有追索权保理合同》明确约定了损失赔偿范围包括回收款损失以及相应违约金。在审理过程中，保理人明确合同解除后应收账款债权归应收账款债权人。因担保合同有约定，法院判决保证人在解除后的损害赔偿责任范围内承担保证担保责任。

（二）如何主张权利

1. 分别主张

在两诉（两请求）无法在同一个机构受理的时候，单独分别主张追索权或者应收账款债权，成了保理人无奈的选择。单独主张其中一项权利，是否会影响以及如何影响另一项权利的主张，是司法实践中需要考虑的重要问题。

（1）仅向应收账款债权人主张

追索权的具体内容，一般是要求应收账款债权人承担回购义务，也就是支付回购款。回购款的构成依据合同约定确定，一般包括保理融资本金、利息、实现债权的费用等。融资“利息”的叫法与组成有很多，出于“不得从事借贷业务”的监管敏感性，保理人在商务上拒绝采纳“融资利息”的概念，而一般采用服务费、管理费、手续费等表述。《民法典》第762条采用的是“报酬”的表述，[①] 第766条采用的则是“保理融资款本息”的表述。

实践中的问题是，主张追索权获得支持后，保理人能否再另案主张应收账款债权？是否会导致保理人丧失应收账款债权？相信所有保理人都不希望得到否定性的答案，但实践中确有判例认为，“保理人已经在另案中请求应收账款债权人就该应收账款债权承担回购责任，另案生效判决已经支持了其诉讼请求，在此情形下，保理人对应收账款债务人不再享有该笔应收账款债权，故保理人又在本案中诉请应收账款债务人清偿债务缺乏请求权基础”[②]。鉴于实践中确实有这种对保理人不利的观点，保理合同宜明确应收账款债权反转让的时间。

（2）仅向应收账款债务人主张

保理人主张应收账款债权的，不以诉前通知应收账款债务人为必要，也就是说没有通知应收账款债务人的，不宜影响立案。此前未通知的（常见于

---

① “报酬”的叫法应该是与《民法典》第470条相呼应。《民法典》第470条规定，“合同的内容由当事人约定，一般包括下列条款……（五）价款或者报酬……”

② 参见最高人民法院民事裁定书，(2017) 最高法民申132号。该案二审判决书是湖南省高级人民法院民事判决书，(2016) 湘民终516号。

暗保理业务），一般以应收账款债务人收到民事起诉状副本之日为通知到达之日。

实践中有疑问的是，保理人单独起诉应收账款债务人的，保理人主张的应收账款债权金额是否局限于追索权（回购债务）的金额？例如，应收账款债权是100万元，回购债务是90万元，单独起诉应收账款债务人的，法院可支持的应收账款债权是100万元还是90万元？实践中存在矛盾的判例。有判例认为，因保理人负有清算义务，所以主张应收账款债权应当限定在保理融资债务范围内。[①] 也有判例认为，保理合同债务的结算问题，不影响应收账款债权的完整主张。[②] 这一争议，宜在保理合同中正面回应。实践中也有保理人向应收账款债务人主张“支付保理融资款本息”并获法院支持的案例。[③]

（3）单独主张担保权

单独主张担保权包括主张保证担保权与担保物权。

单独起诉保证人的，需要注意保证人的身份。如果是“一般保证人”，注意保证人享有先诉抗辩权。直接单独起诉一般保证人，可能会被驳回起诉，[④]

① 参见最高人民法院民事裁定书，（2018）最高法民申1479号。该案中，最高人民法院认为，“有追索权的保理业务所包含的债权转让合同的法律性质并非纯正的债权让与，在保理商行使追索权的情况下，其不应再享有超出保理款部分的债权。本案保理人行使追索权后，其对应收账款债务人所能主张的权利范围应限缩至其支付给应收账款债权人的4000万元保理款及相应利息的范围内”。“关于应收账款与保理款差额部分的权利归属问题。如前所述，保理人行使追索权后，其对应收账款债权与保理款之间的差额部分就不再享有权益。”

② 参见最高人民法院民事裁定书，（2019）最高法民申2686号。该案中，最高人民法院认为，“保理合同项下8000万元保理融资贷款本金及利息是否已经足额归还，不影响保理人依据债权转让向应收账款债务人主张债权。故应收账款债务人主张保理人对其享有的债权范围应以保理融资贷款本息为限没有合同和法律依据”。

③ 典型案例参见2024年“山东法院民法典适用典型案例150”。该案裁判要旨为：“保理商在保理期限届满未收回应收账款时，既有权要求应收账款债权人回购债权或返还保理融资款本息，也有权要求应收账款债务人支付保理融资款本息，此为有追索权的保理合同，但保理商主张权利的范围应以保理合同约定的融资款本息和相关费用为限。”

④ 《民法典担保部分解释》第26条第1款规定：……债权人未就主合同纠纷提起诉讼或者申请仲裁，仅起诉一般保证人的，人民法院应当驳回起诉。

但这一规则并不绝对。[①] 如果是“连带责任保证人”，则没有那么多程序障碍。[②]

单独主张担保物权的，《民法典担保部分解释》第45条第2款第3项规定，债权人以诉讼方式行使担保物权的，应当以债务人和担保人作为共同被告。[③] 但这一规则也理应存在例外，例如，如果主合同或担保合同有仲裁协议，显然无法在诉讼程序中将债务人和担保人列为共同被告。此外，如果主债务在另案已经被法院查明，将主债务人列为被告的理据何在?[④] 如果主债务人破产了，单独起诉物权担保人有何不可?[⑤] 这些细节问题，在实践中都需要注意。

2. 同案主张

如果同一争议解决机构能够受理保理人实现追索权与应收账款债权的请

---

① 《最高人民法院关于审理民间借贷案件适用法律若干问题的规定》（2021年）第4条第2款规定，“保证人为借款人提供一般保证，出借人仅起诉保证人的，人民法院应当追加借款人为共同被告……”《民事诉讼法解释》（2022年）第66条规定，“因保证合同纠纷提起的诉讼，债权人向保证人和被保证人一并主张权利的，人民法院应当将保证人和被保证人列为共同被告。保证合同约定为一般保证，债权人仅起诉保证人的，人民法院应当通知被保证人作为共同被告参加诉讼；债权人仅起诉被保证人的，可以只列被保证人为被告”。

② 《民法典》第688条第2款规定：连带责任保证的债务人不履行到期债务或者发生当事人约定的情形时，债权人可以请求债务人履行债务，也可以请求保证人在其保证范围内承担保证责任。需注意，在前《民法典》时代，有的主债权人单独起诉主债务人，“终本”后又起诉连带责任保证人，有的法院认为如仅起诉债务人而未起诉保证人的，在诉讼过程中可追加保证人为共同被告，如其不追加保证人，即意谓（原文就是“谓”）对担保人保证责任的放弃，而被生效判决确定由债务人承担清偿债务责任后，则不能再行起诉保证人。因为债务仅能清偿一次，债权人不能重复受偿，不论债务人还是保证人只能是一方向债权人清偿债务。最终驳回起诉，二审维持。参见甘肃省天水市中级人民法院民事裁定书，（2012）天民二终字第00013号。如今，依据《民法典》第700条的规定，保证人承担保证责任后的法律后果包括法定移转取得所担保的主债权，所以不存在重复受偿问题。

③ 原《担保法解释》（2000年生效，2021年废止）第128条第1款也规定：“债权人向人民法院请求行使担保物权时，债务人和担保人应当作为共同被告参加诉讼。”

④ 参见广州市中级人民法院民事判决书，（2022）粤01民初629号。该案中，主债务经过广东其他法院判决书确认，原告起诉两个股权质押人，就处分特定股份所得价款享有优先受偿权。参见上海金融法院民事判决书，（2021）沪74民初2800号。该案中，主债务经过香港特别行政区高等法院判决确认。法院支持了原告就特定股权拍卖变卖所得价款优先受偿的请求。

⑤ 参见辽宁省沈阳市中级人民法院民事判决书，（2021）辽01民初3374号。该案中，因主债务人已经破产，唯一被告为抵押人。

求，则需要继续考虑《民法典》第766条规定的“多退少补”清算关系。

（1）模式一：主诉应收账款债权

此种模式下，保理人顺位在先的请求是要求应收账款债务人支付应付账款，后顺位请求是要求应收账款债权人承担回购责任。

此种模式下，关于应收账款债权的诉请，有细节上的区别。有的保理人要求应收账款债务人在“应收账款债权”金额内，承担“还本付息”的义务；① 有的判决认为应收账款债务人应当支付“应收账款”，但支付金额最高限额为“回购价款”。②

关于此种模式下应收账款债权人的责任，追索权/回购义务的诉请或判项也有一些细节上的问题。不少法院受（2017）最高法民再164号案裁判思路的影响，援引该判决认为“追索权的功能相当于应收账款债权人为应收账款债务人的债务清偿提供了担保，该担保与放弃先诉抗辩权的一般保证相当”，③ 进而认定应收账款债务人支付应付账款，应收账款债权人承担补充责任；④

---

① 参见天津市高级人民法院民事判决书，(2017) 津民初49号。该案中，原告主诉要求应收账款债权人偿还本息并要求担保人承担担保责任，对于应收账款债务人的诉请是“依法判令我应收账款债务人在原告已受让的应收账款范围内并按照交易合同相关条款向原告承担给付保理融资本息的义务”，最后法院判决结果是被告应收账款债务人以应收账款转让数额346 061 492.4元为限偿还所欠原告应收账款债权本金219 990 727.78元及相应利息（219 990 727.78元系保理融资款本金）。

② 参见北京市第三中级人民法院民事判决书，(2021) 京03民初112号。该案的“保理人”是某信托公司，所签订的合同虽然名义上不是“保理合同”而是《应收账款转让及回购协议》，但交易结构实质就是有追索权保理合同。

③ “一般保证说”具有相当的影响力。例如，2023年“合肥市中级人民法院金融审判十大典型案例”之8“有追索权保理业务中，保理人可以同时向应收账款债务人以及应收账款债权人主张权利——某保理公司诉乙公司保理合同纠纷一案”，法院认为“保理融资的第一还款来源为应收账款债务人对应收账款的支付，而应收账款债权人应承担的责任类似于一般保证责任。”

④ 此类案件可通过关键词“放弃先诉抗辩权”“保理”检索得到。典型案例可参见上海市第三中级人民法院民事判决书，(2021) 沪03民初689号。该判决书载明“追索权的功能相当于被告应收账款债权人为被告应收账款债务人的债务清偿提供了担保，该担保与放弃先诉抗辩权的一般保证相当。因此，参照关于一般保证的法律规定，被告应收账款债务人应当就其所负债务承担第一顺位的清偿责任，对其不能清偿部分，由被告应收账款债权人承担补充赔偿责任”。也有未提及“放弃先诉抗辩权”但也体现补偿责任精神的案例，参见2023年度广东法院贯彻实施民法典典型案例之8，该案中，法院认为应收账款债权人和应收账款债务人之间的清偿顺序应为：由债务人支付尚欠应收账款回收款，保证金冲抵，保证人对保证金冲抵后尚欠部分承担连带清偿责任；仍不能清偿部分，由债权人承担补充赔偿责任。

有的当事人直接要求应收账款债务人承担还本付息的债务，并要求应收账款债权人承担补充责任；[①] 有的判决书不提“补充”一说，直接判决“如应收账款债务人向保理人支付了应收账款，支付的部分在应收账款债权人的还款中予以扣除”；[②] 有的法院认定应收账款债权人在本息范围内承担回购义务，未提扣减之事。[③]

（2）模式二：主诉追索权

此种模式下，保理人顺位在先的请求是要求应收账款债权人承担回购责任，后顺位请求是要求应收账款债务人支付应付账款。

实践中，为了兼顾“多退少补”的关系，有的判决对追索权的金额进行了限制。例如，有判决认为应收账款债权人应当向保理人支付“回购债务扣减应收账款债权金额后的”剩余部分，[④] 有判决认为以受让的应收账款债权数额为限还本付息，[⑤] 还有判决认为“前述诉请第三项（支付应收账款诉请）包含在第一项（履行回购义务的诉请）诉讼请求中”[⑥]。此外，保理人在诉请

① 参见江苏省连云港经济技术开发区人民法院民事判决书，（2022）苏0791民初2404号。原告保理人原先诉请是“要求应收账款债权人还本付息，要求应收账款债务人承担连带责任”，后变更为“要求应收账款债务人还本付息，要求应收账款债权人承担补充责任”。最终法院支持调整后的诉请。

② 参见最高人民法院民事判决书，（2020）最高法民终155号；陕西省高级人民法院民事判决书，（2017）陕民初10号。一审判决未公开。该案二审维持一审判决。

③ 参见天津市高级人民法院民事判决书，（2017）津民初48号。法院的相关判决是“被告应收账款债权人对被告应收账款债务人的上述给付事项（支付应收账款的判决）在本金110 000 000元及利息（利息计算方式为……）范围内承担回购责任”。

④ 参见重庆市第五中级人民法院民事判决书，（2019）渝05民终4740号。该案原告诉请受限要求应收账款债务人支付应收账款，后要求应收账款债权人还本付息，诉请中未体现“多退少补”的关系。一审法院认为基础交易合同“由于双方未就所涉工程项目办理最终结算”，驳回针对应收账款债务人的诉请。二审法院查明事实后改判应收账款债权人于本判决生效之日起10日内向保理人支付上述第二项判决确定的债务总额（回购债务）扣减2 807 600元（应收账款债务）后的剩余部分。这一判决未考虑应收账款债务人的实际履行情况，而直接判决扣除应收账款债权金额，似有不妥。

⑤ 参见上海市第三中级人民法院民事判决书，（2021）沪03民初689号。

⑥ 参见广东省深圳前海合作区人民法院民事判决书，（2019）粤0391民初2475号。庭审中，原告释明主张应收账款债权人在其未收回的应收账款范围内承担回购款义务，即扣除保理人已收回的应收账款2 880 274.36元。但针对应收账款债务人的诉请，因应收账款债务人存在合法有效的抗辩，未予支持。

上主诉追索权的，人民法院依然可能在判决顺位上优先判决应收账款债务人支付应收账款，此类做法不属于“适用法律错误”。①

此外，在无法确认应收账款债务人尚欠多少应收账款的时候（常见于将有应收账款保理合同纠纷），可要求应收账款债权人履行回购义务，再要求应收账款债务人在应收账款债权人的回购债务范围内支付应收账款（如货款、租金、运费等）。在庭审过程中，能查明应收账款债权金额的，可依法及时调整针对应收账款债务人的请求。

综上所述，将何种权利请求列为首位，个案个议，并无对错优劣之分。保理人务必注意诉请对应权利的准确内容，避免混淆反串。

（三）融资本金的请求

1. “砍头息”问题

（1）何谓“砍头息”？

“砍头息”规则是指《民法典》第670条。该条规定，借款的利息不得预先在本金中扣除。利息预先在本金中扣除的，应当按照实际借款数额返还借款并计算利息。

举例说明：借款合同约定本金100万元，利息10万元，为计算便捷，实付借款本金90万元。到期后未还款的，到底是按照90万元还是100万元来确定计算基数，往往成为争议焦点。依据《民法典》第670条的规定，此时的本金按照90万元计算。当事人是自然人的，还可以依据《民法典》第679条②的规定主张本金为90万元。

---

① 参见最高人民法院民事判决书，(2020）最高法民终155号；陕西省高级人民法院民事判决书，(2017）陕民初10号。在一审程序中，保理人作为原告主诉要求应收账款债权人还本付息，最后一项诉请才是要求应收账款债务人支付应收账款。一审法院第一项判决要求应收账款债务人付款。应收账款债务人上诉理由之一就是这一做法“适用法律错误”。最高人民法院认为，“《国内保理业务合作协议》专门约定了保理人对应收账款债权人的追索权，在不能及时回收应收账款时给应收账款债权人施加了回购义务，此种设计相当于由应收账款债权人对应收账款债务人的清偿能力提供担保。在有追索权保理业务模式下，应收账款债务人是保理回款的首要来源，一审判决将应收账款债务人作为本案主债务人，处理正确，本院予以维持”。

② 《民法典》第679条规定：自然人之间的借款合同，自贷款人提供借款时成立。

（2）“砍头息”规则的影响

适用“砍头息”规则，会在法律上（而不是会计上）影响保理融资本金的认定。在监管或者金融视角中，保理不同于借贷，但在民法学视角下，仅就资金融通层面，“保理合同”适用“借款合同”的规则。理由在于当应收账款债权人需要履行回购义务的时候，回购义务与还款义务并无区别，依据《民法典》第467条第1款[①]的规定，适用借款合同的规则。

融资租赁合同中，出租人也会以各类名头收取各种费用，并以预扣方式扣收。例如，若买受价款是100万元，应当支付的费用为10万元（手续费、服务费、咨询费、调查费等），则出租人会要求承租人同意直接在买受价款中扣除10万元，即出租人仅需支付90万元的买受价款就可取得租赁物所有权。因为在法律关系上不同于借款合同，所以在融资租赁合同纠纷中，被扣收的10万元可能会被当作保证金处理，也有可能参考借款合同的计算方式算总账，若承租人实际承担的还款负担低于年利率24%（或LPR4倍），法院也可能不处理。

（3）“砍头息”的认定

那在什么情况下会被认定为“砍头息”呢？主要从两个方面判断，一是预扣款项的性质是否属于利息，二是扣收的时间是否构成“预”扣。

被预扣的款项名称五花八门，但只要是依据提供融资服务而收取的对价，无论叫什么，也无论会计上如何处理，都有可能被认定构成收取“砍头息”。款项的名称除保理使用费、保理手续费、保理管理费外，实践中还包括保证金、担保金[②]。实务中，为了掩人耳目，保理人也会与应收账款债权人另行

---

① 《民法典》第467条第1款规定：本法或者其他法律没有明文规定的合同，适用本编通则的规定，并可以参照适用本编或者其他法律最相类似合同的规定。这里的“本编”，是指合同编。

② 叫法不同，在财务处理上是有区别的。如果预收的是“利息”，则可以确认收入，这是“砍头息”的原动力。如果扣收的是保证金担保金，则不能确认收入。司法实践中，确有判例认为，预扣“保证金”不属于预扣利息。典型案例参见呼和浩特市中级人民法院民事判决书，（2016）内01民终753号。该案系借款合同纠纷，借款人另行与银行签订了《联保责任保证金协议》，并支付了保证金200万元。法院认为，“因联保责任保证金担保是基于联保体之间提供信用保证担保而缴存于银行的保证金担保，是联保授信业务的一种担保方式。该业务目前在商业银行中普遍存在，属于银行业务产品之一，该联保责任保证金担保未违反法律、行政法规的强制性规定，并不存在无效情形”。

签订其他合同（如咨询服务协议等）预收费用（咨询服务费），该费用是否也会被等同视为“砍头息”，关键看另一份合同收取的费用是否合理。这种操作在融资租赁业务等其他融资业务中也很常见。

扣收的时间，实践中有三种安排。第一类是在发放融资款前收取，第二类是在发放融资款时直接扣除而发放剩余（最典型的类型），第三类是在发放融资本金后不久收取全额利息。

实践中，收取“砍头息”但融资人提前还款的，是否需要返还多收取的利息，也存在争议。如果按照“砍头息”标准计算，此时的利息等于没有付过，应收账款债权人就需要根据实际使用融资款的天数付息。如果按照当事人约定的处理，保理人还需要返还多收取的息费。实践中有判例按照后者处理。①

收息人可以是保理人本身，也可以是案外人。

保理人需要结合自身财务管理制度及交易具体情况决定自身的收取方式。实践中，已有法院认定预收手续费而适用“砍头息”规则的案例。②

2. “统账”问题

实践中，有的保理人为“统账”，将过去多份保理合同项下未结清的款项整合计算后，重新归总签订了一份保理合同。这种“统账”的方式，在计算保理融资款本金的时候会带来诸多麻烦。③ 相关肇因，往往是保理人疏于

① 参见吉林省吉林市丰满区人民法院民事判决书，(2022) 吉0211民初581号。

② 参见人民法院案例库2024-08-2-483-007号案例“天津某信商业保理有限公司诉仁某国际贸易（上海）有限公司、上海仁某企业发展集团有限公司、某通控股股份有限公司、郭某泽其他合同纠纷案——保理人预收的融资利息应在融资本金中扣除”。

③ 参见天津市第三中级人民法院民事判决书，(2019) 津03民初170号；天津市高级人民法院民事裁定书，(2020) 津民终1140号。该案中，保理人表示该案所涉《国内保理业务合同》实际上系该公司通过将2017~2018年与应收账款债权人之间签订的保理合同中未结清的款项经过整合计算后，重新归总签订的合同，就该合同本身实际并未向应收账款债权人发放保理融资款项，涉案保理融资款项通过向以应收账款债权人名义开设的监管账户转账后自动回转至保理人账户内。对此，法院认为，保理人当庭自认上述合同系对前期双方签订保理合同整合累计后签订、相关保理融资款发放后就自动转回至保理人账户，上述合同相关保理融资款并未实际发放，故保理人在该案中所提出的要求应收账款债权人、保证人向其连带给付保理融资本金、利息、违约金、财产保全责任担保保险费、律师费等请求，缺乏事实和法律依据，一审法院无法支持。二审中，天津市高级人民法院认为，存在诸多事实问题没有查清，撤销原判，发回重审。

对法定充抵规则的了解，随性冲账。

《民法典》第560条规定，债务人对同一债权人负担的数项债务种类相同，债务人的给付不足以清偿全部债务的，除当事人另有约定外，由债务人在清偿时指定其履行的债务。债务人未作指定的，应当优先履行已经到期的债务；数项债务均到期的，优先履行对债权人缺乏担保或者担保最少的债务；均无担保或者担保相等的，优先履行债务人负担较重的债务；负担相同的，按照债务到期的先后顺序履行；到期时间相同的，按照债务比例履行。由此可见，保理人在核算请求金额的时候，务必严格遵循法律规定的要求制作台账；应收账款债权人在还款的时候，务必注意还款指向的具体债务，特别是在多笔债务一次性凑整支付的情况下。前述债务冲抵规则同样适用于担保人。

3. 举证问题

证明支付融资款的常见证据，是银行电子回单。对于保理人来说，不建议主动披露“砍头息”问题，对于应收账款债权人则相反。在计算本金的时候，涉及后续还款冲抵的问题。实践中，个别保理业务的实际还款人并非应收账款债权人本人。

（四）融资利息的请求

1. “利息”的表达

保理融资款本金以外的收益，叫法有很多，银行保理人选择“利息”较多，非银行保理人常选择“管理费”“使用费”“服务费”“手续费”等。不同的叫法的选择，与每家公司的财务管理制度有关，因为叫什么名字往往决定了这部分报酬会计入哪一项会计科目。选择不同的叫法，在税务上有实际意义，不同费项的税率不同。

2. 利息的上限

保理人可获得保护的利率标准为何，目前没有统一、明确的规定。不同地区、不同机构甚至同一机构在不同时期的口径，均有不同。

银行保理人可以准用《最高人民法院关于进一步加强金融审判工作的若

干意见》（法发〔2017〕22 号）第 2 条的规定,① 采用年利率 24% 的上限标准。“准用”的原因在于，该标准原先适用于金融借款合同。但鉴于金融贷款和保理都是银行常用的授信方式，且在新增“保理合同纠纷”之前，银行保理人的保理合同纠纷一般也被归于“金融借款合同纠纷”，更何况前述意见在 2021 年修改后依然没有修改利率上限，综上，适用于银行保理人的利率限定在年利率 24% 之内，是合理的。

关于非银行保理人，没有明确利率上限。最高人民法院只是列了一个负面清单。《最高人民法院关于新民间借贷司法解释适用范围问题的批复》（法释〔2020〕27 号）指出，“由地方金融监管部门监管的小额贷款公司、融资担保公司、区域性股权市场、典当行、融资租赁公司、商业保理公司、地方资产管理公司等七类地方金融组织，属于经金融监管部门批准设立的金融机构，其因从事相关金融业务引发的纠纷，不适用新民间借贷司法解释”。也就是说，非银行保理人的保理合同纠纷中的利率限制，不适用“LPR4 倍”的上限。但该批复只回答了半个问题，到底用什么上限，并没有统一的标准。在实践中，有的采用年利率 24% 的标准。② 商事仲裁委员会因为可以不受最高人民法院文件的约束而依然采用 LPR4 倍标准。

3. “场外”收费

实践中，不少保理人“巧立名目”，在保理合同之外收取其他费用，笔者称之为“场外收费”。该费用是否属于利息，一般看所收取的费用是否有独立的对待给付，也就是保理人是否提供过额外的服务，否则一般都按照利

① 《最高人民法院关于进一步加强金融审判工作的若干意见》（法发〔2017〕22 号）第 2 条规定：严格依法规制高利贷，有效降低实体经济的融资成本。金融借款合同的借款人以贷款人同时主张的利息、复利、罚息、违约金和其他费用过高，显著背离实际损失为由，请求对总计超过年利率 24% 的部分予以调减的，应予支持，以有效降低实体经济的融资成本。规范和引导民间融资秩序，依法否定民间借贷纠纷案件中预扣本金或者利息、变相高息等规避民间借贷利率司法保护上限的合同条款效力。

② 典型观点可参见茆荣华主编：《上海法院类案办案要件指南》（第 4 册），人民法院出版社 2021 年版，第 474 页。参见浙江省宁波市中级人民法院民事判决书，（2021）浙 02 民初 1297 号；山东省青岛市中级人民法院民事判决书，（2022）鲁 02 民初 263 号；云南省昆明市中级人民法院民事判决书，（2019）云 01 民初 1460 号；广东省深圳市中级人民法院民事判决书，（2020）粤 03 民初 2645 号等。

息处理。

以“咨询服务费”为例。实践中，一些保理人会与应收账款债权人在保理合同之外，额外签订一份《咨询服务合同》，以提供融资居间服务，进而收取“咨询服务费”。对此，有的法院认为“鉴于原告保理人系融资服务提供方，且咨询服务费系以保理融资款为基数按期支付，难谓原告保理人因提供居间服务而收取该笔费用”，因而认定“双方的真实意思表示实际为提高融资费率，咨询服务费也即原告提供保理融资所收取的利息”。但因为合计利息（年利率9.5%+咨询服务费年利率5.5%）“并未超出法律所规定的上限”，故对保理人要求应收账款债权人支付咨询服务费的诉请予以支持。[①] 这一思路值得关注。

4. 逾期利息

逾期利息是从应回购而未回购应收账款债权之时，开始起算的资金占用损失。

实践中，法院能够支持的最高利率一般不会超过年利率24%。实践中，部分仲裁委员会曾经也支持过日千分之一的利率标准。部分仲裁委员会会支持不超过LPR4倍的逾期利息。

在申请强制执行的时候，还可以申请强制执行一般债务利息以外的“法定迟延履行利息”，利率是日万分之一点七五。[②] 法定迟延履行利息的计算基数不包括任何利息性质的债务，且法定迟延履行利息不计入利率上限。

5. 计算问题

在案件承办过程中，利息的计算主要需要注意以下几点：

第一，年利率折算成日利率的，一年是按365日还是360日计算？原《最高人民法院关于贯彻执行〈中华人民共和国民法通则〉若干问题的意见

① 参见上海金融法院民事判决书，(2021) 沪74民初2584号。

② 《最高人民法院关于执行程序中计算迟延履行期间的债务利息适用法律若干问题的解释》第1条第3款规定：加倍部分债务利息的计算方法为：加倍部分债务利息=债务人尚未清偿的生效法律文书确定的除一般债务利息之外的金钱债务×日万分之一点七五×迟延履行期间。

(试行)》(1988 年生效，2021 年废止) 第 198 条第 1 款规定，当事人约定的期间不是以月、年第一天起算的，一个月为 30 日，一年为 365 日。《民法典》未保留。《中国人民银行关于人民币存贷款计结息问题的通知》(银发〔2005〕129 号) 第 3 条第 1 项规定，日利率 = 年利率 (%) ÷ 360。若保理合同里没有约定清楚年利率折算成日利率到底是除以 360 日、365 日还是 366 日，往往因为个案而存在争议。

第二，“先冲本还是先冲息”。一笔钱进来，不能清偿全部债务的，如何分配款项的冲抵顺序？这里还得要看《民法典》的冲抵规则。《民法典》第 561 条规定，“债务人在履行主债务外还应当支付利息和实现债权的有关费用，其给付不足以清偿全部债务的，除当事人另有约定外，应当按照下列顺序履行：(1) 实现债权的有关费用；(2) 利息；(3) 主债务”。应收账款债权人或应收账款债务人回款的，都有冲抵问题，在计算台账的时候务必注意。保证人承担保证责任的还款冲抵顺序，亦同。

第三，多笔业务都有逾期，先冲抵哪笔？签订了多份合同的，同一应收账款债权人付款进来，先冲“哪一笔业务”项下的“哪一笔本金或利息”，也会影响全局以及个案的金额计算。《民法典》第 560 条①有相应的规定，建议保理人在保理合同中明确约定。保证人承担保证责任的还款，亦同。

第四，“砍头息”问题。其实就是计算利息的本金到底是多少的问题，已如前述。

(五) 加速到期

1. 加速到期的含义

“加速到期”就是找个理由让应收账款债权人提前偿还保理融资债务，

---

① 《民法典》第 560 条规定：债务人对同一债权人负担的数项债务种类相同，债务人的给付不足以清偿全部债务的，除当事人另有约定外，由债务人在清偿时指定其履行的债务。债务人未作指定的，应当优先履行已经到期的债务；数项债务均到期的，优先履行对债权人缺乏担保或者担保最少的债务；均无担保或者担保相等的，优先履行债务人负担较重的债务；负担相同的，按照债务到期的先后顺序履行；到期时间相同的，按照债务比例履行。

可以理解为“提前回购”。加速到期并非法律术语。一般语境下的“加速到期”，是指由保理人发起的“提前回购”；如果应收账款债权人主动提前回购，则属于应收账款债权人行使提前清偿权。

应收账款债权/应付账款债务的加速到期，取决于基础交易合同的约定或典型合同法律规定。在实务中，股东出资的加速到期问题①、破产后的债务加速到期问题②也非常常见。

2. 法定加速到期

一些典型合同有法定加速到期事由。

例如，买卖合同（《民法典》第634条第1款规定：分期付款的买受人未支付到期价款的数额达到全部价款的五分之一，经催告后在合理期限内仍未支付到期价款的，出卖人可以请求买受人支付全部价款或者解除合同）。借款合同（《民法典》第673条规定：借款人未按照约定的借款用途使用借款的，贷款人可以停止发放借款、提前收回借款或者解除合同）。融资租赁合同（《民法典》第752条规定：承租人应当按照约定支付租金。承租人经催告后在合理期限内仍不支付租金的，出租人可以请求支付全部租金；也可以解除合同，收回租赁物）。担保合同（《民法典》第406条第2款规定：抵押人转让抵押财产的，应当及时通知抵押权人。抵押权人能够证明抵押财产转让可能损害抵押权的，可以请求抵押人将转让所得的价款向抵押权人提前清偿债务或者提存。转让的价款超过债权数额的部分归抵押人所有，不足部分由债务人清偿。第408条规定：抵押人的行为足以使抵押财产价值减少的，抵押权人有权请求抵押人停止其行为；抵押财产价值减少的，抵押权人有权

---

① 《公司法》第54条规定：公司不能清偿到期债务的，公司或者已到期债权的债权人有权要求已认缴出资但未届出资期限的股东提前缴纳出资。注意与《九民纪要》的区别。《九民纪要》第6条：【股东出资应否加速到期】在注册资本认缴制下，股东依法享有期限利益。债权人以公司不能清偿到期债务为由，请求未届出资期限的股东在未出资范围内对公司不能清偿的债务承担补充赔偿责任的，人民法院不予支持。但是，下列情形除外：（1）公司作为被执行人的案件，人民法院穷尽执行措施无财产可供执行，已具备破产原因，但不申请破产的；（2）在公司债务产生后，公司股东（大）会决议或以其他方式延长股东出资期限的。

② 《企业破产法》（2007年）第46条第1款规定：未到期的债权，在破产申请受理时视为到期。

请求恢复抵押财产的价值，或者提供与减少的价值相应的担保。抵押人不恢复抵押财产的价值，也不提供担保的，抵押权人有权请求债务人提前清偿债务。类似的还有质押相关的第432条、第433条、第443条、第444条）都有法定的加速到期事由。

保理合同并无法定的加速到期事由。

3. 实践问题

既然没有法定加速到期事由，保理人就只有依托合同约定才能顺利主张加速到期。保理人与应收账款债务人之间，也可以约定针对应收账款债权的加速到期。[①] 实践中，需要注意以下问题：

（1）加速到期事由合理性

常见的加速到期条件包括逾期支付特定比例的款项、交叉违约[②]、股东去世[③]等，但“常见”并不意味着“合法”，司法实践中，司法者依然需要审查加速到期事由的合理性。

关于合理性的判断，可以参考约定解除权的行权条件。《九民纪要》第47条规定，合同约定的解除条件成就时，守约方以此为由请求解除合同的，人民法院应当审查违约方的违约程度是否显著轻微，是否影响守约方合同目的实现，根据诚实信用原则，确定合同应否解除。违约方的违约程度显著轻

① 参见深圳市中级人民法院民事判决书，(2023) 粤03民终25168号。该案查明事实，保理人与应收账款债务人签订了《反向保理服务战略合作协议》，其中就约定发生下列任一情形的，甲方（保理人）有权随时要求乙方（应收账款债务人）偿还甲方已受让的应收账款：(1) 乙方发生本协议第6条规定的违约及预期违约事件；(2) 乙方与乙方供应商就甲方已受让的应收账款发生商务纠纷，影响甲方已受让的应收账款债权实现；(3) 甲方已受让的应收账款全部或任何部分被司法或行政机关或其他争议解决机关采取查封、冻结、执行等强制措施（但该等强制措施系甲方/甲方债权受让方申请采取或由于甲方/甲方债权受让方发生诉讼时，被其他第三方申请采取的情况除外）；(4) 乙方与乙方供应商取消、冲销、抵销应收账款；(5) 发生其他损害甲方在本协议及其他相关协议项下任何权益的情形或损害甲方已受让的应收账款项下任何利益的情形。

② “交叉违约”也不是法律术语，一般是指应收账款债权人或其他有关主体遭遇某种程度的诉讼，保理人就有权要求应收账款债权人提前回购。

③ 参见上海市高级人民法院民事裁定书，(2016) 沪民申2380号。该案中，保理人依据约定的加速到期条件“唯一股东去世”要求应收账款债权人提前回购。不久之后，应收账款债权人破产，管理人认为这属于提前清偿债务，主张应予撤销。法院未予认可。

微，不影响守约方合同目的实现，守约方请求解除合同的，人民法院不予支持；反之，则依法予以支持。需要注意的是，《民法典合同编通则解释》第26条①正在放宽解除事由“轻微程度”的限制。

（2）加速到期事由的“可量化”

在设计加速到期事由的时候，避免将是否“合理”完全沦为自由裁量权的靶子，务必注意标准是否可量化。以交叉违约为例，如果约定“重大诉讼”，则过于模糊；如果约定“涉案金额超过1000万元”，则属于量化标准。

（3）到期后的逾期利息

加速到期后的逾期利息计算基数为何，目前没有比较统一的标准。实践中的观点有两个，一个是按全部加速到期的融资本金②计付逾期利息，另一个是只能按照已经自然到期部分计付逾期利息。③ 建议保理合同中明确约定加速到期后的计算基数问题。

4. 其他注意事项

签发加速到期函件的时候，往往意味着今后会产生诉讼，因此相关金额

① 《民法典合同编通则解释》第26条规定：当事人一方未根据法律规定或者合同约定履行开具发票、提供证明文件等非主要债务，对方请求继续履行该债务并赔偿因怠于履行该债务造成的损失的，人民法院依法予以支持；对方请求解除合同的，人民法院不予支持，但是不履行该债务致使不能实现合同目的或者当事人另有约定的除外。该条虽然着眼于违反“从给付付义务”是否解除合同的问题，但“如果当事人约定将某一从给付义务作为合同解除的事由，只要不违反法律行政法规的强制性规定，应当尊重此种约定。赋予约定解除权是贯彻民法意思自治原则的体现”，参见最高人民法院民事审判第二庭、研究室编著：《最高人民法院民法典合同编通则司法解释理解与适用》，人民法院出版社2023年版，第302~303页。

② 在融资租赁合同纠纷中，租金包括“成本”以及“合理利润”，在计算逾期利息的时候，计算基数应当为“租金”而非“成本”。参见上海金融法院民事判决书，（2023）沪74民终610号。

③ 例如，有的法院认为“现原告主张以《宣布贷款提前到期函》送达日为还款日，起算违约责任，本院认为不妥。因原告虽向元大公司发送了《宣布贷款提前到期函》，但并未依约向其他担保人发送书面类似通知，且原告要求以《宣布贷款提前到期函》送达日为还款日，不给予任何合理筹款期限，对被告方过于苛刻。故本院不以《宣布贷款提前到期函》送达日为提前收贷后的贷款到期日。经审查斟酌，本院以原告来院提起诉讼之日为提前收贷后的贷款到期日。该日之前，原告仅能主张《借款合同》载明的借期内正常利息，该日之后，原告始能主张被告承担违约责任，支付罚息、复息”。参见浙江省绍兴市柯桥区人民法院民事判决书，（2015）绍柯商外初字第33号。

务必计算准确，避免与请求金额相矛盾。

（六）费用承担的请求

打官司所需支出、承担的费用问题，已经在本书“金钱成本”部分详细介绍过，因而本部分仅作复述式简介。

1. 诉讼费/仲裁费

诉讼费，就是“案件受理费”的通常叫法。诉讼费用（公告费、保全费）的承担建议均列为诉请，并列明费用名称，避免不必要的退费争议。仲裁费一般包括案件受理费和案件处理费，仲裁费的承担可以作为仲裁请求列明。

2. 保全费

在诉讼案件中，保全费属于诉讼费，建议在诉请中列明。在仲裁案件中，合同没有明确约定保全费的承担问题的，由仲裁申请人自担，且仲裁保全的保全费一般无法退还。

3. 保全担保费

除非合同有明确约定，否则保全担保费由原告或仲裁申请人自担。但实践中也有认为保全担保费属于必要支出而予以支持的案例。①

4. 公告费

无论是否有约定，均建议将公告费列为诉请或仲裁请求。

5. 律师费

除非合同有明确约定，否则律师费由原告/申请人自担。

6. 公证费

除非合同有明确约定，否则公证费由原告/申请人自担。

7. 法院代管款问题

代管款不是某种费用，严格来说跟诉请没什么关系，但与本主题有关，

---

① 实践中也有个别法院认为“关于二原告主张的保全担保费4425元，因该案诉讼系由被告未按时支付货款而引起，原告为此向保险公司交纳的该笔费用系原告支出的合理必要费用，属原告的损失，故本院予以支持”。参见重庆市云阳县人民法院民事判决书，(2021)渝0235民初7747号。

就借机一并介绍。

在审判程序中，人民法院可以开具缴费单据，允许相关债务人将应付款项先行付至法院代管款账户中。待判决书生效后，由法院直接划扣至相关当事人账户，免去了法院处理对待给付之诉的履行顺序顾虑，也有助于相关当事人及早脱离诉讼缠绕。

在强制执行程序中，人民法院一般先将强制执行所得款项汇入代管款账户，而后再进行分配，被执行人也可以主动将款项支付至法院执行账户。一般来说，被执行人破产的，执行申请人在被执行人破产前通过强制执行所得的款项，不属于破产企业的“个别清偿”,① 但留在法院账户内而未实际划扣的款项，依然属于破产财产。②

（七）票据保理请求

1. 案由选择

实践中需要注意，票据（有追索权）保理业务中，如果选择行使票据权利，则案由为《民事案件案由规定》“票据纠纷”项下的“票据付款请求权纠纷”、“票据追索权纠纷”或“票据利益返还请求权纠纷”。选择了“票据纠纷”，一般就无法在同案中再行行使追索权或应收账款债权。

如果是在保理合同纠纷中一并提起实现质权的诉请，则没有票据纠纷案由的上述问题。如果单独实现票据质权，则采用“质权纠纷”项下的“票据质权纠纷”案由。

2. 诉请组织

要求承兑人支付票据款以及利息损失（以票据款为基数，按 LPR 计付。

---

① 《破产法规定（二）》第 15 条规定：债务人经诉讼、仲裁、执行程序对债权人进行的个别清偿，管理人依据《企业破产法》第 32 条的规定请求撤销的，人民法院不予支持。但是，债务人与债权人恶意串通损害其他债权人利益的除外。

② 《最高人民法院关于对重庆高院〈关于破产申请受理前已经划扣到执行法院账户尚未支付给申请执行人的款项是否属于债务人财产及执行法院收到破产管理人中止执行告知函后应否中止执行问题的请示〉的答复函》(〔2017〕最高法民他 72 号）指出，人民法院裁定受理破产申请时已经扣划到执行法院账户但尚未支付给申请人执行的款项，仍属于债务人财产。

横跨2019年8月19日的，需要分段计算[①]）的，同时可以要求背书人承担连带责任。

实践中，被告为一人公司的，还可以列唯一股东为被告，要求唯一股东承担连带责任，但有观点认为“唯一股东”的“唯一股东”不再承担责任。[②]

主张实现票据质权的，注意实现质权的方法。虽然《民法典》第436条第2款规定了质权实现的一般方法，[③]也就是折价、拍卖变卖所得价款优先受偿。但票据有其特殊性，票据质权人本身也是一种持票人，出质人是否折价抵偿给质权人没有意义。至于拍卖变卖，依据《中国人民银行关于完善票据业务制度有关问题的通知》第2条第3款的规定，质押票据所担保的债务到期后，背书人未能如期履行债务时，被背书人依法实现质权，但不得将票据进行转让或者贴现。所以，留给票据质权人的唯一途径，其实就是直接行使票据权利。从这一点上说，票据转让背书与质押背书在实现票据权利的结果上，并无显著区别。

3. 行权顺序

票据保理业务中的“票据”，一般是指应收账款债务人向应收账款债权人开具的票据，保理人基于保理合同而背书受让该票据，所以，如果先行使了应收账款债权（包括起诉或向应收账款债务人提起仲裁），是否还能行使票据追索权，在实务中存在争议。从务实出发，宜优先行使票据权利。

4. 票据纠纷管辖

（1）地域管辖

关于票据纠纷的管辖，《民事诉讼法》第26条规定，因票据纠纷提起的

---

① 典型案例可参见北京市第一中级人民法院民事判决书，（2019）京01民初433号。该案对利息的计算表述是“自2018年11月20日起至2019年8月20日止，按照中国人民银行同期贷款利率计算，自2019年8月20日起至实际付清之日止，按照全国银行间同业拆借中心公布的贷款市场报价利率计算”。

② 典型案例可参见宁波市中级人民法院民事判决书，（2022）浙02民初258号。法院的理由是，出票人、承兑人长沙公司的股东并非票据追索权的主体，股东承担责任是因其子公司长沙公司未付款而被动地承担连带责任，并不能当然地认为该债务属于股东自己的债务。因此，股东的唯一股东、股东唯一股东的唯一股东均不应在该案票据追索权纠纷中承担连带责任。

③ 《民法典》第436条第2款规定：债务人不履行到期债务或者发生当事人约定的实现质权的情形，质权人可以与出质人协议以质押财产折价，也可以就拍卖、变卖质押财产所得的价款优先受偿。

诉讼，由票据支付地或者被告住所地人民法院管辖。

关于“支付地”，依据《最高人民法院关于审理票据纠纷案件若干问题的规定》第6条第2款的规定，票据支付地是指票据上载明的付款地，票据上未载明付款地的，汇票付款人或者代理付款人的营业场所、住所或者经常居住地为票据付款地。代理付款人即付款人的委托代理人，是指根据付款人的委托代为支付票据金额的银行、信用合作社等金融机构。

关于实现票据质权的管辖，由权利凭证持有人住所地人民法院管辖；无权利凭证的权利质权，由出质登记地人民法院管辖。

（2）级别管辖

票据纠纷的级别管辖没有特殊之处。

根据《最高人民法院关于调整中级人民法院管辖第一审民事案件标准的通知》（法发〔2021〕27号）、《最高人民法院关于调整高级人民法院和中级人民法院管辖第一审民事案件标准的通知》（法发〔2019〕14号）的要求，一般的案件中，“当事人住所地均在或者均不在受理法院所处省级行政辖区的”，基层人民法院一审审理0至5亿元的案件，中级人民法院一审审理5亿元至50亿元的案件，高级人民法院一审审理50亿元及以上的案件。“当事人一方住所地不在受理法院所处省级行政辖区的”，前述“5亿元”标准就变成1亿元标准。

（3）其他管辖

实践中，因为特定事件或者特定主体的特殊影响力，相关票据纠纷由指定法院管辖，具体个案个议。

（八）证据原件准备

诉讼请求或仲裁请求，需要有足够的证据予以支持。[①] 实践中，建议注意以下问题：

---

① 实践中，确有保理人无法提供合同原件而败诉，参见最高人民法院民事裁定书，（2018）最高法民申3054号。

关于物理意义上的原件，一般是指加盖油印印鉴的原件。纸质的复印件、彩色打印件不是原件。如果合同“一式多份”，拟提交给法院核查的原件应与作为证据的复印件保持一致，包括签字位置样式、印鉴位置样式乃至所填内容，都务必做到一一对应。电子签约的，没有纸质原件问题。

关于付款凭证，须准备银行电子流水凭证。对于邮件，需要携带移动设备能够现场翻阅查看相关原始邮件。仅用转发收到的邮件，不足以证明“客观性”（因为转发件可以更改原始邮件）。

关于微信聊天记录，截图之前最好调整相关微信用户的备注名称，格式建议为“名称—所在公司—职务”，以便法官快速识别微信用户身份。对方对微信聊天记录真实性提出异议的，需要提供微信聊天记录的原始载体也就是手机或者电脑。“合并转发”形式的微信聊天记录也需要查看原始聊天记录。

关于录音，务必整理录音的文字稿，注明每句话的内容与讲述人。每一次发言都要注明开始的时间。录音文件可以通过存储介质提供给法院。形成录音文件的原始设备，需要作为录音的原始载体出示，避免将转发、拷贝后的录音文件作为“原件”。

关于快递，如果快递所载文件具有独特的法律作用，例如通知、中断时效、使保证期间不再计算、加速到期等，建议进行公证。如果不公证，建议将快递交由邮政网点快递，取得加盖邮戳的寄出凭条，几日后再保存物流信息页面。

四、清算责任

如果应收账款债权人或债务人乃至担保人公司，在没有清偿债务或承担责任之前就违法注销，保理人就有必要考虑更换当事人，追究新当事人的“清算责任”。

（一）法律基础

1. 公司为何需要清算?

公司在出现法定事由的时候，就需要清算。[1] 而公司注销，并非都需要清算。[2]

《公司法》第232条规定："公司因本法第二百二十九条第一款第一项[3]、第二项[4]、第四项[5]、第五项规定而解散的，应当清算……"《公司法》第229条规定了公司解散的事由，其中第1项、第2项、第4项、第5项分别是"（一）公司章程规定的营业期限届满或者公司章程规定的其他解散事由出现""（二）股东会决议解散""（四）依法被吊销营业执照、责令关闭或者被撤销""（五）人民法院依照本法第二百三十一条[6]的规定予以解散"。

公司解散也有担保法上的意义。例如，担保人解散的，浮动抵押的抵押物确定，[7] 最高额担保的债权依法确定。[8]

2. 清算的法律后果

在实体上，清算后公司就会被注销（清算中的公司依然还是独立存在的民法主体），被注销意味着失去了民事主体资格。[9] 这意味着权利人在法律逻

---

① 在民法中，当出现合同无效、合同被解除、物上担保权的实现等法定事由，相关当事人就负有清算义务。产生清算义务，就意味着当事人之间的权利义务没有终止。所以，一些合同约定"有效期满，双方权利义务终止"，是有问题的。

② 《民法典》第70条第1款规定：法人解散的，除合并或者分立的情形外，清算义务人应当及时组成清算组进行清算。

③ 该项事由为"（一）公司章程规定的营业期限届满或者公司章程规定的其他解散事由出现"。

④ 该项事由为"（二）股东会决议解散"。

⑤ 该项事由为"（四）依法被吊销营业执照、责令关闭或者被撤销"。

⑥ 《公司法》第231条规定：公司经营管理发生严重困难，继续存续会使股东利益受到重大损失，通过其他途径不能解决的，持有公司10%以上表决权的股东，可以请求人民法院解散公司。

⑦ 《民法典》第411条规定：依据本法第396条规定设定抵押的，抵押财产自下列情形之一发生时确定……抵押人被宣告破产或者解散……

⑧ 《民法典》第423条规定：有下列情形之一的，抵押权人的债权确定……债务人、抵押人被宣告破产或者解散……

⑨ 《民法典》第72条第3款规定：清算结束并完成法人注销登记时，法人终止；依法不需要办理法人登记的，清算结束时，法人终止。

辑上就无法向原债务人或责任人追究民事责任。但投出去的“真金白银”总要有个说法，为此，与清算有特定关系的一些民事主体，需要为此付出代价，承担“清算责任”。

在实体上，“消灭一个旧主体，产生一堆新责任”。企业注销后无法“复活”，因而原始债务人在民法上不可逆地消灭。但特定主体因为违法的清算行为，将成为原债务的新责任人。

在程序上，清算责任的数额与原债虽然有关联，但责任性质发生了变化，因而管辖需要重新确定。实践中，甚至有债务人在诉讼（仲裁）程序中违法注销，相关管辖也需要“推倒重来”。

3. 清算责任的依据

《公司法》第232条第3款规定，清算义务人未及时履行清算义务，给公司或者债权人造成损失的，应当承担赔偿责任。

《公司法》第238条第2款规定，清算组成员怠于履行清算职责，给公司造成损失的，应当承担赔偿责任；因故意或者重大过失给债权人造成损失的，应当承担赔偿责任。

《公司法》第240条第3款规定，公司通过简易程序注销公司登记，股东对本条第一款规定的内容承诺不实的，应当对注销登记前的债务承担连带责任。简易清算的，投资人都会出具《简易注销全体投资人承诺书》[①]，承诺对清算责任承担某种民事责任。[②] 这些文书也属于清算责任的法律依据。

（二）清算责任人

需要承担清算责任的，包括“清算义务人”和“清算组成员”。除此之外，股东与实际控制人只要符合侵权责任的构成要件，也可以成为清算责任

---

① 参见2022年版的《市场主体登记文书规范》中的《简易注销全体投资人承诺书》。

② 《市场主体登记管理条例实施细则》第46条规定：申请办理注销登记，应当提交下列材料……清算报告、负责清理债权债务的文件或者清理债务完结的证明……第49条第1款：申请办理简易注销登记，市场主体应当将承诺书及注销登记申请通过国家企业信用信息公示系统公示，公示期为20日。

人。在简易清算中，股东是法定的清算责任人。

关于“清算义务人”，《民法典》第70条第2款规定，“法人的董事、理事等执行机构或者决策机构的成员为清算义务人。法律、行政法规另有规定的，依照其规定”。《公司法》“另有规定”。该法第232条第1款规定“董事为公司清算义务人”，且未区分股份公司与有限责任公司。因此，作为清算义务人的“董事”必然是清算责任人。

关于“清算组成员”，《公司法》在修法时亦有调整。《公司法》第183条规定“有限责任公司的清算组由股东组成，股份有限公司的清算组由董事或者股东大会确定的人员组成”。《公司法》第232条第2款规定“清算组由董事组成，但是公司章程另有规定或者股东会决议另选他人的除外”，且未区分股份公司与有限责任公司。在过去，清算组成员一定会有股东，偶尔会有实际控制人或者专业的财会人员。[①] 实践中，清算组组成人员的身份证信息一般可以在企业清算档案中取得。

其他责任人。如果股东或实际控制人不在清算组内，符合法定条件的其他人，依然可以承担清算责任。

（三）何以“违法”

违法清算行为指清算义务人或者清算组成员没有履行法定的清算义务，典型形态包括没有通知债权人申报债权，[②] 或者虚假承诺已经将债务结算完毕或没有债权债务。其他的违法清算行为，在《企业注销指引》“六、注销法律责任及有关规定提示”中均有提示（一共19项风险提示）。

---

① 需要特别注意的是，《企业注销指引》（2023年修订）在第三部分“企业清算流程”的“（一）成立清算组”中依然认为“有限责任公司的清算组由公司股东组成，股份有限公司的清算组由董事或者股东大会确定的人员组成”。背后的原因在于，《企业注销指引》于2023年12月21日生效，早于2023年12月29日颁布的新《公司法》。

② 《公司法》第235条第1款规定，“清算组应当自成立之日起十日内通知债权人，并于六十日内在报纸上或者国家企业信用信息公示系统公告……”在实践中需要注意，清算组发出的公告应当包括“债权申报公告”，而不仅仅是“公司注销公告”。

（四）案由与管辖

1. 案由

《民事案件案由规定》第284项案由就是“清算责任纠纷”。实践中还有采用“损害公司债权人利益责任纠纷”或者按照原始合同性质确定案由的做法。

“清算责任纠纷”不同于“申请公司清算”案由，后者适用于公司强制清算的非讼程序。

2. 管辖

虽然有独立案由，但清算责任本质是一种侵权责任，[①] 实践中几乎不可能与清算义务人协商管辖，所以暂不讨论协议管辖或仲裁协议问题。

依据《民事诉讼法》第29条的规定，侵权纠纷由侵权行为地或者被告住所地人民法院管辖。“被告住所地”已如前述。“侵权行为地”的认定标准，实务中有“公司违法注销地”[②]“债权取得地”[③] 的认定标准。实践中也有依据原始合同确定管辖的先例，但被最高人民法院明确反对。[④]

---

① 参见最高人民法院民事裁定书，（2023）最高法民辖35号、上海市高级人民法院民事裁定书，（2021）沪民辖256号。

② 参见最高人民法院民事裁定书，（2022）最高法民辖116号。该案为清算责任纠纷，最高人民法院认为，因上海××公司工商注册的登记地在上海市杨浦区，被吊销营业执照后的清算地一般也在上海市杨浦区，故原告起诉主张股东饶某、苏州××投资咨询企业（有限合伙）不履行清算义务的侵权行为地，可以认定为上海市杨浦区。

③ 参见最高人民法院民事裁定书，（2021）最高法民辖46号。该案为清算责任纠纷，初始纠纷因房屋租赁合同而发。最高人民法院认为，原告与××公司签订协议约定的用于餐饮经营商业用房位于北京市石景山区八角南里菜市场，原告提起诉讼称因在北京市石景山区履行合同取得对××公司的债权，原告主张的何某、黄某、袁某作为股东未履行清算义务侵害原告债权的结果，可以认定发生在北京市石景山区，北京市石景山区人民法院对该案具有管辖权。

④ 参见最高人民法院民事裁定书，（2023）最高法民辖35号。该案中，原始合同约定“任何一方均有权向受让方所在地的法院提起诉讼”。最高人民法院认为，该案系清算责任纠纷，并非公司债权回购合同纠纷，南京市栖霞区人民法院依据原始合同中的管辖约定来确定该案的管辖法院，并不妥当。清算责任纠纷属于侵权责任纠纷的范畴，应根据《民事诉讼法》关于侵权纠纷的地域管辖来确定管辖连接点。因××公司（被转让债权的债务人）住所地可以视为侵权行为地，××公司住所地位于江苏省南京市栖霞区，江苏省南京市栖霞区人民法院对该案具有管辖权，将该案移送处理不当。

而实务中比较极端的情况是，在仲裁程序中，公司作为被申请人违法注销，此时如何处理？如果要继续审理，那就要看侵权人与被侵权人（原始仲裁申请人）之间有没有仲裁协议，实践中不可能有。也有观点认为，违法清算后，实际上是由股东对公司进行债权债务的概括承受，依据《仲裁法解释》（2008 年）第 9 条，则原合同的仲裁协议继续约束清算责任人。[①]

如果在诉讼中出现被告违法注销的情况，可以与主审法官加强沟通，争取以变更被告的方式继续审理本案，减少诉讼成本。

（五）责任范围

各被告的责任范围就是原合同项下的债务。但需要注意的是，权利人此时行使的是“侵权损害赔偿请求权”，在诉讼请求中需要突出“赔偿”字样。

有多个清算责任人的，可以要求各责任人承担连带责任，但《九民纪要》对于小股东清算责任承担问题，有一定的优待。[②]

实践中，有的股东以“应当以出资为限承担有限责任”为由主张减免，但人民法院未予支持；[③] 有的股东认为存在冒名签字，自己并未参与注销该公司，人民法院未予支持；[④] 另外，没有参与实际经营的“小股东”，也会主

---

① 这一观点未被最高人民法院认同。参见最高人民法院民事裁定书，（2020）最高法知民终 163 号。该案中，合同有仲裁协议。债权人发觉被申请人公司违法注销后，主动撤回仲裁申请，并向合同履行地法院起诉。一审法院认为清算责任人依据清算报告，股东愿意在法律规定的范围内继续承担责任，因而依据《仲裁法解释》（2008 年）第 9 条的规定，认为应由仲裁委员会受理。最高人民法院本着诚信原则，要求一审法院受理。

② 参见《九民纪要》关于有限责任公司清算义务人责任的相关规定。

③ 参见临沂市中级人民法院民事判决书，（2022）鲁 13 民终 3410 号。被告（上诉人）股东认为，公司股东应以其认缴的出资额为限对公司承担有限责任，不应对公司法人所欠债务承担连带清偿责任。法院认为，在有限责任公司未经清算而被注销的情况下，全体股东作为清算义务人因不履行清算义务而需要对原公司债务承担责任，该责任承担的性质是公司法人人格被否认后的清偿责任。

④ 参见最高人民法院民事判决书，（2021）最高法知民终 2123 号。法定代表人黄某系公司实控人，在一审中未出席诉讼，声称注销过程中的签名都是他人冒名代签，并在二审中申请对注销过程中的己方笔迹进行鉴定。最高人民法院认为，“对于公司债权人而言，公司注销事宜是否由他人具体经办、法定代表人签名是否真实，属于公司注销中的内部责任问题，不影响公司股东对未经依法清算注销公司而应对外承担的责任。因此，本案也不存在对法定代表人签名真实性进行司法鉴定的必要性”。

张免责或仅承担一定比例的责任，而非对全部清算责任承担全部责任。[①]

五、强制执行

（一）强制执行概述

1. 执行机构

强制执行统一由人民法院办理。仲裁机构、公证处、律师事务所都没有直接强制执行的权力。实践中，需要结合执行管辖规则确定具体的人民法院。

2. 执行依据

申请强制执行，需要有执行依据。《最高人民法院关于人民法院执行工作若干问题的规定（试行）》第 2 条[②]罗列了常见的执行依据。

实践中，与保理合同相关的是民事判决书、民事调解书、仲裁裁决书、仲裁调解书、被赋予强制执行效力的公证债权文书，部分特别程序的民事裁定书（如实现担保物权的民事裁定书）也可以作为执行依据。

3. 执行措施及效力

（1）执行措施种类

针对财产的执行措施，常见是查封、扣押、冻结，简称“查扣冻”。“查扣冻”后，可进入变现环节，存款账户类直接划扣，其他财产通过拍卖变卖等方式变现。保全过程中采取的也是“查扣冻”措施。

针对人身的执行措施，被执行人是自然人的，可以进行拘传、罚款、拘

① 原指导案例 9 号指出，有限责任公司的股东、股份有限公司的董事和控股股东，应当依法在公司被吊销营业执照后履行清算义务，不能以其不是实际控制人或者未实际参加公司经营管理为由，免除清算义务。但该指导案例在 2020 年 12 月 29 日被最高人民法院废止。

② 《最高人民法院关于人民法院执行工作若干问题的规定（试行）》第 2 条规定：执行机构负责执行下列生效法律文书：（1）人民法院民事、行政判决、裁定、调解书，民事制裁决定、支付令，以及刑事附带民事判决、裁定、调解书，刑事裁判涉财产部分；（2）依法应由人民法院执行的行政处罚决定、行政处理决定；（3）我国仲裁机构作出的仲裁裁决和调解书，人民法院依据《中华人民共和国仲裁法》有关规定作出的财产保全和证据保全裁定；（4）公证机关依法赋予强制执行效力的债权文书；（5）经人民法院裁定承认其效力的外国法院作出的判决、裁定，以及国外仲裁机构作出的仲裁裁决；（6）法律规定由人民法院执行的其他法律文书。

留、限制出入境、限制高消费、信用惩戒（纳入失信被执行人名单）；被执行人是非自然人的，除信用惩戒外，还可以对被执行人的法定代表人、高管乃至实际控制人采取限制出入境、限制高消费的措施。

（2）执行措施效力

《最高人民法院关于人民法院民事执行中查封、扣押、冻结财产的规定》第24条规定，被执行人就已经查封、扣押、冻结的财产所作的移转、设定权利负担或者其他有碍执行的行为，不得对抗申请执行人。第三人未经人民法院准许占有查封、扣押、冻结的财产或者实施其他有碍执行的行为的，人民法院可以依据申请执行人的申请或者依职权解除其占有或者排除其妨害。人民法院的查封、扣押、冻结没有公示的，其效力不得对抗善意第三人。

可见，被民事"查扣冻"的财产，处分权在一定程度上被限制，这意味着被执行人并没有完全失去处分权限。"限制"的具体法律效力是，在彼此之间的合同效力不受影响，除非有明确规定，否则权利让与也不受影响（处分行为）。[①] 这一规则与《民法典》第406条[②]的精神相契合。"不得对抗申请执行人"的意思是，无论这个财产被谁取得，申请执行人都可以申请强制执行，但也有法律规定被查封的财产完全不得转让。例如，《城市房地产管理法》（2020年）第38条规定，"下列房地产，不得转让……（二）司法机关和行政机关依法裁定、决定查封或者以其他形式限制房地产权利的……"所以，买卖被查封的房产的，买受人一方面不能取得所有权，另一方面就

① 如果被冻结的是债权这种相对权，还需要考虑债务人的抗辩问题。债权转让合同不因标的债权被司法保全而无效。但是，在司法保全措施解除之前，债务人得向债权受让人主张债权被司法保全之履行抗辩；司法保全解除之后，债权受让人依法可以请求债务人履行债务。参见人民法院案例库2024-08-2-079-001号案例"天津某物资贸易有限公司诉惠州某石化有限公司、上海某阀门有限公司债权转让合同纠纷案——转让被司法保全之债权的法律效力认定"。

② 《民法典》第406条规定：抵押期间，抵押人可以转让抵押财产。当事人另有约定的，按照其约定。抵押财产转让的，抵押权不受影响。抵押人转让抵押财产的，应当及时通知抵押权人。抵押权人能够证明抵押财产转让可能损害抵押权的，可以请求抵押人将转让所得的价款向抵押权人提前清偿债务或者提存。转让的价款超过债权数额的部分归抵押人所有，不足部分由债务人清偿。在学理上，被采取强制执行措施的财产，相当于被设立了一个法定的担保物权，被执行人是担保人，申请执行人是主债权人兼担保物权人。

算“付全款”“实际占有”房屋了，也不能要求解除查封。[①] 也有观点认为，在执行查封、扣押、冻结后进行财产确权的，应当撤销确权判决或者调解书。[②]

被刑事“查扣冻”的财产，处分权被完全限制。《刑事诉讼法》第245条第1款规定，“公安机关、人民检察院和人民法院对查封、扣押、冻结的犯罪嫌疑人、被告人的财物及其孳息，应当妥善保管，以供核查，并制作清单，随案移送。任何单位和个人不得挪用或者自行处理。对被害人的合法财产，应当及时返还。对违禁品或者不宜长期保存的物品，应当依照国家有关规定处理”。

被行政“查扣冻”的财产是否有处分权限制问题，《行政诉讼法》未直接规定，但在第59条[③]强调隐藏、转移、变卖、毁损已被查封、扣押、冻结的财产的，“人民法院可以根据情节轻重，予以训诫、责令具结悔过或者处一万元以下的罚款、十五日以下的拘留；构成犯罪的，依法追究刑事责任”。

中登网可以查询强制执行登记，具体可以在官网首页“通知公告”模块下的“协助执行公告”栏查询。公告的内容包括法院名称、协助执行通知文号、动产信息、被执行人名称、查封冻结期限。公告一般都会载明限制转让

---

① 《最高人民法院关于人民法院民事执行中查封、扣押、冻结财产的规定》第15条规定：被执行人将其所有的需要办理过户登记的财产出卖给第三人，第三人已经支付部分或者全部价款并实际占有该财产，但尚未办理产权过户登记手续的，人民法院可以查封、扣押、冻结；第三人已经支付全部价款并实际占有，但未办理过户登记手续的，如果第三人对此没有过错，人民法院不得查封、扣押、冻结。

② 参见人民法院案例库2023－10－2－471－001号案例“某企业公司与俄罗斯某公司案外人执行异议之诉纠纷案——转让被人民法院冻结财产的效力判断”。

③ 《行政诉讼法》第59条规定：诉讼参与人或者其他人有下列行为之一的，人民法院可以根据情节轻重，予以训诫、责令具结悔过或者处1万元以下的罚款、15日以下的拘留；构成犯罪的，依法追究刑事责任……隐藏、转移、变卖、毁损已被查封、扣押、冻结的财产的……人民法院对有前款规定的行为之一的单位，可以对其主要负责人或者直接责任人员依照前款规定予以罚款、拘留；构成犯罪的，依法追究刑事责任。罚款、拘留须经人民法院院长批准。当事人不服的，可以向上一级人民法院申请复议一次。复议期间不停止执行。

的提示，但表述并不统一。[①] 人民法院的查封、扣押、冻结没有公示的，第三人可以依法善意取得被查封物所有权。[②]

（3）刑事犯罪

被执行人对外转让被“查扣冻”的财产，可能涉嫌构成“非法处置查封、扣押、冻结的财产罪”。《刑法》第314条规定，“隐藏、转移、变卖、故意毁损已被司法机关查封、扣押、冻结的财产，情节严重的，处三年以下有期徒刑、拘役或者罚金”。构成此罪的，不区分在民事、刑事抑或行政程序中进行的“查扣冻”。情节严重，是指非法处置行为有害于执行司法秩序，也就是影响了强制执行成效或程序，因而“处置”一词不限于“处分行为”，例如，房屋被查封后又出租，给执行工作带来障碍，可构成本罪；[③] 将被保全的财产进行“售后回租”，依然可构成本罪。[④] 买卖被查封的房产的，虽然所有权自始无法转移，但出卖人（被执行人）不构成合同诈骗罪。[⑤]

在案件进入强制执行阶段，人民法院查封、扣押、冻结的财产被非法处置导致不能执行的，属于拒不执行判决、裁定罪[⑥]与非法处置查封、扣押、冻结的财产罪的竞合。区分两罪的关键就在于行为人是否具有拒不执行法院

---

① 表述有：“查封期间不得为其办理买卖过户、转让、赠与、抵押登记等手续”“不得为上述财产办理产权过户、抵押登记等相关手续”“查封期间不得私自处理、变卖、抵押、抵债等”等。可见，在司法实践中，对于“查扣冻”的效力，一般理解是不能签订转让合同，也不能发生权利变动，更不能办理转让登记。

② 参见人民法院案例库2024-10-2-039-001号案例“中国某矿业总公司诉天津某进出口贸易公司、中某物流公司、中某国贸公司等排除妨害案——法院查封财产以及指示交付下善意取得的适用”。

③ 参见上海市第一中级人民法院刑事裁定书，(2018) 沪01刑终639号。

④ 参见山东省青州市人民法院刑事判决书，(2018) 鲁0781刑初543号。

⑤ 参见熊选国主编：《刑事审判参考》（第54辑），法律出版社2007年版。该案中，罗某房屋被查封，后罗某隐瞒该房屋被查封的事实，通过房产中介公司与案外人郭某签订房屋买卖合同，罗某据此收取购房预付款50万元。法院认为被告人罗某明知自己的房屋已被法院依法查封，仍擅自将被查封的房屋转卖给他人，情节严重，其行为已构成非法处置查封的财产罪。罗某因为具有一定履约能力且一直在为偿还欠款、解封房屋而奔走，买方郭某的损失亦可以通过其他途径得到救济且已经予以解决，因此不符合合同诈骗罪的构成要件。

⑥《刑法》第313条规定：【拒不执行判决、裁定罪】对人民法院的判决、裁定有能力执行而拒不执行，情节严重的，处3年以下有期徒刑、拘役或者罚金；情节特别严重的，处3年以上7年以下有期徒刑，并处罚金。单位犯前款罪的，对单位判处罚金，并对其直接负责的主管人员和其他直接责任人员，依照前款的规定处罚。

裁判的目的。有此目的的，可按照拒不执行判决、裁定罪定罪。[①]

4. 执行收尾

（1）执行完毕

执行所得款项到位，且执行过程中发生的诸多费用（如执行费）均执行到位的，执行完毕。

（2）“终本”

实践中最常见的情形是“终结本次执行程序”，就是常说的“终本”或“本终”。执行到最后无法清偿全部债务，法院往往会选择“终本”。“终本”必须将被执行人拉进失信人名单（“信用惩戒”[②]），对于自然人还需要进行限制出境（不限制入境）、限制高消费。对于企业失信人，法定代表人、主要负责人、影响债务履行的直接责任人员、实际控制人，也会被限制高消费。[③] 被执行人在执行程序中还可能被采取司法拘留、罚款等执行惩戒措施。发现有效的财产线索而申请恢复执行的，一般不受2年执行时效的限制。

① 亦可参见人民法院案例库2024－05－1－301－002号案例“苏州市某公司、艾某拒不执行裁定案——拒不执行判决、裁定罪与非法处置查封、扣押、冻结财产罪的界分”。该案裁判要旨指出，在案件进入强制执行阶段，法院查封、扣押、冻结的财产被非法处置导致不能执行的，属于拒不执行判决、裁定罪与非法处置查封、扣押、冻结的财产罪的竞合。对此，基于全面评价和罪责刑相适应原则的考量，可以适用拒不执行判决、裁定罪。

② 我国正在构建全面的信用惩戒体系，被列入失信人的民事主体，将在政府采购、招投标、行政审批、政府扶持、融资信贷、市场准入、资质认定等方面受到严格限制，详见每一年度的《全国失信惩戒措施基础清单》。

③ 《最高人民法院关于限制被执行人高消费的若干规定》第3条规定：被执行人为自然人的，被采取限制消费措施后，不得有以下高消费及非生活和工作必需的消费行为：（1）乘坐交通工具时，选择飞机、列车软卧、轮船二等以上舱位；（2）在星级以上宾馆、酒店、夜总会、高尔夫球场等场所进行高消费；（3）购买不动产或者新建、扩建、高档装修房屋；（4）租赁高档写字楼、宾馆、公寓等场所办公；（5）购买非经营必需车辆；（6）旅游、度假；（7）子女就读高收费私立学校；（8）支付高额保费购买保险理财产品；（9）乘坐G字头动车组列车全部座位、其他动车组列车一等以上座位等其他非生活和工作必需的消费行为。被执行人为单位的，被采取限制消费措施后，被执行人及其法定代表人、主要负责人、影响债务履行的直接责任人员、实际控制人不得实施前款规定的行为。因私消费以个人财产实施前款规定行为的，可以向执行法院提出申请。执行法院审查属实的，应予准许。

（3）执行和解

司法调解贯穿于整个司法程序，且只有在司法程序中形成的合法调解文书，才可以作为执行依据直接申请执行。在实务中，不少朋友会选择在取得执行依据之后、执行立案之前这个司法程序“真空期”进行调解并重新签订和解文书。这么做可能会“前功尽弃”，因为判后对债务的和解，形成了新的债务，原来的执行依据已经被取代，而新的调解文书并非法定的执行依据。

因而比较稳妥的做法是申请执行，并在执行程序中与被执行人达成执行和解协议，被执行人不履行执行和解协议的，申请执行人可以依法直接申请恢复执行原生效法律文书，也可以就履行执行和解协议向执行法院提起诉讼。[①] 实践中，有些法院在笔录中会要求当事人不得主张恢复执行，当事人务必多加注意。

（4）刑事惩戒

在执行环节发现被执行人涉嫌“拒不执行判决、裁定罪”和“非法处置查封、扣押、冻结的财产罪”的，可以要求执行法院移送公安机关处理，申请执行人也可以向公安部门控告。实践中，有些保全行为可能存在错误，但只要是未经合法程序解除[②]保全措施而处置财产的，就涉嫌构成犯罪。

5. 执行措施的期限

一般来说，银行存款的冻结期限不得超过1年，查封、扣押动产的期限不得超过2年，查封不动产、冻结其他财产权的期限不得超过3年。[③] 应收账款债权、股权属于“其他财产权”，执行措施的期限均不得超过3年。如果某个账户是专门用于收取某应收账款债权，也可能会归入“其他财产权”。

① 《最高人民法院关于执行和解若干问题的规定》第9条规定：被执行人一方不履行执行和解协议的，申请执行人可以申请恢复执行原生效法律文书，也可以就履行执行和解协议向执行法院提起诉讼。

② 《民事诉讼法解释》第165条规定：人民法院裁定采取保全措施后，除作出保全裁定的人民法院自行解除或者其上级人民法院决定解除外，在保全期限内，任何单位不得解除保全措施。

③ 《民事诉讼法解释》第485条第1款规定：人民法院冻结被执行人的银行存款的期限不得超过一年，查封、扣押动产的期限不得超过两年，查封不动产、冻结其他财产权的期限不得超过三年。

信用惩戒其实是有期限的,[①] 但司法实践中一般是永久性，限制出境与限制高消费亦同。

（二）执行管辖

不同的执行依据需要前往不同的法院申请强制执行。

1. 民事判决书/调解书

民事判决书与民事调解书均是由人民法院出具的，由出具该文书的人民法院执行最为便利。在外地查到被执行人的有效财产的，也可以前往该地同一级法院申请执行。[②]

民事起诉后的保全，一般由受理诉讼案件的法院办理，也可以向被告住所地或者被保全财产所在地同级别法院申请保全。

2. 仲裁裁决书/调解书

依据《最高人民法院关于人民法院办理仲裁裁决执行案件若干问题的规定》第 2 条第 1 款的规定，当事人对仲裁机构作出的仲裁裁决或者仲裁调解书申请执行的，由被执行人住所地或者被执行的财产所在地的中级人民法院管辖。设立有专门金融法院的地区，由金融法院受理执行。仲裁裁决书或调解书的执行，没有其他级别管辖问题。

依据《最高人民法院关于人民法院办理仲裁裁决执行案件若干问题的规定》第 2 条第 2 款的规定，中级人民法院受理后也可以指令下级法院执行。[③] 实践中，如果相关基层人民法院已经采取过保全措施，该中级人民法院往往会裁定指定该基层人民法院强制执行。

---

① 《最高人民法院关于公布失信被执行人名单信息的若干规定》第 1 条规定了应当纳入失信被执行人名单的情形，第 2 条规定了纳入失信被执行人名单的期限（2 年起步）。

② 《民事诉讼法》第 235 条规定：发生法律效力的民事判决、裁定，以及刑事判决、裁定中的财产部分，由第一审人民法院或者与第一审人民法院同级的被执行的财产所在地人民法院执行。法律规定由人民法院执行的其他法律文书，由被执行人住所地或者被执行的财产所在地人民法院执行。

③ 上级法院指令下级法院的，本院受理的案件，有的中级人民法院会按“销案”处理。需要注意，指令下级法院执行，并不在《关于执行案件立案、结案若干问题的意见》第 18 条的“销案”事由之中。

实践中，也有一些地区允许基层人民法院直接受理。[①] 例如，《深圳市中级人民法院关于调整仲裁裁决执行案件级别管辖的公告》规定，除涉外仲裁裁决书外，原由深圳市中级人民法院受理的仲裁执行案件，双方当事人住所地均在或均不在广东省内，执行标的额不满人民币 5 亿元，或一方当事人住所地在广东省外，执行标的额不满人民币 1 亿元的，当事人可以直接向本市相关基层人民法院申请执行。

依据仲裁申请书或仲裁调解书申请执行的时候，还需要附上仲裁委员会出具的生效（送达）证明以及含有仲裁协议的保理合同、担保合同复印件，[②] 否则法院不予立案。个别法院还会要求提供公告送达的证明。

仲裁案件的财产保全管辖同执行管辖。

3. 公证债权文书

《最高人民法院关于公证债权文书执行若干问题的规定》第 2 条规定，公证债权文书执行案件，由被执行人住所地或者被执行的财产所在地人民法院管辖。前款规定案件的级别管辖，参照人民法院受理第一审民商事案件级别管辖的规定确定。

（三）申请执行人

执行依据上载明的原告/仲裁申请人可以申请强制执行。

实务中，申请强制执行前需要确定执行依据已经生效。证明“民事判决书”生效，需要取得“生效证明书”或者由相关法院系统内部点击生效；“仲裁裁决书”会有独立的生效或者送达证明；[③] 公证执行证书本身含有生效

---

① 符合一定条件，确实可以由基层人民法院直接受理。《最高人民法院关于人民法院办理仲裁裁决执行案件若干问题的规定》第 2 条第 2 款规定，符合下列条件的，经上级人民法院批准，中级人民法院可以参照《民事诉讼法》第 38 条（现第 39 条）的规定指定基层人民法院管辖：(1) 执行标的额符合基层人民法院一审民商事案件级别管辖受理范围；(2) 被执行人住所地或者被执行的财产所在地在被指定的基层人民法院辖区内。

② 《最高人民法院关于人民法院执行工作若干问题的规定（试行）》第 19 条第 1 款规定：申请执行仲裁机构的仲裁裁决，应当向人民法院提交有仲裁条款的合同书或仲裁协议书。

③ 法院在审查仲裁生效证明时，可能并不会全面采信，有的法院还会重点审查仲裁是否开庭审理、仲裁裁决书是否实际送达被执行人。

的内容，“执行证书”本身会阐述生效问题。

保理人也可以将执行依据所生的债权转让给其他民事主体，由新的主体申请强制执行。实践中需要注意立案所需的材料。[①] 生效法律文书确定的权利人在进入执行程序前合法转让债权的，债权受让人（权利承受人）可以作为申请执行人直接申请执行，无须执行法院作出变更申请执行人的裁定。[②] 保理人同意将执行款项支付至其他主体账户，并不意味着转让执行依据所生的债权。是否支付债权转让的款项，不是判断适格受让人的必要审查事项。[③]

（四）被执行人

被执行人就是执行依据中确定的应当承担某种民事责任的民事主体。实践中还需要注意可供追加的被执行人。

实践中，常见的可以申请追加的被执行人的情况规定在《最高人民法院关于民事执行中变更、追加当事人若干问题的规定》中。不同情形下有各种各样的细节性问题，需要个案个议，逐一讨论。对特定追加或不予追加裁定不服的，可以提起执行异议之诉。[④]

---

① 《最高人民法院关于民事执行中变更、追加当事人若干问题的规定》第9条规定：申请执行人将生效法律文书确定的债权依法转让给第三人，且书面认可第三人取得该债权，该第三人申请变更、追加其为申请执行人的，人民法院应予支持。实践中，什么材料才算“书面认可”有较大自由裁量权，在执行立案环节会产生一些障碍。

② 李晓玲、李鹏裕申请执行厦门海洋实业（集团）股份有限公司、厦门海洋实业总公司执行复议案，最高人民法院指导案例34号（2014年）。

③ 典型观点参见《山东省高级人民法院执行疑难法律问题解答（三）》第29条规定：执行过程中，债权受让人申请变更其为申请执行人，债权受让人支付债权转让价款情况是否属于法院审查的内容？答：《最高人民法院关于民事执行中变更、追加当事人若干问题的规定》第9条规定：“申请执行人将生效法律文书确定的债权依法转让给第三人，且书面认可第三人取得该债权，该第三人申请变更、追加其为申请执行人的，人民法院应予支持。”依照该规定，债权受让人申请变更其为申请执行人，法院应审查债权转让的合法性、连续性以及申请执行人是否书面认可第三人取得该债权，无须审查转让价款的支付情况。

④ 《最高人民法院关于民事执行中变更、追加当事人若干问题的规定》第32条第1款规定：被申请人或申请人对执行法院依据本规定第14条第2款、第17～21条规定作出的变更、追加裁定或驳回申请裁定不服的，可以自裁定书送达之日起15日内，向执行法院提起执行异议之诉。

（五）执行异议

人民法院的执行行为违法或执行标的错误的，相关民事主体可以提出执行异议。保全异议准用执行异议规则。

1. “执行行为”与“执行标的”

《民事诉讼法》区分了针对“执行行为”[①] 的异议和针对“执行标的”[②]的异议，因为异议人对结果的救济途径不一样，有必要了解二者。

不服执行行为异议的，一般是提出复议；不服执行标的异议的，一般是提起执行异议之诉。针对保全的异议，也是如此。[③] 实践中，区分针对执行行为的异议与针对执行标的的异议，并非易事。[④] 在一些特殊场合下，针对执行行为也可以提起执行异议之诉。[⑤]

---

① 《民事诉讼法》第236条规定：当事人、利害关系人认为执行行为违反法律规定的，可以向负责执行的人民法院提出书面异议。当事人、利害关系人提出书面异议的，人民法院应当自收到书面异议之日起15日内审查，理由成立的，裁定撤销或者改正；理由不成立的，裁定驳回。当事人、利害关系人对裁定不服的，可以自裁定送达之日起10日内向上一级人民法院申请复议。

② 《民事诉讼法》第238条规定：执行过程中，案外人对执行标的提出书面异议的，人民法院应当自收到书面异议之日起15日内审查，理由成立的，裁定中止对该标的的执行；理由不成立的，裁定驳回。案外人、当事人对裁定不服，认为原判决、裁定错误的，依照审判监督程序办理；与原判决、裁定无关的，可以自裁定送达之日起15日内向人民法院提起诉讼。

③ 《最高人民法院关于人民法院办理财产保全案件若干问题的规定》第26条规定，申请保全人、被保全人、利害关系人认为保全裁定实施过程中的执行行为违反法律规定提出书面异议的，人民法院应当依照《民事诉讼法》第225条（现第236条）规定审查处理。

《最高人民法院关于人民法院办理财产保全案件若干问题的规定》第27条第1款规定，人民法院对诉讼争议标的以外的财产进行保全，案外人对保全裁定或者保全裁定实施过程中的执行行为不服，基于实体权利对被保全财产提出书面异议的，人民法院应当依照《民事诉讼法》第227条（现第238条）规定审查处理并作出裁定。案外人、申请保全人对该裁定不服的，可以自裁定送达之日起15日内向人民法院提起执行异议之诉。

④ 典型案例参见太原市中级人民法院执行裁定书，（2020）晋01执异76号，该案系股权质权人（案外人）要求终结针对股权的执行。该裁定书告知当事人“不服该裁定后的救济权可向人民法院提起诉讼”（作为执行标的的异议），但经法院审查，实际属于针对执行行为的异议，救济方式应当“提起复议”，遂驳回起诉。太原市中级人民法院撤销了（2020）晋01执异76号执行裁定书。

⑤ 比较典型的就是追加一人公司股东为被执行人的场合。《最高人民法院关于民事执行中变更、追加当事人若干问题的规定》第20条规定，作为被执行人的一人有限责任公司，财产不足以清偿生效法律文书确定的债务，股东不能证明公司财产独立于自己的财产，申请执行人申请变更、追加该股东为被执行人，对公司债务承担连带责任的，人民法院应予支持。第32条第1款规定，被申请人或申请人对执行法院依据本规定第14条第2款、第17～21条规定作出的变更、追加裁定或驳回申请裁定不服的，可以自裁定书送达之日起15日内，向执行法院提起执行异议之诉。

利害关系人没有发起针对执行标的的执行异议程序，而是另案提起返还原物纠纷[①]的，需要根据实际情况处理。[②]

2. 异议申请人

执行程序的当事人可以提出执行异议。依据《最高人民法院关于人民法院办理执行异议和复议案件若干问题的规定》第7条[③]的规定，执行过程中或者执行保全、先予执行裁定过程中出现查封、扣押、冻结、拍卖、变卖、以物抵债、暂缓执行、中止执行、终结执行等执行措施违法，或者执行的期间、顺序等应当遵守的法定程序违法的，都可以提出针对执行行为的异议。

执行程序当事人以外的“利害关系人”也可以提出针对执行行为的异议。依据《最高人民法院关于人民法院办理执行异议和复议案件若干问题

① 《民事案件案由规定》的“第三部分 物权纠纷”中设定了“物权保护纠纷”。“物权保护纠纷”下设“物权确认纠纷”“返还原物纠纷”“排除妨害纠纷”“消除危险纠纷”“修理、重作、更换纠纷”“恢复原状纠纷”“财产损害赔偿纠纷”。

② 《关于执行权合理配置和科学运行的若干意见》第26条规定：审判机构在审理确权诉讼时，应当查询所要确权的财产权属状况，发现已经被执行局查封、扣押、冻结的，应当中止审理；当事人诉请确权的财产被执行局处置的，应当撤销确权案件；在执行局查封、扣押、冻结后确权的，应当撤销确权判决或者调解书。实践中，也有法院认为要求返还原物（确权）依据不足而驳回诉请，参见东营经济技术开发区人民法院民事判决书，(2020)鲁0591民初4129号。该案中，被告保理人因法院强制执行需要而实际取走且控制该车辆。在取走前该车已被法院查封。原告主张案涉车辆归其所有，要求保理人返还。法院援引该意见后认为“本院不能对原告对涉案车辆是否具有所有权或占有权再进行确权，故原告要求保理人返还鲁E8××××奔驰轿车于法无据，对其诉讼请求本院不予支持”。

③ 《最高人民法院关于人民法院办理执行异议和复议案件若干问题的规定》第7条规定，当事人、利害关系人认为执行过程中或者执行保全、先予执行裁定过程中的下列行为违法提出异议的，人民法院应当依照《民事诉讼法》第225条（现第236条）规定进行审查：(1) 查封、扣押、冻结、拍卖、变卖、以物抵债、暂缓执行、中止执行、终结执行等执行措施；(2) 执行的期间、顺序等应当遵守的法定程序；(3) 人民法院作出的侵害当事人、利害关系人合法权益的其他行为。被执行人以债权消灭、丧失强制执行效力等执行依据生效之后的实体事由提出排除执行异议的，人民法院应当参照《民事诉讼法》第225条（现第236条）规定进行审查。除本规定第19条规定的情形外，被执行人以执行依据生效之前的实体事由提出排除执行异议的，人民法院应当告知其依法申请再审或者通过其他程序解决。

的规定》第 5 条[①]的规定，利害关系人可提出执行行为异议的事由包括：(1)“妨碍其轮候查封、扣押、冻结的债权受偿的”；(2)“拍卖措施违法，妨碍其参与公平竞价的”；(3)“拍卖、变卖或者以物抵债措施违法，侵害其对执行标的的优先购买权的”；(4)“要求协助执行的事项超出其协助范围或者违反法律规定的”。

针对执行标的的异议，一般由“案外人”提出，通俗地说，就是法院保全或者执行错财产了（但本身所采取的保全或执行措施是正确的）。例如，法院冻结某应收账款债权，冻结行为本身没有错误，但是所冻结的应收账款债权不是被执行人（被保全人）的，这就是针对执行标的的异议。在要求应收账款债务人协助执行的情况中，应收账款债务人也可以提出异议。

3. 保理人作为异议人

保理人以“异议人”身份出现的，往往出现在所受让的应收账款债权被法院错误冻结/执行的情形。保理人提出的执行异议，属于针对执行标的的异议。

法院冻结应收账款债权的方式，一定是向应收账款债务人发送协助执行通知书。法院一般会要求应收账款债务人向法院直接支付相关款项或暂停支付款项。

判断保理人能否提出足以排除法院强制措施的异议，从法条上看，要判断其是否符合《最高人民法院关于人民法院办理执行异议和复议案件若干问题的规定》第 24 条的规定。[②] 从实操上看，要判断如下内容：(1) 是否能够

---

① 《最高人民法院关于人民法院办理执行异议和复议案件若干问题的规定》第 5 条规定：有下列情形之一的，当事人以外的自然人、法人和非法人组织，可以作为利害关系人提出执行行为异议：(1) 认为人民法院的执行行为违法，妨碍其轮候查封、扣押、冻结的债权受偿的；(2) 认为人民法院的拍卖措施违法，妨碍其参与公平竞价的；(3) 认为人民法院的拍卖、变卖或者以物抵债措施违法，侵害其对执行标的的优先购买权的；(4) 认为人民法院要求协助执行的事项超出其协助范围或者违反法律规定的；(5) 认为其他合法权益受到人民法院违法执行行为侵害的。

② 《最高人民法院关于人民法院办理执行异议和复议案件若干问题的规定》第 24 条规定：对案外人提出的排除执行异议，人民法院应当审查下列内容：(1) 案外人是否系权利人；(2) 该权利的合法性与真实性；(3) 该权利能否排除执行。

证明被冻结或者强制执行的应收账款债权与保理人受让的债权相同（或至少有重合）；（2）保理人受让的应收账款债权是否具有对抗第三人的效力（是否办理登记，未办理登记的是否有效发送了转让通知）。[①] 在前《民法典》时代，曾有判例（没有通知应收账款债务人）指出“因该债权转让对债务人尚未发生效力，其权属变动的公示尚未完成。因此，该效力尚未齐备的债权无法产生排除强制执行的效果”[②]。在《民法典》时代，依托《民法典》第768条和《最高人民法院关于人民法院办理执行异议和复议案件若干问题的规定》第25条，“登记”的权重比会越来越大。

就强制执行担保财产的情况来说，保理人作为担保物权人，是否能够排除强制执行措施，实践中存在较大争议。对于需要变现的担保财产来说，有观点认为只需要保障有优先受偿权即可，不足以排除强制执行措施。[③] 对于可以直接收取金钱的担保财产（如保证金担保、账户质押），优先受偿与直接收取之间不存在物理上的区分，可以排除强制执行措施。

在暗保理（隐蔽型保理）业务中，如果专门用于收取应收账款债权的账户被其他法院冻结，则可能需要确认该账户的性质以确定是否能够排除强制

---

① 在前《民法典》时代，是否存在禁止转让约款、是否通知应收账款债务人、是否办理转让登记都是审查执行/保全异议的考量因素。在《民法典》时代，因《民法典》第545条第2款赋予应收账款债权强制可转让性、第768条赋予转让登记以对抗他人的效力，前《民法典》时代的执行/保全异议判例的参考价值逐渐式微。

② 参见最高人民法院民事裁定书，(2018) 最高法民申4314号。

③ 典型案例可参见山西省高级人民法院执行裁定书，(2021) 晋执复291号。该案中，被设定质权的股权被案外人（保理人A）通过人民法院强制执行。质权人（保理人B）提出执行异议，认为质权优先于申请执行人A的普通债权，应当终结对股权的强制执行措施。山西省高级人民法院认为，“执行程序中，对其他人享有担保物权的被执行人财产，人民法院在执行中可以查封、扣押，也可以采取拍卖、变卖措施，拍卖、变卖所得价款，必须首先清偿担保物权人的债权。担保物权人则可以通过对拍卖变卖的价款参与分配、主张优先受偿维护自己的合法权益。被执行人财产合法设定的生效担保物权不能排除法院对被执行人该项财产的拍卖、变卖等变价处置行为。该制度系平衡申请执行人和担保物权人利益的结果，并未对担保的债权是否到期进行区分”。“本案中，保理人B对案涉股权享有质押权，但不能阻却对案涉股权的执行。”

执行。如果符合《民法典担保部分解释》第70条[①]的标准，获得支持的可能性较大。

4. 应收账款债务人作为异议人

当应收账款债务人收到法院的协助执行通知书后，若发现实际并没有欠付被执行人那么多应付账款，便可以提出异议。[②] 这属于《最高人民法院关于人民法院办理执行异议和复议案件若干问题的规定》第5条规定的典型。常见的异议理由包括“已经付清并未欠款”“没有贸易往来，根本没欠钱”“没欠那么多钱”。

（六）执行中的发票问题

实践中比较常见的问题在于，通过强制执行或者履行裁判文书或调解书的义务，收款方不开具发票，被执行人如何处理相关财务问题？

有观点认为，在存在货物损失的情况下，付款后，可以依据裁判文书记账。国家税务总局发布的《企业资产损失所得税税前扣除管理办法》第17条规定，具有法律效力的外部证据，是指司法机关、行政机关、专业技术鉴定部门等依法出具的与本企业资产损失相关的具有法律效力的书面文件，主要包括：（1）司法机关的判决或者裁定；（2）公安机关的立案结案证明、回复；（3）工商部门出具的注销、吊销及停业证明；（4）企业的破产清算公告

---

① 《民法典担保部分解释》第70条规定，债务人或者第三人为担保债务的履行，设立专门的保证金账户并由债权人（这里的债权人是指保理人）实际控制，或者将其资金存入债权人设立的保证金账户，债权人主张就账户内的款项优先受偿的，人民法院应予支持。当事人以保证金账户内的款项浮动为由，主张实际控制该账户的债权人对账户内的款项不享有优先受偿权的，人民法院不予支持。在银行账户下设立的保证金分户，参照前款规定处理。当事人约定的保证金并非为担保债务的履行设立，或者不符合前两款规定的情形，债权人主张就保证金优先受偿的，人民法院不予支持，但是不影响当事人依照法律的规定或者按照当事人的约定主张权利。

② 实践中，应收账款债务人能否提出执行异议，也有反对观点。参见上海金融法院执行裁定书，(2020) 沪74执异132号。该案中，应收账款债务人收到协助执行通知书，要求冻结5000万元应收账款债权，应收账款债务人提出执行行为异议，认为没有那么多应收账款债权，请求法院予以撤销协助执行通知书。法院认为，“申请执行人可请求执行被执行人对他人的到期债权，法院可以作出冻结债权的裁定。协助执行通知是通知程序，系控制性措施，并非处置性措施，未产生强制执行的法律效力。故异议人的请求，本院不予支持”。

或清偿文件；（5）行政机关的公文；（6）专业技术部门的鉴定报告；（7）具有法定资质的中介机构的经济鉴定证明；（8）仲裁机构的仲裁文书；（9）保险公司对投保资产出具的出险调查单、理赔计算单等保险单据；（10）符合法律规定的其他证据。

有观点认为，在不存在货物损失的情况下，如果收款方无法正常开具发票，可以将裁判文书作为抵扣所需材料归档。《企业所得税税前扣除凭证管理办法》第 14 条第 1 款规定，企业在补开、换开发票、其他外部凭证过程中，因对方注销、撤销、依法被吊销营业执照、被税务机关认定为非正常户等特殊原因无法补开、换开发票、其他外部凭证的，可凭以下资料证实支出真实性后，其支出允许税前扣除：（1）无法补开、换开发票、其他外部凭证原因的证明资料（包括工商注销、机构撤销、列入非正常经营户、破产公告等证明资料）；（2）相关业务活动的合同或者协议；（3）采用非现金方式支付的付款凭证；（4）货物运输的证明资料；（5）货物入库、出库内部凭证；（6）企业会计核算记录以及其他资料。

但结合笔者实践经验，裁判文书（包括民事调解书）能否替代发票发挥作用，还是需要询问当地税务主管部门的窗口意见。一些地方性规范性文件认为，取得法律文书履约，依然需要对方开具发票。例如，《广东省地方税务局关于法院代执行经济纠纷赔偿款开具发票问题的批复》（粤地税函〔2010〕371 号，已失效）第 1 条规定，经济实体发生经济纠纷，经法院判决得到赔偿，由法院代为负责执行，并要求收款方开具发票的，由收款方开具发票给支付方（被执行人）。第 2 条规定，法院代为执行的经济纠纷涉及营业税劳务、转让无形资产或者销售不动产的，均应使用地方税收发票。地方税收发票的使用范围不应涉及增值税应税劳务。又如，《青岛市地方税务局代开发票管理办法》（青岛市地方税务局公告 2012 年第 1 号，已失效）第 19 条规定，经济实体发生经济纠纷，经法院判决取得的执行款（不包括退回的诉讼费），由法院代为负责执行的，代开申请人凭取得有关法定的执行依据（包括判决书、裁定书、法院调解书、仲裁决定、强制执行公证书等法律文书）到地税机关缴纳税款、申请开具发票。

六、保理人作为被告的纠纷

（一）融资类纠纷

保理人作为被告的案件，主要以“再融资人”[①]“担保人”“票据前手”[②]的身份参与，这些纠纷多是由各类融资业务引发。实践中比较常见的是基于“再保理合同”的纠纷。“保理人”从“再保理人”处取得保理融资，就是再保理。“保理人”违约的，作为原告的“再保理人”一般起诉“保理人”并要求其偿还融资本息。[③]

此外，如果保理合同纠纷是通过仲裁程序处理，则被申请人可能转头就向法院发起以“申请撤销仲裁裁决”为案由的案件，在这类案件中，保理人为“被申请人”。

（二）执行异议纠纷

在执行异议案件中，对于执行异议裁定不服的当事人也可能以保理人为被告提起执行异议之诉。

（三）错误保全纠纷

保理人因为错误保全给应收账款债务人带来损失，就涉及错误保全的损害赔偿问题，司法实践中还为此专门设定了独立的案由——“因申请财产保全损害责任纠纷”。为什么保全会出错呢？主要包括两种情况，一种是未及

---

① 实践中，保理人会将手中资产再转让给其他民事主体以获得再融资。此类纠纷案由有“借款合同纠纷”、“债权转让合同纠纷”、“委托理财合同纠纷”乃至“不当得利纠纷”。在不当得利纠纷中，因保理人未将相关再融资合同原件交予原告，原告仅能主张不当得利返还请求权。典型案例参见北京市海淀区人民法院民事判决书，(2020) 京0108民初24531号。

② 实践中还有保理人受托进行票据贴现的“委托合同纠纷”。参见北京市第一中级人民法院民事判决书，(2022) 京01民终1974号。该案中，某租赁公司“委托”某商业保理公司为其持有的商业银行承兑汇票638万元，进行贴现兑付。后法院经审理认为，该“委托贴现”行为实为没有真实贸易关系的票据贴现行为，应属无效。

③ 典型案例可参见上海市徐汇区人民法院民事判决书，(2022) 沪0104民初23114号。

时申请解封，[①] 另一种是一开始就错误保全，这是保理合同纠纷中最常见的错误保全情形，也是下文主要讨论的情形。

“错误保全”或基于法律上的误判，或基于伪造的证据故意刁难被保全人，因而在结果上虽然都呈现出“错误保全”，但是在主观上不同保全申请人的动机不同。而对于被错误保全的当事人来说，是保理人发起的官司，发起了保全，结果输了官司，那就是保理人的过错，保理人就得赔偿。矛盾就出现了，“因申请财产保全损害责任纠纷”就产生了。

因申请财产保全产生的损害赔偿责任，本质是侵权责任，故实践中重点考察侵权人（申请保全人）主观上是否有过错。在保理实践中，常衍生于“保理人与应收账款债务人”的相关纠纷之中。例如，保理人申请保全了应收账款债务人的若干财产，但在庭审中，应收账款债务人经法院查明并未参与虚构债权中。此时，保理人在此前疏于审查的“过错”（至少是“过失”），是否属于错误保全侵权责任成立中的“过错”，是相关案件中常见的争议焦点。

例如，在一起错误保全案件中，应收账款债务人主张应收账款债权虚假，经司法鉴定，《应收账款债权转让通知确认书》中的印章是“萝卜章”。应收账款债务人要求保理人赔偿以实际冻结金额为基数，以同期银行贷款利率与活期利率之差为标准，结合实际冻结期限，暂计损失 20 余万元。法院认为“保理人在签订保理合同时就应对系争确认书的真实性负有较高的注意义务，经相关司法鉴定中心鉴定，无法确认上述确认书的真实性，故本案被告保理人主观上具有重大过失，其在前案中申请诉中财产保全确有错误，理应赔偿本案原告因此而遭受的损失”，判决保理人赔偿 20 余万元。[②]

在另一起错误保全案件中，保理人在仲裁裁决程序申请保全，但经查明，

---

① 《最高人民法院关于人民法院办理财产保全案件若干问题的规定》第 23 条第 3 款规定：申请保全人未及时申请人民法院解除保全，应当赔偿被保全人因财产保全所遭受的损失。

② 参见上海市静安区人民法院民事判决书，（2016）沪 0106 民初 24165 号。

没有实际的融资资金周转，融资款实际由应收账款债务人使用，应收账款债权人（被保全人）随后以仲裁驳回请求为由认为构成错误保全，要求赔偿损失。法院认为“因对案涉保理协议的内容理解及效力认定需经仲裁进行审理予以确认，不能因协议被认定无效而苛责被告保理人的注意义务，故，被告保理人申请财产保全，其主观上并不存在明知协议无效而故意为之的可能”，“在案涉仲裁裁决作出（2020 年 10 月 15 日）后，被告保理人已于 2020 年 11 月2 日及时向本院申请解除保全措施，证明被告保理人已经尽到了审慎处理的义务”，最终未认定保理人构成侵权。①

在实践中，有的保理人起诉应收账款债务人时未注意到管辖矛盾问题，被驳回起诉后又重新在仲裁委员会提起仲裁，那么此前起诉阶段的保全，是否为错误保全？有法院认为，尽管保理人在前案对应收账款债务人的起诉被驳回，但其对原告的债权仍有待仲裁机构裁决，因此就目前而言并不能够认定保理人在申请保全方面存在损害原告利益的故意或重大过失，未支持应收账款债务人错误保全的诉请。②

在错误保全案件中，保理人往往与保全保险公司或担保公司被列为共同被告。

（四）征信侵权纠纷

银行保理人一般都接入征信系统，保理作为授信手段，发生逾期的，银行保理人可以将逾期情况报送征信系统。

对于非银行保理人，目前给的征信权限比较紧。《国务院关于做好自由贸易试验区第六批改革试点经验复制推广工作的通知》（国函〔2020〕96 号）指出，要在“金融开放创新领域”复制推广“保理公司接入央行企业征信系统”。而后，在中国服务贸易协会商业保理专业委员会的协调下，一批具有一定实力，经营业绩良好的商业保理企业接入了征信系统。接入征信系

① 参见昆明市西山区人民法院民事判决书，（2021）云 0112 民初 12794 号。

② 参见佛山市禅城区人民法院民事判决书，（2016）粤 0604 民初 4982 号。

统的商业保理公司能够查询和报送融资人及担保人的征信信息。

报送、删除征信信息，应当遵循《个人信用信息基础数据库管理暂行办法》《征信业管理条例》的规定。

实践中，会有融资人或担保人以原告身份起诉要求保理人涤除逾期征信信息并要求损害赔偿。一般来说，上报逾期征信信息，无须以司法裁判为依据，但司法实践中也有观点认为，没有经过法院认定违约而上报征信的，构成名誉权侵权。[①] 关于保证担保人，如果在保证期间未行使担保权，担保人纵有“逾期”事实，也依然有权要求涤除逾期征信信息。[②] 也有观点认为，是否“免于承担保证责任”与是否“逾期”是两回事，免于承担保证责任并不能否认存在逾期事实，因而未删除失信信息不构成侵权。[③] 向征信系统报送逾期失信信息，并不构成主张担保权利。[④]

此类案件充分体现了“债务”与“责任”的区分意义。“违反义务，才

---

① 参见焦作市中级人民法院民事判决书，(2020) 豫 08 民终 1931 号。该案由融资租赁业务衍生。承租人为某地医院，因供货方始终未能交付融资租赁设备，拒绝向出租人支付租金以及违约金，出租人将逾期信息报送中国人民银行征信系统后起诉承租人。承租人发起名誉权侵权诉讼。在名誉权诉讼审理过程中，融资租赁合同纠纷未审结。在名誉权纠纷案件中，法院认为出租人主张的承租人的“违约行为”(未按期支付租金)，双方当事人对此存在争议，且出租人已向人民法院提起相关诉讼，而受理法院尚未审结。在此情况下，出租人未经人民法院生效裁判确认，将其主张的承租人“违约行为”上报中国人民银行征信系统，依据不足，显属不当，认定出租人构成侵权。该案虽然不是由保理业务衍生，依然有参考价值。

② 参见 2023 年度陕西省法院金融审判典型案例之案例 5“金融机构怠于履行信息报送义务的应向民事主体承担侵权责任——某银行与刘某侵权责任纠纷案”。该案中，因银行展期未取得保证人同意，也没有证据证明其在保证期间内依法主张过权利，保证人要求银行删除不良征信遭拒，遂成讼。法院认为，建立在该错误信用信息基础上的个人信用度的低评价会导致个人名誉在一定范围内的贬损，影响刘某正常从事社会经济活动。因此，某银行应承担未消除该笔不良征信信息的侵权责任。该案最终调解结案。

③ 参见云南省曲靖市中级人民法院民事判决书，(2021) 云 03 民终 3296 号。法院认为，债权人向征信机构提供保证人未履行担保责任的信息是真实信息，不具有侵权事实和过错行为，债权人不承担保证人主张的侵权民事责任，故保证人要求债权人书面道歉的诉讼请求，本院不予支持。

④ 参见云南省曲靖市中级人民法院民事判决书，(2021) 云 03 民终 3296 号。法院认为，债权人向征信机构提供保证人失信信息，并不是债权人向保证人主张权利……信用信息本身不是惩戒、制裁行为，是使用者是否使用的问题。

承担责任”，虽有“保证债务”一说，[①] 但保证责任的承担，不以任何义务的违反为前提。保证责任是“无义务之责任”。具体体现在：（1）只要主债务人逾期，保证人就应当直接承担保证责任，没有属于保证人自己的“义务违反”。（2）保证合同没有“履行期限”，主债务人一旦到期，保证人就需要承担保证责任，并不存在“主债务到期后再过一段时间，保证人才需要承担保证责任”一说。（3）因为没有需要履行的义务，无法为保证合同本身设定担保。（4）保证人不存在“违反义务”才有的违约责任。[②] 据此，因为保证人没有义务可供违反，也没有期限可供履行，所以不存在法律意义上的“逾期”。因而，保证期间届满后免责的，银行未删除失信征信信息，就是侵权。

（五）外部经营纠纷

保理人在正常经营活动中也会遭遇其他官司，如服务合同纠纷、[③] 侵害作品信息网络传播权纠纷、[④] 房屋租赁合同纠纷、劳动纠纷，也有因为全资子公司涉诉，保理人以唯一股东身份作为共同被告的案例。实践中还有保理人因欠付律师费而被起诉的案例。[⑤]

（六）内部治理纠纷

保理人也会遭遇内部治理纠纷，例如要求请求变更公司登记纠纷，包括

---

① 《民法典》仅两处采用了“保证债务”的表述（都在第694条关于“保证债务”诉讼时效计算的规定），除此之外，均采用“保证责任”的表述。

② 《民法典担保部分解释》第3条第1款规定：当事人对担保责任的承担约定专门的违约责任，或者约定的担保责任范围超出债务人应当承担的责任范围，担保人主张仅在债务人应当承担的责任范围内承担责任的，人民法院应予支持。

③ 参见西安市雁塔区人民法院民事判决书，（2020）陕0113民初15576号。该案中，保理人委托广告公司进行广告推广，保理人未支付广告服务费，遂成讼。在保理商业实践中，广告费保理也是保理市场上的常见业务。

④ 参见重庆自由贸易试验区人民法院民事判决书，（2021）渝0192民初4206号。该案中，保理人在网页、公众号的营销过程中，未经许可使用了相关图片、视频，遂成讼。《著作权法》第53条规定，“未经著作权人许可，复制、发行、表演、放映、广播、汇编、通过信息网络向公众传播其作品的，本法另有规定的除外”，构成侵权，应当承担民事责任。所以在此类纠纷中，违法使用者的侵权责任是无过错责任，即主观上是否“明知”、是否“过错”，均不影响侵权责任的承担。

⑤ 参见北京市朝阳区人民法院民事判决书，（2021）京0105民初494号。

变更监事登记[1]和股东登记[2]。有的案件中，保理人作为被告的股东而被列为共同被告，要求在出资认缴额度内承担“补充赔偿责任”。[3]

（七）刑事风险

实践中，保理人的内部治理也涉刑，例如非国家工作人员受贿罪、[4] 挪用资金罪、[5] 对非国家工作人员行贿罪、[6] 合同诈骗罪、[7] 非法经营罪[8]等。

---

① 参见深圳前海合作区人民法院民事判决书，（2021）粤0391民初4274号。该案中，原告作为监事的法定任职期限已届满3年，原告表示辞去监事职务，要求被告解除监事职务并办理相关变更登记事项。对此，原告于2020年2月25日登报公告声明其辞去被告监事职务，也向被告法定代表人告知了其要辞去被告监事职务，其行为已经为被告改选新监事提供了必要的准备时间，故被告公司股东应积极作为选举新的监事，协助原告办理公司变更登记，但被告未予以改选监事。

② 参见上海市浦东新区人民法院民事判决书，（2021）沪0115民初26871号。该案中，因为股权变更未经金融监管部门审批，要求变更股权登记的诉请未被支持。

③ 参见福建省厦门市中级人民法院民事判决书，（2018）闽02民初818号。因为案发时保理人的出资实缴期限未届满，保理人无须承担责任。

④ 参见陕西省高级人民法院刑事判决书，（2017）陕刑终342号。该案中，某应收账款债权人法定代表人韩某为了骗得保理融资款，在该笔业务的办理过程中，承诺保理业务办理成功后给保理人考察组成员、保理业务具体经办人金某感谢费。后实际支付感谢费100万元。金某构成非国家工作人员受贿罪，最终被判处有期徒刑5年，并处罚金10万元。

⑤ 参见北京市石景山区人民法院刑事判决书，（2019）京0107刑初153号。该案中，保理人高管高某在未取得股东会和执行董事同意的情况下，共同利用管理公司业务、并负责财务审批的职务便利，挪用金方沃德公司账户中的资金共计人民币5200万元，经过多次流转后，以个人名义投资购买北京某金融科技控股有限公司的股权，至案发时上述钱款未归还。最终判决高某犯挪用资金罪，判处有期徒刑3年，并归还挪用资金。

⑥ 参见北京市大兴区人民法院刑事判决书，（2020）京0115刑初505号。该案中，保理人高管张某于2017年向在×××控股有限公司（位于北京经济技术开发区）工作的金某（另案处理）贿赂共计人民币425 606元，对所犯罪行供认不讳，最终判决犯对非国家工作人员行贿罪，判处有期徒刑7个月，缓刑1年，并处罚金人民币10万元。

⑦ 参见黄冈市中级人民法院刑事裁定书，（2020）鄂11刑终80号。该案中，某保理公司系自然人独资的有限公司，被告人金某为该公司唯一股东、法定代表人。2016年8月，伍某因经营出现资金周转困难，急需融资，遂找到金某，想通过金某的保理公司融资。金某表示可以开具1000万元的承兑汇票，但需要80万元的好处费。经过多次协商，伍某通过某公司与该保理公司签订了一份虚假的钢结构购销合同，保理公司开具1000万元的电子商业承兑汇票，并出具承诺15个工作日贴现，伍某遂向金某支付80万元好处费。到期后，金某开具的承兑汇票不能贴现，经伍某多次催讨，金某多次承诺如不能贴现就退还80万元好处费，但都未兑现。2018年12月11日，金某被抓获。最终被判决犯合同诈骗罪，判处有期徒刑6年，并处罚金人民币5万元，责令金某退赔违法所得80万元。

⑧ 参见济南市中级人民法院刑事裁定书，（2019）鲁01刑终364号。

七、应收账款质押纠纷

应收账款质押虽然与保理不同，但鉴于二者有“远亲”关系，实践中保理人本身也会采纳一些权利质押作为增信手段，笔者索性借此机会一并介绍。

（一）与保理的关系

应收账款质押与有追索权保理的区别，在本书第一章已有介绍。但这些区别更多是学理上的，二者在结果意义上的区分正在淡化。

（二）实现质权的方式

实现质权的方式理论上有两种，一种是将应收账款债权拍卖变卖并就所得价款优先受偿，[①] 另一种是就应收账款债权直接收取进而优先受偿。[②]

1. “拍卖、变卖”不常见

在司法实践中，将应收账款债权“拍卖、变卖”的操作并不常见，[③] 背后的原因在于，应收账款债权的实现，“直接收取”比“拍卖、变卖”更易行且高效。从商务角度来看，如果连直接收取都存在困难，则拍卖、变卖成功的概率也不可能大。

2. “直接收取”易于执行

《民法典担保部分解释》第 61 条第 2 款规定，以现有的应收账款出质，应收账款债务人未确认应收账款的真实性，质权人以应收账款债务人为被告，请求就应收账款优先受偿，能够举证证明办理出质登记时应收账款真实存在

---

① 《民法典》第 446 条规定，“权利质权除适用本节规定外，适用本章第一节的有关规定”。《民法典》第一节的第 436 条第 2 款规定，债务人不履行到期债务或者发生当事人约定的实现质权的情形，质权人可以与出质人协议以质押财产折价，也可以就拍卖、变卖质押财产所得的价款优先受偿。

② 《民法典担保部分解释》第 61 条第 2 款规定：以现有的应收账款出质，应收账款债务人未确认应收账款的真实性，质权人以应收账款债务人为被告，请求就应收账款优先受偿，能够举证证明办理出质登记时应收账款真实存在的，人民法院应予支持……

③ 在普通执行程序中，将应收账款债权拍卖的实属罕见。将应收账款债权进行拍卖的，常见于破产程序，且一般很少单列拍卖，而是与其他财产整体拍卖。

的，人民法院应予支持……这是“优先受偿”模式的直接依据。关于具体判决表述，有的法院判决“原告就主债权在出质人质押的应收账款×××元范围内享有优先受偿权”（有的判决还会标记登记编号），[①] 有的判决“债权人对应收账款在所担保的债务范围内享有优先受偿权”。[②]

“优先受偿”模式后续需要面对的一个问题是：如果不拍卖、变卖，那到底怎样“优先受偿”？其实就是向应收账款债务人直接收取。[③]

“直接收取”模式是我国通过最高人民法院公布的第53号指导性案例[④]确立的，[⑤] 在司法实践中得到了巩固，[⑥] 《民法典担保部分解释》第61条第3款最终确立了“直接收取”模式的地位。该款规定，以现有的应收账款出

① 典型案例可参见吉林省四平市中级人民法院民事判决书，（2021）吉03民初17号。相关判决描述为“原告×××（有限合伙）就上述第一、二项确定的债权，在四平×××公司质押的应收账款5832万元范围内享有优先受偿权（质押登记证明号为：05125660000611533×××）”。

② 典型案例可参见北京市高级人民法院民事判决书，（2017）京民初125号，最高人民法院在（2020）最高法民终910号民事判决书中维持原判。相关判决描述为“×××银行对南京×××公司享有的南京×××水上乐园门票收费权在××公司应偿还的贷款本金7881万元以及利息、复利、罚息［利息以7881万元为基数，自2015年12月22日起至2017年3月30日止，按《借款合同（进口信贷固定资产贷款）》约定的方式计算；复利以利息为基数、罚息以7881万元为基数，自2017年3月31日起至2018年4月13日止，按《借款合同（进口信贷固定资产贷款）》约定的方式计算］范围内享有优先受偿权”。

③ 参见河南省周口市中级人民法院民事判决书，（2021）豫16民终5863号。该裁判文书将“优先受偿”与“直接收取”等同视之，“由于应收账款质权的标的仅限于金钱之债，故质权人行使质权时，有权直接要求应收账款债务人给付相应款项，而无须采取折价、拍卖或变卖的方式，且质权人在应收账款范围内享有优先受偿权”。

④ “福建海峡银行股份有限公司福州五一支行诉长乐亚新污水处理有限公司、福州市政工程有限公司金融借款合同纠纷案”，案号为（2013）闽民终字第870号。最高人民法院在该案的“裁判要点”中指出，“特许经营权的收益权依其性质不宜折价、拍卖或变卖，质权人主张优先受偿权的，人民法院可以判令出质债权的债务人将收益权的应收账款优先支付质权人”。该案较为特殊的案情在于，出质人、质权人与应收账款债务人三方签订了相关协议，据此实践中有观点认为只有签订三方协议的情况下才能直接采用“直接收取”模式实现质权。

⑤ 《关于统一法律适用加强类案检索的指导意见（试行）》（2020年）第9条规定：检索到的类案为指导性案例的，人民法院应当参照作出裁判，但与新的法律、行政法规、司法解释相冲突或者为新的指导性案例所取代的除外。检索到其他类案的，人民法院可以作为作出裁判的参考。

⑥ 参见最高人民法院民事裁定书，（2019）最高法民终1023号。最高人民法院指出，“一审判决关于应收账款质权人可以请求确认其对所涉应收账款享有优先受偿权，但无权请求应收账款债务人直接向其支付所涉应收账款的认定确有不当，审理中，注意根据查明事实情况，予以纠正”。遂裁定撤销原判，发回重审。截至交稿日，未见发回重审后形成的裁判文书。

质，应收账款债务人已经向应收账款债权人履行了债务，质权人请求应收账款债务人履行债务的，人民法院不予支持，但是应收账款债务人接到质权人要求向其履行的通知后，仍然向应收账款债权人履行的除外。由此可知，如果应收账款债务人未付款，则质权人直接要求应收账款债务人履行债务，人民法院应予支持。

采用“直接收取”模式，也会极大便利后续的执行程序。当下的司法解释对到期债权的强制执行有严格限制：一是执行法院应当先行裁定冻结债权，并作出履行债务通知书，通知次债务人向申请执行人履行债务；二是次债务人提出异议的，人民法院一律不对次债务人强制执行，除非到期债权已经生效法律文书确定。[①] 此外，“拍卖、变卖”方式中，容易忽视对应收账款金额的实际审理，届时如果依托法院通过协助执行的方式执行应收账款债权，债务人一旦提出异议，执行工作就会陷入停顿。如果在执行依据中明确可以直接收取应收账款债权，则可以有效缓解前述问题。

3. “直接收取”之弊

两种行权方式应当允许当事人自由选择。对于不适合“拍卖、变卖”的应收账款债权，应当允许直接起诉应收账款债务人而主张直接收取，并享有优先受偿权。

但“直接优先受偿”也有水土不服的场合。在实践中，一方面，应收账款债务人较多的，会在立案、审理等环节遭受现实阻力；另一方面，应收账款债务人难以确定的应收账款债权，如公路收费权，[②] 直接收取在客观上就无法落实，这些情况仅主张优先受偿而不主张直接收取，未尝不可。也有观点认为，为中和前述两种情况的不便之处，可以在判决文书中判决享有优先购买权，在执行程序中强制执行应收账款债务人收取应收账款的账户。

---

① 参见山西省高级人民法院执行裁定书，(2021) 晋执复30号。《最高人民法院关于人民法院执行工作若干问题的规定（试行）》(2021年)“七、被执行人到期债权的执行”第47条规定：第三人在履行通知指定的期间内提出异议的，人民法院不得对第三人强制执行，对提出的异议不进行审查。

② 因我国立法上缺失“用益权”概念，公路收费权只能归于“债权”。

4. 质权与物上代位

如果出质人已经将款项收取，出质的应收账款转化成银行存款（如在实现质权前，应收账款债务人依法支付了应付账款），则质权人基于物上代位，依然对存款享有优先受偿权。①

（三）当事人选择与管辖

应收账款债务人能否列为第三人，曾经还是一个问题。原《担保法解释》（2000 年生效，2021 年失效）第 106 条②规定了“直接收取”模式的当事人罗列问题，没有将应收账款债务人作为第三人，而在过去的司法实践中，甚至有法院以错列第三人为由，驳回了质权人的起诉。③

在“优先受偿”模式中，列应收账款债务人为被告或第三人，有助于查明应收账款债权的基本信息。基于各种商业上的考虑，并不是所有应收账款债务人都适合追加作为被告或第三人。在实务中，在一些主张实现应收账款质押的质押合同纠纷中，原告仅起诉出质人的，人民法院也支持了相关诉请。④

在“直接收取”模式中，一定要列应收账款债务人为被告。在“直接收取”模式中，是否有必要追加主债务人或出质人作为第三人？有的观点认

① 参见江苏省泰州市中级人民法院民事判决书，（2021）苏 12 民终 1261 号。应收账款债务人在 2017 年 8 月就收到了要求付款给质权人的通知，在 2018 年依据出质人破产管理人及破产法院的要求付至出质人破产账户。法院认为，应收账款债务人向破产企业管理人支付相关应收账款，系依破产法的相关规定履行义务，并不因为清偿而使质押标的消灭，不影响质权人对质押标的的权利。依照《企业破产法》第 109 条规定，对破产人的特定财产享有担保权的权利人，对该特定财产享有优先受偿的权利。故被上诉人对 4 117 482.86 元享有优先受偿权。但该案有值得商榷之处。应收账款债务人收到转让通知后，继续向原债权人付款，质权人要求付款的权利并未丧失，此时本不存在物上代位的问题。但本着务实的角度观察，该案的最终处理结果并无不妥。

② 原《担保法解释》（2000 年生效，2021 年失效）第 106 条规定：质权人向出质人、出质债权的债务人行使质权时，出质人、出质债权的债务人拒绝的，质权人可以起诉出质人和出质债权的债务人，也可以单独起诉出质债权的债务人。

③ 参见温州市龙湾区人民法院民事裁定书，（2016）浙 0303 民初 3629 号。

④ 参见北京市昌平区人民法院民事判决书，（2022）京 0114 民初 4889 号。该案的应收账款是“生猪产业优化提升项目补贴款”，应收账款债务人系财政系统的机关法人。

为，为查明事实，应当追加；有的观点则认为，因案由所限，不应追加。[①]这一争议，在实践中需要个案个议。

在“直接收取”模式中，还要考虑管辖问题。实现质权的管辖矛盾可以出现在三份合同之间：主合同、质押合同、基础交易合同。如何协调管辖矛盾尤其是主合同与基础交易合同的管辖矛盾，值得讨论。有的法院认为“质权人请求对出质人质押的对应收账款债务人的应收账款享有优先受偿权，系基于质权人与出质人签订的《最高额质押合同》等，而相关应收账款所涉基础合同涉及出质人与应收账款债务人之间的买卖合同等法律关系，与本案主要诉争的金融借款合同及担保法律关系无直接关联”，未支持应收账款债务人的管辖权异议。[②] 有的案例中，应收账款债务人在质押通知文书上盖章，法院就认为“应当视为其接受《最高额质押合同》相关条款的约束”，未支持应收账款债务人提出的管辖权异议。[③]

在票据质押案件中，出质人起诉前手，要求前手付款给质权人的，人民法院也予支持。[④]

（四）碳质押

笔者借此机会介绍碳质押问题。

---

① 参见河南省周口市中级人民法院民事判决书，(2021) 豫16民终5863号。该法院认为，“本案为应收账款质权纠纷，并非借款合同纠纷，应收账款债务人要求追加借款人××建筑公司和刘某、王某虹、刘某某、王某新4个担保人无理，本院对其追加诉讼参与人申请不予准许。”

② 参见北京市高级人民法院民事裁定书，(2022) 京民辖终75号。该案中，原告作为质权人诉请为“判决原告对出质人质押的对应收账款债务人的人民币63 017 758.45元应收账款在‘诉讼请求’范围内享有优先受偿权”。诉请一就是还本付息。质押人认为，出质的应收账款基于9份基础合同产生，因此管辖应当依据基础合同确认相关争议的管辖权或主管权。在该案相关应收账款所涉9份基础合同中，共有5份明确约定了仲裁条款，其中×号合同明确约定双方争议应由×仲裁委员会仲裁解决；其余合同明确约定双方争议应由×仲裁委员会仲裁解决。

③ 参见辽宁省高级人民法院民事裁定书，(2018) 辽民辖终202号。法院认为，该案的应收账款债务人虽未与质权人签订书面合同，但其在《应收账款债权质押通知书》上加盖公章是其真实意思表示，应当视为其接受《最高额质押合同》相关条款的约束，《最高额质押合同》约定发生争议采取《授信协议》所约定的纠纷解决方式解决。

④ 参见广州市番禺区人民法院民事判决书，(2023) 粤0113民初2889号。

1. 政策背景

2020 年 10 月 14 日《关于支持民营企业加快改革发展与转型升级的实施意见》指出，“积极探索将用能权、碳排放权、排污权、合同能源管理未来收益权、特许经营收费权等纳入融资质押担保范围”。

2021 年 7 月 16 日，全国统一的碳交易市场正式开启，交易中心设在上海市，登记和结算中心设在湖北省武汉市，为担保登记提供了技术上的实现可能性。

2023 年 2 月 16 日，《最高人民法院关于完整准确全面贯彻新发展理念 为积极稳妥推进碳达峰碳中和提供司法服务的意见》颁行。该意见第 18 条指出，“……担保合同当事人或者利害关系人以碳排放配额、核证自愿减排量不是可以设立担保的财产为由，主张担保合同无效的，从严认定合同无效情形，依法最大限度维护合同效力。当事人在碳排放权或者核证自愿减排注册登记系统等办理质押登记，债务人不履行到期债务或者发生当事人约定实现质权的情形，质权人主张就登记账户内的碳排放配额或者核证自愿减排量优先受偿的，依法予以支持……”

2024 年 1 月 25 日，《碳排放权交易管理暂行条例》颁布。该条例第 5 条第 4 款规定，碳排放权交易应当逐步纳入统一的公共资源交易平台体系。

2. 基本概念

在实操上，基本不区分“质押”与“抵押”，用两种称谓的都有。2021 年 7 月 2 日，绍兴恒信农村商业银行为绍兴中成热电有限公司成功办理浙江省首单“碳排放权抵押贷款业务”。2021 年 8 月 13 日，江苏泰兴农村商业银行与当地人民银行、生态环境部门多方联动，成功办理了 500 万元江苏省首笔“碳排放配额质押贷款”。在金融行业标准《碳金融产品》（JR/T0244—2022）中，第 3. 9. 1. 2 号标准甚至直接采用了“碳资产抵质押融资”（carbon assets pledge）的“二合一”表述。

在立法上，区分“质押”与“抵押”的意义重大，因为这直接决定是否构成担保物权，属于何种担保物权，能否产生当事人所预期的担保效力。具体而言，“碳排放配额”能否设定质权，需要考虑“碳排放配额”是否属于《民法典》第440条第7项所称的“法律、行政法规规定可以出质的其他财产权利”。目前尚无法律、行政法规明文允许质押。“碳排放配额”能否设定抵押权，需要考虑“碳排放配额”是否属于《民法典》第395条第1款第7项规定的“法律、行政法规未禁止抵押的其他财产”。显然可以。从这一点上说，称之为“碳排放权抵押”或“国家核证自愿减排量（Chinese Certified Emission Reduction，CCER）抵押”，更合乎《民法典》的本意。鉴于最高人民法院已经采用了质押表述，本书遵循之。

3. 碳质押的基本面

当前实务中，“碳质押”主要针对“碳排放配额”和“CCER”的质押。具体在各个交易所各自办理质押登记，而今后的趋势是在统一机构进行统一登记。

上海碳排放配额（SHEA）① 就是政府分配给企业的碳排放配额，指定领域的企业每年度排放的二氧化碳不能超过这个配额。如果超过，可以向其他企业购买碳排放配额，或者购买CCER减少碳排放量。依据《碳排放权交易管理办法（试行）》第5条第2款的规定，全国碳排放权注册登记系统②记录的信息是判断碳排放配额归属的最终依据，因此碳排放配额采“登记生效”的权利变动模式。

CCER是指对我国境内可再生能源、林业碳汇、甲烷利用等温室气体减排项目的温室气体减排效果进行量化核证，并在国家温室气体自愿减排交易注册登记系统中登记的温室气体减排量。易言之，就是一家企业在减排方面做得很好，国家核定一个“减排一定数量的碳排放数额”的指标，其他需要减少碳排放量的企业通过购买这个指标，就可降低统计意义上的碳排放量。

① 碳排放配额包括全国碳排放配额（Chinese Emission Allowance，CEA）和各地方试点碳排放配额，如北京的碳排放配额（Beijing Emission Allowance，BEA）、上海的碳排放配额（Shanghai Emission Allowance，SHEA）、广东的碳排放配额（Guangdong Emission Allowance，GDEA）等。

② 该系统负责注册CEA，上海碳排放配额由上海市碳排放配额登记注册系统登记，据笔者了解，具体由上海市经济信息中心管理。

CCER 体系起步于 2012 年 3 月，2015 年进入交易阶段，2017 年 3 月国家发展改革委员会暂停 CCER 项目备案，存量的 CCER 交易仍在各大碳市场试点进行。目前交易 CCER 需要在“国家自愿减排和排放权交易注册登记系统”进行。2023 年 10 月 19 日，生态环境部、市场监督管理总局联合发布《温室气体自愿减排交易管理办法（试行)》，以规范全国温室气体自愿减排交易及相关活动。

4. 碳质权的实现

目前，已经落地的碳质押产品有“CCER 质押”和上海碳排放配额（SHEA）质押，对应的，上海环境能源交易所分别制定了《上海环境能源交易所协助办理 CCER 质押业务规则》（2015 年）和《上海碳排放配额质押登记业务规则》（2020 年）。据笔者了解，目前办理质押的以金融机构居多，且实践中暂无需要实现质权的实例。

依据 CCER 质押规则和《上海碳排放配额质押登记业务规则》，质押的办理需要由“质押双方”共同办理质押登记，这与应收账款质押不同。登记完成后，交易中心会向质权人出具质押登记证明书（CCER 质押登记证明书和配额质押登记证明书）。如果发生实现质权的情况，交易所可提供的质权实现方式就是两种，一种是将已出质的 CCER 或上海碳排放配额转至质权人账户；另一种是选定指定的买受人，并在交易所将相关质押的 CCER 或上海碳排放配额卖出。卖出后的 CCER 或上海碳排放配额必须办理过户登记。所得价款如何结算、如何冲抵主债务，登记机构并不干涉。

5. 碳排放权的强制执行

《最高人民法院关于完整准确全面贯彻新发展理念 为积极稳妥推进碳达峰碳中和提供司法服务的意见》第 20 条指出，“依法办理涉碳排放配额、核证自愿减排量金钱债权执行案件。对被执行人的存款、现金、有价证券、机动车等可以执行的动产和其他方便执行的财产执行完毕后，债务仍未能得到清偿的，可依法查封、扣押、冻结被执行人的碳排放配额、核证自愿减排量。查封、扣押、冻结的财产不得超出被执行人应当履行义务部分的范围。应当向碳排放权、核证自愿减排注册登记机构、交易机构送达执行裁定书和协助执行通知书”。

在具体的司法实践中，各地已经陆续报道了碳排放权的强制执行案例。例如，最高人民法院发布的“司法积极稳妥推进碳达峰碳中和典型案例”中的“中国农业银行某县支行与福建某化工公司等碳排放配额执行案”，该案的执行结果是“2021 年 9 月，福建省顺昌县人民法院作出执行裁定，依法冻结福建某化工公司未使用的碳排放配额 1 万吨二氧化碳当量，并通知其将碳排放配额挂网至福建海峡股权交易中心进行交易。同年 10 月，执行法院向福建海峡股权交易中心送达执行裁定书及协助执行通知书，要求扣留交易成交款。该公司的 5054 吨二氧化碳当量碳排放配额交易成功，并用于本案执行”。该案亦被列为“2021 年度福建法院十大执行案件”。司法实践中，还出现了碳排放权轮候查封的情况。①

八、融资中介纠纷

融资中介是融资市场无法绕开的话题。只要存在资金“供需关系”的信息差，就会有融资中介存在的空间。本节主要讨论融资中介的基本法律规则与常见的实务风险，对于融资中介从业人员以及包括保理人在内的资方均有价值。

（一）从“居间”到“中介”

融资中介业务如果产生纠纷，主要适用的是《民法典》“中介合同”章的规则，也就是《民法典》第 961 ~ 966 条。

“中介合同”在原《合同法》（1999 年生效，2021 年废止）项下被称为“居间合同”。从商业实践中看，“中介”其实并不完全等同于“居间”。主要区别在于，居间侧重于撮合签订相关合同，至于合同条款如何组织起草、是否协助履行合同，本不属于“居间人”的法定义务范围。但在商务实践中，中介方所提供的服务其实远远超过“居间服务”。《民法典》将“居间”

---

① 参见抚顺市东洲区人民法院民事裁定书，（2019）辽 0403 执 621 号。该裁定书载明，该法院轮候查封被执行人辽宁××发电有限公司所有的两台 20 万千瓦发电机组装机容量指标交易、碳排放指标交易、发电计划指标交易 3 年。

改为“中介”后，并未扩充“中介人”的义务，这可能会给商务实践带来短暂的不适应。从实务上看，可不必纠结单纯名称上的变换，宜主要聚焦于具体的实务问题。为遵循《民法典》的术语体系，后续将采用“中介人”的表述。

中介合同可以是单独的一份合同，也可以是整合在被促成的保理合同中的具体条款。

（二）报酬的计算

1. 金额的确定

关于报酬计付，首先看合同约定，依据《民法典》第963条，中介人促成合同成立的，委托人应当按照约定支付报酬；其次没有约定（实践中比较罕见）或者约定不明（主要体现在计付标准不明）的时候，根据中介人的“劳务”合理确定。《民法典》所称的“劳务”，实践中主要体现在中介人提供候选资金方的工作、单独与两边洽谈的工作、撮合三方洽谈工作、实地尽调考察工作，此外，资金需方对于保理等金融产品不够熟悉的，中介人还可能提供规划融资方案、协助合同谈判、产品发行备案、对接投资人等服务。这一切都需要做好证据留底工作，实践中主要体现在微信聊天记录以及相关文档、语音会议记录中。

具体的金额计算标准，一般以某金额为基数×百分比。有的合同约定以授信额度为基数，有的约定以具体授信种类的融资金额为基数；有的会约定以实发金额为准，有的会约定以约定金额为准。如果出现“收取‘砍头息’”的操作，如何确定保理融资本金就会存在争议，也建议明确。

2. 因果关系

“促成合同成立”隐含的一层含义就是，除举证证明实际签订了保理合同外，中介人还需要证明这份保理合同的签订是由中介人“促成”的，这便是“劳务”与“结果”之间的因果关系问题。如果“中介方”没有完成约定的全部工作，则不得要求支付全部的融资服务费用。①

---

① 典型案例参见最高人民法院民事判决书，（2022）最高法民终208号。

有的中介朋友会疑惑，事情是我做的，资方也是我找的，难道还能归功于他人？在一些极端案例中，同一融资人向多个中介渠道寻求服务，最后从同一投资方获得融资，因果关系的论证就具有举足轻重的作用。实践中，建议在相关的中介合同中提前锁定资方以及各方的联系人员及联系方式，以减轻举证压力。

3. 付款期限

应付多少中介费是一回事，什么时候付这笔钱是另一回事。

"促成合同签订"只是应当付款的事实基础，并不意味着"促成合同签订"当日就应当支付中介报酬。建议中介合同约定，在××事实成就后的××日/月后付款。"××事实"一般包括签订之日、实际放款之日，也包括办理中登网登记之日。

实践中，约定实际放款之日作为起算点，融资人导致无法实际提款的，不影响居间报酬的支付。①

4. 融资合法性

如果促成签订的是无效合同，例如促成签订的建设工程合同违法分包或转包，则中介费报酬可能无法获得法院支持。②

如果促成的保理合同构成"名保实贷"，则不宜认定该合同为"无效合同"，但变为借款合同后，前期洽谈的融资要素可能会发生一定变化，中介费有被酌减的风险。

---

① 参见青浦区人民法院民事判决书，(2014)青民二(商)初字第380号。该案中，融资人因居间服务获得5000万元融资授信额度，其中3000万元被告已使用并已归还，剩余2000万元因融资人未能提供债权转让通知书而未获得。法院认为，过错责任在被告(融资人)，是被告不当地阻止了条件的成就。虽然根据居间协议之约定，原告(居间人)收取居间费的条件为资金募集成功，但该案系被告致使第三人授信的资金未能发放，原告的居间服务已完成，故被告支付居间费的义务不能免除。

② 参见张正国诉江苏红战建设工程有限公司等居间合同纠纷案，载《最高人民法院公报》2023年第5期。该案裁判要旨指出"当事人订立、履行合同，应当遵守法律法规，不得扰乱社会秩序，损害社会公共利益。居间合同约定的居间事项系促成签订违反法律法规强制性规定的无效建设工程施工合同的，该居间合同因扰乱建筑市场秩序，损害社会公共利益，应属无效合同，居间方据此主张居间费用的，人民法院不予支持"。

（三）报酬的承担

报酬的承担依据合同确定，实践中，为结算方便，一般由融资人支付居间报酬。融资居间报酬一般会计入整体融资成本之中。

如果合同约定不明，那么依据《民法典》第 963 条的规定，由被促成签订合同的当事人，也就是融资人和保理人平均分担报酬。

（四）必要费用

如果中介做了很多工作但最后合同未成立，则是必要费用的计付问题。《民法典》第 964 条规定，中介人未促成合同成立的，不得请求支付报酬；但是，可以按照约定请求委托人支付从事中介活动支出的必要费用。

关于必要费用的支付，需要注意两点：一个是必须有明确的合同约定，否则中介人极易"赔了夫人又折兵"，另一个是需要组织证据证明支付了何种成本性费用。特别是一些无法量化的成本（如时间成本乃至"人情成本"），难以量化证明价值，建议在融资中介合同中提前确定计付标准。

（五）政策限制

融资中介的出现，一方面让融资人能够获得符合要求的资金，另一方面也必然会增加融资人的融资成本。畸高的中介费用会抬高不合理的融资成本，且一般伴有行受贿行为。

在融资人具有"国资"背景的情况下，"违规支付第三方费用，变相推高融资成本"往往是监督管理部门的重点核查对象。如果公职人员被查出从中收受贿赂，中介人还会面临刑事法律风险。①

① 以江苏省为例。2023 年 1 月 9 日，经中央纪委国家监委网站报道，自 2022 年 1 月开展融资领域腐败问题专项整治以来，江苏省镇江市纪律检查委员会与监察委员会共立案查处党员干部 22 人，其中县处级干部 3 人，挽回经济损失近 16 亿元。专项整治中，镇江市纪律检查委员会与监察委员会全面起底市、县、乡三级政府平台公司近 10 年的融资业务，重点关注、核查融资综合成本明显超出市场利率的融资项目，共梳理出违规支付中介费、融资综合成本异常等有重大疑点的融资项目数百条，逐项排查后形成重点问题线索"交办督办"清单，先后交办问题线索四批 35 条，目前已立案 14 件。镇江市纪律检查委员会与监察委员会先后查处 6 名涉及市县两级政府平台公司"一把手"的严重违纪违法案件。同时，发现多名资金"掮客"存在跨区域介入融资业务并获取高额中介费，以及向平台公司干部行贿问题，共查处资金"掮客"10 人。

附录：各地有关保理合同纠纷的司法文件

一、北京市

1. 2003年《北京市高级人民法院审理民商事案件若干问题的解答之四（试行）》（节选）

六、债权转让对保证人的效力？

《担保法》生效前的担保，债权人将债权转让给第三人的，负有通知保证人的义务。债权人通知保证人后，保证人应向债权受让人承担保证责任。

《担保法》生效后的担保，债权人依法将主债权转让给第三人的，保证债权同时转让，债权人无须通知保证人，保证人在原保证担保的范围内对受让人承担保证责任。

但保证人与债权人事先约定仅对特定债权人承担保证责任，或者约定禁止债权转让的，主债权转让后保证人不再承担保证责任。

2. 2007年《北京市高级人民法院审理民商事案件若干问题的解答之五（试行）》（节选）

20. 债权转让没有通知债务人，受让债权人直接起诉债务人的，法院应如何处理？

债权转让没有通知债务人，受让债权人直接起诉债务人的，视为“通知”，法院应该在满足债务人举证期限后直接进行审理，而不应驳回受让债权人的起诉。

21. 债权转让是否发生诉讼时效中断的法律后果？

债权转让未通知债务人，该债权的诉讼时效不发生中断的法律后果。

债权转让已通知债务人，“通知”内容包括向债务人主张权利的意思表示，或“通知”上写明要求债务人向债权受让人偿还债务内容的，或债权让与人、债权受让人同时在“通知”上签字盖章，应该认定债权转让通知债务人的同时，债权人向债务人主张了权利，诉讼时效发生中断的法律后果。

3. 2009 年《北京市高级人民法院审理买卖合同纠纷案件若干问题的指导意见（试行）》（节选）

第三条　（合同成立的认定）

对帐确认函、债权确认书等函件、凭证没有记载债权人名称，当事人一方以此证明存在买卖合同关系进而主张权利的，除非对方有证据证明不存在买卖合同关系或者债权债务已经履行完毕，该函件、凭证可以证明买卖合同成立。

…………

第三条的理解与适用：对帐确认函、债权确认书等首先是一种债权凭证，在其未记载债权人名称（没有抬头）时，并不影响记载内容的真实性，即出具人负有债务的事实。从正常逻辑关系分析，如果没有证据证明该债权凭证是非法取得的，债权凭证的持有人就是合法持有。同时，已经确定的债务人应当向谁偿还债务，是否存在债权转让等情形，并不影响债务人负担债务的事实以及负担程度。因此认定债权凭证持有人是债权人或将其视为债权人，并无不妥。这有利于交易秩序的稳定，促进市场流转。需要注意的是，如果当事人一方主张债权凭证是对方非法取得的，应当负举证责任。

4. 2015 年《北京市高级人民法院民二庭关于当前商事审判中需要注意的几个法律问题》（节选）

（三）关于涉保理的合同纠纷

保理业务是以债权人转让其应收账款为前提，集应收账款催收、管理、坏账担保及融资于一体的综合性金融服务。债权人将其应收账款转让给保理商（商业银行或商业保理企业），由保理商（商业银行或商业保理企业）向其提供下列服务中至少一项的，即为保理业务：

（1）应收账款催收：保理商（商业银行或商业保理企业）根据应收账款账期，主动或应债权人要求，采取电话、函件、上门等方式或运用法律手段等对债务人进行催收。

（2）应收账款管理：保理商（商业银行或商业保理企业）根据债权人的要求，定期或不定期向其提供关于应收账款的回收情况、逾期账款情况、对账单等财务和统计报表，协助其进行应收账款管理。

（3）坏账担保：保理商（商业银行或商业保理企业）与债权人签订保理协议后，为债务人核定信用额度，并在核准额度内，对债权人无商业纠纷的应收账款，提供约定的付款担保。

（4）保理融资：以应收账款合法、有效转让为前提的保理商（商业银行或商业保理企业）融资服务。

1. 关于案由

保理业务涉及的合同法律关系包括买方—卖方的商品（劳务）买卖关系、保理商（商业银行或商业保理企业）—卖方的货币信贷关系、保理商（商业银行或商业保理企业）—买方的继得的债权债务关系、卖方——第三方的担保关系，是系列合同的组合，不能简单归属于借款合同或债权转让合同或担保合同，在法律上应属于无名合同，在案由上应当使用合同纠纷。

2. 关于法律适用

对于债权人和债务人中至少有一方在境外（包括保税区、自贸区、境内关外等）的国际保理业务，当事人之间因签订保理协议构成的法律关系应属涉外民事法律关系，当事人约定适用国际通行的从事保理活动的国际惯例《国际保理业务惯例》的，不违背我国社会公共利益，可以在国际保理业务纠纷中予以适用。

对于在我国境内依法设立的商业银行经营保理业务，应当适用《商业银行保理业务管理暂行办法》。

对于在我国境内依法设立的商业保理企业经营保理业务，在《商业保理业管理办法》出台以前，可以参照适用《商业银行保理业务管理暂行办法》。

3. 有追索权保理合同的诉讼主体

（1）隐蔽型、有追索权的保理。保理商（商业银行或商业保理企业）在应收账款到期后不能收回保理融资款的，有权依照保理合同的约定起诉应收账款债权人要求其回购应收账款，保理商（商业银行或商业保理企业）为原告，应收账款债权人为被告。因应收账款债权转让通知未向债务人送达，故保理商（商业银行或商业保理企业）要求应收账款债务人偿还应收账款的请求不予以支持。

（2）公开型、有追索权的保理。保理商（商业银行或商业保理企业）在应收账款到期后不能收回保理融资款的，有权依照保理合同约定选择向应收账款债权人或债务人主张权利。如果保理商（商业银行或商业保理企业）先行选择起诉应收账款债务人要求其偿还应收账款而债务人未予偿还的，保理商可以再行起诉应收账款债权人，要求其回购应收账款。

5. 2016 年《北京市第四中级人民法院〈金融借款合同纠纷审判白皮书〉暨十大典型案例》（节选）

（四）加强创新金融业务中的法律关系认定，规范审查与风险防控

近年来金融创新业务不断增多，如保理业务是以应收账款转让为前提的综合性金融服务，以债权人转让其应收账款为前提，集应收账款催收、管理、坏账担保及融资于一体的综合性金融服务。保理业务得到快速发展的同时，各类保理纠纷不断出现，诉讼至法院的保理合同纠纷案件数量呈不断上升趋势。由于保理合同属于无名合同，有关保理问题的法律行政法规和司法解释明显欠缺，审判实践中存在许多亟待研究和解决的难题例如：案由、管辖、当事人的诉讼地位问题、保理法律关系认定问题、保理合同效力问题、应收账款质押和转让的冲突问题等。

1. 正确认识保理合同与基础合同的关系。

最高人民法院《关于当前商事审判工作中的若干具体问题》中指出，要正确认识保理合同与基础合同的关系。基础合同的存在是保理合同缔约的前提。但是，二者并非主、从合同关系，而是相对独立的两个合同。应当看到，二者有关权利义务关系的约定存有牵连。保理合同涉及保理商与债权人、保理商与债务人之间不同的法律关系。债权人与债务人之间的基础合同是成立保理的前提，而债权人与保理商之间的应收账款债权转让则是保理关系的核心问题，因此金融机构应严格审查应收账款内容，在合同中明确约定保理法律关系与基础合同法律关系，在订立合同时兼顾考虑可能引发的诉讼，预判如何约定才能够获得充分的权利救济。

金融机构需要充分认识保理的类型，根据不同类型在诉讼中主张相应权利。有追索权保理，又称回购型保理，是指销售商将符合保理协议约定条件并经银行认可的应收账款转让给金融机构，取得贸易融资、销售分户管理、应收账款催收等服务。在应收账款到期无法从债务人处收回时，金融机构可以向销售商反转让应收账款，要求销售商回购应收账款或归还融资。无追索权保理，又称为非回购型保理，是指销售商将符合保理协议约定条件并经金融机构认可的应收账款债权售与金融机构，取得商业资信调查、贸易融资、销售分户账管理、应收账款催收、信用风险担保等服务。应收账款在无商业纠纷等情况下无法得到清偿的，由金融机构承担应收账款的坏账风险。通过诉讼中所反映的情况，金融机构对债务人资信情况和风险的把控并不强，对信息的掌握相对较差，这就导致风险增大。如果是无追索权的保理，在买断债权后，金融机构仅有通过各种法律途径向债务人催收的权利，风险较大。而如果是追索权的保理，在应收账款到期后不能收回保理融资款的，有权依照保理合同的约定起诉应收账款债权人要求其回购应收账款。如果能够同时或按一定次序享有向应收账款债权人和债务人主张权利，则建议有明确的合同约定。

我们发现部分保理合同约定的内容不明，如保理合同中所对应的应收账款金额往往高于实际融资款项，发票对应款项与融资数额不一致，这涉及诉讼中如何提出诉讼请求的问题。在实践中，我们遇到金融机构在起诉时先以实际融资款的金额主张，后又调整以发票对应款项主张权利。建议双方在合同中明确融资款、应收账款与发票款项的对应关系，以便于在诉讼中主张相应权利。

2. 对基础合同真实性与交易真实存在的加强审查，涉及诉讼时应选择正确的法律关系起诉。

保理以货物贸易合同或服务贸易合同所产生的应收账款的转让为前提。转让应收账款的真实性应当是审查的重点，在涉及诉讼中选择正确的法律关系也是维护金融债权的重要途径。

例如 A 银行与 B 公司分别签订了《综合授信合同》、《贸易融资主协议》及《保理服务合同》，约定 B 公司以转让未到期债权为担保方式向 A 银行申请保理融资借款。

B 公司获得融资款，A 银行通过 B 公司向 C 公司发放三份《应收账款转让通知书》，C 公司在上述三份《应收账款转让通知书》上均表示其确认 B 公司已经按照《供需合同》的约定履行了本表所列发票所对应的全部义务，C 公司将不会对转让的应收账款进行任何抵销、抵扣、罚款、违约赔偿或误期赔偿等扣款。C 公司不可撤销地向 A 银行承诺于特定日期前支付应收账款转让对应的全部款项至下列账号。A 银行三笔应收账款转让所对应的发票情况和总金额在中国人民银行征信中心进行了初始登记。后 C 公司与 A 银行签订《备忘录》，对上述三笔债权的形成以及应当承担的付款义务没有异议，愿意对该债权承担还款义务。C 公司向 A 银行发出《关于贵司应收账款相关事项的说明函》《应收账款转让通知书》所对应的背景交易系虚构，C 公司并未与 B 公司进行该等买卖交易，亦未收到过 B 公司向 C 公司开具的增值税专用发票。A 银行以“买卖合同纠纷”为由，将 C 公司诉至法院，B 公司为该案第三人。法院认为 A 银行以并非真实合法有效的债权向 C 公司主张权利没有法律依据，不予支持。此后，A 银行以保理合同纠纷为基础起诉B、C公司才获得支持。因此，建议在保理合同签订时对基础合同真实性严格审查，防范金融风险，而涉及诉讼时选择正确的法律关系起诉。

…………

案例三　银行在无过错情形下依据不真实的债权签订的保理合同的责任承担

■基本案情：2013年9月，C煤炭公司与A银行签订了《综合授信合同》、《贸易融资主协议》、《保理服务合同》及《保理服务合同——附属合同》，约定C煤炭公司以转让未到期债权为担保方式向A银行申请保理融资借款，最高授信额度为2亿元。

2013年9月16日、11月7日、12月24日，A银行先后通过C煤炭公司向B燃料公司出具三份《应收账款转让通知书》，载明不同的总发票数和总金额。B燃料公司在上述三份《应收账款转让通知书》上均表示B燃料公司确认C煤炭公司已经按照《煤炭供需合同》的约定履行了本表所列发票所对应的全部义务，B燃料公司不可撤销地向A银行承诺于特定日期前支付应收账款转让对应的全部款项。

自2013年9月16日，A银行向C煤炭公司分三笔放款1.4亿元，期限届满后，C煤炭公司仅偿还部分利息，其余本息均未能如期偿还。

2014年3月18日，B燃料公司（甲方）和A银行（乙方）签订了《备忘录》，载明："一、《应收账款转让通知书》的情况及其所确认的债权基本情况（略）。二、甲方对上述债权的形成以及应对承担的付款义务没有异议，甲方应当在2014年5月9日前一次性向乙方支付本《备忘录》第一条中的全部贷款本息金额共计人民币壹亿零壹佰肆拾叁万壹仟元整（小写：101 431 000元）"，上述贷款本息中，本金部分由甲方直接承担付款义务，利息和罚息部分由包头市津粤煤炭有限公司承担付款义务，若在本条约定的付款日（即2014年5月9日）C煤炭公司不能支付利息和罚息，则甲方同意其在付款日（即2014年5月9日）直接向乙方支付。

2014年5月，A银行以"买卖合同纠纷"为由，将B燃料公司诉至法院，C 煤炭公司为该案第三人。经审理，法院认为：因本案各方当事人均不能提交《煤炭供需合同》的原件，且根据 B 燃料公司提供的录音证据，证明该合同系 C 煤炭公司伪造，故法院对该合同的真实性不予确认。虽然 A 银行与 B 燃料公司签订了《备忘录》，但该《备忘录》的内容仅是对 A 银行受让 C 煤炭公司应收账款债权进行再次确认并对 B 燃料公司还款期限和金额作出安排。A 银行以并非真实合法有效的债权向 B 燃料公司主张权利没有法律依据，不予支持。据此判决驳回 A 银行的诉讼请求。该判决已发生法律效力。

2015 年 4 月 1 日，A 银行以《保理合同》及相关框架协议和《备忘录》约定的还款期限均已届满，而 C 煤炭公司、B 燃料公司等被告均未履行还款义务为由诉至本院，请求判令 C 煤炭公司偿还借款本金 1.4 亿元及至实际支付之日的利息和罚息；判令 B 燃料公司按照《备忘录》的约定与 C 煤炭公司共同承担全部融资款本金、利息、罚息的还款义务。

■分析建议：法院最终认定，民事活动应遵循诚实信用的原则，故当事人因自身过错有违诚信原则给他人造成损失的，应就此承担相应的民事责任。本案中，虽然实际借款人为 C 煤炭公司，但每笔融资款均是以 A 银行通过《应收账款转让通知书》，向 B 燃料公司确认受让债权的真实性为前提。B 燃料公司除一再确认应收账款债权的真实性外，还反复承诺不可撤销地向 A 银行如期支付对应款项。特别是在 A 银行到期无法收回融资款时，B 燃料公司自行与 A 银行签订《备忘录》，再次明确承诺承担本金部分付款义务。整体而言，B 燃料公司的行为有违诚信原则，应对由此带来的后果承担相应责任。退一步讲，即使 B 燃料公司认为《备忘录》系因重大误解而订立，因其未在法定一年的除斥期间行使撤销权，故仍应履行其在《备忘录》中所承诺的民事义务。鉴于本案中的实际借款人为 C 煤炭公司，故应由 C 煤炭公司作为债务人承担全部还款责任，B 燃料公司则应在其《备忘录》明确承诺的还款责任范围内承担补充还款责任。

商事主体在商事交易过程中必须诚实守信，唯此才能充分保障交易安全，进而保障自身权益。与之相对，由于一方的不诚信行为给他方造成损失的，无论出于何种理由，亦无论其主观过错大小，均应对此承担相应责任。商事审判侧重保护当事人的缔约机会公平，意思自治，本案遵循“承诺即应履行，过错即应担责”的处理原则，判令B燃料公司在其承诺的还款责任范围内承担补充还款责任，体现了对双方当事人权益的平等保护。

案例四　保理合同中银行是否有权对买方和卖方同时主张权利

■基本案情：A银行与B公司签订《贸易金融授信业务总协议》《国内保理业务合同（有追索权）》，约定A银行向B公司提供授信额度，用于办理国内保理（有追索权）业务；由D公司提供连带责任还款保证；B公司（销货方）将商务合同项下的应收账款转让给A银行，并向C公司（购货方）发送《应收账款转让通知（有追索权）》，告知C公司将其在商务合同项下的应收账款转让给A银行，并指示C公司向A银行发送《应收账款转让通知回执》并按照约定将应收账款按时足额支付至A银行的指定账户或“国内保理业务专用账户”。

如果B公司或C公司出现违约或其他可能影响A银行国内保理业务（有追索权）项下融资款项及时足额收回的情形，则A银行有权要求B公司立即回购A银行未收回的“应收账款”。之后A银行与D公司签订《保证合同》，对上述债务提供连带责任保证。

之后，B公司提出申请，将其对C公司（购货方）享有的应收账款98 823 759.54元转让给A银行；申请融资金额合计78 123 047.38元。A银行向B公司支付了融资款78 123 047.38元。

B公司向C公司出具了《应收账款转让通知（有追索权）》，C公司予以回执确认并承诺向A银行履行付款责任，最迟应于2014年12月9日支付货款。但C公司未在最迟付款日履行付款责任，A银行分别向B公司、D公司、C公司发送了律师函，主张权利。现A银行诉至法院，要求：1. 判令C公司在判决生效之日起十日内支付应收账款债权本金98 823 759.54元；2. 判令B公司在融资金额78 123 047.38元及逾期罚息范围内对应收账款债权承担回购责任；3. 判令D公司对B公司的上述债务承担连带保证责任；

4. 如C公司未向A银行履行第一项义务，由B公司履行回购义务，在B公司履行回购义务或D公司履行相应的保证责任后，A银行将相应的应收账款转回给B公司，在该被转回的应收账款范围内，免除C公司的相应付款义务。

经法庭释明，A银行首先要求C公司在判决生效后10日内支付应收账款债权本金98 823 759.54元。C公司逾期履行付款义务，A银行要求B公司就上述应收账款债权承担回购责任。

■分析建议：本案的焦点问题是：A银行是否有权对B公司和C公司同时主张权利，即向C公司继续主张应收账款的同时，要求B公司承担应收账款的回购义务。A银行与B公司签订的《国内保理业务合同（有追索权）》中，对此没有明确约定。

法院分析认为：A银行依据《国内保理业务合同（有追索权）》第二十二条的约定，有权要求B公司立即回购A银行未收回的“应收账款”；同时B公司已经将应收账款债权转让给了A银行，该行为合法有效，因此A银行要求C公司继续支付应收账款债权本金的请求，合法有据。因此，A银行有权对B公司和C公司同时主张权利。

本案的难点问题是：A银行既有权要求B公司回购债权，同时也有权要求C公司支付应收账款，但是B公司获得的融资款数额与A银行享有的对C公司的应收账款债权数额并不相同，在实际执行中，如果C公司实际支付了部分应收账款，A银行则相应减少B公司对应收账款的回购义务，即相应减少B公司支付融资款的数额。同样，B公司在完成回购义务或D公司承担连带保证责任后，A银行享有的与之相对应的对C公司的应收账款债权应当转回至B公司，并相应免除C公司就此笔应收账款债权向A银行的偿还责任。B公司融资款数额为78 123 047.38元，A银行从B公司受让的应收账款为98 823 759.54元，两者的折算比例为0.79∶1。因此，法院依据该比例准确地确定了上述两种情况下各被告如何履行义务的问题。

建议当事人在订立保理合同时，明确约定银行在对方出现违约情形时既可以要求销货方（债权转让方）及时回购应收账款，又有权要求购货方按约支付应收账款，同时就双方各自履行义务的对应关系进行明确约定。

二、天津市

1. 2014 年《天津市高级人民法院关于审理保理合同纠纷案件若干问题的审判委员会纪要（一）》

为正确审理保理合同纠纷案件，依法保护当事人合法权益，规范保理业务经营行为，促进保理业健康发展，服务和保障金融改革创新，防范应收账款融资风险，2014 年 10 月 27 日高院召开 2014 年第 27 次审判委员会会议，专题研究关于保理合同纠纷案件审理中的若干问题。经过认真讨论，与会委员对目前审理保理合同纠纷案件的一些问题达成一致意见。现纪要如下：

一、会议纪要的形成背景

保理是以应收账款转让为前提的综合性金融服务。近年来，随着购货商赊销付款逐渐成为主要结算方式，供货商对应收账款的管理和融资需求推动了国内贸易中保理业务的产生和发展。2006 年 5 月，国务院发布《关于推进天津滨海新区开发开放有关问题的意见》（国发〔2006〕20 号），鼓励天津滨海新区在金融企业、金融业务、金融市场和金融开放等方面先行先试。2009 年 10 月，经国务院同意，国家发改委批复原则上同意商业保理企业在天津注册。2012 年 6 月，商务部下发《关于商业保理试点有关工作的通知》，同年 10 月又下发《关于商业保理试点实施方案的复函》，同意在天津滨海新区、上海浦东新区开展商业保理试点，设立商业保理公司，为企业提供贸易融资、销售分户账管理、客户资信调查与评估、应收账款管理与催收、信用风险担保等服务。2012 年 12 月，天津市发布《天津市商业保理业试点管理办法》，对商业保理公司的注册资金、从业人员及风险资本等各个方面做出了要求。天津市作为商务部确定的第一批商业保理试点城市，保理业务得到快速发展。与此同时，各类保理纠纷不断出现，诉讼至法院的保理合同纠纷案件数量呈不断上升趋势。由于保理合同属于无名合同，有关保理问题的法律、行政法规和司法解释明显欠缺，审判实践中存在许多亟待研究和解决的难题。例如：案由、管辖和当事人的诉讼地位问题；保理法律关系认定问题；保理合同效力问题；应收账款质押和转让的冲突问题等。

为了统一裁判标准和司法尺度，解决审判难题，依据《民法通则》、《合同法》、《物权法》、《担保法》、《民事诉讼法》及相关司法解释，参照《中国人民银行应收账款质押登记办法》、银监会发布的《商业银行保理业务管理暂行办法》、商务部发布的《关于商业保理试点有关工作的通知》、中国银行业协会保理委员会制定的《中国银行业保理业务规范》、天津市政府办公厅发布的《天津市商业保理业试点管理办法》，以及天津市金融工作局、中国人民银行天津分行、天津市商务委员会联合发布的《关于做好应收账款质押及转让业务登记查询工作的通知》，结合天津法院的审判实际，高院审判委员会专题研究和审议了审理保理合同纠纷案件的若干问题并形成基本共识。

二、保理法律关系的认定

保理合同是指债权人与保理商之间签订的，约定将现在或将来的、基于债权人与债务人订立的销售商品、提供服务、出租资产等基础合同所产生的应收账款债权转让给保理商，由保理商向债权人提供融资、销售分户账管理、应收账款催收、资信调查与评估、信用风险控制及坏账担保等至少一项服务的合同。

构成保理法律关系，应当同时具备以下几个基本条件：

（1）保理商必须是依照国家规定、经过有关主管部门批准可以开展保理业务的金融机构和商业保理公司；

（2）保理法律关系应当以债权转让为前提；

（3）保理商与债权人应当签订书面的保理合同；

（4）保理商应当提供下列服务中的至少一项：融资、销售分户账管理、应收账款催收、资信调查与评估、信用风险控制及坏账担保。

保理商与债权人签订的合同名为保理合同，经审查不符合保理合同的构成要件，实为其他法律关系的，应按照实际法律关系处理。

保理法律关系不同于一般借款关系。保理融资的第一还款来源是债务人支付应收账款，而非债权人直接归还保理融资款。保理法律关系也不同于债权转让关系，保理商接受债务人依基础合同支付的应收账款，在扣除保理融资本息及相关费用后，应将余额返还债权人。

三、保理合同的效力

保理合同是真实意思表示，内容合法，不违反我国法律、行政法规强制性规定的，应认定为有效。

保理合同属于反向保理且符合前款规定的，应认定为有效。

四、案由的确定

保理合同为无名合同，案由可暂定为保理合同纠纷。在司法统计时，将其归入“其他合同纠纷”项下。

五、管辖的确定

保理合同以基础合同的债权转让为前提。保理业务由应收账款转让和保理两部分组成，主要呈现两种诉讼类型：一是保理商以收回保理融资款为主要目的，起诉债权人和债务人或者仅起诉债务人。此时，保理商的法律地位是应收账款债权受让人，基于基础合同的债权转让而主张债务人偿还应收账款，以及因债务人不能偿还时债权人依约所应承担的回购义务，案件审理的重点是基础合同应收账款的偿还。二是保理商仅因保理合同的签订、履行等起诉债权人，如要求支付保理费用等，案件审理的重点是保理合同的履行。

保理商向债权人和债务人或者仅向债务人主张权利时，应当依据《民事诉讼法》的有关规定，结合基础合同中有关管辖的约定确定管辖。

保理商和债权人仅因保理合同的签订、履行等发生纠纷，按照保理合同的约定确定管辖。保理合同中无管辖约定或者约定不明确的，应当由被告住所地或者保理合同履行地法院管辖，保理融资款的发放地为保理合同的履行地。

保理商向债权人、债务人及担保人一并主张权利的，应当根据债权人与债务人之间的基础合同确定管辖。

保理商、债权人与债务人另有管辖约定的，按照其约定确定管辖。

六、当事人的诉讼地位

保理商仅以债权人为被告提起诉讼的，如果案件审理需要查明债权人与债务人之间是否存在基础合同关系、基础合同履行情况，以及债权转让是否通知债务人等事实的，应当根据当事人的举证情况进行审查，必要时可以追加债务人作为第三人参加诉讼。如果保理商与债权人仅就保理合同的权利义务产生纠纷，与基础合同的签订和履行情况无关的，可不追加债务人参加诉讼。

保理商仅以债务人为被告提起诉讼的，如果债务人就基础合同的签订、履行以及享有抗辩权、抵销权等提出抗辩的，应当追加债权人作为第三人参加诉讼。如果债务人仅就是否收到债权转让通知提出异议的，可以不追加债权人参加诉讼，仅需通知债权人以证人身份就相关事实予以说明。

七、法律适用问题

审理保理合同纠纷案件，应以保理合同的约定作为确定各方当事人权利义务的主要依据。

除合同约定的内容之外，应依据《合同法》第124条无名合同的相关规定，适用《合同法》总则的规定，并可以参照《合同法》分则或者其他法律最相类似的规定。

八、权利冲突的解决

应收账款出质后，不得转让。未经质权人同意转让应收账款，该转让行为属于无权处分行为。

出质人经质权人同意转让应收账款的，应当以其所得的保理融资款和保理回款的余款向质权人提前清偿或者提存。

保理融资款是指债权人将应收账款转让给保理商后，保理商为债权人提供的资金融通款，包括贷款和应收账款转让预付款。保理回款的余款是指债务人依基础合同约定支付的全部应收账款，在保理商扣除融资本息及相关费用后剩余的款项。

九、登记公示和查询的效力

天津市金融工作局、中国人民银行天津分行、天津市商务委员会联合发布的《关于做好应收账款质押及转让业务登记查询工作的通知》（以下简称《通知》）中所列主体受让应收账款时，应当登陆中国人民银行征信中心动产融资统一登记平台，对应收账款的权属状况进行查询，未经查询的，不构成善意。

《通知》中所列主体办理应收账款质押、转让业务时，应当对应收账款的权属状况在中国人民银行征信中心动产融资统一登记平台予以登记公示，未经登记的，不能对抗善意保理商。

十、适用范围

本纪要确定的意见，请自印发之日起遵照执行，已经作出生效裁判的保理合同纠纷案件不再适用本纪要。本纪要与新的法律、行政法规和司法解释不一致时，按照法律、行政法规和司法解释执行。

十一、相关概念的解释

1. 保理：又称保付代理，是以应收账款转让为前提的综合性金融服务。保理合同主要涉及下列当事人：（1）保理商：开展保理业务的金融机构及商业保理公司；（2）债权人：基础合同中的债权人，其在保理合同中将基础合同中的应收账款转让给保理商，因此又是保理合同中的应收账款出让人；（3）债务人：基础合同项下的付款义务人。

反向保理：是指保理商与规模较大、资信较好的买方达成协议，对于为其供货、位于其供应链上的中小企业提供保理业务。实务操作中，保理商首先与资信较好的买方协商，确定由保理商为向买方供货的中小企业提供保理融资，然后保理商与供货的中小企业，或者与供货的中小企业和买方共同签订保理合同。供货的中小企业履行基础合同中的供货义务后，向保理商提示买方承兑的票据，保理商立即提供融资，并进行应收账款管理及账款收取等综合性金融服务。票据到期时，买方直接向保理商支付款项。反向保理不是一种具体产品或者合同名称，而是一种保理营销策略和思路。近年来，反向保理在大幅度减少保理商风险的同时，有效缓解了中小企业的融资困难，提高了中小企业的市场开拓能力。

2. 保理融资：保理商应债权人的申请，在债权人将应收账款转让给保理商后，为债权人提供的资金融通，包括贷款和应收账款转让预付款。

3. 销售分户账管理：保理商根据债权人的要求，定期或不定期向其提供关于应收账款的回收情况、逾期账款情况、信用额度变化情况、对账单等各种财务和统计报表，协助债权人进行应收账款管理。

4. 应收账款催收：保理商根据应收账款账期，主动或应债权人要求，采取电话、函件、上门催收直至运用法律手段对债务人进行催收。

5. 资信调查与评估：保理商以受让应收账款为前提，提供的机构或个人的信用信息记录、信用状况调查与分析、信用评价等服务。

6. 信用风险控制与坏账担保：保理商为债务人核定信用额度，并在核准额度内，对债权人无商业纠纷的应收账款提供约定的付款担保。

7. 基础合同：应收账款债权人与债务人签订的有关销售货物、提供服务或出租资产等的交易合同。

8. 应收账款债权：保理商受让的、债权人（卖方）基于履行基础合同项下销售货物、提供服务或出租资产等义务而对债务人（买方）享有的债权。应收账款的权利范围一般包括：销售商品产生的债权，提供服务产生的债权，出租资产产生的债权，公路、桥梁、隧道、渡口等不动产收费权让渡产生的债权，以及保理商认可的其他债权。

9. 信用风险：债务人因破产、重整、解散、停止营业、拒绝往来、无支付能力或恶意拖欠等，未能在保理期限到期日足额支付应收账款。

10. 有追索权保理：是指保理商不承担为债务人核定信用额度和提供坏账担保的义务，仅提供包括融资在内的其他金融服务。无论应收账款因何种原因不能收回，保理商都有权向债权人追索已付融资款项并拒付尚未收回的差额款项，或者要求债权人回购应收账款。

11. 无追索权保理：是指保理商根据债权人提供的债务人核准信用额度，

在信用额度内承购债权人对债务人的应收账款并提供坏账担保责任。债务人因发生信用风险未按基础合同约定按时足额支付应收账款时，保理商不能向债权人追索。发生下列情况之一的，无追索权保理的保理商有权追索已付融资款并不承担坏账担保义务：债权人有明显欺诈行为；不可抗力；债务人对基础合同项下的商品、服务等提出异议。

12. 公开型保理：又称明保理，是指在签订保理合同或在保理合同项下每单发票项下的应收账款转让时立即将债权转让事实通知债务人，该事实即对债务人产生约束力。

13. 隐蔽型保理：又称暗保理，是指保理合同签订后的一定时期内，保理商或债权人都未将应收账款转让事实通知债务人，仅在约定期限届满或约定事由出现后，保理商可将应收账款转让事实通知债务人。隐蔽型保理中，即使保理商已预付融资款，正常情况下债务人仍直接向债权人付款，再由债权人将相关付款转付保理商，融资款项仅在债权人与保理商之间清算。

2. 2015 年《天津市高级人民法院关于审理保理合同纠纷案件若干问题的审判委员会纪要（二)》

为了妥善审理保理合同纠纷案件，进一步解决保理合同纠纷审判实践中遇到的疑难问题，依法保护当事人合法权益，规范保理经营行为，促进保理业健康发展，为天津市金融创新提供司法保障和支持，2015 年 7 月 27 日我院召开 2015 年第 22 次审判委员会会议，专题研究了保理合同纠纷案件审理中的若干问题。经过认真讨论，与会委员对于依法解决审判实践中的疑难问题达成一致意见。现纪要如下：

一、会议纪要的形成背景

2014 年 10 月 27 日，我院 2014 年第 27 次审判委员会专题研究了保理合同纠纷案件审理中的问题，形成了《天津市高级人民法院关于审理保理合同纠纷案件若干问题的审判委员会纪要（一)》，较好地解决了保理法律关系的认定、保理合同的效力、案由的确定、管辖的确定、当事人的诉讼地位、权利冲突的解决、登记公示和查询的效力等问题。随着保理合同纠纷数量的不断增长，审判实践中仍然存在许多疑难问题亟待解决。例如：债权转让通知的形式与效力、债务人对应收账款进行确认的效力、基础合同中债权禁止转让的约定对保理商的影响、基础合同变更对保理合同的影响、债务人的抗辩权和抵销权、保理专户中保理回款的性质认定、保理商的权利救济、破产抵销权的行使等。

为了解决审判难题，统一裁判标准和司法尺度，依据《中华人民共和国民法通则》、《中华人民共和国民事诉讼法》、《中华人民共和国合同法》、《中华人民共和国物权法》、《中华人民共和国担保法》、《中华人民共和国企业破产法》、《中华人民共和国电子签名法》、《中华人民共和国公证法》，以及相关司法解释的规定，参照《中国人民银行应收账款质押登记办法》、银监会发布的《商业银行保理业务管理暂行办法》、商务部发布的《关于商业保理试点有关工作的通知》，天津市政府办公厅发布的《天津市商业保理业试点管理办法》，参考中国银行业协会保理委员会制定的《中国银行业保理业务规范》，天津市金融工作局、中国人民银行天津分行、天津市商务委员会联合发布的《关于做好应收账款质押及转让业务登记查询工作的通知》，结合天津法院的审判实际，审判委员会委员对于如何依法解决保理合同纠纷审判实践中存在的问题形成一致意见。

二、债权转让通知的形式与效力

除另有约定外，债权人向保理商转让应收账款的，应当通知债务人。未经通知，该应收账款转让对债务人不发生效力。债务人是否收到通知，不影响保理合同的效力。

债权人与保理商在保理合同中约定由保理商通知债务人的，保理商向债务人发送债权转让通知的同时，应当证明应收账款债权转让的事实并表明其保理商身份。

保理商或者债权人与债务人对于债权转让通知的形式有约定的，按照约定的形式通知债务人。约定使用电子签名、数据电文形式，或者约定通过各类电子交易平台在线上采用电子签名、数据电文等形式发送债权转让通知的，以及债务人对债权转让的事实使用电子签名、数据电文形式，或者通过各类电子交易平台在线上采用电子签名、数据电文等形式做出承诺或者确认的，在符合《中华人民共和国电子签名法》相关规定的情况下，可以认定债权转让对债务人发生效力。

保理商或者债权人与债务人未对债权转让通知的形式做出约定的，下列情形可以视为履行了债权转让通知义务：1. 债权人在债权转让通知文件上签章并实际送达债务人；2. 债权人在所转让应收账款的对应发票上明确记载了债权转让主体和内容并实际送达债务人；3. 保理商与债权人、债务人共同签订债权转让协议；4. 经公证证明债权转让通知已经送达债务人，但有相反证据足以推翻公证的除外。

三、债务人对应收账款进行确认的效力

债权人向保理商转让现有的已确定的应收账款债权时，债务人仅对应收账款债权数额、还款期限进行确认的，债务人可以就基础合同项下的应收账款行使抗辩权。债务人对应收账款债权数额、还款期限以及基础合同、交付凭证、发票等内容一并进行确认的，或者保理合同中对应收账款性质、状态等内容的具体表述已作为债权转让通知或者应收账款确认书附件的，根据诚实信用原则，可以作为债务人对基础合同项下的应收账款不持异议的有效证据，但债务人能够提供其他证据足以推翻的除外。债务人仅以应收账款不存在或者基础合同未履行为由提出抗辩的，不予支持。

债权人向保理商转让未来的应收账款债权时，债务人对应收账款债权进行确认的，不影响其行使基础合同项下的抗辩权。

四、基础合同中债权禁止转让的约定对保理商的影响

债权人与债务人约定债权不得转让的，债权人不得将应收账款全部或者部分转让给保理商，但保理商善意取得应收账款债权的除外。债权人违反基础合同约定转让不得转让的应收账款，如果因此给保理商造成损失，保理商向其主张承担赔偿责任的，应予支持，但保理商在签订保理合同时知道或者应当知道基础合同禁止转让约定的除外。

五、基础合同变更对保理商的影响

保理合同对于基础合同的变更有约定的从约定，无约定的，可以按照以下情形处理：1. 保理商可以对保理合同内容做出相应的变更。2. 债权人变更基础合同的行为导致应收账款的有效性、履行期限、付款方式等发生重大变化，致使保理商不能实现合同目的，保理商可以向债权人主张解除保理合同并要求赔偿损失，或者要求债权人依照保理合同约定承担违约责任。

债权转让通知送达债务人，债务人未向保理商作出不变更基础合同承诺的，不承担因基础合同变更给保理商造成损失的赔偿责任。债务人已向保理商作出不变更基础合同承诺的，对于因基础合同变更给保理商造成的损失，如果没有明确责任承担方式，保理商可以主张债务人在债权人承担责任的范围内承担补充赔偿责任。

债权人与债务人恶意串通变更基础合同，损害保理商利益的，保理商依法主张债权人与债务人对造成的损失承担连带责任的，应予支持。

六、债务人的抗辩权和抵销权

债务人收到债权转让通知后，其因基础合同而享有的抗辩权、抵销权可以向保理商主张，债务人明确表示放弃抗辩权、抵销权的除外。

债务人收到债权转让通知后新产生的抗辩事由，如果该抗辩事由的发生基础是在债权转让通知前已经存在的，可以向保理商主张。

七、保理专户中保理回款的性质认定

保理专户又称保理回款专用户，是保理商为债权人提供融资后，双方以债权人名义开立的，或者保理银行开立的、具有银行内部户性质的，用于接收债务人支付的应收账款的专用账户。

对于保理商与债权人约定将保理专户中的保理回款进行质押的，如果该保理专户同时具备以下几个特征，保理专户中的回款可以认定为是债权人“将其金钱以特户、封金、保证金等形式特定化后”，移交保理商占有作为保理融资的担保，在应收账款到期后，保理商可以就保理专户中的回款优先受偿：1. 保理商将应收账款的债权人和债务人、应收账款数额和履行期限、保理专户的账户名称、保理回款数额及预计进账时间等，在“中国人民银行征信中心动产融资统一登记平台”的“应收账款转让登记”项下“保理专户”进行登记公示。2. 每笔保理业务应当开立一个保理专户，如果多笔保理业务开立一个保理专户的，应当证明每笔保理业务与保理专户的相互对应关系。3. 保理商、债权人与保理专户的开户银行签订保理专户监管协议，确保保理专户未存入应收账款回款之外的其他资金，未与债权人的其他账户混用，未作为日常结算使用。

八、保理商的权利救济

债务人应当按照应收账款债权转让通知向保理商或者债权人支付应收账款。债务人知道或者应当知道其向保理商支付应收账款的，如果仍向债权人支付，保理商向债务人主张支付应收账款的，应予支持。

保理合同签订后，债权转让通知送达债务人之前，债务人已经向债权人支付的应收账款，保理合同对此有约定的从约定。保理合同无约定的，保理商向债权人主张给付其所收取的应收账款的，应予支持。

债务人未依约支付全部应收账款时，保理商提出下列主张的，应予支持：1. 应收账款债权转让通知已经送达债务人的，保理商要求债务人支付全部应收账款。2. 债权转让通知没有送达债务人的，保理商要求债权人积极向债务人主张支付全部应收账款，并按保理合同约定将相应款项给付保理商。3. 债权人负有回购义务的，保理商要求债权人返还保理融资本息并支付相关费用。4. 债权人的回购义务履行完毕前，保理商依据保理合同及债权转让通知要求债务人付款或者收取债务人支付的应收账款。

债权人履行回购义务后，保理商应将应收账款及其项下的权利返还债权人，债权人取得基础合同项下对债务人的相应债权，保理商不得再向债务人主张还款。前述所称回购义务是指债权人向保理商转让应收账款后，当发生保理合同约定的情形时，债权人应依约从保理商处购回所转让的应收账款债权。

债务人依约支付全部应收账款的，保理商在扣除保理融资本息及相关费用后，应将保理回款的余款返还债权人。

九、破产抵销权的行使

保理商按保理合同约定享有向债权人主张回购应收账款权利的，如果债权人进入破产程序，保理商可以就其尚未向债权人支付或者足额支付的保理融资款，与其享有的要求债权人回购应收账款的债权，向破产管理人主张抵销。

十、适用范围

本纪要确定的意见自印发之日起遵照执行。已经做出生效裁判的保理合同纠纷案件不再适用本纪要。本纪要与新的法律、行政法规和司法解释不一致时，按照法律、行政法规和司法解释执行。

三、广东省

1. 2012 年《广东省高级人民法院民二庭民商事审判实践中有关疑难法律问题的解答意见》（节选）

（十八）债权转让生效的时间点和通知的主体如何确定

债权转让合同是确立债权转让人和债权受让人之间权利义务法律关系的合同，对于债权转让人和债权受让人而言，债权转让合同自成立时生效。由于债权转让行为涉及原合同的债权人和债务人之间的法律关系，原债权人的债权因转让行为而消灭，而债务人履行债务的接受主体将由原债权人转为新的债权受让人。《中华人民共和国合同法》第八十条规定了债权转让通知义务，债权转让未经通知债务人，该转让对债务人不发生效力。据此，对债务人而言，债权转让生效的时间点以通知为准，未经通知债务人，债权受让人无权请求债务人履行义务。

由于原债权债务法律关系在原债权人和债务人之间设立，原债权人转让债权后，应由原债权人通知债务人新的履行义务主体，为此，《中华人民共和国合同法》第八十条规定，原债权人负有债权转让通知的义务。若债权受让人通知债务人，经原债权人认可后，即可认定已经履行通知义务。

2. 2016年《深圳前海合作区人民法院关于审理前海蛇口自贸区内保理合同纠纷案件的裁判指引（试行）》

［第一章　总则］

第一条【目的依据】为正确审理保理合同纠纷案件，统一办案标准和裁判尺度，促进保理行业健康有序发展，依据《中华人民共和国民法通则》《中华人民共和国合同法》《中华人民共和国物权法》《中华人民共和国民事诉讼法》及相关司法解释，结合前海、蛇口自贸区审判实践，制定本裁判指引。

第二条【基本内涵】保理是指债权人将其现在或未来的应收账款转让给保理商，保理商在受让应收账款的前提下，为债权人提供如下一项或多项服务的综合性金融服务：

（一）应收账款融资；

（二）应收账款管理；

（三）应收账款催收；

（四）销售分户账管理；

（五）信用风险担保；

（六）其他可认定为保理性质的金融服务。

对名为保理合同，但实际不构成保理法律关系的，应当按照其实际构成的法律关系处理。

第三条【诉讼案由】保理合同纠纷案件属于新案件类型，涉及到基础合同法律关系和保理法律关系，案由一般可以确定为保理合同纠纷。

［第二章　管辖的确定］

第四条【仅起诉债权人时管辖权的确定】因保理合同的签订、履行等发生纠纷，保理商仅起诉债权人的，合同有约定且不违反法律规定的，从其约定；合同没有约定的，依照《中华人民共和国民事诉讼法》的相关规定确定管辖。

第五条【仅起诉债务人时管辖权的确定】因应收账款给付发生纠纷，保理商仅起诉债务人的，按以下原则确定管辖：

（一）基础合同有约定的，按照其约定确定管辖，但转让协议另有约定且债务人同意的除外；

（二）债务人对应收账款转让通知书中变更原约定管辖的要求予以确认的，按变更后的管辖约定确定管辖法院；

（三）基础合同中无管辖约定或者约定不明的，依照《中华人民共和国民事诉讼法》的相关规定确定管辖。

第六条【将债权人、债务人一并起诉时管辖权的确定】保理商将债权人、债务人作为共同被告，根据保理合同约定向有管辖权的人民法院起诉后，债务人提起管辖权异议的，不予支持。

［第三章　当事人的确定］

第七条【保理合同审理中第三人参加诉讼】保理商仅以债权人或者债务人为被告提起诉讼的，可以根据案件审理需要决定是否追加债务人或者债权人作为第三人参加诉讼。

第八条【基础合同审理中第三人参加诉讼】债权人与债务人就基础合同履行问题产生纠纷，法院在审理基础合同纠纷中，发现债权人已将应收账款转让给保理商的，应当通知保理商作为第三人参加诉讼。

第九条【债务加入】案外人虽然没有明确表示承担保证责任，但自愿与债权人或债务人共同承担债务的，视为债务加入。原告申请将其列为共同被告的，人民法院予以准许。

第十条【无独立请求权第三人上诉的情形】债权人与债务人就基础合同履行问题产生纠纷，保理商作为无独立请求权第三人参加诉讼的，虽未判决保理商承担法律责任，但判决的内容可能损害保理商民事权益的，保理商有权提起上诉。

第十一条【保理商提出撤销之诉的情形】债权人与债务人就基础合同履行问题产生纠纷，因不可归责于保理商的事由未参加诉讼，但已经发生法律效力的判决、裁定、调解书的内容可能损害保理商民事权益的，保理商可以依据《中华人民共和国民事诉讼法》第五十六条规定提起第三人撤销之诉。

[第四章　保理合同的效力]

第十二条【合同效力的认定】认定保理合同效力时应当以《中华人民共和国合同法》第五十二条为依据。下列情形不影响保理合同的效力。

（一）债权人将与债务人约定不得转让的应收账款债权转让给保理商的；

（二）当事人仅以保理商所受让的应收账款为不成立的应收账款（如虚假应收账款、已被清偿的应收账款等）进行抗辩的；

（三）当事人仅以保理商所受让的应收账款为未来应收账款进行抗辩的；

（四）当事人仅以保理商所受让的应收账款为已被处分的应收账款进行抗辩的；

（五）债务人仅以未收到债权转让通知进行抗辩的；

（六）其他不影响合同效力的情形。

第十三条【虚构基础合同】债权转让人与第三人虚构基础合同关系，并以无真实交易关系的应收账款债权作为转让标的，与保理商订立应收账款转让合同，善意保理商请求撤销该合同，并向债权转让人主张返还财产、赔偿损失等法律责任的，应予支持。

第十四条【债务人确认债务真实性时的处理】第三人或债务人向保理商确认基础合同债务的真实性，善意保理商主张合同有效，并请求债务人或第三人按照其确认的范围内为保理申请人的债务承担清偿责任的，人民法院应予支持。

[第五章　应收账款的转让]

第十五条【转让范围】法律、行政法规未禁止转让的应收账款债权，可依法转让。

第十六条【转让原则】除当事人另有约定，应收账款债权转让的，保理商一并受让有关的全部合同权利及其附属担保性权益。

附属抵押权等担保物权一并转让时，未办理抵押登记变更手续，保理商主张担保物权的，人民法院予以支持。

第十七条【禁止转让约定对保理商的效力】债权人与债务人约定债权不得转让的，保理合同又约定债权人将应收账款全部或者部分转让给保理商的，对债务人不产生应收账款转让的效力，但保理商善意取得应收账款债权的除外。

第十八条【禁止转让约定对债权人的效力】基础合同对应收账款转让有明确约定的，从其约定。如果债权人违反该约定转让应收账款给保理商造成损失，保理商向其主张承担赔偿责任的，人民法院应予支持，但保理商在签订保理合同时知道或者应当知道基础合同有特殊约定的除外。

第十九条【未经通知对债务人不生效】除当事人另有约定外，应收账款转让可以由债权人单方或者债权人与保理商共同通知债务人。未经通知，该应收账款转让对债务人不发生效力。

第二十条【对通知方式有特别约定的处理】基础合同及保理合同对应收账款转让通知的方式有特别约定的，从其约定。基础合同与保理合同对应收账款转让通知方式约定不一致的，按照基础合同约定的方式进行通知。

第二十一条【视为通知的情形】基础合同或保理合同未对应收账款转让通知的方式做出约定，但有下列情形之一的，可以视为履行了债权转让通知义务：

（一）债权人在所转让应收账款的对应发票上对应收账款转让主体与内容等相关事项予以明确标记，且债务人收到该发票的；

（二）保理商与债权人、债务人共同签订债权转让协议的；

（三）将应收账款转让通知以邮寄形式向债务人法定注册地址或约定通讯地址寄送，且已实际送达的；

（四）将应收账款转让通知书向基础合同中债务人指定的联系人邮寄，且已实际送达的；

（五）将应收账款转让通知书向基础合同中债务人指定的电子邮箱发送，且债务人回复确认的；

（六）其他可以视为已履行通知义务的情形。

第二十二条【通知的效力】应收账款转让通知送达债务人后，债务人应当向保理商履行债务。未经保理商同意，债务人向债权人履行债务的，保理商有权请求债务人继续履行债务。

第二十三条【通知前债务人已支付应收账款的处理】应收账款转让通知送达债务人之前，债务人已经向债权人履行债务，保理商要求债权人支付其所收取的款项的，人民法院应予支持，但保理合同另有约定的除外。

［第六章　保理商的权利救济］

第二十四条【保理商的救济途径】债务人未按照债务履行期限支付全部应收账款时，保理商提出下列主张的，应予支持：

（一）【按照基础合同向债务人主张】债务人收到债权转让通知后，未按照通知要求付款，保理商请求债务人履行债务的；

（二）【按照保理合同向债权人主张】债务人不履行义务，保理商按照保理合同的约定要求债权人归还融资款或者回购应收账款债权的；

（三）【按照保理合同向债权人、债务人同时主张】合同约定债务人不能清偿债务时，保理商对债权人享有追索权或者应收账款债权回购请求权，保理商一并起诉债权人及债务人，主张债务人承担清偿责任、债权人在债务人不能清偿的范围内承担相应责任的；

（四）【约定连带责任】保理商与债权人、债务人约定由债权人与债务人对应收账款承担连带责任，保理商一并起诉债权人、债务人要求其承担连带责任的。

第二十五条【未约定违约金的处理】基础合同对逾期履行应收账款给付义务的违约责任没有约定，保理商在起诉债务人时依据《最高人民法院关于审理买卖合同纠纷案件适用法律问题的解释》第二十四条的规定主张逾期付款损失的，人民法院予以支持。

第二十六条【以已转让应收账款要求抵销回购义务的处理】在有追索权保理纠纷中，债权人以已经转让应收账款为由，主张抵销其应向保理商履行的回购义务的，人民法院不予支持。

第二十七条【追索权的确定】在有追索权保理纠纷中，保理商要求债权人以支付保理融资本息和相关费用的方式履行应收账款回购义务的，人民法院予以支持。

保理合同约定为无追索权保理，但同时又约定如债务人提出抗辩或抵销权等使债务无法得到清偿时保理商依旧可向债权人行使追索权的，视为有追索权保理。

当事人可以通过债权人单方承诺或补充约定等方式将无追索权保理合同变更为有追索权保理合同。

第二十八条【保理款余额的返还】在有追索权保理纠纷中，债务人依约向保理商支付全部应收账款的，保理商应按照保理合同的约定扣除保理融资本息及相关费用后，将保理回款的余款返还债权人。

第二十九条【基础合同不得擅自变更】债务人收到应收账款转让通知后，未经保理商同意，债权人与债务人擅自变更基础合同的，该变更对保理商不产生法律约束力。

第三十条【擅自变更时保理商的救济方法】债权转让通知送达债务人后，未经保理商同意，债权人与债务人擅自变更基础合同导致保理商未能收回应收账款或者遭受损失的，保理商可以选择提出以下诉讼请求，人民法院予以支持：

（一）向债权人主张解除保理合同并要求赔偿损失；

（二）要求债权人依照保理合同约定承担违约责任；

（三）要求债务人继续履行支付应收账款的义务；

（四）要求债权人与债务人共同承担赔偿责任。

［第七章　债务人的抗辩权和抵销权］

第三十一条【抗辩权】债务人收到债权转让通知后，其因基础合同享有的抗辩权可以向保理商主张。

第三十二条【抵销权】债务人接到债权转让通知时，其对让与人享有债权，并且债务人的债权先于转让的债权到期或者同时到期的，债务人可以向保理商主张抵销。

第三十三条【放弃抗辩权、抵销权的情形】有下列情形之一的，债务人不得再主张抗辩权、抵销权：

（一）债务人单方明确表示或以自己的行为表明放弃抗辩权、抵销权的；

（二）债权转让通知书中明确注明债务人放弃抗辩权、抵销权，债务人在债权转让通知书上盖章确认，且未在合理期限内明确提出异议的；

（三）其他可以视为放弃抗辩权、抵销权的情形。

第三十四条【保证金的处理】保理商收取保证金的，保证金应当从融资金额中扣除。人民法院在计算保理融资利息、逾期利息、违约金等责任范围时，应当按照扣除保证金后的实际融资金额计算。

［第八章　登记公示和权利冲突］

第三十五条【登记的效力和善意的认定】保理商应当登陆中国人民银行征信中心动产融资统一登记平台，对应收账款的权属状况进行查询，未经查询的，不构成善意。

其他民事主体办理应收账款质押、转让业务时，未在中国人民银行征信中心动产融资统一登记平台予以登记公示的，不能对抗善意第三人。

第三十六条【应收债权先质押后转让】债权人先将应收账款质押给第三人并在中国人民银行征信中心动产融资统一登记平台登记，后又转让给保理商的，保理商不能对抗质权人。

第三十七条【应收债权先转让再质押】债权人先将应收账款转让给保理商，后又质押登记给第三人，应收账款转让未登记的，不能对抗善意第三人。

第三十八条【应收债权重复转让】债权人对同一应收账款重复转让，导致多个保理商主张权利的，按照如下原则确定权利人：

（一）应收账款转让有登记的，优先保护。在登记之前，债务人已收到其他债权转让通知，且已实际支付部分或全部应收款项的，办理登记的保理商可向原债权人主张权利；

（二）应收账款转让均未办理登记手续的，以债务人收到应收账款转让通知书的先后顺序确定。但债务人与他人恶意串通的除外；

（三）债权转让既未办理登记手续也未向债务人发出转让通知书的，按照发放保理融资款的先后顺序确定。

［第九章　附则］

第三十九条【无涉外因素的法律适用】人民法院审理国内保理合同纠纷案件，以保理合同、基础合同的相关约定确定各方当事人的权利义务。当事人没有约定的，可以适用《中华人民共和国合同法》总则的规定，并可以参照分则或者其他法律最相类似的规定。

第四十条【有涉外因素的法律适用】有涉外因素的保理合同纠纷，当事人约定适用国际条约、国际惯例或域外法的，按照《中华人民共和国民法通则》《中华人民共和国涉外民事关系法律适用法》的相关规定进行处理。

第四十一条【参照适用】本院审理涉及前海、蛇口自贸区以外的保理合同纠纷案件，可以参照适用本裁判指引的规定。

第四十二条【适用冲突时的处理原则】本指引与法律、法规或司法解释不一致的，以法律、法规或司法解释为准。

第四十三条【解释机构】本指引由本院法官大会负责解释。指引施行后与新出台的法律、法规、或司法解释有冲突的，由本院法官大会修订。

第四十四条【生效时间】本指引自法官大会讨论通过之日起施行。施行后尚未审结的案件，适用本指引。

四、湖北省

2016 年《湖北省高级人民法院民二庭 当前商事审判疑难问题裁判指引》（节选）

20. 应收账款质押中的问题。

质权人对应收账款主张质权，仅提供基础合同及质押登记，应收账款的债务人提出基础合同不真实或未实际履行等抗辩，并提交初步证据后，质权人应对应收账款真实存在负担进一步证明责任，否则对质权人的请求不予支持。

但债务人曾向质权人确认基础合同真实有效，或确认应收账款的关键要素，或承诺付款不附条件或者付款条件已成就，或承诺放弃基于基础合同的抗辩权、抵销权，或明确表示将无条件付款至专项账户，则人民法院对于债务人提出的基础合同不真实或基础合同相对方未实际履行等抗辩不予支持。

…………

24. 债务人否认转让时经过其确认的债权金额。

债权转让时债务人对转让的债权金额予以确认，债务人嗣后予以否认的，如无充分证据和法定理由，债务人不能推翻其对债权金额的确认。债务人就债权金额提出的异议的，一般不予采信。

25. 债权受让人以债权让与人虚构债权为由行使合同撤销权。

债权让与人采用虚构债权等欺诈手段，导致债权受让人与之签订债权转让合同的，如符合《合同法》第五十四条第二款规定情形，债权受让人请求撤销该债权转让合同的，应当予以支持。

…………

26. 无真实债权债务基础的票据及票据行为的效力。

票据的签发、取得和转让是否应当有真实的交易关系和债权债务基础，这是票据的无因性问题。票据无因性是指票据一旦签发，其所产生的票据关系（出票关系、背书关系、承兑关系、保证关系和付款关系）即独立于其赖以产生的基础关系（原因关系、预约关系和资金等关系），即票据关系与基础关系相互分离。与之相反，票据的有因性强调票据关系和基础关系相互牵连。《票据法》在坚持票据无因性时（如该法第十三条第一款、第二十六条、四十四条、五十四条），仍有相当条款坚持票据有因性，如第十条第一款、第二十一条、第八十三条、第八十八条的规定。《最高人民法院关于审理票据纠纷案件若干问题的规定》第十四条对票据法第十条、第二十一条进行了缩限解释，即对业经背书转让的票据，不允许票据债务人以基础关系欠缺进行抗辩。该司法解释意指票据法第十条、第二十一条强调基础关系仅适用于未经背书转让的票据。此外，从票据立法趋势及与国际接轨考虑，对未经背书转让的票据，可将票据法第十条中的“应当有真实的交易关系和债权债务关系”和第二十一条的“必须有真实的委托付款关系和可靠资金来源”理解为管理性规范而非强制性规范，即不以基础关系欠缺如无真实的交易关系、债权债务关系及资金关系而认定票据或票据行为无效。

…………

30. 保理合同纠纷案件中的若干问题。

目前我国司法实践中对于保理合同纠纷的案由适用不统一，有金融借款合同纠纷、保理合同纠纷、借款合同纠纷、合同纠纷等。鉴于保理合同法律关系的复杂性，现阶段保理合同的案由确定应当依据系争法律关系的性质来确定。最高人民法院正在修订《民事案件案由规定》，未来很有可能将“保理合同纠纷”这一案由纳入其中，在此之前仍可使用“合同纠纷”的案由。

保理商明知无真实的基础合同关系，仍与债权人订立合同，受让应收账款债权的，不构成保理合同关系，应当按照其实际构成的法律关系确定案由。

保理合同当事人之间存在保理合同和基础合同的双重法律关系，对于是否必须合并审理、根据保理合同还是基础合同法律关系确定管辖尚无法律规定。如果不存在管辖争议，保理合同和基础合同纠纷可以并案审理。一律按照基础合同或者保理合同确定管辖都缺乏充分的依据。如果保理合同和基础合同由不同法院管辖则应当分案审理。

债务人收到债权转让通知后，未按照基础合同约定及通知要求付款，保理商请求债务人支付欠付款项的，应予支持。债务人不履行义务，保理商按照保理合同的约定向债权人行使追索权，或者请求债权人按照约定回购应收账款债权的，应予支持。保理商一并起诉债权人及债务人，主张债务人承担清偿责任、债权人在债务人不能清偿的范围内承担相应责任的，可以一并审理。

债权人向保理商转让现有的已确定的应收账款债权时，债务人仅对应收账款债权数额、付款期限作出确认的，债务人仍然享有基于基础合同的抗辩权。债务人对应收账款债权数额、付款期限以及基础合同、交付凭证、发票等内容一并作出确认的，或者保理合同中对应收账款性质、状态等内容的具体表述已作为债权转让通知或者应收账款确认书附件的，根据诚实信用原则，可以作为债务人对基础合同项下的应收账款不持异议的有效证据，但债务人能够提供其他证据足以推翻的除外。债务人仅以应收账款不存在或者基础合同未履行为由提出抗辩的，不予支持。

五、吉林省

2014年《吉林省高级人民法院民二庭关于商事审判若干疑难问题的解答（一）》（节选）

问题二十一：通谋虚伪表示下合同的效力如何认定？

所谓通谋虚伪表示，是指表意人与相对方串通后，作出与内心真实意思不符的虚假意思表示。例如：作为公务员的哥哥为规避财产申报，签订虚假的房屋买卖合同，将其所有的房屋出卖给弟弟，并完成所有权变更登记，哥哥并未转移房屋占有，弟弟亦未支付购房款。民法通则第五十五条规定："民事法律行为应当具备下列条件：（一）行为人具有相应的民事行为能力；（二）意思表示真实；（三）不违反法律或者社会公共利益。"意思表示真实是民事法律行为的生效要件之一，通谋虚伪表示下的合同应认定无效。如涉及第三人利益的保护问题，可适用物权法第一百零六条关于善意取得的相关规定进行处理。

问题二十二：债权转让通知能否撤回？

合同法第八十条第二款规定："债权人转让权利的通知不得撤销，但经受让人同意的除外。"合同法对债权转让通知能否撤回未作明确规定。债权转让通知的撤销是指债权转让通知到达债务人之后债权人作出相反意思表示；债权转让通知的撤回是指债权转让通知发出后到达债务人之前，债权人作出相反意思表示。因此，债权转让通知的撤回属意思表示的范畴，可参照最相近似的意思表示规则进行调整。合同法第二十七条规定："承诺可以撤回。

撤回承诺的通知应当在承诺通知到达要约人之前或者与承诺通知同时到达要约人。”债权转让通知的撤回，可以参照该条规定进行处理，即：债权转让通知可以撤回。撤回债权转让的通知应当在债权转让通知到达债务人之前或者与债权转让通知同时到达债务人。

…………

问题二十四：私立学校、幼儿园、医院等事业单位、社会团体作为保证人签订的保证合同是否有效？

私立学校、幼儿园、医院等事业单位、社会团体作为保证人签订的保证合同应当认定无效。具体理由如下：

首先，从文义解释上看，担保法第九条关于“学校、幼儿园、医院等以公益为目的的事业单位、社会团体不得为保证人”的规定，并未对学校、幼儿园、医院等主体的性质作出区分。

其次，从历史解释上看，担保法第九条的立法原意即不区分学校、幼儿园、医院等主体的性质。根据《全国人大法律委员会关于〈中华人民共和国担保法（草案）〉审议结果的报告》（载《全国人民代表大会常务委员会公报》1995年第5期），担保法审议过程中，曾有委员建议考虑公立和私立学校、医院的不同性质，对能否作保证人分别作出规定，但该建议最终未被全国人大常委会采纳。

再次，从体系解释上看，担保法第三十七条第三项、物权法第一百八十四条第四项关于“学校、幼儿园、医院等以公益为目的的事业单位、社会团体的教育设施、医疗卫生设施和其他社会公益设施”不得抵押的规定，均未对学校、幼儿园、医院等主体的性质进行区分。

最后，从目的解释上看，对担保法第九条中的学校、幼儿园、医院等主体作出限缩性解释，不符合立法目的。法律规定学校、幼儿园、医院等主体不得作为保证人，不得以教育设施、医疗卫生设施和其他社会公益设施设定抵押，在纠纷产生时可以减轻前述主体可能承担的法律责任，但也会极大地影响前述主体的融资能力。无论是公立，还是私立的学校、幼儿园、医院等主体，履行担保责任后都将损害社会公共利益。因此，立法目的并不在于对前述主体的利益进行特殊保护，而在于保护社会公共利益。

六、上海市

1. 2003 年《上海市高级人民法院关于在民商事审判中处理转让无效合同中的权利纠纷案件的研讨意见》

为正确审理转让无效合同中的权利引发的民商事纠纷案件，统一审判思路，上海市高级人民法院民二庭组织召开了《上海法院 2003 年第二次民商事审判实务研讨会》，对转让无效合同中的权利的效力认定及其处理进行了研讨，并形成如下意见：

一、关于转让无效合同中的权利行为涉及的法律关系当事人基于无效合同形成的权利转让行为，包含三个既相对独立，又彼此联系的法律关系。一是债权人与债务人之间形成的具有无效因素的合同法律关系。二是债权人与受让人之间基于无效合同形成的权利转让合同法律关系。三是权利转让后形成的受让人与债务人（合同权利全部转让），或者债权人、受让人与债务人（合同权利部分转让）之间的合同关系。

二、关于转让无效合同中的权利纠纷案件的当事人受让人以债权人与债务人之间的无效合同、债权人与受让人之间的转让合同为依据，向债务人主张债权，鉴于此类纠纷往往涉及转让合同是否依法成立、转让的债权是否存在、该债权是否有效、具体数额等问题，如债权人未参加诉讼，可能会影响案件的审理和最终处理结果。故在受让人未起诉债权人的情形下，法院应当通知债权人作为第三人参加诉讼。

三、关于转让无效合同中的权利纠纷案件的审理思路

（一）处理原则

1. 相对独立性原则。受让人与债权人之间就权利转让协商一致，且意思表示真实，符合法律规定的要件和程序，不违背社会公共利益，则受让人与债权人之间的权利转让合同依法成立，受让人在受让权利的范围内对债务人

享有请求权。债权人与债务人之间的合同有效与否，一般不影响受让人与债权人之间权利转让合同的效力。

2. 债权人与债务人之间的合同为无效或部分无效，虽不产生当事人预期的法律效果，但当事人之间基于法律直接规定而产生新的债权债务关系，债权人将该范围内的权利予以转让的，只要符合法律规定，应予以支持。

3. 受让人依据转让合同，向债务人行使权利请求权，债务人有权依据《中华人民共和国合同法》第 82 条规定，就该权利是否成立、是否有效以及具体数额等向债权人主张的抗辩事由，可依法向受让人主张。

（二）具体处理

1. 债权人与债务人之间的合同已被法院或仲裁机构确认无效，且对合同各方的财产返还以及合同无效的赔偿等作出裁决，债权人将判决或仲裁裁决中确认的属其享有的财产权利转让给受让人，并通知债务人的，该权利转让应认定有效。

2. 债权人与债务人之间的合同虽未经法院或仲裁机构确认无效，但各方依据合同无效的法律规定，对各方财产的返还以及合同无效的赔偿达成协议，债权人将协议中属其享有的权利转让给受让人，并通知债务人的，该权利转让应认定有效。

3. 债权人与债务人之间的合同未经法院或仲裁机构确认无效，债权人将其在该合同中享有的权利转让给受让人，该转让意思表示真实，合同内容、转让程序符合法律规定，且不违反社会公共利益，则应认定转让合同有效。债务人以其与债权人之间的合同属无效的抗辩，可以向受让人主张。

在债务人未就其与债权人之间的合同无效进行抗辩的情形下，鉴于合同效力属法院依职权裁判事项，权利转让以债权人对债务人的权利存在为基础，故人民法院应通过审理，查明合同的效力以及权利的具体内容。

4. 经法院审查，债务人就其与债权人之间的合同属无效的抗辩依法成立，或法院经审理确认其与债权人之间的合同无效的，受让人无权向债务人主张原合同权利，但基于转让合同有效，受让人因此取得基于法律规定而直接产生的债权。

（三）例外

法院经审查，债权人对债务人的权利属于非法债权（如因买卖毒品、枪械或因赌博等形成的债权债务关系），该权利不受法律保护，受让人基于该非法权利形成的权利转让合同应认定无效，并判决驳回受让人对债务人的诉请。

2. 2006年《上海市高级人民法院关于审理涉及债权转让纠纷案件若干问题的解答》

为正确审理因债权转让引发的民商事纠纷案件，进一步统一本市法院的审理与裁判思路，规范法律适用，针对本市法院在审理此类案件中遇到的若干问题，高院民二庭在调研的基础上，就相关问题解答如下：

一、债权受让人基于受让债权的事实，以债务人为被告提起诉讼，要求债务人履行债务，经审理作为转让标的的债权不成立，应如何处理？

债权转让法律关系包含三个法律关系，一为债权让与人与债务人之间的债权债务关系（以下简称基础债权关系），二为债权让与人与受让人之间的债权转让关系，三为债权受让人基于债权转让关系，与债务人之间形成的债权债务关系。债权受让人因债权转让行为，享有对债务人的债权请求权。法院经审理，债权让与人与债务人之间的基础债权关系不成立。据此，法院应当判决驳回债权受让人的诉讼请求。债权受让人应依据债权转让关系另行追究债权让与人的民事责任，如要求债权让与人承担违约责任，或请求解除与债权让与人之间的债权转让合同。

二、债权受让人以债务人为被告提起诉讼，要求债务人履行债务，债权让与人作为第三人参加诉讼的，在债权受让人对债务人的诉请不能成立的情形下，债权受让人能否变更诉请，直接要求债权让与人承担民事责任或在诉讼中提起预备诉讼主张？

鉴于债权受让人对债务人提起的诉请是基于债权受让人与债务人之间的法律关系，与债权转让关系不属于同一法律关系，且债权转让人仅处于诉讼第三人地位，故债权受让人不能在诉讼中直接变更诉请，要求债权让与人承担民事责任，应通过另行起诉解决。

在此种情形下也不宜由债权受让人对债权让与人提起预备诉讼。预备诉讼是在同一诉讼中，同一原告针对同一被告在主要诉讼请求得不到满足时的备位诉讼请求。如果预备诉讼的被告与主要诉讼的被告非同一对象，将导致当事人诉讼地位、诉讼请求及争点、审理范围等发生较大变化，将会给案件审理带来诸多不便。因此，在债权受让人起诉债务人履行债务的纠纷案件中，不应准许债权受让人将债权让与人列为预备诉讼的被告提起备位诉讼。

三、债权受让人依据债权转让合同，要求债务人履行债务，债务人对债权金额提出异议，债权受让人以此为由请求确认债权转让协议未生效如何处理？

债权转让合同系债权让与人与受让人就债权转让达成的协议，如双方未就合同生效作出特别约定，债权转让合同成立即生效。债权受让人与债务人就债权金额的争议，不影响债权转让协议的生效。因此，一般情形下，债权受让人不得以债权金额存在争议为由请求债权转让合同不生效。

四、债权受让人依据债权转让合同诉请债务人履行债务，债务人对债权金额的部分提出异议，经审查该异议成立的，法院应如何处理？

法院经审理认定债务人对债权金额的部分提出异议成立，则对于没有异议的债权部分，判决债务人对债权受让人进行清偿。债权受让人未获支持的债权部分，应另行向债权让与人主张违约责任或请求赔偿。

五、债权让与人虚构债权事实与受让人签订债权转让合同，债权受让人据此要求撤销债权转让合同，法院应如何处理？

债权让与人采用虚构债权事实等欺诈手段，导致债权受让人与之签订债权转让合同的，如符合《合同法》第五十四条第二款规定情形，债权受让人据此请求法院撤销该债权转让合同的，法院应当予以支持。

六、债权受让人对债务人提起诉讼，债务人以合同法第八十三条规定主张抵销，是否需提起反诉？

根据合同法第八十三条的规定，债务人对债权让与人享有债权，且债务人的债权先于转让的债权到期或者同时到期的，债务人可以向债权受让人主张抵销。该抵销权的行使无须债务人提起反诉，法院在审理中应查明债务人对债权让与人的债权是否真实存在后，作出相应判决。

七、债权让与人、受让人与债务人在债权转让合同中对转让的债权金额予以确认，债权受让人请求债务人履行债务时，债务人对该债权金额予以否认的，应如何处理？

当事人在债权转让合同中对转让的债权金额予以确认，债务人在嗣后予以否认的，如无充分的证据或理由，债务人不能推翻其在三方协议中对债权金额的确认。因此，对债务人就债权金额提出的异议，法院一般不予采信。

八、当事人将人民法院生效裁判文书确定的债权予以转让，法院应如何处理？

权利人享有人民法院生效裁判文书确定的债权，并将该债权予以转让，只要该债权不属于合同法第七十九条规定的情形，应当认可该债权转让的效力。经相关人民法院审查后，债权受让人可依生效裁判文书向债务人主张债权。

九、债权受让人因受让香港法院生效裁判文书确定的债权，要求对内地债务人提起诉讼，人民法院应如何处理？

鉴于最高法院尚未就内地法院与香港特别行政区法院之间民商事案件的司法裁决相互认可程序作出安排，因此，目前香港特别行政区法院作出的民商事裁决，在内地尚不能被认可并得到执行。债权受让人受让香港法院生效裁判文书中确定的债权，继而请求债务人按照香港法院裁决确认的债权履行债务的，法院依法不予支持。

3. 2019 年《上海市高级人民法院关于审理融资租赁物权属争议案件的指导意见（试行）》

为更好地维护融资租赁交易安全，平等保护融资租赁交易当事人和第三人的合法权益，统一融资租赁物权属争议案件的法律适用，根据《中华人民共和国合同法》、《中华人民共和国物权法》、《最高人民法院关于审理融资租赁合同纠纷案件适用法律问题的解释》，参照上海市地方金融监督管理局、中国人民银行上海分行、中国银保监会上海监管局联合下发的《关于做好本市融资租赁行业登记和查询工作的意见》的相关规定，结合本市审判实践，制定本指导意见。

一、本市金融租赁公司、外商投资融资租赁公司、内资融资租赁试点企业作为出租人（以下简称出租人），应当在中国人民银行征信中心（以下简称征信中心）的动产融资统一登记公示系统中对融资租赁合同中载明的租赁物权属状况予以登记。

未依照规定办理登记公示，且不存在《最高人民法院关于审理融资租赁合同纠纷案件适用法律问题的解释》第九条规定的其余例外情形的，出租人对租赁物的所有权不得对抗善意第三人。

二、本市各银行、金融资产管理公司、信托公司、财务公司、汽车金融公司、消费金融公司、金融租赁公司、外商投资融资租赁公司、内资融资租赁试点企业、典当行、小额贷款公司、融资性担保公司、商业保理公司等作为第三人（以下简称第三人）在办理资产抵押、质押或受让等业务时，应当登录征信中心的动产融资统一登记公示系统查询相关标的物的权属状况。

未依照规定进行查询的，出租人对租赁物主张权利时，上述第三人以不知标的物是租赁物为由进行抗辩的，应推定该第三人在办理租赁物抵押、质押或受让租赁物时，未尽到审慎注意义务，不构成善意。

三、本意见在本市辖区范围内试行。

本意见施行前已经审理终结的案件不得依据本意见提起再审。

本意见自下发之日起施行。

七、浙江省

2015 年《宁波市中级人民法院关于涉外商事审判若干疑难问题的解答（二）》（节选）

九、保理业务办理中，商业银行未实质审查保理合同的基础法律关系，担保人可否据此主张免责？

答：根据《商业银行保理业务管理暂行办法》第十四条的规定，商业银行受理保理融资业务时，应严格审核卖方和/或买方的资信、经营及财务状况，分析拟做保理融资的应收账款情况，包括是否出质、转让及账龄结构等，合理判断买方的付款意愿、付款能力及卖方的回购能力，审查买卖合同等资料的真实性与合法性；对因提供服务、承接工程或其他非销售商品原因所产生的应收账款，或买卖双方为关联企业的应收账款，应从严审查交易背景真实性和定价合理性。因此，商业银行负有实质审查义务，未尽相应义务的，属明显过错，但该过错不必然导致担保人免责。若依具体案情能认定债权人有骗取担保恶意的，则担保人可依《中华人民共和国担保法》第三十条或《最高人民法院关于适用〈中华人民共和国担保法〉若干问题的解释》第四十条的规定处理。

八、江苏省

1. 2022 年《江苏省高级人民法院执行异议及执行异议之诉案件办理工作指引（三）》（节选）

24. ……《民诉法解释》第四百九十九条第二款规定的“利害关系人”包括但不限于：

（1）案涉债权受让人；

（2）无追索权的保理合同债权人；

（3）有追索权的保理合同债务人；

（4）应收账款质权人；

（5）实际施工人。

2. 2023 年《建邺区人民法院〈关于审理保理纠纷案件的裁判指引〉》

第一章　总　　则

第一条【目的依据】为正确审理保理合同纠纷案件，统一裁判标准和司法尺度，促进保理行业健康有序发展，依据《中华人民共和国民法典》《中华人民共和国民事诉讼法》及相关司法解释，结合南京地区法院保理审判实践，制定本裁判指引。

第二条【保理法律关系的认定】保理合同是应收账款债权人将现有的或者将有的应收账款转让给保理人，保理人提供资金融通、应收账款管理或者催收、应收账款债务人付款担保等服务的合同。

构成保理法律关系，应当具备如下几个基本条件：（一）保理人应当是依照国家规定、经过有关主管部门批准具备经营保理业务资质的主体；（二）保理法律关系必须以债权转让为前提；（三）保理人与应收账款债权人应当签订书面保理合同；（四）保理人为应收账款债权人提供如下一项或多项服务的综合性金融服务：资金融通（应收账款融资）、应收账款管理（销售分户账管理）、应收账款催收、应收账款债务人付款担保。

对名为保理合同，但实际不构成保理法律关系的，应当按照其实际构成的法律关系处理。

第二章　当事人的确定

第三条【保理合同审理中第三人参加诉讼】保理人仅以应收账款债权人或者应收账款债务人为被告提起诉讼的，可以根据案件审理需要决定是否追加应收账款债务人或者应收账款债权人作为第三人参加诉讼。

第四条【基础合同审理中第三人参加诉讼】应收账款债权人与债务人就基础合同履行问题产生纠纷，法院在审理基础合同纠纷中，发现应收账款债权人已将应收账款转让给保理人的，应当通知保理人作为第三人参加诉讼。

第五条【保理人提出第三人撤销之诉的情形】应收账款债权人与债务人

就基础合同履行问题产生纠纷，因不可归责于保理人的事由未参加诉讼，但已经发生法律效力的判决、裁定、调解书的内容可能损害保理人民事权益的，保理人可以依据《中华人民共和国民事诉讼法》第五十九条规定提起第三人撤销之诉。

第六条【保理人提出执行异议的情形】保理人受让的应收账款被法院采取强制措施的，保理人有证据证明其系该笔应收账款债权人的，可以依据《中华人民共和国民事诉讼法》第二百三十四条（现第 238 条）规定提起执行异议。

第三章 保理合同的效力

第七条【合同效力的认定】认定保理合同效力时应当以《中华人民共和国民法典》第一百四十四条、第一百四十六条、第一百五十三条、第一百五十四条为依据。下列情形不影响保理合同的效力：

（一）应收账款债权人将与应收账款债务人约定不得转让的应收账款债权转让给保理人的；

（二）当事人仅以保理人所受让的应收账款为不成立的应收账款（如虚假应收账款、已被清偿的应收账款等）进行抗辩的；

（三）当事人仅以保理人所受让的应收账款为已被处分的应收账款进行抗辩的；

（四）应收账款债务人仅以未收到应收账款转让通知进行抗辩的；

（五）其他不影响合同效力的情形。

第八条【虚构应收账款行为的认定】应收账款债权人与应收账款债务人虚构应收账款作为转让标的，与保理人订立保理合同的，应收账款债务人不得以应收账款不存在为由对抗保理人，但是保理人明知虚构的除外。

有下列情形之一的，可认定构成“虚构应收账款”：

（一）应收账款债权人与债务人伪造基础合同、履约单据、财务凭证等基础交易资料，或者以真实的合同、履约单据、财务凭证等虚构基础交易背景；

（二）应收账款债权人或债务人明知一方伪造基础交易材料，另一方提供交易材料予以配合；

（三）应收账款债务人明知应收账款债权人伪造基础交易材料，仍向保理人确认存在相应的应收账款、基础交易事实或应收账款真实性；

（四）应收账款债权人与债务人故意隐瞒应收账款已清偿、消灭、抵销的事实，或者虚增应收账款金额；

（五）应收账款债权人、债务人共同制造虚假应收账款权利外观的其他行为。

第九条【应收账款虚假时保理人的救济方式】依照民法典第七百六十三条规定，应收账款债权人、债务人虚构应收账款，保理人不明知虚构的，按照以下情形处理：

（一）在无追索权保理中，保理人有权向应收账款债务人主张应收账款债权。在有追索权保理中，保理人有权向应收账款债务人主张应收账款债权，同时向应收账款债权人主张解除合同，并承担违约责任。

（二）保理人依照民法典第一百五十七条的规定，请求撤销合同并由应收账款债务人、债权人赔偿损失。应收账款债务人有过错的，在应收账款范围内承担赔偿责任。保理人未尽谨慎审查义务的，保理人、应收账款债务人、有过错的应收账款债权人按照各自的过错承担相应的责任。

（三）应收账款债权人、债务人中任一方承担了责任，另一方在相应范围内对保理人的责任消灭，保理人最终获得赔偿范围不得超过签订保理合同的履行利益。

保理人明知应收账款虚假，保理人与应收账款债权人之间构成借款法律关系，保理人请求应收账款债务人承担应收账款债务的，人民法院不予支持。

第四章　应收账款的转让

第十条【未来应收账款的转让】应收账款债权人依照民法典第七百一十六条规定向保理人转让的将有的应收账款，包括保理合同订立时基础交易关系已经存在但应收账款债权尚未产生，以及基础交易关系尚不存在两种情形。当事人在保理合同中对将有的应收账款的概括描述能够被合理识别的，保理人在将来的应收账款债权实际产生时取得应收账款债权。应收账款的预估金额与实际金额存在合理偏差的，不影响对保理合同性质及效力的判断。

保理人受让将有的应收账款并办理转让登记后，应收账款债权人又以实际产生的应收账款债权向第三人重复转让或者出质的，依照民法典担保制度解释第六十六条第一款规定确定保理人与其他受让人、质权人之间的先后顺序。

第十一条【转让原则】除当事人另有约定，应收账款债权转让的，保理人一并受让有关的全部合同权利及其附属担保性权益。

附属质权、抵押权等担保物权一并转让时，未办理抵（质）押登记变更手续，保理人主张担保物权的，人民法院予以支持。

第十二条【禁止转让约定对保理人的效力】应收账款债权人与债务人约定债权不得转让的，不得对抗保理人。如果应收账款债权人违反该约定转让应收账款给保理人造成损失，保理人向其主张承担赔偿责任的，人民法院应予支持，但保理人明知的除外。

第十三条【保理人通知债务人时应付必要凭证】除当事人另有约定外，应收账款转让可以由应收账款债权人或保理人单方或者应收账款债权人与保理人共同通知应收账款债务人。保理人单方通知时，应当表明保理人身份并附有必要凭证，必要凭证包括但不限于经公证证明的加盖应收账款债权人公章的应收账款转让通知书或转让合同，或者附有基础合同、发票、结算单据等能够证明应收账款转让事实的相关凭证。

第十四条【转让通知对债务人的效力】应收账款转让未通知债务人的，该应收账款转让对应收账款债务人不发生效力。保理人以应收账款债务人实际知道保理人受让应收账款为由请求债务人履行债务的，人民法院不予支持。

保理人在动产和权利担保统一登记平台办理的应收账款转让登记，不具有通知应收账款债务人的效力。

第十五条【通知的效力】应收账款转让通知送达债务人后，应收账款债务人应当按照通知要求向保理人履行债务。

应收账款转让通知送达应收账款债务人之前，应收账款债务人已经向应收账款债权人履行债务，保理人要求应收账款债权人支付其所收取的款项的，人民法院应予支持，但保理合同另有约定的除外。

第五章　应收账款债务人的抗辩权和抵销权

第十六条【抗辩权、抵销权】应收账款债务人收到应收账款转让通知后，其因基础合同享有的抗辩权可以向保理人主张。

应收账款债务人接到应收账款转让通知时，其对让与人享有债权，有下列情形之一的，应收账款债务人可以向保理人主张抵销：

（一）应收账款债务人的债权先于转让的债权到期或者同时到期的；

（二）应收账款债务人的债权与转让的债权是基于同一合同产生的。

第十七条【债务人对保理人的抗辩、抵销】应收账款债权人以其与债务人在一定期限内连续发生的基础交易所产生的债权叙做保理，债务人收到应收账款转让通知后，以多个独立合同共同构成基础合同，属于“同一合同”为由向保理人主张抗辩、抵销的，人民法院应当予以支持。

第十八条【放弃抗辩权、抵销权的情形】有下列情形之一的，应收账款债务人不得再主张抗辩权、抵销权：

（一）应收账款债务人单方明确表示或以自己的行为表明放弃抗辩权、抵销权的；

（二）应收账款转让通知书中明确注明应收账款债务人放弃抗辩权、抵销权，应收账款债务人在应收账款转让通知书上盖章确认，且未在合理期限内明确提出异议的；

（三）其他可以视为放弃抗辩权、抵销权的情形。

应收账款债权人向保理人转让应收账款，应收账款债务人在记载债权数额、还款期限等内容的应收账款转让通知书或附件上签字确认的，表明应收账款债务人知晓应收账款转让的事实。保理人主张债务人已经放弃抗辩、抵销的，人民法院不予支持，但债务人明示放弃抗辩、抵销的除外。

第六章　登记公示和权利冲突

第十九条【应收账款多重转让和质押的效力】应收账款债权人对同一应

收账款订立多个保理合同，致使多个保理人主张权利的，按照如下原则确定权利人：

（一）已经登记的先于未登记的取得应收账款；

（二）均已经登记的，按照登记时间的先后顺序取得应收账款；

（三）均未登记的，由最先到达应收账款债务人的转让通知中载明的保理人取得应收账款；

（四）既未登记也未通知的，按照保理融资款或者服务报酬的比例取得应收账款。

同一应收账款同时存在保理、应收账款质押和债权转让，当事人主张参照上述规定确定优先顺序的，人民法院应予支持。

第二十条【应收账款转让未经登记的外部效力限制】保理人受让应收账款后未办理登记，以办理登记的其他保理人明知其受让的应收账款是重复受让为由，主张其他保理人不享有优先权的，人民法院不予支持。